Volvo S40 och V50
Gör-det-själv handbok

Martynn Randall

Modeller som behandlas
S40 sedan och V50 kombi, inklusive specialutgåvor/begränsade utgåvor
Bensin: 1,8 liter (1798 cc), 2,0 liter (1999 cc) och 2,4 liter (2435 cc)
Turbo-Diesel: 2,0 liter (1998 cc)

Behandlar INTE 1,6-liters bensinmotor, 1,6-liters dieselmotor, 2,4-liters dieselmotor eller 2,5-liters bensinmotor
Behandlar INTE T5, "Classic" eller AWD-modeller (fyrhjulsdrift), eller modellserien som har genomgått "facelift" från juli 2007

(SV4757 - 336 / 4731 - 336)

T0385603

© J H Haynes & Co. Ltd. 2008

ABCDE
FGHIJ
KLMNO
P

En bok i **Haynes serie Gör-det-själv handböcker**

Tryckt i India

J H Haynes & Co. Ltd.
Sparkford, Yeovil, Somerset BA22 7JJ, England

Haynes North America, Inc
859 Lawrence Drive, Newbury Park, California 91320, USA

Innehåll

ATT LEVA MED DIN VOLVO S40/V50

UNDERHÅLL

Rutinunderhåll och service

Innehåll

Att arbeta på din bil kan vara farligt. Den här sidan visar potentiella risker och faror och har som mål att göra dig uppmärksam på och medveten om vikten av säkerhet i ditt arbete.

Allmänna faror

Skållning

• Ta aldrig av kylarens eller expansionskärlets lock när motorn är het.
• Motorolja, automatväxellådsolja och styrservovätska kan också vara farligt varma om motorn just varit igång.

Brännskador

• Var försiktig så att du inte bränner dig på avgassystem och motor. Bromsskivor och -trummor kan också vara heta efter körning.

Lyftning av fordon

• Vid arbete nära eller under ett lyft fordon, använd alltid extra stöd i form av pall-bockar eller använd ramper. **Arbeta aldrig under en bil som endast stöds av en domkraft.**

• När muttrar eller skruvar med högt åtdragningsmoment skall lossas eller dras, bör man lossa dem något innan bilen lyfts och göra den slutliga åtdragningen när bilens hjul åter står på marken.

Brand och brännskador

• Bränsle är mycket brandfarligt och bränsle-ångor är explosiva.
• Spill inte bränsle på en het motor.
• Rök inte och använd inte öppen låga i närheten av en bil under arbete. Undvik också gnistbildning (elektrisk eller från verktyg).
• Bensinångor är tyngre än luft och man bör därför inte arbeta med bränslesystemet med fordonet över en smörjgrop.
• En vanlig brandorsak är kortslutning i eller överbelastning av det elektriska systemet. Var försiktig vid reparationer eller ändringar.
• Ha alltid en brandsläckare till hands, av den typ som är lämplig för bränder i bränsle- och elsystem.

Elektriska stötar

• Högspänningen i tändsystemet kan vara farlig, i synnerhet för personer med hjärtbesvär eller pacemaker. Arbeta inte med eller i närheten av tändsystemet när motorn går, eller när tändningen är på.

• Nätspänning är också farlig. Se till att all nätansluten utrustning är jordad. Man bör skydda sig genom att använda jordfelsbrytare.

Giftiga gaser och ångor

• Avgaser är giftiga. De innehåller koloxid vilket kan vara ytterst farligt vid inandning. Låt aldrig motorn vara igång i ett trångt utrymme, t ex i ett garage, med stängda dörrar.
• Även bensin och vissa lösnings- och rengöringsmedel avger giftiga ångor.

Giftiga och irriterande ämnen

• Undvik hudkontakt med batterisyra, bränsle, smörjmedel och vätskor, speciellt frost-skyddsvätska och bromsvätska. Sug aldrig upp dem med munnen. Om någon av dessa ämnen sväljs eller kommer in i ögonen, kontakta läkare.
• Långvarig kontakt med använd motorolja kan orsaka hudcancer. Bär alltid handskar eller använd en skyddande kräm. Byt olje-indränkta kläder och förvara inte oljiga trasor i fickorna.
• Luftkonditioneringens kylmedel omvandlas till giftig gas om den exponeras för öppen låga (inklusive cigaretter). Det kan också orsaka brännskador vid hudkontakt.

Asbest

• Asbestdamm kan ge upphov till cancer vid inandning, eller om man sväljer det. Asbest kan finnas i packningar och i kopplings- och bromsbelägg. Vid hantering av sådana detaljer är det säkrast att alltid behandla dem som om de innehöll asbest.

Speciella faror

Flourvätesyra

• Denna extremt frätande syra bildas när vissa typer av syntetiskt gummi i t ex O-ringar, tätningar och bränsleslangar utsätts för temperaturer över 400 °C. Gummit omvandlas till en sotig eller kladdig substans som innehåller syran. *När syran väl bildats är den farlig i flera år. Om den kommer i kontakt med huden kan det vara tvunget att amputera den utsatta kroppsdelen.*
• Vid arbete med ett fordon, eller delar från ett fordon, som varit utsatt för brand, bär alltid skyddshandskar och kassera dem på ett säkert sätt efteråt.

Batteriet

• Batterier innehåller svavelsyra som angriper kläder, ögon och hud. Var försiktig vid på-fyllning eller transport av batteriet.
• Den vätgas som batteriet avger är mycket explosiv. Se till att inte orsaka gnistor eller använda öppen låga i närheten av batteriet. Var försiktig vid anslutning av batteriladdare eller startkablar.

Airbag/krockkudde

• Airbags kan orsaka skada om de utlöses av misstag. Var försiktig vid demontering av ratt och/eller instrumentbräda. Det kan finnas särskilda föreskrifter för förvaring av airbags.

Dieselinsprutning

• Insprutningspumpar för dieselmotorer arbetar med mycket högt tryck. Var försiktig vid arbeten på insprutningsmunstycken och bränsleledningar.

 Varning: Exponera aldrig händer eller annan del av kroppen för insprutarstråle; bränslet kan tränga igenom huden med ödesdigra följder

---

Kom ihåg...

ATT

• Använda skyddsglasögon vid arbete med borrmaskiner, slipmaskiner etc, samt vid arbete under bilen.

• Använda handskar eller skyddskräm för att skydda händerna.

• Om du arbetar ensam med bilen, se till att någon regelbundet kontrollerar att allt står väl till.

• Se till att inte löst sittande kläder eller långt hår kommer i vägen för rörliga delar.

• Ta av ringar, armbandsur etc innan du börjar arbeta på ett fordon - speciellt med elsystemet.

• Försäkra dig om att lyftanordningar och domkraft klarar av den tyngd de utsätts för.

ATT INTE

• Ensam försöka lyfta för tunga delar - ta hjälp av någon.

• Ha för bråttom eller ta osäkra genvägar.

• Använda dåliga verktyg eller verktyg som inte passar. De kan slinta och orsaka skador.

• Låta verktyg och delar ligga så att någon riskerar att snava över dem. Torka upp olje- och bränslespill omgående.

• Låta barn eller husdjur leka nära en bil under arbetets gång.

Volvo S40

Modellerna S40 och V50 introducerades ursprungligen i maj 1996. Den här handboken omfattar byten i den serien, en helt ny bil, som inte har någonting gemensamt med den föregående modellen. De nya S40- och V50-modellerna har baserats på den senaste "Focus-plattformen" från Volvos moderbolag, Ford.

Modellerna finns som fyradörrars sedan (S40), och femdörrars kombi (V50), och har alla en imponerande hög säkerhetsnivå. Bland säkerhetsfunktionerna märks sidokrockskydd i dörrarna, krockkuddar på förar- och passagerarsidan fram, sidokrockkuddar, krockkuddar i huvudhöjd, whiplashskyddssystem (framsäten) och ett avancerat bältessystem med försträckare och belastningsbegränsare. Bilens säkerhet har förbättrats, med ett startspärrsystem, skyddade lås och en ljudutrustning med säkerhetskod som standard, liksom dörrar med två låslägen på de flesta modeller.

De fyrcylindriga 16-ventilers bensinmotorerna med dubbla överliggande kamaxlar finns med volymerna 1,8 och 2,0 liter, och baseras på den bekanta Ford Zetec-motorserien. Motorerna styrs av ett sofistikerat motorstyrningssystem, som kombinerar ett sekventiellt multipoint bränsleinsprutningssystem och ett fördelarlöst tändsystem med avdunstningsreglering, avgasåterföring, variabel insugsgeometri och reglerad

trevägskatalysator för att säkerställa att bilen uppfyller de allt strängare avgasreningsnormerna, samtidigt som den ger förväntad prestandanivå och bränsleekonomi.

Den femcylindriga 2,4-liters bensinmotorn är Volvos egen design, som i V70/S80. Den har dubbla överliggande kamaxlar, 20 ventiler, är helt i aluminium, har variabla ventiltider och ett avancerat avgasreningssystem som styrs av ett sofistikerat motorstyrningssystem.

De fyrcylindriga turbodieselmodellerna har 16 ventiler och dubbla överliggande kamaxlar – resultatet av ett samarbete mellan Ford och PSA (Citroën/Peugeot). Motorerna har den senaste designen när det gäller direktinsprutande common rail-system med piezoelektiska insprutningsventiler och ett turboaggregat med variabel geometri, laddluftkylare och avgaspartikelfilter (endast för vissa marknader).

De tvärställda motorerna driver framhjulen genom en fem,- eller sexväxlad manuell växellåda med en hydraulstyrd koppling, eller genom en elektroniskt styrd femväxlad automatväxellåda.

Den helt oberoende fjädringen består av MacPherson fjäderben och tvärgående länkarmar fram, med oberoende multilink-fjädring bak: det sitter krängningshämmare både fram och bak.

Det sitter skivbromsar med vakuumservo fram och bak. Alla modeller har ett elektroniskt

styrt ABS-system (låsningsfria bromsar), med dynamiskt stabilitets- och antispinnsystem (DSTC) som standard.

Styrningen har servo: på alla modeller som ingår i den här handboken utförs servofunktionen av en elektrisk/hydraulisk modul som sitter under höger strålkastare. Med det här systemet får föraren optimal styrservo, oavsett bilens hastighet. Alla modeller har luftkonditionering och ett ergonomiskt utformat passagerarutrymme med hög säkerhetsnivå och komfortnivå för alla passagerare.

Förutsatt regelbunden service enligt tillverkarens rekommendationer kommer S40/V50 att visa sig pålitlig och mycket ekonomisk. Motorrummet är väl utformat och de flesta komponenter som behöver regelbunden tillsyn är lättåtkomliga.

Din handbok till Volvo S40/V50

Syftet med den här handboken är att hjälpa dig få så stor glädje av din bil som möjligt. Det kan göras på flera sätt. Boken är till hjälp vid beslut om vilka åtgärder som ska vidtas (även då en verkstad anlitas för att utföra själva arbetet). Den ger även information om rutinunderhåll och service och föreslår arbetssätt för ändamålsenliga åtgärder och diagnos om slumpmässiga fel uppstår. Förhoppningsvis kommer dock handboken att vara till stor hjälp när du försöker klara av arbetet på egen hand. Vad gäller enklare jobb kan det till och med gå snabbare att ta hand om det själv än att först boka tid på en verkstad och sedan ta sig dit två gånger, en gång för att lämna bilen och en gång för att hämta den. Och kanske viktigast av allt, en hel del pengar kan sparas genom att man undviker de avgifter verkstäder tar ut för att kunna täcka arbetskraft och omkostnader.

Handboken innehåller teckningar och beskrivningar som förklarar de olika komponenternas funktion och utformning. Arbetsgången är beskriven och fotograferad i tydlig ordningsföljd, steg för steg. Bilderna är numrerade efter det avsnitt och den punkt som de illustrerar. Om det finns mer än en bild per punkt anges ordningsföljden mellan bilderna alfabetiskt.

Hänvisningar till "vänster" eller "höger" avser vänster eller höger för en person som sitter i förarsätet och tittar framåt.

Tack till...

Tack till Draper Tools Limited, som stod för en del av verktygen, samt till alla i Sparkford som hjälpte till att producera den här boken.

Vi är mycket stolta över tillförlitligheten i den information som ges i den här boken. Biltillverkare gör dock ibland ändringar i konstruktion och utformning under pågående tillverkning, utan att vi informeras om detta. Författarna och förlaget kan inte ta på sig något ansvar för förluster, skador eller personskador till följd av fel eller ofullständig information i denna bok.

Volvo V50

Följande sidor är tänkta att vara till hjälp vid hantering av vanligt förekommande problem. Mer detaljerad information om felsökning finns i slutet av boken, och beskrivningar av reparationer finns i bokens olika huvudkapitel.

Om bilen inte startar och startmotorn inte går runt

☐ Om det är en modell med automatväxellåda, se till att växelväljaren står i läge P eller N.

☐ Öppna motorhuven och se till att batteripolerna är rena och åtdragna (lossa batterikåpan för att komma åt ordentligt).

☐ Slå på strålkastarna och försök starta motorn. Om strålkastarljuset försvagas mycket under startförsöket är batteriet troligen urladdat. Lös problemet genom att använda startkablar (se nästa sida) och en annan bil.

Om bilen inte startar trots att startmotorn går runt som vanligt

☐ Finns det bränsle i tanken?

☐ Har startspärren avaktiverats? Detta ska ske automatiskt när man sätter in nyckeln i tändningslåset. Men om man använder en reservnyckel som inte har införskaffats från en Volvo-återförsäljare, kan den sakna det transponderchip som behövs för att avaktivera systemet. Även "riktiga" reservnycklar måste kodas för att fungera som de ska – hur detta görs anges i bilens handbok.

☐ Finns det fukt i elsystemet under motorhuven? Slå av tändningen och torka bort synlig fukt med en torr trasa. Ta bort plastkåpan från motorns ovansida (i förekommande fall). Spraya vattenavstötande medel (WD-40 eller liknande) på tändningens och bränslesystemets elektriska kontaktdon som visas på bilden. Var särskilt noga runt tändspolens kontaktdon och tändkablar (i förekommande fall).

A Kontrollera batterianslutningarnas säkerhet och skick – lossa och lyft bort batterikåpan för att komma åt ordentligt.

B Kontrollera massluftflödesgivarens anslutningskontakt.

C Kontrollera att alla säkringar till motorrummet är hela.

Kontrollera att alla elektriska anslutningar är ordentligt fästa (med tändningen avslagen). Spraya kontakterna med en vattenavstötande spray, t.ex. WD-40, om du misstänker att problemen beror på fukt. Dieselmodeller har normalt inte startproblem på grund av fukt, men kontrollera alla synliga kontakter för säkerhets skull.

Starthjälp

Tänk på följande om bilen startas med ett laddningsbatteri:

✔ Se till att tändningen är avstängd innan laddningsbatteriet ansluts.

✔ Se till att all elektrisk utrustning är avstängd (strålkastare, värme, vindrutetorkare etc.).

✔ Följ säkerhetsanvisningarna på batteriet.

✔ Kontrollera att laddningsbatteriet har samma spänning som det urladdade batteriet.

✔ Om batteriet startas med hjälp av ett batteri i en annan bil får bilarna INTE VIDRÖRA varandra.

✔ Se till att växellådan är i neutralläge (eller i läge P om det är en automatväxellåda).

HAYNES TiPS Start med startkablar löser ditt problem för stunden, men det är viktigt att ta reda på orsaken till att batteriet laddades ur. Det finns tre möjligheter:

1 Batteriet har laddats ur på grund av upprepade startförsök eller att strålkastarna lämnats påslagna.

2 Laddningssystemet fungerar inte som det ska (växelströmsgeneratorns drivrem är lös eller trasig, själva generatorn eller dess kablage är defekt).

3 Batteriet är defekt (elektrolytnivån är låg eller batteriet är utslitet).

1 Anslut den röda startkabeln till batteriets pluspol genom hålet i batteriets kåpa.

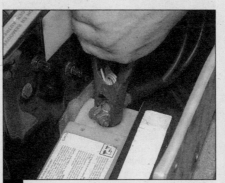
2 Anslut den andra änden av den röda startkabeln till pluspolen (+) på laddningsbatteriet.

3 Anslut den ena änden av den svarta startkabeln till minuspolen (-) på laddningsbatteriet.

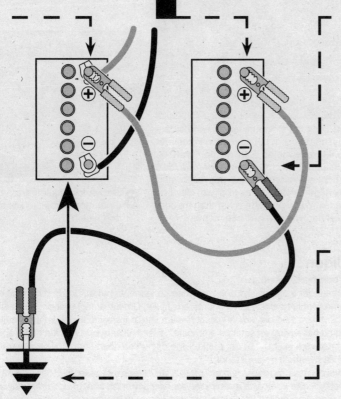

4 Anslut den andra änden av den svarta startkabeln till jordanslutningen på vänster fjäderben i motorrummet.

5 Se till att startkablarna inte kommer åt kylfläkten, drivremmarna eller andra rörliga delar i motorn.

6 Starta motorn, och med motorn på snabb tomgång kopplar du sedan loss startkablarna i motsatt ordning mot anslutningen.

Hjulbyte

 Varning: *Byt aldrig däck om du befinner dig i en situation där du riskerar att bli påkörd av annan trafik. Försök att stanna i en parkeringsficka eller på en mindre avtagsväg om du befinner dig på en väg med mycket trafik. Håll uppsikt över passerande trafik när du byter hjul – det är lätt att bli distraherad av arbetet med hjulbytet.*

Förberedelser

☐ Vid punktering, stanna så snart det är säkert för dig och dina medtrafikanter.

☐ Parkera om möjligt på plan mark där du inte hamnar i vägen för annan trafik.

☐ Använd varningsblinkers om det behövs.

☐ Varna trafikanter för bilens närvaro med en varningstriangel (obligatorisk utrustning).

☐ Dra åt handbromsen och lägg i ettan eller backen (eller parkeringsläge på modeller med automatväxellåda).

☐ Blockera det hjul som är placerat diagonalt mot det hjul som ska tas bort – några stora stenar kan användas till detta.

☐ Använd en brädbit för att fördela tyngden under domkraften om marken är mjuk.

Hjulbyte

1 Reservhjulet och verktygen förvaras under golvet i bagageutrymmet. Lyft upp täckpanelen.

2 Skruva loss fästbulten och lyft ut reservhjulet. Domkraften och fälgkorset är placerade under reservhjulet. Bogseringsöglan (som skruvas på plats) sitter bredvid reservhjulet.

3 I förekommande fall, använd fälgkorsets platta del och bänd loss navkapseln eller hjulsidan för att komma åt hjulmuttrarna. Modeller med lättmetallfälgar kan ha särskilda låsmuttrar – de tas bort med ett specialverktyg, som ska ligga tillsammans med fälgkorset (eller i handskfacket).

4 Lossa varje hjulmutter ett halvt varv med hjälp av fälgkorset. Om muttrarna sitter för hårt, ställ dig INTE på fälgkorset för att lossa dem – be om hjälp.

5 Det finns två stödpunkter på varje sida – använd den som befinner sig närmast det punkterade hjulet. Sätt dit domkraftens lyftsadel i stödpunktens spår på den nedre tröskelflänsen (lyft inte upp bilen med hjälp av någon annan del av tröskeln, eller i en plastpanel). Vrid domkraftens handtag medurs tills hjulet har lyfts upp helt från marken.

6 Skruva loss hjulmuttrarna, observera hur de är monterade (konisk sida inåt), och ta bort hjulet.

Slutligen . . .

☐ Ta bort hjulblockeringen.

☐ Förvara det trasiga hjulet och verktygen i bagageutrymmet, och fäst dem på respektive plats.

☐ Kontrollera lufttrycket i det nymonterade hjulet. Om det är lågt eller om du inte har en tryckmätare med dig, kör långsamt till närmaste bensinstation och kontrollera/justera trycket. Om du har använt ett smalare "kompakt" reservhjul är trycket mycket högre än i normala däck.

☐ Låt reparera eller byt ut det punkterade däcket så snart som möjligt, annars blir du stående vid en eventuell ny punktering.

7 Montera reservhjulet och skruva fast muttrarna. Dra åt muttrarna något med fälgkorset. Sänk sedan ner bilen på marken. Dra åt hjulmuttrarna ordentligt, sätt sedan tillbaka navkapseln eller hjulsidan efter tillämplighet. Observera att hjulmuttrarna ska lossas och dras åt till angivet moment så snart som möjligt.

Observera: *Vissa modeller har ett särskilt lätt "kompakt" reservhjul, där däcket är smalare än standarddäck. Det kompakta reservhjulet ska bara användas tillfälligt och **måste** bytas mot ett vanligt hjul så snart som möjligt. Kör extra försiktigt när du använder det hjulet, framförallt i hörn och vid inbromsningar: kör inte snabbare än 80 km/h.*

Hitta läckor

Pölar på garagegolvet (eller där bilen parkeras) eller våta fläckar i motorrummet tyder på läckor som man måste försöka hitta. Det är inte alltid så lätt att se var läckan är, särskilt inte om motorrummet är mycket smutsigt. Olja eller andra vätskor kan spridas av fartvinden under bilen och göra det svårt att avgöra var läckan egentligen finns.

 Varning: De flesta oljor och andra vätskor i en bil är giftiga. Vid spill bör man tvätta huden och byta indränkta kläder så snart som möjligt

 Lukten kan vara till hjälp när det gäller att avgöra varifrån ett läckage kommer och vissa vätskor har en färg som är lätt att känna igen. Det är en bra idé att tvätta bilen ordentligt och ställa den över rent papper över natten för att lättare se var läckan finns. Tänk på att motorn ibland bara läcker när den är igång.

Olja från sumpen

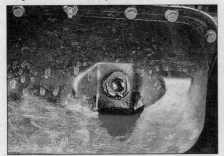

Motorolja kan läcka från avtappningspluggen . . .

Olja från oljefiltret

. . . eller från oljefiltrets packning.

Växellådsolja

Växellådsolja kan läcka från tätningarna i ändarna på drivaxlarna.

Frostskydd

Läckande frostskyddsvätska lämnar ofta kristallina avlagringar liknande dessa.

Bromsvätska

Läckage vid ett hjul är nästan alltid bromsvätska.

Servostyrningsvätska

Servostyrningsvätska kan läcka från styrväxeln eller dess anslutningar.

Bogsering

När ingenting annat hjälper kan du behöva bli bogserad hem – eller kanske är det du som får hjälpa någon annan med bogsering. Bogsering längre sträckor bör överlåtas till verkstäder eller bärgningsfirmor. Kortare sträckor går det utmärkt att låta en annan privatbil bogsera, men tänk på följande:

☐ Använd en riktig bogserlina – de är inte dyra. Fordonet som bogseras måste i vissa länder vara försett med en skylt med texten BOGSERING i bakrutan.

☐ Slå alltid på tändningen när bilen bogseras så att rattlåset släpper och riktningsvisare och bromsljus fungerar.

☐ Bogseringsöglan skruvas in och är placerad tillsammans med reservhjulet. Bogseringsöglan skruvas in i ett gängat hål, som är åtkomligt efter det att en kåpa på stötfångarens högra sida har bänts loss **(se bild)**.

☐ Lossa handbromsen och lägg växeln i friläge innan bogseringen börjar.

☐ För modeller med automatväxellåda gäller särskilda anvisningar – kör inte snabbare än 80 km/h längre än 80 km, och hjulen måste alltid rulla framåt.

☐ Observera att du behöver trycka mycket hårdare än vanligt på bromspedalen när du bromsar eftersom vakuumservon bara fungerar när motorn är igång.

☐ Föraren av den bogserade bilen måste vara noga med att hålla bogserlinan spänd hela tiden för att undvika ryck.

☐ Försäkra er om att båda förarna känner till den planerade färdvägen innan ni startar.

☐ Bogsera aldrig längre sträcka än nödvändigt och håll lämplig hastighet (högsta tillåtna bogseringshastighet är 30 km/h). Kör försiktigt och sakta ner mjukt och långsamt före korsningar.

Den främre bogseringsöglan sitter bakom en panel i den främre stötfångaren

Inledning

Det finns ett antal mycket enkla kontroller som endast tar några minuter i anspråk, men som kan bespara dig mycket besvär och stora kostnader.

Dessa *veckokontroller* kräver inga större kunskaper eller specialverktyg, och den korta tid de tar att utföra kan visa sig vara väl använd:

☐ Att hålla ett öga på däckens skick och lufttryck förebygger inte bara att de slits ut i förtid utan kan också rädda liv.

☐ Många motorhaverier orsakas av elektriska problem. Batterirelaterade fel är särskilt vanliga och genom regelbundna kontroller kan de flesta av dessa förebyggas.

☐ Om det uppstår en läcka i bromssystemet

kanske den upptäcks först när bromsarna slutar att fungera. Vid regelbundna kontroller av bromsvätskenivån uppmärksammas sådana fel i god tid.

☐ Om olje- eller kylvätskenivån blir för låg är det t.ex. betydligt billigare att laga läckan direkt, än att bekosta dyra reparationer av de motorskador som annars kan uppstå.

Kontrollpunkter i motorrummet

◄ Bensinmotor (1,8 liter visas)

A *Mätsticka för motorolja*

B *Påfyllningslock för motorolja*

C *Kylsystemets expansionskärl*

D *Broms- och kopplings-vätskebehållare*

E *Servostyrningsoljebehållare*

F *Spolarvätskebehållare*

G *Batteri*

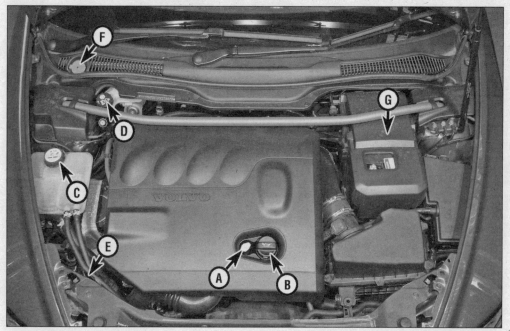

◄ Dieselmotor (2,0 liter visas)

A *Mätsticka för motorolja*

B *Påfyllningslock för motorolja*

C *Kylsystemets expansionskärl*

D *Broms- och kopplings-vätskebehållare*

E *Servostyrningsoljebehållare*

F *Spolarvätskebehållare*

G *Batteri*

Motoroljenivå

Innan arbetet påbörjas

✔ Se till att bilen står på plan mark.
✔ Oljenivån måste kontrolleras innan bilen körs, eller tidigast 5 minuter efter det att motorn stängts av.

HAYNES TiPS *Om oljenivån kontrolleras omedelbart efter det att bilen har körts, kommer en del av oljan att vara kvar i den övre delen av motorn. Detta ger felaktig avläsning på mätstickan.*

Korrekt oljetyp

Moderna motorer ställer höga krav på oljans kvalitet. Det är mycket viktigt att man använder en lämplig olja till sin bil (se *Smörjmedel och vätskor*).

Bilvård

● Om oljan behöver fyllas på ofta bör bilen kontrolleras med avseende på oljeläckor. Lägg ett rent papper under motorn över natten och se om det finns fläckar på det på morgonen. Om det inte förekommer något läckage kanske motorn bränner olja, eller också läcker det olja enbart när motorn är igång.

● Oljenivån ska alltid vara någonstans mellan oljemätstickans övre och nedre markering (se bild 2). Om oljenivån är för låg kan motorn ta allvarlig skada. Oljetätningarna kan gå sönder om man fyller på för mycket olja.

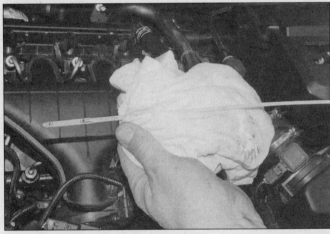

1 Mätstickans övre del är gul för att man lätt ska kunna hitta den (se *Kontrollpunkter i motorrummet* för exakt placering). Dra upp oljemätstickan. Torka av oljan från mätstickan med en ren trasa eller en bit papper.

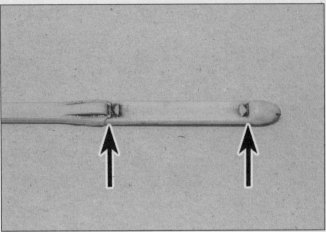

2 Stick in den rena mätstickan i röret och dra ut den igen. Observera oljenivån på mätstickans ände, som ska vara mellan MAX- och MIN-markeringarna. Om oljenivån är precis ovanför eller under MIN-markeringen måste du fylla på olja.

3 Oljan fylls på genom påfyllningslocket. Skruva loss påfyllningslocket . . .

4 . . . och fyll på olja. Du kan behöva en tratt för att minska spillet. Fyll på oljan långsamt, kontrollera nivån på mätstickan ofta. Ge oljan tid att rinna ner i sumpen. Fyll på olja tills nivån precis når MAX-markeringen på mätstickan – fyll inte på för mycket (se *Bilvård*).

Broms- och kopplingsvätskenivå

Observera: *Alla modeller med manuell växellåda har en hydraulstyrd koppling, som använder samma vätska som bromssystemet*

Varning:
● Var försiktig vid hantering av bromsvätska eftersom den kan skada dina ögon och bilens lack.
● Använd inte vätska ur kärl som har stått öppna en längre tid. Bromsvätska drar åt sig fukt från luften vilket kan försämra bromsegenskaperna avsevärt.

Säkerheten främst!

●Om bromsvätskebehållaren måste fyllas på ofta har bilen fått en läcka i bromssystemet. Detta måste undersökas omedelbart.
●Vid en misstänkt läcka i systemet får bilen inte köras förrän bromssystemet har kontrollerats. Ta aldrig några risker med bromsarna.

● Se till att bilen står på plan mark.
● Nivån i vätskebehållaren sjunker en aning i och med att bromsklossarna slits. Nivån får dock aldrig sjunka under MIN-markeringen.

1 Bromsvätskebehållaren sitter till höger i motorrummet.

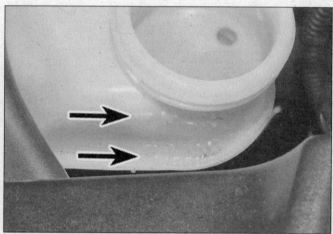

2 MAX- och MIN-markeringarna anges på behållarens framsida. Vätskenivån måste alltid hållas mellan dessa två markeringar.

3 Om vätskebehållaren behöver fyllas på bör området runt påfyllningslocket först rengöras för att förhindra att hydraulsystemet förorenas. Skruva loss behållarens lock och lyft försiktigt bort det, håll i kontaktdonet och var försiktig så att du inte skadar nivågivarens flottör. Undersök behållaren. Om vätskan är smutsig ska hydraulsystemet tömmas och fyllas på igen (se aktuell del av kapitel 1).

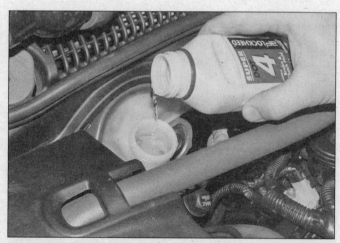

4 Fyll på vätska försiktigt. Var noga med att inte spilla på de omgivande komponenterna. Använd endast rekommenderad bromsvätska. Om olika typer blandas kan systemet skadas. När oljenivån är återställd, skruva på locket och torka bort eventuellt spill.

Däckens skick och lufttryck

Det är mycket viktigt att däcken är i bra skick och har korrekt lufttryck – däckhaverier är farliga i alla hastigheter.

Däckslitage påverkas av körstil – hårda inbromsningar och accelerationer eller snabb kurvtagning, samverkar till högt slitage. Generellt sett slits framdäcken ut snabbare än bakdäcken. Axelvis byte mellan fram och bak kan jämna ut slitaget, men om detta är för effektivt kan du komma att behöva byta alla fyra däcken samtidigt.

Ta bort spikar och stenar som bäddats in i mönstret innan dessa går igenom och orsakar punktering. Om borttagandet av en spik avslöjar en punktering, stick tillbaka spiken i hålet som markering, byt omedelbart hjul och låt reparera däcket (eller köp ett nytt).

Kontrollera regelbundet att däcken är fria från sprickor och blåsor, speciellt i sido-väggarna. Ta av hjulen med regelbundna mellanrum och rensa bort all smuts och lera från inte och yttre ytor. Kontrollera att inte fälgarna visar spår av rost, korrosion eller andra skador. Lättmetallfälgar skadas lätt av kontakt med trottoarkanter vid parkering, stålfälgar kan bucklas. En ny fälg är ofta det enda sättet att korrigera allvarliga skador.

Nya däck måste alltid balanseras vid monteringen, men det kan vara nödvändigt att balansera om dem i takt med slitage eller om balansvikterna på fälgkanten lossnar.

Obalanserade däck slits snabbare och de ökar även slitaget på fjädring och styrning. Obalans i hjulen märks normalt av vibrationer, speciellt vid vissa hastigheter, i regel kring 80 km/tim. Om dessa vibrationer bara känns i styrningen är det troligt att enbart framhjulen behöver balanseras. Om istället vibrationerna känns i hela bilen kan bakhjulen vara obalanserade. Hjulbalansering ska utföras av däckverkstad eller annan verkstad med lämplig utrustning.

1 Mönsterdjup - visuell kontroll
Originaldäcken har slitageklackar (B) som uppträder när mönsterdjupet slitits ned till ca 1,6 mm. Bandens lägen anges av trianglar på däcksidorna (A).

2 Mönsterdjup - manuell kontroll
Mönsterdjupet kan även avläsas med ett billigt verktyg kallat mönsterdjupsmätare.

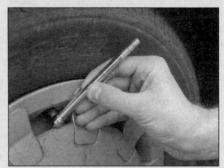

3 Lufttryckskontroll
Kontrollera regelbundet lufttrycket i däcken när dessa är kalla. Justera inte luft-trycket omedelbart efter det att bilen har körts, eftersom detta leder till felaktiga värden.

Däckslitage

Slitage på sidorna

Lågt däcktryck (slitage på båda sidorna)
Lågt däcktryck orsakar överhettning i däcket eftersom det ger efter för mycket, och slit-banan ligger inte rätt mot underlaget. Detta orsakar förlust av väggrepp och ökat slitage.
Kontrollera och justera däcktrycket
Felaktig cambervinkel (slitage på en sida)
Reparera eller byt ut fjädringsdetaljer
Hård kurvtagning
Sänk hastigheten!

Slitage i mitten

För högt däcktryck
För högt däcktryck orsakar snabbt slitage i mitten av däckmönstret, samt minskat väg-grepp, stötigare gång och fara för skador i korden.
Kontrollera och justera däcktrycket

Om du ibland måste ändra däcktrycket till högre tryck specificerade för max lastvikt eller ihållande hög hastighet, glöm inte att minska trycket efteråt.

Ojämnt slitage

Framdäcken kan slitas ojämnt som följd av felaktig hjulinställning. De flesta bilåterför-säljare och verkstäder kan kontrollera och justera hjulinställningen för en rimlig summa.
Felaktig camber- eller castervinkel
Reparera eller byt ut fjädringsdetaljer
Defekt fjädring
Reparera eller byt ut fjädringsdetaljer
Obalanserade hjul
Balansera hjulen
Felaktig toe-inställning
Justera framhjulsinställningen
Notera: *Den fransiga ytan i mönstret, ett typiskt tecken på toe-förslitning, kontrolleras bäst genom att man känner med handen över däcket.*

Kylvätskenivå

 Varning: Skruva ALDRIG av expansionskärlets lock när motorn är varm på grund av risken för brännskador. Låt inte behållare med kylvätska stå öppna eftersom vätskan är giftig.

Bilvård

● Ett slutet kylsystem ska inte behöva fyllas på regelbundet. Om kylvätskan behöver fyllas på ofta har bilen troligen en läcka i kylsystemet. Kontrollera kylaren samt alla slangar och fogytor och sök efter avlagringar eller fukt. Åtgärda eventuella problem.

● Det är viktigt att frostskyddsvätska används i kylsystemet året runt, inte bara under vintermånaderna. Fyll inte på med enbart vatten, då sänks frostskyddets koncentration.

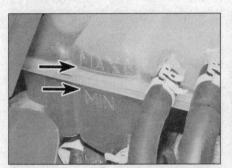

1 Kylvätskenivån varierar med motorns temperatur, och kan ses genom expansionskärlet. När motorn är kall ska kylvätskenivån vara mellan MAX- och MIN-markeringen på behållarens framsida. När motorn är varm kan nivån stiga till strax ovanför MAX-markeringen.

2 **Vänta med att fylla på kylvätska tills motorn är kall.** Skruva försiktigt loss locket till expansionskärlet, för att släppa ut övertrycket ur kylsystemet, och ta bort det.

3 Fyll på en blandning av vatten och frostskyddsmedel i expansionskärlet tills kylvätskenivån är halvvägs mellan nivåmarkeringarna. Använd endast det frostskyddsmedel som anges – om du använder Volvos frostskyddsmedel, se till att det är av samma typ och färg som den vätska som redan finns i systemet. Sätt tillbaka locket och dra åt ordentligt.

Spolarvätskenivå

Vindrutespolartanken matar även bakrutespolarmunstycket, i förekommande fall. På modeller som har den utrustningen matar samma tank även strålkastarspolarna.

Spolarvätskekoncentrat rengör inte bara rutan utan fungerar även som frostskydd så att spolarvätskan inte fryser under vintern, då den behövs som mest. Fyll inte på med enbart vatten eftersom spolarvätskan då späds ut och kan frysa.

 Varning: Använd aldrig kylvätska i spolarsystemet. Det kan missfärga eller skada lacken.

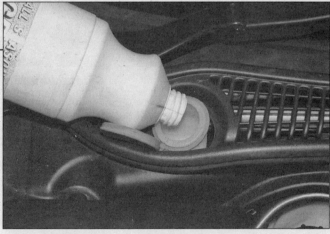

1 Spolarvätskebehållarens påfyllningsrör sitter i motorrummets högra hörn (modeller med 4 cylindrar) eller vänstra hörn (modeller med 5 cylindrar). Spolarvätskenivån syns inte direkt. Ta bort påfyllningslocket och titta ner i påfyllningsröret – om du inte ser någon vätska kan du behöva fylla på.

2 När behållaren fylls på ska spolarvätskekoncentrat tillsättas enligt rekommendationerna på flaskan.

Batteri

Varning: Läs säkerhetsföreskrifterna i "Säkerheten främst!" (i början av handboken) innan något arbete utförs på batteriet.

✔ Se till att batterilådan är i gott skick och att klämman sitter ordentligt. Eventuell "vit" korrosion på polerna eller området runt dem kan tas bort med hjälp av en blandning av vatten och bakpulver. Skölj noggrant alla rengjorda delar med vatten. Alla rostskadade metalldelar ska först målas med en zinkbaserad grundfärg och därefter lackeras.

✔ Kontrollera batteriets laddning med jämna mellanrum. På originalbatteriet visas laddningsnivån med en indikator på batteriets ovansida, som ska vara grön – om indikatorn är ofärgad, eller röd, kan batteriet behöva laddas eller till och med bytas (se kapitel 5A).

✔ Om batteriet är urladdat och det behövs starthjälp för att starta bilen, se *Reparationer vid vägkanten.*

1 Batteriet sitter i motorrummets vänstra bakre hörn – ta bort motorrummets tvärbalk.

2 Lossa och ta bort batterikåpan för att komma åt. Batteriets utsida ska kontrolleras regelbundet med avseende på sprickor och andra skador.

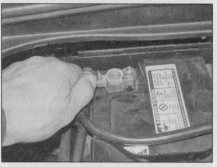

3 Kontrollera att batteriklämmorna sitter ordentligt så att de elektriska anslutningarna fungerar. Det ska inte gå att rubba dem. Kontrollera även kablarna beträffande sprickor och skadade ledare.

4 Om synlig korrosion finns (vita porösa avlagringar), ta bort kablarna från batteripolerna och rengör dem med en liten stålborste. Sätt sedan tillbaka dem. I biltillbehörsbutiker kan man köpa ett särskilt verktyg för rengöring av batteripoler . . .

5 . . . och batteriets kabelklämmor.

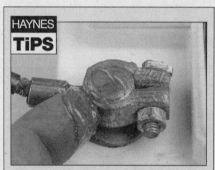

HAYNES TiPS

Korrosion på batteriet kan minimeras genom att lite vaselin stryks på batteriklämmorna och polerna när de har dragits åt.

Glödlampor och säkringar

✔ Kontrollera alla yttre lampor samt signal-hornet. Se aktuella avsnitt i kapitel 12 för närmare information om någon av kretsarna inte fungerar.

✔ Se över alla tillgängliga kontaktdon, kablar och kabelklämmor så att de sitter ordentligt och inte är skavda eller skadade.

 HAYNES TiPS *Om bromsljus och blinkers behöver kontrolleras utan medhjälpare, backa upp mot en vägg eller garageport och slå på ljusen. Det reflekterade skenet visar om de fungerar.*

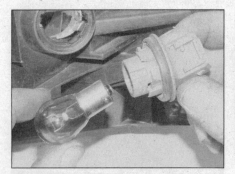

1 Om enstaka blinkers, stoppljus, bromsljus eller strålkastare inte fungerar beror det antagligen på en trasig glödlampa som behöver bytas ut. Se kapitel 12 för mer information. Om båda bromsljusen är sönder är det möjligt att brytaren är defekt (se kapitel 9).

2 Om mer än en blinkers eller ett bakljus inte fungerar har troligen en säkring gått eller ett fel uppstått i kretsen (se kapitel 12). Huvudsäkringsdosan sitter under handskfacket på passagerarsidan. För att komma åt huvudsäkringsdosan, tryck in centrumsprintarna och dra klämmorna och intrumentbrädans panel nedåt, skruva sedan loss de båda skruvarna och sänk ner säkringsdosan. Dra säkringsdosan bakåt och sänk ner den helt. Det extra säkrings- och relähuset sitter i motorrummets högra del – lossa och ta bort kåpan för att komma åt.

3 När du ska byta en trasig säkring drar du helt enkelt ut den och sätter dit en ny säkring med rätt kapacitet (se kapitel 12). Extrasäkringar och ett borttagningsverktyg för säkringar finns på insidan av den extra säkringsdosans lock. Om säkringen går sönder igen är det viktigt att du tar reda på varför – en fullständig kontrollprocedur finns beskriven i kapitel 12.

Torkarblad

● Använd endast reservblad av god kvalitet.
● När du tar bort ett gammalt torkarblad, observera hur det är monterat. Att montera nya blad kan vara lite knepigt och om du vet hur det gamla bladet satt kan det spara tid.
● När torkarbladet är borttaget är det viktigt att du inte råkar slå loss torkararmen ur det låsta läget, eftersom den kan träffa glaset.

● Placera det nya bladet som det gamla bladet satt. Se till att det klickar ordentligt på plats, annars kan det lossna när det används och skada glaset.
Observera: *Monteringsinstruktioner för torkarblad varierar beroende på modell och beroende på om de monterade torkarbladen kommer från Volvo. Använd de procedurer och bilder som visas som en guide för din bil.*

 HAYNES TiPS *Om det blir märken på rutan trots nya blad, rengör glaset med spolarvätskekoncentrat eller T-sprit.*

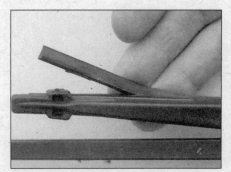

1 Kontrollera torkarbladens skick. Om de är spruckna eller ser slitna ut, eller om rutan inte torkas ordentligt, ska de bytas ut. Torkarbladen ska bytas en gång per år, oavsett om de verkar vara i gott skick.

2 Böj ut torkararmen så långt från rutan det går innan den spärras. Tryck ner klämman på armens framsida och skjut bort bladet.

3 Bakrutans blad drar du helt enkelt loss.

Smörjmedel och vätskor

Motor*

1,8- och 2,0-liters bensinmotorer....................	Flergradig motorolja, viskositet SAE 5W/30 till Volvo, specifikation WSS-M2C 913-B

2,4-liters bensinmotorer

Modellår 2004 till 2006	Flergradig motorolja, viskositet 5W/30 till grad ACEA A1/B1
Modellår 2007	Flergradig motorolja, viskositet SAE 0W/30 till grad ACEA A1/B1
Dieselmotorer..................................	Flergradig motorolja, viskositet SAE 5W/30 till Volvo, specifikation WSS-M2C 913-B
Kylsystem	Volvos kylvätska – kontakta återförsäljare eller specialist

Manuell växellåda

1,8- och 2,0-liters bensinmodeller	SAE 75W/90 växellådsolja till Volvo, specifikation WSD-M2C 200-C
2,4-liters bensinmodeller	Volvo MTF-97309-10

Dieselmodeller

5-växlad låda.................................	Växellådsolja till Volvo, specifikation WSD-M2C 200-C3
6-växlad låda.................................	SAE 75W/90 växellådsolja till Volvo, specifikation WSD-M2C 200-C
Automatväxellåda..............................	Automatväxelolja till Volvo, specifikation JWS 3309
Broms- och kopplingssystem	Paraffinfri Super DOT 4+ hydraulvätska till Volvo, specifikation ESD-M6C 57-A
Servostyrning	Automatväxelolja till Volvo specifikation WSS-M2C 204-A

* Korrekt oljespecifikation anges även på en etikett på mitten av motorhuvens främre överdel.

Däcktryck (kallt)

Information om däcktrycken för din bil finns på en etikett på förarsidans dörrstolpe.

Kapitel 1 Del A:
Rutinunderhåll och service – bensinmodeller

Innehåll

Svårighetsgrad

Enkelt, passar novisen med lite erfarenhet | **Ganska enkelt,** passar nybörjaren med viss erfarenhet | **Ganska svårt,** passar kompetent hemmamekaniker | **Svårt,** passar hemmamekaniker med erfarenhet | **Mycket svårt,** för professionell mekaniker

Smörjmedel och vätskor	Se slutet av *Veckokontroller*

Volymer

Motorolja (inklusive filter)
1,8- och 2,0-litersmotorer	4,3 liter
2,4-litersmotorer.	5,8 liter

Kylsystem (ungefärligt)
1,8- och 2,0-litersmotorer	7,5 liter
2,4-litersmotorer:	
Manuell växellåda.	9,5 liter
Automatväxellåda.	10,0 liter

Växellåda
Manuell växellåda:	
1,8- och 2,0-litermodeller.	1,9 liter
2,4-litersmodeller	2,1 liter
Automatväxellåda (totalvolym)	7,7 liter

Spolarvätskebehållare
1,8- och 2,0-litersmodeller	4,0 liter
2,4-litersmodeller	6,5 liter

Bränsletank
1,8- och 2,0-litersmodeller.	55,0 liter
2,4-litersmodeller	62,0 liter

Kylsystem
Frostskyddsblandning:	
50 % frostskyddsmedel	Skydd ner till –37 °C
55 % frostskyddsmedel	Skydd ner till –45 °C

Observera: *Kontakta tillverkaren av frostskyddsmedel för de senaste rekommendationerna.*

Tändsystem
Tändstift:	**Typ**
1,8- och 2,0-litersmotorer.	Volvo 30777349
	Denso IT20
2,4-litersmotorer	Volvo 30650843
	NGK LFR6A11

Bromsar
Bromsklossbeläggens minimitjocklek:	
Främre eller bakre bromsklossar	2,0 mm

Fjärrkontrollens batteri
Typ	CR2032, 3 V

Åtdragningsmoment
	Nm
Avtappningsplugg för automatväxelolja	40
Avtappningsplugg för motorolja:	
1,8- och 2,0-litersmotorer.	28
2,4-litersmotorer.	38
Hjulmuttrar:	
Steg 1	20
Steg 2	90
Kompressorns fästbultar	20
Oljefilterlock (endast 2,4-litersmotorer)	35
Tändspolens fästbultar.	10
Tändstift:	
1,8- och 2,0-litersmodeller	12
2,4-litersmodeller	28

Underhållsintervallen i denna handbok förutsätter att arbetet utförs av en hemmamekaniker och inte av en verkstad. Detta är minimiintervall för underhåll som vi rekommenderar för fordon som körs varje dag. Om bilen konstant ska hållas i toppskick bör vissa moment utföras oftare. Vi rekommenderar regelbundet underhåll eftersom det höjer bilens effektivitet, prestanda och andrahandsvärde.

Om bilen körs på dammiga vägar, används till bärgning, körs mycket i kösituationer eller korta körsträckor, ska intervallen kortas av.

När bilen är ny ska den servas av en auktoriserad återförsäljares verkstad (eller annan verkstad som har godkänts av biltillverkaren) för att garantin ska gälla. Biltillverkaren kan avslå garantianspråk om du inte kan bevisa att service har utförts på det sätt och vid de tidpunkter som har angivits, och att endast originaldelar eller delar med certifierad motsvarande kvalitet har använts.

Var 400:e km eller en gång i veckan
☐ Se Veckokontroller

Var 10 000:e km eller var sjätte månad, beroende på vad som kommer först
☐ Byt motoroljan och filtret (avsnitt 2)
Observera: *Volvo rekommenderar att motoroljan och filtret byts var 20 000:e km eller var tolfte månad. Eftersom olje- och filterbyte är bra för motorn rekommenderar vi att du byter dem oftare, framförallt om bilen användas för många korta resor.*
☐ Kontrollera servostyrningsvätskans nivå (avsnitt 3)

Var 20 000:e km eller var tolfte månad, beroende på vad som kommer först
Förutom det som nämns ovan ska du utföra följande:
☐ Kontrollera automatväxellådans parkerings-/neutrallägesbrytare (avsnitt 4)
☐ Kontrollera skicket på drivremmen (avsnitt 5)
☐ Kontrollera ljusens och signalhornets funktion (avsnitt 6)
☐ Kontrollera att det inte förekommer oljeläckage och att slangarna är hela under motorhuven (avsnitt 7)
☐ Kontrollera skicket på motorrummets kablage (avsnitt 8)
☐ Kontrollera automatväxeloljans nivå (avsnitt 9)
☐ Kontrollera bromsklossarnas och bromsskivornas skick (avsnitt 10)
☐ Kontrollera avgassystemet (avsnitt 11)
☐ Kontrollera styrningens och fjädringens komponenter med avseende på skick och säkerhet (avsnitt 12)
☐ Kontrollera drivknutarnas och damaskernas skick (avsnitt 13)
☐ Kontrollera underredet och alla bränsle-/bromsledningar (avsnitt 14)

Var 20 000:e km eller var tolfte månad, beroende på vad som kommer först (forts.)
☐ Smörj alla gångjärn och lås (avsnitt 15)
☐ Hjulkontroll (avsnitt 16)
☐ Utför ett landsvägsprov (avsnitt 17)
☐ Byt pollenfiltret (avsnitt 18)
Observera: *Om bilen används i dammiga miljöer ska pollenfiltret bytas oftare.*
☐ Byt det externa bränslefiltret (avsnitt 18)
Observera: *Gäller endast för länder där det säljs förorenad bensin.*
☐ Kontrollera och justera vid behov handbromsen (avsnitt 19)
☐ Kontrollera säkerhetsbältenas skick (avsnitt 20)
☐ Kontrollera koncentrationen av frostskyddsmedel (avsnitt 21)
☐ Återställ indikatorn för påminnelse om service (avsnitt 22)

Var 60 000:e km
Förutom det som nämns ovan ska du utföra följande:
☐ Byt luftfiltret (avsnitt 23)
Observera: *Om bilen används i dammiga miljöer ska luftfiltret bytas oftare.*
☐ Byt tändstiften (avsnitt 24)
☐ Byt automatväxeloljan (avsnitt 9)
Observera: *Automatväxeloljan behöver normalt inte bytas. Det behöver endast utföras på bilar som framförallt används för bogsering eller som taxibilar.*

Var 95 000:e km
Förutom det som nämns ovan ska du utföra följande:
☐ Byt kamremmen och spännaren (avsnitt 25)
Observera: *Volvos intervall för kamremsbyte är egentligen mycket längre än vad som anges här (160 000 km eller tio år). Vi rekommenderar emellertid att bytet utförs var 95 000:e km, framförallt på bilar som används intensivt, dvs. framförallt korta resor eller mycket start-och-stopp-körning. Det är upp till ägaren att bestämma hur ofta remmen ska bytas, men det är viktigt att komma ihåg att motorn skadas allvarligt om remmen går sönder under drift.*

Vartannat år, oberoende av körsträcka
☐ Byt bromsvätskan (avsnitt 26)
☐ Byt kylvätskan (avsnitt 27)
Observera: *Denna åtgärd ingår inte i Volvo-schemat, och ska inte behöva utföras om det frostskyddsmedel som Volvo rekommenderar har använts.*
☐ Byt fjärrkontrollens batteri (avsnitt 28)

Var 160 000:e km eller vart nionde år, beroende på vad som kommer först
☐ Byt drivremmen (avsnitt 29)

Översikt över motorrummet på en modell med 1,8 liters motor

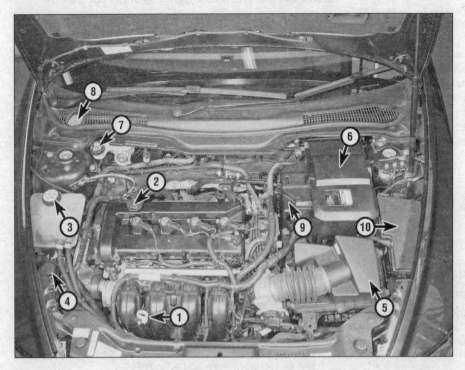

1 Oljemätsticka
2 Oljepåfyllningslock
3 Locket till kylvätskans expansionskärl
4 Behållare för servostyrningsolja
5 Luftfiltrets kåpa
6 Batteri
7 Broms-/kopplingsvätskehållare
8 Spolarvätskebehållare
9 Styrmodulskåpa
10 Säkrings- och relähus

Översikt över motorrummet på en modell med 2,4 liters motor

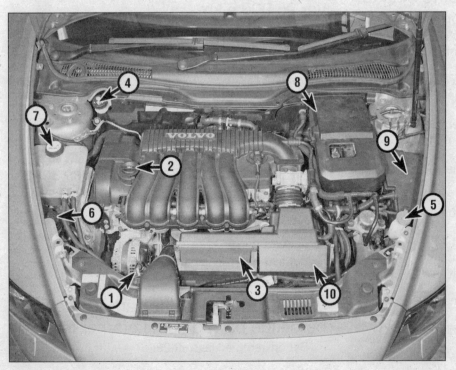

1 Oljemätsticka
2 Oljepåfyllningslock
3 Luftfiltrets kåpa
4 Broms- och kopplingsvätskebehållare
5 Spolarvätskebehållare
6 Behållare för servostyrningsolja
7 Kylvätskans expansionskärl
8 Batteri
9 Säkrings- och relähus
10 Styrmodulskåpa

Översikt över det främre underredet – 1,8 liters modell

1 Oljefilterkassett
2 Dräneringsplugg för motorolja
3 Växellådans avtappningsplugg
4 Katalysator
5 Styrstagsände
6 Höger drivaxel
7 AC-kompressor
8 Länkarm
9 Bromsok

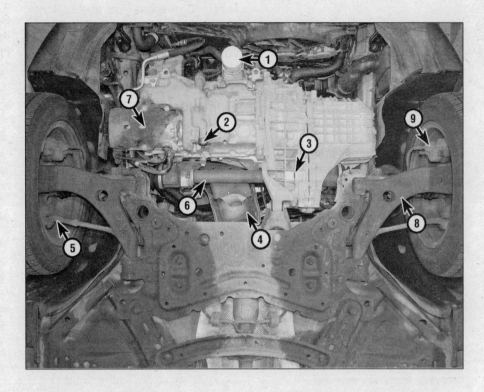

Översikt över det bakre underredet – 1,8 liters modell

1 Krängningshämmare
2 Kolfilter
3 Bränsletank
4 Ljuddämpare
5 Stötdämpare
6 Sidostag
7 Länkarm
8 Parallellstag

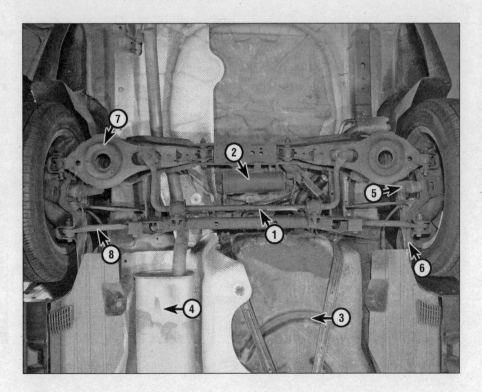

1 Allmän information och rutinunderhåll

Allmän information

1 Syftet med det här kapitlet är att hjälpa hemmamekaniker att underhålla sina bilar för att de ska få så hög säkerhet, driftekonomi, livslängd och prestanda som möjligt.

2 Kapitlet innehåller ett underhållsschema samt avsnitt som i detalj behandlar posterna i schemat. Bland annat behandlas åtgärder som kontroller, justeringar och byte av delar. På de tillhörande bilderna av motorrummet och underredet visas de olika delarnas placering.

3 Underhållsschemat för tid/körsträcka och de följande avsnitten ger dig ett tydligt underhållsprogram som, om du följer det, bidrar till att din bil fungerar både länge och säkert. Underhållsplanen är heltäckande, så om man väljer att bara utföra vissa delar av den vid de angivna tidpunkterna, kan inte samma goda resultat garanteras.

4 Under arbetet med bilen kommer det att visa sig att många arbeten kan – och bör – utföras samtidigt, antingen för att en viss typ av åtgärd ska utföras eller för att två separata delar råkar finnas nära varandra.

Om bilen lyfts av någon orsak kan t.ex. kontroll av avgassystemet utföras samtidigt som styrning och fjädring kontrolleras.

5 Det första steget i underhållsprogrammet består av förberedelser innan arbetet påbörjas. Läs igenom relevanta avsnitt, gör sedan upp en lista på vad som behövs och skaffa fram verktyg och delar. Om problem dyker upp, rådfråga en specialist på reservdelar eller vänd dig till återförsäljarens serviceavdelning.

Rutinunderhåll

6 Om underhållsschemat följs noga från det att bilen är ny och om vätske- och oljenivåerna och de delar som är utsatta för stort slitage kontrolleras enligt denna handboks rekommendationer, hålls motorn i bra skick och behovet av extra arbete minimeras.

7 Ibland går motorn dåligt på grund av bristande underhåll. Risken för detta ökar om bilen är begagnad och inte har fått regelbunden service. I sådana fall kan extra arbeten behöva utföras, utöver det normala underhållet.

8 Om motorn misstänks vara sliten ger ett kompressionsprov (se kapitel 2A eller 2B, efter tillämplighet) värdefull information om de inre huvudkomponenternas skick. Ett kompressionsprov kan användas för att avgöra det kommande arbetets omfattning.

Om provet avslöjar allvarligt inre slitage är det slöseri med tid och pengar att utföra underhåll på det sätt som beskrivs i detta kapitel, om inte motorn först renoveras.

9 Följande åtgärder är de som oftast behövs för att förbättra effekten hos en motor som går dåligt:

I första hand

a) Rengör, kontrollera och testa batteriet (se "Veckokontroller").

b) Kontrollera alla motorrelaterade oljor och vätskor (se "Veckokontroller").

c) Kontrollera drivremmens skick och spänning (avsnitt 5).

d) Byt tändstiften (avsnitt 24).

e) Kontrollera luftfiltrets skick och byt vid behov (se avsnitt 23).

f) Byt ut bränslefiltret (se avsnitt 18).

g) Kontrollera att samtliga slangar är i gott skick och leta efter läckor (avsnitt 7).

10 Om ovanstående åtgärder inte har någon inverkan ska följande åtgärder utföras:

I andra hand

Allt som anges under I första hand, plus följande:

a) Kontrollera laddningssystemet (se kapitel 5A).

b) Kontrollera tändsystemet (se kapitel 5B).

c) Kontrollera bränslesystemet (se kapitel 4A).

Var 10 000:e km eller var sjätte månad

2 Motorolja och filter – byte

1 Täta olje- och filterbyten är det viktigaste förebyggande underhåll en hemmamekaniker kan utföra. När motoroljan åldras blir den utspädd och förorenad, vilket leder till att motorn slits ut i förtid.

2 Innan du börjar arbetet plockar du fram alla verktyg och allt material som behövs. Se även

till att ha gott om rena trasor och tidningar till hands för att torka upp eventuellt spill. Helst ska motoroljan vara varm, eftersom den då rinner ut lättare och mer avlagrat slam följer med.

3 Var försiktig så att du inte kommer åt avgassystemet (framförallt katalysatorn) eller några andra varma motordelar när du arbetar under bilen. Använd handskar för att undvika skållning och för att skydda huden mot irritationer och skadliga föroreningar i begagnad motorolja.

4 Dra åt handbromsen och ställ framvagnen på pallbockar (se Lyftning och stödpunkter). Lossa i förekommande fall de sju torxskruvarna och ta bort motorns undre skyddskåpa (se bild).

5 Ta bort oljepåfyllningslocket.

6 Använd en nyckel, eller ännu hellre en hylsa med arm, och lossa sumpens avtappningsplugg cirka ett halvt varv (se bilder). Placera dräneringsbehållare en under dräneringspluggen och ta därefter bort pluggen helt.

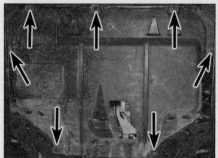

2.4 Skruva loss de 7 torxskruvarna (se pilar) och ta bort motorns undre skyddskåpa

2.6a Motoroljesumpens avtappningsplugg (se pil) – 1,8- och 2,0-litersmodeller

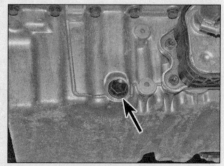

2.6b Motoroljesumpens avtappningsplugg (se pil) – 2,4-litersmodeller

2.9 På modeller med 1,8- och 2,0-liters motor sitter oljefiltret på motorns framsida

2.10 Lossa filterkassetten med ett verktyg som tar tag i höljet

2.15 Använd en 36 mm hylsa för att skruva loss filterlocket

HAYNES TiPS *Dra snabbt bort dränerings-pluggen när den släpper från gängorna, så att oljan hamnar i kärlet och inte i tröjärmen!*

7 Ge den gamla oljan tid att rinna ut, och observera att det kan bli nödvändigt att flytta behållaren när oljeflödet minskar.
8 När oljan har runnit ut torkar du av-tappningspluggen med en ren trasa. Undersök skicket på avtappningspluggens tätningsring, och byt den om den verkar vara tillplattad eller visar tecken på andra skador som kan förhindra att packningen är oljetät (i allmänhet är det bra att alltid sätta dit en ny tätning, men på 1,8- och 2,0-litersmodellerna kan tätningen inte köpas separat från avtappningspluggen). Rengör området runt avtappningspluggens öppning och sätt tillbaka pluggen tillsammans med tätningen. Dra åt den till angivet moment.

1,8- och 2,0-litersmodeller

9 Placera behållaren under oljefiltret, som sitter på motorblockets framsida **(se bild)**.
10 Lossa filtret med ett oljefilterverktyg om det behövs, och skruva sedan loss det för hand **(se bild)**. Töm ut oljan från det gamla filtret i behållaren. Gör sedan hål i filtrets övre del och låt den återstående oljan rinna ner i behållaren.
11 Torka bort all olja, smuts och slam från filtrets tätningsyta på motorn med en ren trasa.

12 Applicera ett tunt lager ren motorolja på det nya filtrets tätningsring och skruva sedan filtret på plats på motorn. Dra åt filtret ordentligt, men endast för hand – använd inte något verktyg.
13 Ta bort den gamla oljan och alla verktyg från bilens undersida och sätt tillbaka motorns undre skyddskåpa (i förekommande fall). Sänk sedan ner bilen.

2,4-litersmodeller

14 Ta bort den gamla oljan och alla verktyg från bilens undersida och sätt tillbaka motorns undre skyddskåpa (i förekommande fall). Sänk sedan ner bilen.
15 Använd en 36 mm hylsa på en förläng-ningsarm och skruva loss oljefilterhusets kåpa **(se bild)**. Kasta O-ringstätningen eftersom en ny måste monteras.
16 Lyft bort filterenheten från huset och kasta den. Var beredd på att det läcker olja **(se bild)**.
17 Rengör oljefilterhuset och kåpan med trasor. Montera sedan den nya O-rings-tätningen på kåpan och smörj in den med lite ren motorolja **(se bild)**.
18 Passa in den nya filterenheten i filterhuset. Sätt sedan tillbaka kåpan och dra åt den till angivet moment **(se bild)**.
19 Sätt tillbaka luftrenarens resonator, och insugskanalerna.

Alla modeller

20 Fyll på motorn med rätt olja av rätt grad och typ (se *Veckokontroller* för mer information om påfyllning). En oljekanna med pip eller en tratt kan hjälpa till att minska spillet. Häll i hälften av den angivna mängden först och

vänta sedan några minuter tills oljan har samlats i sumpen.
21 Fortsätt fylla på små mängder i taget till dess att nivån når MIN-märket på mätstickan. Om du fyller på 0,5 liter olja når nu nivån MAX-märket på mätstickan – oroa dig inte om du fyller på lite för mycket, eftersom en del av överskottet hamnar i oljefiltret. Sätt tillbaka mätstickan och påfyllningslocket.
22 Starta motorn och låt den gå några minuter. Leta efter läckor runt oljefiltret och sumpens dräneringsplugg. Observera att det kan ta ett par sekunder innan oljetrycklampan släcks sedan motorn startats efter ett oljebyte. Detta beror på att oljan cirkulerar runt i kanalerna och det nya filtret innan trycket byggs upp.
23 Stäng av motorn och vänta ett par minuter på att oljan ska rinna tillbaka till sumpen. Kontrollera oljenivån igen när den nya oljan har cirkulerat och filtret är fullt. Fyll på mer olja om det behövs.
24 Kasta den använda motoroljan och oljefiltret enligt gällande miljöbestämmelser, se *Allmänna reparationsanvisningar* i kapitlet *Referens* i den här handboken. Det finns behållare för använd olja och för oljefilter på de flesta miljöstationer.

3 Servostyrningens vätskenivå – kontroll

Varning: Om styrservovätskan behöver fyllas på ofta betyder det att systemet läcker. Undersök och åtgärda detta omedelbart.

2.16 Lyft bort oljefiltret från huset

2.17 Sätt dit en ny O-ringstätning i fiterlocket

2.18 Det nya filtret kan placeras med valfri sida upp

1 Parkera bilen på plan mark och placera ratten i helt rakt läge. Motorn ska vara avstängd och kall.

HAYNES TiPS *För att kontrollen ska gå rätt till får ratten inte vridas när motorn har stängts av.*

2 Behållaren sitter till höger i motorrummet, bakom strålkastaren. Ta bort strålkastaren enligt beskrivningen i kapitel 12. Vätskenivån kan ses genom behållaren och ska ligga mellan MIN- och MAX-markeringarna när motorn är kall **(se bild)**. Om nivån kontrolleras när motorn är igång eller varm kan nivån stiga något över MAX-markeringen.

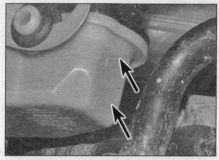

3.2 Servostyrningsvätskans nivå ska ligga mellan MIN- och MAX-markeringarna

3 Om du måste fylla på ska du använda den vätska som rekommenderas – fyll inte på behållaren för mycket. Skruva loss behållarens

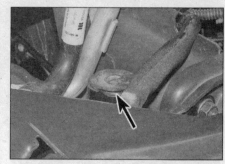

3.3 Servostyrningsbehållarens lock

lock **(se bild)**. Var försiktig så att det inte kommer in smuts i systemet vid påfyllningen. Sätt på locket ordentligt när nivån stämmer.

Var 20 000:e km eller var tolfte månad

4 Automatväxellåda – kontroll av parkerings-/neutrallägesbrytaren

1 Växellådans väljarsystem är utformat så att motorn endast kan startas när växelväljarspaken är i läge P eller N.
2 Ställ bilen på plan mark och dra åt handbromsen mycket hårt. Flytta växelväljaren till läge P och kontrollera att motorn kan startas. Upprepa kontrollen med växelväljaren i läge N.
3 Flytta växelväljaren till andra lägen och kontrollera att motorn inte kan startas.
4 Om motorn kan startas i ett annat läge än P eller N, justera växelvajern enligt beskrivningen i kapitel 7B.

5 Drivrem – kontroll

Drivrem – kontroll

1 På 1,8- och 2,0-litersmodeller finns det två drivremmar – en från vevaxelns remskiva till generatorn och kylvätskepumpen, och en från vevaxelns remskiva till AC-kompressorn.

På 2,4-litersmodeller sitter det två drivremmar på motorns högra sida. På alla motorer finns det en automatisk justerare på huvuddrivremmen, så drivremmens spänning behöver inte kontrolleras. På 1,8- och 2,0-litersmodeller har inga förberedelser gjorts för att justera luftkonditioneringens drivremsspänning.
2 På grund av drivremmarnas funktion och material tenderar de att gå sönder efter en längre tid, och ska därför kontrolleras regelbundet.
3 Eftersom drivremmen sitter mycket nära motorrummets högra sida blir det lättare att komma åt den om man lyfter upp bilens framvagn och tar bort höger hjul, och sedan skruvar loss de sju torxskruvarna och tar bort motorns undre skyddskåpa (i förekommande fall) **(se bild 2.4)**.
4 Med motorn stillastående, kontrollera hela drivremmen och sök efter sprickor och tecken på flagning hos remmen. Motorn måste vridas runt (med en nyckel, eller en hylsa med arm, på vevaxelns remskivebult) för att remmen ska röra sig från remskivorna så att du kan undersöka remmen ordentligt. Vrid remmen mellan remskivorna så att du kan se båda sidorna. Kontrollera också om det finns fransning och blankslitning som

gör att remmen ser blank ut. Kontrollera om remskivorna är repade, spruckna, vridna eller korroderade.
5 Observera att det inte är ovanligt att en kuggrem har små sprickor i kanterna på kuggarna, och om de inte är väldigt många eller väldigt djupa så behöver remmen inte bytas.

Drivrem – byte

1,8- och 2,0-litersmotorer

6 Lossa höger framhjulsmuttrar, lyft upp bilens framvagn och stötta den på pallbockar (se *Lyft-ning och stödpunkter*). Lossa i förekommande fall de sju fästena och ta bort motorns undre skyddskåpa **(se bild 2.4)**. Demontera hjulet.
7 Skruva loss torxskruvarna och plastmuttern, ta sedan bort hjulhusets innerskärm.
8 Koppla loss luftkonditioneringens anslutningskontakt, och skruva sedan loss bultarna som fäster kompressorn, skyddsplattan och rörets fästbygel på sumpen. Låt kompressorn vridas och ta bort remmen från remskivorna **(se bilder)**.
9 Använd en nyckel på spännarens centrumbult och vrid spännaren moturs för att minska drivremmens spänning. Observera hur drivremmen är dragen och ta sedan bort remmen från remskivorna **(se bild)**.

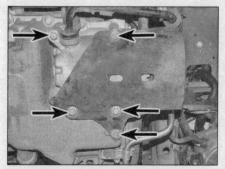

5.8a Skruva loss skyddsplattan/kompressorns fästbultar (se pilar)

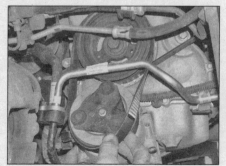

5.8b Med kompressorn lossad, lossa remmen från remskivorna

5.9 Vrid spännaren moturs

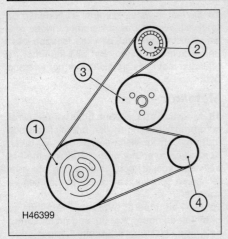

H46399

5.10 Drivremmens dragning – 1,8- och 2,0-litersmodeller

1 Vevaxelns remskiva
2 Spännarremskiva
3 Kylvätskepumpens remskiva
4 Generatorns remskiva

10 Montera den nya drivremmen på vevaxeln, generatorn och kylvätskepumpen. Vrid sedan spännaren moturs och passa in drivremmen på remskivan. Se till att drivremmen är korrekt placerad i alla remskivans spår, lossa sedan spännaren **(se bild)**.

11 Montera den nya remmen på kompressorns och vevaxelns remskiva, sätt sedan tillbaka skyddsplattan och dra åt bultarna till angivet moment. Var noga med att inte gänga fästbultarna snett. Återanslut anslutningskontakten och sätt tillbaka rörets fästbygel.

12 Sätt tillbaka hjulhusets innerskärm och motorns undre skyddskåpa (i förekommande fall). Montera sedan hjulet och sänk ner bilen.

2,4-litersmotorer

13 Lossa höger framhjulsmuttrar, lyft upp bilens framvagn och stötta den på pallbockar (se *Lyftning och stödpunkter*). Lossa de 7 fästena och ta bort motorns undre skyddskåpa **(se bild 2.4)**. Demontera hjulet.

14 Skruva loss torxskruvarna och plastmuttrarna, ta sedan bort hjulhusets innerskärm.

15 För att ta bort den yttre remmen, för in ett torxbit i spännararmen, vrid sedan spännaren medurs så långt som möjligt, och ta bort remmen **(se bild)**.

16 För in ett torxbit i mitten av den inre remspännarens remskiva, vrid sedan spännaren moturs så långt det går. Ta bort remmen.

17 Se till att remskivans spår är rena, vrid spännaren moturs och montera den nya remmen på remskivorna. Kontrollera att remmen är korrekt placerad i remskivornas spår och lossa sedan spännaren försiktigt.

18 Vrid den yttre remspännaren medurs och montera den nya remmen på remskivorna. Kontrollera att remmen är korrekt placerad i remskivornas spår och lossa sedan spännaren försiktigt.

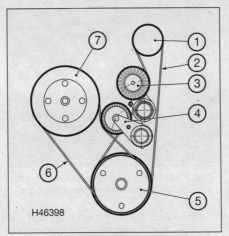

H46398

5.15 Drivremmens dragning – 2,4-litersmodeller

1 Generatorns remskiva
2 Inre drivrem
3 Inre drivremsspännare
4 Yttre drivremsspännare
5 AC-kompressor
6 Yttre drivrem
7 Vevaxelns remskiva

19 Sätt tillbaka den undre skyddskåpan, hjulhusets innerskärm och hjulet. Sänk sedan ner bilen.

6 Ljus och signalhorn – funktionskontroll

1 Kontrollera att alla yttre ljus fungerar, med tändningen påslagen om det behövs.

2 Kontrollera bromsljusen med hjälp av en medhjälpare, eller genom att backa upp nära en speglande dörr. Se till att alla bakljus fungerar separat, utan att påverka några av de andra ljusen – tänd t.ex. så många bakljus som möjligt och testa sedan bromsljusen. Om något inte fungerar som det ska beror detta ofta på ett jordningsfel eller någon annan typ av dålig anslutning i bakljusarmaturen.

3 Ta hjälp av en medhjälpare igen, eller använd en speglande yta, och kontrollera strålkastarna både med hel- och halvljus i den utsträckning det går.

4 Byt eventuella trasiga glödlampor enligt beskrivningen i kapitel 12.

> **HAYNES TiPS** *Framförallt på äldre bilar kan glödlamporna sluta fungera på grund av korrosion på glödlampan eller dess hållare – då kanske det inte hjälper att byta glödlampan. När du byter en glödlampa och hittar gröna eller vita pulveravlagringar ska de tas bort med en smärgelduk.*

5 Kontrollera att all innerbelysning fungerar, inklusive belysningen i handskfacket och bagageutrymmet. Slå på tändningen och kontrollera att alla relevanta varningslampor tänds som de ska – det ska finnas information om detta i bilens instruktionsbok. Starta nu motorn och kontrollera att de aktuella ljusen slocknar. När du kör i mörker nästa gång, kontrollera att all instrumentpanelsbelysning och instrumentbrädebelysning fungerar. Om du stöter på problem, se kapitel 12.

6 Välj slutligen ett lämpligt tillfälle att testa signalhornets funktion.

7 Kontroll under motorhuven – slangar och läckage

⚠ *Varning: Byte av slangar i luftkonditioneringssystemet måste utföras av en märkesverkstad eller luftkonditioneringsspecialist, som har rätt utrustning för att tryckavlasta systemet på ett säkert sätt. Ta aldrig bort luftkonditioneringskomponenter eller slangar innan systemet har tryckavlastats.*

Allmänt

1 Undersök motorns fogytor, packningar och tätningar och leta efter tecken på vatten- eller oljeläckage. Var särskilt noga med områdena runt ventilkåpans, topplockets, oljefiltrets och sumpens fogytor. Tänk på att med tiden är ett litet läckage från dessa områden helt normalt, så leta efter tecken på allvarliga läckor. Om ett läckage påträffas, byt den defekta packningen eller tätningen enligt beskrivning i relevant kapitel i denna handbok.

2 Höga temperaturer i motorrummet kan orsaka skador på gummi- och plastslangarna som används för motor, tillbehörs- och avgassystem. Kontrollera regelbundet att det inte har uppstått några sprickor, att inga klämmor har lossnat, att det inte förekommer materialförhårdning eller läckage.

3 När du undersöker slangarna, se till att alla buntband eller klämmor som används för att hålla fast slangarna sitter på plats, och att de är hela. Trasiga eller saknade klämmor kan leda till nötning på slangar, rör eller kablage. Detta kan i sin tur leda till allvarligare fel i framtiden.

4 Kontrollera försiktigt de större övre och nedre kylarslangarna, tillsammans med andra kylsystemsslangar och metallrör med mindre diametrar. Glöm inte värmeslangarna/ rören som går från motorn till torpedväggen. Undersök varje slangs hela längd, byt slangar som är spruckna, svullna eller visar tecken på skador. Sprickor kan bli tydligare om slangen kläms ihop och är ofta synliga i slangändarna.

5 Se till att alla slanganslutningar är ordentligt åtdragna. Om de större luftslangarna från luftrenaren är lösa kommer de att läcka ut luft

7.5 Kontrollera att luftintagsslangarna är säkra

7.16 Kontrollera bränsleslangen där den ansluter till bränsleinsprutningsbryggan

och påverka motorns tomgångskvalitet negativt **(se bild)**. Om fjäderklämmorna som används för att fästa några av slangarna verkar vara för lösa, ska de bytas ut mot justerbara skruvklämmor för att förhindra läckage.

6 Vissa andra slangar är fästa med klämmor. Där klämmor används ska du kontrollera att de är tillräckligt spända, annars kan slangen läcka. Om klämmor inte används, se till att slangen inte har expanderat och/eller hårdnat där den ansluter till fästet, då kan det uppstå läckage.

7 Kontrollera alla vätskebehållare, påfyllningslock, avtappningspluggar och fästen etc., sök efter tecken på läckage av olja, växellåds- och/eller bromshydraulvätska, kylvätska och servostyrningsvätska. Kontrollera även kopplingens hydraulvätskeledningar som går från vätskebehållaren och slavcylindern (på växellådan).

8 Om bilen vanligtvis parkeras på samma plats kan en närmare undersökning av marken där avslöja eventuella läckor. Du kan strunta i vattenpölen som uppstår när luftkonditioneringen används. Placera en bit ren kartong under motorn och undersök om den visar tecken på nedsmutsning när bilen har varit parkerad över den under natten – var emellertid medveten om brandrisken som kan uppstå när man placerar brännbart material under katalysatorn.

9 Kom ihåg att vissa läckage endast uppstår när motorn är igång, eller när motorn är varm eller kall. Med handbromsen ordentligt åtdragen, starta motorn när den är kall och låt den gå på tomgång medan du undersöker undersidan av motorrummet och söker efter tecken på läckage.

10 Om du märker en ovanlig lukt inuti eller runt bilen, framförallt när motorn är genomvarm, kan detta tyda på ett läckage.

11 Så snart du har upptäckt ett läckage måste du hitta dess källa och åtgärda problemet. Om det har läckt olja under en tid måste man ofta använda en ångtvätt, högtryckstvätt eller liknande för att få bort all smuts och kunna identifiera orsaken till läckaget.

Vakuumslangar

12 Det är relativt vanligt att vakuumslangarna, framförallt i avgassystemen, är färgkodade, eller att de identifieras av ingjutna färgade

ränder. Olika system behöver slangar med olika tjocka väggar, ståndfasthet och temperaturbeständighet. När du byter slangar är det viktigt att de nya är gjorda av samma material.

13 Det enda effektiva sättet att kontrollera en slang är oftast att ta bort den från bilen. Om du tar bort fler än en slang, se till att märka slangarna och fästena för att kunna sätta tillbaka dem på rätt plats.

14 När du kontrollerar vakuumslangarna ska du även kontrollera eventuella T-fästen i plast. Kontrollera att fästen inte är spruckna och att slangen inte är vriden på anslutningarna, så att det inte läcker.

15 Du kan använda en liten del av en vakuumslang (invändig diameter på en kvarts tum) som ett stetoskop för att upptäcka vakuumläckor. Håll ena slangänden nära örat och för stetoskopet över vakuumslangarna och fästen, lyssna efter det "väsande" ljud som tyder på en vakuumläcka.

⚠ *Varning: När du använder vakuumslangen för att leta efter läckor är det mycket viktigt att du inte kommer åt rörliga motordelar som drivremmen, kylarens elektriska kylfläkt etc.*

Bränsleslangar

⚠ *Varning: Det finns några säkerhetsföreskrifter som måste följas när du kontrollerar eller servar komponenter i bränslesystemet. Arbeta i en välventilerad lokal, och låt inga öppna lågor (cigaretter, pilotlågor etc.) eller glödlampor utan skärmar komma i närheten av arbetsområdet. Torka upp eventuellt spill omedelbart och förvara inte trasor som är fuktiga av bränsle där de kan antändas.*

16 Kontrollera att bränsleslangarna inte har skadats eller skavts. Sök särskilt efter sprickor i områdena där slangarna böjs, och även precis framför fästen, t.ex. där en slang ansluter till bränsleinsprutningsbryggan **(se bild)**.

17 Använd bränsleledning av hög kvalitet, de oftast ordet "fluoroelastomer" tryckt på slangen, vid byten av bränsleledningar. Använd aldrig vakuumslangar som inte är förstärkta, genomskinliga plastslangar eller vattenslangar istället för bränsleledningar.

18 Du kan använda klämmor av fjädertyp på bränsleledningar. Dessa klämmor förlorar ofta sin spänst efter en tid, och kan "snäppa loss" under demonteringen. Byt alla klämmor av fjädertyp mot bensinrörsklämmor när en slang byts.

Metallrör

19 Man har ofta använt bitar av metallrör som bränsleledning mellan bränslefiltret och motorn, och för vissa servo- och AC-delar. Kontrollera rören noggrant så att de inte har böjts eller veckats och att ledningen inte visar tecken på sprickor. Leta även efter tecken på korrosion.

20 Om du måste byta en metallbit av bränsleledningen ska du endast använda heldragna stålrör, eftersom koppar- och aluminiumrör inte är tillräckligt starka för att klara av normala motorvibrationer.

21 Kontrollera metallrören där de går in i bromshuvudcylindern, ABS-hydraulenheten eller kopplingens master-/slavcylindrar (efter tillämplighet), leta efter sprickor i ledningarna eller lösa fästen och beslag. Om det finns tecken på bromsvätskeläckage ska du omedelbart utföra en noggrann undersökning.

---

8 Motorrummets kablage – kontroll

1 Med bilen placerad på plan mark, dra åt handbromsen ordentligt och öppna motorhuven. Använd en kontrollampa eller liten ficklampa och kontrollera allt synligt kablage inuti och under motorrummet.

2 Det du letar efter i det här läget är kablage som är uppenbart skadat genom att det skavt mot vassa kanter eller rörliga delar i fjädringen/växellådan och/eller drivremmen. Kablarna kan också ha klämts mellan slarvigt återmonterade delar eller smält genom att de kommit i kontakt med heta motordelar, kylrör etc. I nästan alla fall orsakas skador av denna typ i första hand av inkorrekt dragning vid ihopsättning efter det att tidigare arbete har utförts.

3 Beroende på problemets storlek kan skadade kablar repareras genom sammanfogning eller splitsning med en bit ny kabel, med lödning för att försäkra en god anslutning, och sedan nyisolering med isoleringstejp eller krympslang. Om skadan är stor, kan det vara bäst att byta hela kabelavsnittet med tanke på bilens körsäkerhet, oavsett om det kan verka dyrt.

4 När skadan har reparerats, se till att kablaget dras korrekt vid återmonteringen så att det inte vidrör andra delar, inte är sträckt eller veckat, samt att det hålls undan med hjälp av de plastklämmor, guider och fästband som finns till hands.

5 Kontrollera alla elektriska kontaktdon och se till att de är rena och ordentligt fastsatta, samt

8.5 Kontrollera att alla elektriska kontaktdon är ordentligt ihopfästa

att vart och ett hålls på plats med motsvarande plastflik eller kabelklämma **(se bild)**.

Om något kontaktdon uppvisar yttre tecken på korrosion (vita eller gröna avlagringar, eller rost), eller om något misstänks vara smutsigt, måste det kopplas loss och rengöras med rengöringsmedel för elektriska kontakter. Om kontaktstiften är mycket korroderade måste kontaktdonet bytas. Observera att detta kan betyda att hela den biten av kablaget måste bytas – besök din lokala Volvo-återförsäljare för mer information.

6 Om rengöringen helt tar bort korrosionen och kontaktdonet är i önskat skick, är det bra att slå in kontaktdonet i ett lämpligt material som skyddar det mot smuts och fukt, och hindrar att korrosion uppstår igen. En Volvo-återförsäljare kan rekommendera en lämplig produkt.

7 Kontrollera vilket skick batterianslutningarna är i – gör om anslutningarna eller byt ledningarna om det förekommer fel (se kapitel 5A). Använd samma teknik för att se till att alla jordningspunkter i motorrummet ger god elektrisk kontakt genom rena, metall-till-metall-anslutningar, och kontrollera att alla sitter ordentligt fast.

9 Automatväxelolja – nivåkontroll och byte

Nivåkontroll

1 Automatväxellådans oljenivå ska hållas under noggrann uppsikt. För låg oljenivå kan

leda till slirning eller försämrad drivning medan för hög oljenivå kan leda till skumning, oljeförlust och skador på växellådan.

2 Helst ska växellådsoljans nivå kontrolleras när växellådan är varm (vid dess normala arbetstemperatur). Om bilen precis har körts i cirka 30 minuter är oljans temperatur runt 80 °C och växellådan är varm.

3 Lyft upp bilen och ställ den stadigt på pallbockar (se *Lyftning och stödpunkter*). Skruva loss de sju torxskruvarna och ta bort motorns undre skyddskåpa **(se bild 2.4)**.

4 Dra åt handbromsen ordentligt och starta motorn. När motorn går på tomgång, tryck ner bromspedalen och flytta växelväljaren till ett växelläge i taget (stanna på varje läge i minst tre sekunder), och placera till sist spaken i läge P igen.

5 Vänta två minuter och med motorn på tomgång tar du sedan bort mätstickan (gult handtag) från röret på växellådans främre del **(se bild)**. Observera skick och färg på oljan på mätstickan.

6 Torka bort oljan från mätstickan med en ren trasa och stick in mätstickan i påfyllningsslangen tills locket fäster.

7 Dra ut mätstickan igen och notera oljenivån. Nivån ska ligga runt den högre delen av HOT-intervallet. Om nivån ligger under HOT-intervallet, stanna motorn.

8 När du ska fylla på växellådsolja, koppla loss oljekylarslangen från returöppningen i växellådskåpan. Slangen är fäst med en snabbanslutning. Anslut en bit gummislang till returöppningen och sätt en tratt i andra änden av slangen. Fyll på den angivna automatväxeloljan. Det är väldigt viktigt att det inte kommer in smuts i systemet vid påfyllning.

9 Fyll på lite olja i taget och kontrollera nivån mellan varje påfyllning enligt beskrivningen ovan, tills nivån är korrekt. Skillnaden mellan den övre delen och den nedre delen av HOT- eller COLD-intervallen är cirka 0,3 liter.

10 Om bilen inte har körts och motorn och växellådan är kalla ska momenten i punkt 3 till 6 utföras som ovan, men märkena på mätstickans COLD-del ska användas. Det är emellertid bättre att kontrollera nivån när växellådan är varm, eftersom man då får en bättre avläsning.

11 Om oljan behöver fyllas på regelbundet måste det bero på en läcka, som i så fall måste lokaliseras och åtgärdas så snart som möjligt.

12 Undersök oljans skick samtidigt som oljenivån kontrolleras. Om oljan på mätstickan är svart eller mörkt rödbrun, eller om den luktar bränt, måste oljan bytas ut. Jämför den befintliga oljans färg och lukt med nyköpt växelolja av samma typ om det råder tvivel om oljans skick.

13 Om bilen ofta används för kortare resor, som taxi eller ofta bogserar eller drar, ska växellådsoljan bytas regelbundet. Om bilen har gått långt eller om man inte känner till dess historik, kan det vara värt att byta oljan för säkerhets skull. Men byte av växellådsoljan ingår inte i det normala underhållet.

Oljebyte

14 Lyft upp bilen och ställ den stadigt på pallbockar (se *Lyftning och stödpunkter*). Skruva loss de sju torxskruvarna och ta bort motorns undre skyddskåpa **(se bild 2.4)**.

15 Placera en behållare under växellådans avtappningsplugg, ta sedan bort pluggen och låt vätskan rinna ner i behållaren **(se bild)**. Kasta tätningsbrickan, du måste sätta dit en ny.

16 När all olja har tappats av, sätt tillbaka avtappningspluggen (med en ny tätningsbricka om det behövs) och dra åt den till angivet moment.

17 När du ska fylla på olja i växellådan, koppla loss oljekylarslangen från returöppningen i växellådskåpan **(se bild)**. Slangen är fäst med en snabbanslutning. Anslut en bit genomskinlig plastslang till returöppningen och sätt en tratt i andra änden av slangen.

18 Se till att växelväljaren är i läge P och fyll sedan på cirka 2 liter av den angivna automatväxeloljan genom slangen, in till växellådan. Det är väldigt viktigt att det inte kommer in smuts i systemet vid påfyllning.

19 Starta motorn och låt den gå på tomgång så att växellådan pumpar ut vätskan. Slå av motorn så snart det syns luftbubblor i plastslangen.

20 Upprepa åtgärden som beskrivs i punkt 19 ovan.

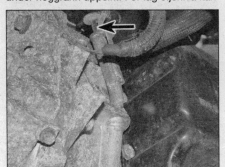

9.5 Automatväxellådans oljemätsticka (se pil) – sedd underifrån

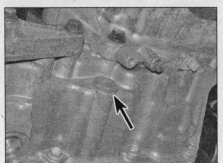

9.15 Avtappningsplugg till automatväxellådsolja (se pil)

9.17 Koppla loss oljereturslangen från växellådans främre/övre del (se pil)

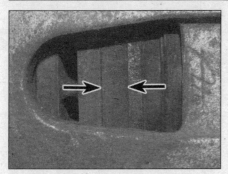
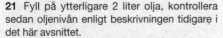

10.4 Mät hur tjockt bromsklossbelägget är (se pilar)

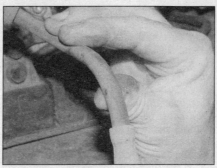

10.12 Kontrollera gummibromsslangarnas skick genom att böja dem något och leta efter sprickor

11.2 Kontrollera avgassystemets gummifästen

21 Fyll på ytterligare 2 liter olja, kontrollera sedan oljenivån enligt beskrivningen tidigare i det här avsnittet.
22 Montera motorns undre skyddskåpa när du är klar.

10 Bromsklossar och bromsskivor – kontroll

1 Arbetet som beskrivs i det här avsnittet ska utföras vid de angivna tidpunkterna, eller om du misstänker att det är fel på bromssystemet. Något eller några av följande symptom kan tyda på fel i bromssystemet:

a) Bilen drar åt ena sidan när bromspedalen trycks ner.
b) Bromsarna ger ifrån sig gnällande, skrapande eller släpande ljud när de används.
c) Bromspedalvägen är för lång eller också känns inte pedalen fast.
d) Bromsvätskan måste fyllas på ofta. Observera att eftersom hydraulenheten delar vätska med bromssystemet (se kapitel 6), kan detta problem bero på en läcka i kopplingssystemet.

Skivbromsar fram

2 Dra åt handbromsen, lossa sedan de främre hjulmuttrarna. Lyft upp framvagnen och stötta den ordentligt på pallbockar (se *Lyftning och stödpunkter*).
3 Ta bort hjulen för att lättare komma åt bromsoken.
4 Titta genom kontrollöppningen i bromsoket och kontrollera att friktionsbeläggen på var och en av bromsklossarna inte är tunnare än den rekommenderade minimitjockleken som anges i Specifikationer (se bild).

HAYNES TiPS *Kom ihåg att bromskloss-belägget ofta är fäst på en metallstödplatta. För att skilja ut metallen och själva belägget, kan det hjälpa att först vrida långsamt på skivan – skivans kant kan så identifieras, med belägget på varje bromskloss på var sida om den, och stödplattorna bakom.*

5 Om det är svårt att avgöra exakt hur tjocka bromsbeläggen är, eller om du är osäker på bromsklossarnas skick, ta bort dem från bromsoken för ytterligare kontroll (se kapitel 9).
6 Kontrollera det andra bromsoket på samma sätt.
7 Om någon av bromsklossarna har slitits ner till eller under den angivna gränsen måste *alla fyra* bromsklossarna på den delen av bilen bytas. Om bromsklossarna på ena sidan är mycket mer slitna än på den andra, kan detta tyda på att bromsokskolvarna delvis har kärvat fast – se metoden för byte av bromsklossar i kapitel 9, och tryck tillbaka kolvarna in i bromsoket för att lossa dem.
8 Mät skivornas tjocklek med en mikrometer om du har en sådan, för att se till att de fortfarande kan användas. Låt dig inte luras av den rostbeläggning som ofta bildas på skivans ytterkant och som kan få skivan att verka tjockare än vad den är – skrapa bort lös rost om det behövs, utan att repa skivans friktionsyta (glansig).
9 Om någon skiva är tunnare än den angivna minimitjockleken, byt båda skivorna (se ka-pitel 9).
10 Kontrollera skivornas allmänna skick. Leta efter kraftiga repor och missfärgningar som har orsakats av överhettning. Om dessa villkor förekommer, ta bort den aktuella skivan och låt ytbehandla eller byta den (se kapitel 9).
11 Se till att handbromsen är ordentligt åtdragen, kontrollera sedan att växellådan är i neutralläge. Snurra på hjulet och kontrollera att bromsen inte kärvar. Ett visst motstånd är normalt i en skivbroms, men det ska inte vara svårt att snurra hjulet – blanda inte heller ihop bromsens anliggningsmotstånd med motståndet från växellådan.
12 Innan du sätter tillbaka hjulen, kontrollera alla bromsledningar och slangar (se kapitel 9). Kontrollera särskilt de flexibla slangarna i närheten av bromsoken, där de utsätts för mest rörelse (se bild). Böj dem mellan fingrarna (men vik dem inte dubbelt, eftersom höljet kan skadas) och kontrollera att detta inte avslöjar sprickor, revor eller liknande.
13 Avsluta med att sätta tillbaka hjulen och sänka ner bilen. Dra åt hjulmuttrarna till angivet moment.

Bakre skivbromsar

14 Lossa de bakre hjulmuttrarna och klossa sedan framhjulen. Höj upp bakvagnen med domkraft och ställ den på pallbockar. Lossa handbromsen och ta bort bakhjulen.
15 Metoden för att kontrollera de bakre bromsarna är i princip likadan som det som beskrivs i avsnitt 2 till 13 ovan. Kontrollera att de bakre bromsarna inte kärvar, observera att motståndet från växellådan inte påverkar bakhjulen. Om det krävs en onormal ansträngning kan detta tyda på att handbromsen behöver justeras – se kapitel 9.

11 Avgassystem – kontroll

1 Med kall motor (minst tre timmar efter det att bilen har körts), kontrollera hela avgassystemet från motorn till änden av avgasröret. Helst ska detta göras på en lyft, där du har obegränsad åtkomst. Om du inte har tillgång till en lyft, lyft upp bilen och ställ den på pallbockar (se *Lyftning och stödpunkter*).
2 Se till att alla fästbyglar och gummifästen är i gott skick, och ordentligt åtdragna. Om något av fästena ska bytas, se till att de nya är av rätt typ – om bilen har gummifästen är deras färg en bra fingervisning. Fästena närmast katalysatorn är mer värmetåliga än de andra (se bild).
3 Kontrollera rören och anslutningarna efter tecken på läckor, allvarlig korrosion eller skador. En av de vanligaste platserna där läckage uppstår är runt de svetsade fogarna mellan rören och ljuddämparna. Läckage i någon fog eller annan del visar sig vanligen som en sotfläck i närheten av läckan. **Observera:** *Avgassystemets tätningsmedel ska inte användas på någon del av avgassystemet ovanför katalysatorn (mellan omvandlaren och motorn) – även om tätningsmedlet inte innehåller tillsatser som är skadliga för omvandlaren, kan delar av det lossna och skada avgassystemet, vilket kan orsaka lokal överhettning.*
4 Undersök samtidigt bilens undersida efter hål, korrosion, öppna skarvar och liknande

12.2 Kontrollera kuggstångsdamaskens skick

12.4 Se om hjullagret är slitet genom att ta tag i hjulet och försöka vicka på det

13.2 Tryck ihop drivaxeldamasken och kontrollera om den är sprucken

som kan leda till att avgaser kommer in i passagerarutrymmet. Täta alla sådana öppningar med silikon eller karosskitt.

5 Skaller och andra missljud kan ofta härledas till avgassystemet, speciellt till gummifästen. Försök rubba avgassystem, ljuddämpare, värmesköldar och katalysator. Om någon komponent kan komma åt karossen eller fjädringen måste avgassystemets fästen bytas ut.

6 Kontrollera motorns skick genom att undersöka insidan av avgasrörets ände. Avgasavlagringarna här är en indikation om motorns inställning. Avgasrörets insida ska vara torrt och dess färg ska variera mellan mörkgrå till ljusgrå/brun. Om den är svart och sotig, eller belagd med vita beläggningar, kan detta tyda på att bränslesystemet behöver kontrolleras.

12 Styrning och fjädring – kontroll
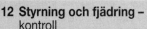

Framfjädring och styrning

1 Dra åt handbromsen, lyft sedan upp bilens framvagn och ställ den på pallbockar (se *Lyftning och stödpunkter*).
2 Inspektera spindelledernas dammskydd och kuggstångens damasker. De får inte vara skavda, spruckna eller ha andra defekter **(se bild)**. Slitage på någon av dessa delar gör att smörjmedel läcker ut och att smuts och vatten kan komma in, vilket snabbt sliter ut spindellederna eller styrväxeln.
3 Kontrollera servostyrningens slangar och leta efter tecken på nötning och åldrande och undersök rör- och slanganslutningar för att se om det finns oljeläckage. Leta även efter läckor under tryck från styrväxelns gummidamask, vilket indikerar trasiga tätningar i styrväxeln.
4 Ta tag i hjulet upptill och nedtill och försök rucka på det **(se bild)**. Ett ytterst litet spel kan märkas, men om rörelsen är stor krävs en närmare undersökning för att fastställa orsaken. Fortsätt rucka på hjulet medan en medhjälpare trycker på bromspedalen. Om spelet försvinner eller minskar markant är det troligen fråga om ett defekt hjullager.

Om spelet finns kvar när bromsen är nedtryckt rör det sig om slitage i fjädringens leder eller fästen.
5 Fatta sedan tag i hjulet på sidorna och försök rucka på det igen. Märkbart spel beror antingen på slitage på hjullager eller styrstagets spindelleder. Om styrstagets yttre spindelled är sliten syns rörelsen tydligt. Om den inre spindelleden misstänks vara sliten kan detta kontrolleras genom att man placerar handen över kuggstångens gummidamask och tar tag om styrstaget. När hjulet ruckas kommer rörelsen att kännas vid den inre spindelleden om den är sliten.
6 Leta efter glapp i fjädringsfästenas och kryssrambalkens bussningar genom att bända mellan relevant komponent och dess fästpunkt med en stor skruvmejsel eller ett plattjärn. En viss rörelse är att vänta eftersom bussningarna är av gummi, men eventuellt större slitage visar sig tydligt. Kontrollera även de synliga gummibussningarnas skick och leta efter bristningar, sprickor eller föroreningar i gummit.
7 Ställ bilen på marken och låt en medhjälpare vrida ratten fram och tillbaka ungefär en åttondels varv åt vardera hållet. Det ska inte finnas något, eller bara ytterst lite, spel mellan rattens och hjulens rörelser. Kontrollera noga lederna och fästena enligt tidigare beskrivning om spelet är större, men kontrollera dessutom om rattstångens universalknutar är slitna, samt även själva kuggstångsväxeln.

Bakfjädring

8 Klossa framhjulen, lyft upp bakvagnen med hjälp av en domkraft och stötta den på pallbockar (se *Lyftning och stödpunkter*).
9 Kontrollera om de bakre hjullagren är slitna, använd metoden som anges för de främre hjullagren (punkt 4).
10 Leta efter glapp i fjädringsfästenas bussningar genom att bända mellan relevant komponent och dess fästpunkt med en stor skruvmejsel eller ett plattjärn. En viss rörelse är att vänta eftersom bussningarna är av gummi, men eventuellt större slitage visar sig tydligt.

13 Drivaxeldamask och drivknutar – kontroll

1 Drivaxelns gummidamasker är mycket viktiga eftersom de förhindrar att det kommer in smuts, vatten och främmande föremål som kan skada lederna. Yttre nedsmutsning kan göra att damaskens material skadas i förtid, så det är bra att tvätta damaskerna med tvål och vatten då och då.
2 Hissa upp bilen och stötta den på pallbockar. Vrid ratten till fullt utslag och snurra sedan långsamt på ett hjul i taget. Undersök skicket på de yttre drivknutarnas damasker och kläm ihop gummidamaskerna så att vecken öppnas. Leta efter spår av sprickor, bristningar och åldrat gummi som kan släppa ut fett och släppa in vatten och smuts i drivknuten. Kontrollera även damaskernas klamrar vad gäller åtdragning och skick. Upprepa dessa kontroller på de inre trebensknutarna **(se bild)**. Om skador eller slitage påträffas bör damaskerna bytas enligt beskrivningen i kapitel 8.
3 Kontrollera samtidigt de yttre drivknutarnas skick genom att först hålla fast drivaxeln och sedan försöka snurra på hjulen. Upprepa den här kontrollen på de inre drivknutarna genom att hålla i den inre drivknutens ok och försöka att rotera drivaxeln.
4 Varje märkbar rörelse i drivknuten är ett tecken på slitage i knuten, på slitage i drivaxelspårningen eller på att en av drivaxelns fästmuttrar är lös.

14 Underrede och bränsle-/ bromsledningar – kontroll

1 Med bilen upplyft och stöttad på pallbockar, eller placerad över en smörjgrop, gå noggrant igenom underredet och hjulhusen och leta efter tecken på skador och korrosion. Under-sök särskilt sidotrösklarnas botten och eventuella dolda områden där det kan samlas lera.
2 Om du ser tydliga tecken på korrosion, tryck och knacka relativt hårt på panelen med

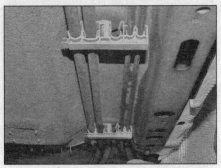

14.5 Kontrollera bränsle- och bromsrören under bilen

en skruvmejsel, och kontrollera om det finns omfattande korrosion som kräver reparation.

3 Om det inte är mycket korrosion på panelen, ta bort rosten och stryk på ett nytt lager underredsbehandling. Se kapitel 11 för mer information om karosserireparation.

4 Undersök samtidigt de nedre karosspanelerna och leta efter stenskott och kontrollera det allmänna skicket.

5 Undersök alla bränsle- och broms-ledningarna på underredet, leta efter skador, rost, korrosion och läckage. Se också till att de är ordentligt fästa med klämmorna **(se bild)**. Kontrollera också PVC-beläggningen på ledningarna i förekommande fall.

15 Gångjärn och lås – smörjning

1 Smörj alla gångjärn på motorhuven, dörrarna och bakluckan med en lätt maskinolja.

2 Kontrollera noggrant att alla gångjärn, spärrar och lås är säkra och fungerar som de ska. Justera dem vid behov. Kontrollera att centrallåssystemet fungerar som det ska (i förekommande fall).

3 Kontrollera skick och funktion hos bak-luckans stödben i förekommande fall, byt ut dem om de läcker eller inte förmår hålla bakluckan öppen ordentligt.

16 Hjul – kontroll

Kontroll av hjulmuttrarnas åtdragning

1 Att kontrollera hjulmuttrarnas åtdragning är viktigare än man kan tro. Förutom den uppenbara säkerhetsaspekten avslöjar denna kontroll även om de har dragits åt för hårt, vilket kan ha hänt senaste gången hjulen byttes. Om bilen får punktering kan det vara så att hjulmuttrarna inte kan lossas med fälgkorset.

2 Dra åt handbromsen, klossa hjulen och lägg i 1:ans växel (eller P).

3 Ta bort hjulsidan (eller navkapseln), använd den platta änden av det fälgkors som medföljer.

4 Lossa den första hjulmuttern, använd fälgkorset om det går. Om muttern är envis, använd en tight hylsnyckel och ett långt förlängningsskaft.

⚠️ **Varning: Använd inte hemma-gjorda anordningar för att lossa hjulmuttrarna om du inte har tillgång till riktiga verktyg. Om det krävs extra kraft, se till att verktygen sitter ordentligt och är av bra kvalitet. Även om så är fallet är det viktigt att du förbereder dig på att ett verktyg kan lossna eller gå sönder – det är klokt att använda kraftiga handskar för att skydda dina händer. Frestas inte att stå på verktyget – det är inte avsett för detta och du löper stor risk att skadas om verktyget lossnar eller går sönder. Om hjulmuttrarna helt enkelt sitter för hårt, lämna in bilen på en verkstad som har lämpliga elverktyg.**

5 När muttern har lossats tar du bort den och kontrollerar att hjulbultarnas gängor är rena. Använd en liten stålborste för att ta bort eventuell rost eller smuts från gängorna, om det behövs.

6 Sätt tillbaka muttern med den koniska sidan vänd inåt. Dra år den helt med hjälp av enbart fälgkorset – inga andra verktyg. På så sätt säkerställs att hjulmuttrarna kan lossas med fälgkorset igen om en punktering inträffar. Om du har tillgång till en momentnyckel kan du emellertid dra åt muttern till angivet moment.

7 Upprepa proceduren för de återstående tre muttrarna, och sätt sedan tillbaka hjulsidan eller navkapseln.

8 Arbeta dig runt bilen och kontrollera och dra åt muttrarna på alla fyra hjul.

Hjulkontroll och balansering

9 Skruva bort hjulen med jämna mellanrum för att rengöra dem invändigt och utvändigt. Undersök hjulfälgarna efter rost, korrosion eller andra skador. Lättmetallfälgar skadas ofta av trottoarkanter vid parkering men även stålfälgar kan få bucklor. Att byta hjulet är ofta den enda lösningen.

10 Balansen i vart och ett av hjulen ska behållas, inte bara för att undvika för stort däckslitage, utan även för att undvika slitage i styrningens och fjädringens komponenter. Obalans i hjulen märks normalt genom vibrationer i bilens ytterkaross, även om det i många fall ofta är extra märkbart i ratten. Omvänt kan man notera att slitage eller skador i fjädringens eller styrningens komponenter kan orsaka stort däckslitage. Orunda däck, skadade hjul och hjullagerslitage/feljustering hamnar också i den här kategorin. Balansering åtgärder normalt inte vibrationer som har orsakats av sådant slitage.

11 Hjulbalansering kan utföras när hjulet sitter på bilen eller när det är borttaget. Om hjulet balanseras på bilen, se till att förhållandet mellan hjulet och navet märks ut innan du tar bort hjulet, så att det kan sättas tillbaka i ursprungsläget.

17 Landsvägsprov

Bromssystem

1 Kontrollera att bilen inte drar åt ena hållet vid inbromsning och att hjulen inte låser sig vid hård inbromsning.

2 Kontrollera att ratten inte vibrerar vid inbromsning. Eftersom samtliga modeller har ABS-bromsar är vibrationer som känns i pedalen vid kraftig inbromsning normalt och inget att oroa sig över.

3 Kontrollera att handbromsen fungerar som den ska, utan att spaken måste flyttas för mycket, och att den håller bilen stillastående på upp- och nedåtlutande underlag (upp- och nedförsbacke).

4 Kontrollera bromsservon med motorn avstängd enligt följande. Tryck ner broms-pedalen fyra eller fem gånger för att häva vakuumet och starta sedan motorn. När motorn startar ska pedalen ge efter märkbart medan vakuumet byggs upp. Låt motorn gå i minst två minuter och stäng sedan av den. Om pedalen nu trycks ner igen ska ett väsande ljud höras från servon. Efter fyra eller fem nedtryckningar ska väsandet upphöra och motståndet i pedalen ska öka.

Styrning och fjädring

5 Kontrollera om bilen uppför sig normalt med avseende på styrning, fjädring, köregenskaper och vägkänsla.

6 Kör bilen och var uppmärksam på ovanliga vibrationer eller ljud.

7 Kontrollera att styrningen känns bra, utan överdrivet "fladder" eller kärvningar. Lyssna efter missljud från fjädringen vid kurvtagning och gupp.

Drivlina

8 Kontrollera funktionen hos motorn, växellådan och drivaxlarna.

9 Kontrollera att motorn startar som den ska både när den är kall och när den är varm.

10 Lyssna efter ovanliga ljud från motorn och växellådan.

11 Kontrollera att motorn går jämnt på tomgång och att den svarar direkt vid acceleration.

12 På modeller med manuell växellåda, kontrollera att alla växlar går i mjukt, utan missljud och att växelspaken inte är onormalt obestämd eller ryckig.

13 På modeller med automatväxellåda kontrollerar du att alla växlingar är ryckfria, mjuka

18.2 Tryck in fästenas centrumsprintar, och dra sedan ljudisoleringen under instrumentbrädan nedåt

18.3a Vrid fästena (se pilar) moturs . . .

18.3b . . . och sänk ner säkringsdosan/den centrala elmodulen

och fria från ökning av motorvarvet mellan växlar. Kontrollera att alla växelpositioner kan väljas när bilen står stilla. Kontakta en Volvo-verkstad om några problem påträffas.

14 Kör bilen långsamt i en cirkel med fullt utslag på ratten och lyssna efter metalliska klick från framvagnen. Utför kontrollen åt båda hållen. Om du hör klickande ljud tyder detta på slitage i en drivknut, byt då ut knuten vid behov.

Koppling

15 Kontrollera att kopplingspedalen rör sig mjukt och lätt hela vägen och att själva kopplingen fungerar som den ska, utan att slira eller dra.

16 Om kopplingen lossnar långsamt, kan systemet behöva luftas (se kapitel 6). Undersök även vätskerören under motorhuven och kontrollera att de inte visar tecken på slitage.

17 Kontrollera kopplingen enligt beskrivningen i kapitel 6, avsnitt 2.

Instrument och elektrisk utrustning

18 Kontrollera funktionen hos alla instrument och den elektriska utrustningen.

19 Kontrollera att instrumenten ger korrekt information och aktivera all elektrisk utrustning i tur och ordning för att kontrollera att den fungerar som den ska.

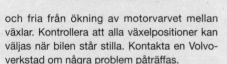

18 Filterbyte

Pollenfilter

1 Ta bort handskfacket på passagerarsidan enligt beskrivningen i kapitel 11.

2 Tryck in centrumsprintarna och bänd ut plastexpandernitarna som håller ljudisoleringen på plats under passagerarsidans instrumentbräda **(se bild)**. Dra isoleringen nedåt och sedan bakåt för att ta bort den.

3 Skruva loss de två skruvarna som fäster säkringsdosan/den centrala elmodulen på fästbygeln. Flytta sedan säkringsdosan/modulen nedåt och bakåt och lossa den från fästbygeln **(se bilder)**. Placera säkringsdosan/modulen åt sidan, du behöver inte koppla loss anslutningskontakterna.

4 Lossa klämmorna som fäster kablaget på säkringsdosans/modulens fästbygel. Skruva sedan loss de två muttrarna och ta bort fästbygeln **(se bild)**.

5 Vik bort mattan och skruva sedan loss de tre bultarna och dra loss filtret från huset **(se bilder)**.

6 Montera det nya filtret i omvänd ordningsföljd mot demonteringen, se till att det placeras med luftflödespilarna pekande rakt bakåt, mot kupén.

Bränslefilter

> ⚠ **Varning:** Bensin är mycket brandfarligt. Extra säkerhetsåtgärder måste vidtas vid arbete på någon del av bränslesystemet. Rök inte och se till att inga öppna lågor eller oskyddade glödlampor förekommer i närheten av arbetsplatsen. Arbeta inte i en verkstad eller ett garage om det finns en gasenhet med en pilotlåga i närheten. Använd skyddsglasögon när du arbetar med bränslesystemet och ha en lämplig brandsläckare (klass B) till hands. Om du får bränsle på huden, tvätta omedelbart bort det med tvål och vatten.

Observera: Det yttre bränslefiltret måste endast bytas på bilar som används i länder där bränslet som säljs kan vara förorenat. Kontakta en Volvo-återförsäljare eller specialist.

7 Bränslefiltret sitter bredvid bränsletanken. Filtret utför den viktiga uppgiften att hindra smuts och andra främmande föremål borta från bränslesystemet, och måste därför bytas regelbundet (se anmärkning ovan), eller när du har anledning att tro att det är igensatt.

8 Innan du rör bränsleledningar som kan innehålla trycksatt bränsle måste du tömma ut eventuellt kvarvarande tryck i systemet.

9 Med tändningen avslagen, öppna säkringsdosan på passagerarsidan och ta bort bränslepumpens säkring (nr 74).

10 Starta motorn, om det går. Om motorn inte startar, låt startmotorn dra runt den några sekunder.

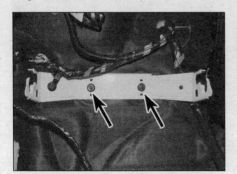

18.4 Skruva loss de båda muttrarna (se pilar) som håller fast fästbygeln

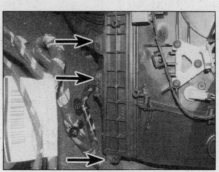

18.5a Skruva loss de tre skruvarna och ta bort kåpan . . .

18.5b . . . dra sedan bort pollenfiltret från huset

11 Om motorn startar, låt den gå på tomgång tills den dör. Låt startmotorn dra runt motorn ett par varv för att se till att allt tryck är borta och slå sedan av tändningen.

⚠️ **Varning: Detta sänker endast det förhöjda tryck som krävs för att motorn ska gå – kom ihåg att det fortfarande kommer att finnas bränsle i systemets delar, och var förberedd på detta innan du kopplar loss någon av dem.**

12 Lyft upp bilens högra sida och ställ den på pallbockar (se *Lyftning och stödpunkter*).

13 Lossa bränslefiltrets klämskruv.

14 Tryck ner lossningsknapparna, lossa sedan bränslerörets beslag på var sida om filtret genom att dra bort dem – var beredd på att det rinner ut bränsle. Anteckna rörens placering inför monteringen.

15 Sänk ner filtret under bilen – observera att filtret fortfarande kommer att innehålla bränsle. Var noga med att inte spilla och öka brandrisken.

16 Skjut in det nya filtret helt i klämman så att pilen på det är vänd i samma riktning som på det borttagna filtret. Dra inte åt klämskruven än.

17 Skjut in varje röranslutning på respektive filtertapp tills beslagen klickar fast i spåren.

18 Dra åt filtrets klämskruv ordentligt.

19 Sätt tillbaka bränslepumpens säkring. Leta efter tecken på bränsleläckage runt filteranslutningarna innan du sänker ner bilen och startar motorn.

19 Handbroms – kontroll och justering

Under drift ska handbromsen vara helt åtdragen när tre till fem kuggar på handbromsspaken har klickat i. Om handbromsen behöver justeras, se kapitel 9 för mer information om hur du gör.

20 Säkerhetsbälte – kontroll

1 Kontrollera att säkerhetsbältena fungerar som de ska och att de är i gott skick. Undersök om remmarna har fransat sig eller har revor. Kontrollera att bältena rullas ihop mjukt och utan att kärva.

2 Kontrollera säkerhetsbältenas fästen, se till att alla bultar är ordentligt åtdragna.

21 Frostskyddsmedel – kontroll av koncentration

Se avsnitt 27.

22 Indikator för påminnelse om service – återställning

1 Vrid tändningen till läge I.
2 Tryck ner och håll in trippmätarens återställningsknapp, vrid sedan tändningen till läge II inom två sekunder.
3 Släpp återställningsknappen inom fyra sekunder. Instrumentpanelen ger ifrån sig en ljudsignal när återställningen har lyckats. **Observera:** *Om kilometerräknaren redan har återställts måste du hålla in knappen mellan 10 och 14 sekunder.*
4 Slå av tändningen.

Var 60 000:e km

23 Luftfilter – byte
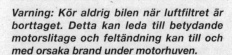

Varning: Kör aldrig bilen när luftfiltret är borttaget. Detta kan leda till betydande motorslitage och feltändning kan till och med orsaka brand under motorhuven.

1,8- och 2,0-litersmodeller

1 Luftfiltret sitter i luftrenarenheten, till vänster i motorrummet.
2 Ta bort de sex torxskruvarna som fäster kåpan på luftrenarhuset **(se bild)**.
3 Kåpans vänstra ände kan nu lyftas bort och filtret kan tas bort **(se bild)**. Om du föredrar det kan kåpan tas bort helt, då kan du rengöra filterhuset ännu noggrannare.

4 Lossa klämman och koppla loss luftintagskanalen från luftrenaren.
5 Ta bort kåpan och ta bort filtret, observera hur det är placerat.

2,4-litersmodeller

6 Luftfiltret sitter i motorrummets främre del. Skruva loss de båda skruvarna och dra bort filterhållaren från luftfilterhuset **(se bilder)**.

23.2 Skruva loss de 6 torxskruvarna (se pilar) och lyft ut luftfiltrets kåpa

23.3 Skjut ut filtret

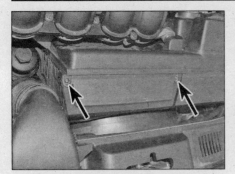

23.6a Skruva loss de båda skruvarna (se pilar) . . .

23.6b . . . och dra filterhållaren från huset

23.7 Dra bort filtret från hållaren

7 Dra bort filtret från hållaren. Observera hur det sitter **(se bild)**.

Alla modeller

8 När du utför rutinunderhåll måste filtret bytas oavsett hur det ser ut.

9 Om du undersöker filtret av något annat skäl, kontrollera dess nedre yta. Om ytan är oljig eller mycket smutsig, byt filtret. Om filtret bara är lite dammigt kan det återanvändas genom att det blåses rent från den övre till den nedre ytan med tryckluft. Eftersom filtret är av en typ med veckat papper kan det inte tvättas eller oljas om. Om det inte kan rengöras ordentligt med tryckluft ska du kasta det och byta det.

⚠️ **Varning: Använd skyddsglasögon vid arbete med tryckluft.**

10 Om du har tagit bort luftrenarens kåpa, torka rent husets insida. Kontrollera att du inte ser några främmande föremål, vare sig i luftintaget eller i luftmängdmätaren.

11 Montera i omvänd ordningsföljd mot demonteringen. Tänk på följande:

a) Se till att filtret sitter med rätt sida upp (använd dig av eventuella markeringar).

b) Se till att filtret och kåpan sitter tätt så att det inte kan komma in luft i motorn.

c) Om kåpan har tagits bort ska den fästas

med skruvarna igen. Se till att luftintagskanalens fästklämma är helt åtdragen.

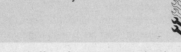

24 Tändstift – byte

1 Att tändstiften fungerar som de ska är mycket viktigt för motorns funktion och effektivitet. Det är mycket viktigt att de tändstift som används passar den aktuella motorn. Vilka typer som passar anges i början av det här kapitlet.

2 Om rätt typ används och motorn är i bra skick ska tändstiften inte behöva åtgärdas mellan de schemalagda bytesintervallen. Rengöring av tändstift är sällan nödvändig och ska inte utföras utan specialverktyg eftersom det är lätt att skada elektrodernas spetsar.

3 För att tändstiften ska kunna monteras och demonteras behövs en tändstiftshylsa med skaft som kan vridas med ett tandat handtag eller liknande. Tändstiftshylsan är fodrad med gummi för att tändstiftets porslinsisolering ska skyddas, och för att tändstiftet ska hållas fast medan det sticks in i tändstiftshålet. En uppsättning bladmått kommer även att behövas för att kontrollera och justera tändstiftens elektrodavstånd och en momentnyckel kommer

att behövas för att dra åt de nya tändstiften till angivet moment.

1,8- och 2,0-litersmodeller

4 När du ska ta bort tändstiften öppnar du först motorhuven. Tändstiften är lätta att komma åt ovanpå motorn. Dra plastkåpan på motorns ovansida rakt uppåt för att lossa dess fästen **(se bild)**.

5 Det sitter en tändspole ovanpå varje tändstift. För att underlätta ditsättningen, använd färg (eller liknande) för att identifiera tändspolarna så att de monteras på sina ursprungliga platser. Skruva loss fästbultarna och lyft bort varje spole **(se bilder)**.

24.4 Dra plastkåpan uppåt för att lossa fästena

24.5a Skruva loss spolens fästbult . . .

24.5b . . . och lyft bort den

24.7a Insugsgrenröret är fäst med sex bultar på framsidan . . .

24.7b . . . och två på baksidan (se pilar)

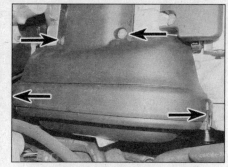

24.8 Skruva loss de båda skruvarna, lossa klämmorna och ta bort den övre kamremskåpan (se pilar)

2,4-litersmodeller

6 Lossa klämman och koppla loss luftintagsslangen från gasspjällshuset.

7 Skruva loss de åtta fästbultarna och lyft bort det övre insugsgrenröret, och placera det över batteriet **(se bilder)**.

8 Lossa och ta bort den övre kamremskåpan, och koppla loss anslutningskontakten till den variabla ventiltidsmagneten **(se bild)**.

9 Det sitter en tändspole ovanpå varje tändstift. För att underlätta ditsättningen, använd färg (eller liknande) för att identifiera tändspolarna så att de monteras på sina ursprungliga platser. Skruva loss spolens fästbult och dra loss var och en av spolarna från tändstiftens övre del **(se bilder)**.

Alla modeller

10 Vi rekommenderar att du torkar upp eventuellt vatten från tändstiftsbrunnarna med en trasa, och tar bort smuts från dem med en ren borste, dammsugare eller tryckluft innan du tar bort tändstiften för att förhindra att smuts eller vatten kommer in i cylindrarna.

⚠️ **Varning: Använd skyddsglasögon vid arbete med tryckluft.**

11 Skruva loss tändstiften och se till att hylsan hålls i linje med varje tändstift – om hylsan tvingas åt sidan kan tändstiftets porslinsspets brytas av. Ta bort tändstiftet från motorn.

12 Om något att tändstiften är svåra att skruva loss, kontrollera topplocksgängorna och tätningsytorna noggrant så att de inte är slitna, mycket korroderade eller skadade. Om så är fallet, kontakta en Volvo-verkstad eller en motorrenoveringsspecialist för råd om bästa reparationsmetod.

13 Undersök varje tändstift som tas bort enligt följande – det ger tydliga fingervisningar om motorns skick.

a) *Om tändstiftets isolatorspetsar är rena och vita, utan avlagringar, är detta ett tecken på för mager blandning.*

b) *Om isolatorns spets är täckt med en hård svartaktig avlagring, indikerar detta att bränsleblandningen är för fet.*

c) *Om tändstiftet är svart och oljigt är det troligt att motorn är ganska sliten, förutom att bränsleblandningen är för fet.*

d) *Om isolatorns spets är täckt med en ljusbrun eller gråbrun beläggning är bränsleblandningen korrekt och motorn sannolikt i god kondition.*

14 Om du ska byta tändstiften, köp nya tändstift och kontrollera att de är hela och inte har spruckna isolatorer eller skadade gängor.

15 Tändstiftets elektrodavstånd är av avgörande betydelse, eftersom ett felaktigt avstånd påverkar gnistans storlek och effektivitet negativt. Flera modeller som omfattas av den här handboken har emellertid tändstift med flera jordelektroder – om det inte finns entydig information om motsatsen *ska du inte försöka justera tändstiftens elektrodavstånd på ett tändstift med fler än en jordelektrod.*

16 När du ska justera elektrodavståndet på tändstift med en jordelektrod, mät avståndet med ett bladmått och böj sedan upp, eller ihop, den yttre tändstiftselektroden tills rätt avstånd har skapats **(se bilder)**. Elektroden i mitten får inte böjas eftersom detta kan spräcka isolatorn och förstöra tändstiftet, eller något ännu värre. Om den yttre elektroden inte är exakt ovanför elektroden i mitten måste den böjas till så att elektroderna hamnar rätt i förhållande till varandra.

17 Kontrollera att de gängade anslutningsmuffarna ovanpå tändstiften sitter ordentligt och att tändstiftens gängor och yttre ytor är rena, innan tändstiften ansluts. Bruna fläckar på porslinet, precis ovanför metalldelen, är helt normalt och betyder inte nödvändigtvis att det är en läcka mellan kroppen och isolatorn.

18 När du installerar tändstiften, kontrollera först att topplockets gängor och tätningsyta är så rena som möjligt. Använd en ren trasa lindad runt en pensel för att torka rent tätningsytan. Stryk på kopparbaserat fett eller antikärvmedel på varje tändstifts gängor och skruva i dem för hand när det går. Var extra noga så att du placerar tändstiftens gängor rätt, eftersom topplocket är tillverkat i aluminiumlegering – det är ofta svårt att föra in tändstiften i hålen utan att dra dem snett **(se Haynes tips)**.

19 När alla tändstift är korrekt placerade i gängorna ska de skruvas ner precis så mycket att de fäster. Dra sedan åt dem till angivet moment.

24.9a Skruva loss spolens fästbult (se pil) . . .

24.9b . . . och lyft bort spolen

24.16 Justera tändstiftets elektrodavstånd

Om du inte har tillgång till en momentnyckel – och vi rekommenderar verkligen att du använder en sådan för det här arbetet – ska du *inte* efterdra tändstiften mer än 1/16-dels varv. *Överskrid inte* det angivna momentet, och dra *ALDRIG* åt tändstiften för mycket.

20 Linjera spolen med fästbultshålet och tryck sedan ner den ordentligt på tändstiftet. Dra åt fästbulten till det angivna momentet.

21 Återstoden av monteringen utförs i omvänd ordningsföljd mot demonteringen.

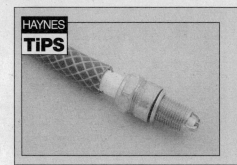

Det är ofta svårt att sätta tändstift på plats utan att förstöra gängorna. För att undvika detta, sätt en kort gummi-/plastslang med en inre diameter på 8 mm på tändstiftets ände. Slangen hjälper till att rikta in tändstiftet i hålet. Om tändstiftet börjar gänga snett, kommer slangen att glida på tändstiftet och förhindra att gängorna på topplocket förstörs.

Var 95 000:e km

25 Kamrem – byte

Metoden (endast tillämplig för 2,4-liters-motorer) beskrivs i kapitel 2B.

Vartannat år

26 Bromsvätska – byte

⚠ *Varning: Hydraulisk bromsvätska kan skada ögonen och bilens lack, så var ytterst försiktig vid hanteringen. Använd aldrig vätska som stått i ett öppet kärl under någon längre tid eftersom den absorberar fukt från luften. För mycket fukt i bromsvätskan kan medföra att bromseffekten minskar, vilket är livsfarligt. Bromsvätska är också mycket lättantändligt – behandla den med lika mycket respekt som bensin.*

1 Metoden liknar metoden för luftning av hydraulsystemet som beskrivs i kapitel 9.

2 Sänk vätskenivån i behållaren (med sughävert eller med en bollspruta), men låt inte vätskenivån sjunka så lågt att det kommer in luft i systemet – om det kommer in luft i ABS-hydraulenheten, kan enheten behöva luftas med en särskild testutrustning från Volvo (se kapitel 9).
Varning: Sug inte upp vätskan med munnen. Den är giftig.

3 Arbeta enligt beskrivningen i kapitel 9 och öppna den första luftningsskruven i ordningen, och pumpa sedan försiktigt på bromspedalen tills nästan all gammal olja runnit ut ur huvudcylinderbehållaren. Fyll på ny olja till MAX-markeringen och fortsätt pumpa tills det bara finns ny olja i behållaren och du kan se ny olja rinna ut från luftningsskruven.

Dra åt skruven och fyll på behållaren till MAX-markeringen. Gammal hydraulolja är alltid mycket mörkare än ny olja, vilket gör det enkelt att skilja dem åt.

4 Gå igenom resterande avluftningsskruvar i ordningsföljd och pumpa till dess att ny olja kommer ur dem. Var noga med att alltid hålla huvudcylinderbehållarens nivå över MIN-markeringen, annars kan luft tränga in i systemet och då ökar arbetstiden betydligt.

5 Kontrollera att alla luftningsskruvar är ordentligt åtdragna och att dammkåporna sitter på plats när du är klar. Skölj bort alla spår av vätskespill och kontrollera huvudcylinderbehållarens vätskenivå.

6 Kontrollera bromsarnas funktion innan bilen körs igen.

7 Kontrollera slutligen kopplingens funktion. Eftersom kopplingen delar vätskebehållare med bromssystemet kan du behöva lufta kopplingen också enligt beskrivningen i kapitel 6.

27 Kylvätska – byte

⚠ *Varning: Låt inte frostskyddsvätska komma i kontakt med huden eller lackerade ytor på bilen. Skölj omedelbart nedsmutsade områden med stora mängder vatten. Förvara inte ny eller använd kylvätska så att barn eller djur kan komma åt den – de dras till den söta lukten.*

Om man får i sig en liten mängd kan det leda till döden. Torka av verkstadsgolvet och droppskyddet omedelbart. Täck över frostskyddsmedelsbehållare och åtgärda läckor i kylsystemet så snart de upptäcks.

⚠ *Varning: Ta aldrig bort expansionskärlets påfyllningslock när motorn är igång eller precis har stängts av, eftersom kylsystemet är varmt och den ånga och kylvätska som kommer ut är heta och kan orsaka svåra skador.*

⚠ *Varning: Vänta till dess att motorn är helt kall innan detta arbete påbörjas.*

Koncentrationskontroll

1 Använd en hydrometer för att kontrollera frostskyddsmedlets koncentration. Följ anvisningarna som medföljer hydrometern. Frostskyddsmedelskoncentrationen ska vara cirka 50 %. Om den är mycket lägre, töm ut lite kylvätska från kylaren (se detta avsnitt), tillsätt frostskyddsmedel till expansionskärlet och kontrollera sedan koncentrationen igen.

Tömma ut kylvätska

2 När du ska tömma systemet, ta först bort expansionskärlets påfyllningslock.

3 Om det krävs ytterligare arbetsutrymme, höj framvagnen och stötta den ordentligt med pallbockar (se *Lyftning och stödpunkter*). Lossa i förekommande fall de sju fästena och ta bort motorns undre skyddskåpa (se bild 2.4).

27.4a Kylarens avtappningsplugg sitter på kylarens vänstra sida – 1,8- och 2,0-litersmodeller . . .

27.4b . . . och på höger sida (se pil) på 2,4-litersmodeller

4 Placera ett stort kärl under och skruva loss kylarens avtappningsplugg **(se bilder)**. Rikta så mycket som möjligt av kylvätskestrålen mot behållaren.

5 När det har slutat rinna kylvätska från kylaren, stäng avtappningspluggen.

Spola systemet

6 Efter en tid kan kylsystemet bli mindre effektivt eftersom kylarens inre kan sättas igen av rost, kalkavlagringar från vatten och andra beläggningar. För att minimera risken för detta ska du, förutom att alltid använda frostskyddsmedel av bra kvalitet och rent, mjukt vatten, spola systemet enligt följande om någon del av systemet har åtgärdats och/eller när kylvätskan byts.

7 När kylvätskan är uttömd, sätt tillbaka avtappningspluggen och fyll på systemet med rent vatten. Sätt tillbaka expansionskärlets påfyllningslock, starta motorn och värm upp den till normal arbetstemperatur, stanna den sedan och (efter det att den har svalnat helt) töm systemet igen. Upprepa detta så många gånger som det behövs tills dess att det endast är rent vatten som kommer fram. Fyll slutligen på med anvisad kylvätskeblandning.

8 Om du endast har använt rent, mjukt vatten och frostskyddsmedel av bra kvalitet (även om det inte är det som Volvo har angivit), och kyl-vätskan har bytts vid de angivna tidpunkterna, räcker den ovanstående proceduren för att hålla systemet rent under en längre tid. Om systemet däremot har försummats krävs ett mer omfattande arbete enligt följande.

9 Töm först ut kylvätskan, koppla sedan loss kylarens övre och nedre slangar. Sätt in en trädgårdsslang i kylarens övre slanganslutning, och låt vatten cirkulera genom kylaren tills det kommer ut rent vatten från den nedre öppningen.

10 För att spola motorn, sätt in slangen i kylarens nedre slang, linda en trasa runt trädgårdsslangen för att täta anslutningen och låt vattnet cirkulera tills det är rent.

11 Du kan upprepa proceduren på den övre slangen, men detta kanske inte är så effektivt eftersom termostaten antagligen stängs och hindrar vattenflödet.

12 Vid kraftig nedsmutsning kan man behöva backspola kylaren. Detta gör du genom att föra in trädgårdsslangen i den nedre öppningen, linda en trasa runt slangen för att täta anslutningen, och sedan spola kylaren till dess att det kommer rent vatten från den övre slangöppningen.

13 Om du misstänker att kylaren är ordentligt igentäppt, ta bort kylaren (kapitel 3), vänd den upp och ner, och upprepa proceduren som beskrivs i punkt 12.

14 Du kan spola värmepaketet på ungefär det sätt som beskrivs i punkt 12, om du först identifierar värmeenhetens in- och utlopps-slangar. Dessa båda slangar har samma diameter och går genom motorrummets torpedvägg (se metoden för demontering av värmepaketet i kapitel 3 för mer information).

15 Vi rekommenderar inte att du använder kemiska rengöringsmedel, de ska endast användas som en sista utväg. Den rengörande effekten hos vissa kemiska rengöringsmedel kan leda till andra problem med kylsystemet. I normala fall förhindrar regelbundet byte av kylvätskan att systemet blir för smutsigt.

Kylvätska – påfyllning

16 När kylsystemet är tömt och har spolats igenom, se till att alla slanganslutningar som har rörts är ordentligt fastsatta, och att kylarens/motorns avtappningsplugg(ar) är ordentligt åtdragna. Sätt tillbaka motorns undre skyddskåpa (i förekommande fall). Om bilen har höjts upp, sänk ner den igen.

17 Förbered en tillräcklig mängd av den angivna kylvätskeblandningen (se nedan). Gör lite extra så att du har en färdig blandning för påfyllning.

18 Fyll långsamt på systemet genom expansionskärlet. Eftersom kärlet är systemets högsta punkt, ska all luft i systemet förflyttas till tanken av den stigande vätskan. Långsam påfyllning minskar risken för att luft blir kvar och bildar luftfickor.

19 Fortsätt att fylla på tills kylvätskenivån når expansionskärlets MAX-nivåmarkering (se *Veckokontroller*), täck sedan över påfyllnings-öppningen för att förhindra att det skvätter kylvätska.

20 Starta motorn och kör den på tomgång tills den har värmts upp till normal arbetstemperatur och kylarens elektriska kylfläkt har satt igång. Kontrollera med hjälp av temperaturmätaren att systemet inte blir överhettat. Om nivån i expansionskärlet sjunker betydligt, fyll på till MAX-nivåmarkeringen för att minska mängden luft som cirkulerar i systemet.

21 Stanna motorn, tvätta bort eventuellt kyl-vätskespill från motorrummet och karossen och låt sedan bilen svalna *helt* (helst över natten).

22 När systemet är kallt, ta bort det du använde för att täcka över expansionskärlets påfyllningsöppning och fyll på kärlet till MAX-nivåmarkeringen. Sätt tillbaka påfyllnings-locket, dra åt det ordentligt och torka bort eventuellt nytt spill.

23 Efter påfyllningen ska du alltid undersöka alla systemets komponenter (men framförallt anslutningar som har rörts under tömning och spolning) och kontrollera om de visar tecken på kylvätskeläckage. Nytt frostskyddsmedel har en sökegenskap, som stegvis upptäcker eventuella svaga punkter i systemet.

Frostskyddsmedel – typ och blandning

Observera: *Använd inte motorfrostskydds-medel i vindrute- eller bakrutespolarsystemet, eftersom lacken skadas. Tillsätt ett spolar-vätskekoncentrat i spolarsystemet enligt tillverkarens rekommendationer.*

24 Om du inte känner till bilens bakgrund (och följaktligen inte heller kvaliteten på det befintliga frostskyddsmedlet), rekommenderas ägaren att tömma och backspola systemet ordentligt, innan man fyller på med ny kylvätskeblandning. Om du använder Volvo frostskyddsmedel, kan kylvätskan vara kvar på obestämd tid, förutsatt att blandningens koncentration kontrolleras varje år (se detta avsnitt).

25 Om du använder ett annat frostskydds-medel än Volvos, måste kylvätskan bytas med jämna mellanrum för att säkerställa ett jämnt skydd. Standardrekommendationen är att byta kylvätskan vartannat år.

26 Om frostskyddsmedlet används enligt Volvos specifikationer anges skyddsnivåerna på kylvätskans förpackning. För att skapa det rekommenderade *standard-blandningsförhållandet* för frostskyddsmedel, ska 50 % (volymprocent) frostskyddsmedel blandas med 50 % rent, mjukt vatten. Om du använder en annan typ av frostskyddsmedel, följ tillverkarens anvisningar för att få rätt skydd.

27 Det är inte troligt att du tömmer systemet helt (om inte motorn ska skalas av helt), och de volymer som anges i Specifikationer är därför lite orealistiska för rutinbyte av kylvätska. I regel behövs endast två tredjedelar av systemets totala volym vid kylvätskebyte.

28 Eftersom det tömda systemet delvis kommer att fyllas med spolvatten, ska du för att kunna skapa det rekommenderade blandningsförhållandet mäta upp 50 % av systemets volym i frostskyddsmedel och hälla det i slangen/expansionskärlet enligt beskrivningen ovan, och sedan fylla på med vatten. All påfyllning av systemet ska göras med vatten – för *Veckokontroller* ska du använda en lämplig blandning.

29 Innan frostskyddsmedlet hälls i ska

kylsystemet tappas ur, och helst spolas igenom. Samtliga slangars skick och säkerhet ska kontrolleras. Som vi nämnde tidigare hittar nytt frostskyddsmedel snabbt svaga punkter i systemet.

30 När kylsystemet fyllts med frostskyddsmedel är det klokt att sätta en etikett på expansionskärlet som anger frostskyddsmedlets typ och koncentration, samt datum för påfyllningen. All efterföljande påfyllning ska göras med samma typ och koncentration av frostskyddsvätska.

Kylsystem – allmänna kontroller

31 Motorn ska vara kall när du kontrollerar kylsystemet, så utför följande åtgärder innan du startar bilen, eller när den har stått stilla i minst tre timmar.

32 Ta bort expansionskärlets påfyllningslock, och rengör det ordentligt på in- och utsidan med en trasa. Rengör även påfyllningsröret på expansionskärlet. Om det finns rost eller korrosion i påfyllningsröret tyder detta på att kylvätskan ska bytas. Kylvätskan inuti expansionskärlet ska vara relativt ren och genomskinlig. Om den är rostfärgad, töm och spola igenom systemet, och fyll på med ny kylvätskeblandning.

33 Undersök noga alla kylar- och värmeslangar utmed hela deras längd. Byt slangar som är spruckna, svullna eller skadade (se avsnitt 7).

34 Undersök kylsystemets alla anda komponenter (fogytor etc.) och sök efter läckor. En läcka i kylsystemet syns vanligen genom vita eller frostskyddsmedelsfärgade avlagringar i området runt läckan (se bild). Upptäcks något problem av den här typen hos någon del i systemet ska delen eller packningen bytas ut enligt beskrivningen i kapitel 3.

35 Rengör kylarens framsida med en ren borste för att få bort alla insekter, löv etc. som har fastnat i kylflänsarna. Var försiktig så att du inte skadar kylflänsarna eller skär dig på dem. För att kunna göra ett noggrannare arbete, ta bort kylargrillen enligt kapitel 11.

Luftfickor

36 Om du efter att ha tömt och fyllt på systemet ser symptom på överhettning som inte fanns tidigare, beror detta nästan alltid på

27.34 En läcka i kylsystemet syns normalt som vita eller frostskyddsmedelsfärgade avlagringar på området runt läckan

att det finns luft någonstans i systemet som orsakar luftfickor och hindrar kylvätskans flöde. Luften blir normalt kvar eftersom systemet har fyllts på för snabbt.

37 Om du misstänker att det finns en luftficka, försök först att försiktigt klämma på alla synliga kylvätskeslangar. När man klämmer på en kylvätskeslang som är full av luft känns den annorlunda än en slang full av kylvätska. De flesta luftfickorna försvinner när systemet har svalnat och fyllts på.

38 Med motorn igång och på sin normala arbetstemperatur, slå på värmeenheten och värmeenhetens fläkt, och kontrollera om det kommer värme. Om systemet innehåller tillräckligt mycket kylvätska kan det komma för lite värme på grund av en luftficka i systemet.

39 Luftfickorna kan ha allvarligare effekter än att bara minska värmen från värmeenheten – en stor luftficka kan minska kylvätskeflödet runt motorn. Kontrollera att kylarens övre slang är varm när motorn har sin arbetstemperatur – om den övre slangen förblir kall kan detta bero på en luftficka (eller en termostat som inte öppnas).

40 Om problemet kvarstår, stanna motorn och låt den svalna **helt**, innan du skruvar loss expansionskärlets påfyllningslock eller lossar slangklämmorna och trycker ihop slangarna för att tömma ut luften. I värsta fall måste systemet tömmas delvis (kylvätskan kan sparas och återanvändas i det här fallet) och spolas igenom för att lösa problemet. Om inget annat fungerar, låt en verkstad med lämplig utrustning tömma och vakuumfylla systemet.

Expansionskärlets lock – kontroll

41 Vänta tills motorn är helt kall – utför denna kontroll innan motorn startas för första gången den dagen.

42 Placera en bit tyg över expansionskärlets lock och skruva sedan långsamt bort det.

43 Undersök gummitätningen på lockets undersida. Om gummit verkar har hårdnat, eller om det finns synliga sprickor i tätningens kanter, ska du montera ett nytt lock.

44 Om bilen är några år gammal, eller har kört långt, kan det vara bra att byta locket oavsett hur det ser ut – de är inte dyra. Om lockets inbyggda övertrycksventil går sönder, kommer det för höga trycket i systemet att leda till förbryllande fel i slangarna och andra komponenter i kylsystemet.

28 Fjärrkontrollbatteri – byte

1 Även om det inte ingår i Volvos underhållsschema, rekommenderar vi att batteriet byts vartannat år, oavsett hur långt bilen har gått. Om dörrlåsen ofta inte svarar på fjärrkontrollens kommandon på ett normalt avstånd, byt batteriet i fjärrkontrollen innan du letar efter fel i något av bilens andra system.

2 Dra ut nyckelbladet från fjärrkontrollen **(se bild)**.

3 Skruva loss den lilla skruven och ta bort fjärrkontrollens lock **(se bild)**.

4 Observera hur batteriet är placerat, bänd sedan ut det och sätt dit ett nytt **(se bild)**. Rör inte batteriet eller polerna med bara fingrar.

5 Sätt dit locket och dra åt skruven ordentligt.

6 Sätt tillbaka nyckelbladet och kontrollera att enheten fungerar.

Var 160 000:e km eller vart nionde år

29 Drivrem – byte

Se avsnitt 5.

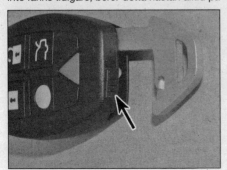

28.2 Skjut knappen (se pil) åt sidan och dra ut nyckelbladet

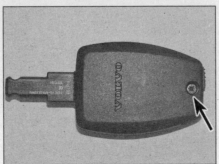

28.3 Vänd på fjärrkontrollen och lossa den lilla skruven (se pil)

28.4 Sätt in batteriet med minuspolen vänd uppåt

Kapitel 1 Del B:
Rutinunderhåll och service – dieselmodeller

Innehåll

Svårighetsgrad

Enkelt, passar
novisen med lite
erfarenhet

Ganska enkelt,
passar nybörjaren
med viss erfarenhet

Ganska svårt,
passar kompetent
hemmamekaniker

Svårt, passar
hemmamekaniker
med erfarenhet

Mycket svårt,
för professionell
mekaniker

Smörjmedel och vätskor

Se slutet av *Veckokontroller*

Volymer

Motorolja (inklusive filter) . . . . 5,5 liter

Kylsystem (cirka) . . . . 9,5 liter

Växellåda (cirka)

Manuell växellåda:
    5-växlade lådor. . . . . 2,2 liter
    6-växlade lådor. . . . . 1,7 liter

Spolarvätskebehållare . . . . 4,0 liter

Bränsletank. . . . . 52,0 liter

Kylsystem

Frostskyddsblandning:
    50 % frostskyddsmedel . . . . Skydd ner till –37 °C
    55 % frostskyddsmedel . . . . Skydd ner till –45 °C

Observera: *Kontakta tillverkaren av frostskyddsvätska för de senaste rekommendationerna.*

Bromsar

Bromsklossbeläggens minimitjocklek:
    Främre bromsklossar . . . . 2,0 mm
    Bakre bromsklossar . . . . 2,0 mm

Åtdragningsmoment   Nm

Hjulmuttrar:
    Steg 1 20
    Steg 2 90

Motoroljans avtappningsplugg. 34

Oljefilterkåpa 24

Partikelfilter till katalysatorn, muttrar 50

Underhållsintervallen i denna handbok förutsätter att arbetet utförs av en hemmamekaniker och inte av en verkstad. Detta är minimiintervall för underhåll som vi rekommenderar för fordon som körs varje dag. Om bilen konstant ska hållas i toppskick bör vissa moment utföras oftare. Vi rekommenderar regelbundet underhåll eftersom det höjer bilens effektivitet, prestanda och andrahandsvärde.

Om bilen körs på dammiga vägar, används till bärgning, körs mycket i kösituationer eller korta körsträckor, ska intervallen kortas av.

När bilen är ny ska den servas av en auktoriserad återförsäljares verkstad (eller annan verkstad som har godkänts av biltillverkaren) för att garantin ska gälla. Biltillverkaren kan avslå garantianspråk om du inte kan bevisa att service har utförts på det sätt och vid de tidpunkter som har angivits, och att endast originaldelar eller delar med certifierad motsvarande kvalitet har använts.

Var 400:e km eller en gång i veckan

- [ ] Se *Veckokontroller*

Var 10 000:e km eller var sjätte månad, beroende på vad som kommer först

- [ ] Byt motoroljan och filtret (avsnitt 2)

Observera: *Volvo rekommenderar att motoroljan och filtret byts var 20 000:e km eller en gång per år. Eftersom olje- och filterbyte är bra för motorn rekommenderar vi att du byter dem oftare, framförallt om bilen användas för många korta resor.*

- [ ] Kontrollera servostyrningsvätskans nivå (avsnitt 3)

Var 20 000:e km eller en gång per år, beroende på vad som kommer först

Förutom det som nämns ovan ska du utföra följande:

- [ ] Kontrollera skicket på drivremmen (avsnitt 4)
- [ ] Kontrollera ljusens och signalhornets funktion (avsnitt 5)
- [ ] Kontrollera att det inte förekommer läckage och att slangarna är hela under motorhuven (avsnitt 6)
- [ ] Kontrollera skicket på motorrummets kablage (avsnitt 7)
- [ ] Kontrollera säkerhetsbältenas skick (avsnitt 8)
- [ ] Kontrollera bromsklossarnas och bromsskivornas skick (avsnitt 9)
- [ ] Kontrollera avgassystemet (avsnitt 10)
- [ ] Kontrollera styrningens och fjädringens komponenter med avseende på skick och säkerhet (avsnitt 11)
- [ ] Kontrollera drivknutarnas och damaskernas skick (avsnitt 12)
- [ ] Kontrollera underredet och alla bränsle-/bromsledningar (avsnitt 13)
- [ ] Smörj alla gångjärn och lås (avsnitt 14)
- [ ] Hjulkontroll (avsnitt 15)
- [ ] Utför ett landsvägsprov (avsnitt 16)

Var 20 000:e km eller en gång per år, beroende på vad som kommer först (forts.)

- [ ] Byt pollenfiltret (avsnitt 17)
- [ ] Töm ut vattnet från bränslefiltret (avsnitt 18)
- [ ] Kontrollera och justera vid behov handbromsen (avsnitt 19)
- [ ] Kontrollera koncentrationen av frostskyddsmedel (avsnitt 20)

Observera: *Om bilen används i dammiga miljöer ska pollenfiltret bytas oftare.*

- [ ] Återställ indikatorn för påminnelse om service (avsnitt 21)

Var 60 000:e km

Förutom det som nämns ovan ska du utföra följande:

- [ ] Byt bränslefiltret (avsnitt 22)

Observera: *I länder där bränslet som säljs kan vara förorenat ska det bytas var 20 000:e km eller en gång per år.*

- [ ] Byt luftfiltret (avsnitt 23)

Observera: *Om bilen används i dammiga miljöer ska luftfiltret bytas oftare.*

- [ ] Fyll på partikelfiltrets tillsatsbehållare (avsnitt 24)

Var 95 000:e km

Förutom det som nämns ovan ska du utföra följande:

- [ ] Byt kamremmen och spännaren (avsnitt 25)

Observera: *Volvos intervall för kamremsbyte är egentligen mycket längre än vad som anges här (200 000 km eller tio år). Vi rekommenderar emellertid att bytet utförs var 95 000:e km, framförallt på bilar som används intensivt, dvs. framförallt korta resor eller mycket start-och-stopp-körning. Det är upp till ägaren att bestämma hur ofta remmen ska bytas, men det är viktigt att komma ihåg att motorn skadas allvarligt om remmen går sönder.*

Vartannat år, oberoende av körsträcka

- [ ] Byt bromsvätskan (avsnitt 26)
- [ ] Byt kylvätskan (avsnitt 27)

Observera: *Denna åtgärd ingår inte i Volvos schema, och ska inte behöva utföras om det frostskyddsmedel som Volvo rekommenderar har använts.*

- [ ] Byt fjärrkontrollens batteri (avsnitt 28)

Var 120 000:e km eller vart sjätte år, beroende på vad som kommer först

- [ ] Byt avgaspartikelfiltret (avsnitt 29)

Var 160 000:e km eller vart nionde år, beroende på vad som kommer först

- [ ] Byt drivremmen (avsnitt 30)

Översikt över motorrummet

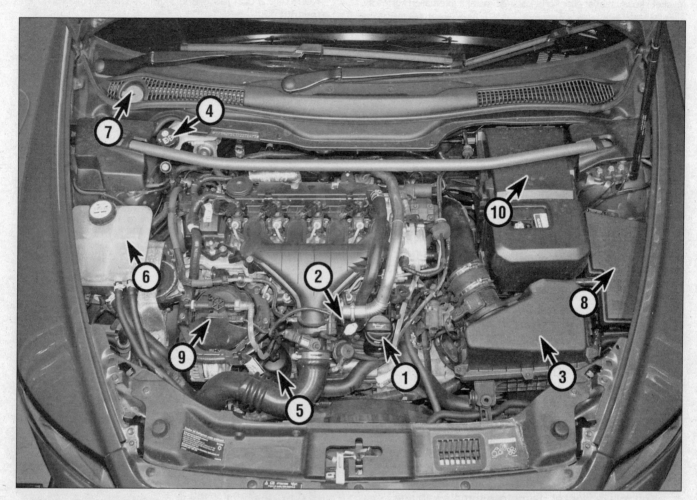

1 Påfyllningslock för motorolja
2 Mätsticka för motorolja
3 Luftfilter
4 Broms- och kopplingsvätskebehållare

5 Oljefilterkåpa
6 Kylvätskans expansionskärl
7 Spolarvätskebehållare
8 Motorrummets säkrings- och relähus

9 Bränslefilter
10 Batteri

Översikt över det främre underredet

1 Motoroljans avtappningsplugg (sump)
2 Avtappningsplugg för manuell växellåda
3 Luftladdningsrör
4 Oljekylare
5 AC-kompressor
6 Drivaxelns mellanlager
7 Styrstag
8 Avgasrör
9 Länkarm

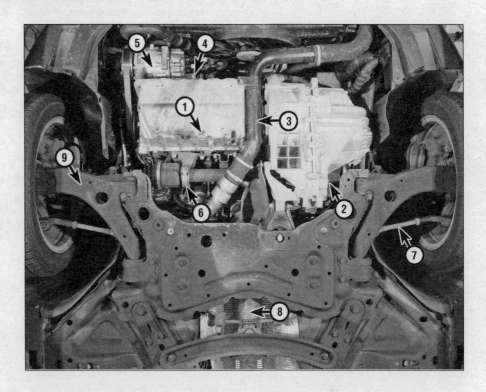

Översikt över bakre underrede

1 Bränsletank
2 Krängningshämmare
3 Stötdämpare
4 Bränslepåfyllnings- och ventilrör
5 Handbromsvajer
6 Hjulspindel/sidostag
7 Länkarm
8 Parallellstag

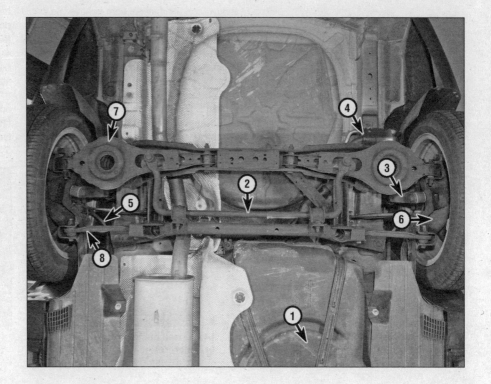

1 Allmän information och rutinunderhåll

Allmän information

1 Syftet med det här kapitlet är att hjälpa hemmamekaniker att underhålla sina bilar för att de ska få så hög säkerhet, driftekonomi, livslängd och prestanda som möjligt.

2 Kapitlet innehåller ett underhållsschema samt avsnitt som i detalj behandlar posterna i schemat. Bland annat behandlas åtgärder som kontroller, justeringar och byte av delar. På de tillhörande bilderna av motorrummet och bottenplattan visas de olika delarnas placering.

3 Underhållsschemat för tid/körsträcka och de följande avsnitten ger dig ett tydligt underhållsprogram som, om du följer det, bidrar till att din bil fungerar både länge och säkert. Underhållsplanen är heltäckande, så om man väljer att bara utföra vissa delar av den vid de angivna tidpunkterna, kan inte samma goda resultat garanteras.

4 Under arbetet med bilen kommer det att visa sig att många arbeten kan – och bör – utföras samtidigt, antingen för att en viss typ av åtgärd ska utföras eller för att två separata delar råkar finnas nära varandra. Om bilen lyfts av någon orsak kan t.ex. kontroll av avgassystemet utföras samtidigt som styrning och fjädring kontrolleras.

5 Det första steget i underhållsprogrammet består av förberedelser innan arbetet påbörjas. Läs igenom relevanta avsnitt, gör sedan upp en lista på vad som behövs och skaffa fram verktyg och delar. Om problem dyker upp, rådfråga en specialist på reservdelar eller vänd dig till återförsäljarens serviceavdelning.

Rutinunderhåll

6 Om underhållsschemat följs noga från det att bilen är ny och om vätske- och oljenivåerna och de delar som är utsatta för stort slitage kontrolleras enligt denna handboks rekommendationer, hålls motorn i bra skick och behovet av extra arbete minimeras.

7 Ibland går motorn dåligt på grund av bristande underhåll. Risken för detta ökar om bilen är begagnad och inte har fått regelbunden service. I sådana fall kan extra arbeten behöva utföras, utöver det normala underhållet.

8 Om motorn misstänks vara sliten ger ett kompressionsprov eller tryckförlustprov (se kapitel 2C) värdefull information om de inre huvudkomponenternas skick. Ett kompressionsprov kan användas för att avgöra det kommande arbetets omfattning. Om något av proven avslöjar allvarligt inre slitage är det slöseri med tid och pengar att utföra underhåll på det sätt som beskrivs i detta kapitel, om inte motorn först renoveras.

9 Följande åtgärder är de som oftast behövs för att förbättra effekten hos en motor som går dåligt:

I första hand

a) Rengör, kontrollera och testa batteriet (se "Veckokontroller").

b) Kontrollera alla motorrelaterade oljor och vätskor (se "Veckokontroller").

c) Kontrollera drivremmens skick och spänning (avsnitt 4).

d) Kontrollera luftfiltrets skick och byt vid behov (se avsnitt 23).

e) Byt bränslefiltret (se avsnitt 22).

f) Kontrollera skicket på samtliga slangar och leta efter läckor (se avsnitt 6).

10 Om ovanstående åtgärder inte har någon inverkan ska följande åtgärder utföras:

I andra hand

Allt som anges under I första hand, plus följande:

a) Kontrollera laddningssystemet (se kapitel 5A).

b) Kontrollera förvärmningssystemet (se kapitel 4B).

c) Kontrollera bränslesystemet (se kapitel 4B).

Var 10 000:e km eller var sjätte månad

2 Motorolja och filter – byte

1 Täta olje- och filterbyten är det viktigaste förebyggande underhåll en hemmamekaniker kan utföra. När motoroljan åldras blir den utspädd och förorenad, vilket leder till att motorn slits ut i förtid.

2 Innan du börjar arbetet plockar du fram alla verktyg och allt material som behövs. Se även till att ha gott om rena trasor och tidningar till hands för att torka upp eventuellt spill. Helst ska motoroljan vara varm, eftersom den då rinner ut lättare och mer avlagrat slam följer med. Se dock till att inte vidröra avgassystemet eller andra heta delar vid arbete under bilen. Använd handskar för att undvika skållning och för att skydda huden mot irritationer och skadliga föroreningar i begagnad motorolja.

3 Ta bort plastkåpan ovanpå motorn. Dra upp det högra bakre hörnet och framkanterna, dra sedan kåpan framåt för att lossa den (se bild).

4 Lossa kablaget från buntbanden på bränslefiltrets fästbygel. Koppla sedan loss filtrets anslutningskontakt, lossa bränsleröret från klämman, lossa de fyra bultarna och en skruv på sidan. Lyft därefter upp filtret med fästbygeln och placera det ovanpå motorn (se bilder).

5 Använd en hylsa på ett förlängningsskaft

2.3 Dra upp det främre och högra bakre hörnet, och dra sedan kåpan uppåt

2.4a Lossa anslutningskontakten, bränsleröret och de fyra bultarna (se pilar) . . .

2.4b . . . och 1 torxskruv på sidan (se pil) . . .

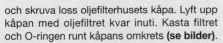

2.4c . . . lyft sedan upp filtret och lägg det åt sidan

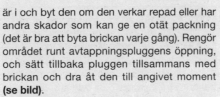

2.5a Skruva loss oljefilterkåpan (se pil) . . .

2.5b . . . lyft sedan upp kåpan med filtret . . .

och skruva loss oljefilterhusets kåpa. Lyft upp kåpan med oljefiltret kvar inuti. Kasta filtret och O-ringen runt kåpans omkrets **(se bilder)**.

6 Dra åt handbromsen, lyft upp framvagnen och ställ den på pallbockar (se *Lyftning och stödpunkter*).

7 Skruva loss de sju torxskruvarna och ta bort plastkåpan under motorn **(se bild)**.

8 Använd en nyckel, eller ännu hellre en lämplig hylsa med arm, och lossa avtappningspluggen (på sumpens baksida) cirka ett halvt varv **(se bild)**. Placera dräneringsbehållaren under avtappningspluggen och ta därefter bort pluggen helt.

9 Ge den gamla oljan tid att rinna ut, och observera att det kan bli nödvändigt att flytta behållaren när oljeflödet minskar.

10 När oljan har runnit ut torkar du avtappningspluggen och tätningsbrickan med en ren trasa. Kontrollera vilket skick tätningsbrickan

är i och byt den om den verkar repad eller har andra skador som kan ge en otät packning (det är bra att byta brickan varje gång). Rengör området runt avtappningspluggens öppning, och sätt tillbaka pluggen tillsammans med brickan och dra åt den till angivet moment **(se bild)**.

11 Ta bort den gamla oljan och alla verktyg från bilens undersida, sätt tillbaka den undre skyddskåpan och sänk sedan ner bilen.

12 Se till att oljefilterhuset och kåpan är rena, sätt sedan dit en ny O-ringstätning i locket.

13 Passa in det nya filtret i locket, montera sedan locket på huset och dra åt det till angivet moment **(se bild)**.

14 Passa in bränslefiltret och fästbygeln och sätt sedan tillbaka fästbultarna och dra åt dem ordentligt. Sätt dit röret i klämman, återanslut anslutningskontakten och fäst kablaget på fästbygeln.

15 Med bilen på plan mark, fyll på motorn med olja av rätt typ och grad (se *Veckokontroller* för information om påfyllning). En oljekanna med pip eller en tratt kan hjälpa till att minska spillet. Häll i hälften av den angivna mängden först och vänta sedan några minuter tills oljan har samlats i sumpen.

16 Fortsätt fylla på små mängder i taget till dess att nivån når MIN-märket på mätstickan. Om du fyller på 1,0 liter olja når nu nivån MAX-märket på mätstickan – oroa dig inte om du fyller på lite för mycket, eftersom en del av överskottet hamnar i oljefiltret. Sätt tillbaka mätstickan och påfyllningslocket.

17 Starta motorn och låt den gå i några minuter, samtidigt som du letar efter läckor runt oljefiltertätningen och sumpens avtappningsplugg. Observera att det kan ta ett par sekunder innan oljetryckslampan släcks sedan motorn startats första gången efter ett oljebyte.

2.5c . . . dra loss filtret från kåpan . . .

2.5d . . . och kasta O-ringstätningen

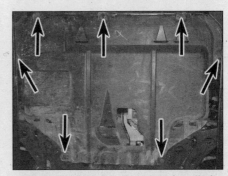

2.7 Skruva loss torxskruvarna (se pilar) och ta bort motorns undre skyddskåpa

2.8 Skruva loss motoroljans avtappningsplugg (se pil)

2.10 Montera en ny tätningsbricka på oljeavtappningspluggen

2.13 Sätt in det nya filtret i kåpan

Detta beror på att oljan cirkulerar runt i kanalerna och det nya filtret innan trycket byggs upp.

18 Stäng av motorn och vänta ett par minuter på att oljan ska rinna tillbaka till sumpen. Kontrollera oljenivån igen när den nya oljan har cirkulerat och filtret är fullt. Fyll på mer olja om det behövs.

19 Kasta den använda motoroljan och oljefiltret enligt gällande miljöbestämmelser, se *Allmänna reparationsanvisningar* i avsnittet *Referens* i den här handboken. Det finns behållare för använd olja och för oljefilter på de flesta miljöstationer.

3 Servostyrningens vätskenivå – kontroll

Varning: Om styrservovätskan behöver fyllas på ofta betyder det att systemet läcker. Undersök och åtgärda detta omedelbart.

1 Parkera bilen på plan mark och placera ratten i helt rakt läge. Motorn ska vara avstängd och kall.

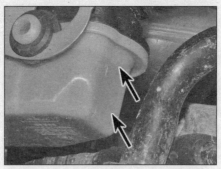

3.2 Servostyrningsvätskans nivå ska ligga mellan MIN- och MAX-markeringarna

HAYNES TiPS *För att kontrollen ska gå rätt till får ratten inte vridas när motorn har stängts av.*

2 Behållaren sitter till höger i motorrummet, bakom strålkastaren. Ta bort strålkastaren enligt beskrivningen i kapitel 12. Vätskenivån kan ses genom behållaren och ska ligga mellan MIN- och MAX-markeringarna när

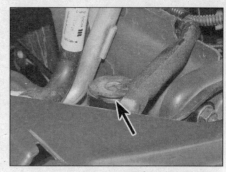

3.3 Servostyrningsbehållarens lock

motorn är kall **(se bild)**. Om nivån kontrolleras när motorn är igång eller varm kan nivån stiga något över MAX-markeringen.

3 Om du måste fylla på ska du använda den vätska som rekommenderas – fyll inte på behållaren för mycket. Skruva loss behållarens lock **(se bild)**. Var försiktig så att det inte kommer in smuts i systemet vid påfyllningen. Sätt på locket ordentligt när nivån stämmer.

Var 20 000:e km eller en gång per år

4 Drivrem – kontroll

Drivrem – kontroll

1 Det sitter en enkel drivrem på motorns högra sida. Den har en automatisk justerare, så du behöver inte kontrollera drivremmens spänning.

2 På grund av drivremmarnas funktion och material tenderar de att gå sönder efter en längre tid, och ska därför kontrolleras regelbundet.

3 Eftersom drivremmen sitter mycket nära motorrummets högra sida blir det lättare att komma åt den om man lyfter upp bilens

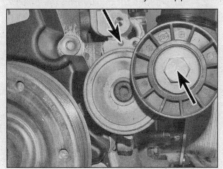

4.8 Vrid spännarremskivans bult moturs, sätt sedan in ett 5 mm borr eller stag genom låshålen när de är linjerade (se pilar)

framvagn och sedan skruvar loss de sju torxskruvarna och tar bort motorns undre skyddskåpa **(se bild 2.7)**.

4 Med motorn stillastående, kontrollera hela drivremmen och sök efter sprickor och tecken på flagning hos remmen. Motorn måste vridas runt (med en nyckel, eller en hylsa med arm, på vevaxelns remskivebult) för att remmen ska röra sig från remskivorna så att du kan undersöka remmen ordentligt. Vrid remmen mellan remskivorna så att du kan se båda sidorna. Kontrollera också om

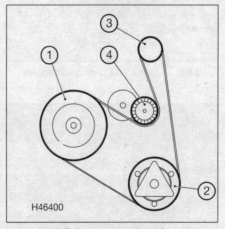

4.9 Drivremmens dragning

1 *Vevaxelns remskiva*
2 *AC-kompressor*
3 *Generator*
4 *Spännare*

det finns fransning och blankslitning som gör att remmen ser blank ut. Kontrollera om remskivorna är repade, spruckna, vridna eller korroderade.

5 Det är inte ovanligt att en kuggrem har små sprickor i kanterna på kuggarna, och om de inte är väldigt många eller väldigt djupa så behöver remmen inte bytas.

Drivrem – byte

6 När du ska ta bort drivremmen, höj först framvagnen och stötta den på pallbockar (se *Lyftning och stödpunkter*). Skruva loss de sju torxskruvarna och ta bort motorns undre skyddskåpa **(se bild 2.7)**. Ta sedan bort hjulhusets innerskärm.

7 Ta bort plastkåpan ovanpå motorn. Dra upp det högra bakre hörnet och framkanterna, dra sedan kåpan framåt för att lossa den.

8 Placera en nyckel på spännarens centrumbult och vrid spännaren moturs för att lossa drivremmens spänning. För sedan in ett 5 mm borr eller stag genom hålen i ärmen/ motorblocket när de har linjerat för att låsa spännaren i detta läge **(se bild)**.

9 Observera hur drivremmen är dragen och ta sedan bort remmen från remskivorna **(se bild)**.

10 Montera den nya drivremmen på vevaxeln, AC-kompressorn, generatorn och spännarremskivorna. Använd en nyckel för att hålla spännararmen, ta sedan bort låsbitet/ staget och låt spännaren rotera medurs och försiktigt spänna remmen.

11 Sätt tillbaka motorns övre och undre skyddskåpa, sänk sedan ner bilen.

5 Ljus och signalhorn – funktionskontroll

1 Kontrollera att alla yttre ljus fungerar, med tändningen påslagen om det behövs.

2 Kontrollera bromsljusen med hjälp av en medhjälpare, eller genom att backa upp nära en speglande dörr. Se till att alla bakljus fungerar separat, utan att påverka några av de andra ljusen – tänd t.ex. så många bakljus som möjligt och testa sedan bromsljusen. Om något inte fungerar som det ska beror detta ofta på ett jordningsfel eller någon annan typ av dålig anslutning i bakljusarmaturen.

3 Ta hjälp av en medhjälpare igen, eller använd en speglande yta och kontrollera strålkastarna både med hel- och halvljus i den utsträckning det går.

4 Byt eventuella trasiga glödlampor enligt beskrivningen i kapitel 12.

Framförallt på äldre bilar kan glödlamporna sluta fungera på grund av korrosion på glödlampan eller på dess hållare – då kanske det inte hjälper att byta glödlampan. När du byter en glödlampa och hittar gröna eller vita pulveravlagringar ska de tas bort med en smärgelduk.

5 Kontrollera att all innerbelysning fungerar, inklusive belysningen i handskfacket och bagageutrymmet. Slå på tändningen och kontrollera att alla relevanta varningslampor tänds som de ska – det ska finnas information om detta i bilens instruktionsbok. Starta nu motorn och kontrollera att de aktuella ljusen slocknar. När du kör i mörker nästa gång, kontrollera att all instrumentpanelsbelysning och instrumentbrädebelysning fungerar som den ska. Om du stöter på problem, se kapitel 12.

6 Välj slutligen ett lämpligt tillfälle att testa signalhornets funktion.

6 Kontroll under motorhuven – slangar och läckage

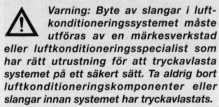

⚠ Varning: Byte av slangar i luft-konditioneringssystemet måste utföras av en märkesverkstad eller luftkonditioneringsspecialist som har rätt utrustning för att tryckavlasta systemet på ett säkert sätt. Ta aldrig bort luftkonditioneringskomponenter eller slangar innan systemet har tryckavlastats.

1 Undersök motorns fogytor, packningar och tätningar och leta efter tecken på vatten- eller oljeläckage. Var särskilt noga med områdena runt ventilkåpans, topplockets, oljefiltrets och sumpens fogytor.

Tänk på att med tiden är ett litet läckage från dessa områden helt normalt, så leta efter tecken på allvarliga läckor. Om ett läckage påträffas, byt den defekta packningen eller tätningen enligt beskrivning i relevant kapitel i denna handbok.

2 Höga temperaturer i motorrummet kan orsaka skador på gummi- och plastslangarna som används för motorn, tillbehörs- och avgassystem. Kontrollera regelbundet att det inte har uppstått några sprickor, att inga klämmor har lossnat, att det inte förekommer materialförhårdning eller läckage.

3 När du undersöker slangarna, se till att alla buntband eller klämmor som används för att hålla fast slangarna sitter på plats och är hela. Trasiga eller saknade klämmor kan leda till nötning på slangar, rör eller kablage. Detta kan i sin tur leda till allvarligare fel i framtiden.

4 Kontrollera försiktigt de större övre och nedre kylarslangarna, tillsammans med andra kylsystemsslangar och metallrör med mindre diametrar. Glöm inte värmeslangarna/rören som går från motorn till torpedväggen. Undersök varje slangs hela längd, byt slangar som är spruckna, svullna eller visar tecken på skador. Sprickor kan bli tydligare om slangen kläms ihop och är ofta synliga i slangändarna.

5 Se till att alla slanganslutningar är ordentligt åtdragna. Om de större luftslangarna från luftrenaren är lösa kommer de att läcka ut luft och påverka motorns tomgångskvalitet negativt. Om fjäderklämmorna som används för att fästa många av slangarna verkar vara för lösa, ska de bytas ut mot justerbara skruvklämmor för att förhindra läckage.

6 Vissa andra slangar är fästa med klämmor. Där klämmor används ska du kontrollera att de är tillräckligt spända, annars kan slangen läcka. Om klämmor inte används, se till att slangen inte har expanderat och/eller hårdnat där den ansluter till fästet, då kan det uppstå läckage.

7 Kontrollera alla vätskebehållare, påfyllnings-lock, avtappningspluggar och fästen etc., sök efter tecken på läckage av olja, växellåds-och/eller bromshydraulvätska, kylvätska och servostyrningsvätska. Kontrollera även kopplingens hydraulvätskeledningar som går från vätskebehållaren och slavcylindern (på växellådan).

8 Om bilen vanligtvis parkeras på samma plats kan en närmare undersökning av marken där avslöja eventuella läckor. Du kan strunta i vattenpölen som uppstår när luftkonditioneringen används. Placera en bit ren kartong under motorn och leta efter tecken på nedsmutsning på kartongen när bilen har stått parkerad över den en natt.

9 Kom ihåg att vissa läckage endast uppstår när motorn är igång, eller när motorn är varm eller kall. Med handbromsen ordentligt åtdragen, starta motorn när den är kall och låt den gå på tomgång medan du undersöker undersidan av motorrummet och söker efter tecken på läckage.

10 Om du märker en ovanlig lukt inuti eller runt bilen, framförallt när motorn är genomvarm, kan detta tyda på ett läckage.

11 Så snart du har upptäckt ett läckage måste du hitta källan och åtgärda problemet. Om det har läckt olja en tid måste man ofta använda en ångtvätt, högtryckstvätt eller liknande för att få bort all smuts och kunna identifiera orsaken till läckaget.

Vakuumslangar

12 Det är relativt vanligt att vakuumslangarna, framförallt i avgassystemen, är färgkodade, eller att de identifieras av ingjutna färgade ränder. Olika system behöver slangar med olika tjocka väggar, ståndfasthet och temperaturbeständighet. När du byter slangar är det viktigt att de nya är gjorda av samma material.

13 Det enda effektiva sättet att kontrollera en slang är ofta att ta bort den från bilen. Om du tar bort fler än en slang, se till att märka slangarna och fästena för att kunna sätta tillbaka dem på rätt plats.

14 När du kontrollerar vakuumslangarna ska du även kontrollera eventuella T-fästen i plast. Kontrollera att fästena inte är spruckna och att slangen inte är vriden vid anslutningarna, så att det inte läcker.

15 Du kan använda en liten del av en vakuumslang (invändig diameter på en kvarts tum) som ett stetoskop för att upptäcka vakuumläckor. Håll ena slangänden nära örat och för stetoskopet över vakuumslangarna och fästen, lyssna efter det "väsande" ljud som tyder på en vakuumläcka.

⚠ Varning: När du använder vakuum-slangen för att leta efter läckor är det mycket viktigt att du inte kommer åt rörliga motordelar som drivremmen, kylarens elektriska kylfläkt etc.

Bränsleslangar

⚠ Varning: Det finns några säker-hetsföreskrifter som måste följas när du kontrollerar eller servar komponenter i bränslesystemet. Arbeta i en välventilerad lokal, och låt inga öppna lågor (cigaretter, pilotlågor etc.) eller glödlampor utan skärmar komma i närheten av arbetsområdet. Torka upp eventuellt spill omedelbart och förvara inte trasor som är fuktiga av bränsle där de kan antändas.

16 Kontrollera att bränsleslangarna inte har skadats eller skavts. Sök särskilt efter sprickor i områdena där slangarna böjs, och även precis framför fästen, t.ex. där en slang ansluter till bränslefiltret.

17 Det är inte ovanligt att en dieselmotor som har gått långt har en "dieselfilm" runt insprutningsventilerna, vilket gör att det ser oljigt ut. Om det inte finns tydliga bevis på en större bränsleläcka behöver du normalt inte oroa dig över detta. Det bästa tillväga-gångssättet är att först rengöra motorn ordentligt. När du sedan har kört några mil

kan du identifiera läckagets källa och bedöma hur allvarligt det är.

18 Använd bränsleledningar av hög kvalitet vid byten, de har oftast ordet "Fluoroelastomer" tryckt på slangen. Använd under inga omständigheter vakuumslangar som inte är förstärkta, genomskinliga plastslangar eller vattenslangar istället för bränsleledningar.

19 Klämmor av fjädertyp används ofta på bränsleledningar. Dessa klämmor förlorar ofta sin spänst efter en tid, och kan "snäppa loss" under demonteringen. Byt alla klämmor av fjädertyp mot bränslerörsklämmor när en slang byts.

Metallrör

20 Bitar av metallrör används ofta som bränsleledning mellan bränslefiltret och motorn. Kontrollera rören noggrant så att de inte har böjts eller veckats, och att ledningen inte visar tecken på sprickor.

21 Om du måste byta en metallbit av bränsleledningen ska du endast använda heldragna stålrör, eftersom koppar- och aluminiumrör inte är tillräckligt starka för att klara av normala motorvibrationer.

22 Kontrollera metallrören där de går in i bromshuvudcylindern, ABS-hydraulenheten eller kopplingens master-/slavcylindrar (efter tillämplighet), leta efter sprickor i ledningarna eller lösa fästen och beslag. Om det finns tecken på bromsvätskeläckage ska du omedelbart utföra en noggrann undersökning.

7 Motorrummets kablage – kontroll

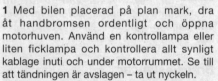

1 Med bilen placerad på plan mark, dra åt handbromsen ordentligt och öppna motorhuven. Använd en kontrollampa eller liten ficklampa och kontrollera allt synligt kablage inuti och under motorrummet. Se till att tändningen är avslagen – ta ut nyckeln.

2 Det du letar efter är kablage som är uppenbart skadat genom att det skavt mot vassa kanter eller rörliga delar i fjädringen/växellådan och/eller drivremmen. Kablarna kan också ha klämts mellan slarvigt återmonterade delar eller smält genom att de kommit i kontakt med heta motordelar, kylrör etc. I nästan alla fall orsakas skador av denna typ i första hand av inkorrekt dragning vid ihopsättning efter det att tidigare arbete har utförts.

3 Beroende på problemets storlek kan skadade kablar repareras genom sammanfogning eller splitsning med en bit ny kabel, med lödning för att försäkra en god anslutning, och sedan nyisolering med isoleringstejp eller krympslang. Om skadan är omfattande kan det vara bäst att byta hela kabelavsnittet med tanke på bilens körsäkerhet, oavsett om det kan verka dyrt.

4 När den faktiska skadan har reparerats, se till att kablaget dras korrekt vid återmonteringen så att det inte vidrör andra delar, inte är sträckt eller veckat, samt att det hålls undan med hjälp av de plastklämmor, guider och fästband som finns till hands.

5 Kontrollera alla elektriska skarvdon och se till att de är rena och ordentligt fastsatta, samt att vart och ett hålls på plats med motsvarande plastflik eller kabelklämma. Om något kontaktdon uppvisar yttre tecken på korrosion (vita eller gröna avlagringar, eller rost), eller om något misstänks vara smutsigt, måste det kopplas loss och rengöras med rengöringsmedel för elektriska kontakter. Om kontaktstiften är mycket korroderade måste kontaktdonet bytas. Observera att detta kan betyda att hela den biten av kablaget måste bytas – besök din lokala Volvo-återförsäljare för mer information.

6 Om rengöringen helt tar bort korrosionen och kontaktdonet är i önskat skick, är det bra att slå in kontaktdonet i ett lämpligt material som skyddar det mot smuts och fukt, och hindrar att korrosion uppstår igen. En Volvo-återförsäljare kan rekommendera en lämplig produkt.

7 Kontrollera vilket skick batterianslutningarna är i – gör om anslutningarna eller byt ledningarna om det förekommer fel (se kapitel 5A). Använd samma teknik för att se till att alla jordningspunkter i motorrummet ger god elektrisk kontakt genom rena, metall-till-metall-anslutningar, och kontrollera att alla sitter ordentligt fast.

8 Kontrollera kablaget till glödstiften.

8 Säkerhetsbälte – kontroll

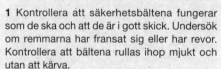

1 Kontrollera att säkerhetsbältena fungerar som de ska och att de är i gott skick. Undersök om remmarna har fransat sig eller har revor. Kontrollera att bältena rullas ihop mjukt och utan att kärva.

2 Kontrollera säkerhetsbältenas fästen, se till att alla bultar är ordentligt åtdragna.

9 Bromsklossar och bromsskivor – kontroll

1 Arbetet som beskrivs i det här avsnittet ska utföras vid de angivna tidpunkterna, eller om du misstänker att det är fel på bromssystemet. Något eller några av följande symptom kan tyda på fel i bromssystemet:

a) Bilen drar åt ena sidan när bromspedalen trycks ner.

b) Bromsarna ger ifrån sig gnällande, skrapande eller släpande ljud när de används.

c) Bromspedalvägen är för lång eller också känns inte pedalen fast.

d) Bromsvätskan måste fyllas på ofta. Observera att eftersom hydraulkopplingen delar vätska med bromssystemet (se kapitel 6), kan detta problem bero på en läcka i kopplingssystemet.

Skivbromsar fram

2 Dra åt handbromsen, lossa sedan de främre hjulmuttrarna. Lyft upp framvagnen och stötta den ordentligt på pallbockar (se Lyftning och stödpunkter).

3 Ta bort hjulen för att lättare komma åt bromsoken.

4 Titta genom kontrollöppningen i bromsoket och kontrollera att friktionsbeläggen på var och en av bromsklossarna inte är tunnare än den rekommenderade minimitjockleken som anges i Specifikationer (se bild).

> **HAYNES TiPS** *Kom ihåg att bromskloss-belägget ofta är fäst på en metallstödplatta. För att skilja ut metallen och själva belägget kan det hjälpa att först vrida långsamt på skivan – skivans kant kan så identifieras, med belägget på varje bromskloss på var sida om den, och stödplattorna bakom.*

5 Om det är svårt att avgöra exakt hur tjocka bromsbeläggen är, eller om du är osäker på bromsklossarnas skick, ta bort dem från bromsoken för ytterligare kontroll (se kapitel 9).

6 Kontrollera det andra bromsoket på samma sätt.

7 Om någon av bromsklossarna har slitits ner till eller under den angivna gränsen måste *alla fyra* bromsklossarna på den delen av bilen bytas. Om bromsklossarna på ena sidan är mycket mer slitna än på den andra, kan detta tyda på att bromsokskolvarna delvis har kärvat fast – se metoden för byte av bromsklossar i kapitel 9, och tryck tillbaka kolvarna in i bromsoket för att lossa dem.

8 Mät skivornas tjocklek med en mikrometer om du har en sådan, för att se till att de fortfarande kan användas. Låt dig inte luras av den rostbeläggning som ofta bildas på skivans ytterkant och som kan få skivan att verka tjockare än vad den är – skrapa bort lös rost om det behövs, utan att repa skivans (glansiga) friktionsyta.

9 Om någon skiva är tunnare än den angivna minimitjockleken, byt båda skivorna (se kapitel 9).

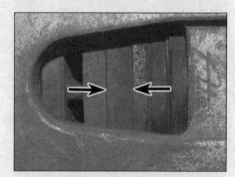

9.4 Kontrollera hur tjockt bromsklossbelägget är (se pilar)

10 Kontrollera skivornas allmänna skick. Leta efter kraftiga repor och missfärgningar som har orsakats av överhettning. Om skicket är liknande, ta bort den aktuella skivan och låt ytbehandla eller byta den (se kapitel 9).

11 Se till att handbromsen är ordentligt åtdragen, kontrollera sedan att växellådan är i neutralläge. Snurra på hjulet och kontrollera att bromsen inte kärvar. Ett visst motstånd är normalt i en skivbroms, men det ska inte vara svårt att snurra hjulet – blanda inte heller ihop bromsens anliggningsmotstånd med motståndet från växellådan.

12 Innan du sätter tillbaka hjulen, kontrollera alla bromsledningar och slangar (se kapitel 9). Kontrollera särskilt de flexibla slangarna i närheten av bromsoken, där de utsätts för mest rörelse. Böj dem mellan fingrarna (men vik dem inte dubbelt, eftersom höljet kan skadas) och kontrollera att detta inte avslöjar sprickor, revor eller liknande.

13 Avsluta med att sätta tillbaka hjulen och sänka ner bilen. Dra åt hjulmuttrarna till angivet moment.

Bakre skivbromsar

14 Lossa de bakre hjulmuttrarna och klossa sedan framhjulen. Höj upp bakvagnen med domkraft och ställ den på pallbockar. Lossa handbromsen och ta bort bakhjulen.

15 Metoden för att kontrollera de bakre bromsarna är i princip likadan som det som beskrivs i avsnitt 2 till 13 ovan. Kontrollera att de bakre bromsarna inte kärvar, observera att motståndet från växellådan inte påverkar bakhjulen. Om det krävs en onormal ansträngning kan detta tyda på att handbromsen behöver justeras – se kapitel 9.

1 Med kall motor (minst tre timmar efter det att bilen har körts), kontrollera hela avgassystemet från motorn till änden av avgasröret. Helst ska detta göras på en lyft, där du har obegränsad åtkomst. Om du inte har tillgång till en lyft, lyft upp bilen och ställ den på pallbockar.

2 Se till att alla fästbyglar och gummifästen är i gott skick, och ordentligt åtdragna. Om något av fästena ska bytas, se till att de nya är av rätt typ – om bilen har gummifästen är deras färg en bra fingervisning. De som sitter närmast katalysatorn är mer värmetåliga än de andra.

3 Kontrollera rören och anslutningarna efter tecken på läckor, allvarlig korrosion eller skador. Läckage i någon fog eller annan del visar sig vanligen som en sotfläck i närheten av läckan. **Observera:** *Avgassystemets tätningsmedel ska inte användas på någon del av avgassystemet ovanför katalysatorn (mellan motorn och omvandlaren) – även om tätningsmedlet inte innehåller tillsatser som är skadliga för omvandlaren, kan delar av det lossna och skada delen, vilket kan orsaka lokal överhettning.*

4 Undersök samtidigt bilens undersida efter hål, korrosion, öppna skarvar och liknande som kan leda till att avgaser kommer in i passagerarutrymmet. Täta alla sådana öppningar med silikon eller karosskitt.

5 Skaller och andra missljud kan ofta härledas till avgassystemet, speciellt till gummifästen **(se bild)**. Försök att rubba avgassystem, ljuddämpare och katalysator. Om någon komponent kan komma åt karossen eller fjädringen måste avgassystemets fästen bytas ut.

Framfjädring och styrning

1 Dra åt handbromsen, hissa upp framvagnen och ställ den på pallbockar.

2 Inspektera spindelledernas dammskydd och styrväxelns damasker. De får inte vara skavda, spruckna eller ha andra defekter **(se bild)**. Slitage på någon av dessa delar gör att smörjmedel läcker ut och att smuts och vatten kan komma in, vilket snabbt sliter ut spindellederna eller styrväxeln.

3 Kontrollera servostyrningens slangar och leta efter tecken på nötning och åldrande och undersök rör- och slanganslutningar för att se om det finns oljeläckage.

Leta även efter läckor under tryck från styrväxelns gummidamask, vilket indikerar trasiga tätningar i styrväxeln.

4 Ta tag i hjulet upptill och nedtill och försök rucka på det **(se bild)**. Ett ytterst litet spel kan märkas, men om rörelsen är stor krävs en närmare undersökning för att fastställa orsaken. Fortsätt rucka på hjulet medan en medhjälpare trycker på bromspedalen. Om spelet försvinner eller minskar markant är det troligen fråga om ett defekt hjullager. Om spelet finns kvar när bromsen är nedtryckt rör det sig om slitage i fjädringens leder eller fästen.

5 Fatta sedan tag i hjulet på sidorna och försök rucka på det igen. Märkbart spel beror antingen på slitage på hjullager eller styrstagets spindelleder. Om styrstagets yttre spindelled är sliten syns rörelsen tydligt. Om den inre spindelleden misstänks vara sliten kan detta kontrolleras genom att man placerar handen över kuggstångens gummidamask och tar tag om styrstaget. När hjulet ruckas kommer rörelsen att kännas vid den inre spindelleden om den är sliten.

6 Leta efter glapp i fjädringsfästenas och kryssrambalkens bussningar genom att bända mellan relevant komponent och dess fästpunkt med en stor skruvmejsel eller ett plattjärn. En viss rörelse är att vänta eftersom bussningarna är av gummi, men eventuellt större slitage bör vara tydligt. Kontrollera även de synliga gummibussningarnas skick och leta efter bristningar, sprickor eller föroreningar i gummit.

7 Ställ bilen på marken och låt en medhjälpare vrida ratten fram och tillbaka ungefär ett åttondels varv åt vardera hållet. Det ska inte finnas något, eller bara ytterst lite, spel mellan rattens och hjulens rörelser. Kontrollera noga lederna och fästena enligt tidigare beskrivning om spelet är större, men kontrollera dessutom om rattstångens universalknutar är slitna, samt även själva kuggstångsväxeln.

Bakvagnens fjädring – kontroll

8 Klossa framhjulen. Hissa upp bakvagnen och stötta den på pallbockar.

9 Kontrollera om de bakre hjullagren är slitna, använd metoden som anges för de främre hjullagren (punkt 4).

10.5 Kontrollera skicket på avgassystemets gummifästen (se pilar)

11.2 Kontrollera skicket på kuggstångens gummidamasker

11.4 Ta tag i hjulet och försök att rucka på det

10 Leta efter glapp i fjädringsfästenas bussningar genom att bända mellan relevant komponent och dess fästpunkt med en stor skruvmejsel eller ett plattjärn. En viss rörelse är att vänta eftersom bussningarna är av gummi, men eventuellt större slitage bör vara tydligt.

12 Drivaxeldamask och drivknutar – kontroll

1 Drivaxelns gummidamasker är mycket viktiga eftersom de förhindrar att det kommer in smuts, vatten och främmande föremål som kan skada lederna. Yttre nedsmutsning kan göra att damaskens material skadas i förtid, så det är bra att tvätta damaskerna med tvål och vatten då och då.

2 Hissa upp bilen och stötta den på pallbockar. Vrid ratten till fullt utslag och snurra sedan långsamt på ett hjul i taget. Undersök skicket på de yttre drivknutarnas damasker och kläm ihop gummidamaskerna så att vecken öppnas. Leta efter spår av sprickor, bristningar och åldrat gummi som kan släppa ut fett och släppa in vatten och smuts i drivknuten. Kontrollera även damaskernas klamrar vad gäller åtdragning och skick. Upprepa dessa kontrollera på de inre drivknutarna **(se bild)**. Om skador eller slitage påträffas bör damaskerna bytas enligt beskrivningen i kapitel 8.

3 Kontrollera samtidigt de yttre drivknutarnas skick genom att först hålla fast drivaxeln och sedan försöka snurra på hjulen. Upprepa den här kontrollen på de inre drivknutarna genom att hålla i den inre drivknutens ok och försöka att rotera drivaxeln.

4 Varje märkbar rörelse i drivknuten är ett tecken på slitage i knuten, på slitage i drivaxelspårningen eller på att en av drivaxelns fästmuttrar är lös.

13 Underrede och bränsle-/ bromsledning – kontroll

1 Med bilen upplyft och stöttad på pallbockar, eller placerad över en smörjgrop, gå igenom

12.2 Kontrollera skicket på drivaxelledens gummidamask

underredet och hjulhusen noggrant och leta efter tecken på skador och korrosion. Undersök särskilt sidotrösklarnas botten och eventuella dolda områden där det kan samlas lera.

2 Om du ser tydliga tecken på korrosion, tryck och knacka relativt hårt på panelen med en skruvmejsel, och kontrollera om det finns omfattande korrosion som kräver reparation.

3 Om det inte är mycket korrosion på panelen, ta bort rosten och stryk på ett nytt lager underredsbehandling. Se kapitel 11 för mer information om karosserireparation.

4 Undersök samtidigt de nedre karosspanelerna och leta efter stenskott och kontrollera det allmänna skicket.

5 Undersök alla bränsle- och bromsledningar på underredet, leta efter skador, rost, korrosion och läckage. Se också till att de är ordentligt fästa med klämmorna **(se bild)**. Kontrollera också PVC-beläggningen på ledningarna i förekommande fall.

14 Gångjärn och lås – smörjning

1 Smörj alla gångjärn på motorhuven, dörrarna och bakluckan med en lätt maskinolja.

2 Kontrollera noggrant att alla gångjärn, spärrar och lås är säkra och fungerar som de ska. Justera dem vid behov. Kontrollera att centrallåssystemet fungerar som det ska (i förekommande fall).

3 Kontrollera skick och funktion hos bakluckans fjäderben i förekommande fall, byt ut dem om de läcker eller inte förmår hålla bakluckan öppen ordentligt.

15 Hjul – kontroll

Kontroll av hjulmuttrarnas åtdragning

1 Det är viktigare än man kan tro att kontrollera hjulmuttrarnas åtdragning. Förutom den uppenbara säkerhetsaspekten avslöjar denna kontroll även om de har dragits åt för hårt,

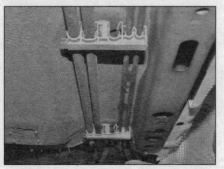

13.5 Kontrollera att bränsle- och bromsledningarna under karossen är säkra och hela

vilket kan ha hänt senaste gången hjulen byttes. Om bilen får punktering kan det vara så att hjulmuttrarna inte kan lossas med fälgkorset.

2 Dra åt handbromsen, klossa hjulen och lägg i 1:ans växel.

3 Ta bort hjulsidan (eller navkapseln), använd den platta änden av det fälgkors som medföljer.

4 Lossa den första hjulmuttern, använd fälgkorset om det går. Om muttern är envis, använd en tight hylsnyckel och ett långt förlängningsskaft.

⚠️ *Varning: Använd inte hemmagjorda anordningar för att lossa hjulmuttrarna om du inte har tillgång till riktiga verktyg. Om det krävs extra kraft, se till att verktygen sitter ordentligt och är av bra kvalitet. Även om så är fallet är det viktigt att du förbereder dig på att ett verktyg kan lossna eller gå sönder – det är klokt att använda kraftiga handskar för att skydda dina händer. Frestas inte att stå på verktyget – det är inte avsett för detta och du löper stor risk att skadas om verktyget lossnar eller går sönder. Om hjulmuttrarna helt enkelt sitter för hårt, lämna in bilen på en verkstad som har lämpliga elverktyg.*

5 När muttern har lossats tar du bort den och kontrollerar att hjulbultarnas gängor är rena. Använd en liten stålborste för att ta bort eventuell rost eller smuts från gängorna, om det behövs.

6 Sätt tillbaka muttern med den koniska sidan vänd inåt. Dra år den helt med hjälp av enbart fälgkorset – inga andra verktyg. På så sätt säkerställs att hjulmuttrarna kan lossas med fälgkorset igen om en punktering inträffar. Om du har tillgång till en momentnyckel kan du emellertid dra åt muttern till angivet moment.

7 Upprepa proceduren för de återstående tre muttrarna, och sätt sedan tillbaka hjulsidan eller navkapseln.

8 Arbeta dig runt bilen och kontrollera och dra åt muttrarna på alla fyra hjul.

Hjulkontroll och balansering

9 Skruva bort hjulen med jämna mellanrum för att rengöra dem invändigt och utvändigt. Undersök hjulfälgarna efter rost, korrosion eller andra skador. Lättmetallfälgar skadas ofta av trottoarkanter vid parkering men även stålfälgar kan få bucklor. Att byta hjulet är ofta den enda lösningen.

10 Balansen i vart och ett av hjulen ska behållas, inte bara för att undvika för stort däckslitage, utan även för att undvika slitage i styrningens och fjädringens komponenter. Obalans i hjulen märks normalt genom vibrationer i bilens ytterkaross, även om det i många fall ofta är extra märkbart i ratten. Omvänt kan man notera att slitage eller skador i fjädringens eller styrningens komponenter kan orsaka stort däckslitage.

Orunda däck, skadade hjul och hjullagerslitage/feljustering hamnar också i den här kategorin. Balansering åtgärdar normalt inte vibrationer som har orsakats av sådant slitage.

11 Hjulbalansering kan utföras när hjulet sitter på bilen eller när det är borttaget. Om hjulet balanseras på bilen, se till att förhållandet mellan hjulet och navet märks ut innan du tar bort hjulet, så att det kan sättas tillbaka i ursprungsläget.

16 Landsvägsprov

Bromssystem

1 Kontrollera att bilen inte drar åt ena hållet vid inbromsning och att hjulen inte låser sig vid hård inbromsning.
2 Kontrollera att ratten inte vibrerar vid inbromsning. På modeller med ABS-bromsar är vibrationer som känns i pedalen vid kraftig inbromsning normalt och inget att oroa sig över.
3 Kontrollera att handbromsen fungerar som den ska, utan att spaken måste flyttas för mycket, och att den håller bilen stillastående

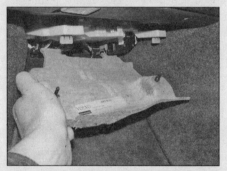

17.2 Tryck in centrumsprintarna, bänd ut plastnitarna och sänk ner ljudisoleringen under passagerarsidans instrumentbräda

på upp- och nedåtlutande underlag (upp- och nedförsbacke).
4 Kontrollera bromsservon med motorn avstängd enligt följande. Tryck ner bromspedalen fyra eller fem gånger för att häva vakuumet och starta sedan motorn. När motorn startar ska pedalen ge efter märkbart medan vakuumet byggs upp. Låt motorn gå i minst två minuter och stäng sedan av den. Om pedalen nu trycks ner igen ska ett väsande ljud höras från servon. Efter fyra eller fem nedtryckningar ska väsandet upphöra och motståndet i pedalen ska öka.

Styrning och fjädring

5 Kontrollera om bilen uppför sig normalt med avseende på styrning, fjädring, köregenskaper och vägkänsla.
6 Kör bilen och var uppmärksam på ovanliga vibrationer eller ljud.
7 Kontrollera att styrningen känns bra, utan överdrivet "fladder" eller kärvningar. Lyssna efter missljud från fjädringen vid kurvtagning och gupp.

Drivaggregat

8 Kontrollera funktionen hos motorn, växel-lådan och drivaxlarna.
9 Kontrollera att motorn startar som den ska både när den är kall och när den är varm. Titta på glödstiftets varningslampa och kontrollera att den tänds och släcks som den ska.
10 Lyssna efter ovanliga ljud från motorn och växellådan.
11 Kontrollera att motorn går jämnt på tomgång och att den svarar direkt vid acceleration.
12 Kontrollera att alla växlar går i mjukt utan missljud, och att växelspaken går jämnt och inte känns inexakt eller hackig.
13 Kör bilen långsamt i en cirkel med fullt utslag på ratten och lyssna efter metalliska klick från framvagnen. Utför kontrollen åt båda hållen. Om du hör klickande ljud tyder detta på slitage i en drivknut, byt då ut knuten vid behov.

Koppling

14 Kontrollera att kopplingspedalen rör sig mjukt och lätt hela vägen, och att själva kopplingen fungerar som den ska, utan att slira eller dra.
15 Om kopplingen lossnar långsamt, kan systemet behöva luftas (se kapitel 6). Undersök även vätskerören under motorhuven och kontrollera att de inte visar tecken på slitage.
16 Kontrollera kopplingen enligt beskrivningen i kapitel 6, avsnitt 2.

Instrument och elektrisk utrustning

17 Kontrollera funktionen hos alla instrument och den elektriska utrustningen.
18 Kontrollera att instrumenten ger korrekt information och aktivera all elektrisk utrustning i tur och ordning för att kontrollera att den fungerar som den ska.

17 Pollenfilter – byte

1 Ta bort handskfacket på passagerarsidan enligt beskrivningen i kapitel 11.
2 Tryck in centrumsprintarna och bänd ut plastexpandernitarna som håller ljudisoleringen på plats under passagerarsidans instrumentbräda **(se bild)**. Dra isoleringen nedåt och sedan bakåt för att ta bort den.
3 Skruva loss de 2 fästen som håller fast säkringsdosan/den centrala elmodulen på fästbygeln genom att vrida dem moturs. Flytta sedan säkringsdosan/modulen nedåt och bakåt och lossa den från fästbygeln **(se bilder)**. Placera säkringsdosan/modulen åt sidan, du behöver inte koppla loss anslutningskontakterna.
4 Lossa klämmorna som fäster kablaget på

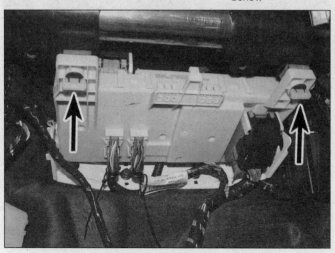

17.3a Skruva loss de två fästen (se pilar) . . .

17.3b . . . och sänk ner säkringsdosan/modulen

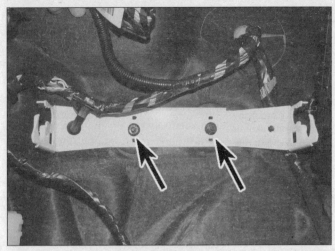

17.4 Skruva loss muttrarna (se pilar) och ta bort säkringsdosan/ modulens fästbygel

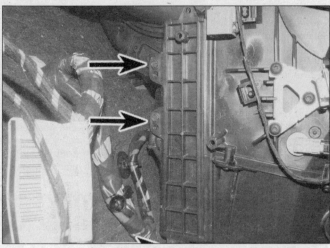

17.5a Skruva loss de tre bultarna (se pilar) och ta bort kåpan . . .

säkringsdosans/modulens fästbygel, skruva sedan loss de två muttrarna och ta bort fästbygeln **(se bild)**.

5 Skruva loss de 3 bultarna, ta bort kåpan och dra loss filtret från huset **(se bilder)**.

6 Montera det nya filtret i omvänd ordningsföljd mot demonteringen, se till att det placeras med luftflödespilarna pekande rakt bakåt, mot kupén.

17.5b . . . och dra bort pollenfiltret från huset

18 Bränslefilter – vattenavtömning och byte

Vattenavtömning

1 Bränslefiltret sitter i motorrummets främre del. Ta bort plastkåpan ovanpå motorn. Dra

18.2 Anslut en bit slang till avtappningsnippeln (se pil)

upp det högre bakre hörnet och framkanterna, dra sedan kåpan framåt för att lossa den.

2 Täck generatorn med en trasa och anslut sedan en bit plast-/gummislang till avtappningsnippeln, placera slangens andra ände i ett kärl **(se bild)**.

3 Lossa avtappningsnippeln och den övre luftningsskruven några varv, och låt bränslet rinna ut tills det verkar rent och fritt från vattendroppar. Dra åt luftningsskruven och avtappningsnippeln **(se bild)**.

4 Ta bort slangen och lufta bränslesystemet enligt beskrivningen i kapitel 4B.

Filterbyte

5 Lossa kablaget från buntbanden på bränslefiltrets fästbygel, koppla sedan loss filtrets anslutningskontakt, lossa bränsleröret från klämman, skruva loss de 4 bultarna och ta sedan bort fästbygeln **(se bilder 2.4a och 2.4b)**.

6 Tryck ner låsflikarna och koppla loss bränsleslangarna från filterhuvudet **(se bild)**. Var beredd på bränslespill.

18.3 Lossa den övre luftningsskruven (se pil)

18.6 Tryck ner låsflikarna och koppla loss bränsleslangarna från filterhuvudet

18.8 Skruva loss filterhuvudet

18.9 Byt filtret och O-ringstätningen

justeras, se kapitel 9 för mer information om hur du gör.

20 Frostskyddsmedel – kontroll av koncentration

Se avsnitt 27.

21 Indikator för påminnelse om service – återställning

7 Koppla loss anslutningskontakten från filterhuvudet.
8 Skruva loss filterhuvudet och lyft bort det **(se bild)**.
9 Ta bort filtret och kasta O-ringstätningen **(se bild)**.
10 Sätt i det nya filtret och O-ringstätningen, passa sedan in filterhuvudet och dra åt det genom att vrida det medurs.
11 Återstoden av monteringen utförs i

omvänd ordningsföljd mot demonteringen, men lufta bränslesystemet enligt kapitel 4B.

19 Handbroms – kontroll och justering

Under drift ska handbromsen vara helt åtdragen när tre till fem kuggar på handbromsspaken har klickat i. Om handbromsen behöver

1 Vrid tändningen till läge I.
2 Tryck ner och håll in trippmätarens återställningsknapp, vrid sedan tändningen till läge II inom två sekunder.
3 Släpp återställningsknappen inom fyra sekunder. Instrumentpanelen ger ifrån sig en ljudsignal när återställningen har lyckats.
Observera: *Om kilometerräknaren redan har återställts måste du hålla in knappen mellan 10 och 14 sekunder.*
4 Slå av tändningen.

Var 60 000:e km

22 Bränslefilter – byte

Se avsnitt 18.

23 Luftfilter – byte

Varning: Kör aldrig bilen när luftfiltret är borttaget. Detta kan leda till betydande motorslitage och feltändning kan till och med orsaka brand under motorhuven.
1 Luftfiltret sitter i luftrenarenheten, till vänster i motorrummet.
2 Skruva loss de 6 torxskruvarna och lyft upp luftrenarens övre kåpa **(se bild)**.

3 Lossa massluftflödesgivarens kablageklämma från kåpan **(se bild)**.
4 Nu kan kåpan lyftas upp och filtret tas bort. Om du föredrar det kan kåpan tas bort helt, då kan du rengöra filterhuset ännu noggrannare.
5 Lossa klämmorna och koppla loss luftutloppskanalen från massluftflödesgivaren.
6 Koppla loss kablaget från massluftflödesgivaren.
7 Ta bort kåpan och ta bort filtret, observera hur det är placerat.
8 När du utför rutinunderhåll måste filtret bytas oavsett hur det ser ut.
9 Om du undersöker filtret av något annat skäl, kontrollera dess nedre yta. Om ytan är oljig eller mycket smutsig, byt filtret. Om filtret bara är lite dammigt kan det återanvändas genom att det blåses rent från den övre till den nedre ytan med tryckluft. Eftersom filtret är av en typ med veckat papper kan det inte tvättas eller oljas

om. Om det inte kan rengöras ordentligt med tryckluft ska du kasta det och byta det.

⚠ **Varning: Använd skyddsglasögon vid arbete med tryckluft.**

10 Om du har tagit bort luftrenarens kåpa, torka rent husets insida. Kontrollera att du inte ser några främmande föremål, vare sig i luftintaget eller i luftmängdmätaren.
11 Montera i omvänd ordningsföljd mot demonteringen. Tänk på följande:

a) Se till att filtret sitter med rätt sida upp (använd dig av eventuella markeringar) **(se bild).**
b) Se till att filtret och kåpan sitter tätt så att det inte kan komma in luft i motorn.
c) Om kåpan har tagits bort ska den fästas med skruvarna igen. Se till att luftintagskanalens fästklämma är helt åtdragen.

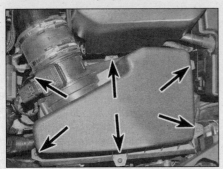

23.2 Luftfiltrets kåpa hålls fast av 6 torxskruvar (se pilar)

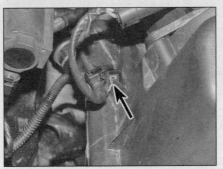

23.3 Lossa kablaget från kåpan (se pil)

23.11 Sätt in det nya filtret med tätningen överst

24 Partikelfiltrets tillsatsbehållare – påfyllning

Observera: *Även om det är enkelt att fylla på tillsatsbehållaren, måste behållarens nivåräknare i styrmodulen återställas efter påfyllningen, för att systemet ska fungera ordentligt. Detta kan endast utföras med Volvos testutrustning. Om du inte har tillgång till den utrustningen, lämna in bilen till en Volvoverkstad eller liknande.*

1 Klossa framhjulen, lyft upp bakvagnen med hjälp av en domkraft och stötta den på pallbockar (se *Lyftning och stödpunkter*).

2 Placera en behållare under tillsatsbehållaren, tryck sedan ner lossningsknappen och koppla loss nivåkontrollröret från behållaren **(se bild)**. Var beredd på spill.

Varning: Låt inte tillsatsen komma i kontakt med hud, ögon eller billack.

3 Tryck ner lossningsknappen och ta bort pluggen från tillsatsbehållarens påfyllningsrör. Anslut den nya tillsatsbehållaren till påfyllningsröret, och behållaren uppåt, och fyll på tillsatsbehållaren.

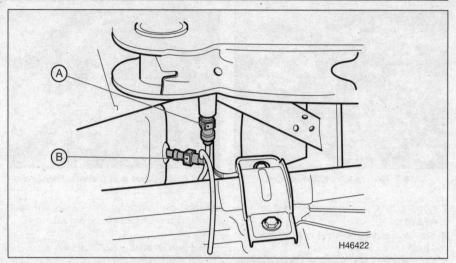

24.2 Nivåkontrollrör (B) för tillsatsmedel och påfyllningsrör (A) för tillsatsmedel

4 Så snart det börjar strömma tillsatsmedel genom nivåkontrollrörets öppning, sänk ner tillsatsbehållaren och avbryt påfyllningen. Återanslut rören på behållaren och torka upp eventuellt spill.

5 Nivåräknaren i styrmodulen måste nu återställas med Volvos särskilda testutrustning.

Om räknaren inte återställs kommer styrmodulen att anta att tillsatsbehållaren är tom och sluta att spruta in tillsats i bränsletanken. Detta gör att avgaspartiklarnas förbränningstemperatur blir högre, och de bränns inte längre bort och kommer att täppa igen avgaspartikelfiltret.

Var 95 000:e km

25 Kamrem – byte

Metoden beskrivs i kapitel 2C.

Vartannat år

26 Bromsvätska – byte

⚠ **Varning: Hydraulisk bromsvätska kan skada ögonen och bilens lack, så var ytterst försiktig vid hanteringen. Använd aldrig vätska som stått i ett öppet kärl under någon längre tid eftersom den absorberar fukt från luften. För mycket fukt i bromsvätskan kan medföra att bromseffekten minskar, vilket är livsfarligt. Bromsvätska är också mycket lättantändligt – behandla den med lika mycket respekt som bensin.**

1 Metoden liknar metoden för luftning av hydraulsystemet som beskrivs i kapitel 9.

2 Sänk vätskenivån i behållaren (med sughävert eller med en bollspruta), men låt inte vätskenivån sjunka så lågt att det kommer in luft i systemet – om det kommer in luft i ABS-hydraulenheten, kan den behöva luftas med en särskild Volvo-testutrustning (se kapitel 9).

⚠ **Varning: Sug inte upp vätskan med munnen. Den är giftig.**

3 Arbeta enligt beskrivningen i kapitel 9 och öppna den första luftningsskruven i ordningen, och pumpa sedan försiktigt på bromspedalen tills nästan all gammal olja runnit ut ur huvudcylinderbehållaren. Fyll på ny olja till MAX-markeringen och fortsätt pumpa tills det bara finns ny olja i behållaren och du kan se ny olja rinna ut från luftningsskruven. Dra åt skruven och fyll på behållaren till MAX-markeringen. Gammal hydraulolja är alltid mycket mörkare än ny olja, vilket gör det enkelt att skilja dem åt.

4 Gå igenom resterande avluftningsskruvar i ordningsföljd och pumpa till dess att ny olja kommer ur dem. Var noga med att alltid hålla huvudcylinderbehållarens nivå över MIN-markeringen, annars kan luft tränga in i systemet och då ökar arbetstiden betydligt.

5 Kontrollera att alla luftningsskruvar är ordentligt åtdragna och att dammkåporna sitter på plats när du är klar. Skölj bort alla spår av vätskespill och kontrollera

huvudcylinderbehållarens vätskenivå.

6 Kontrollera bromsarnas funktion innan bilen körs igen.

7 Kontrollera slutligen kopplingens funktion. Eftersom kopplingen delar vätskebehållare med bromssystemet kan du behöva lufta kopplingen också enligt beskrivningen i kapitel 6.

27 Kylvätska – byte

⚠ **Varning: Låt inte frostskyddsvätska komma i kontakt med huden eller lackerade ytor på bilen. Skölj omedelbart nedsmutsade områden med stora mängder vatten. Förvara inte ny eller använd kylvätska så att barn eller djur kan komma åt den – de dras till den söta lukten. Även en liten mängd kan vara livsfarlig vid förtäring.**

27.4 Skruva loss kylarens dräneringsplugg (se pil)

27.5 Motorblockets avtappningsplugg för kylvätska (se pil) sitter på den bakre vänstra sidan

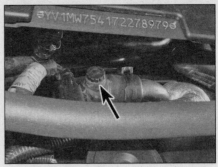

27.18 Det sitter en avluftningsskruv för kylvätska på avgasåterföringens kylslang i motorrummets bakre högra del (se pil)

Torka av verkstadsgolvet och droppskyddet omedelbart. Täck över frostskyddsmedelsbehållare och åtgärda läckor i kylsystemet så snart de upptäcks.

 Varning: Ta aldrig bort expansionskärlets påfyllningslock när motorn är igång eller precis har stängts av, eftersom kylsystemet är varmt och den ånga och kylvätska som kommer ut är heta och kan orsaka svåra skador.

 Varning: Vänta till dess att motorn är helt kall innan detta arbete påbörjas.

Observera: *Volvo tar inte med byte av kylvätska i serviceschemat. Förutsatt att kylvätskeblandningens koncentration bibehålls med rätt frostskyddsmedel enligt Volvos anvisningar, ska kylvätskan normalt inte behöva bytas.*

Koncentrationskontroll

1 Använd en hydrometer för att kontrollera frostskyddsmedlets koncentration. Följ anvisningarna som medföljer hydrometern. Frostskyddsmedelskoncentrationen ska vara cirka 50 %. Om den är mycket lägre, töm ut lite kylvätska från kylaren (se detta avsnitt), tillsätt frostskyddsmedel till expansionskärlet och kontrollera sedan koncentrationen igen.

Tömma ut kylvätska

2 När du ska tömma systemet, ta först bort expansionskärlets påfyllningslock.
3 Om det krävs ytterligare arbetsutrymme, höj framvagnen och stötta den ordentligt med pallbockar (se *Lyftning och stödpunkter*). Skruva loss de 7 torxskruvarna och ta bort motorns undre skyddskåpa **(se bild 2.7)**.
4 Placera ett stort kärl under och skruva loss kylarens avtappningsplugg **(se bild)**. Rikta så mycket som möjligt av kylvätskestrålen mot behållaren.
5 När det har slutat rinna kylvätska från kylaren, stäng avtappningspluggen och placera behållaren under motorn. Lossa motorkylvätskans avtappningsplugg och låt kylvätskan rinna ner i behållaren **(se bild)**.

Spola systemet

6 Efter en tid kan kylsystemet bli mindre effektivt eftersom kylarens inre kan sättas igen av rost, kalkavlagringar från vatten och

andra beläggningar. För att minimera risken för detta ska du, förutom att alltid använda frostskyddsmedel av bra kvalitet och rent, mjukt vatten, spola systemet enligt följande om någon del av systemet har åtgärdats och/eller när kylvätskan byts.
7 När kylvätskan är uttömd, sätt tillbaka avtappningspluggen och fyll på systemet med rent vatten. Sätt tillbaka expansionskärlets påfyllningslock, starta motorn och värm upp den till normal arbetstemperatur, stanna den sedan och (efter det att den har svalnat helt) töm systemet igen. Upprepa detta så många gånger som det behövs tills dess att det endast är rent vatten som kommer fram. Fyll slutligen på med anvisad kylvätskeblandning.
8 Om du endast har använt rent, mjukt vatten och frostskyddsmedel av bra kvalitet (även om det inte är det som Volvo har angivit), och kylvätskan har bytts vid de angivna tidpunkterna, räcker den ovanstående proceduren för att hålla systemet rent under en längre tid. Om systemet däremot har försummats krävs ett mer omfattande arbete enligt följande.
9 Töm först ut kylvätskan, koppla sedan loss kylarens övre och nedre slangar. Sätt in en trädgårdsslang i kylarens övre slanganslutning, och låt vatten cirkulera genom kylaren tills det kommer ut rent vatten från den nedre öppningen.
10 För att spola motorn, sätt in slangen i kylarens nedre slang, linda en trasa runt trädgårdsslangen för att täta anslutningen och låt vattnet cirkulera tills det är rent.
11 Du kan upprepa proceduren på den övre slangen, men detta kanske inte är så effektivt eftersom termostaten antagligen stängs och hindrar vattenflödet.
12 Vid kraftig nedsmutsning kan man behöva bakspola kylaren. Detta gör du genom att föra in trädgårdsslangen i den nedre öppningen, linda en trasa runt slangen för att täta anslutningen, och sedan spola kylaren till dess att det kommer rent vatten från den övre slang-öppningen.
13 Om du misstänker att kylaren är ordentligt igentäppt, ta bort kylaren (kapitel 3), vänd den upp och ner, och upprepa proceduren som beskrivs i punkt 12.
14 Du kan spola värmepaketet på ungefär

det sätt som beskrivs i punkt 12, om du först identifierar värmeenhetens in- och utloppsslangar. Dessa båda slangar har samma diameter och går genom motorrummets torpedvägg (se metoden för demontering av värmepaketet i kapitel 3 för mer information).
15 Vi rekommenderar inte att du använder kemiska rengöringsmedel, de ska endast användas som en sista utväg. Den rengörande effekten hos vissa kemiska rengöringsmedel kan leda till andra problem med kylsystemet. I normala fall förhindrar regelbundet byte av kylvätskan att systemet blir för smutsigt.

Kylvätska – påfyllning

16 När kylsystemet är tömt och har spolats igenom, se till att alla slanganslutningar som har rörts är ordentligt fastsatta, och att kylarens/motorns avtappningsplugg(ar) är ordentligt åtdragna. Sätt tillbaka motorns undre skyddskåpa. Om bilen har höjts upp, sänk ner den igen.
17 Förbered en tillräcklig mängd av den angivna kylvätskeblandningen (se nedan). Gör lite extra så att du har en färdig blandning för påfyllning.
18 Lossa luftningsskruven på avgasåterföringssystemets kylarslang på motorns baksida **(se bild)**.
19 Fyll långsamt på systemet genom expansionskärlet. Eftersom kärlet är systemets högsta punkt, ska all luft i systemet förflyttas till tanken av den stigande vätskan. Långsam påfyllning minskar risken för att luft blir kvar och bildar luftfickor.
20 Så snart det kommer ett jämnt flöde av kylvätska utan bubblor från luftningsskruven på avgasåterföringsslangen, dra åt skruven.
21 Fortsätt att fylla på tills kylvätskenivån når expansionskärlets MAX-nivåmarkering (se *Veckokontroller*), täck sedan över påfyllningsöppningen för att förhindra att det skvätter kylvätska.
22 Starta motorn och kör den på tomgång tills den har värmts upp till normal arbetstemperatur och kylarens elektriska kylfläkt har satt igång. Kontrollera med hjälp av temperaturmätaren att systemet inte blir överhettat. Om nivån i expansionskärlet sjunker betydligt, fyll på till MAX-nivåmarkeringen för att minska mängden luft som cirkulerar i systemet.

27.36 En läcka i kylsystemet syns normalt som vita eller frostskyddsmedelsfärgade avlagringar på området runt läckan

23 Stanna motorn, tvätta bort eventuellt kylvätskespill från motorrummet och karossen, och låt sedan bilen svalna *helt* (över natten om det är möjligt).

24 När systemet är kallt, ta bort det du använde för att täcka över expansionskärlets påfyllningsöppning och fyll på kärlet till MAX-nivåmarkeringen. Sätt tillbaka påfyllningslocket, dra åt det ordentligt och torka bort eventuellt nytt spill.

25 Efter påfyllningen ska du alltid undersöka alla systemets komponenter (men framförallt anslutningar som har rörts under tömning och spolning) och kontrollera om de visar tecken på kylvätskeläckage. Nytt frostskyddsmedel har en sökegenskap, som stegvis upptäcker eventuella svaga punkter i systemet.

Frostskyddsmedelstyp och blandning

Observera: *Använd inte motorfrostskyddsmedel i vindrute- eller bakrutespolarsystemet, eftersom lacken skadas. Tillsätt ett spolarvätskekoncentrat i spolarsystemet enligt tillverkarens rekommendationer.*

26 Om du inte känner till bilens bakgrund (och följaktligen inte heller kvaliteten på det befintliga frostskyddsmedlet), rekommenderas ägaren att tömma och bakspola systemet ordentligt, innan man fyller på med ny kylvätskeblandning. Om du använder Volvos frostskyddsmedel, kan kylvätskan vara kvar på obestämd tid, förutsatt att blandningens koncentration kontrolleras varje år (se detta avsnitt).

27 Om du använder ett annat frostskyddsmedel än Volvos, måste kylvätskan bytas med jämna mellanrum för att säkerställa ett jämnt skydd. Standardrekommendationen är att byta kylvätskan vartannat år.

28 Om frostskyddsmedlet används enligt Volvos specifikationer anges skyddsnivåerna på kylvätskans förpackning. För att skapa det rekommenderade *standardblandningsförhållandet* för frostskyddsmedel, ska 50 % (volymprocent) frostskyddsmedel blandas med 50 % rent, mjukt vatten. Om du använder en annan typ av frostskyddsmedel, följ tillverkarens anvisningar för att få rätt skydd.

29 Det är inte troligt att du tömmer systemet helt (om inte motorn ska skalas av helt), och de

volymer som anges i Specifikationer är därför lite orealistiska för rutinbyte av kylvätska. I regel behövs endast två tredjedelar av systemets totala volym vid kylvätskebyte.

30 Eftersom det tömda systemet delvis kommer att fyllas med spolvatten, ska du för att kunna skapa det rekommenderade blandningsförhållandet mäta upp 50 % av systemets volym i frostskyddsmedel och hälla det i slangen/expansionskärlet enligt beskrivningen ovan, och sedan fylla på med vatten. All påfyllning när systemets fylls på ska göras med vatten – för *Veckokontroller* ska du använda en lämplig blandning.

31 Innan frostskyddsmedlet hälls i ska kylsystemet tappas ur, och helst spolas igenom. Samtliga slangars skick och säkerhet ska kontrolleras. Som vi nämnde tidigare hittar nytt frostskyddsmedel snabbt svaga punkter i systemet.

32 När kylsystemet fyllts med frostskyddsmedel är det klokt att sätta en etikett på expansionskärlet som anger frostskyddsmedlets typ och koncentration, samt datum för påfyllningen. All efterföljande påfyllning ska göras med samma typ och koncentration av frostskyddsvätska.

Kylsystem – allmänna kontroller

33 Motorn ska vara kall när du kontrollerar kylsystemet, så utför följande åtgärder innan du startar bilen, eller när den har stått stilla i minst tre timmar.

34 Ta bort expansionskärlets påfyllningslock, och rengör det ordentligt på in- och utsidan med en trasa. Rengör även påfyllningsröret på expansionskärlet. Om det finns rost eller korrosion i påfyllningsröret tyder detta på att kylvätskan ska bytas. Kylvätskan inuti expansionskärlet ska vara relativt ren och genomskinlig. Om den är rostfärgad, töm och spola igenom systemet, och fyll på med ny kylvätskeblandning.

35 Undersök noga alla kylar- och värmeslangar utmed hela deras längd. Byt slangar som är spruckna, svullna eller skadade (se avsnitt 7).

36 Undersök kylsystemets alla anda komponenter (fogytor etc.) sök efter läckor. En läcka i kylsystemet syns vanligen genom vita eller frostskyddsmedelsfärgade avlagringar i området runt läckan **(se bild)**. Upptäcks något problem av den här typen hos någon del i systemet ska delen eller packningen bytas ut enligt beskrivningen i kapitel 3.

37 Rengör kylarens framsida med en ren borste för att få bort alla insekter, löv etc. som har fastnat i kylflänsarna. Var försiktig så att du inte skadar kylflänsarna eller skär dig på dem. För att kunna göra ett noggrannare arbete, ta bort kylargrillen enligt beskrivningen i kapitel 11.

Luftfickor

38 Om du efter att ha tömt och fyllt på systemet ser symptom på överhettning som inte fanns tidigare, beror detta nästan alltid på att det finns luft någonstans i systemet som

orsakar luftfickor och hindrar kylvätskans flöde. Luften blir normalt kvar eftersom systemet har fyllts på för snabbt.

39 Om du misstänker att det finns en luftficka, försök först att försiktigt klämma på alla synliga kylvätskeslangar. När man klämmer på en kylvätskeslang som är full av luft känns den annorlunda än en slang full av kylvätska. När systemet har fyllts på försvinner de flesta luftfickorna när systemet har svalnat och fyllts på.

40 Med motorn igång och på sin normala arbetstemperatur, slå på värmeenheten och värmeenhetens fläkt, och kontrollera om det kommer värme. Om systemet innehåller tillräckligt mycket kylvätska kan det komma för lite värme på grund av en luftficka i systemet.

41 Luftfickorna kan ha allvarligare effekter än att bara minska värmen från värmeenheten – en stor luftficka kan minska kylvätskeflödet runt motorn. Kontrollera att kylarens övre slang är varm när motorn har sin arbetstemperatur – om den övre slangen förblir kall kan detta bero på en luftficka (eller en termostat som inte öppnas).

42 Om problemet kvarstår, stanna motorn och låt den svalna **helt**, innan du skruvar loss expansionskärlets påfyllningslock eller lossar slangklämmorna och trycker ihop slangarna för att tömma ut luften. I värsta fall måste systemet tömmas delvis (kylvätskan kan sparas och återanvänds i det här fallet) och spolas igenom för att lösa problemet. Om inget annat fungerar, låt en verkstad med lämplig utrustning tömma och vakuumfylla systemet.

Expansionskärlets lock – kontroll

43 Vänta tills motorn är helt kall – utför denna kontroll innan motorn startas för första gången den dagen.

44 Placera en bit tyg över expansionskärlets lock och skruva sedan långsamt bort det.

45 Undersök gummitätningen på lockets undersida. Om gummit verkar har hårdnat, eller om det finns synliga sprickor i tätningens kanter, ska du montera ett nytt lock.

46 Om bilen är några år gammal, eller har kört långt, kan det vara bra att byta locket oavsett hur det ser ut – de är inte dyra. Om lockets inbyggda övertrycksventil går sönder, kommer det för höga trycket i systemet att leda till förbryllande fel i slangarna och andra komponenter i kylsystemet.

28 Fjärrkontrollbatteri – byte

1 Även om det inte ingår i Volvos underhållsschema, rekommenderar vi att batteriet byts vartannat år, oavsett hur långt bilen har gått. Om dörrlåsen ofta inte svarar på fjärrkontrollens kommandon på ett normalt avstånd, byt batteriet i fjärrkontrollen innan du letar efter fel i något av bilens andra system.

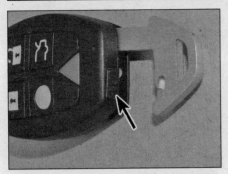

28.2 Skjut knappen (se pil) åt sidan och dra ut nyckelbladet

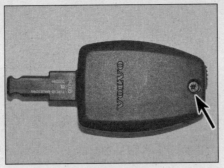

28.3 Vänd på fjärrkontrollen och lossa den lilla skruven (se pil)

28.4 Sätt in batteriet med minuspolen vänd uppåt

2 Skjut knappen åt sidan och dra ut nyckelbladet från fjärrkontrollen **(se bild)**.

3 Skruva loss den lilla skruven och ta bort fjärrkontrollens lock **(se bild)**.

4 Notera batteriets placering (pluspol mot kåpan), bänd sedan loss batteriet och sätt in det nya **(se bild)**. Undvik att röra batteriet eller polerna med bara fingrar.

5 Sätt tillbaka locket och dra åt skruven ordentligt.

6 Sätt tillbaka nyckelbladet och kontrollera att enheten fungerar.

Var 120 000:e km eller vart sjätte år

29 Partikelfilter – byte

1 Lyft upp bilen och ställ den stadigt på pallbockar (se *Lyftning och stödpunkter*).

2 Anteckna var eventuella rör/slangar eller anslutningskontakter är placerade på filtret och koppla sedan loss dem.

3 Skruva loss muttrarna och skjut hylsan mellan partikelfiltret och avgasrörets bakre del bakåt.

4 Skruva loss flänsmuttrarna på filtrets framsida och skilj det från katalysatorn. Kasta

packningen eftersom en ny måste monteras.

5 Passa in filtret med en ny packning och dra sedan åt fästmuttrarna till angivet moment.

6 Skjut hylsan över skarven mellan filtret och avgasröret, dra sedan åt muttrarna ordentligt.

7 Återanslut eventuella rör, slangar eller anslutningskontakter till filtret och sänk sedan ner bilen.

Var 160 000:e km eller vart nionde år

30 Drivrem – byte

Se avsnitt 4.

Kapitel 2 Del A:
Reparationer med motorn kvar i bilen –
1,8- och 2,0-liters bensinmotorer

Innehåll

Svårighetsgrad

Enkelt, passar novisen med lite erfarenhet 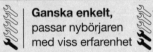	**Ganska enkelt,** passar nybörjaren med viss erfarenhet	**Ganska svårt,** passar kompetent hemmamekaniker 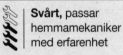	**Svårt,** passar hemmamekaniker med erfarenhet	**Mycket svårt,** för professionell mekaniker

Specifikationer

Allmänt

Motortyp	Fyrcylindrig, rak, dubbla överliggande kamaxlar med kedjestyrning, topplock och motorblock av aluminium
Motorkod:	
1,8 liter	B4184S11 (CSDA eller CSDB)
2,0 liter	B4204S3
Volym:	
1,8 liter	1798 cc
2,0 liter	1999 cc
Lopp:	
1,8 liter	83,0 mm
2,0 liter	87,0 mm
Kolvslag:	
1,8 liter	83,1 mm
2,0 liter	83,1 mm
Kompressionsförhållande:	
1,8 liter	10,8:1
2,0 liter	10,8:1
Motorprestanda:	
Effekt:	
1,8 liter	88 kW @ 6 000 varv/minut (120 hk)
2,0 liter	107 kW @ 6 000 varv/minut (145 hk)
Vridmoment:	
1,8 liter	165 Nm @ 4 000 varv/minut
2,0 liter	185 Nm @ 4 500 varv/minut
Tändföljd	1-3-4-2 (cylinder nr 1 vid motorns kamkedjeände)
Vevaxelns rotationsriktning	Medurs (sett från bilens högra sida)

Kamaxlar

Kamaxelns axialspel	0,09 till 0,24 mm
Kamaxelns lagertapp, diameter	24,96 till 24,98 mm

Ventiler

	Insug	Avgas
Ventilspel:		
Kall motor	0,22 till 0,28 mm	0,27 till 0,33 mm

Smörjning

Motorolja, typ/specifikation	Se slutet av *Veckokontroller*
Motoroljevolym	Se kapitel 1A
Oljetryck (motorn vid arbetstemperatur):	
Vid 1 500 varv/minut	1,3 till 2,7 bar
Vid 3 000 varv/minut	2,3 till 5,2 bar
Oljetrycksventilen öppnar vid	5,0 bar

Åtdragningsmoment

	Nm
Bultar mellan oljepump och motorblock:	
Steg 1	10
Steg 2	23
Bultar till vevaxelns packboxhållare	10
Hjulmuttrar:	
Steg 1	20
Steg 2	90
Kamaxeldrev	72
Kamaxelgivare	6
Kamaxellageröverfallens bultar:	
Steg 1	7
Steg 2	16
Kamkedjekåpor:	
M6	10
M8	48
Kamkedjespännare	10
Kamkedjestyrning	10
Luftkonditioneringskompressor	25
Motorfästen:	
Vänster fäste (växellåda):	
M12-skruv	80
M14-skruv:	
Steg 1	60
Steg 2	Vinkeldra ytterligare 50°
M10-muttrar:	
Steg 1	35
Steg 2	Vinkeldra ytterligare 60°
Bakre fästskruvar	80
Fästmuttrar, höger sida	60
Skruvar mellan fäste och kaross, höger sida	90
Oljepumpens drevbult	25
Oljepumpens kedjespännare	10
Oljepumpens kedjestyrning	10
Oljetrycksbrytare	15
Oljetråget mot vevhusets nedre del	25
Oljetråget mot växellådan	50
Oljeupptagarrörets bultar	10
Sumpens avtappningsplugg	28
Svänghjulsbultar:*	
Steg 1	30
Steg 2	Vinkeldra ytterligare 90°
Topplocksbultar:	
Steg 1	5
Steg 2	15
Steg 3	45
Steg 4	Vinkeldra ytterligare 90°
Steg 5	Vinkeldra ytterligare 90°
Ventilkåpans bultar	10
Vevaxelns remskivebult:*	
Steg 1	100
Steg 2	Vinkeldra ytterligare 90°

* *Återanvänds inte*

1 Allmän information

Hur det här kapitlet ska användas

Den här delen av kapitel 2 behandlar reparationer som kan utföras med motorn kvar i bilen. Eftersom de arbetsmetoder som beskrivs här utgår från att motorn fortfarande sitter kvar i bilen, kommer vissa av de förberedande demonteringsstegen att vara överflödiga om motorn redan har demonterats och placerats i ett stativ.

Information som rör demontering och montering av motorn/växellådan samt översyn av motorblocket finns i del D i detta kapitel.

Motorbeskrivning

Motorn är försedd med sexton ventiler, dubbla överliggande kamaxlar (DOHC) och fyra cylindrar i rad. Den sitter tvärmonterad framtill, med växellådan på vänster sida. Den finns i både en 1,8- och en 2,0-litersversion.

Alla större gjutdelar i motorn är gjorda i aluminiumlegering, med cylinderfoder av gjutjärn och vevaxel av smitt segjärn.

Vevaxeln löper i fem ramlager, där det mellersta lagrets övre halva är försett med tryckbrickor som reglerar vevaxelns axialspel. Vevaxeln roterar i de horisontellt delade lagerskålarna i storänden av vevstakarna. Kolvarna är fästa vid vevstakarna med en kolvbult som sitter med presspassning i vevstakens lillände. Kolvarna är gjorda i aluminiumlegering och försedda med tre kolvringar: två kompressionsringar och en oljeskrapring. Efter tillverkningen mäts cylinderloppen och kolvmantlarna och sorteras i tre klasser, där kolv och cylinder måste tillhöra samma klass för att rätt spel mellan dem ska garanteras; det tillverkas inga överstorlekar som gör att man kan borra om cylindrarna. Nya motorblock levereras som en komplett enhet, med vevaxel, kolvar och vevstakar på plats. Dessa delar går inte att köpa separat.

Var och en av insugs- och avgasventilerna stängs med en spiralfjäder. Ventilerna arbetar i ventilstyrningar som sitter med krymppassning i topplocket, i likhet med ventilsätesringarna.

De två kamaxlarna styrs av samma kamkedja, och var och en av kamaxlarna styr åtta ventiler via mekaniska ventillyftare. Ventil-lyftarna är graderade efter sin tjocklek och byts ut vid justering av ventilspelet. Varje kamaxel roterar i fem lager som är linjeborrade direkt i topplocket och de (fastbultade) lager-överfallen. Det innebär att lageröverfallen inte går att köpa separat från topplocket, och inte heller går att ersätta med överfall från en annan motor.

Kylvätskepumpen är fastbultad vid höger ände av motorblocket och drivs tillsammans med generatorn via en kuggrem från vevaxelns remskiva.

När du arbetar med motorn kommer du att upptäcka att fästelement av både torx- (utvändig och invändig) och sexkantstyp används flitigt. Du kommer att behöva en ordentlig uppsättning bits med tillhörande adaptrar för att kunna lossa dem utan att de skadas och dra åt dem till föreskrivet moment vid återmontering.

Smörjningssystem

Smörjningen ombesörjs av en med excentrisk rotor försedd pump, som är monterad på motorblockets högra ände och drivs via en kedja från ett kuggdrev på vevaxeln. Oljan sugs upp genom en sil i oljesumpen. Pumpen pressar oljan genom ett fullflödesfilter av patrontyp som sitter på motorns utsida. Från filtret pumpas oljan vidare till en huvudkanal i motorblocket/vevhuset, varifrån det fördelas till vevaxeln (ramlagren) och topplocket.

Vevstakslagren matas med olja via invändiga kanaler i vevaxeln. Varje kolvkrona kyls med en oljestråle som sprutas mot dess undersida genom ett munstycke. Dessa munstycken matas via passager som utgår från vevaxelns oljekanaler. De har fjäderbelastade ventiler som ser till att munstyckena bara öppnas när oljetrycket är tillräckligt för att garantera en god oljetillförsel till motorns övriga delar.

Topplocket har två oljekanaler, en på insugssidan och en på avgassidan, för att säkerställa en konstant oljetillförsel till kamaxellagren och ventillyftarna. En spärrventil (som sitter i topplockets ovansida, mitt på insugssidan) förhindrar att dessa oljekanaler töms när motorn stängs av. Ventilen har ett avluft-ningshål i övre änden, så att eventuella luftblåsor i systemet kan passera ut när motorn startas på nytt.

Medan oljetillförseln till vevaxel- och kamaxellagren sker med tryckmatning, är kammarna och ventilerna stänksmorda, liksom övriga motordelar.

Åtgärder med motorn kvar i bilen

Följande större reparationer kan utföras utan att motorn tas bort från bilen. Var dock medveten om att alla åtgärder som innebär att sumpen demonteras kräver noggrann planering utifrån kompetensnivån och vilka verktyg och arbetsutrymmen som finns tillgängliga. Se den aktuella texten för närmare information.

a) *Kompressionstryck – kontroll.*
b) *Ventilkåpa – demontering och montering.*
c) *Kamkedjekåpor – demontering och montering.*
d) *Kamkedja – byte.*
e) *Kamkedjespännare och kamkedjedrev – demontering och montering.*
f) *Kamaxlarnas packboxar – byte.*
g) *Kamaxlar och ventillyftare – demontering och montering.*
h) *Topplock – demontering, översyn och montering.*
i) *Topplock och kolvar – sotning.*
j) *Sump – demontering och montering.*
k) *Vevaxelns packboxar – byte.*
l) *Oljepump – demontering och montering.*
m) *Svänghjul – demontering och montering.*
n) *Motor-/växellådsfästen – demontering och montering.*

Rengör motorrummet och utsidan av motorn med någon form av avfettning innan arbetet påbörjas (eller/och tvätta motorn med en ångtvätt). Det underlättar arbetet och bidrar till att hålla motorns inre fritt från smuts.

Beroende på vilka delar som berörs, kan det vara till hjälp att demontera motorhuven för att lättare komma åt motorn vid reparationen (se vid behov kapitel 11). Täck över skärmarna för att skydda lacken. Det finns särskilda skärmskydd, men ett gammalt täcke eller en filt går också bra.

2 Kompressionsprov – beskrivning och tolkning

1 Om motorns effekt sjunker eller om det uppstår feltändningar som inte kan hänföras till tändning eller bränslesystem, kan ett kompressionsprov ge en uppfattning om motorns skick. Om kompressionsprov görs regelbundet, kan de ge en förvarning om problem innan några andra symptom uppträder.

2 Motorn måste vara helt uppvärmd till normal arbetstemperatur, oljenivån korrekt och batteriet fulladdat. Dessutom behövs en medhjälpare.

3 Leta rätt på bränslepumpssäkringen och ta loss den från säkringsdosan enligt beskrivningen i kapitel 12. Starta därefter motorn och låt den gå tills den självstannar. Om motorn inte startar, så dra i alla fall runt den med startmotorn i ca 10 sekunder. Nu bör bränslesystemet vara tryckavlastat, så att oförbränt bränsle inte rinner in i katalysatorn när motorn dras runt vid provet.

4 Avaktivera tändsystemet genom att koppla loss vevaxelns hastighets-/lägesgivare (se kapitel 4A). Ta bort tändstiften enligt beskrivningen i kapitel 1A.

5 Anslut en kompressionsprovare till tändstiftshålet för cylinder nr 1. Det är bäst att använda den typ som skruvas fast i hålet.

6 Låt medhjälparen ge full gas och dra runt motorn med startmotorn. Efter ett eller två varv bör kompressionstrycket byggas upp till maxvärdet och sedan stabiliseras. Anteckna det högsta värdet.

7 Kompressionstrycket byggs upp tämligen snabbt i en frisk motor. Om kompressions-värdet är lågt under det första kolvslaget och sedan ökar gradvis under följande slag är det ett tecken på att kolvringarna är slitna. Om kompressionsvärdet är lågt under den första takten och inte stiger under de följande, tyder detta på läckande ventiler eller en trasig

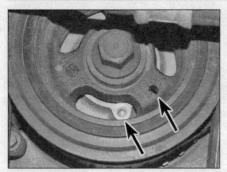

3.8a Hålen (se pilar) kommer att stå över varandra vid ÖD – läget är alltså ca 45° före

3.8b Skruva loss pluggen ur inställningshålet . . .

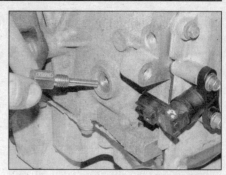

3.8c . . . och sätt i synkroniseringsstiftet

topplockspackning (eller ett sprucket topplock). Avlagringar på undersidan av ventilhuvudena kan också orsaka dålig kompression. Anteckna det högsta uppmätta värdet och upprepa sedan proceduren för de övriga cylindrarna.

8 På grund av att det finns så många olika slags testverktyg och att startmotorns varvtal varierar när den drar runt motorn, ger kompressionsprov ofta olika värden. Därför anger Volvo inga fasta kompressionsvärden. Viktigast är dock att kompressionstrycket är likformigt mellan alla cylindrarna, vilket är vad detta prov huvudsakligen visar.

9 Skulle trycket i någon av cylindrarna vara avsevärt lägre än i de övriga, häller du i en tesked ren motorolja genom tändstiftshålet i den cylindern och upprepar provet.

10 Om tillförsel av olja tillfälligt förbättrar kompressionen är det ett tecken på att slitage på kolvringar eller lopp orsakar tryckfallet. Om ingen förbättring sker tyder det på läckande/brända ventiler eller trasig topplockspackning.

11 Lågt tryck i två angränsande cylindrar är med stor säkerhet ett tecken på att topplockspackningen mellan dem är trasig. Detta bekräftas om det finns kylvätska i motoroljan.

12 Om en cylinder har ett värde som är ungefär 20 % lägre än de andra cylindrarna och motorns tomgång är något ojämn, kan en sliten kam eller defekt ventillyftare vara orsaken.

13 Om kompressionen är anmärkningsvärt hög är förbränningskammaren antagligen täckt med sotavlagringar. I så fall bör topplocket tas bort och sotas.

14 Avsluta provet med att sätta tillbaka tändstiften, återanslut sedan vevaxelns hastighets-/lägesgivare och sätt tillbaka bränslepumpens säkring. Observera att provet, när det utförs på detta sätt, kan medföra att en eller flera felkoder sparas i motorstyrningens styrmodul. Låt en Volvoverkstad eller specialverkstad med lämplig utrustning radera dessa koder.

3 Övre dödpunkt (ÖD) för kolv nr 1 – hitta

Observera: *Motorn får bara vridas i sin normala rotationsriktning – medurs, sett från bilens högra sida.*

Allmänt

1 Den övre dödpunkten (ÖD) är den högsta punkt som kolven når under sin uppåt-nedåtgående rörelse i cylindern när vevaxeln roterar. Varje kolv når visserligen ÖD både under kompressionstakten och under avgastakten, men när det gäller att ställa in motorns ventiltider avser ÖD läget hos kolv nr 1 när den står högst upp i kompressionstakten.

2 Vid flera olika servicearbeten är det praktiskt att kunna ställa motorn i ÖD.

3 Kolv och cylinder nr 1 sitter i höger ände (kamkedjeänden) av motorn (uttrycken höger och vänster sida här i boken utgår alltid från att bilen betraktas bakifrån).

Hitta ÖD

4 Ta bort samtliga tändstift, så går det lättare att dra runt motorn (kapitel 1A).

5 Lossa batteriets jordledning (minuspolen) (se kapitel 5A).

6 Dra åt handbromsen och ställ framvagnen på pallbockar (se *Lyftning och stödpunkter*). Demontera höger framhjul.

7 Lossa de två plastmuttrarna och torxskruvarna, demontera sedan högra hjulhusets innerskärm.

8 Det finns ett inställningshål på baksidan av motorblocket (bakom ÖD-givaren) för inställning av vevaxeln i ÖD-läge. Vrid med hjälp av en fast nyckel eller hylsnyckel som hålls mot vevaxelns remskivebult vevaxeln medurs tills den står ungefär 45° före ÖD **(se bilder)**. Skruva loss pluggen ur inställningshålet och sätt i ett synkroniseringsstift (kan beställas från Volvoåterförsäljare (999 7152) – eller bilverktygsbutiker).

9 Vrid vevaxelns medurs tills den tar i synkroniseringsstiftet.

10 I vevaxelns remskiva finns ett skruvhål som bör stå rakt över det gängade hålet i kamkedjekåpan. Sätt i en bult (M6 x 18 mm) där för att fixera remskivan vid ÖD **(se bild)**.

11 Kolvarna 1 och 4 står nu i ÖD, en av dem i kompressionstakten. För att avgöra vilken av dem som befinner sig i kompressionstakten måste du demontera ventilkåpan (enligt beskrivningen i avsnitt 4).

12 Införskaffa serviceverktyg 999 7151 från Volvo, eller tillverka en ersättning av ett 5 mm tjockt plattjärn (den exakta tjockleken är viktig, däremot inte längden och bredden, som dock bör ligga någonstans mellan 180–230 mm respektive 20–30 mm). Om cylinder nr 1 befinner sig i kompressionstakten vilar du verktyget mot topplockets fogyta och för in det i spåret i vänster ände på de båda kamaxlarna **(se bild)**. Verktyget bör kunna glida in i de båda spåren med tät passning när det vilar mot topplockets fogyta. Skulle spåret på en av kamaxlarna stå en aning snett, är det tillåtet att vrida kamaxeln försiktigt med en öppen nyckel tills verktyget passar in.

13 Om spåret i båda kamaxlarnas ände (de är urfrästa vid sidan av axelcentrum) ligger under nivån för topplockets fogyta får du vrida vevaxeln ett helt varv medurs och göra ett nytt försök att passa in verktyget.

3.10 Sätt i en M6-bult genom remskivan in i hålet i kåpan – ÖD-läge

3.12 För in verktyget/plattjärnet i spåret i kamaxeländarna

4.2 Dra plastkåpan rakt uppåt för att lossa fästena

4.3 Koppla ifrån kamaxelgivarens anslutningskontakt

4.7 Skruva loss fästskruven och lyft ut tändspolarna (se pil)

Det bör nu passa enligt beskrivningen i föregående punkt. **Observera:** *Både synkroniseringsstiftet och låsbulten till vevaxelns remskiva måste tas bort innan motorn dras runt.*

14 Utnyttja inte de låsta kamaxlarna till att förhindra att vevaxeln roterar – använd enbart de låsmetoder som beskriv i avsnitt 8 för demontering av vevaxelns remskiva.

15 När kolven i cylinder nr 1 väl har ställts i ÖD i kompressionstakten, går det att hitta ÖD för var och en av de övriga cylindrarna genom att vrida vevaxeln medurs 180° i taget och ge akt på tändföljden (se Specifikationer).

16 Kontrollera att synkroniseringsstiftet och fixeringsbulten till vevaxelns remskiva har tagits bort innan du drar runt motorn igen.

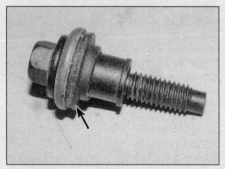

4.9 Kontrollera att inte gummitätningen (se pil) på ventilkåpans fästbultar är skadad

4.11 Sätt i fästbultarna i hålen i ventilkåpans packning och se till att packningen ligger på plats i spåret

4 Ventilkåpa – demontering och montering

Demontering

1 Lossa batteriets jordledning (minuspolen) (se kapitel 5A).

2 Ta bort plastkåpan som sitter på motorns ovansida genom att dra den rakt upp ur dess fästen **(se bild)**.

3 Koppla loss det elektriska kontaktdonet från kamaxelgivaren **(se bild)**:

4 Koppla loss kablaget från ventilkåpan.

5 Koppla loss den positiva vevhusventilationens (PCV) slang från det vänstra, bakre hörnet av ventilkåpan.

6 Anteckna placeringen och skruva sedan loss de tre fäststiften till motorns övre plastkåpa från ventilkåpans pinnbultar.

7 Lossa försiktigt fästskruvarna och lyft bort tändspolarna som sitter ovanpå tändstiften **(se bild)**.

8 Arbeta stegvis och skruva loss ventilkåpans fästbultar och ta bort kåpan.

9 Kasta kåpans packning; den måste alltid bytas när den tagits loss. Kontrollera att alla tätningsytor är hela och att gummitätningen på varje fästbult är i funktionsdugligt skick **(se bild)**. Byt alla slitna eller skadade tätningar.

Montering

10 Vid återmonteringen, rengör kåpans och topplockets packningsytor noggrant och montera en ny topplockspackning – var noga med att den sitter rätt i kåpans spår.

11 Sätt i alla fästbultar, kompletta med gummitätning och distansbricka, och sätt tillbaka kåpan på topplocket **(se bild)**. Dra först åt alla bultar med fingerkraft och kontrollera att packningen fortfarande sitter på plats i spåret.

12 Dra i den ordningsföljd som visas **(se bild)** åt kåpans bultar till angivet moment. Sätt tillbaka de tre fäststiften till motorns övre plastkåpa på pinnbultarna till kåpan enligt de anteckningar du gjorde vid demonteringen.

5 Ventilspel – kontroll och justering

Observera: *Motorn får bara vridas i sin normala rotationsriktning – medurs, sett från bilens högra sida.*

13 Resten av monteringen utförs i omvänd ordningsföljd mot demonteringen. Se till att tändkablarna fästs i sina klämmor och att de ligger rätt. De är alla numrerade, och går också att identifiera genom siffran på sina respektive spolanslutningar.

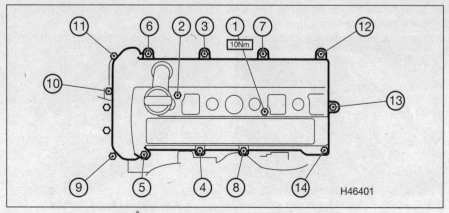

4.12 Åtdragningsordning för ventilkåpans bultar

5.3 Mät spelet mellan kammens fot och ventillyftaren med bladmått

5.6 Ventillyftarna har ett nummer graverat på insidan

Kontroll

1 Demontera ventilkåpan enligt beskrivningen i avsnitt 4.

2 Ställ motorn i ÖD i cylinder nr 1 enligt beskrivningen i avsnitt 3. Insugs- och avgaskammarna till cylinder nr 1 pekar nu uppåt (dock inte rakt uppåt) och ventilspelen går att kontrollera.

3 Mät spelet mellan kammens bas och ventillyftaren på samtliga ventiler med hjälp av ett bladmått **(se bild)**. Anteckna för var och en av ventilerna till cylinder nr 1 vid vilken bladtjocklek som måttet går att dra mellan kam och lyftare med ett tydligt kännbart glidmotstånd. De önskvärda spelen anges i Specifikationer. Observera att spelet skiljer sig åt mellan insugs- och avgasventilerna. Insugskamaxeln sitter mot motorns framsida och avgaskamaxeln mot dess baksida. Anteckna värdena för alla fyra spelen.

4 Vrid nu vevaxeln medurs 180° så att kammarna till cylinder nr 3 pekar uppåt. Mät och anteckna de fyra ventilspelen i cylinder nr 3. Spelen i cylindrarna 4 och 2 går sedan att mäta när vevaxeln vridits ytterligare 180° i taget.

Justering

5 Om justering krävs, måste kamaxlarna demonteras enligt beskrivningen i avsnitt 9, så att ventillyftarna går att byta.

6 Är ventilspelet för litet, måste en tunnare ventillyftare monteras. Är spelet för stort, måste ventillyftaren bytas mot en tjockare. En siffra är ingraverad på insidan av ventillyftarna

(se bild), skulle den saknas eller vara oläslig behöver du en mikrometer för att fastställa ventillyftarens tjocklek.

7 När du vet ventillyftarens tjocklek och ventilspelet, kan du räkna ut hur tjock den nya ventillyftaren ska vara på följande sätt:

Räkneexempel – för litet spel

Erforderligt spel (A)	= 0,25 mm
Uppmätt spel (B)	= 0,20 mm
Befintlig ventillyftares tjocklek (C)	= 2,55 mm
Erforderlig tjocklek (D)	= C + B – A
	= 2,50 mm

Räkneexempel – för stort spel

Erforderligt spel (A)	= 0,30 mm
Uppmätt spel (B)	= 0,36 mm
Befintlig ventillyftares tjocklek (C)	= 2,19 mm
Erforderlig tjocklek (D)	= C + B – A
	= 2,25 mm

8 När du satt i ventillyftare med rätt tjocklek i topplocket monterar du tillbaka kamaxlarna enligt beskrivningen i avsnitt 9.

9 Kontrollera enligt beskrivningen i punkterna 2 till 4 att ventilspelen nu är korrekta. Om något av spelen ligger utanför toleranserna får du göra en ny justering.

10 Det underlättar vid framtida justeringar om du sparar anteckningarna om tjockleken på ventillyftarna som monterats vid de olika ventilerna. De ventillyftare som behövs går att beställa i förväg om du känner till ventilspelen och de befintliga lyftarnas tjocklek.

11 När samtliga ventilspel har rätt värde återmonterar du ventilkåpan enligt beskrivningen i avsnitt 4.

6 Vevaxelns remskiva – demontering och montering

Observera: *Motorn får bara vridas i sin normala rotationsriktning – medurs, sett från bilens högra sida.*

Varning: Remskivan och vevaxelns kamdrev sitter inte med kilspår, de hålls i rätt läge av vevaxelns fästbult. Var noga med att ställa motorn i ÖD (se avsnitt 3) innan remskivan demonteras.

Observera: *Fästbulten till vevaxelns remskiva sitter mycket hårt och Volvo använder ett specialverktyg (999 7128) för att låsa remskivan så att den inte kan rotera. Vid återmonteringen behövs en ny fästbult till remskivan.*

Demontering

1 Demontera drivremmarna – ta antingen bort dem helt och hållet eller fäst bara upp dem så att de inte är i vägen för vevaxelns remskiva, beroende på vilket arbete som ska utföras (se kapitel 1A).

2 Ställ motorn i ÖD (se avsnitt 3).

3 Vevaxeln måste nu låsas, så att den inte kan rotera när remskivebulten skruvas loss. Har du inte tillgång till Volvos specialverktyg gör du i stället så här:

a) Ta bort gummipluggen från svänghjuls-kåpan och lås kuggarna på svänghjulets krondrev med en stor skruvmejsel medan du låter en medhjälpare lossa remskivans bult. Var försiktig så att drevets kuggar eller det omgivande gjutgodset inte skadas när du använder denna metod.

b) Om motorn/växellådan har demonterats och tagits isär, låser du svänghjulet med ett låsverktyg **(se bild).**

4 Skruva loss remskivans bult och demontera remskivan.

Montering

5 Montera i omvänd ordningsföljd mot demonteringen. Se till att motorn inte har rubbats ur sitt inställda ÖD-läge (se avsnitt 3).

6 Se till att du använder en ny fästbult **(se bild)** och dra åt till det moment som anges i början av detta kapitel.

7 Kamkedjekåpa – demontering och montering

Observera: *Motorn får bara vridas i sin normala rotationsriktning – medurs, sett från bilens högra sida.*

Demontering

1 Demontera ventilkåpan enligt beskrivningen i avsnitt 4.

2 Dra åt handbromsen och ställ framvagnen på pallbockar (se *Lyftning och stödpunkter*).

6.3 Använd ett låsverktyg för att förhindra att svänghjulet roterar

6.6 Skruva i en ny fästbult

7.3 Lossa de tre fästbultarna (se pilar)

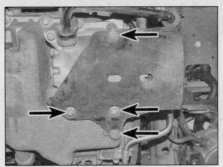

7.5 Fästbultar till kompressorns skyddskåpa (se pilar)

7.7 Koppla ifrån vevaxelgivarens anslutningskontakt

Demontera höger framhjul och ta bort höger hjulhuskåpa.

3 Lossa fästbultarna till vattenpumpens remskiva ungefär tre varv **(se bild)**.

4 Demontera drivremmarna (kapitel 1A).

5 Skruva loss skruvarna som fäster skyddskåpan över luftkonditioneringskompressorn och demontera kåpan. Koppla loss anslutningskontakten, skruva sedan loss kompressorns fästbultar och bulten till kylmedierörens fästbygel och för kompressorn åt sidan **(se bild)**. Bind upp kompressorn i bilens kaross/fjädring med hjälp av en kabel, rem eller ett buntband. Du behöver inte koppla loss några kylmedierör.

6 Demontera vevaxelns remskiva (avsnitt 6).

7 Koppla loss vevaxelgivarens (CKP-givarens) kontaktdon **(se bild)**.

8 Skruva loss fästbultarna och demontera vattenpumpens remskiva.

9 Koppla loss kablaget från pinnbultarna i kamkedjekåpans nederkant.

10 Lyft loss kylvätskans expansionskärl från dess fästen och flytta kärlet åt sidan. För att komma åt bättre, kan du tappa av en tillräcklig mängd kylvätska (se kapitel 1A) och sedan lossa den nedre kylvätskeslangen från expansionskärlet.

11 Stötta motorn med en garagedomkraft och en träkloss under sumpen. Skruva sedan loss muttrarna/bultarna som håller fast motorns/växellådans högra fästbygel och ta bort fästbygeln från motorn **(se bild)**.

Lossa luftkonditioneringens rörledning när fästbygeln tas bort.

12 Demontera drivremsspännarens nedre skruv.

13 Skruva loss kamkedjekåpans fästbultar (anteckna hur de sitter till återmonteringen) och ta bort kåpan från motorn.

Montering

14 Monteringen utförs i omvänd ordningsföljd (se de aktuella avsnitten). Observera följande punkter:

a) *Rengör kamremskåpans, motorblockets och topplockets fogytor från tätningsmedel. Om du använder en skrapa och lösningsmedel för att få bort alla spår av gammal packning/tätningsmedel från fogytorna måste du vara försiktig så att du inte repar eller skadar godset i någon av komponenterna – lösningsmedlet måste vara lämpat för detta ändamål. Om packningen varit otät bör du låta en motorverkstad kontrollera att fogytorna inte är skeva.*

b) *Byt vevaxens främre packbox i kamkedjekåpan enligt beskrivningen i avsnitt 10.*

c) *Se till att mellanlägget fortfarande sitter kvar på vevaxeländen när kamkedjekåpans nya packbox monteras* **(se bild)**.

d) *Förutsatt att de aktuella fogytorna är rena och plana, lägger du en 3,0 mm bred sträng av silikontätningsmedel runt de inre*

7.11 Lossa bultarna/muttrarna till höger motorfäste (se pilar)

skruvhålen och kanten på kamkedjekåpan **(se bild). Observera:** *Kåpan måste monteras inom 10 minuter från det att tätningsmedlet appliceras.*

e) *Dra åt kamkedjekåpans bultar till det moment som anges i början av detta kapitel. Följ den åtdragningsföljd som visas* **(se bild)**.

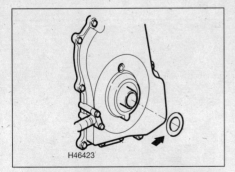

7.14a Se till att mellanläggsbrickan till vevaxelns remskiva (se pil) sitter på plats innan den nya packboxen monteras

7.14b Stryk en 3,0 mm bred sträng med tätningsmedel på kamkedjekåpans tätningsytor, inklusive de inre bulthålen

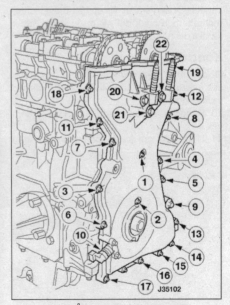

7.14c Åtdragningsordning för kamkedjekåpans fästbultar

8 Kamkedja, spännare och styrningar – demontering, kontroll och montering

Observera: *Motorn får bara vridas i sin normala rotationsriktning – medurs, sett från bilens högra sida.*

Demontering

1 Demontera ventilkåpan enligt beskrivningen i avsnitt 4.
2 Ställ motorn i ÖD enligt beskrivningen i avsnitt 3.
3 Ta bort kamkedjekåpan enligt beskrivningen i avsnitt 7.
4 Släpp efter på kamkedjespännaren genom att sticka in en liten skruvmejsel i spännarens åtkomsthål och frigöra spärrmekanismen. Pressa ett finger mot kamkedjestyrningen så att kolven trycks in i spännarhuset och lås kolven i sammantryckt läge med hjälp av en låssprint (ca 1,5 mm tjock) **(se bild)**.
5 Håll med hjälp av en öppen nyckel fast kamaxlarnas sexkantsdel så att axlarna inte kan rotera.
6 Håll en kamaxel i taget stilla och lossa fästbulten till dess drev, demontera sedan kamaxeldreven och kamkedjan. Vrid inte vevaxeln förrän kamkedjan har monterats tillbaka **(se bild)**.
7 Om så krävs, skruva loss den fasta kamkedjestyrningen och ta bort den spännarbelastade kamkedjestyrningen från dess svängtapp på topplocket **(se bilder)**.
8 Du demonterar spännaren genom att lossa de två fästbultarna och ta bort spännaren från motorblocket. Låssprinten ska sitta kvar **(se bild)**.
9 För att kunna demontera kamkedjedrevet från vevaxeln måste du demontera oljepumpens drivkedja enligt beskrivningen i avsnitt 13 i detta kapitel. Observera åt vilket håll drevet sitter monterat och märk det så att du säkert sätter tillbaka det på samma sätt.

Kontroll

Observera: *Håll ordning på var alla delar ska sitta så att de kommer på rätt plats vid monteringen.*
10 Rengör alla delarna noga och torka dem väl.
11 Undersök om kedjespännaren och den

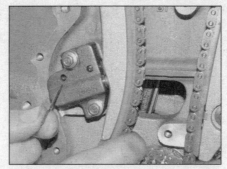

8.4 Tryck mot kamkedjestyrningen och sätt i en låssprint (ca 1,5 mm tjock)

8.7a Lyft av den spännarbelastade styrningen från svängtappen . . .

spännarbelastade kedjestyrningen är mycket slitna eller har andra skador. Undersök om det finns djupa spår orsakade av kamkedjan i styrningarna. Byt båda om det finns någon tveksamhet om deras skick.
12 Kontrollera att kamkedjan inte visar tecken på svårare slitage. Håll den horisontellt och kontrollera hur mycket länkarna kan böjas i sidled. Vid osäkerhet, jämför med en ny kedja. Byt vid behov.
13 Undersök om kuggarna på kam- och vevaxeldreven visar tecken på överdrivet slitage eller skador.
14 Innan du monterar tillbaka kamkedjespännaren måste du trycka in och låsa kolven tills spännaren sitter på plats igen (om det inte gjordes redan vid demonteringen). För att kunna göra det sticker du in en liten skruvmejsel i åtkomsthålet i spännaren och frigör spärrmekanismen. Sätt fast spännaren i ett skruvstycke med mjuka skyddsbackar och

8.6 Håll emot respektive kamaxel med en öppen nyckel när du lossar fästbultarna

8.7b . . . skruva sedan loss fästbultarna (se pilar) och ta bort den fasta styrningen

tryck sedan långsamt in kolven. Använd inte överdriven kraft, och se till att kolven står rakt i cylindern. När kolven är helt intryckt sticker du in en låssprint/1,5 mm ståltråd i det särskilda låshålet för låsning av kolven i intryckt läge.

Montering

15 Om det inte redan sitter på plats, skjuter du in vevaxelns kuggdrev (och dess mellanlägg) på vevaxeln. Se till att det monteras vänt åt det håll som antecknades vid demonteringen (se avsnitt 13 för ytterligare information om återmontering av oljepumpens drivkedja).
16 Montera spännaren på motorblocket och dra åt fästbultarna till angivet moment. Låssprinten ska sitta kvar **(se bild)**.
17 Sätt tillbaka den fasta kamkedjestyrningen och dra åt de två fästbultarna. Trä sedan den spännarbelastade kamkedjestyrningen på den övre svängtappen och dra åt de två fästbultarna **(se bild)**.

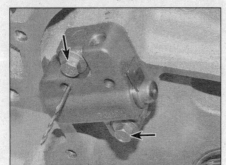

8.8 Kamkedjespännarens fästbultar (se pilar)

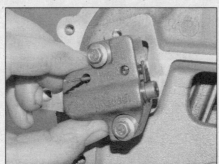

8.16 Sätt tillbaka kamkedjespännaren (fortfarande i låst läge)

8.17 Sätt tillbaka kamkedjestyrningarna på motorn

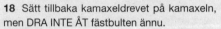

8.19 Sätt tillbaka kamaxeldreven på deras platser, med kamkedjan pålagd

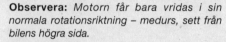

8.20 Tryck mot den spännarbelastade styrningen och dra ut låssprinten (se pil)

8.22 Håll fast kamaxlarna med en fast nyckel mot det sexkantiga partiet så att de inte roterar

18 Sätt tillbaka kamaxeldrevet på kamaxeln, men DRA INTE ÅT fästbulten ännu.

19 Lägg kamkedjan runt avgaskamdrevet, montera sedan tillbaka kamkedja och drev och lägg kamkedjan runt vevaxeldrevet och insugskamdrevet **(se bild)**.

20 När kamkedjan är på plats trycker du in den spännarbelastade styrningen och drar ut låssprinten från spännaren. Detta får kamkedjan att sträckas **(se bild)**.

21 Kontrollera att motorn fortfarande står i ÖD (enligt beskrivningen i avsnitt 3).

22 Dra åt båda kamaxlarnas fästbultar till det moment som anges under Specifikationer i början av detta kapitel. **Observera:** *Håll fast det sexkantiga partiet på resp. kamaxel med en öppen nyckel så att axeln inte kan rotera (se bild).*

23 Sätt tillbaka kamkedjekåpan enligt beskrivningen i avsnitt 7.

24 Ta bort kamaxellåsverktyget och vevaxelns synkroniseringsstift och dra runt motorn (i dess rotationsriktning) två hela varv. Sätt tillbaka kamaxellåsverktyget och vevaxelns synkroniseringsstift för att kontrollera att motorn fortfarande står i ÖD (se avsnitt 3 för ytterligare information) och ta sedan bort dem igen.

25 Montera ventilkåpan enligt beskrivningen i avsnitt 4.

9 Kamaxlar och ventillyftare – demontering, kontroll och montering

Observera: *Motorn får bara vridas i sin normala rotationsriktning – medurs, sett från bilens högra sida.*

Demontering

1 Demontera ventilkåpan enligt beskrivningen i avsnitt 4.

2 Ställ motorn i ÖD i cylinder nr 1 enligt beskrivningen i avsnitt 3.

3 Ta bort kamkedjekåpans övre och nedre täckpluggar för att komma åt kamkedjans spännare och styrning **(se bilder)**.

4 Släpp efter på kamkedjespännaren genom

att sticka in en liten skruvmejsel i kamkedjekåpans nedre åtkomsthål och frigöra spärrmekanismen i spännaren **(se bild)**.

5 Vrid försiktigt avgaskamaxeln (med hjälp av en öppen nyckel som hålls mot axelns sexkantiga del) i den normala rotationsriktningen (medurs) för att trycka samman kamkedjespännaren **(se bild)**.

6 Håll fast avgaskamaxeln och stick in en bult (M6 x 25 mm) i kamkedjekåpans övre åtkomsthål för att låsa spännarstyrskenan i läge **(se bild)**.

7 Håll fast kamaxlarna (med en öppen nyckel mot sexkantsdelen av respektive axel) och lossa kamaxeldrevens fästbultar.

8 Fäst kamkedjan vid kamaxeldreven med hjälp av ett buntband eller liknande.

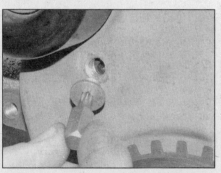

9.3a Ta bort kamkedjekåpans nedre . . .

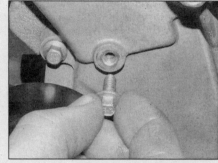

9.3b . . . och övre täckpluggar

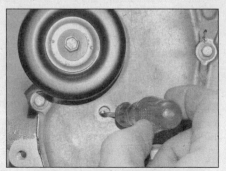

9.4 Stick in en liten skruvmejsel i det nedre åtkomsthålet för att frigöra kamkedjespännaren

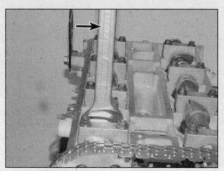

9.5 Vrid försiktigt avgaskamaxeln i pilens riktning för att släppa efter på kamkedjespännaren

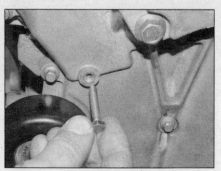

9.6 Håll fast avgaskamaxeln och stick in en bult (M6 x 18 mm) för att låsa den spännarbelastade styrskenan

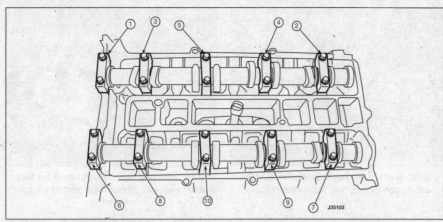

9.10 Ordningsföljd för lossande av kamaxellageröverfallens bultar

9.11a Notera identifikationsmarkeringarna (se pil) på kamaxlarnas lageröverfall . . .

9.11b . . . och lägesgivarens referensnock (se pil) på insugskamaxeln

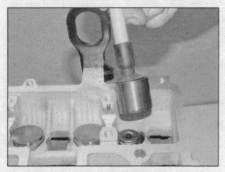

9.12a Lyft bort ventillyftaren med en gummisugkopp

9.12b Observera tjockleksvärdet på insidan av ventillyftaren

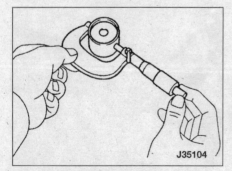

9.14 Mät ventillyftarnas diameter med en mikrometer

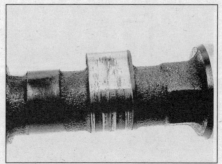

9.15 Leta efter spår av punktkorrosion, slitage och repor på kammarna – byt kamaxeln om så krävs

9 Ta bort kamaxeldrevens fästbultar och demontera dreven, kompletta med kamkedja, från kamaxlarna. Säkra dreven och kamkedjan med en lämplig bit ståltråd så att de inte faller ner i kamkedjekåpan.

10 Arbeta i den ordningsföljd som visas **(se bild)** och lossa kamaxellageröverfallens bultar stegvis, med ett halvt varv i taget. Arbeta exakt enligt beskrivningen och minska gradvis och likformigt ventilfjädrarnas tryck mot överfallen.

11 Ta bort kamaxellageröverfallen och notera hur de är märkta, demontera sedan kamaxlarna. Insugskamaxeln känns igen på referensnocken för kamaxelgivaren; kamaxlarna behöver därför inte märkas **(se bilder)**.

12 Skaffa sexton små, rena askar och numrera dem från 1 till 16. Lyft med hjälp av en sugkopp av gummi ut ventillyftarna en i taget och lägg dem i askarna. Byt inte plats på ventillyftarna, de har nämligen olika storlek. Mellanlägget är en del av ventillyftaren **(se bilder)**. Det finns ventillyftare av olika storlek för den händelse att ventilerna är slitna eller att topplocket måste repareras.

Kontroll

13 Med kamaxlarna och ventillyftarna demonterade, kontrollera om de visar tecken på tydligt slitage (repor, gropbildning etc.) eller ovalitet och byt dem om så behövs.

14 Mät ytterdiametern på varje ventillyftare **(se bild)** – mät först högst upp och längst ner på varje ventillyftare och gör sedan om mätningarna i rät vinkel mot de första mätpunkterna. Skulle något av mätvärdena skilja sig avsevärt från de andra är ventillyftaren konisk eller oval (beroende på var skillnaderna ligger) och måste bytas. Har du tillgång till nödvändig utrustning mäter du även innerdiametern hos motsvarande hål i topplocket. Är ventillyftarna eller hålen i topplocket mycket slitna krävs nya ventillyftare och/eller ett nytt topplock.

15 Undersök kamaxlarnas kammar och titta efter repor, gropbildning, spår av skärning (friktionsskador) och spår av överhettning (blå, missfärgade områden). Leta efter ställen på kammarna där det härdade ytskiktet flagat av **(se bild)**. Finns det tecken på detta måste komponenten bytas.

16 Undersök om det finns slitage eller gropbildning i kamaxellagertapparna eller topplockets lagerytor. Finns det tecken på detta måste komponenten bytas.

17 Mät med en mikrometer diametern på varje lageryta på axeln på flera olika ställen **(se bild)**. Byt ut kamaxeln om några av mätvärdena skiljer sig märkbart åt.

18 För att kontrollera kamaxlarnas axialspel demonterar du ventillyftarna, rengör lagerytorna noga och monterar tillbaka kamaxlarna och lageröverfallen.

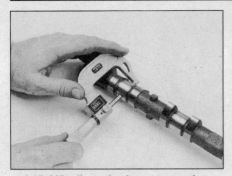

9.17 Mät alla axelns lagerytor med en mikrometer

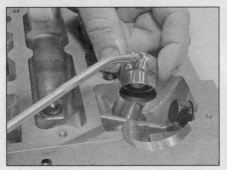

9.20 Olja in ventillyftarna väl vid monteringen

9.22 Stryk ren motorolja på kammarna och lagerytorna

Dra åt lageröverfallens bultar till angivet moment och mät sedan axialspelet med en indikatorklocka (mätklocka) som monteras på topplocket så att dess mätspets vilar mot kamaxelns högra ände.

19 Knacka kamaxeln så långt det går mot indikatorklockan, nollställ denna och knacka sedan kamaxeln så långt det går från indikatorklockan och avläs mätvärdet. Om det uppmätta axialspelet är lika stort eller större än de angivna toleranserna bör du montera en ny kamaxel och göra om kontrollen. Om spelet fortfarande är för stort måste topplocket bytas ut.

Montering

20 Olja in topplockets ventillyftarhål och ventillyftarna väl före återmonteringen (se bild). Sätt försiktigt tillbaka ventillyftarna i topplocket, och var noga med att varje ventillyftare hamnar i sitt ursprungliga hål. Det krävs lite noggrannhet för att få in ventillyftarna rakt i hålen.

21 Vrid tillbaka motorn ca 45° så att ingen av kolvarna står högst uppe i cylindern.

22 Olja in kamaxellagren och loberna väl (se bild). Montera tillbaka kamaxlarna och var noga med att de hamnar på sina ursprungliga platser. Placera dem så, att spåret i axelns vänsterände kommer parallellt med, och något ovanför, topplockets fogyta.

23 Alla kamaxellageröverfall är märkta med en inetsad bokstav och siffra. Avgaskamaxelns lageröverfall är märkta från E1 till E5 och insugskamaxelns lageröverfall från I1 till I5 (se bild 9.11a).

24 Var noga med att hålla alla lageröverfallen i rät vinkel mot topplocket när de skruvas fast. Arbeta i bestämd ordningsföljd (se bild) och dra åt kamaxellageröverfallens bultar långsamt och med ett varv i taget tills alla överfallen ligger an mot topplocket. Gå därefter varvet runt i samma ordningsföljd igen och dra åt bultarna till det åtdragningsmoment som anges för steg 1. Gå sedan ett varv till och dra åt dem till momentet för steg 2. Arbeta exakt enligt beskrivningen för att gradvis och likformigt öka ventilfjädrarnas tryck mot överfallen.

25 Montera syftningsverktyget i kamaxeländarna. Det bör glida på plats enligt beskrivningen i avsnitt 3 (se bild).

26 Sätt tillbaka kamkedjedreven med påhängd kamkedja på kamaxeländarna. DRA INTE ÅT kamaxeldrevens fästbultar ännu. Ta bort buntbanden från kamkedjan och kamaxeldreven.

27 Ta bort spännarstyrskenans låsbult från det övre åtkomsthålet i kamkedjekåpan. Du måste kanske trycka en aning mot spännarstyrskenan för att låsbulten ska gå att ta loss.

28 Vrid runt motorn (i dess vanliga rotationsriktning) ca 45° mot ÖD. För ytterligare information om hur motorn ställs i ÖD, se avsnitt 3.

29 Håll fast kamaxlarna (med en öppen nyckel mot sexkantsdelen av respektive axel) och dra åt kamaxeldrevens fästbultar till angivet moment.

30 Ta bort kamaxellåsverktyget och vevaxelns synkroniseringsstift och dra runt motorn (i dess rotationsriktning) två hela varv. Sätt tillbaka kamaxellåsverktyget och vevaxelns synkroniseringsstift för att kontrollera att motorn fortfarande står i ÖD (se avsnitt 3 för ytterligare information) och ta sedan bort dem igen.

31 Skruva tillbaka kamkedjekåpans övre och nedre täckpluggar, men stryk först något lämpligt tätningsmedel på deras gängor för att förebygga läckage.

32 Montera ventilkåpan enligt beskrivningen i avsnitt 4.

10 Vevaxelns packboxar – byte

Kamkedjeändens packbox

1 Demontera vevaxelns remskiva enligt beskrivningen i avsnitt 6 i detta kapitel.

2 Bänd med en skruvmejsel ut den gamla packboxen från kamkedjekåpan. Var försiktig

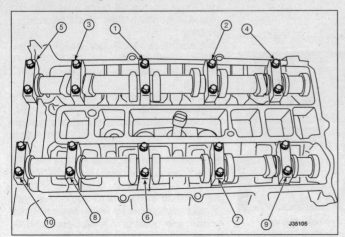

9.24 Åtdragningsordning för kamaxellageröverfallens bultar

9.25 Placera verktyget i kamaxeländarna för att ställa in ÖD-läget

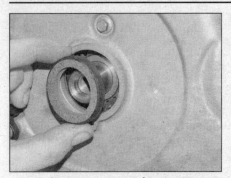

10.4a Var noga med att hålla packboxen rakt när den monteras

10.4b Använd t.ex. en hylsa av lämplig storlek för att knacka in den nya packboxen

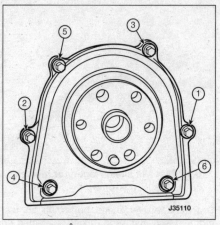

10.13 Åtdragningsordning för packboxhållarens fästbultar

så att du inte skadar ytan på kamkedjekåpan och vevaxeln. Om packboxen sitter hårt fast kan du försiktigt borra två diagonalt placerade hål i den. Skruva sedan i ett par självgängande skruvar och dra ut packboxen med hjälp av två tänger.

3 Torka rent packboxsätet i kamkedjekåpan och glidytan på vevaxeländen.

4 Stryk ren motorolja på den nya packboxens tätningsläppar och utvändiga omkrets och styr in packboxen i kamkedjekåpan genom att trycka den rakt inåt. Driv med hjälp av en stor hylsa eller en bit metallrör av lämplig diameter in packboxen tills den ligger i liv med kamkedjekåpans utsida. Var noga med att packboxen drivs rakt in. Torka av överflödig olja **(se bilder)**.

5 Montera vevaxelns remskiva enligt beskrivningen i avsnitt 6 i detta kapitel.

Växellådsändens packbox

Observera: *Packboxen går bara att byta som en komplett enhet med hållaren.*

6 Demontera växellådan (se kapitel 7A).

7 Demontera kopplingen (se kapitel 6).

8 Skruva loss svänghjulet (avsnitt 15).

9 Demontera sumpen (se avsnitt 12).

10 Skruva loss de sex fästbultarna och demontera packboxhållaren från motorblocket. I förekommande fall, ta bort och kasta dess packning.

11 Rengör packboxsätet och vevaxelns anliggningsyta. Putsa bort alla eventuella grader eller vassa kanter som kan ha skadat packboxen. Där så är tillämpligt, rengör även topplockets/vevhusets fogytor med en skrapa för att få bort alla rester av gammal packning/

tätningsmedel – var försiktig så att du inte repar eller på annat sätt skadar någon av ytorna – och avfetta dem sedan med lämpligt lösningsmedel.

12 Använd en specialhylsa för att trä packboxen på vevaxeln – har du inte tillgång till en sådan kan du tillverka en styrhylsa av ett tunt plastark eller liknande. Smörj den nya packboxens tätningsläppar och vevaxelklacken med olja och maka sedan packboxhållaren på plats med hjälp av styrhylsan som styr upp packboxens läppar över vevaxelklacken.

13 Flytta försiktigt, så att packboxen inte skadas, hållaren till rätt läge med styrstiften mitt för varandra och dra sedan åt bultarna i rätt ordningsföljd och till föreskrivet moment **(se bild)**.

14 Torka bort eventuellt överflöd av olja eller fett. Resten av ihopsättningen utförs i omvänd ordningsföljd mot isärtagningen – se vid behov det aktuella textavsnittet för närmare detaljer. Leta efter tecken på oljeläckage när motorn startas.

11 Topplock – demontering och montering

Observera: *Motorn får bara vridas i sin normala rotationsriktning – medurs, sett från bilens högra sida.*

Demontering

1 Ta bort batteriet enligt kapitel 5A och ta

därefter bort batterilådans nedre del.

2 Kom ihåg att tydligt märka alla vakuum-ledningar, kylvätske- och avgasslangar, kabel-anslutningar, jordflätor och bränsleledningar som du kopplar loss under arbetets gång, så att du kan sätta tillbaka dem på rätt ställe.

3 Töm kylsystemet enligt kapitel 1A.

4 Demontera luftrenarenheten enligt beskrivningen i kapitel 4A.

5 Demontera avgasgrenröret och värme-sköldarna enligt beskrivningen i kapitel 4A.

6 Lägg trasor runt röret och tryck sedan ner låsfliken och koppla loss bränslematningsröret från bränsleinsprutningsbryggan.

7 Skruva loss de två skruvarna och ta bort bränsleinsprutningsbryggan. Täpp sedan igen öppningarna för att förhindra att det kommer in smuts. Se kapitel 4A för ytterligare information.

8 Demontera insugsgrenröret enligt beskrivningen i kapitel 4A.

9 Anteckna deras monteringslägen och koppla sedan loss de olika anslutningskontakterna från topplockets delar. Lossa även alla berörda kablar kablage från deras fästklämmor.

10 Skruva loss de fyra bultarna och lossa kylvätskeslangarnas anslutningshus från vänster sida av topplocket **(se bild)**.

11 Skruva loss de två bultar som håller fast avgasåterföringsventilen. Kasta packningen **(se bild)**.

12 Demontera ventilkåpan enligt beskrivningen i avsnitt 4.

13 Ta bort kamkedjan enligt beskrivningen i avsnitt 8.

14 Demontera kamaxlarna och ventillyftarna enligt beskrivningen i avsnitt 9.

15 Gör en sista kontroll av att alla berörda kylvätske-/vakuumslangar och kontaktdon verkligen har kopplats loss.

16 Arbeta i bestämd ordningsföljd **(se bild)** och lossa de tio topplocksbultarna stegvis och med ett varv i taget. Ta bort en bult i taget och se till att du har nya för återmonteringen. Dessa bultar utsätts för kraftig belastning och måste därför bytas ut så snart de har rubbats, oavsett i vilket skick de verkar vara.

17 Lyft bort topplocket. Ta hjälp om du kan,

11.10 Demontera kylvätskans utloppshus (se pil) från vänster ände av topplocket

11.11 Demontera avgasåterförings-ventilen från vänster ände av topplock (se pil)

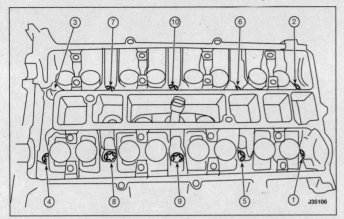

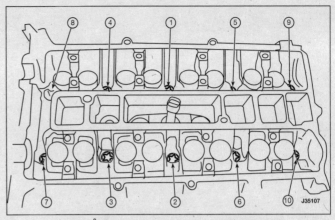

11.16 Ordningsföljd för lossande av topplocksbultar

11.25a Åtdragningsordning för topplocksbultar

det är tungt. Ta bort packningen och släng den. Notera stiftens läge.

Montering

18 Fogytorna mellan topplocket och motorblocket måste vara noggrant rengjorda innan topplocket monteras. Använd en hård plast- eller träskrapa för att avlägsna alla spår av packning och sot. Rengör även kolvkronorna. Var mycket försiktig, eftersom den mjuka aluminiumlegeringen lätt kan skadas. Se även till att sot inte kommer in i olje- och vattenkanalerna – detta är särskilt viktigt när det gäller smörjningen, eftersom sotpartiklar kan täppa igen oljekanalerna och blockera oljematningen till motordelarna. Försegla vattenkanaler, oljekanaler och bulthål i motorblocket med tejp och papper. Rengör alla kolvar på samma sätt.

19 Undersök fogytorna på motorblocket och topplocket och leta efter hack, djupa repor och andra skador. Om skadorna är omfattande kan planslipning vara det enda alternativet.

20 Kontrollera topplockspackningens yta med en ställinjal om den misstänks vara skev. Se avsnitt D i detta kapitel om det behövs.

21 Torka fogytorna rena på topplocket och motorblocket. Kontrollera att styrstiften sitter på plats i motorblocket och att hålen till alla topplocksbultar är rena från olja.

22 Trä en ny packning över stiften på motorblockets fogyta och se till att den hamnar rättvänd.

23 Vrid vevaxeln moturs så att kolven i cylinder nr 1 sänks ca 20 mm under ÖD. Detta för att undvika risken att kolven och ventilerna stöter ihop och skadas vid ihopsättningen.

24 Sätt tillbaka topplocket med hjälp av styrstiften. Smörj gängorna och sätt i de nya topplocksbultarna. Skruva i dem försiktigt och dra åt dem med enbart fingerstyrka.

25 Dra sedan åt topplocksbultarna stegvis och i föreskriven ordningsföljd, först med en momentnyckel och därefter med en vanlig hylsnyckel och momentgradskiva **(se bilder)**. Värdena för de olika stegen anges i avsnittet Specifikationer i början av detta kapitel. **Observera:** *När topplocksbultarna väl dragits åt korrekt på detta sätt krävs ingen kontrolldragning. De får inte heller momentdras på nytt.*

26 Sätt tillbaka ventillyftarna, kamaxlarna och kamkedjan enligt beskrivningen i avsnitt 8 och 9.

27 Resten av ihopsättningen utförs i omvänd ordningsföljd mot demonteringen. Tänk på följande:

a) *Se de aktuella avsnitten för en beskrivning av hur återmonteringen går till och dra åt alla muttrar och bultar till angivet moment.*

b) *Fyll på kylvätska och motorolja.*

c) *Starta motorn och låt den värmas upp till normal arbetstemperatur. Kontrollera sedan att det inte läcker olja eller kylvätska vid någon av de anslutningar som lossats under arbetet.*

12 Sump – demontering och montering

Observera: *Att utföra detta arbete med motorn/växellådan kvar i bilen kräver minst en medhjälpare, plus nödvändig utrustning för att lyfta och stötta bilens framparti (tillräckligt högt för att sumpen gå att ta bort från undersidan). Det krävs också en lyftbalk tvärs över motorrummet för att hålla hela motor-/ växellådsenheten på plats när bilen är lyft. De exakta detaljerna i tillvägagångssättet beror på vilken utrustning som finns tillgänglig – här beskrivs ett typfall.*

Demontering

1 Dra åt handbromsen och ställ framvagnen på pallbockar (se *Lyftning och stödpunkter*).

2 Tappa ur motoroljan, rengör och sätt tillbaka oljeavtappningspluggen och dra åt den till föreskrivet moment. **Observera:** *Är oljeavtappningspluggens packning skadad behövs en ny avtappningsplugg.* Även om det inte är nödvändigt för att kunna utföra demonteringen, rekommenderas du att ta bort och kasta oljefiltret så att du kan byta det samtidigt med oljan (se kapitel 1A).

3 Stöd motorn med en tvärbalk eller motorlyft.

4 Ta bort kamkedjekåpan enligt beskrivningen i avsnitt 7.

5 Skruva loss bultarna mellan sumpen och växellådan **(se bild)**.

6 Skruva stegvis loss sumpens fästbultar. Dela sumpens tätningsfog med en skrapa, men var försiktig så att inte sumpens och motorblockets fogytor skadas. Sänk ner sumpen och ta bort den från motorn/växellådan.

Montering

7 Innan du sätter ihop delarna igen, rengör och avfetta fogytorna mellan motorblock och växellåda noggrant och torka ur sumpen med en ren trasa.

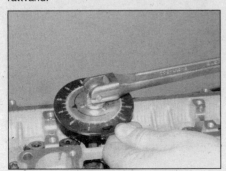

11.25b Använd en momentgradskiva för slutstegen

12.5 Skruva loss bultarna mellan sump och växellåda (se pilar)

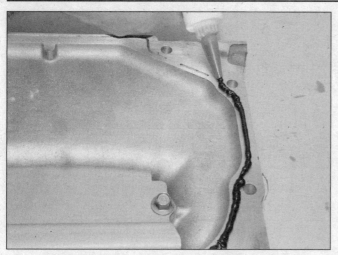

12.8 Stryk en 3,0 mm bred sträng av tätningsmedel på sumpflänsen

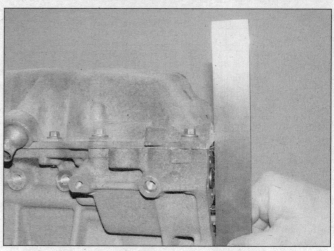

12.10a Justera sumpen mot motorblocket med hjälp av en ställinjal

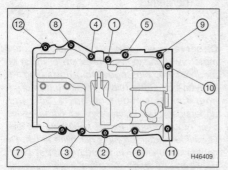

12.10b Åtdragningsordning för sumpens bultar

8 Stryk en 3,0 mm bred sträng av tätningsmedel på sumpflänsens anliggningsyta, innanför bulthålen **(se bild)**. **Observera:** *Sumpen måste återmonteras inom 10 minuter efter det att tätningsmedlet har applicerats.*
9 Passa in sumpen och sätt i fästbultarna, men dra inte åt dem ännu.
10 Rikta med hjälp av en ställinjal in sumpen så att den kommer i liv med motorblocket

på kamkedjesidan. Håll sumpen på plats och dra stegvis åt fästbultarna till angivet moment i den ordningsföljd som visas **(se bilder)**.
11 Sätt tillbaka bultarna mellan sumpen och växellådan och dra åt dem till angivet moment.
12 Sätt tillbaka kamkedjekåpan enligt beskrivningen i avsnitt 7.
13 Sänk ner bilen till marken och fyll på ny olja i motorn (montera det nya oljefiltret) och ny kylvätska i kylsystemet (se kapitel 1A).
14 Kontrollera att det inte förekommer tecken på olje- eller kylvätskeläckage när motorn startats och värmts upp till normal arbetstemperatur.

13 Oljepump – demontering, kontroll och montering

Observera: *Även om nedanstående arbete teoretiskt går att utföra med motorn kvar i motorrummet, kräver detta att så många delar*

först tas isär och är så svårt att utföra på grund av begränsad åtkomlighet, att det i praktiken är enklare att först lyfta ut motorn från bilen. Alla bilder i detta avsnitt visar motorn borttagen från bilen och placerad upp och ner på en arbetsbänk.
Observera: *Läs igenom detta avsnitt och försäkra dig om att du, förutom en ny pumppackning och övriga nödvändiga bytesdetaljer, även har tillgång till de verktyg och andra hjälpmedel som krävs.*

Demontering

1 Demontera kamkedjan enligt beskrivningen i avsnitt 8.
2 Demontera sumpen enligt beskrivningen i avsnitt 12.
3 Skruva loss de två bultar som fäster oljepumpens oljeupptagarrör vid pumpen **(se bild)**. Kasta O-ringen/packningen.
4 Skruva loss de två fästbultarna och ta bort oljepumpens kedjestyrning. Skruva sedan loss

13.3 Ta bort fästbultarna från oljepumpens oljeupptagarrör

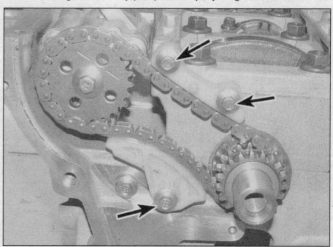

13.4 Bultar (se pilar) till oljepumpens kedjestyrning och kedjespännare

13.5 Håll fast oljepumpens drev medan du lossar drevbulten

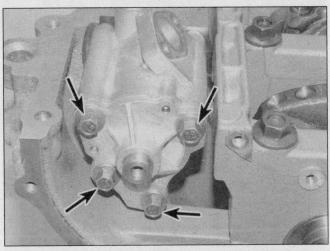

13.7 Skruva loss de fyra fästbultarna (se pilar) och ta bort oljepumpen

fästbulten och ta bort oljepumpens kedje-spännare **(se bild)**.

5 Håll fast oljepumpens kedjedrev så att det inte vrider sig och lossa dess fästbult **(se bild)**.

6 Skruva loss bulten och ta bort oljepumps-drevet tillsammans med oljepumpens driv-kedja.

7 Skruva loss pumpen från cylinderblocket/vevhuset **(se bild)**. Ta bort och kasta packningen.

Kontroll

8 I skrivande stund går det inte att beställa separata delar till pumpen. Finns det tveksamheter om oljepumpens funktion bör hela pumpenheten bytas.

Montering

9 Rengör och avfetta alla delar noga, särskilt fogytorna på pumpen, sumpen och

motorblocket. Om du använder en skrapa och lösningsmedel för att få bort alla spår av gammal packning/tätningsmedel från fogytorna måste du vara försiktig så att du inte repar eller skadar godset i någon av komponenterna – lösningsmedlet måste vara lämpat för detta ändamål.

10 Oljepumpen måste flödas innan den monteras. Häll ren motorolja i den och vrid runt dess inre rotor några varv.

11 Lägg den nya packningen på plats på oljepumpen och håll den i läge med en av fästbultarna. Sätt tillbaka pumpen på motor-blocket, sätt i fästbultarna och dra åt dem till angivet moment **(se bild)**.

12 Sätt i den nya O-ringen/packningen, sätt tillbaka oljeupptagarröret på pumpen och dra åt dess fästbultar ordentligt **(se bild)**.

13 Montera tillbaka oljepumpens drivkedja, komplett med oljepumpsdrevet **(se bild)**, och dra åt fästbulten till angivet moment.

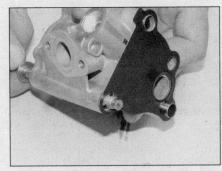

13.11 Utnyttja en av fästbultarna för att hålla oljepumpens nya packning på plats

Håll fast oljepumpens kuggdrev (på samma sätt som vid demonteringen) så att det inte vrider sig när du drar åt dess fästbult.

14 Sätt tillbaka oljepumpens kedjespännare på motorblocket och se till att fjädern hamnar

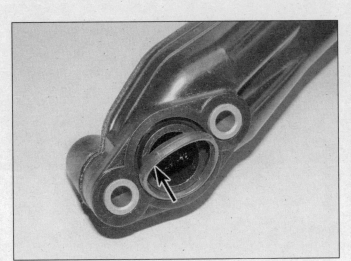

13.12 Sätt i en ny O-ring (se pil) på oljepumpens oljeupptagarrör

13.13 Passa in de fasade ytorna (se pilar) på oljepumpsdrevet och oljepumpens drivaxel mot varandra vid monteringen

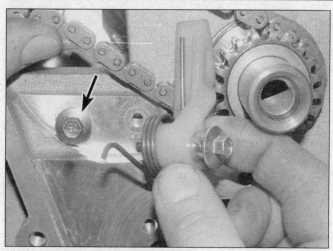

13.14 Se till att spännarens fjäder krokas fast i bulten (se pil) så att kedjan spänns

14.1 Oljetryckskontakt (se pil)

rätt (se bild). Dra åt fästbulten till angivet moment.

15 Sätt tillbaka oljepumpens kedjestyrning på motorblocket och dra åt de två fästbultarna till angivet moment.

16 Montera kamkedjan enligt beskrivningen i avsnitt 8.

17 Montera sumpen enligt beskrivningen i avsnitt 12.

14 Oljetryckskontakt – demontering och montering

Demontering

1 Kontakten sitter inskruvad i oljefilterhuset på framsidan av motorblocket (se bild).

2 Med bilen parkerad på fast plan mark, öppna motorhuven och koppla loss batteriets jordledning (minuspolen).

3 Om det behövs lyfter du upp bilens framvagn och stöttar den ordentligt med pallbockar, då kommer du åt kontakten enklare. Lossa i förekommande fall de sju torxskruvarna och ta bort motorns undre skyddskåpa (se bild).

4 Koppla loss kontaktdonet från kontakten och skruva loss den. Var beredd på oljespill.

Montering

5 Montera i omvänd ordningsföljd mot demonteringen. Stryk på ett tunt lager lämpligt tätningsmedel på brytarens gängor, och dra åt den till angivet moment. Kontrollera motoroljenivån och fyll på vid behov (se Veckokontroller). Kontrollera att det inte förekommer tecken på oljeläckage när motorn har startat om och värmts upp till normal arbetstemperatur.

15 Svänghjul (manuell växellåda) – demontering, kontroll och montering

Demontering

1 Ta bort växellådan (se kapitel 7A). Nu är det ett bra tillfälle att kontrollera komponenter som packboxar och byta dem vid behov.

2 Demontera kopplingen (se kapitel 6). Kontrollera kopplingens delar och byt vid behov.

3 Använd en körnare eller färg för att göra inställningsmarkeringar på svänghjulet och vevaxeln, för att garantera korrekt placering vid återmonteringen.

4 Hindra svänghjulet från att rotera genom att låsa krondrevskuggarna eller fästa en rem mellan svänghjulet och motorblocket (se bild). Lossa bultarna lika mycket tills alla är lösa.

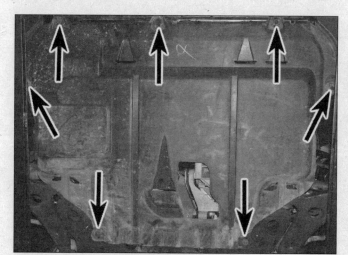

14.3 Skruva loss de sju torxskruvarna (se pilar) och ta bort motorns undre skyddskåpa – i förekommande fall

15.4 Lås svänghjulet medan bultarna (se pilar) skruvas loss

15.10 Stryk lämplig låsvätska på gängorna till de nya bultarna innan de skruvas i

15.11 Dra åt de nya bultarna – lås svänghjulet på samma sätt som vid demonteringen

5 Ta bort en bult i taget och se till att du har nya till återmonteringen. Dessa bultar utsätts för kraftig belastning och måste därför bytas ut så snart de har rubbats, oavsett i vilket skick de verkar vara.

6 Ta bort svänghjulet från vevaxeländen. **Observera:** *Var försiktig när du demonterar svänghjulet – det är mycket tungt.*

Kontroll

7 Rengör svänghjulet från fett och olja. Undersök ytan och titta efter sprickor, nitspår, brända områden och repor. Lättare repor kan tas bort med smärgelduk. Leta efter spruckna eller trasiga krondrevskuggar. Lägg svänghjulet på en plan yta och använd en linjal för att kontrollera eventuell skevhet.

8 Rengör och kontrollera fogytorna på svänghjulet och vevaxeln. Om vevaxelns vänstra packbox läcker ska den bytas (se avsnitt 10) innan du sätter tillbaka svänghjulet.

9 Passa på att rengöra svänghjulets yta som vetter mot motorn (högersidan) när det är demonterat. Rengör de gängade bulthålen i vevaxeln – detta är viktigt, eftersom bultarna kommer att sätta sig med tiden och förlora sitt rätta åtdragningsmoment om det sitter kvar rester av gammal låsvätska i gängorna.

Montering

10 Vid monteringen ska alla bulthål i svänghjulet passa med dem i vevaxeln – det går bara på ett sätt – kontrollera detta med hjälp av de märken du gjorde vid demonteringen. Stryk lämplig gänglåsning på gängorna till de nya bultarna och sätt i dem (se bild).

11 Lås svänghjulet på samma sätt som vid demonteringen. Arbeta i diagonal ordningsföljd så att åtdragningen blir jämn och dra i tre steg åt de nya bultarna till angivet moment (se bild).

12 Resten av ihopsättningen utförs i omvänd ordningsföljd mot demonteringen – se vid behov det aktuella textavsnittet för närmare detaljer.

16 Motor-/växellådsfästen – kontroll och byte

Allmänt

1 Motorns/växellådans fästen behöver sällan åtgärdas, men trasiga eller slitna fästen måste bytas omedelbart, annars kan den extra belastningen på drivaxelkomponenterna leda till skador eller slitage.

2 Ett fäste i taget kan skruvas loss och sättas tillbaka, men om fler än ett ska tas bort samtidigt – t.ex. när motor-/växellådsenheten demonteras från sina fästen – måste du först markera deras lägen, så att de kan sättas tillbaka och dras fast i sin ursprungliga position.

3 Vid ihopsättningen får du inte låta fästena ta upp hela tyngden av motorn/växellådan förrän samtliga av dem sitter enligt markeringen som gjordes vid demonteringen. Dra åt hållarna till motorns/växellådans fästen till angivet moment.

Kontroll

4 Vid kontrollen måste motor-/växellådsenheten lyftas en aning, så att dess tyngd inte vilar på fästena.

5 Lyft framvagnen och stötta den med pallbockar. Placera en domkraft under sumpen, med en stor träkloss mellan sumpen och domkraftens lyftsadel. Lyft sedan försiktigt motorn/växellådan så mycket som krävs för att avlasta fästena.

 Varning: Placera ingen del av kroppen under motorn när den enbart är uppstöttad med en domkraft.

6 Kontrollera fästena för att se om gummit har spruckit, hårdnat eller lossnat från metalldelarna. Ibland spricker gummit mitt itu.

7 Kontrollera om det finns glapp mellan fästbyglarna och motorn/växellådan eller karossen (använd en stor skruvmejsel eller ett bräckjärn och försök rucka på fästena). Om du märker något glapp ska du sänka motorn och kontrolldra fästenas hållare.

Byte

Observera: *Nedanstående punkter förutsätter att motorn stöttas under sumpen enligt beskrivningen ovan.*

Höger fäste

8 Dra plastkåpan på motorns ovansida rakt uppåt från dess fästen.

9 Lyft upp kylvätskans expansionskärl och lägg det åt sidan. Observera att du inte behöver koppla loss kylvätskerören.

10 Märk ut fästets läge på bilens högra, inre skärmpanel och lossa sedan kylvätskeröret från klämman på fästet.

11 Håll motorn/växellådan stöttad och skruva loss de två låsmuttrarna från motorhuset, skruva sedan loss de två fästbultarna från bilens inre skärmpanel och ta bort fästet från bilen (se bild 7.11).

12 Dra vid återmonteringen åt alla hållare till angivet moment. Dra först åt de två låsmuttrarna på motorhuset och släpp sedan efter på lyften eller domkraften tills fästbygeln vilar mot bilens inre skärmpanel. Rikta in markeringarna från demonteringen mot varandra och dra sedan åt de två fästbultar som håller fast fästbygeln mot den inre skärmpanelen.

Vänster fäste

13 Demontera luftrenarenheten enligt beskrivningen i kapitel 4A.

14 Ta bort batteriet enligt beskrivningen i kapitel 5A, skruva sedan loss de tre skruvarna och ta bort batterihyllan. Koppla loss eventuellt kablage när hyllan tas bort.

15 Håll växellådan stöttad, markera fästets läge och skruva sedan loss den mittersta fästskruven för att lossa fästet från växellådan **(se bild)**.

16 Skruva loss de fyra yttre fästmuttrarna och två skruvarna för att separera fästet från fästbygeln.

17 Byt de självlåsande muttrarna vid återmonteringen. Justera in fästet enligt markeringarna från demonteringen och dra sedan åt alla hållare till angivet moment.

Bakre fäste (vridningshämmare)

18 Lossa fästet från kryssrambalken och växellådan genom att skruva loss fästets mittbultar **(se bild)**.

19 Var noga med att dra åt bultarna ordentligt till angivet moment vid monteringen.

16.15 Skruva loss mittbulten (se pil) för att lossa fästet från växellådan

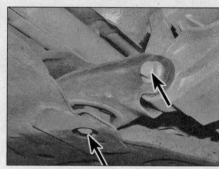

16.18 Skruva loss de två bultarna (se pilar) och ta bort det bakre fästet

Kapitel 2 Del B:
Reparationer med motorn kvar i bilen – 2,4-liters bensinmotor

Innehåll

Svårighetsgrad

Enkelt, passar novisen med lite erfarenhet	Ganska enkelt, passar nybörjaren med viss erfarenhet	Ganska svårt, passar kompetent hemmamekaniker	Svårt, passar hemmamekaniker med erfarenhet 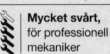	Mycket svårt, för professionell mekaniker

Specifikationer

Allmänt

Motorkod:	
B5244 S5	2,4 liter (2435 cc), 20-ventilers
B5244 S4	2,4 liter (2435 cc), 20-ventilers
Lopp	83,0 mm
Slag	93,0 mm
Kompressionsförhållande...............................	10,3:1
Kompressionstryck....................................	13 till 15 bar
Maximal skillnad mellan högsta och lägsta värde	2 bar
Motorprestanda:	
Effekt:	
B5244 S5	125 kW @ 6 000 varv/minut (170 hk)
B5244 S4	103 kW @ 5 000 varv/minut (140 hk)
Vridmoment:	
B5244 S5	230 Nm @ 4 400 varv/minut
B5244 S4	220 Nm @ 4 000 varv/minut
Tändföljd	1-2-4-5-3 (nr 1 vid motorns kamremsände)
Vevaxelns rotationsriktning............................	Medurs (sett från motorns kamremsände)

Kamaxel

	Insug	Avgas
Identifikationsbeteckning (stämplad på änden)	PGI	PGE
Maximalt lyft	8,65 mm	8,65 mm
Kamaxelns axialspel..................................	0,05 till 0,20 mm	0,05 till 0,20 mm
Ventilspel (kall motor):		
Kontrollmått	0,15 till 0,45 mm	0,35 till 0,60 mm
Inställningsmått	0,20 ± 0,03 mm	0,40 ± 0,03 mm

Smörjningssystem

Oljetryck – varm motor:	
Vid tomgångsvarvtal..................................	1,0 bar
Vid 4 000 varv/minut................................	3,5 bar
Oljepumpstyp	Kugghjul, drivs från vevaxeln
Maximalt spel mellan pumpdrevet och huset	0,35 mm
Övertrycksventilens fjäder, fri höjd	82,13 mm

Åtdragningsmoment

	Nm
Bultar för vevaxelns remskiva till drevet:*	
Steg 1	25
Steg 2	Vinkeldra ytterligare 60°
Hjulmuttrar:	
Steg 1	20
Steg 2	90
Insugsgrenrör:	
Övre del	10
Nedre del	20
Kamaxeldrevets bult (utan VVT-i)	20
Kamremmens överföringsremskiva	25
Kamremskåpans skruvar:	
Bak:	
M7	12
M8	25
Övre	10
Främre	8
Kamremsspännarens bult (se text):	
Modeller till och med modellår 2005	20
Modeller från modellår 2006	24
Kolvens kylmunstycke	17
Kolvens kyloljeventil	32
Kryssrambalkens bakre fästbyglar till kaross	50
Kryssrambalkens främre och bakre fästbultar:	
Främre bultar	120
Bakre bultar	280
Mellandel till motorblock:*	
Dra åt i följande ordning:	
M10*	20
M10	45
M8	24
M7	17
M10	Vinkeldra ytterligare 90°
Motorfästen:	
Höger fäste till inre skärm	90
Höger fäste till motor, muttrar:	
M12:	
Steg 1	65
Steg 2	Vinkeldra ytterligare 90°
M14	133
Vänster fäste, M10-muttrar:	
Steg 1	35
Steg 2	Vinkeldra ytterligare 90°
Vänster fästbultar:	
M12	80
M14:	
Steg 1	60
Steg 2	Vinkeldra ytterligare 50°
Nedre momentstagsbultar:*	
M10	60
M12	80
M12 till övre chassibalk	130
Motoroljans avtappningsplugg	38
Oljefilter	25
Oljepump till motorblock	6
Oljetrycksbrytare	25
Sump:	
Sump till motor	17
Sump till växellåda:	
Steg 1	25
Steg 2	48
Svänghjul automatväxellåda:*	
Steg 1	45
Steg 2	Vinkeldra ytterligare 50°
Svänghjul manuell växellåda:*	
Steg 1	45
Steg 2	Vinkeldra ytterligare 65°

Åtdragningsmoment (forts.)

	Nm
Topplockets nedre del till blocket:*	
Steg 1	20
Steg 2	60
Steg 3	Vinkeldra ytterligare 130°
Topplockets övre del till den nedre delen.	14
Tändstift	28
Vevaxeldrevets mittmutter	180
Vevaxelns plugg i stopphålet på motorblocket	40
Vevstakens överfallsbult:*	
Steg 1	15
Steg 2	25
Steg 3	Vinkeldra ytterligare 100°
VVT-enhet (variabla ventiltider) – centrumplugg.	35
VVT-enhet (variabla ventiltider) – centrumskruv	120

* Återanvänds inte

1 Allmän information

Hur det här kapitlet ska användas

Den här delen av kapitel 2 beskriver de reparationer som kan utföras med motor monterad i bilen. Om motorn har tagits ur bilen och tagits isär enligt beskrivningen i del D, kan alla preliminära isärtagningsinstruktioner ignoreras.

Observera att även om det är möjligt att fysiskt renovera delar som kolven/vevstaken medan motorn sitter i bilen, så utförs sällan sådana åtgärder separat. Normalt måste flera ytterligare åtgärder utföras (för att inte nämna rengöring av komponenter och smörjkanaler). Av den anledningen klassas alla sådana åtgärder som större renoveringsåtgärder, och beskrivs i del D i det här kapitlet.

Del D beskriver demontering av motor/växellåda, samt tillvägagångssättet för de reparationer som kan utföras med motorn/växellådan demonterad.

Motorbeskrivning

Den femcylindriga motorn är av typen med dubbla överliggande kamaxlar, med fyra ventiler per cylinder. Cylindrarna är placerade i rak linje och motorn är tvärställd på en kryssrambalk i motorrummet. Motorkoderna (som endast visas när det behövs) är logiska – den första siffran är antalet cylindrar, den andra och tredje siffran anger motorvolymen i liter och den sista siffran är antalet ventiler per cylinder. Ett S efter siffrorna anger att det inte är en turbomotor. Följaktligen är B5244 S en femcylindrig 2,4-litersmotor med fyra ventiler per cylinder (totalt: 20 ventiler) som inte har turbo.

Hela motorn är i aluminiumlegering och består av fem delar. Topplocket har en övre och en nedre del, och motorblocket, mellandelen och sumpen utgör de andra tre delarna. Topplockets övre och nedre del sitter ihop längs kamaxlarnas mittlinje, medan motorblocket och mellandelen sitter ihop längs vevaxelns mittlinje. En vanlig topplockspackning används mellan topplocket och blocket, och flytande packningar mellan de övriga huvuddelarna.

Motorblocket har fem torra cylinderfoder i gjutjärn som är fastgjutna i blocket och inte kan bytas. Gjutjärnsförstärkningar används även i mellandelen som förstärkning i ramlagerområdena.

Kamaxlarna drivs av en tandad kamrem och drev, med en automatisk spänningsmekanism. Kamremmen driver även kylvätskepumpen. Alla tillbehör drivs från vevaxelns remskiva via en enda flerribbad drivrem.

Topplocket är av korsflödestyp, insugsportarna ligger i motorns framkant och avgasportarna baktill. Den övre delen av topplocket fungerar som en kombinerad ventilkåpa och kamaxelkåpa, där kamaxlarna löper i sex släta lager inuti de två topplocksdelarna. Ventilerna styrs av solida ventillyftare, som i sin tur styrs direkt av kamloberna. Korrekt ventilspel behålls genom byte till ventillyftare i rätt storlek.

Det sitter ett variabelt ventiltidssystem på insugskamaxeln, medan avgaskamaxelns remskiva är fast placerad.

Vevaxeln går i sex ramlager av skåltyp. Vevstakslagren är också av skåltyp. Vevaxelns axialspel tas upp av tryckbrickor som är inbyggda i ramlageröverfall nr 5.

Smörjningssystemet är av tryckmatad fullflödestyp. Olja sugs upp från sumpen av en pump av kugghjulstyp som drivs från vevaxelns främre del. Olja under tryck passerar genom ett filter innan den matas till de olika lagren och till ventilregleringen. Alla modeller har en extern oljekylare på sumpens baksida.

Åtgärder med motorn kvar i bilen

Följande arbeten kan utföras med motorn monterad i bilen:

a) *Kompressionstryck – kontroll.*
b) *Kamrem – demontering och montering.*
c) *Kamaxelns packboxar – byte.*
d) *Kamaxlar och ventillyftare – demontering och montering.*
e) *Topplock – demontering och montering.*
f) *Topplock och kolvar – sota.*
g) *Vevaxelns packboxar – byte.*
h) *Oljepump – demontering och montering.*
i) *Svänghjul – demontering och montering.*
j) *Motorfästen – demontering och montering.*

Rengör motorrummet och utsidan av motorn med någon form av avfettning innan arbetet påbörjas (eller/och tvätta motorn med en ångtvätt). Det underlättar arbetet och bidrar till att hålla motorns inre fritt från smuts.

Beroende på vilka delar som berörs, kan det vara till hjälp att demontera motorhuven för att lättare komma åt motorn vid reparationen (se vid behov kapitel 11). Täck över skärmarna för att skydda lacken. Det finns särskilda skärmskydd, men ett gammalt täcke eller en filt går också bra.

2 Kompressionsprov – beskrivning och tolkning

1 Om motorns effekt sjunker eller om det uppstår feltändningar som inte kan hänföras till tändning eller bränslesystem, kan ett kompressionsprov ge en uppfattning om motorns skick. Om kompressionsprov görs regelbundet, kan de ge en förvarning om problem innan några andra symptom uppträder.

2 Motorn måste vara uppvärmd till normal arbetstemperatur, batteriet måste vara fulladdat och alla tändstift måste vara urskruvade (kapitel 1A). Dessutom behövs en medhjälpare.

3 Avaktivera tändsystemet genom att koppla loss vevaxelns hastighets-/lägesgivare (se kapitel 4A).

4 Montera ett verktyg för kompressionsprov till tändstiftshålet för cylinder nr 1. Det är bäst att använda den typ av verktyg som skruvas fast i hålet.

5 Låt medhjälparen ge full gas och dra runt motorn med startmotorn. Efter ett eller två varv bör kompressionstrycket byggas upp till maxvärdet och sedan stabiliseras. Anteckna det högsta värdet.

6 Upprepa testet på återstående cylindrar och notera trycket på var och en.

7 Trycket i alla cylindrarna bör hamna på i stort sett samma värde. En skillnad på mer än 2 bar mellan det högsta och det lägsta värdet tyder på ett fel.

8 Observera att kompressionen ska byggas upp snabbt i en felfri motor. Om kompressionen är låg i det första kolvslaget och sedan ökar gradvis under följande slag är det ett tecken på att kolvringarna är slitna.

9 Om kompressionsvärdet är lågt under den första takten och inte stiger under de följande, tyder detta på läckande ventiler eller en trasig topplockspackning (eller ett sprucket topplock). Avlagringar på undersidan av ventilhuvudena kan också orsaka dålig kompression.

10 Om trycket i en cylinder är mycket lägre än i de andra kan följande kontroll utföras för att hitta orsaken. Häll i en tesked ren olja i cylindern genom tändstiftshålet och upprepa provet.

11 Om tillförsel av olja tillfälligt förbättrar kompressionen är det ett tecken på att slitage på kolvringar eller lopp orsakar tryckfallet. Om ingen förbättring sker tyder det på läckande/ brända ventiler eller trasig topplockspackning.

12 Lågt tryck i två angränsande cylindrar är med stor säkerhet ett tecken på att topplockspackningen mellan dem är trasig. Detta bekräftas om det finns kylvätska i motoroljan.

13 Om en cylinder har ett värde som är 20 % lägre än de andra cylindrarna, och motorns tomgång är något ojämn, kan en sliten kamnock på kamaxeln vara orsaken.

14 Om kompressionen som avläses är anmärkningsvärt hög är förbränningskammaren antagligen täckt med sotavlagringar. I så fall bör topplocket tas bort och sotas.

15 Vid avslutat prov, skruva i tändstiften och anslut tändsystem och vevaxelns hastighets-/ lägesgivare. Observera att provet, när det utförs på detta sätt, kan medföra att en eller flera felkoder sparas i motorstyrningens styrmodul. Låt en Volvoverkstad eller specialverkstad med lämplig utrustning radera dessa koder.

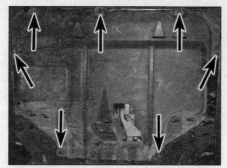

3.2 Lossa de sju torxskruvarna (se pilar) och ta bort motorns undre skyddskåpa

3 Kamrem – demontering och montering

Demontering

1 Koppla loss batteriets minusledare enligt beskrivningen i kapitel 5A.

2 Lossa höger framhjulsbultar, lyft sedan upp bilens framvagn och stötta den på pallbockar (se *Lyftning och stödpunkter*). Demontera höger framhjul. Skruva loss de sju torxskruvarna och ta bort motorns undre skyddskåpa **(se bild)**.

3 Lossa de båda muttrarna som fäster den inre delen av hjulhusets innerskärm, skruva sedan loss torxskruvarna och ta bort skärmen.

4 Placera en garagedomkraft under motorn,

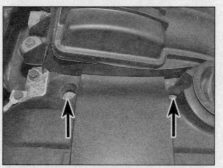

3.6a Skruva loss de båda skruvarna som fäster den övre innerkåpan (se pilar) . . .

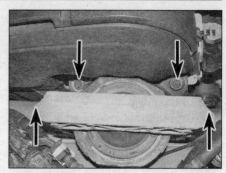

3.5 Skruva loss bultarna (se pilar) och ta bort höger motorfäste

med en träkloss mellan domkraftens lyftsadel och sumpen för att förhindra skador, och för att fördela tyngden. Lyft ut kylvätskeexpansionskärlet – slangarna behöver inte kopplas loss.

5 Markera placeringen av högre motorfäste i förhållande till den inre skärmen, skruva sedan loss bultarna och ta bort fästenheten **(se bild)**.

6 Skruva loss torxskruvarna, lossa klämmorna och ta bort kamremskåpan **(se bilder)**.

7 Ta bort huvuddrivremmen enligt beskrivningen i kapitel 1A.

8 Sätt tillbaka kamremmens inre, övre kåpa tillfälligt.

9 Placera en hylsnyckel på vevaxelremskivans mittenmutter, vrid vevaxeln medurs (sett från bilens högra sida) tills inställningsmarkeringarna på kamaxeldrevets fälgar är linjerade

3.6b . . . och torxskruvarna (se pil) som fäster den nedre kåpan . . .

3.6c . . . lyft sedan av den övre innerkåpan . . .

3.6d . . . följt av den yttre kåpan . . .

3.6e . . . och den nedre kåpan

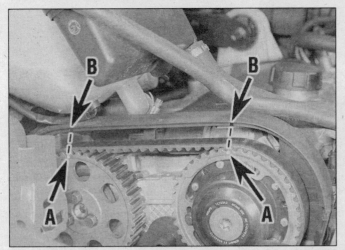

3.9 Linjera kamaxeldrevets markeringar (A) med skårorna (B) på den bakre kamremskåpan

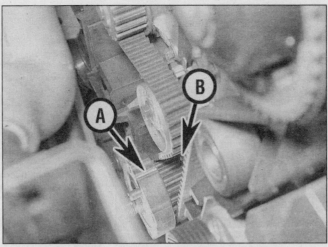

3.10 Vevaxeldrevets flänsräffla (A) ska linjera med oljepumpshusets markering (B)

3.13a Skruva loss 2 av de yttre bultarna . . .

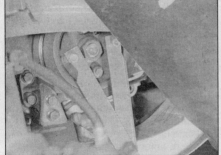

3.13b . . . sätt sedan dit ett egentillverkat remskivehållarverktyg . . .

3.13c . . . och loss centrummuttern

med skårorna på den övre kamremskåpan **(se bild)**.

10 I detta läge ska inställningsmarkeringen på vevaxeldrevets flänskant också vara linjerat med den gjutna utstickande delen på oljepumpshuset **(se bild)**.

11 Inställningsmarkeringarna är inte helt lätta att se – kamaxeldrevets markeringar kan vara svaga ristningar på drevens kanter. Markeringarna på vevaxeldrevets fläns är också svåra att upptäcka och kan endast ses ovanifrån. Du behöver antagligen försöka två eller tre gånger innan du är säker på att markeringarna är korrekt linjerade.

12 Vevaxelns (drivrem) remskiva måste nu tas bort – den är fäst på vevaxelns (kamrem) drev med fyra bultar, och på själva vevaxeln med en stor centrummutter.

13 Lossa de fyra yttre bultarna och ta bort två av dem. Använd ett egentillverkat verktyg för att hålla drevet, fäst med bultar på remskivan i de båda tomma bulthålen, och håll remskivan när centrummuttern lossas – den är åtdragen till ett mycket högt moment **(se bilder)**.

14 När centrummuttern är lös, kontrollera linjeringen av kamremsdreven kedjekrans punkt 9 och 10 innan du tar bort remskivan och den övre kamremskåpan.

15 Vevaxelns remskiva sitter på en valstapp, och du kan behöva en avdragare för att få loss

remskivan **(se bild)**. Vi rekommenderar inte att du bänder loss remskivan – dess fälg går lätt sönder om man inte är försiktig.

Modeller till och med modellår 2006 till och med identifikationsnr 206721 (V50) eller 202464 (S40)

16 Sätt in en 6 mm insexnyckel i spännararmens hål, lossa sedan kamremsspännarens fästbult och vrid spännarenheten medurs till det ungefärliga läget "klockan 10" för att lossa på spänningen i remmen **(se bild)**. Om du ska montera en ny rem, ta bort spännaren helt, notera hur den utstickande tappen hakar i motorn.

3.15 Vevaxelns remskiva placeras på en valstapp (se pil)

Volvo rekommenderar att du monterar en ny spännare varje gång du sätter dit en ny kamrem.

Modeller från och med modellår 2006 från identifikationsnr 206722 (V50) eller 202465 (S40)

17 Skruva loss spännarens fästbult för att lossa remmens spänning. Kasta spännaren – Volvo rekommenderar att du sätter dit en ny.

Alla modeller

18 Märk remmen med dess rotationsriktning om den ska återanvändas, och ta sedan loss den från dreven och överföringsremskivorna.

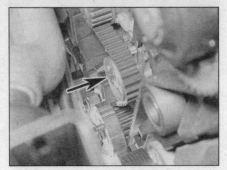

3.16 Lossa spännarens fästbult (se pil)

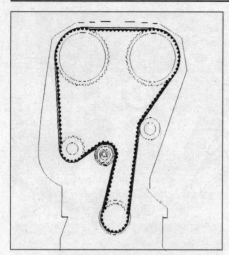

3.28 Kamremsdragning

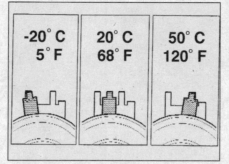

3.30a Kamremsspännarens inställningar vid olika omgivande temperaturer

3.30b Kamremsspännaren i linje med den mittersta skåran

Utrymmet är mycket begränsat vid vevaxeldrevet och ett visst lirkande krävs. Rotera **inte** vevaxeln eller kamaxlarna när remmen är borttagen.

19 Volvo rekommenderar att du byter överföringsremskiva varje gång du monterar en ny rem.

20 Kontrollera kamremmen noggrant, leta efter tecken på ojämnt slitage eller sprickor. Var extra uppmärksam på tändernas "rötter". Byt ut remmen vid minsta tvivel om dess skick.

21 Om motorn renoveras och har gått mer än 60 000 km med den befintliga remmen monterad, ska remmen bytas ut oavsett skick. Kostnaden för en ny rem är försumbar i jämförelse med kostnaderna för de reparationer som skulle behövas om remmen gick av under drift.

22 Om du hittar tecken på olja eller kylvätska runt den gamla remmen, spåra läckans orsak och åtgärda den. Tvätta bort alla spår av olja från motorns kamremsområde och alla relaterade komponenter.

23 Även om den gamla kamremmen inte visar tecken på att ha smutsats ned av läckande kylvätska bör du undersöka kylvätskepumpen ordentligt och leta efter tecken på läckage. När det blir fel i en kylvätskepump börjar den ofta läcka från "avdroppningshålet"

på enhetens ovansida, precis bakom pumpens kamremsdrev (se kapitel 3). Ett kylvätskeläckage visar sig normalt som en vit, skorpaktig fläck. Om motorn har gått långt, och du vet att det är originalpumpen som är monterad, kan det vara värt att byta kylvätskepumpen när du ändå byter kamremmen. Om du inte gör det och pumpen sedan börjar läcka, måste du ta bort remmen igen för att sätta dit en ny pump.

Montering och spänning

24 Innan kamremmen monteras tillbaka, se till att dreven är på sina rätta positioner (punkt 9 och 10). Du måste sätta tillbaka den övre kamremskåpan tillfälligt för att göra detta.

25 Montera den nya remspännaren på den plats som antecknades vid demonteringen, se till att spännarens "gaffel" hamnar rätt på motorblocket.

Modeller till och med modellår 2006 till och med identifikationsnr 206721 (V50) eller 202464 (S40)

26 Med spännararmen i läget "klockan 10" drar du åt fästbulten lite.

27 Sätt den nya överföringsremskivan på plats och dra sedan åt fästbultarna till angivet moment.

28 Skjut på remmen över vevaxeldrevet. Håll remmen sträckt och var noga med att inte rotera kamaxeldreven, mata remmen över tomgångsöverföringen, det främre kamaxeldrevet, det bakre kamaxeldrevet, vattenpumpens drev och slutligen över spännarremskivan **(se bild)**.

Notera korrekt rotationsriktning om den gamla remmen ska återanvändas.

29 Kontrollera att drevens markeringar linjerar igen.

30 Använd en 6 mm insexnyckel, vrid remspännaren moturs tills dess pekare når ändläget till höger om den mittersta skåran, vrid den sedan bakåt för att linjera den med den mittersta skåran **(se bilder)**. Spännaren måste alltid ha den här inställningen, så att den ställs in från höger om det mittersta läget.

31 Med spännaren i linje med den mittersta skåran, håll fast spännaren med insexnyckeln och dra åt fästbulten till angivet moment **(se bild)**.

32 Tryck på remmen mitt emellan dreven, och kontrollera att spännarens pekare rör sig fritt.

33 Sätt tillbaka vevaxelns remskivemutter tillfälligt och vrid vevaxeln medurs två hela varv. Kontrollera sedan att alla inställningsmarkeringar kan linjeras igen.

34 Kontrollera även att spännarens pekare är linjerad med den mittersta skåran. Om så inte är fallet, lossa spännarens fästbult och återställ remspänningen enligt beskrivningen i punkt 30 till 34.

Modeller från och med modellår 2006 från och med identifikationsnr 206722 (V50) eller 202465 (S40)

35 Montera den nya spännaren, se till att den hakar i motorblocket korrekt, och dra åt fästbulten till angivet moment.

36 Vrid spännararmen moturs tills du kan föra in en låssprint genom hålen i armen och fästplattan när de är i linje **(se bild)**.

37 Sätt den nya överföringsremskivan på plats och dra sedan åt fästbultarna till angivet moment.

38 Skjut på remmen över vevaxeldrevet. Håll remmen sträckt och var noga med att inte rotera kamaxeldreven, mata remmen över överföringsremskivan, det främre kamaxeldrevet, det bakre kamaxeldrevet, vattenpumpens drev och slutligen över spännarremskivan **(se bild 3.28)**. Notera korrekt rotationsriktning om den gamla remmen ska återanvändas.

39 Kontrollera att drevens markeringar linjerar igen.

40 Dra ut spännarens låssprint. Då ska remskivan kunna gå tillbaka och spänna remmen.

3.31 Håll spännarens med en insexnyckel och dra åt muttern

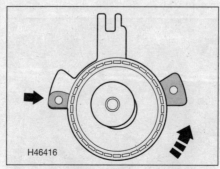

3.36 Vrid spännaren moturs och sätt in en låssprint i hålet (se pilar)

4.3a Koppla loss EVAP-röret (se pil) . . .

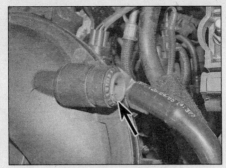

4.3b . . . tryck sedan in kragen och koppla loss servoslangen (se pil)

4.5 Lambdasondens anslutningskontakt och EVAP-ventil (se pilar)

41 Sätt tillbaka vevaxelns remskivemutter tillfälligt och vrid vevaxeln medurs två hela varv. Kontrollera sedan att alla inställnings-markeringar kan linjeras igen.

Alla modeller

42 Sätt tillbaka vevaxelns remskiva över valstappen, sätt sedan dit och dra åt den mittersta muttern och de fyra nya yttre bultarna till angivet moment.

43 Vik tillbaka hjulhusets innerskärm och fäst det med de båda muttrarna.

44 Montera tillbaka hjulet och sänk ner bilen. Dra åt hjulbultarna i diagonal ordningsföljd till angivet moment.

45 Sätt tillbaka alla återstående komponenter som du har tagit bort för att komma åt, i omvänd ordningsföljd mot demonteringen.

2 Se kapitel 4A, ta bort luftrenaren och insugskanalerna efter behov för att komma åt de båda kamaxlarnas vänsterändar.

3 Tryck in kragen och koppla loss broms-servons vakuumrör och EVAP-röret från insugsgrenröret **(se bilder)**. Se kapitel 4A om det behövs.

4 Skruva loss de åtta skruvarna (sex fram, två bak), koppla loss MAP-givarens och gas-spjällshusets anslutningskontakter, och ta bort grenröret. Täpp igen de nedre grenrörs-öppningarna för att förhindra nedsmutsning.

5 Haka loss EVAP-kolfilterventilen från lyftöglan på topplocket, skruva sedan loss bränselrörets fästbygelbult och de båda bultarna som fäster öglan på topplocket. Koppla loss lambdasondens anslutnings-kontakt när du tar bort öglan **(se bild)**.

6 Använd en skruvmejsel och bänd ut plast-täckpluggen på kamaxeländarna. Skruva sedan loss skruvarna och ta bort rotorerna **(se bild)**. Var beredd på oljespill.

7 Notera var urtagen på kamaxeländarna är placerade. Innan dreven tas bort måste kamaxlarna placeras så att dessa urtag ligger parallellt med fogen mellan topplockets övre och nedre del, och sedan låsas i denna position. Observera även att urtagen är lite förskjutna från centrumlinjen. En något ovanför och en något under linjen.

8 Lås kamaxlarna i rätt position för åter-monteringen med Volvos verktyg 999 5452, eller tillverka ett eget **(se Verktygstips)**.

9 Kontrollera att vevaxeldrevets tändinställ-ningsmärken fortfarande är rätt inställda, och anslut sedan Volvoverktyget eller ditt egna

---

4 Kamaxeldrev, VVT-enheter och höger packboxar – demontering och montering

Observera: *För den här proceduren krävs Volvos låsverktyg för kamaxel 999 5452 för att hindra kamaxlarna från att vridas när dreven tas bort. Hur hemmagjorda verktyg tillverkas beskrivs i texten. Försök inte utföra arbetet utan att låsa kamaxlarna, annars kommer ventilinställningen att fördärvas.*

Demontering

1 Demontera kamremmen enligt beskriv-ningen i avsnitt 3.

4.6 Bänd ut täckpluggen på kamaxlarnas ändar

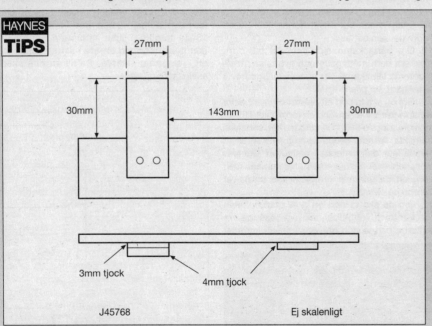

HAYNES TIPS

27mm   27mm

30mm   143mm   30mm

3mm tjock

4mm tjock

J45768   Ej skalenligt

Ett kamaxellåsverktyg tillverkas av en bit stålband eller ett vinkeljärn som kapas till att passa över topplockets vänstra ände. Ta en annan bit stålband vars tjocklek passar precis i urtagen i kamaxlarna. Dela bandet i två delar och borra hål så att delarna kan skruvas fast i vinkeljärnet/stålbandet. Med hjälp av distansbrickor, muttrar och bultar, placera och fäst banden vid vinkeljärnet/stålbandet så att kamaxlarna kan låsas med urtagen horisontellt. Sätt distansbrickor på banden för att kompensera för urtagens förskjutning. Verktyget måste vara starkt nog för att hålla kamaxeln när du drar åt drevbultarna.

4.9 Haka i låsverktyget i spåren på kamaxlarnas ändar för att förhindra att kamaxlarna roterar. Verktyget och kamaxlarna måste vara fästa

4.11 Skruva loss pluggen och skruva sedan loss fästskruven

Håll fast dreven med ett verktyg som förs in i hålen.

4.15 Sätt dit packboxen på axelns ände, med läpparna inåt

4.19a Med startmotorn borttagen, skruva loss täckpluggen (se pil) . . .

verktyg till topplockets ände **(se bild)**. Det kan krävas att kamaxlarna vrids mycket knappt så att urtagen hamnar exakt horisontellt så att verktyget kan sättas i.

10 Om båda kamaxeldreven ska tas bort, markera dem med insug och avgas så att de monteras tillbaka på rätt platser. Insugsdrevet sitter närmast bilens front.

11 Om du ska ta bort ett drev med en enhet för variabla ventiltider, använd en torxnyckel T55 för att skruva loss och ta bort pluggen från enhetens framsida. Använd sedan samma nyckel för att skruva loss den mittersta fästskruven. Dra loss kamaxeldrevet från kamaxeln, tillsammans med enheten för variabla ventiltider **(se bild)**. Var beredd på oljespill.

12 Om du ska ta bort ett drev utan enheten för variabla ventiltider, skruva loss de tre bultarna och ta bort drevet så att du kommer

åt den trasiga packboxen. Håll fast dreven med ett lämpligt verktyg i hålen i deras sidor **(se Haynes tips)**. Ta bort drevet från kamaxeln.

13 Ta försiktigt loss tätningen genom att bända ut den med en liten skruvmejsel eller ett krokformat verktyg. Se till att inte skada axelns tätningsyta.

Montering

14 Rengör tätningssätet. Undersök axelns tätningsyta med avseende på slitage eller skador som kan orsaka att den nya packboxen slits ut i förtid.

15 Smörj in den nya packboxen med ren motorolja. Sätt packboxen på axeln, läpparna inåt, och knacka den på plats med en stor hylsnyckel eller ett rörstycke tills dess yttre yta ligger jäms med huset **(se bild)**.

16 Sätt tillbaka kamremmens övre, inre kåpa tillfälligt.

VVT-drev (variabla ventiltider)

17 Kontrollera att vevaxeln fortfarande är placerad som beskrivs i avsnitt 3, vrid den sedan medurs några grader.

18 Demontera startmotorn enligt kapitel 5A.

19 Skruva loss täckpluggen från motorblocket och sätt in Volvoverktyget 999 5451 **(se bilder)**.

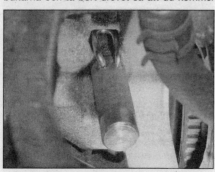

4.19b . . . och sätt i vevaxelns stoppverktyg

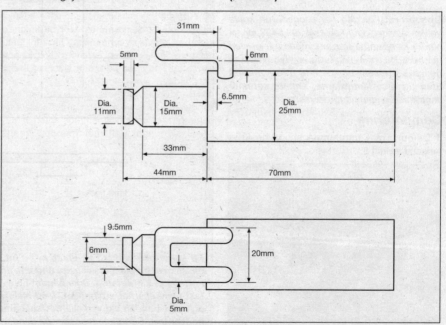

4.19c Om du har tillgång till en svarv, kan du kanske tillverka en kopia av Volvos stoppverktyg för vevaxeln

5.7 Sätt dit den nya packboxen med läpparna vända inåt tills dess yttre yta ligger jäms med huset

20 Vrid vevaxeln moturs tills vevarmen stannar mot Volvo-verktyget. Kontrollera att markeringarna på vevaxeldrevet linjerar med markeringarna på oljepumpshuset.
21 Tryck VVT-enheten/kamaxeldrevet på kamaxeln och sätt tillbaka den mittersta torxfästskruven. Dra inte åt skruven.

Drev utan VVT

22 Sätt tillbaka kamaxeldrevet med inställningsmarkeringarna i linje med varandra och sätt sedan tillbaka fästbultarna, men dra endast åt dem så att de precis tar i dreven, men dreven fortfarande kan snurra i sina förlängda bulthål. Kontrollera att vevaxelns remskivemarkeringar fortfarande är inställda enligt beskrivningen i avsnitt 3, punkt 10.

Båda dreven

23 Ta bort den övre kamremskåpan och montera sedan en ny kamrem enligt beskrivningen i punkt 24 till 41 i avsnitt 3.
24 Dra åt VVT-enhetens mittersta fästskruv till angivet moment.
25 Dra åt bultarna på drevet utan VVT till angivet moment.

26 Sätt tillbaka centrumpluggen på VVT-enheten och dra åt den till angivet moment.
27 Kontrollera kamremsspännaramens placering och justera vid behov (modeller till och med modellår 2006 – se avsnitt 3, punkt 26 till 34).
28 Ta bort låsverktygen för kamaxlarna och vevaxelns spärrverktyg.
29 Vrid vevaxeln medurs två hela varv och kontrollera sedan att alla tändinställningsmärken kan passas in mot varandra.
30 Kontrollera också att spännarens pekare är linjerad med den mittersta skåran – modeller till och med modellår 2006. Om så inte är fallet, lossa spännarens fästbult och återställ remspänningen enligt beskrivningen i avsnitt 3, punkt 26 till 34.
31 Resten av monteringen utförs i omvänd ordningsföljd mot demonteringen.

5 Kamaxelns vänstra packboxar – byte

1 Se kapitel 4A och ta bort luftrenaren och insugskanalerna efter behov för att komma åt båda kamaxlarnas bakändar.
2 Anteckna deras placering och koppla sedan loss EVAP-kolfiltrets slang och bromsservons vakuumrör från insugsgrenröret **(se bild 4.3a och 4.3b)**. Se kapitel 4A om det behövs.
3 Haka loss EVAP-kolfilterventilen från lyftöglan på topplocket, skruva sedan loss bränslerörets fästbygelbult och de båda bultarna som fäster öglan på topplocket. Koppla loss lambdasondens anslutningskontakt när du tar bort öglan **(se bild 4.5)**.
4 Använd en skruvmejsel och bänd ut plasttäckpluggen på kamaxeländarna. Skruva sedan loss skruvarna och ta bort rotorerna **(se bild 4.6)**. Var beredd på oljespill.

5 Ta försiktigt loss tätningen genom att bända ut den med en liten skruvmejsel eller ett krokformat verktyg. Se till att inte skada axelns tätningsyta.
6 Rengör tätningssätet. Undersök axelns tätningsyta med avseende på slitage eller skador som kan orsaka att den nya packboxen slits ut i förtid.
7 Smörj in den nya packboxen med ren motorolja. Sätt packboxen på axeln, läpparna inåt, och knacka den på plats med en stor hylsnyckel eller ett rörstycke tills dess yttre yta ligger jäms med huset **(se bild)**. **Observera:** *Om kamaxeltappen visar tecken på slitage kan packboxen tryckas in upp till 2 mm längre så att den ligger mot en del av kamaxelytan som inte är sliten.*
8 Sätt tillbaka komponenterna som du tog bort för att komma åt, i omvänd ordning mot demonteringen.
9 Sätt tillbaka luftrenare och kanalerna.

6 Kamaxlar och ventillyftare – demontering, kontroll och montering

Observera: *Till detta krävs Volvo-verktygen 999 5452, 999 5754, 999 5453 och 999 5454 för att låsa kamaxlarna på plats i topplockets övre del under återmonteringen, och till att dra den övre delen på plats. Hur hemmagjorda verktyg tillverkas beskrivs i texten. Försök inte utföra arbetet utan dessa verktyg. En tub med flytande packning och en korthårig roller (tillgänglig från Volvo-återförsäljare) krävs också.*

Demontering

1 Ta bort kamaxeldreven och de högra packboxarna enligt beskrivningen i avsnitt 4.
2 Ta bort topplockets jordledning **(se bild)**.
3 Koppla loss vevhusventilationsslangen från ventilkåpan **(se bild)**.
4 Ta bort tändstiften enligt kapitel 1A.

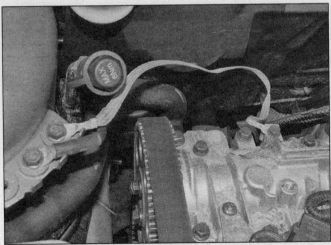

6.2 Koppla loss topplockets jordledning

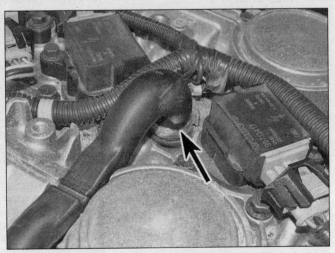

6.3 Koppla loss ventilationsslangen (se pil)

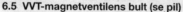

6.5 VVT-magnetventilens bult (se pil)

6.14 Ta bort ventillyftarna och lägg dem i en uppdelad behållare

5 Skruva loss fästbulten och ta bort VVT-magnetventilen (se bild).

6 Arbeta inåt i diagonal ordningsföljd och lossa försiktigt och stegvis alla bultar som håller fast topplockets övre del, och ta sedan bort dem.

7 Med en mjuk klubba, knacka försiktigt, eller bänd loss, topplockets övre del uppåt från den nedre delen. Observera att det finns särskilda tappar som är till för att den övre delen ska kunna knackas eller bändas loss utan skada. Stick inte in en skruvmejsel eller liknande i skarven mellan de två delarna för att bända isär dem. I praktiken sitter den övre delen ganska hårt eftersom den är fäst på flera styrstift. Detta arbete kräver tålamod.

8 När den övre delen har lossnat lyfter du försiktigt bort den. Kamaxlarna kommer att lyftas på grund av spänningen i ventilfjädrarna – se till så att de inte hamnar snett och fastnar i den övre delen.

9 Ta loss O-ringarna från tändstiftsbrunnarna i den nedre delen. Nya O-ringar behövs för monteringen.

10 Märk kamaxlarna, insug och avgas, och lyft ut dem tillsammans med de bakre packboxarna. Var försiktig med loberna, som kan ha vassa kanter.

11 Ta bort packboxarna från kamaxlarna, och notera hur de sitter monterade. Använd nya tätningar vid återmonteringen.

12 Ha en passande låda redo, indelad i tjugo fack, eller någon annan typ av behållare där ventillyftarna kan förvaras och hållas sorterade efter demonteringen.

13 Markera lådans fack med cylindernumret för varje ventillyftare, tillsammans med identifikationen för insug och avgas, och fram och bak på den aktuella cylindern.

14 Lyft ut ventillyftarna, med en sugkopp eller magnet om det behövs. Håll reda på var de ska sitta och placera dem upprätt i deras respektive platser i lådan eller behållaren (se bild).

Kontroll

15 Undersök kamloberna och kamaxellagertapparna och leta efter repor eller andra

synliga tecken på slitage. När lobernas yta har penetrerats sker slitaget snabbt.

16 Inga specifika diametrar eller mellanrum anges av Volvo för kamaxlarna eller axeltapparna. Om de däremot är synligt slitna måste de bytas.

17 Undersök ventillyftarna och kontrollera om de är repade, spruckna eller har andra skador. Observera att om kamaxlarna, ventilerna eller topplocket har bytts, måste du kontrollera ventilspelen, och vid behov montera ventillyftare av korrekt storlek enligt beskrivningen nedan.

Förberedelser för montering

18 Torka noggrant bort tätningsmedlet från fogytorna på de övre och nedre topplocks-delarna. Använd ett lämpligt lösningsmedel för packningar tillsammans med en mjuk kittkniv. Använd inte en metallskrapa, då kan ytorna skadas. Eftersom ingen konventionell packning används, är det av yttersta vikt att fogytorna är i gott skick.

19 Ta bort all olja, smuts och fett från båda delarna och torka av dem med en ren, luddfri trasa. Se till att alla smörjkanaler är helt rena.

Ventilspel – kontroll och justering

20 Om kamaxeln, topplocket eller ventilerna har bytts, eller om ventilsätena/ytorna har slipats, måste du kontrollera och vid behov justera ventilspelen.

21 Montera två ventillyftare (båda insug eller båda avgas) för den första cylinder som ska kontrolleras.

22 Placera kamaxeln på plats över ventil-lyftarna med de relevanta loberna pekande bort från deras ventillyftare.

23 Använd handtryck för att fästa kamaxeln på topplocket, och mät spelet mellan kamaxelns undersida och ventillyftarens yta. Om måttet skiljer sig från det som anges i Specifikationer, anteckna spelet och ta bort kamaxeln och ventillyftaren. Ventillyftarens storlek anges på dess undersida.

24 När ventillyftarens storlek har fastställts, måste den bytas ut mot en tjockare eller tunnare så att det spel som antecknades tidigare hamnar inom det godkända intervallet.

Om det uppmätta ventilspelet t.ex. var 0,20 mm för stort, behövs en ventillyftare som är så mycket tjockare. Omvänt behövs vid 0,20 mm för litet spel en ventillyftare som är motsvarande tunnare. Observera de olika specifikationerna för spel för Kontroll (med ventilkåpan, kamremmen etc. monterade) och Inställning (med ventilkåpan etc. borttagna).

25 Vid återmonteringen sätts kamaxlarna på plats i den övre delen och hålls på plats med specialverktyg. Allt detta sätts sedan på plats på den nedre delen, hålls på plats mot spänningen i ventilfjädrarna med fler specialverktyg, och skruvas till sist fast. Om möjligt, skaffa Volvos specialverktyg som nämns i början av detta avsnitt och använd dem enligt medföljande instruktioner. Alternativt, tillverka en uppsättning egna verktyg som följer.

26 För att placera och hålla fast kamaxlarna på den vänstra änden, tillverka det verktyg för kamaxellåsning som beskrivs i Haynes tips i avsnitt 4.

27 För att hålla fast kamaxlarna på den högra änden, tillverka ett band som i bilden (se Haynes tips).

HAYNES TiPS

Håll fast kamaxlarna längst fram i topp-lockets högra ände vid återmonteringen genom att tillverka ett fästband av en bit svetsstång, böjd till rätt form, som sätts under kamaxlarnas utskjutningar, och som hålls fast vid den övre delen med två bultar.

Dra ner topplockets övre del mot ventilfjädrarnas spänning genom att ta två gamla tändstift och försiktigt bryta bort allt porslin så att bara den nedre gängade delen blir kvar. Borra bort mitten av tändstiften, om det behövs, och sätt sedan på en lång bult eller ett gängstag på båda och fäst dem ordentligt med muttrar. Bultarna eller stagen måste vara så långa så att de sticker upp ur tändstiftshålen ovanför det ihopsatta topplocket. Borra ett hål mitt i två 6 mm tjocka stålband som är så långa så att de sträcker sig över topplockets övre del. Sätt på banden, och sätt sedan på en mutter och låsmutter på varje bult eller stag.

6.33 Applicera flytande tätningsmedel med en korthårig roller

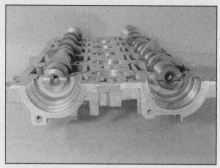

6.36 Placera kamaxlarna så att deras spår är parallella med den övre fogen (se text)

28 Till sist krävs ett verktyg med vilket den övre delen kan hållas fast mot spänningen i ventilfjädrarna **(se Haynes tips)**.

Montering

29 Börja återmonteringen genom att olja ventillyftarnas lopp och kamaxellagren i topplockets nedre del rikligt med ren motorolja.
30 Sätt in ventillyftarna i deras ursprungliga lopp (förutsatt att du inte monterar nya ventillyftare).
31 Se till att fogytorna på båda topplockets delar är rena och fria från olja eller fett.

32 Kontrollera att vevaxelns tändinställningsmärken fortfarande är korrekt inpassade.
33 Med en korthårig roller, applicera ett jämnt lager av Volvos flytande packning (1161 059) enbart på fogytan för topplockets övre del **(se bild)**. Se till att hela ytan täcks, men var noga med att hålla lösningen borta från oljespåren. Det räcker med ett tunt lager för att få en bra tätning.
34 Smörj kamaxeltapparna i den övre delen sparsamt med olja, och se till att ingen olja hamnar på den flytande packningen.
35 Lägg kamaxlarna på plats i den övre delen, och kom ihåg att insugskamaxeln ska ligga närmast motorns framkant.
36 Vrid kamaxlarna så att deras urtag ligger parallellt med den övre delens fog, och observera att urtagen i varje kamaxel sitter något vid sidan av mittlinjen **(se bild)**. Om man tittar på den övre delen rättvänd, dvs. som den skulle sitta om den vore monterad, sitter urtaget på insugskamaxeln ovanför mittlinjen och avgaskamaxelns urtag under mittlinjen. Verifiera detta genom att titta på den andra änden av kamaxlarna. Återigen, med den övre delen rättvänd ska det vara två drevbultshål över insugskamaxelns mittlinje, och två bulthål under avgaskamaxelns mittlinje.

37 Med kamaxlarna rätt placerade, lås dem längst bak genom att sätta på det vänstra lås- och fasthållningsverktyget. Det ska inte gå att vrida kamaxlarna alls med verktyget på plats. Fäst sedan kamaxlarna till höger med hållverktyget eller det egentillverkade alternativet.
38 Placera nya O-ringar i urholkningarna runt varje tändstiftsbrunn i den nedre delen **(se bild)**.
39 Lyft den hopsatta övre delen, med kamaxlar, och lägg den på plats på den nedre delen.
40 Sätt i neddragningsverktygen i hålen för tändstift 1 och 5 och dra åt ordentligt. Om du använder ett egentillverkat verktyg måste du se till att bulten eller gängstaget sitter ordentligt fast i tändstiftet, annars går det inte att ta bort verktyget senare.
41 Lägg neddragningsverktygets övre plattor, eller det egentillverkade verktygets stålband, över bultarna eller gängstagen och fäst dem med muttrarna **(se bild)**. Dra långsamt och försiktigt åt muttrarna, lite i taget, så att verktygen drar ner den övre delen på den nedre. Ventilfjädrarna kommer att göra avsevärt motstånd.

6.38 Placera ut nya O-ringar runt varje tändstiftsförsänkning

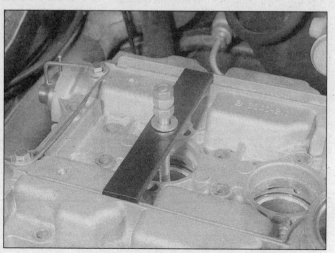

6.41 Egentillverkat neddragningsverktyg på plats

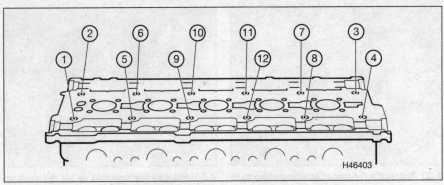

7.9 Ordningföljd för lossande av topplocksbultar

Se till att den övre delen hela tiden ligger helt plant, annars kommer styrstiften att fastna.

42 Sätt tillbaka den övre delens fästbultar och dra åt dem i progressiv diagonal ordningsföljd, inifrån och ut, till angivet moment. Glöm inte jordledningen på den bakre bulten.

43 När den övre delen sitter fast, ta bort neddragningsverktyget och verktyget som håller fast kamaxelns högra ände. Lämna det vänstra låsningsverktyget på plats.

44 Smörj läpparna på fyra nya packboxar till kamaxlarna. Sätt på tätningarna rättvända runt kamaxeln och knacka dem på plats med en stor hylsnyckel eller ett rörstycke tills deras yttre yta ligger jäms med huset (se avsnitt 4 och 5).

45 Montera kamaxeldreven, kamremmen etc. enligt beskrivningen I avsnitt 4.

46 Återstoden av monteringen utförs i omvänd ordningsföljd mot demonteringen.

47 Avsluta med att kontrollera kylvätskenivån enligt beskrivningen i kapitel 1A.

7 Topplock – demontering och montering

Demontering

1 Koppla loss batteriets minusledare (kapitel 5A).

2 Töm ut motorns kylvätska enligt beskrivningen i kapitel 1A.

3 Ta bort insugs- och avgasgrenrören enligt beskrivningen i kapitel 4.

4 Ta bort kamaxlarna och ventillyftarna enligt beskrivningen i avsnitt 6.

5 Skruva loss bultarna som fäster motorfästbygeln på den högra änden av topplocket/motorblocket. I förekommande fall skruvar du sedan loss bulten som fäster den bakre kamremskåpan på topplocket **(se bild 3.5)**.

6 Om du inte redan har gjort det, skruva loss bulten och ta bort jordledningen på topplockets baksida.

7 Lossa klämmorna och ta bort den övre kylarslangen från termostathuset och kylaren. Ta loss expansionskärlets slang från termostathuset.

8 Koppla loss kylvätskeslangen från topplockets vänstra ände.

9 Lossa topplocksbultarna, till att börja med ett halvt varv i taget, i den ordning som visas **(se bild)**. Ta bort bultarna. Observera att nya bultar kommer att behövas vid monteringen.

10 Lyft av topplocket och ställ det på träblock för att förhindra att ventilerna skadas. Ta loss den gamla topplockspackningen.

11 Om topplocket ska tas isär för renovering, se del D i detta kapitel.

Förberedelser för montering

12 Fogytorna mellan topplocket och motorblocket måste vara noggrant rengjorda innan topplocket monteras.

13 Använd en plastskrapa för att ta bort alla spår av packning och sot. Rengör även kolvkronorna. Var mycket försiktig vid rengöringen, eftersom aluminiumlegeringen lätt kan skadas.

14 Se även till att sot inte kommer in i olje- och vattenkanalerna – detta är särskilt viktigt när det gäller smörjningen eftersom sotpartiklar kan täppa igen oljekanaler och blockera oljematningen till motordelarna. Försegla vattenkanaler, oljekanaler och bulthål i motorblocket med tejp och papper. Lägg lite fett i gapet mellan kolvarna och loppen för att hindra sot från att tränga in. Använd en liten borste när alla kolvar är rengjorda, för att ta bort alla spår av fett och kol från öppningen, torka sedan bort återstoden med en ren trasa. Rengör alla kolvar på samma sätt.

15 Kontrollera fogytorna på motorblocket och topplocket och leta efter hack, djupa repor och andra skador. Om skadorna är små kan de tas bort försiktigt med en fil, men om de är omfattande måste skadorna åtgärdas med en maskin eller de skadade delarna bytas ut.

16 Kontrollera topplockspackningens yta med en ställinjal om den misstänks vara skev. Se del D om det behövs.

17 Kontrollera att topplocksbulthålen i motorblocket är rena och torra. Om du har tillgång till en gängtapp i rätt storlek, för ner den i varje gängat hål – om inte, använd en gammal topplocksbult med två spår utskurna längs med gängorna. Det är mycket att det inte finns olja eller kylvätska i bulthålen, då kan motorblocket spräckas av hydrauliken när motorblockets bultar sätts in och dras åt.

Montering

18 Börja återmonteringen med att sätta på en ny topplockspackning på motorblocket. Se till att den är rättvänd. Markeringen TOP ska vara vän uppåt.

19 Lägg motorblocket på plats, och olja sedan in gängorna på de nya topplocksbultarna lite. Sätt i bultarna och dra åt dem till det moment som anges för Steg 1 i den ordning som visas **(se bild)**.

20 Dra åt bultarna i samma ordning till momentet för steg 2, och till sist, återigen i samma ordning, till den vinkel som anges för steg 3 med en vinkelmätare **(se bild)**.

21 Använd en ny packning och montera tillbaka kylvätskerörets fläns på baksidan av topplocket och fäst den med de två bultarna.

22 Sätt tillbaka kylarens övre slang på termostathuset och kylaren.

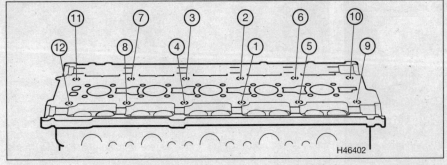

7.19 Ordningföljd för åtdragning av topplocksbultar

7.20 Dra åt bultarna till angiven vinkel med en vinkelmätare

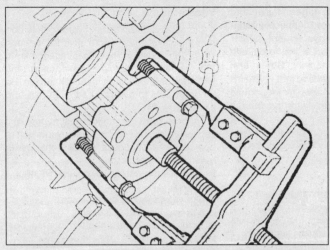

8.2 Använd en avdragare för att dra bort vevaxelns remskivefläns **9.3 Separeringstappar (se pilar) för demontering av oljepumpen**

23 Sätt tillbaka kamremskåpans fästbult och bulten som håller fast den bakre jord-ledningen.
24 Sätt tillbaka höger motorfäste på topp-locket/motorblocket och dra åt bultarna ordentligt.
25 Sätt tillbaka kamaxeln och ventillyftarna enligt beskrivningen i avsnitt 6, men återanslut inte batteriet i detta skede.
26 Sätt tillbaka insugs- och avgasgrenrören enligt beskrivningen i kapitel 4A.
27 Fyll på motorns kylsystem enligt beskriv-ningen i kapitel 1A.

8 Vevaxelns packboxar – byte

Packboxen på höger ände

1 Demontera kamremmen enligt beskriv-ningen i avsnitt 3.
2 Med vevaxelns remskiva borttagen, sätt i två av fästbultarna och dra loss drevet/flänsen från vevaxeln med en tvåbent avdragare. Passa in avdragarens ben med de utstickande bultarna på baksidan **(se bild)**.
3 Med drevet borttaget, bänd försiktigt ut den gamla packboxen. Var noga med att inte skada oljepumphuset eller vevaxelns yta. Alternativt, stansa eller borra två små hål mitt emot varandra i packboxen. Skruva i självgängande skruvar i hålen och dra i skruvarna med tänger för att få ut tätningen.
4 Rengör packboxens plats och vevaxeln. Undersök vevaxeln och se efter om det finns något spår eller en kant som beror på slitage från den gamla tätningen.
5 Smörj in huset, vevaxeln och den nya pack-boxen med ren motorolja – inte fett. Montera packboxen med läpparna inåt och använd en bit rör (eller den gamla tätningen, ut- och invänd) och knacka den på plats tills den är i nivå.
6 Sätt tillbaka vevaxeldrevet i omvänd ordning mot demonteringen, linjera huvudspåret.

7 Sätt tillbaka kamremmen enligt beskrivningen i avsnitt 3.

Packboxen på vänster ände

8 Demontera svänghjulet enligt beskrivningen i avsnitt 10.
9 Ta bort den gamla tätningen och sätt på den nya enligt beskrivningen tidigare i punkt 3 till 5.
10 Sätt tillbaka svänghjulet enligt beskriv-ningen i avsnitt 10.

9 Oljepump – demontering, kontroll och montering

Demontering

1 Utför de åtgärder som beskrivs i avsnitt 8, punkt 1 till 4.
2 Skruva loss de fyra bultar som håller fast oljepumpen på motorblocket.
3 Lossa pumpen försiktigt genom att bända bakom de övre och nedre separeringstapparna med en skruvmejsel **(se bild)**. Ta bort pumpen och ta loss packningen.
4 Rengör pumpens och motorblockets fogytor noggrant från alla spår av gammal packning.

Kontroll

5 Skruva loss de två skruvar som håller ihop pumpens två halvor.
6 Ta bort kugghjulskåpan från pumphuset. Var beredd på att övertrycksventilens fjäder skjuts ut.
7 Ta bort avlastningsventilens fjäder och tryckkolv samt pumpdreven.
8 Ta bort vevaxelns packbox genom att försiktigt bända ut den ur kåpan. Använd en ny tätning vid återmonteringen.
9 Rengör alla komponenter noggrant, och undersök sedan kugghjulen, huset och kugg-hjulskåpan och leta efter tecken på slitage eller skador.
10 Slitna eller skadade delar ska bytas. I skrivande stund fanns ingen information om

ventilfjäderlängd eller spel mellan rotor/drev.
11 Sätt tillbaka kugghjulen i pumphuset, med markeringarna på det stora kugghjulet uppåt.
12 Smörj dreven ordentligt. Smörj och sätt tillbaka avlastningsventilens tryckkolv och fjäder.
13 Sätt på en ny O-ringstätning på pump-huset, och sätt sedan tillbaka kåpan och fäst den med de två skruvarna.

Montering

14 Montera tillbaka pumpen på blocket med en ny packning. Använd pumpens fästbultar som riktmärken och dra pumpen på plats med vevaxelns remskivemuttrar och distanser. När pumpen är på plats, dra åt fästbultarna diagonalt till angivet moment.
15 Smörj kåpan, vevaxeln och den nya pack-boxen. Montera packboxen med läpparna inåt och använd en bit rör (eller den gamla tätningen, ut- och invänd) och knacka den på plats tills den är i nivå.
16 Montera tillbaka vevaxeldrevet och rem-skivan i omvänd ordningsföljd.
17 Sätt tillbaka kamremmen enligt avsnitt 3.

10 Svänghjul – demontering, kontroll och montering

Observera: *Nya fästbultar för svänghjulet krävs vid återmonteringen.*

Demontering

Manuell växellåda

1 Ta bort växellådan enligt kapitel 7A.
2 Demontera kopplingen enligt kapitel 6.
3 Gör justeringsmarkeringar så att svänghjulet kan monteras tillbaka på samma position i förhållande till vevaxeln.
4 Lossa svänghjulsbultarna. Förhindra att vevaxeln vrids genom att sticka in en stor skruvmejsel i krondrevets kuggar och i kontakt med en intilliggande styrhylsa i motorns/växellådans fogyta.

5 Med svänghjulet stöttat, ta bort bultarna och sänk ner det. Var försiktig så att du inte tappar det, det är tungt och svårt att hålla i.

Automatväxellåda

6 Demontera växellådan enligt beskrivningen i kapitel 7B.

7 Gör justeringsmarkeringar så att svänghjulet kan monteras tillbaka på samma position i förhållande till vevaxeln.

8 Skruva loss svänghjulet och ta bort det enligt beskrivningen i punkt 4 och 5.

Kontroll

9 På modeller med manuell växellåda gäller att om fogytorna på svänghjulets koppling är kraftigt repade, spruckna eller har andra skador måste svänghjulet bytas ut. Men det kan gå att renovera ytan. Kontakta en Volvo-verkstad eller en motorrenoveringsspecialist. Om krondrevet är mycket slitet eller saknar kuggar måste även svänghjulet bytas.

10 På modeller med automatväxellåda, undersök momentomvandlarens svänghjul noggrant efter tecken på skevhet. Leta efter hårfina sprickor runt bulthålen eller utåt från mitten, och undersök krondrevets kuggar efter tecken på slitage eller skador. Om tecken på slitage eller skada påträffas, måste svänghjulet bytas.

Montering

Manuell växellåda

11 Rengör svänghjulets och vevaxelns fogytor. Ta bort alla rester av fästmassa från vevaxelhålens gängor, helst med en gängtapp av rätt dimension, om en sådan finns tillgänglig.

HAYNES TiPS *Om en lämplig gängtapp inte finns tillgänglig, skär två skåror i gängorna på en av de gamla svänghjulsbultarna och använd bulten till att ta bort fästmassan från gängorna.*

12 Fortsätt återmonteringen i omvänd ordning mot demonteringen. Applicera gäng-låsningsmedel på de nya svänghjulfäst-bultarna (om de inte redan är insmorda) och dra åt dem till angivet moment. **Observera:** *Se till att svänghjulet är placerat mot vevaxelns fogyta innan du för in bultarna, för att undvika att gänglåsningsmedlet hamnar mellan svänghjulets och vevaxelns ytor.*

13 Montera tillbaka kopplingen enligt beskrivningen i kapitel 6, och växellådan enligt beskrivningen i kapitel 7A.

Automatväxellåda

14 Fortsätt enligt beskrivningen ovan för modeller med manuell växellåda, men ignorera alla referenser till kopplingen. Montera tillbaka växellådan enligt beskrivningen i kapitel 7B.

11 Motorfästen – demontering och montering

Demontering

Höger fäste

1 Stötta motorn på en av rambalkarna i motorrummet, eller ta bort motorns undre skyddsplåt och placera en garagedomkraft under motorn med en träkloss mellan motorn och domkraftens lyftsadel för att fördela tyngden och förhindra skador. Stötta upp motorns vikt.

2 Lyft kylvätskeexpansionskärlet uppåt från dess fästen och placera det över motorn. Du behöver inte koppla loss några kylvätske-slangar.

3 Markera var fästbygeln är placerad på den inre skärmen för att underlätta ihopsättningen, skruva sedan loss skruvarna som håller fast fästet på den inre skärmen och motorn **(se bild)**.

Vänster fäste

4 Skruva loss de sju torxskruvarna och ta bort motorns/växellådans undre skyddskåpa, och stötta upp växellådan under med en garagedomkraft. Placera en träkloss mellan domkraftens lyftsadel och växellådshuset för att fördela tyngden och förhindra skador. Stötta upp växellådans vikt.

5 Ta bort batteriet enligt beskrivningen i kapitel 5A, skruva sedan loss skruvarna och ta bort batterihyllan. Lossa kontaktdonet under hyllan när den tas bort.

6 Ta bort luftrenaren enligt beskrivningen i kapitel 4A.

7 Skruva loss de fyra bultarna och två bultarna och ta bort fästplattan **(se bild)**.

8 Skruva loss centrumbulten och ta bort fästet.

Nedre momentstag

9 Lossa de sju torxskruvarna och ta bort motorns under skyddskåpa **(se bild 3.2)**.

10 Skruva loss de båda bultarna och ta bort momentstaget **(se bild)**.

Montering

11 Monteringen utförs i omvänd ordning. Dra åt alla fästen till angivet moment.

11.3 Markera fästbygelns placering i förhållande till den inre skärmen

11.7 Skruva loss de 4 muttrarna och de 2 bultarna (se pilar) och ta bort fästplattan

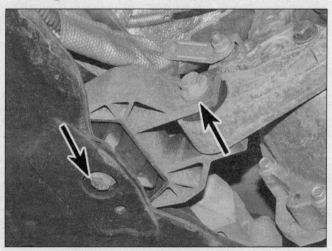
11.10 Skruva loss de 2 bultarna och ta bort momentstaget (se pilar)

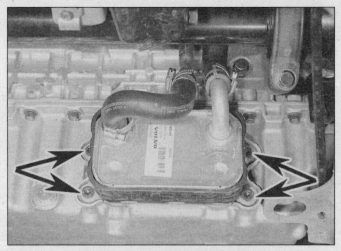

12.6 Oljekylarens fästbultar (se pilar)

12.8 Koppla loss styrservons vätskematnings- och returslang (se pilar)

12 Sump – demontering och montering

Demontering

1 Lossa de främre högra hjulmuttrarna, lyft sedan upp bilen och stötta den ordentligt på pallbockar (se *Lyftning och stödpunkter*). Demontera hjulet.

2 Skruva loss de sju torxskruvarna och ta bort motorns undre skyddskåpa, och det högra hjulhusets innerskärm **(se bild 3.2)**.

3 Töm ut motoroljan enligt beskrivningen i kapitel 1A.

4 Ta bort insugsgrenröret enligt beskrivningen i kapitel 4A.

5 Skruva loss bulten/muttern och dra loss oljemätstickans styrhylsa från sumpen.

6 Oljekylaren (i förekommande fall) är fäst på sumpen med fyra bultar. Skruva loss bultarna och dra kylaren bakåt **(se bild)**. Var beredd på oljespill.

7 Koppla loss oljenivågivarens anslutningskontakt.

8 Placera ett kärl under servostyrningspumpen, koppla sedan loss vätskematnings- och returslangarna från pumpen **(se bild)**. Plugga igen/täpp till öppningarna för att förhindra vätskeförlust och nedsmutsning.

9 Skruva loss bultarna som fäster styrservons rörfästbygel på sumpen.

10 Ta bort AC-kompressorns drivrem enligt beskrivningen i kapitel 1A.

11 Skruva loss AC-kompressorns fästbultar och koppla loss den från sumpen. Häng upp kompressorn i kylarens tvärbalk med hjälp av kabel eller remmar.

12 Ta bort alla skruvarna som fäster sumpen på motorn, med undantag för en skruv i varje hörn, som endast ska lossas några varv.

13 Knacka försiktigt på sumpens sidor och ändar tills fogen mellan motorn och sumpen lossnar. Skruva loss de återstående skruvarna och ta bort sumpen. Kasta O-ringarna på sumpens högra ände, du måste sätta dit nya.

Montering

14 Se till att sumpens och motorns fogytor är rena och fria från packningsrester.

15 Använd en korthårig roller, applicera ett tunt lager av Volvos flytande packning (1161 059-9) på sumpens fogyta.

16 Sätt dit de nya O-ringarna och sätt tillbaka sumpen, fäst den med en skruv i varje hörn men dra endast åt dem för hand.

17 Sätt i skruvarna mellan sumpen och växellådan och dra åt dem till angivet moment.

18 Sätt tillbaka de återstående skruvarna mellan sumpen och motorn och dra åt den till angivet moment, börja från växellådsänden.

19 Återstoden av monteringen utförs i

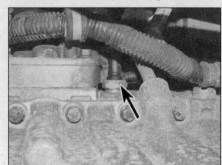

13.1 Oljetryckskontakten (se pil) sitter på motorblockets framsida

omvänd ordningsföljd mot demonteringen. Tänk på följande:

a) Sätt tillbaka oljekylaren på sumpen med nya O-ringstätningar.
b) Återanslut styrservorören, med nya tätningar där det behövs.
c) Sätt tillbaka oljemätstickans slang med en ny O-ringstätning.
d) Byt oljefiltret och fyll på motorn med ny olja enligt beskrivningen i kapitel 1A.

13 Oljetryckskontakt – demontering och montering

Demontering

1 Kontakten är fastskruvad på motorblockets främre del **(se bild)**.

2 Med bilen parkerad på fast plan mark, öppna motorhuven och koppla loss batteriets jordledning (minuspolen).

3 Om det behövs höjer du upp bilens framvagn och stöttar den ordentligt på pallbockar, då kommer du åt kontakten enklare. Skruva loss de sju torxskruvarna och ta bort motorns undre skyddskåpa **(se bild 3.2)**.

4 Koppla loss kontaktdonet från kontakten och skruva loss den. Var beredd på oljespill.

Montering

5 Montera i omvänd ordningsföljd mot demonteringen. Stryk på ett tunt lager lämpligt tätningsmedel på brytarens gängor, och dra åt den till angivet moment. Kontrollera motoroljenivån och fyll på vid behov (se *Veckokontroller*). Kontrollera att det inte förekommer tecken på oljeläckage när motorn har startat om och värmts upp till normal arbetstemperatur.

Kapitel 2 Del C:
Reparationer med motorn kvar i bilen – dieselmotorer

Innehåll

Svårighetsgrad

Enkelt, passar novisen med lite erfarenhet		**Ganska enkelt,** passar nybörjaren med viss erfarenhet		**Ganska svårt,** passar kompetent hemmamekaniker		**Svårt,** passar hemmamekaniker med erfarenhet		**Mycket svårt,** för professionell mekaniker	

Specifikationer

Allmänt

Motortyp	Fyrcylindrig, rak, dubbla överliggande kamaxlar, topplock i aluminium och motorblock i gjutjärn, med turboaggregat
Motorkod	D4204T
Utgående effekt	100 kW @ 4 000 varv/minut (136 hk)
Vridmoment	340 Nm @ 2 000 varv/minut
Volym	1 998 cc
Lopp.	85,0 mm
Slag	88,0 mm
Kompressionsförhållande.	18,5:1
Tändföljd	1-3-4-2 (cylinder nr 2 vid växellådan)
Vevaxelns rotationsriktning.	Medurs (sett från bilens högra sida)

Ventiler

Ventilspel	Hydrauliska kompensatorer – ingen justering behövs

Topplockspackning – identifikation

	Kolvutstick	Packningstjocklek
1 hack	0,55 till 0,60 mm	1,25 ± 0,04 mm
2 hack	0,61 till 0,65 mm	1,30 ± 0,04 mm
3 hack	0,66 till 0,70 mm	1,35 ± 0,04 mm
4 hack	0,71 till 0,75 mm	1,40 ± 0,04 mm

Smörjning

Motorolja, typ/specifikation	Se slutet av *Veckokontroller*
Motoroljevolym...................................	Se kapitel 1B
Oljetryck – minimum (motorn vid arbetstemperatur):	
På tomgång	1,0 till 2,0 bar
Vid 2 000 varv/minut................................	2,3 till 3,7 bar

Åtdragningsmoment

	Nm
Bränslehögtryckspumpens fästbultar	20
Bränslehögtrycksrörens anslutningar.....................	30
Bränsleinsprutarens fästbultar	10
Bultar mellan topplockets nedre del till blocket:	
Steg 1	60
Steg 2	Vinkeldra ytterligare 220°
Bultar mellan topplockets övre del till den nedre delen:	
Steg 1	5
Steg 2	10
Hjulmuttrar:	
Steg 1	20
Steg 2	90
Kamaxeldrevets bult:	
Steg 1	20
Steg 2	Vinkeldra ytterligare 60°
Kamaxelgivare	5
Kamaxellagerhuset:	
Steg 1	5
Steg 2	10
Kamkedjespännare...........................	6
Kamremsspännare	21
Kolvarnas kylmunstycke	10
Kryssrambalkens bakre fästbyglar till kaross...........	25
Kryssrambalkens främre och bakre fästbultar:*	
Fram	120
Bak	280
Luftkonditioneringskompressor	20
Motorfästen:	
Höger fäste till inre skärm........................	90
Höger fästmuttrar (M12)	90
Höger fästbultar (M14)	130
Vänster fäste, M10-muttrar:	
Steg 1	35
Steg 2	Vinkeldra ytterligare 90°
Vänster fästbultar:	
M12	80
M10-muttrar:	
Steg 1	35
Steg 2	Vinkeldra ytterligare 60°
Nedre momentstagsbultar:	
M12	80
Motoroljans avtappningsplugg........................	34
Oljepumpsbultar	16
Oljetrycksbrytare	35
Ramlagerbultar:	
Steg 1	25
Steg 2	Vinkeldra ytterligare 60°
Sumpens bultar	16
Svänghjulsbultar*	48
Termostathus till topplock	18
Ventilkåpa/insugsgrenrör:	
Steg 1	5
Steg 2	10
Vevaxelns packboxhållare	14
Vevaxelns remskivebult:*	
Steg 1	70
Steg 2	Vinkeldra ytterligare 60°
Vevstaksöverfallets bultar:*	
Steg 1	20
Steg 2	Vinkeldra ytterligare 70°

* Återanvänds inte

1 Allmän information

Hur det här kapitlet ska användas

Den här delen av kapitel 2 behandlar reparationer som kan utföras med motorn kvar i bilen. Eftersom de arbetsmetoder som beskrivs här utgår från att motorn fortfarande sitter kvar i bilen, kommer vissa av de förberedande demonteringsstegen att vara överflödiga om motorn redan har demonterats och placerats i ett stativ.

Information som rör demontering och montering av motorn/växellådan samt översyn av motorblocket finns i del D i detta kapitel.

Motorbeskrivning

Motorn är resultatet av ett samarbete mellan moderbolaget Ford och Peugeot. Den här motorn har dubbla överliggande kamaxlar, 16 ventiler och en common rail-direktinsprutning samt turboaggregat med variabel turbogeometri (VNT).

Alla större komponenter är tillverkade i aluminium, förutom motorblocket i gjutjärn – det finns inga foder, cylindrarna är borrade direkt i blocket. Motorn har en ramlagerstomme av aluminium. Detta arrangemang ger större stabilitet än den traditionella sumpanordningen, och hjälper till att minska motorvibrationerna.

Vevaxeln går i fem ramlager, och det finns tryckbrickor på var sida om ramlagret för cylinder nr 1, som kontrollerar vevaxelns axialspel. Vevaxeln roterar i de horisontellt delade lagerskålarna i storänden av vevstakarna. Kolvarna är fästa på vevstakarna med kolvbultar, som sitter med glidpassning i öglorna i vevstakens lillände, som är fäst med låsringarna. Kolvarna är gjorda i aluminiumlegering och försedda med tre kolvringar: två kompressionsringar och en oljeskrapring. Efter tillverkningen mäts cylinderloppen och kolvmantlarna och sorteras i fyra viktklasser, där kolv och cylinder måste tillhöra samma klass för att rätt spel mellan dem ska garanteras, det tillverkas inga överstorlekar som gör att man kan borra om cylindrarna.

Var och en av insugs- och avgasventilerna stängs med en spiralfjäder. Ventilerna arbetar i ventilstyrningar som sitter med krymppassning i topplocket, i likhet med ventilsätesringarna.

En tandad gummirem som drivs av vevaxeldrevet roterar kylvätskepumpen, insprutningens högtryckspump och avgaskamdrevet. Insugskamaxeln drivs av en kort kamkedja från avgassystemets drev.

Kamaxlarna styr de 16 ventilerna via rullvipparmar med hydrauliska spelkompensatorer. Kamaxlarna roterar i fem lager som är linjeborrade direkt i topplockets båda delar.

Vakuumpumpen (används för bromsservon och andra vakuumställdon) drivs från insugskamaxelns ände, medan bränslepumpen drivs från avgaskamaxelns ände.

Kylvätskepumpen är fäst med bultar på motorblockets högra ände, och drivs av kamremmen.

När du arbetar med motorn kommer du att upptäcka att fästelement av både torx- (utvändig och invändig) och sexkantstyp används flitigt. Du kommer att behöva en ordentlig uppsättning bits med tillhörande adaptrar för att kunna lossa dem utan att de skadas och dra åt dem till föreskrivet moment vid återmontering.

Smörjningssystem

Oljepumpen sitter under motorblocket och drivs av en kedja från ett vevaxeldrev. Pumpen pressar oljan genom ett fullflödesfilter av patrontyp som sitter på motorns utsida. Från filtret pumpas oljan vidare till en huvudkanal i motorblocket/vevhuset, varifrån det fördelas till vevaxeln (ramlagren) och topplocket. Det sitter en oljekylare bredvid oljefiltret, på motorblockets baksida. Kylaren matas med kylvätska från motorns kylsystem.

Medan oljetillförseln till vevaxel- och kamaxellagren sker med tryckmatning, är kamloberna och ventilerna stänksmorda, liksom övriga motordelar. Kolvarnas undersidor kyls av olja som sprayas ut från munstycken ovanför de övre ramlagerskålarna. Turboaggregatet har en egen tillförsel av trycksatt olja.

Åtgärder med motorn kvar i bilen

Följande större reparationer kan utföras utan att motorn tas bort från bilen. Var dock medveten om att alla åtgärder som innebär att sumpen demonteras kräver noggrann planering utifrån kompetensnivån och vilka verktyg och arbetsutrymmen som finns tillgängliga. Se den aktuella texten för närmare information.

a) *Kompressionstryck – kontroll.*
b) *Ventilkåpa – demontering och montering.*
c) *Kamremskåpa – demontering och montering.*
d) *Kamrem/kedja – byte.*
e) *Kamremsspännare och drev – demontering och montering.*
f) *Kamaxlarnas packboxar – byte.*
g) *Kamaxel och ventillyftare – demontering och montering.*
h) *Topplock – demontering, översyn och montering.*
i) *Topplock och kolvar – sotning.*
j) *Sump – demontering och montering.*
k) *Vevaxelns packboxar – byte.*
l) *Oljepump – demontering och montering.*
m) *Kolv-/vevstaksenheter – demontering och montering (men se anmärkningen nedan).*
n) *Svänghjul – demontering och montering.*
o) *Motor-/växellådsfästen – demontering och montering.*

Observera: *Du kan ta bort kolvarna och vevstakarna (efter att ha tagit bort topplocket och sumpen) utan att ta bort motorn. Men detta rekommendera emellertid inte.*

Arbete av den här typen är lättare att utföra, och att utför noggrant, med motorn på arbetsbänken enligt beskrivningen i kapitel 2D.

Rengör motorrummet och utsidan av motorn med någon form av avfettning innan arbetet påbörjas (och/eller tvätta motorn med en ångtvätt). Det underlättar arbetet och bidrar till att hålla motorns inre fritt från smuts.

Beroende på vilka delar som berörs, kan det vara till hjälp att demontera motorhuven för att lättare komma åt motorn vid reparationen (se vid behov kapitel 11). Täck över skärmarna för att skydda lacken. Det finns särskilda skärmskydd, men ett gammalt täcke eller en filt går också bra.

2 Kompressions- och tryckförlustprov – beskrivning och tolkning

Kompressionsprov

Observera: *Det krävs en kompressionsprovare som kan användas på dieselmotorer för det här provet.*

1 Om motorns effekt sjunker eller om det uppstår feltändningar som inte kan hänföras till tändning eller avgassystem, kan ett kompressionsprov ge en uppfattning om motorns skick. Om kompressionsprov görs regelbundet, kan de ge en förvarning om problem innan några andra symptom uppträder.

2 Motorn måste vara helt uppvärmd till normal arbetstemperatur, batteriet måste vara fulladdat och glödstiften måste tas bort. En medhjälpare behövs.

3 Kompressions- och tryckförlustprov (ta ut nyckeln). Ta bort bränslepumpens säkring från säkringsdosan i motorrummet (nr 34) och koppla loss vevaxelns hastighets-/lägesgivare enligt beskrivningen i kapitel 4B.

4 Ta bort glödstiften enligt beskrivningen i kapitel 5A.

5 Montera kompressionsprovaren i hålet till cylinder nr 1:s glödstift. Det är bäst att använda den typ av testverktyg som skruvas in i stiftets gängning.

6 Dra runt motorn på startmotorn några sekunder. Efter ett eller två varv bör kompressionstrycket byggas upp till maxvärdet och sedan stabiliseras. Anteckna det högsta värdet.

7 Upprepa testet på återstående cylindrar och notera trycket på var och en.

8 Det är svårare att fastställa orsaken till den dåliga kompressionen på en dieselmotor än på en bensinmotor. Resultatet av att ta in olja i cylindrarna (våt kompressionsprovning) är inte entydigt, eftersom det finns en risk att oljan hamnar i kolvkronans urholkningar istället för att gå vidare till ringarna. Men följande kan användas som ett riktmärke för felsökningen.

9 Trycket i alla cylindrarna bör hamna på i stort sett samma värde.

3.1 Dra upp plastkåpan på det främre och bakre högra hörnet, och dra den sedan uppåt

3.4 Skruva loss bulten och ta bort kamaxelgivaren (se pil) från den högra änden av ventilkåpan

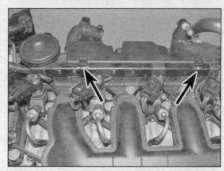

3.6 Lossa klämmorna (se pilar) och koppla loss insprutningsventilens kablagekanal

Skillnader som överstiger den angivna skillnaden tyder på att det föreligger ett fel. Observera att kompressionen ska byggas upp snabbt i en felfri motor. Om kompressionsvärdet är lågt under det första kolvslaget och sedan ökar gradvis under följande slag är det ett tecken på att kolvringarna är slitna. Om kompressionsvärdet är lågt under den första takten och inte stiger under de följande, tyder detta på läckande ventiler eller en trasig topplockspackning (eller ett sprucket topplock).

10 Lågt tryck i två angränsande cylindrar är nästan helt säkert ett tecken på att topplockspackningen mellan dem är trasig. Förekomst av kylvätska i oljan bekräftar detta.

11 Avsluta med att ta bort kompressionsprovaren och sätta tillbaka glödstiften.

12 Ta ut startnyckeln, sätt sedan tillbaka bränslepumpens säkring och återanslut vevaxelns hastighets-/lägesgivare. Observera att provet, när det utförs på detta sätt, kan medföra att en eller flera felkoder sparas i motorstyrningens styrmodul. Låt en Volvoverkstad eller specialverkstad med lämplig utrustning radera dessa koder.

Tryckförlustprov

13 Ett tryckförlustprov mäter den hastighet med vilken tryckluften som matas in i cylindern förloras. Det är ett alternativ till ett kompressionsprov, och i många avseenden bättre, eftersom den luft som smiter ut gör det

enkelt att identifiera var tryckförlusten sker (kolvringar, ventiler eller topplockspackning).

14 Det är inte troligt att hemmamekanikern har den utrustning som krävs för tryckförlustprov. Om du misstänker dålig kompression, låt en verkstad med lämplig utrustning utföra provet.

3 Ventilkåpa – demontering och montering

Demontering

1 Ventilkåpan är inbyggd med insugsgrenröret. Börja med att ta bort plastkåpan från motorns ovansida genom att dra den rakt uppåt från dess i det bakre högra hörnet, det främre högra hörnet samt det främre vänstra hörnet, och skjut den sedan framåt (se bild).

2 Lossa klämmorna och koppla loss kablaget och bränslerören från den övre kamremskåpan.

3 Skruva loss bulten och ta bort kablagets fästbygel från topplockets bakre högra hörn.

4 Koppla loss anslutningskontakten, skruva sedan loss fästbulten och ta bort kamaxelgivaren (se bild).

5 Skruva loss bultarna, lossa muttern och ta sedan bort den övre kamremskåpan.

6 Koppla loss insprutningsventilernas anslutningskontakter, koppla sedan loss kablage-

kanalen från insugsgrenröret/kåpan och lägg den åt sidan (se bild).

7 Koppla loss vevhusventilationsslangarna från insugsgrenröret/kåpan, lossa sedan klämman och koppla loss avgasåterföringsröret från insugsgrenröret (se bild).

8 Lossa glödstiftens kablage från de båda klämmorna på grenröret.

9 Lossa klämman och koppla loss luftintagsslangen från insugsgrenröret.

10 Lossa bränsletemperaturgivaren (sitter på insugsgrenrörets undersida).

11 Skruva loss grenrörets/kåpans fästbultar i **omvänd** ordningsföljd mot den som visas (se bild 3.13). Kasta packningarna, du måste sätta dit nya.

Montering

12 Rengör tätningsytorna på grenröret/kåpan och topplocket.

13 Montera de nya tätningarna på insugsgrenröret/kåpan, montera sedan enheten på motorblocket. Använd lite vaselin på grenrörets O-ringar för att underlätta ihopsättningen. Momentdra bultarna i angiven ordning (se bild).

14 Återstoden av monteringen utförs i omvänd ordningsföljd mot. Tänk på följande:
 a) Dra åt alla fästen till angivet moment om sådant anges.
 b) Kamaxelgivaren måste återmonteras enligt anvisningarna i kapitel 4B, annars fungerar den inte som den ska.

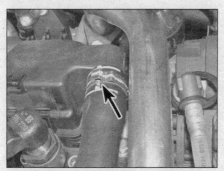

3.7a Lossa klämmorna och koppla loss ventilationsslangen (se pil) från ventilkåpan ...

3.7b ... avgasåterföringsröret (se pil) från insugsgrenröret ...

3.7c ... och skjut sedan ut klämman och koppla loss ventilationsslangen från ventilkåpans baksida

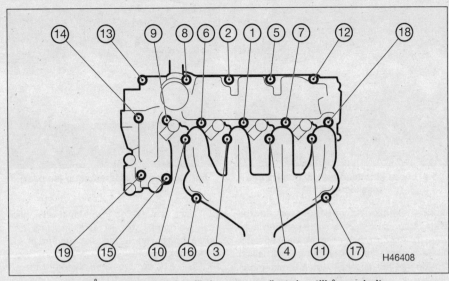

3.13 Åtdragningsordning för insugsgrenrörets/ventilkåpans bultar

Observera att bulten på 55 mm är placerad i läge 14, och att bultarna på 70 mm är placerade på i läge 16 och 17

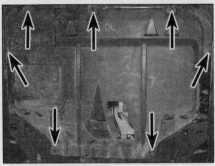

4.2 Motorns undre skyddskåpa är fäst med sju torxskruvar (se pilar)

4 Vevaxelns remskiva – demontering och montering

Demontering

1 Lossa de högra framhjulsmuttrarna, lyft upp framvagnen och ställ den stadigt på pallbockar (se *Lyftning och stödpunkter*). Demontera hjulet. Åtkomsten förbättras betydligt när hjulhusets innerskärm har tagits bort.

2 Lossa de sju torxskruvarna och ta bort motorns undre skyddskåpa från bilens undersida **(se bild)**.

3 Ta bort drivremmen enligt beskrivningen i kapitel 1B.

4 Centrumbulten som fäster vevaxelns remskiva måste nu lossas. Bulten är åtdragen med mycket högt åtdragningsmoment, och du måste först och främst se till att bilen har ordentligt stöd, eftersom det kommer att krävas stor kraft.

5 Volvos mekaniker använder ett särskilt fasthållningsvektyg (999 7119/999 7120) som håller fast växellådshuset och hakas i startkransens kuggar när startmotorn har tagits bort. Om du inte har tillgång till detta verktyg, lägg i en växel och låt en medhjälpare dra åt handbromsen ordentlig samt trycka ner fotbromsen, när bulten lossas.

6 Skruva loss bulten som fäster remskivan på vevaxeln och ta bort remskivan. Det är mycket viktigt att man använder en ny bult vid ihopsättningen **(se bilder)**. Om det behövs tar du bort givarringen/distansen.

7 När remskivan är borttagen rekommenderar vi att du kontrollerar om vevaxelns packbox visar tecken på oljeläckage. Om det behövs, montera en ny packbox enligt beskrivningen i avsnitt 14.

Montering

8 Montera remskivan på vevaxeldrevet, sätt sedan dit remskivans nya fästbult och dra åt den så hårt det går innan vevaxeln börjar rotera.

9 Håll fast remskivan så att den inte roterar på samma sätt som vid demonteringen, dra först åt bulten till det angivna momentet för steg 1.

10 I steg 2 vinkeldrar man bulten snarare än att momentdrar den. Bulten måste vrids till den angivna vinkeln – det finns särskilda momentgradskivor att köpa från verktygsaffärer. Ett riktmärke kan vara att en 180° vinkel motsvarar ett halvt varv, och att detta är lätt att bedöma genom att ta ut start- och slutpositionerna för hylsnyckelns handtag eller momentnyckeln.

11 Resten av monteringen utförs i omvänd ordningsföljd mot demonteringen.

5 Kamrem och spännare – demontering och montering

Demontering

1 Koppla loss batteriets minusledare enligt beskrivningen i kapitel 5A.

2 Dra plastkåpan på motorns ovansida rakt

4.6a Skruva loss bulten och ta bort vevaxelns remskiva . . .

4.6b . . . följt av ÖD-givarringen/distansen

5.3 Lyft upp kylvätsketanken utan att koppla loss slangarna

5.4 Lossa klämman (se pil) och koppla loss insugsröret

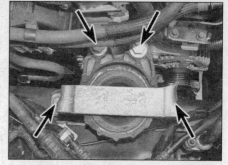

5.9 Höger motorfästesbultar (se pilar)

uppåt från dess fästen i det bakre högra hörnet, det främre högra hörnet samt det främre vänstra hörnet, och skjut den sedan framåt.

3 Lyft upp kylvätskans expansionskärl och lägg behållaren åt sidan utan att koppla loss slangarna (se bild).

4 Lossa klämman och koppla loss laddluftröret från insugsgrenröret (se bild).

5 Lossa de främre högre hjulbultarna, lyft sedan upp bilen och stötta den ordentligt på pallbockar (se *Lyftning och stödpunkter*). Demontera hjulet.

6 Lossa de sju torxskruvarna och ta bort motorns under skyddskåpa (se bild 4.2).

7 Ta bort drivremmen enligt beskrivningen i kapitel 1B.

8 Motorn måste nu stöttas upp innan det högra fästet tas bort.

Volvo-mekanikerna använder ett motorfästesstag, som passar in i kanalerna på varje innerskärm, och en extra balk ansluten till detta som vilar på den främre tvärbalken. Om du inte har tillgång till den utrustningen, använd en motorlyft. Oavsett vilket sätt du väljer så behöver du en lämplig bit kedja och krokar för att haka fast lyftutrustningen i motorns lyftögla. Om motorn måste stöttas underifrån (och detta rekommenderas inte), placera en stor träbit på en garagedomkraft för att fördela vikten och minska risken att sumpen skadas.

9 Med motorns vikt stöttad, skruva loss de fyra bultarna och ta bort höger motorfäste (se bild).

10 Lossa vajerklämman från kamremskåpan.

11 Skruva loss de båda bultarna, lossa muttern och ta bort den övre kamremskåpan.

12 Lossa vevaxelns remskivebult enligt beskrivningen i avsnitt 4. Kasta inte den gamla bulten än – den ska användas vid återmonteringen.

13 Nu krävs det två specialverktyg för att ställa in motorn på ÖD (över dödpunkt) för cylinder nr 1 (på växellådsänden). Volvoverktyget nr 999 7121 förs in genom ett hål i motorblockets bakre fläns till ett motsvarande hål i svänghjulets baksida, medan verktyget nr 999 7122 passar in genom ett hål i avgaskamdrevet, vidare in i ett hål i det gjutna topplocket. Om du inte har tillgång till dessa verktyg, använd ett 8 mm borrbit för att låsa kamaxeldrevet, och ett stag på 8 mm för att låsa svänghjulet. **Observera:** *Svänghjulets låsbult måste vara platt (inte alls konad) i änden.*

14 Skruva loss startmotorns bultar och lägg motorn åt sidan, för att komma åt hålet för vevaxelns inställningsverktyg i motorblockets fläns. Se kapitel 5A om det behövs.

15 Placera en nyckel eller en hylsa på vevaxelns remskivebult, vrid motorn medurs (sett från motorns kamremsände) tills hålet i kamaxeldrevet börjar linjeras med motsvarande hål i topplocket.

16 Sätt in vevaxelns inställningsverktyg genom hålet i motorblockets fläns och tryck det mot svänghjulets baksida. Be en medhjälpare att mycket långsamt rotera vevaxeln medurs, då ska verktyget glida in i svänghjulets baksida när hålen linjerar (se bilder).

5.16a Verktyget passar i hålet på motorblocksflänsen ...

5.16b ... och i hålet på svänghjulets baksida

17 Nu ska du kunna sätta in kamaxelns låsverktyg (999 7122) eller motsvarande genom hålet i kamaxeldrevet, in i hålet i topplocket (se bild). Observera att du kan behöva vrida kamaxeldrevet bakåt eller framåt lite för att kunna sätta in verktyget.

18 I detta skede använder Volvos mekaniker det verktyg som beskrevs i punkt 5 i avsnitt 4 för att låsa vevaxeln i detta läge. Vi rekommenderar verkligen att du använder detta verktyg eller motsvarande.

19 Koppla loss vevaxelns lägesgivares anslutningskontakt, skruva sedan loss bulten och ta bort givaren (se bild).

20 Ta bort vevaxelns remskiva, följt av givarringen/distansen (se bilder 4.6a och 4.6b).

5.17 Verktyget passar genom hålet i avgaskamdrevet, in i synkroniseringsålet i topplocket

5.19 Vevaxelns lägesgivarbult (se pil)

5.21 Nedre kamremskåpsbultar (se pilar)

5.22 Lossa spännarremskivans bult (se pil)

5.24 Lossa motorfästbygelsbultarna och ta bort överföringsremskivan

5.27 Sätt dit den nya tomgångs-överföringen

5.30a Kamremsdragning

5.30b Pilarna på remmen måste peka i rotationsriktningen

21 Skruva loss skruvarna/muttrarna och ta bort den nedre kamremskåpan **(se bild)**.
22 Lyft upp motorn lite, lossa sedan kamremsspänningen genom att lossa bulten mitt på spännarremskivan **(se bild)**.
23 Ta bort kamremmen från dreven. Observera att remmen inte får återanvändas.
24 Lossa de fyra bultarna några varv, ta bort motorfästbygeln och överföringsremskivan, skruva sedan loss spännbulten **(se bilder)**. Kasta både spännaren och överföringsremskivan – du måste sätta dit nya.
25 Om du inte monterar en ny kamrem på en gång (eller om remmen tas bort som en del av en annan åtgärd, t.ex. demontering av topplocket), sätt tillfälligt tillbaka motorns högra fäste och dra åt bultarna ordentligt.

Montering

26 Se till att vevaxeln och kamaxeln fortfarande är inställda på ÖD på cylinder nr 1.
27 Passa in den nya överföringsremskivan och sätt in fästbulten **(se bild)**.
28 Sätt tillbaka motorfästbygeln, dra sedan åt fästbultarna (inklusive överföringsremskivans bult) till angivet moment.
29 Sätt den nya kamremsspännaren på plats, men dra endast åt fästena för hand i detta skede.
30 Montera den nya kamremmen över de olika dreven i följande ordning: vevaxel, överföringsremskiva, kamaxel, spännare och kylvätskepump **(se bilder)**. Var noga med att eventuella pilar på remmen ska ange rotationsriktningen.

31 Placera en insexnyckel i spännararmen, vrid armen moturs tills pekaren är placerad mellan sidorna på "justerfönstret" **(se bilder)**. Dra åt spännarens fästbult helt.
32 Sätt tillbaka den nedre kamremskåpan och dra åt bultarna ordentligt.
33 Sätt tillbaka givarringen/distansen och vevaxelns remskiva och dra sedan åt den gamla remskivebulten till 50 Nm.
34 Ta bort vevaxelns och kamaxelns inställnings-/låsbultar, vrid sedan vevaxeln två hela varv medurs, tills vevaxelns inställningsverktyg kan sättas in igen. Kontrollera att kamaxelns låsverktyg kan sättas in.
35 Kontrollera spännarens pekarplacering och lossa vid behov fästbulten, och använd insexnyckeln för att linjera pekaren mitt i "justerfönstret". Dra åt fästbulten ordentligt.
36 Ta bort vevaxelns gamla remskivebult, och sätt dit en ny. Dra åt bulten till angivet

moment, använd den metod som du använde vid demonteringen för att förhindra att vevaxeln roterar.
37 Ta bort vevaxelns och kamaxelns låsverktyg.
38 Resten av monteringen utförs i omvänd ordning mot monteringen, kom ihåg att dra åt alla fästen till deras angivna moment i förekommande fall.

6 Kamkedja och spännare – demontering och montering

Kamkedja

1 Demonteringen av kamkedjan ingår i proceduren för demontering och montering av kamaxeln, enligt beskrivningen i avsnitt 7.

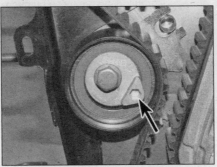

5.31a Sätt i en insexnyckel i spännararmshålet (se pil)

5.31b Vrid armen moturs tills pekaren är mellan sidorna på "justeringsfönstret" (se pil)

6.3 Lyft upp kedjans övre styrskena och sätt in ett stag/borrbit på 2,0 mm i hålet i spännarhuset

Spännare

2 Demontera ventilkåpan enligt beskrivningen i avsnitt 3.

7.4a Tryck ner lossningsfliken (se pil) och koppla loss servoslangen från pumpen

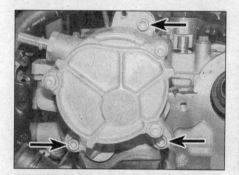

7.4c Vakuumpumpens fästbultar (se pilar)

7.6a Tryck ner lossningsfliken och koppla bort bränslereturslangen . . .

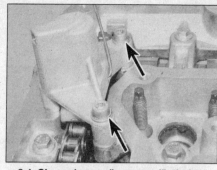

6.4 Skruva loss spännarens fästbultar (se pilar)

3 Tryck spännarens övre styrskena uppåt in i huset, sätt sedan in en 2,0 mm låssprint/borrbit för att låsa skenan på plats **(se bild)**.

7.4b Lossa muttern som håller fast avgas-återföringsrören och bränsleslangen (se pil)

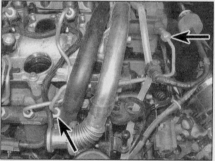

7.5 Skruva loss anslutningarna (se pilar) och ta bort högtrycksbränsleröret mellan bränsleinsprutningsbryggan och pumpen

7.6b . . . skjut sedan ut klämman och koppla loss bränslematningsslangen

4 Skruva loss de båda fästbultarna och ta bort spännaren **(se bild)**.
5 Inled återmonteringen med att se till att spännarens och topplockets fogytor är rena och fria från skräp.
6 Sätt dit spännaren och dra åt fästbultarna till angivet moment.
7 Tryck spännarens övre styrskena in i huset, dra ut låssprinten/borrbitet, släpp sedan styrskenan långsamt.
8 Montera ventilkåpan enligt beskrivningen i avsnitt 3.

7 Kamaxel, vipparmar och hydrauliska justerare – demontering, kontroll, montering

Observera: *Det behövs en ny packbox till kamaxeln vid monteringen.*

Demontering

1 Demontera kamremmen enligt beskrivningen i avsnitt 5.
2 Ta bort kamkedjans spännare enligt beskrivningen i avsnitt 6.
3 Ta bort luftrenaren enligt beskrivningen i kapitel 4B.
4 Arbeta på topplockets vänstra ände, tryck ner lossningsfliken och koppla loss slangen från vakuumpumpen, skruva loss muttern som fäster avgasåterföringsröret och bränsle-matningsslangen, skruva sedan loss de tre insexbultarna och ta bort pumpen från topplocket **(se bilder)**. Kontrollera skicket på pumpens O-ringstätningar och byt dem vid behov.
5 Skruva loss anslutningarna och ta bort hög-trycksbränsleröret mellan bränsleinsprutnings-bryggan och högtryckspumpen som sitter på topplockets vänstra ände **(se bild)**. Kasta röret, du måste sätta dit ett nytt. Täpp igen öppningarna för att förhindra nedsmutsning.
6 Skjut av fästklämman/tryck ner lossnings-fliken och koppla loss bränslematnings- och returslangarna från högtryckspumpen **(se bilder)**. Täpp igen öppningarna för att för-hindra nedsmutsning.
7 Notera var de är placerade och koppla loss anslutningskontakten (-kontakterna) från högtrycksbränslepumpen.
8 Skruva loss de tre fästbultarna och dra ut

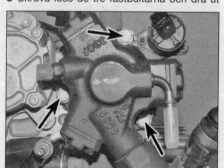

7.8 Högtrycksbränslepumpens fästbultar (se pilar)

Tillverka ett fasthållningsverktyg för kamaxeldrevet av två bitar stålband, ungefär 6 mm tjocka och 30 mm breda, eller liknande. Den ena ska vara 600 mm lång, den andra 200 mm (alla mått är ungefärliga). Skruva ihop de två banden så att de formar en gaffel utan att dra åt bulten, så att det kortare bandet kan vridas runt. I änden av varje "tand" på gaffeln placerar du muttrar och bultar, eller böjer banden 90° cirka 50 mm från deras ändar, så att de fungerar som stödpunkter. Dessa hakar i hålen i dreven. Det kan hända att kanterna måste slipas ner för att få plats i hålen.

7.12 Ta bort bultarna (se pilar) som håller fast den inre kåpan

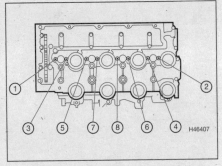

7.14 Ordningsföljd för demontering av insprutningsventilernas fästpinnbultar

7.19 Lyft ut vipparmarna och de hydrauliska justerarna

7.24 Montera kamkedjans sekundära nedre styrskena

högtrycksbränslepumpen från topplocket **(se bild)**. Var beredd på bränslespill.

9 Ta bort insprutningsventilerna enligt beskrivningen i kapitel 4B.

10 Skruva loss fästbulten och dra loss drevet från avgaskamaxeln. Använd ett verktyg för att förhindra att kamaxeln och drevet roterar när muttern lossas **(se Haynes tips)**.

11 Skruva loss bultarna och ta bort motorfästbygeln från den högra änden av topplocket/motorblocket.

12 Skruva loss bultarna som fäster den inre kamremskåpan på topplocket **(se bild)**.

13 Skruva loss de båda bultarna och ta bort avgasåterföringsröret från dess placering ovanför topplockets vänstra ände.

14 Skruva loss insprutningsventilernas fästbultar med en torxhylsa, i rätt ordningsföljd **(se bild)**.

15 Arbeta i **omvänd** ordning mot vad som anges i punkt 28 **(se bild 7.28)**, och ta stegvis och jämnt bort bultarna som fäster topplockets övre del.

16 Knacka försiktigt runt kanten på topplockets övre del och lyft sedan bort det. Observera att locket antagligen är svårt att lyfta på grund av det tätningsmedel som har använts, och på grund av eventuell korrosion runt de båda styrstiften på framkanten.

17 Lyft upp kamaxlarna, lossa kamkedjan från dreven och ta bort avgaskamaxeltätningen.

18 Ha en passande låda redo, indelad i sexton fack, eller någon annan typ av behållare där ventillyftarna och de hydrauliska justerarna kan förvaras och hållas sorterade efter demonteringen. Det är mycket viktigt att de placeras på de ursprungliga platserna om de

återmonteras. Märk avdelningarna i lådan med cylindernumret för varje vipparm/justerare, och vänster eller höger för den aktuella cylindern.

19 Lyft ut vipparmarna och de hydrauliska justerarna. Håll isär dem och identifiera dem för återmonteringen, och placera dem i respektive del av lådan **(se bild)**.

Kontroll

20 Med kamaxeln borttagen, undersök om lagerytorna i topplockets övre och nedre del visar tecken på slitage eller gropbildning. Om detta förekommer kommer du förmodligen att behöva ett nytt topplock. Kontrollera även att oljetillförselhålen i topplocket inte är igensatta på något sätt.

21 Undersök kamaxeln okulärt och kontrollera att det inte förekommer slitage på lobernas och axeltapparnas ytor. Normalt är deras ytor släta och matta. Leta efter repor, nötning eller gropar, och områden som verkar lite mer polerade,

vilket tyder på slitage. För stort slitage uppstår när kamaxeln hårda yttre har skadats, så byt alltid slitna delar. **Observera:** Om dessa tecken syns på kamlobernas toppar, kontrollera vipparmen, den är förmodligen också sliten.

22 Om du är tveksam inför skicket på kamaxlarna eller topplocket, låt en Volvoverkstad eller annan bilverkstad undersöka dem.

23 Kontrollera om vipparmarna och de hydrauliska justerarna uppvisar tecken på slitage eller skador, och byt vid behov.

Montering

24 Se till att topplockets övre ytor, och då framförallt kamaxellagren och fogytorna, är helt rena. Se till att kamkedjans sekundära nedre styrskena sitter på plats **(se bild)**.

25 Smörj in lite ren motorolja på den hydrauliska justerarens sidor, och placera var och en i deras ursprungliga lopp i topplocket, tillsammans med vipparmen **(se bilder)**.

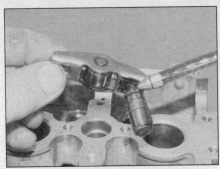

7.25a Applicera ren motorolja på de hydrauliska justerarna . . .

7.25b . . . och sätt tillbaka dem i respektive ursprungsläge

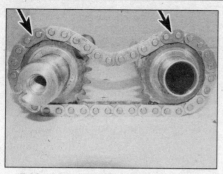

7.26a Linjera de färgade länkarna på kedjan (se pilar) med markeringarna på kamaxeldreven . . .

7.26b . . . markeringen på dreven är en prick och ett streck . . .

7.26c . . . montera sedan kamaxlarna med markeringen på insugskamaxeln (se pil) i läget "klockan 12"

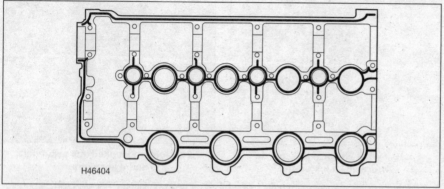

7.27a Applicera en tunn droppe tätningsmedel enligt det tjocka svarta strecket

7.27b Vi satte i ett fasat stag (se pil) i spännarens oljetillförselhål för att förhindra att det tränger in tätningsmedel

26 Sätt på kamkedjan på kamaxeldrevet, rikta in de båda färgade kedjelänkarna mot markeringarna på kamaxeldreven, smörj sedan in kamaxeln och topplockets lagertappar med ren motorolja, och sänk ner kamaxlarna på plats **(se bild)**. Markeringarna på insugskamaxeln måste vara i läget "klockan 12".

27 Lägg en tunn droppe av Volvos tätningsmedel (nr 116 1771) på topplockets fogyta **(se bild)**. Se noga till att det inte kommer in tätningsmedel i kedjespännarens oljematningshål **(se bild)**.

28 Sänk ner topplockets övre del på plats och dra åt fästbultarna till angivet moment i angiven ordning **(se bild)**.

29 Sätt tillbaka insprutningsventilens fästpinnbultar och dra åt dem till angivet moment.

30 Sätt tillbaka kamaxelsynkroniseringens kedjespännarenhet och dra åt fästbultarna till angivet moment. Tryck spännarstyrskenan upp, in i huset, och dra ut låssprinten/borret. Lossa långsamt styrskenan för att spänna kedjan.

31 Sätt dit en ny packbox till avgaskamaxeln enligt beskrivningen i avsnitt 8.

32 Sätt tillbaka de båda bultarna som håller fast den inre kamremskåpan på topplocket,

och den ensamma bulten på motorblocket, och dra sedan åt bultarna ordentligt.

33 Skjut avgaskamdrevet på plats, linjera den inbyggda kilen med kamaxeln och sätt dit kamaxeldrevets låsverktyg **(se bild 5.17)**.

34 Sätt dit drevets fästbult och dra åt den till angivet moment, hindra drevet från att snurra med samma verktyg som användes vid demonteringen.

35 Sätt tillbaka motorfästbygeln på den högra änden av topplocket/motorblocket och dra åt bultarna till angivet moment.

36 Återstoden av monteringen utförs i omvänd ordningsföljd mot demonteringen. Tänk på följande:
   a) *Montera insprutningsventilerna enligt beskrivningen i kapitel 4B.*
   b) *Montera den nya kamremmen, spännaren och överföringsremskivan enligt beskrivningen i avsnitt 5.*
   c) *Dra åt alla fästen till angivet moment, om sådant finns.*
   d) *Kontrollera motoroljenivån och kylvätskenivån enligt beskrivningen i kapitel 1B.*

8 Kamaxelns packbox – byte

1 Ta bort kamremmen enligt beskrivningen i avsnitt 5, och kamaxeldrevet enligt beskrivningen i punkt 10 i föregående avsnitt. Ta bort drevets markeringskil från kamaxeländen.

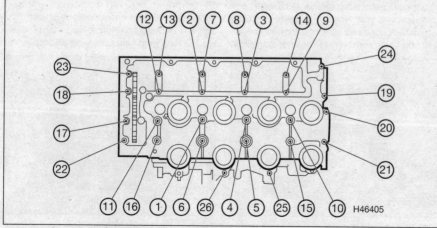

7.28 Åtdragningsordning för bultarna på topplockets övre del

8.4a Applicera lite ren olja på packboxens inre läpp . . .

8.4b . . . använd sedan en hylsa (eller liknande) för att få packboxen på plats . . .

8.4c . . . tills packboxen är jäms med husets yta

2 Bänd försiktigt ut eller dra bort packboxen.

HAYNES TiPS *Ett av de bästa sätten att ta bort en packbox är att försiktigt borra eller köra ut två hål genom packboxen, mitt emot varandra (var försiktig så att du inte skadar ytan bakom packboxen när du gör detta). Två självgängande skruvar skruvas sedan in i hålen. Genom att i tur och ordning dra i skruvhuvudena med en tång kan du få ut packboxen.*

3 Rengör packboxssätet och tätningsytan på kamaxeln genom att torka dem med en luddfri trasa. Ta bort eventuella järnfilspån eller grader som kan orsaka läckor i packboxen.
4 Stryk på lite olja på kamaxelns nya packbox, och placera den på kamaxeländen, med läpparna vända inåt. För att undvika att skada tätningsläpparna, linda lite tejp över kamaxeländen. Volvoverkstäder har ett specialverktyg (nr 999 7123) för montering av packboxen, men om du inte har tillgång till det kan du använda en djup hylsa i lämplig storlek.

Observera: *Välj en hylsa som endast ligger emot packboxens hårda yttre yta, inte den inre läppen som det är lätt att skada.* Det är viktigt att packboxen placerar rakt på axeln, och att den sitter ordentligt **(se bilder)**.
5 Montera kamaxeldrevet (och kilen – avsnitt 7) samt kamremmen enligt beskrivningen i avsnitt 5.

9 Topplock – demontering, kontroll och montering

Demontering

1 Ta bort batteriet enligt beskrivningen i kapitel 5A, skruva sedan loss de tre bultarna som fäster batterihyllan och ta bort hyllan från motorrummet.
2 Töm ut kylvätskan enligt beskrivningen i kapitel 1B.
3 Ta bort kamaxlarna, vipparmarma och de hydrauliska justerarna enligt beskrivningen i avsnitt 7.
4 Skruva loss de fyra bultarna och ta bort fästbygeln över bränslefiltret.

5 Skruva loss torxskruven, lyft ut filterhuset, skruva sedan loss bultarna och ta bort bränslefiltrets fästbygel. Sätt tillbaka bulten som fäster lyftfästet på topplocket **(se bilder)**.
6 Ta bort turboaggregatet/avgasgrenröret enligt beskrivningen i kapitel 4B.
7 Koppla loss anslutningskontakterna, skruva sedan loss de fyra muttrarna, skruva loss de fyra fästpinnbultarna och lossa termostathuset från topplockets vänstra del. Var beredd på att det läcker kylvätska **(se bild)**.

9.5a Skruva loss torxskruven på sidan och lyft ut filterhuset (se pil) . . .

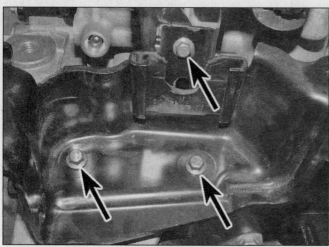

9.5b . . . skruva sedan loss bultarna (se pilar) och ta bort filterfästbygeln

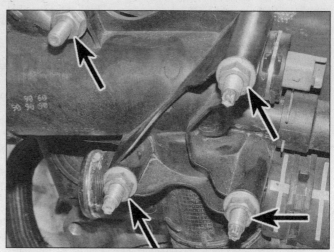

9.7 Termostathusets pinnbultar (se pilar)

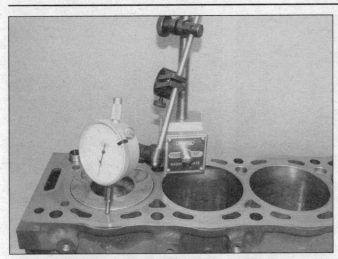

9.20 Nollställ indikatorklockan på packningsytan

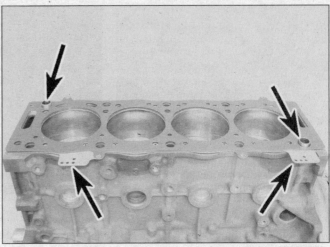

9.31 Montera den nya packningen över styrstiften, med hålen som anger tjockleken framåt (se pilar)

8 Koppla loss anslutningskontakten från tryckgivaren på undersidan av common railen, på topplockets främre del.

9 Skruva loss fästbulten och ta bort oljepåfyllningsrörets stödfäste.

10 Arbeta i **omvänd** ordning mot vad som visas i punkt 34, och lossa stegvis och jämnt topplocksbultarna, och ta bort dem. Kasta bultarna, du måste sätta dit nya.

11 Lyft bort topplocket. Ta hjälp om du kan, det är mycket tungt. Placera inte topplocket direkt på dess tätningsyta, eftersom man du kan skada glödstiftens spetsar – stötta topplockets ändar på träklossar.

12 Om topplocket har fastnar (vilket är möjligt), var noga med hur du väljer att ta bort det. Om du slår på topplocket med verktyg kan du skada det, och topplocket är placerat på två styrstift, så dess rörlighet är begränsad. Bänd under inga omständigheter mellan topplockets fogytor, eftersom detta garanterar skadar tätningsytorna på packningen, vilket leder till läckage.

13 När topplocket har tagits bort, ta bort packningen från de båda styrstiften.

14 Kasta inte packningen – du behöver den för att identifiera den nya packningen.

Kontroll

15 Om det blir aktuell så förklaras isärtagningen och kontroll av topplocket i del D i detta kapitel.

Topplockspackning – välja

16 Undersök den gamla topplockspackningen och leta reda på tillverkarens identifieringsmarkeringar. Dessa består av hål på packningens framkant, som anger packningens tjocklek.

17 Om du inte har monterat nya komponenter, eller om topplocket har bearbetats, måste den nya topplockspackningen vara av samma typ som den gamla. Köp topplockspackningen och gå vidare till punkt 24.

18 Om topplocket har bearbetats, eller om du har monterat nya kolvar, behövs troligen en topplockspackning med en annan tjocklek.

19 Du väljer topplockspackning baserat på det uppmätta kolvutsticket ovanför topplockspackningsytan (utsticket måste ligga in det angivna intervallet i början av det här kapitlet).

20 När du ska mäta kolvutsticket, fäst en indikatorklocka (DTI) på motorblockets övre yta (topplockspackningens fogyta), och nollställ mätaren på packningens fogyta **(se bild)**.

21 Vila mätarsonden ovanför kolvkrona nr 1 och vrid vevaxeln långsamt för hand tills kolven når ÖD (dess maximala höjd). Mät och anteckna det maximala kolvutsticket vid ÖD.

22 Upprepa mätningen för de återstående kolvarna och anteckna värdena.

23 Om måtten skiljer sig från kolv till kolv, ta det högsta värdet och använd det för att avgöra hur tjock topplockspackning som krävs.

Förberedelser för montering

24 Fogytorna mellan topplocket och motorblocket måste vara noggrant rengjorda innan topplocket monteras. Använd en hård plast- eller träskrapa för att avlägsna alla spår av packning och sot. Rengör även kolvkronorna.

Observera: *Den nya packningen har gummibelagda ytor, som kan skadas av vassa kanter eller smuts från en metallskrapa. Var mycket försiktig vid rengöringen av kolvkronorna, eftersom den mjuka aluminiumlegeringen lätt kan skadas.*

25 Se även till att sot inte kommer in i olje- och vattenkanalerna – detta är särskilt viktigt när det gäller smörjningen eftersom sotpartiklar kan täppa igen oljekanaler och blockera oljematningen till motordelarna.

Försegla vattenkanaler, oljekanaler och bulthål i motorblocket med tejp och papper.

26 Lägg lite fett i gapet mellan kolvarna och loppen för att hindra sot från att tränga in.

27 Använd en liten borste när alla kolvar är rengjorda, för att ta bort alla spår av fett och kol från öppningen, torka sedan bort återstoden med en ren trasa. Rengör alla kolvar på samma sätt.

28 Kontrollera motorblockets fogytor och topplocket, leta efter repor, djupa spår och andra skador (se anmärkningen i punkt 24). Om skadorna är små kan de tas bort försiktigt med en fil, men om de är omfattande måste skadorna åtgärdas med en maskin eller de skadade delarna bytas ut.

29 Kontrollera topplockspackningens yta med en stållinjal om den misstänks vara skev. Se del D om det behövs.

30 Se till att topplocksbultshålen i vevhuset är rena och fria från olja. Sug upp eventuell kvarbliven olja från bulthålen med en nollspruta eller en trasa. Detta är mycket viktigt för att du ska kunna använda rätt åtdragningsmoment och för att förhindra att motorblocket spricker av det hydrauliska trycket när bultarna dras åt.

Montering

31 Se till att topplockets styrstift sitter på plats i motorblockets hörn, sätt sedan dit den nya topplockspackningen över styrstiften, se till att identifikationshålen är placerade framtill **(se bilder)**. Var försiktig så att du inte skadar packningens gummibeläggning.

32 Sänk ner topplocket på plats på packningen, se till att den hamnar rätt på styrstiften.

33 Sätt dit nya topplocksbultar och dra åt dem så hårt som möjligt för hand.

34 Arbeta i den ordning som visas **(se bild)**, dra åt alla topplocksbultarna till det moment som anges för steg 1 med hjälp av en E14-torxhylsnyckel.

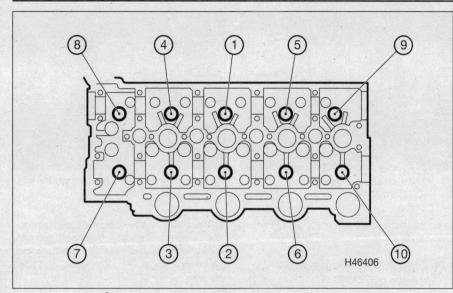

9.34 Åtdragningsordning för bultarna på topplockets nedre del

9.35 Använd en momentgradskiva för åtdragningsmomenten i steg 2

35 Vid steg 2 vinkeldrar man bultarna, snarare än momentdrar dem **(se bild)**. Varje bulten måste vrids till den angivna vinkeln i den angivna ordningen – det finns särskilda momentgradskivor att köpa från verktygsaffärer. Ett riktmärke kan vara att en 180° vinkel motsvarar ett halvt varv, och att detta är lätt att bedöma genom att ta ut start- och slutpositionerna för hylsnyckelns handtag eller momentnyckeln.

36 Resten av återmonteringen utförs i stort sett i omvänd ordning mot demonteringen. Tänk på följande:

a) *Sätt tillbaka kamaxlarna, vipparmarna och de hydrauliska justerarna enligt beskrivningen i avsnitt 7.*

b) *Återanslut avgassystemets främre del till avgasgrenröret enligt beskrivningen i kapitel 4B.*

c) *Sätt dit nya högtrycksslangar för bränslematning enligt beskrivningen i kapitel 4B.*

d) *Sätt tillbaka insugsgrenröret/ventilkåpan enligt beskrivningen i avsnitt 3.*

e) *Sätt tillbaka luftrenaren enligt beskrivningen i kapitel 4B.*

f) *Fyll på kylsystemet enligt beskrivningen i kapitel 1B.*

g) *Kontrollera och fyll vid behov på motoroljenivån samt styrservovätskans nivå enligt beskrivningen i "Veckokontroller".*

h) *Innan du startar motorn, läs igenom avsnittet om att starta motorn efter renovering, i slutet av kapitel 2D.*

10 Sump – demontering och montering

Observera: *Du måste följa hela beskrivningen nedan för att kunna rengöra och förberedda fogytorna, så att de kan utgöra en oljetät packning vid ihopsättningen.*

Demontering

1 Dra åt handbromsen och ställ framvagnen på pallbockar (se *Lyftning och stödpunkter*). Lossa fästena och ta bort motorns undre skyddskåpa **(se bild 4.2)**.

2 Se kapitel 1B om det behövs, töm ut motoroljan, rengör och montera sedan motoroljans avtappningsplugg, dra åt den till angivet moment. Vi rekommenderar verkligen att du byter oljefiltret, vilket också beskrivs i kapitel 1B.

3 Dra plastkåpan på motorns ovansida rakt uppåt från dess fästen.

4 Lossa slangklamrarna, skruva loss fästbygelbulten och ta bort laddluftröret från motorns undersida **(se bild)**.

5 Ta bort AC-kompressorns drivrem enligt beskrivningen i kapitel 1B, skruva sedan loss fästbultarna och lägg kompressorn åt sidan utan att koppla loss kylmedierören. Häng upp kompressorn i kylarens tvärbalk med hjälp av kabel eller remmar.

6 Skruva stegvis loss sumpens fästinsexbultar, inklusive de båda bultar som håller fast sumpen på växellådshuset **(se bild)**. Glöm inte de fyra bultarna på den vänstra änden som du kommer åt via hålen. Bryt packningen genom att försiktigt sätta in en kittkniv (eller liknande) mellan sumpen och motorblocket **(se bild)**. Var väldigt försiktig så att du inte skadar tätningsytorna.

Montering

7 Vid monteringen, rengör och avfetta noggrant fogytorna på motorblocket/vevhuset och sumpen, ta bort alla spår av tätningsmedel. Använd sedan en ren trasa för att torka ur sumpen och motorns inre.

10.4 Skruva loss laddluftrörets fästbygelbult (se pil)

10.6a Skruva loss de båda bultarna som fäster sumpen på växellådan (se pilar) . . .

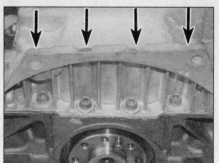

10.6b . . . du kommer åt sumpens ändbultar genom hålen (se pilar)

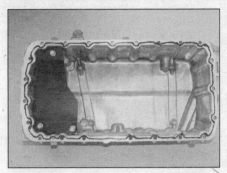

10.8 Applicera tätningsmedel runt insidan
av bulthålen

11.1a Skjut av vevaxeldrevet . . .

11.1b . . . och ta hand om vevaxelns kil

8 Applicera en 3 mm tjock sträng tätnings-
medel (Volvo art.nr 116 1771) på sumpens
fläns, se till att strängen går runt bulthålens
invändiga kant. Låt det inte komma in tätnings-
medel i bulthålen (se bild). Observera:
*Sumpen måste återmonteras inom fyra minuter
efter det att tätningsmedlet har applicerats.*
9 Sätt tillbaka sumpen och sätt dit fäst-
bultarna, dra endast åt dem för hand i detta
skede.
10 Dra åt de båda bultarna som fäster olje-
sumpen på växellådshuset till angivet moment,
dra sedan åt de återstående bultarna, gradvis
och jämnt, till angivet moment.
11 Sänk ner bilen på marken. Vänts minst
1 timma för att tätningsmedlet ska hinna härda
(eller den tid som tillverkaren anger) innan du
fyller på motorn med olja. Om oljefiltret har

tagits bort, sätt dit ett nytt enligt beskrivningen
i kapitel 1B.

11 Oljepump – demontering, kontroll och montering

Demontering

1 Ta bort kamremmen enligt avsnitt 5, skjut
sedan av vevaxeldrevet (se bilder).
2 Ta bort sumpen enligt avsnitt 10.
3 Skruva loss fästbultarna och ta bort den
främre kåpan och vevaxeltätningen. Anteckna
kåpskruvarnas ursprungliga placering – de är
olika långa.
4 Skruva loss oljenivårörets fästbult (se bild).

5 Dra ut kilen från vevaxeldrevet, skruva sedan
loss pumpens fästbultar, skjut bort pumpen,
kedjan och vevaxeldrevet från motoränden
(se bilder). Ta loss O-ringen mellan drevet och
vevaxeln.

Kontroll

6 Skruva loss fästskruvarna och ta bort
kåpan från oljepumpen (se bild). Notera var
eventuella identifikationsmarkeringar på de
inre och yttre rotorerna sitter, för att underlätta
återmonteringen.
7 Skruva loss pluggen och ta bort övertrycks-
ventilen, fjädern och tryckkolven, rengör och
kontrollera komponenternas skick (se bild).
8 Volvo anger inga specifikationer för
pumpens inre komponenter.
9 Kontrollera oljepumpens allmänna skick,

11.4 Oljenivårörets fästbygelbult (se pil)

11.5a Ta bort drevkilen . . .

11.5b . . . skruva loss oljepumpens
fästbultar (se pil), skjut av enheten från
vevaxeln

11.5c . . . och ta hand om O-ringen mellan
drevet och vevaxeln (se pilar)

11.6 Skruvar till oljepumpskåpan

11.7 Plugg till oljetrycksventil

11.13 Sätt dit O-ringen på vevaxeländen

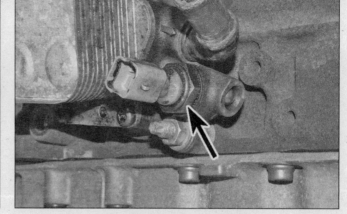

12.1 Oljetryckskontakt (se pil)

och framförallt dess fogyta på motorblocket. Om fogytan har skadats mycket, kan detta leda till oljeförlust (och följaktligen en sänkning av oljetrycket).

10 Kontrollera om rotorerna visar tecken på slitage eller skador. I skrivande stund fanns inga reservdelar. Om det är fel på pumpen, måste den bytas som en komplett enhet. Smörj in rotorerna med ny motorolja och sätt tillbaka dem på karossen, se till att identifikationsmarkeringarna är placerade enligt anteckningarna som gjordes vid demonteringen.

11 Om oljepumpen har tagits bort som en del i en större motoröversyn, antas det att motorn har gått mycket långt. I detta fall är det bäst att montera en ny (eller renoverad) pump. Med andra ord, om resten av motorn renoveras, om motorn har gått långt, eller om det finns frågetecken angående den gamla pumpens skick, är det bäst att montera en ny oljepump.

Montering

12 Innan du monterar oljepumpen, se till att fogytorna på pumpen och motorblocket är helt rena.

13 Sätt O-ringen på vevaxeländen **(se bild)**.

14 Haka i drivkedjan med oljepumpen och vevaxeldreven, skjut sedan vevaxeldrevet på plats (linjera skåran i drevet med kilspåret i vevaxeln) när pumpen monteras. Sätt dit vevaxelns kil.

15 Montera fästbultarna och dra åt dem till angivet moment. Observera att den främre vänstra bulten är något längre än de andra.

16 Applicera en 3 mm bred droppe tätningsmedel (art.nr 116 1771) på packboxhållarens fläns. Sätt tillbaka kåpan och dra åt bultarna till angivet moment. Observera att bultarna måste dras åt inom fyra minuter efter det att tätningsmedlet har applicerats.

17 Sätt dit en ny packbox på kåpan enligt beskrivningen i avsnitt 14.

18 Sätt tillbaka bulten som håller fast oljenivåröret.

19 Återstoden av monteringen utförs i omvänd ordningsföljd mot demonteringen, kom ihåg att montera ett nytt oljefilter och att fylla på motorolja.

12 Oljetryckskontakt – demontering och montering

Demontering

1 Kontakten är fastskruvad i oljefilterhuset **(se bild)**. Du kommer åt den från bilens undersida. Skruva loss fästena och ta bort motorns undre skyddskåpa. För att förbättra åtkomsten ytterligare, skruva loss fästbultarna och lägg AC-kompressorn åt sidan. Häng upp kompressorn i kylarens tvärbalk med hjälp av kabel eller remmar. Du behöver inte koppla loss några kylmedierör.

2 Koppla loss kontaktens anslutningskontakt.

3 Skruva loss kontakten från huset. Var beredd på oljespill.

Montering

4 Montera i omvänd ordningsföljd mot demonteringen. Montera en ny tätningsbricka till tryckkontakten och dra åt kontakten till angivet moment.

13.2 Oljekylarens fästbultar (se pilar)

5 Återanslut kontaktens anslutningskontakt.

6 Sätt tillbaka alla komponenter som togs bort för att du skulle komma åt kontakten.

7 Kontrollera motoroljenivån och fyll på vid behov (se *Veckokontroller*).

8 Kontrollera att varningslampan fungerar som den ska, och leta efter tecken på läckor när motorn har startats om och värmts upp till normal arbetstemperatur.

13 Oljekylare – demontering och montering

Observera: *Det behövs nya tätningsringar vid återmonteringen – kontrollera att de finns tillgängliga innan du påbörjar arbetet.*

Demontering

1 Kylaren sitter på oljefilterhuset, på motorblockets framsida. Du kommer åt den från bilens undersida. Skruva loss fästena och ta bort motorns undre skyddskåpa. För att förbättra åtkomsten ytterligare, skruva loss fästbultarna och lägg AC-kompressorn åt sidan. Häng upp kompressorn i kylarens tvärbalk med hjälp av kabel eller remmar. Du behöver inte koppla loss några kylmedierör.

2 Skruva loss de fyra fästbultarna och koppla loss kylaren från huset **(se bild)**. Ta loss tätningsringarna och var beredd på olje-/kylvätskeläckage.

Montering

3 Monteringen utförs i omvänd ordningsföljd. Tänk på följande:
   a) *Använd nya tätningsringar.*
   b) *Dra åt kylarens fästbultar ordentligt.*
   c) *Avsluta med att sänka ner bilen. Kontrollera och fyll vid behov på olja och kylvätska, starta sedan motorn och leta efter tecken på olje- eller kylvätskeläckage.*

14.4a Borra ett litet hål i packboxen . . .

14.4b . . . sätt i en självgängande skruv och dra ut packboxen

14 Vevaxelns packboxar – byte

Mot kamremmen

1 Demontera kamremmen enligt beskrivningen i avsnitt 5.
2 Skjut bort remdrevet från vevaxeln och ta loss kilen från spåret på vevaxeln (se bilder 11.1a och 11.1b).
3 Anteckna hur djupt packboxen är monterad för att underlätta monteringen av en ny.
4 Använd en skruvmejsel eller liknande verktyg och bänd försiktigt loss packboxen från dess plats. Var försiktig så att du inte skadar packboxens kontaktytor eller vevaxeln. Du kan också borra ett litet hål i packboxen (var försiktig så att du inte borrar djupare än vad som behövs) och sedan sätta i en självgängande skruv och använda en tång för att dra ut packboxen (se bilder).
5 Torka rent packboxens kontaktytor och säte, och ta bort eventuella vassa kanter eller grader som kan skada den nya packboxen när den monteras, eller som kan orsaka läckage i packboxen när den sitter på plats.
6 Du ska inte använda olja på packboxen, som är tillverkad i teflon. Volvomekaniker använder ett särskilt verktyg för packboxmontering (999-7124), men du kan göra ett likvärdigt verktyg av en stor hylsa eller en bit slang som är tillräckligt stor för att ligga mot den nya packboxens ytterkant. Observera att den nya packboxen levereras med en styrning som passar över vevaxelns ände.
7 Sätt dit den nya packboxen (med styrningen kvar) över vevaxelns ände, använd verktyget (se bilder), hylsan eller slangen för att trycka packboxen helt och rakt på plats, till det djup som noterades tidigare. Ta bort styrningen från vevaxelns ände.
8 Resten av ihopsättningen utförs i omvänd ordningsföljd mot demonteringen – se vid behov det aktuella textavsnittet för närmare detaljer. Leta efter tecken på oljeläckage när motorn startas.

Mot svänghjulet

9 Demontera växellådan enligt beskrivningen i kapitel 7A och kopplingsenheten enligt beskrivningen i kapitel 6.
10 Skruva loss svänghjulet (se avsnitt 15).
11 Använd en skruvmejsel eller liknande verktyg och bänd försiktigt loss packboxen från dess plats. Var mycket försiktig så att du inte skadar packboxsätesområdet eller vevaxelns tätningsyta. Alternativt kan du slå eller borra två små hål mitt emot varandra i packboxen, och sedan skruva i en självgängande skruv i varje hål, och dra i skruvarna med en tång för att få bort packboxen (se bild).
12 Rengör vevaxelns ände. Putsa bort eventuella grader eller vassa kanter som kan ha skadat packboxen. Rengör även packboxens fogyta på motorblocket, använd ett lämpligt lösningsmedel för avfettning vid behov.
13 Den nya packboxen levereras med en rikthylsa, som inte får tas bort före monteringen (den faller ut av sig själv när

14.7a Sätt dit den nya packboxen och styrningen över vevaxelns ände . . .

14.7b . . . knacka sedan ner packboxen tills den är jäms med kåpan

14.11a Borra ett hål i packboxen . . .

14.11b . . . sätt sedan i en självgängande skruv och dra ut packboxen

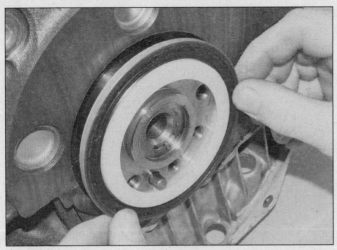

14.14 Sätt på packboxen och rikthylsan övre vevaxelns ände

14.15 Tryck på packboxen tills den är jäms med ytan

packboxen monteras). Smörj inte packboxen.
14 Passa in den nya packboxen på plats, mata rikthylsan över vevaxelns ände **(se bild)**.
15 Volvo-mekaniker använder ett special-verktyg (999 7126) för att dra packboxen på plats. Om du inte har tillgång till detta verktyg, använd en stor hylsnyckel/slang som endast ligger an mot packboxens hårda ytterkant, och knacka försiktigt packboxen på plats **(se bild)**.
16 Om packboxens rikthylsa fortfarande sitter på plats ska den nu tas bort.
17 Resten av ihopsättningen utförs i omvänd ordningsföljd mot isärtagningen – se vid behov det aktuella textavsnittet för närmare detaljer. Leta efter tecken på oljeläckage när motorn startas.

15 Svänghjul (manuell växellåda) – demontering, kontroll och montering

Demontering

1 Ta bort växellådan enligt beskrivningen i kapitel 7A. Nu är det ett bra tillfälle att kontrollera komponenter som packboxar och byta dem vid behov.
2 Ta bort kopplingen enligt beskrivningen i

kapitel 6. Nu är det ett bra tillfälle att kontrollera eller byta kopplingskomponenterna och ur-trampningslagret.
3 Använd en körnare eller färg för att göra inställningsmarkeringar på svänghjulet och vevaxeln, för att garantera korrekt placering vid återmonteringen.
4 Hindra svänghjulet från att snurra genom att låsa krondrevskuggarna, eller genom att fästa en rem mellan svänghjulet och motorblocket/vevhuset. Lossa torxbultarna lika mycket tills alla är lösa.
5 Ta bort en bult i taget och se till att du har nya för återmonteringen. Dessa bultar utsätts för kraftig belastning och måste därför bytas ut så snart de har rubbats, oavsett i vilket skick de verkar vara **(se bild)**.
6 Ta bort svänghjulet, kom ihåg att det är mycket tungt – tappa det inte.

Kontroll

7 Rengör svänghjulet från fett och olja. Undersök ytan och titta efter sprickor, nitspår, brända områden och repor. Lättare repor kan tas bort med smärgelduk. Leta efter spruckna eller trasiga krondrevskuggar. Lägg svänghjulet på en plan yta och använd en linjal för att kontrollera eventuell skevhet.
8 Rengör och kontrollera fogytorna på sväng-hjulet och vevaxeln. Om vevaxelns packbox

läcker ska den bytas (se avsnitt 14) innan du sätter tillbaka svänghjulet. Om motorn har gått långt kan det vara värt det att sätta dit en ny packbox som standard, med tanke på hur mycket arbete det krävs för att komma åt den.
9 Rengör de gängade bulthålen i vevaxeln ordentligt, ta bort alla spår av fästmassa.

Montering

10 Montera svänghjulet på vevaxeln, se till att styrstiftet linjerar med hålet i vevaxeln – den passar endast på ett sätt **(se bild)**. Sätt i de nya bultarna.
11 Spärra svänghjulet enligt den metod som användes vid isärtagningen **(se bild)**. Arbeta i diagonal arbetsföljd och dra åt bultarna till angivet moment.
12 Montera kopplingen (kapitel 6) och växel-lådan (kapitel 7A).

16 Motor-/växellådsfästen – kontroll och byte

Se kapitel 2B, avsnitt 11.

15.5 Svänghjulets fästbultar

15.10 Notera styrstiftet och motsvarande hål (se pilar)

15.11 Ett enkelt egentillverkat verktyg för att låsa svänghjulet

Anteckningar

Kapitel 2 Del D:
Motor – demontering och reparationer

Innehåll

Svårighetsgrad

Enkelt, passar novisen med lite erfarenhet	Ganska enkelt, passar nybörjaren med viss erfarenhet	Ganska svårt, passar kompetent hemmamekaniker	Svårt, passar hemmamekaniker med erfarenhet	Mycket svårt, för professionell mekaniker

Specifikationer

Topplock

Skevhetsgränser – maximalt godtagbara värden:
Bensinmotorer:

1,8-litersmodeller	0,10 mm
2,0-litersmodeller	0,10 mm
2,4-litersmodeller:	
På längden	0,50 mm
På tvären	0,20 mm
Dieselmotorer	Ingen uppgift

Höjd:
Bensinmotorer:

1,8-litersmodeller	Ingen uppgift
2,0-litersmodeller	Ingen uppgift
2,4-litersmodeller	129,0 ± 0,05 mm
Dieselmotorer	Ingen uppgift

Maximal höjdminskning efter maskinbearbetning:
Bensinmotorer:

1,8-litersmodeller	Ingen uppgift
2,0-litersmodeller	Ingen uppgift
2,4-litersmodeller	0,30 mm
Dieselmotorer	Ingen uppgift

Topplockspackning – identifiering (endast diesel)

	Kolvutstick	Packningstjocklek
1 hack	0,55 till 0,60 mm	1,25 ± 0,04 mm
2 hack	0,61 till 0,65 mm	1,30 ± 0,04 mm
3 hack	0,66 till 0,70 mm	1,35 ± 0,04 mm
4 hack	0,71 till 0,75 mm	1,40 ± 0,04 mm

Insugsventiler

Skaftdiameter:
Bensinmotorer:
1,8-litersmotorer .... 5,470 till 5,485 mm
2,0-litersmotorer .... 5,470 till 5,485 mm
2,4-litersmodeller .... Ingen uppgift
Dieselmodeller .... Ingen uppgift

Avgasventiler

Skaftdiameter:
Bensinmotorer:
1,8-litersmotorer .... 5,465 till 5,480 mm
2,0-litersmotorer .... Ingen uppgift
2,4-litersmotorer .... Ingen uppgift
Dieselmotorer .... Ingen uppgift

Kolvar

Diameter:
Bensinmotorer:
1,8-litersmotor .... 82,965 till 82,995 mm (nominell)
2,0-litersmotor .... 84,770 till 84,800 mm (nominell)
2,4-litersmotorer .... 82,98 till 83,01 mm (nominell)
Dieselmotor .... Ingen uppgift
Spel mellan kolv och lopp .... 0,01 till 0,03 mm

Kolvringar

Spelrum i spår:
Bensinmotorer:
1,8- och 2,0-litersmotorer...................................... Ingen uppgift
2,4-litersmotor:
Övre kompressionsring.. 0,030 till 0,070 mm
Nedre kompressionsring...................................... 0,030 till 0,070 mm
Oljeskrapring.. 0,038 till 0,142 mm
Dieselmotorer .... Ingen uppgift
Ändgap (mätt i cylindern):
Bensinmotorer:
1,8- och 2,0-litersmotorer:
Kompressionsringar .... 0,30 till 0,50 mm
Oljeskrapring.. 0,20 till 1,40 mm
2,4-litersmotor:
Kompressionsringar .... 0,20 till 0,40 mm
Oljeskrapring.. 0,25 till 0,50 mm
Dieselmotor .... Ingen uppgift

Vevaxel

Bensinmotorer:
1,8- och 2,0-litersmotor:
Axialspel .... 0,09 till 0,26 mm
Ramlagertappsdiameter... 57,98 till 58,00 mm
Vevlageraxeltappsdiameter .... 46,89 till 46,91 mm
2,4-litersmotor:
Axialspel .... Max 0,19 mm
Ramlagertappsdiameter... 64,984 till 65,003 mm (nominell)
Ramlagertappens ovalitet...................................... max. 0,004 mm
Ramlagertappens avsmalning .... max. 0,006 mm
Vevstakslagertappsdiameter .... 49,984 till 50,000 mm (nominell)
Vevstakslagrets ovalitet.. Max 0,004 mm
Vevstakslagrets avsmalning .... Max 0,004 mm
Dieselmotor .... Ingen uppgift

Åtdragningsmoment

Se kapitel 2A, 2B eller 2C för specifikationer för åtdragningsmoment.

1 Allmän information

I den här delen av kapitel 2 beskrivs hur man tar bort motorn/växellådan från bilen och hur man renoverar topplocket, motorblocket och andra delar i motorn.

Informationen omfattar allt ifrån allmänna råd beträffande förberedelser för renovering och inköp av reservdelar till detaljerade anvisningar steg-för-steg, för demontering, kontroll, renovering och montering av motorns komponenter.

Från och med avsnitt 6 bygger alla instruktioner på antagandet att motorn har tagits ut ur bilen. För information om reparationer med motorn kvar i bilen, liksom om demontering och montering av de externa delar som krävs för en fullständig renovering, se del A, B eller C i detta kapitel och avsnitt 4. Hoppa över de demonteringsåtgärder som beskrivs i del A, B eller C som inte längre är aktuella när motorn väl tagits ut ur bilen.

2 Motor/växellåda, demontering – förberedelser och varningar

Om du har beslutat att en motor måste demonteras för renovering eller större reparationer, bör följande förberedande åtgärder vidtas.

Det är mycket viktigt att ha tillgång till en lämplig arbetsplats. Det krävs ett tillräckligt stort arbetsutrymme och plats för att förvara bilen. Om en verkstad eller ett garage inte finns tillgängligt krävs åtminstone en fast, plan och ren arbetsyta.

Om möjligt, rensa några hyllor nära arbetsytan där motordelarna och tillbehör kan läggas när de demonterats och tagits isär. Då är det lättare att hålla delarna rena och det är mindre risk att de skadas. Om delarna läggs i grupper tillsammans med tillhörande fästbultar, skruvar etc., går det snabbare vid återmonteringen och risken för sammanblandning minskar.

Rengör motorrummet och motorn/växellådan innan du påbörjar demonteringen. Detta gör det lättare att se och hålla verktygen rena.

Du bör kunna ta hjälp av en medhjälpare. Vissa moment under arbetet med att demontera en motor kan inte utföras på ett säkert sätt av en person. Säkerheten är av största vikt, med tanke på att arbete av denna typ innehåller flera farliga moment. En andra person bör alltid finnas till hands för att kunna vara till hjälp när det behövs. Om detta är första gången du demonterar en motor, är det även bra att få goda råd från någon som gjort det tidigare.

Planera arbetet i förväg. Skaffa alla verktyg och all utrustning som behövs innan arbetet påbörjas. Tillgång till följande gör att demontering och återmontering av motorn/växellådan kan göras säkert och relativt enkelt: en motorlyft – anpassad till en högre vikt än den sammanlagda vikten av motorn och växellådan, en kraftig garagedomkraft, en komplett uppsättning nycklar och hylsor enligt beskrivningen i slutet av den här handboken, träblock och gott om trasor och rengöringsmedel för att torka upp spill av olja, kylvätska och bränsle. Ett antal plastlådor av olika storlekar att förvara sammanhörande isärtagna delar i. Se till att du är ute i god tid om motorhissen måste hyras, och utför alla arbeten som går att göra utan den i förväg. Det sparar både pengar och tid.

Räkna med att bilen inte kommer att gå att använda på ett bra tag, särskilt om du tänkt göra en renovering på motorn. Läs igenom hela detta avsnitt och tänk ut en arbetsgång baserat på din egen erfarenhet och på vilka verktyg, hur lång tid och hur stort arbetsutrymme som finns tillgängligt. En del av renoveringen kanske måste utföras av en Volvoverkstad eller en specialist. Dessa har ofta fulltecknade kalendrar, så det är en god idé att fråga dem innan man börjar demontera eller ta isär motorn, för att få en uppfattning om hur lång tid det kan ta att utföra arbetet.

När motorn tas ut ur bilen, var metodisk när de externa komponenterna kopplas loss. Om kablar och slangar märks när de tas bort kommer återmonteringen att gå mycket enklare.

Var alltid mycket försiktig när motorn/växellådan tas bort från motorrummet. Slarv kan leda till allvarliga skador. Om det behövs, är det bättre att vänta på hjälp, istället för att

riskera personskador och/eller skada på bildelarna genom att fortsätta ensam. Med god planering och gott om tid kan ett arbete av denna natur utföras framgångsrikt och olycksfritt, trots att det är frågan om ett omfattande arbete.

På alla modeller som tas upp i den här handboken tas motorn och växellådan bort som en enhet, nedåt och ut ur motorrummet. Motorn och växellådan separeras sedan på en arbetsbänk. Växellådan kan även tas bort enligt anvisningarna i kapitel 7A eller 7B, och då tas motorn bort uppåt.

3 Motor och växellåda – demontering, isärtagning och montering

Observera: *Denna procedur beskriver demonteringen av motorn och växellådan som en enda enhet, nedåt och ut från motorrummet. När du lyfter upp bilen, kom ihåg att framvagnens undersida måste vara minst 700 mm ovanför marken för att utrymmet ska vara tillräckligt stort.*

Demontering

1 På bensinmodeller, ta bort bränslepumpens säkring från säkringsdosan i motorrummet och starta sedan motorn (om det går). Låt den gå tills den stannar (när bränsletrycket har försvunnit).

2 Öppna motorhuven. Om det finns någon som helst möjlighet att motorlyften hindras av något, ta bort motorhuven enligt beskrivningen i kapitel 11.

3 Ta bort batteriet enligt beskrivningen i kapitel 5A, skruva sedan loss de tre bultarna och ta bort batterihyllan. Koppla loss givarens kontaktdon från den nedre delen **(se bild)**.

4 Töm ut kylvätskan enligt beskrivningen i kapitel 1A eller 1B.

5 Dra plastkåpan på motorns ovansida (i förekommande fall) rakt uppåt, skruva sedan loss de sju torxskruvarna och ta bort motorns undre skyddskåpa (i förekommande fall).

Bensinmodeller

6 Ta bort kåpan över motorstyrmodulen (ECM), koppla sedan loss kontaktdonen och dra bort kablaget **(se bilder)**.

3.3 Skruva loss de tre bultarna och ta bort batterihyllan (se pilar)

3.6a Tryck ner klämman och ta bort ECM-kåpan – 1,8- och 2,0-litersmodeller

3.6b Skjut upp och ta bort ECM-kåpan – 2,4-litersmodeller

**3.8a Lambdasondens anslutnings-
kontakter sitter på topplockets vänstra
ände – 1,8- och 2,0-litersmodeller**

**3.8b Den främre lambdasondens
anslutningskontakt sitter på topplockets
vänstra ände – 2,4-litersmodeller**

**3.9a Koppla loss kylvätskeslangarna på
motorns vänstra ände – 1,8-litersmodell
visas**

**3.9b Vrid de går spärrarna (se pilar) för att
lossa värmerören**

**3.10a 3 anslutningskontakter är anslutna
till styrmodulen . . .**

3.10b . . . vik spärrarna bakåt . . .

7 Koppla loss bränslematningröret, broms-
servons vakuumslang och slangen till EVAP-
kanistern.
8 Koppla loss lambdasondens anslutnings-
kontakter **(se bilder)**.
9 Koppla loss kylvätskeslangarna från kyl-
vätskeutloppen på topplockets vänstra ände.
Koppla sedan loss värmeslangarna från
motorrummets torpedvägg **(se bilder)**. På
vissa modeller kopplas slangarna loss genom
att man trycker ner lossningsflikarna, på andra
måste man vrida på de grå spärrarna.

Dieselmodeller

10 Koppla loss framkanten av det främre
vänstra hjulhusets innerskärm, skruva sedan
loss de fyra torxskruvarna och ta bort motor-
styrmodulens (ECM) kåpa. Koppla loss de tre
kontakterna från styrmodulen **(se bilder)**.

11 Lossa klämmorna, skruva loss stödfästes-
bulten och ta bort laddluftröret under motorn.
12 Skjut fästklämman uppåt och koppla
loss kylvätskeluftningsslangen, lossa sedan
klämman och koppla loss den övre kylvätske-
slangen från termostathuset **(se bild)**.
13 Koppla loss vakuumslangen från vakuum-
pumpen med hjälp av snabbanslutningen.
14 Tryck ner lossningsflikarna och koppla
loss bränsleslangarna från filterenheten. Täpp
till eller täck över öppningarna för att förhindra
nedsmutsning.

Alla modeller

15 Ta bort luftrenaren och alla luftkanaler,
inklusive turboaggregatets insug (i före-
kommande fall) enligt kapitel 4A eller 4B.

16 Ta bort kåpan från den mittersta elenheten,
koppla sedan loss motorns kabelanslutning,
skruva loss de båda jordanslutningarna och
pluskabelns anslutning från batteriklämman
(se bild).
17 Ta bort de båda drivaxlarna enligt beskriv-
ningen i kapitel 8.
18 Se kapitel 1A eller 1B och utför följande:
 a) Om motorn ska tas isär, töm ut
   motoroljan.
 b) Ta bort drivremmarna.
19 Koppla loss växelvajern från växellådan
enligt beskrivningen i kapitel 7A eller 7B.
20 På 2,4-litersmodeller, ta bort högra hjul-
husets innerskärm och koppla loss servo-
styrningspumpens vätskematnings- och
returslangar. Täpp till eller täck över öppning-
arna för att förhindra nedsmutsning.

**3.10c . . . och dra loss kontakterna från
styrmodulen**

**3.12 Skjut upp klämman (se pil) och
koppla loss kylvätskeluftningsslangen**

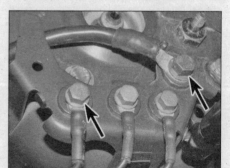

**3.16 Koppla loss motorns båda
kabeljordanslutningar (se pilar) från
vänster främre fjäderbenslager**

21 På modeller med manuell växellåda, bänd ut fästklämman och dela på kopplingens slavcylinders vätskerör vid anslutningen på torpedväggen. Täpp till eller täck över öppningarna för att förhindra nedsmutsning.

22 På modeller med automatväxellåda, koppla loss växellådans oljeslangar och kylvätskeslangar (se kapitel 7B). Täpp till eller täck över öppningarna för att förhindra nedsmutsning.

23 Flytta kylvätskans expansionskärl åt sidan för att komma åt motorfästet.

24 Ta bort avgasgrenröret, turboaggregatet (i förekommande fall) och katalysatorn enligt beskrivningen i kapitel 4A eller 4B.

25 Skruva loss bultarna, ta sedan bort det nedre momentstaget och fästbygeln från den nedre, bakre delen av motorn/växellådan.

26 Lossa luftkonditioneringskompressorns fästbultar och kylmedierörets fästbygelbult, häng sedan upp kompressorn i kylarens tvärbalk med hjälp av kabel eller remmar. Du behöver inte koppla loss några kylmedierör.

27 På 1,8- och 2,0-liters bensin- och diesel-modeller, skruva loss kuggstångens fästbultar och häng upp stången med kabel eller remmar från en lämplig punkt ovanför den. Observera att den vänstra bulten nås ovanifrån.

28 På 2,4-liters bensinmodeller, skruva loss klämbulten från rattstångens nedre universal-knut. Gör sedan inställningsmarkeringar mellan knuten och kuggstångens drev, och tryck knuten uppåt och av drevet.

29 Placera ut en garagedomkraft och en träkloss för att stötta den främre kryssram-balken. Skruva loss kryssrambalkens fäst-bultar och sänk ner kryssrambalken lite för att komma åt krängningshämmarens klämbultar. Skruva loss bultarna och sänk ner kryssrambalken till marken. En medhjälpare behövs.

30 Lossa klämman och koppla loss kylarens nedre slang från motorn. Gör en sista kontroll för att se till att alla berörda kylvätskeslangar och elektriska kablage har kopplats loss från motorns/växellådan.

31 Fäst lyftkedjor/remmar i motorns/växel-lådans lyftöglor och placera en motorlyft så att den bär upp vikten av motor-/växellåds-enheten.

32 Skruva loss muttrarna och bultarna, ta sedan bort höger motorfästesenhet.

33 Ta bort mittbulten från vänster växellåds-fäste. Motorn och växellådan ska nu hänga i motorlyften. Kontrollera att ingenting hindrar motor-/växellådsenheten när den sänks ner.

34 Ta hjälp av en medhjälpare och sänk ner motorn/växellådan på en garagedomkraft eller liknande. När enheten är helt nedsänkt, koppla loss motorlyften och dra bort enheten från bilens undersida.

Separation

35 Demontera startmotorn.

Modeller med manuell växellåda

36 Ta bort bultarna som fäster växellådan vid motorn.

37 Ta hjälp av en medhjälpare och dra loss växellådan från motorn. När den är fri från styrhylsorna, låt inte den inte hänga på ingående axeln.

Modeller med automatisk växellåda

38 Vrid vevaxeln med hjälp av en hyls-nyckel på remskivans mutter, tills det går att komma åt en av fästbultarna mellan momentomvandlaren och svänghjulet genom öppningen på motorns baksida. Arbeta genom öppningen, skruva loss bulten med en TX50-hylsa. Vrid vevaxeln så mycket som behövs och ta bort de återstående bultarna på samma sätt. Observera att nya bultar kommer att behövas vid monteringen.

39 Ta bort bultarna som fäster växellådan vid motorn.

40 Tillsammans med en medhjälpare, dra växellådan rakt av från motorns styrhylsor, och se till att momentomvandlaren sitter kvar på växellådan. Använd åtkomsthålet i växelhuset för att hålla omvandlaren på plats.

Montering

Modeller med manuell växellåda

41 Se till att kopplingen är korrekt centrerad och att urkopplingskomponenterna sitter monterade på svänghjulskåpan. Applicera inget fett på växellådans ingående axel, styr-hylsan eller själva urkopplingslagret eftersom dessa komponenter har friktionsreducerande lager som inte behöver smörjas.

42 För växellådan rakt in på sin plats och haka i den med motorns styrhylsor. Montera tillbaka de bultar som håller fast växellådan vid motorn och dra åt dem till angivet moment. Montera tillbaka startmotorn.

Modeller med automatisk växellåda

43 Spola ur oljekylaren med ren växellådsolja innan växellådan monteras. Gör på följande sätt: Fäst en slang vid den övre anslutningen, häll automatväxellådsolja genom slangen och samla upp den i en behållare placerad under returslangen.

44 Rengör kontaktytorna på momentom-vandlaren och svänghjulet, samt växellådans och motorns fogytor. Smörj momentomvandl-arens styrningar och motorns/växellådans styrstift lätt med fett.

45 För växellådan rakt in på sin plats och haka i den med motorns styrhylsor. Sätt tillbaka de bultar som håller fast växellådan vid motorn och dra åt dem, först lätt i diagonal ordningsföljd och sedan till angivet moment.

46 Montera momentomvandlaren på driv-plattan med nya bultar. Vrid vevaxeln för att komma åt bultarna på samma sätt som vid demonteringen. Vrid sedan moment-omvandlaren med hjälp av åtkomsthålen i växelhuset. Sätt i och dra åt alla bultar, först för hand och sedan till angivet moment.

Alla modeller

47 Resten av återmonteringen utförs i stort sett i omvänd ordning mot demonteringen.

Tänk på följande:

a) Dra åt alla fästen till angivet moment och, efter tillämplighet, vinkel. Se relevanta kapitel i denna handbok för åtdragnings-moment som inte direkt rör motorn.

b) Montera den främre kryssrambalken enligt beskrivningen i avsnitt 6 i kapitel 10.

c) Återanslut, och vid behov, justera den manuella växellådans växelvajrar enligt beskrivningen i kapitel 7A.

d) På modeller med automatväxellåda, återanslut och justera växelvajern enligt beskrivningen i kapitel 7B.

e) Sätt tillbaka luftrenarenheten enligt beskrivningen i kapitel 4A eller 4B.

f) Montera drivremmen, och fyll sedan motorn med kylvätska och olja enligt beskrivningen i kapitel 1A eller 1B.

g) Fyll på växellådan med smörjmedel om det behövs, enligt beskrivningen i kapitel 1A eller 1B och 7A eller 7B efter tillämplighet.

h) Läs avsnitt 15 innan du startar motorn.

4 Motorrenovering – förberedelser

Det är mycket enklare att ta isär och arbeta med motorn om den är fastsatt i ett motorställ. Ett sådant ställ kan man ofta hyra. Innan motorn monteras i stället ska svänghjulet demonteras så att ställets bultar kan dras ända in i motorblocket/vevhuset.

Om inget ställ finns tillgängligt går det att ta isär motorn på en stabil arbetsbänk eller på golvet. Var försiktig så att motorn inte välter om arbetet utförs utan ställ.

Om en renoverad motor ska införskaffas måste alla hjälpaggregat demonteras först, så att de kan flyttas över till den nya motorn (precis som när den befintliga motorn renoveras). Dessa komponenter inkluderar följande:

a) Motorfästen och fästbyglar (kapitel 2A, 2B eller 2C).

b) Generator med tillbehör och fästbygel (kapitel 5A).

c) Startmotor (kapitel 5A).

d) Tändsystemets komponenter och alla högspänningssystemets komponenter inklusive alla givare, tändspolar och tändstift, om det är tillämpligt (kapitel 1 och 5B).

e) Avgasgrenrör, med turboaggregat i förekommande fall (kapitel 4A och 4B).

f) Insugsgrenrör med bränsleinsprutningskomponenter (kapitel 4A och 4B).

g) Alla elektriska brytare, aktiverare och givare, samt motorns kablage (kapitel 4A, 4B och 5B).

h) Kylvätskepump, termostat, slangar och distributionsrör (kapitel 3).

i) Kopplingens komponenter – modeller med manuell växellåda (kapitel 6).
j) Svänghjul (kapitel 2A, 2B eller 2C).
k) Oljefilter (kapitel 1A eller 1B).
l) Oljemätsticka, rör och fästbygel.

Observera: Var noga med att notera detaljer som kan vara till hjälp eller av vikt vid återmonteringen, när de externa komponenterna demonteras från motorn. Notera t.ex. hur packningar, tätningar, brickor, bultar och andra små detaljer sitter.

Införskaffas en "mindre" motor (med motorblock/vevhus, vevaxel, kolvar och vevstakar på plats), måste även topplocket, kamremmen (med spännaren, spännarens remskivor och överföringsremskiva samt kåpor) och drivremmens spännare demonteras.

Om en fullständig renovering planerats kan motorn tas isär i den ordning som anges nedan.

a) Insugs- och avgasgrenrör samt turboaggregat (i förekommande fall).
b) Kamrem, drev, spännare, remskivor och kåpor.
c) Topplock.
d) Oljepump.
e) Svänghjul.
f) Sump.
g) Oljeupptagarrör.
h) Mellandel.
i) Kolvar/vevstakar.
j) Vevaxel.

5 Topplock – isärtagning, rengöring, kontroll och ihopsättning

Observera: Nya och renoverade topplock finns att köpa hos tillverkaren och från specialister på motorrenoveringar. Specialistverktyg krävs för isärtagning och kontroll, och nya komponenter kanske inte alltid är tillgängliga. Därför kan det vara mer praktiskt och ekonomiskt för hemmamekanikern att köpa ett renoverat topplock än att ta isär, kontrollera och renovera originaltopplocket.

Isärtagning

1 Ta bort topplocket enligt beskrivningen i avsnitt A, B eller C i detta kapitel.
2 Ta bort termostathuset (kapitel 3), tändstiften (kapitel 1A), glödstiften och alla övriga anslutningar, rör, givare eller fästbyglar om de fortfarande sitter på plats.
3 Knacka till ordentligt på varje ventilskaft med en lätt hammare och en dorn, så att fjädern och tillhörande delar lösgörs.
4 Montera en lång ventilfjäderkompressor på varje ventil i tur och ordning, och tryck ihop varje fjäder tills dess insatshylsa syns **(se bild)**. Lyft ut insatshylsorna. Det kan vara bra att använda en liten skruvmejsel, en magnet eller en pincett. Lossa försiktigt fjäderkompressorn och ta bort den.

5.4 Tryck ihop ventilfjädern med en lämplig ventilfjäderkompressor

5 Ta loss det övre ventilfjädersätet och ventilfjädern. Dra ut ventilen från dess styrning.
6 Dra bort ventilskaftets oljetätning med en ventiltång **(se bild)**. En kabelskalare kan behöva användas, som fästs under tätningen, om tätningen sitter hårt.
7 Ta loss det nedre ventilfjädersätet. Om det finns stora sotavlagringar runt utsidan av ventilstyrningen måste dessa skrapas bort innan sätet monteras tillbaka. Observera att på dieselmodeller är fjädersätet inbyggt i skafttätningen.
8 Det är viktigt att varje ventil förvaras tillsammans med sina insatshylsor, sin fjäder och sitt fjädersäte. Ventilerna bör även förvaras i rätt ordning, om de inte är så slitna eller brända att de måste bytas ut. Om ventilerna ska återanvändas, förvara ventilkomponenterna i märkta plastpåsar eller motsvarande små behållare **(se bild)**.
9 Ta loss resten av ventilerna på samma sätt.

Rengöring

10 Ta noggrant bort alla spår av gammal packning och tätningsmedel från topplockets övre och nedre fogytor. Använd ett lämpligt lösningsmedel för packningar tillsammans med en mjuk kittkniv. Använd inte en metallskrapa, då kan ytorna skadas.
11 Ta bort allt sot från förbränningskamrarna och portarna, och torka sedan bort alla spår av olja och andra avlagringar från topplocket. Var särskilt noga med fotlager, ventillyftarlopp, ventilstyrningar och smörjkanaler.

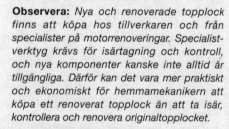

5.8 Håll ihop grupper av komponenter i märkta påsar eller lådor

5.6 Det finns särskilda tänger som är avsedda för att ta bort ventilskaftstätningar

12 Tvätta topplocket noga med fotogen eller något lämpligt lösningsmedel. Var noggrann vid rengöringen. Rengör alla oljehål och kanaler mycket noggrant, torka topplocket helt och smörj in alla bearbetade ytor med ett lager tunn olja.
13 Skrapa bort eventuella sotavlagringar från ventilerna, använd sedan en eldriven stålborste för att ta bort avlagringar från ventilhuvuden och skaft.

Kontroll

Observera: Var noga med att utföra hela den granskning som beskrivs nedan innan beslut fattas om en verkstad behöver anlitas för någon åtgärd. Gör en lista med alla komponenter som behöver åtgärdas.

Topplock

14 Undersök topplocket noggrant och leta efter på sprickor, tecken på kylvätskeläckage och andra skador. Förekommer sprickor måste topplocket bytas ut.
15 Använd en stållinjal och ett bladmått för att kontrollera att topplockets yta inte är skev **(se bild)**. Om den är skev kan den kanske bearbetas. Kontakta en Volvoverkstad eller motorrenoveringsspecialist.
16 Undersök ventilsätena i förbränningskamrarna. Om de är mycket gropiga, spruckna eller brända måste de bytas ut eller fräsas om av en specialist på motorrenoveringar. Om de endast är lite anfrätta kan problemet åtgärdas genom att ventilhuvudena och sätena slipas in med fin ventilslipningsmassa enligt beskrivningen nedan.

5.15 Mät hur vriden topplockets yta är med hjälp av en stållinjal och bladmått

17 Om ventilstyrningarna verkar slitna, vilket märks på att ventilen kan röras i sidled, måste nya styrningar monteras. Mät diametern på de befintliga ventilskaften och styrningarnas lopp, byt ventilerna eller styrningarna efter behov. Arbetet med att byta ventilstyrningarna bör överlåtas åt en specialist på motorrenoveringar.

18 Om ventilsätena ska fräsas om, måste detta göras *efter* det att styrningarna har bytts ut.

19 De gängade hålen i topplocket måste vara rena för att momentvärdena för åtdragningen ska bli korrekta vid återmonteringen. Använd försiktigt en gängtapp av rätt storlek (storleken kan bestämmas med hjälp av storleken på den bult som ska sitta i hålet) i hålen för att ta bort rost, korrosion, tätningsmedel eller smuts, samt för att återställa skadade gängor. Använd om möjligt tryckluft för att få bort restprodukter ur hålen. Glöm inte att också rengöra gängorna på alla bultar och muttrar.

20 De gängor som inte kan renoveras på detta sätt kan oftast återställas med hjälp av gänginsatser. Om några gängade hål är skadade, fråga en återförsäljare eller en motorrenoveringsspecialist och låt dem installera gänginsatser där de behövs.

Ventiler

21 Undersök huvudet på varje ventil och leta efter tecken på anfrätning, brännskador, sprickor och allmänt slitage, och undersök ventilskaftet efter tecken på repor och slitage. Vrid ventilen och kontrollera om den verkar böjd. Leta efter gropar och kraftigt slitage på ventilskaftens spetsar. Byt ut alla ventiler som visar tecken på slitage och skador.

22 Om ventilen verkar vara i gott skick så här långt, mät ventilskaftets diameter på flera ställen med hjälp av en mikrometer **(se bild)**. Om diameterns tjocklek varierar märkbart på de olika mätställena är det ett tecken på att ventilskaftet är slitet. Då måste ventilen bytas ut.

23 Om ventilernas skick är tillfredsställande ska de slipas (poleras) in i respektive säte för att garantera en smidig, gastät tätning. Om sätet endast är lätt anfrätt, eller om det har frästs om, ska *endast* fin slipningsmassa användas för att få fram den nödvändiga ytan. Grov ventilslipmassa ska *inte* användas, om inte sätet är mycket bränt eller har djupa spår.

Om så är fallet, ska topplocket och ventilerna undersökas av en expert, för att avgöra om sätet måste fräsas om, eller om ventilen eller sätesinsatsen måste bytas.

24 Ventilslipning går till på följande sätt. Placera topplocket upp och ner på en bänk, med ett trästycke i var ände så att ventilskaften inte tar i.

25 Smörj en aning ventilslipningsmassa (av lämplig grad) på sätesytan och tryck fast ett sugslipningsverktyg över ventilhuvudet. Slipa ventilhuvudet med en roterande rörelse ner till sätet, lyft ventilen ibland för att omfördela slipmassan. Om en lätt fjäder placeras under ventilen går det lättare.

26 Om grov slipmassa används, arbeta tills ventilhuvudet och fästet får en matt, jämn yta, torka sedan bort den använda slipmassan och upprepa arbetet med fin slipmassa. När en mjuk, obruten ring med ljusgrå matt yta uppnås på både ventilen och sätet är inslipningen färdig. Slipa *inte* ventilerna längre än vad som är absolut nödvändigt, då kan sätet sjunka in i topplocket för tidigt.

27 När samtliga ventiler har blivit inslipade måste alla spår av slipmassa försiktigt tvättas bort med fotogen eller annat lämpligt lösningsmedel innan topplocket sätts ihop.

Ventildelar

28 Undersök ventilfjädrarna efter tecken på skador eller missfärgning, och mät även längden genom att jämföra de befintliga fjädrarna med en ny.

29 Ställ varje fjäder på en plan yta och kontrollera att den står rakt upp. Om någon av fjädrarna är skadad, skev eller har förlorat sin elasticitet måste alla fjädrar bytas ut. Normalt byts alla fjädrar alltid ut vid en större renovering.

30 Byt ut ventilskaftens oljetätningar, oavsett deras aktuella kondition.

Ihopsättning

31 Olja in skaftet på en av ventilerna och sätt in det i styrningarna, sätt sedan dit ventilfjädersätet. Observera att på diesel-modeller är sätet inbyggt i skafttätningen.

32 De nya ventilskaftoljetätningarna kan ha en plasthylsa som skyddar tätningen när den monteras på ventilen.

Om inte, vira ett stycke plastfilm runt ventil-skaftet som går ungefär 10 mm utanför skaftets ände.

33 Med skyddshylsan eller plastfilmen på plats runt ventilen, sätt på ventilskaftets oljetätning och skjut på den på ventilstyrningen så långt det går med hjälp av en passande hylsa eller ett rörstycke **(se bild)**. När tätningen väl sitter på plats, ta bort skyddshylsan eller plastfilmen.

34 Montera ventilfjädern och det övre sätet. Tryck ihop fjädern och sätt på de två insats-hylsorna i urholkningarna i ventilskaftet. Lossa komprimeringsverktyget försiktigt.

> **HAYNES TiPS** *Håll insatshylsorna på plats på ventilskaften med lite fett medan fjäderkompressorn lossas.*

35 Täck ventilskaftet med en trasa och knacka till ordentligt på det med en lätt hammare för att kontrollera att insatshylsorna sitter ordentligt.

36 Upprepa dessa åtgärder på resten av ventilerna.

37 Montera tillbaka resten av komponenterna, och sätt sedan tillbaka topplocket enligt beskrivningen i del A, b eller C i detta kapitel.

6 Mellandel/ramlageröverfall – demontering

Observera: *På 1,8- och 2,0-liters bensin-motorer kan man inte byta den mellanliggande delen/ramlagerdelen eller ta bort vevaxeln eller kolvarna. Det verkar inte finnas några reservdelar och nya/reservenheter levereras med vevaxel, kolvar, vevstakar etc. redan monterade. Följaktligen gäller följande endast 2,4-liters bensinmodeller och 2,0-liters diesel-modeller.*

1 Töm ur motoroljan och ta bort oljefiltret enligt kapitel 1A eller 1B om det behövs.

2 Ta bort oljepumpen och sumpen enligt beskrivningen i avsnitt B eller C i detta kapitel.

2,4-liters bensinmodeller

3 Skruva loss fästbygelsbulten och ta bort oljeupptagarröret **(se bild)**. Ta bort O-rings-tätningen på röränden.

5.22 Mät ventilskaftens diameter med en mikrometer

5.33 Tryck ventilskaftstätningen på plats med en hylsa eller ett rör

6.3 Skruva loss bulten från oljeupptagarrörets fästbygel (se pil)

6.9 Skruva i 2 sumpbultar i ramlager-överfallet, bänd det sedan uppåt

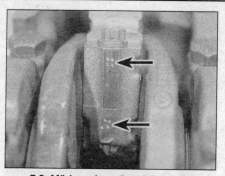

7.3 Märk vevlageröverfallen och vevstakarna med deras cylindernummer

7.10 Ta bort kolvringararna med hjälp av bladmått

4 Ta bort kolvarna och vevstakarna enligt beskrivningen i avsnitt 7.

5 Skruva loss alla M7-bultar som håller fast mellandelen vid motorblocket, arbeta utifrån och in. När alla M7-bultar har tagits bort, skruva loss M8:an, skruva sedan loss M10-bultarna i samma ordning.

6 Knacka försiktigt loss mellandelen med en gummi- eller läderklubba. Lyft av mellandelen tillsammans med vevaxelns nedre ramlageröverfall. Om några av överfallen sitter kvar på vevaxeln, flytta dem till deras rätta platser på mellandelen. Vrid inte vevaxeln när mellandelen är borttagen. Ta bort tryckbrickorna från ramlagerläge nr 1.

7 Ta bort vevaxelns packbox.

2,0-liters dieselmodeller

8 Ta bort kolvarna och vevstakarna enligt beskrivningen i avsnitt 7.

9 Skruva loss de bakre ramlageröverfalls-bultarna och ta sedan bort överfallet. Skruva in två sumpbultar i överfallet och dra i dem för att få loss överfallet **(se bild)**.

10 Gör identifierings-/inställningsmarkeringar på de kvarvarande lageröverfallen, skruva sedan loss fästbultarna och ta bort överfallen. Notera var tryckbrickorna på ramlager för cylinder nr 1 är placerade.

11 Bänd ut packboxen.

---

7 Kolvar och vevstakar – demontering och kontroll

Observera: *På 1,8- och 2,0-liters bensin-motorer kan man inte byta den mellanliggande delen/ramlagerdelen eller ta bort vevaxeln eller kolvarna. Det verkar inte finnas några reservdelar och nya/reservenheter levereras med vevaxel, kolvar, vevstakar etc. redan monterade. Följaktligen gäller följande endast 2,4-liters bensinmodeller och 2,0-liters diesel-modeller.*

Demontering

1 Ta bort topplocket, oljepumpen, sumpen och svänghjulet enligt beskrivningen i avsnitt B eller C i detta kapitel.

2 Känn inuti loppens överdel om det finns någon kraftig slitagekant. Vissa experter rekommenderar att en sådan kant ska tas bort (med en avskrapare eller upprymmare) innan du försöker ta bort kolvarna. Men kant som är stor nog att skada kolvarna och/eller kolvringarna innebär nästan alltid att det behövs nya kolvar/ringar i alla fall.

3 Kontrollera att det finns identifikations-nummer eller markeringar på varje vevstake och överfall. Gör markeringar med färg eller en körnare om det behövs, så att varje stake kan återmonteras på samma plats och i samma riktning **(se bild)**. Notera deras lägen, t.ex. markeringar på avgassidan etc.

4 Ta bort de båda vevstaksbultarna (2,4-litersmodeller) eller muttrar (2,0-liters dieselmodeller). Lossa överfallet genom att knacka på det med en mjuk hammare. Ta bort överfallet och den nedre lagerskålen. Observera att du behöver nya bultar eller muttrar för ihopsättningen. Du ska alltid montera nya lagerskålar.

5 Tryck upp vevstaken och kolven, ut ur loppet. Ta loss lagerskålens andra halva om den är lös.

6 Montera tillbaka kåpan åt rätt håll på vevstaken, så att de inte blandas ihop. Observera att på vissa motorer är ytan mellan överfallet och staken inte bearbetad, utan bruten. Var försiktig så att du inte skadar eller gör märken i de brutna ytorna, annars passar inte överfallet med lagerskålen, och då behövs det nya vevstakar.

7 Kontrollera om det finns en pil ovanpå kolven. Den bör peka mot motorns kam-remsände. Finns det ingen pil kan en egen riktningsmarkering göras.

8 Upprepa åtgärderna på de återstående vevstakarna och kolvarna.

Kontroll

9 Innan kontrollen kan utföras måste kolvarna/vevstakarna rengöras, och originalkolvringarna demonteras från kolvarna.

10 Töj försiktigt ut de gamla ringarna och ta bort dem från kolvarna. Använd två eller tre gamla bladmått för att hindra att ringarna ramlar ner i tomma spår **(se bild)**.

Var noga med att inte repa kolvarna med ringkanterna. Ringarna är sköra och går sönder om de töjs för mycket. De är också mycket vassa – skydda dina fingrar och händer.

11 Skrapa bort alla spår av sot från kolvens överdel. En handhållen stålborste (eller finkornig smärgelduk) kan användas när de flesta avlagringar skrapats bort.

12 Ta bort sotet från ringspåren i kolven med hjälp av en gammal ring. Bryt ringen i två delar (var försiktig så du inte skär dig – kolvringar är vassa). Var noga med att bara ta bort sotavlagringarna – ta inte bort någon metall och gör inga hack eller repor i sidorna på ringspåren.

13 När avlagringarna är borta, rengör kolvarna/vevstakarna med fotogen eller lämpligt lösningsmedel och torka dem noga. Se till att oljereturhålen i ringspåren är helt rena.

14 Om kolvarna och cylinderloppen inte är skadade eller överdrivet slitna, och om motorblocket inte behöver borras om (efter tillämplighet), kan originalkolvarna monteras tillbaka. Normalt kolvslitage visar sig genom att det vertikala slitaget på kolvens stötytor är jämnt, och att den översta ringen sitter något löst i sitt spår. Nya kolvringar ska alltid användas när motorn sätts ihop igen.

15 Undersök varje kolv noga efter sprickor runt manteln, runt kolvtappshålen och på områdena mellan ringspåren.

16 Leta efter spår och repor på kolvmanteln, hål i kolvkronan och brända områden på kolvänden.

17 Om manteln är repad eller skavd kan motorn ha varit utsatt för överhettning och/eller onormal förbränning vilket har orsakat höga arbetstemperaturer. Kontrollera kyl- och smörjningssystemen noga. Brännmärken på kolvsidorna visar att genomblåsning har ägt rum.

18 Ett hål i kolvkronan eller brända områden i kolvkronans kant är tecken på att onormal förbränning (förtändning, tändningsknack eller detonation) har förekommit.

19 Vid något av ovanstående kolvproblem måste orsakerna undersökas och åtgärdas, annars kommer skadan att uppstå igen.

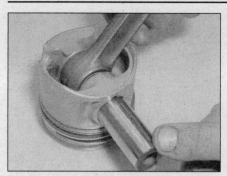

7.23 Tryck ut kolvtappen ur kolven och vevstaken

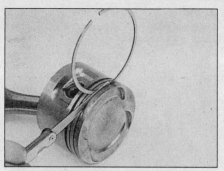

7.26 Mät mellanrummet mellan ringen och spåret med ett bladmått

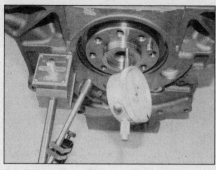

8.2 Kontrollera vevaxelns axialspel med en mätklocka

Orsakerna kan vara läckage i insugsluften, felaktig bränsle/luftblandning eller fel i avgaskontrollsystemet.

20 Punktkorrosion på kolven är tecken på att kylvätska har läckt in i förbränningskammaren och/eller vevhuset. Även här måste den bakomliggande orsaken åtgärdas, annars kan problemet bestå i den ombyggda motorn.

21 Undersök varje vevstake noga efter tecken på skador, som sprickor runt vevlagret och den övre vevstaksändens lager. Kontrollera att vevstaken inte är böjd eller skev. Skador på vevstaken inträffar mycket sällan, om inte motorn har skurit ihop eller överhettats allvarligt. En noggrann undersökning av vevstaken kan endast utföras av en specialist på motorrenoveringar, med tillgång till nödvändig utrustning.

22 Kolvtapparna är av flottörtyp och hålls på plats med två låsringar. Om det behövs, kan kolvarna och dragstängerna separeras på följande sätt.

23 Ta loss en av de låsringar som håller fast kolvtappen. Tryck ut kolvtappen ur kolven och vevstaken **(se bild)**.

24 Om du har några tvivel rörande skicket på kolvarna, bör du låta en motorrenoveringsspecialist mäta dem. Om nya delar skulle krävas kan han/hon tillhandahålla väldimensionerade kolvar/ringar och borra om motorblocket (om det behövs).

25 Om någon av kolvarna är slitna måste alla kolvarna bytas. Observera att om motorblocket borrats om under en tidigare renovering kan större kolvar ha monterats.

26 Håll en ny kolvring i passande spår och mät mellanrummet mellan ring och spår med ett bladmått **(se bild)**. Observera att ringarna är olika stora, så se till att använda rätt ring till rätt spår. Jämför måtten med de som anges i Specifikationer. Om spelen ligger utanför toleransområdena, måste kolvarna bytas.

27 Kontrollera kolvtappens passning i vevstakens bussning och i kolven. Om det föreligger märkbart spel måste en ny bussning eller en större kolvtapp monteras. Kontakta en Volvoverkstad eller motorrenoveringsspecialist.

28 Undersök alla komponenter och skaffa de nya delar som behövs. Nya kolvar levereras komplett med kolvbultar och låsringar. Låsringar kan även köpas separat.

29 Smörj in kolvtappen med olja. Sätt ihop vevstaken och kolven, se till att vevstaken är rättvänd enligt de anteckningar som gjordes vid demonteringen, och fäst kolvtappen med låsringen. Sätt låsringen så att dess öppning är vänd nedåt.

30 Upprepa dessa åtgärder på resten av kolvarna.

8 Vevaxel – demontering och kontroll

Observera: *På 1,8- och 2,0-liters bensinmotorer kan man inte byta den mellanliggande delen/ramlagerdelen eller ta bort vevaxeln eller kolvarna. Det verkar inte finnas några reservdelar och nya/reservenheter levereras med vevaxel, kolvar, vevstakar etc. redan monterade. Följaktligen gäller följande endast 2,4-liters bensinmodeller och 2,0-liters dieselmodeller.*

Observera: *Om inget arbete ska göras på kolvarna och vevstakarna behöver inte topplocket och kolvarna demonteras. Istället behöver kolvarna bara tryckas in så långt i loppen att de inte är i vägen för vevtapparna.*

Demontering

1 Utför följande, enligt beskrivningen i del B eller C i detta kapitel och tidigare avsnitt i denna del, efter tillämplighet:
  a) *Demontera oljepumpen.*
  b) *Ta bort sumpen och mellandelen/ ramlageröverfallen.*
  c) *Demontera kopplingens komponenter och svänghjulet.*
  d) *Demontera kolvarna och vevstakarna (se anmärkningen ovan).*

2 Innan vevaxeln demonteras är det bäst att kontrollera axialspelet. Detta gör du genom att tillfälligt sätta tillbaka mellandelen/ramlagren och sedan montera en mätklocka med skaftet

i linjen med vevaxeln och så att den precis tar i vevaxeln **(se bild)**.

3 Skjut bort vevaxeln helt från mätaren och nollställ den. Skjut sedan vevaxeln mot mätaren så långt som möjligt och läs av mätaren. Sträckan som vevaxeln förflyttas är dess axialspel. Om det är större än vad som anges, kontrollera att vevaxelns tryckytor inte är slitna. Om inget slitage föreligger, bör nya tryckbrickor (som sitter ihop med ramlageröverfallen på 2,4-litersmodeller) kunna korrigera axialspelet.

4 Ta bort mellandelen/ramlageröverfallen igen, och lyft sedan bort vevaxeln. Tappa den inte, den är tung.

5 Demontera de övre halvorna av ramlageröverfallen från deras säten i vevhuset genom att trycka på den ände av överfallet som ligger längst bort från styrfliken. Håll ordning på överfallen.

Kontroll

6 Rengör vevaxeln med fotogen eller annat lämpligt lösningsmedel och torka den. Använd helst tryckluft om det finns tillgängligt. Var noga med att rengöra oljehålen med piprensare eller något liknande för att se till att de inte är igentäppta.

⚠️ *Varning: Använd skyddsglasögon vid arbete med tryckluft.*

7 Kontrollera ramlagertappar och vevlagertappar efter ojämnt slitage, repor, gropigheter eller sprickor.

8 Slitage på vevstakslagret följs av tydliga metalliska knackningar när motorn körs (märks särskilt när motorn drar från låg fart) och viss minskning av oljetrycket.

9 Slitage i ramlagret åtföljs av starka motorvibrationer och ett dovt ljud – som ökar i takt med att motorns varvtal ökar – samt minskning av oljetrycket.

10 Kontrollera ojämnheter på lagertapparna genom att försiktigt dra ett finger över lagerytan. Om du upptäcker ojämnheter (som naturligtvis leder till lagerslitage) måste vevaxeln borras om (om möjligt) eller bytas ut.

11 Låt en motorrenoveringsspecialist mäta och kontrollera vevaxeln. De kan ge dig råd om det finns lagerskålar i understorlek och vevaxelrenovering.

9.1a Skruva loss kolvens kylventil . . .

9.1b . . . och kolvens kylmunstycke på 2,4-liters bensinmodeller . . .

9.1c . . . och dieselmodeller

9 Motorblock/vevhus – rengöring och kontroll

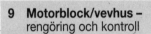

Observera: *På 1,8- och 2,0-liters bensinmotorer kan man inte byta den mellanliggande delen/ramlagerdelen eller ta bort vevaxeln eller kolvarna. Det verkar inte finnas några reservdelar och nya/reservenheter levereras med vevaxel, kolvar, vevstakar etc. redan monterade. Följaktligen gäller följande endast 2,4-liters bensinmodeller och 2,0-liters dieselmodeller.*

Rengöring

1 Före rengöring, demontera alla externa komponenter och givare, samt alla galleripluggar eller kåpor som kan vara monterade. Ta bort kolvens kylventil (i förekommande fall) och kylmunstyckena **(se bilder)**.

2 Om någon av gjutningarna är extremt nedsmutsad bör alla ångtvättas.

3 När gjutningarna ångtvättats, rengör alla oljehål och oljegallerier en gång till. Spola alla interna passager med varmt vatten till dess att rent vatten rinner ut. Använd om möjligt tryckluft för att skynda på torkandet och blåsa rent i alla oljehål och kanaler.

 Varning: Använd skyddsglasögon vid arbete med tryckluft.

4 Om gjutdelarna inte är alltför smutsiga går det att göra ett godtagbart tvättjobb med hett tvålvatten (så hett du klarar av) och en styv borste. Var noggrann vid rengöringen. Se till att rengöra alla oljehål och kanaler mycket noga, oavsett tvättmetod, och att torka alla delar ordentligt. Applicera ren motorolja på cylinderloppen för att förhindra rost.

5 De gängade hålen i motorblocket måste vara rena för att momentvärdena för åtdragningen ska bli korrekta vid återmonteringen. Använd försiktigt en gängtapp av rätt storlek (storleken kan bestämmas med hjälp av storleken på den bult som ska sitta i hålet) i hålen för att ta bort rost, korrosion, tätningsmedel eller smuts, samt för att återställa skadade gängor. Använd om möjligt tryckluft för att få bort restprodukter ur hålen. Glöm inte att också rengöra gängorna på alla bultar och muttrar.

6 De gängor som inte kan renoveras på detta sätt kan oftast återställas med hjälp av gänginsatser. Om några gängade hål är skadade, fråga en återförsäljare eller en motorrenoveringsspecialist och låt dem installera gänginsatser där de behövs.

7 Om motorn inte ska monteras ihop på en gång ska den täckas med en stor plastpåse för att undvika att motorn smutsas ner. Skydda de bearbetade ytorna enligt beskrivningen ovan, för att förhindra rostbildning.

Kontroll

8 Undersök gjutningarna och leta efter sprickor och korrosion. Leta efter skadade gängor i hålen. Om det har förekommit internt kylvätskeläckage kan det vara värt besväret att låta en specialist kontrollera motorblocket/vevhuset och leta efter sprickor med specialutrustning. Om defekter upptäcks ska de repareras, om möjligt, annars måste enheten bytas ut.

9 Undersök topplockets fogyta och mellandelens fogytor. Kontrollera ytorna för att se om de är skeva med hjälp av en stållinjal och ett bladmått, enligt beskrivningen tidigare för kontroll av topplocket. Om någon yta är skev, rådfråga en motorrenoveringsspecialist om vad som bör göras.

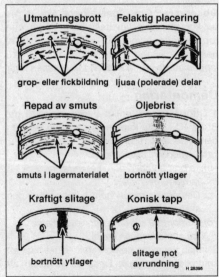

10.2 Typiska lagerbrott

10 Kontrollera att cylinderloppen inte är slitna eller repiga. Kontrollera om det finns slitspår ovanpå cylindern, det är i så fall ett tecken på att loppet är överdrivet slitet.

11 Låt en specialist på motorrenoveringar kontrollera och mäta loppen. De kan ge dig råd om eventuell omborrning av cylindrar och tillhandahålla lämpliga kolvar.

12 Om loppen är i någorlunda gott skick och inte överdrivet slitna, kan det räcka med att byta ut kolvringarna.

13 Om så är fallet ska loppen honas (finslipas) så att de nya ringarna kan passas in ordentligt och ge bästa möjliga tätning. Detta kan man utföra själv eller överlåta till en motorrenoveringsspecialist.

14 När all maskinslipning/borrning är klar måste hela blocket/vevhuset tvättas mycket noga med varmt tvålvatten, så att alla spår av slipdamm tas bort. När motorblocket/vevhuset är helt rent, skölj det noga och torka det, och smörj sedan in alla exponerade maskinbehandlade ytor lätt med olja för att förebygga rost.

15 Montera kolvarnas kylmunstycken längst ner på cylinderloppen och dra åt fästbultarna till angivet moment.

16 Sätt dit en ny tätningsbricka på kolvens kyloljeventil, eller stryk på gängtätningsmedel på ventilgängorna (om det är tillämpligt). Sätt sedan tillbaka ventilen och dra åt den till angivet moment.

10 Ram- och vevstakslager – kontroll och urval

Kontroll

1 Även om ram- och vevstakslagerkåporna bör bytas vid en motorrenovering, bör de gamla kåporna behållas för noggrann undersökning, eftersom de kan ge värdefull information om motorns skick.

2 Lagerhaveri uppstår på grund av otillräcklig smörjning, förekomst av smuts eller andra främmande partiklar, överbelastning av motorn och korrosion **(se bild)**. Oavsett vilken orsaken är måste den åtgärdas (om det går) innan motorn sätts ihop för att förhindra att lagerhaveriet inträffar igen.

3 När lagerkåporna undersöks, demontera dem från motorblocket/vevhuset och ramlageröverfallen, samt från vevstakarna och vevstaksöverfallen, och lägg dem sedan på en ren yta i ungefär samma position som deras plats i motorn. Därigenom kan man se vilken vevtapp som har orsakat lagerproblemen. *Vidrör inte* lagerskålarnas känsliga ytor med fingrarna under kontrollen, då kan de repas.

4 Smuts och andra främmande partiklar kan komma in i motorn på många sätt. Det kan bli lämnat kvar i motorn vid ihopsättning, eller komma in genom filter eller vevhusventilationen. Den kan hamna i oljan, och därmed tränga in i lagren. Metallspån från slipning och normalt slitage förekommer ofta. Slipmedel finns ibland kvar i motorn efter en renovering, speciellt om delarna inte har rengjorts noggrant på rätt sätt.

5 Oavsett var de kommer ifrån hamnar dessa främmande föremål ofta som inbäddningar i lagermaterialet och är där lätta att känna igen. Större partiklar bäddas inte in i materialet, utan repar kåpan och tappen. Bästa sättet att förebygga lagerhaverier av denna typ är att rengöra alla delar noga och hålla allt perfekt rent under ihopsättningen av motorn. Täta och regelbundna oljebyten är också att rekommendera.

6 Oljebrist har ett antal relaterade orsaker. Överhettning (som tunnar ut oljan), överbelastning (som tränger undan olja från lagerytan) och oljeläckage (från överdrivna lagerspel, sliten oljepump eller höga motorvarv) bidrar alla till avbrott i smörjningen. Igensatta oljekanaler, som vanligen är ett resultat av att oljehålen i lagerskålen inte är korrekt uppriktade, tappar lagren på olja och förstör dem.

7 I de fall brist på smörjning orsakar lagerhaveri kletas lagermaterialet ut från kåpans stödplatta. Temperaturen kan stiga så mycket att stålplattan blir blå av överhettning.

8 Körvanorna kan påverka lagrens livslängd betydligt. Full gas från låga varv (segdragning) belastar lagren mycket hårt och tenderar att pressa ut oljefilmen. Sådan belastning kan även orsaka att kåporna sviktar, vilket ger fina sprickor på lagerytan (utröttning). Förr eller senare kommer stycken av lagermaterialet att lossna och slitas bort från skålens stålplatta.

9 Korta körsträckor leder till korrosion i lagren därför att det inte alstras nog med värme i motorn för att driva ut kondensvatten och frätande gaser. Dessa restprodukter samlas istället i motoroljan och bildar syra och slam. När oljan sedan leds till motorlagren angriper syran lagermaterialet.

10 Felaktig återmontering av kåporna vid ihopsättning leder också till haveri. Tätt åtsittande kåpor ger för litet spel och resulterar i oljeförlust. Smuts eller främmande partiklar som fastnar bakom en lagerkåpa ger höga punkter i lagret vilket leder till haveri.

11 *Rör inte* vid lagerskålarnas lageryta med fingrarna vid monteringen. Du kan råka skrapa eller förorena den känsliga ytan.

Urval

12 Låt en motorrenoveringsspecialist mäta och undersöka vevaxeln, specialisten kan tillhandahålla nya lämpliga lagerskålar.

11 Motoröversyn – ihopsättningsordning

1 Innan ihopsättningen påbörjas, kontrollera att alla nya delar har anskaffats och att alla nödvändiga verktyg finns till hands. Läs igenom hela arbetsbeskrivningen och kontrollera att allt som behövs verkligen finns tillgängligt. Utöver alla vanliga verktyg och material, behövs gängfästmassa på de flesta områden under ihopsättningen av motorn. En tub med Volvos flytande packning och en korthårig roller krävs också vid ihopsättningen av motordelarna.

2 För att spara tid och undvika problem rekommenderas att ihopsättningen av motorn utförs i följande ordningsföljd:
   a) *Vevaxel.*
   b) *Mellandel/ramlageröverfall.*
   c) *Kolvar/vevstakar.*
   d) *Sump.*
   e) *Oljepump.*
   f) *Svänghjul.*
   g) *Topplock.*
   h) *Kamaxel och ventillyftare.*
   i) *Kamrem, spännare, drev och överföringsremskivor.*
   j) *Motorns yttre komponenter.*

3 I detta skede ska alla motorkomponenter var absolut rena och torra med alla fel åtgärdade. Komponenterna ska läggas ut (eller finnas i individuella behållare) på en fullständigt ren arbetsyta.

12 Vevaxel – återmontering

1 Återmonteringen av vevaxeln är det första steget vid ihopsättningen av motorn efter renovering. I detta läge förutsätts att motorblocket/vevhuset och vevaxeln har rengjorts, kontrollerats och renoverats eller reparerats efter behov, och att kolvarnas kylmunstycken och ventiler (i förekommande fall) har återmonterats. Placera motorblocket på en ren, plan arbetsyta, med vevhuset uppåt.

2 Om de fortfarande sitter på plats tar du bort de gamla lagerskålarna från motorblocket och mellandelen/ramlageröverfallen.

3 Torka rent ramlagerskålssätena i vevhuset och rengör de nya lagerskålarnas baksidor. Sätt i de tidigare utvalda övre kåporna på rätt plats i vevhuset. Observera att lagerskålarna som har tryckbrickor måste monteras på lager nr 5 på 2,4-litersmotorer. På 2,0-liters dieselmotorer sitter tryckbrickorna på de övre och nedre lagerplatserna på lager nr 2. Tryck lagren på plats så att de hakar i spåren. På dieselmotorer måste lagerskålarna med spår monteras på motorblocket. På bensinmodeller ska den tjockare av de båda lagerskålarna monteras på mellandelen.

4 Smörj lagerkåporna i vevhuset rikligt med ren motorolja.

5 Torka rent vevaxeltapparna och sänk sedan ner vevaxeln på plats. Se till att kåporna inte rubbas.

6 Spruta in olja i vevaxelns smörjkanaler, och torka sedan bort alla spår av överflödig olja från vevaxeln och mellandelens/ramlageröverfallens fogytor.

Bensinmodeller

7 Med en korthårig roller, applicera ett jämnt lager av Volvos flytande packning (nr 11 61 059) på motorblockets fogyta på mellandelen. Se till att hela ytan täcks, men observera att det räcker med ett tunt lager för att få en bra tätning.

8 Torka rent ramlageröverfallens säten i mellandelen och rengör lagerkåpornas baksidor. Sätt i de tidigare utvalda nedre kåporna på rätt plats i mellandelen. Tryck lagren på plats så att de hakar i spåren.

9 Smörj lagerkåporna i mellandelen lätt, och se till att det inte kommer olja på den flytande packningen.

10 Placera mellandelen på vevaxeln och motorblocket, och sätt i fästbultarna (nya M10). Dra åt bultarna enligt de fem steg som anges i Specifikationer till angivet moment och vinkel, börja utifrån och jobba inåt **(se bild)**.

12.10 Mellandelens bultar – 2,4-litersmodeller

1 M7   2 M8   3 M10

Dieselmodeller

11 Torka rent lagerskålssätena i ramlager-överfallen och rengör lagerskålarnas baksidor. Sätt i de tidigare utvalda nedre kåporna på rätt plats i lageröverfallen. Tryck lagren på plats så att de hakar i spåren.

12 Smörj in lagerskålarna i ramlageröver-fallen lite, sätt sedan tillbaka överfallen i deras ursprungslägen och linjera de markeringar som gjordes tidigare. Se till att tryckbrickorna monteras med oljespåren mot lagerytorna. Observera att du måste sätta dit nya gummitätningar på var sida om ramlageröverfallet på växellådsänden **(se bilder)**. Överfallet monteras sedan med hjälp av Volvos specialverktyg nr 999 7223 (eller remsor av stålmellanlägg) för att få överfallet och tätningarna på plats **(se bilder)**. Applicera en droppe silikontätningsmedel på hörnen av ramlageröverfallets fördjupningar i motorblocket. Observera att även med Volvo-verktyget är det omöjligt att sätta dit tätningarna helt jäms med sumpens fogyta – de kan sticka ut max. cirka 1,0 mm.

13 Dra åt ramlageröverfallens bultar till anglvet moment för steg 1, arbeta stegvis från mitten och utåt. Upprepa ordningsföljden och dra åt bultarna till vinklarna för steg 2.

Alla modeller

14 Vrid runt vevaxeln. Ett visst motstånd är att vänta med nya delar, men det får inte finnas några uttalade tröga ställen eller stopp.

15 Det är en god idé att vid detta tillfälle återigen kontrollera vevaxelns axialspel enligt beskrivningen i avsnitt 8. Om stötytorna på vevaxeln har kontrollerats och nya lagerkåpor monterats, ska axialspelet ligga inom tillåtna gränser.

16 Smörj packboxens plats, vevaxeln och en ny packbox. Montera packboxen med läpparna inåt och använd en bit rör (eller den gamla tätningen, ut- och invänd) och knacka den på plats tills den är i nivå.

13 Kolvar och kolvringar – ihopsättning

1 Vid det här laget kan man anta att kolvarna har satts ihop korrekt med sina respektive vevstakar och att mellanrummen mellan kolvringarna och spåren har kontrollerats. Om inte, se slutet av avsnitt 7.

2 Innan ringarna kan monteras på kolvarna måste ändgapen kontrolleras med ringarna insatta i cylinderloppen.

3 Lägg ut kolvarna och de nya ringarna så att delarna hålls ihop i grupper, under och efter kontrollen av ändgapen. Lägg motorblocket på sidan på arbetsytan, så att det går att komma åt loppens över- och undersida.

4 Ta den övre ringen för kolv nr 1 och sätt i den längst upp i den första cylindern. Tryck ner den i loppet med kolvens övre del. På så sätt ser man till att ringen placeras rakt mot cylinderväggarna. Placera ringen nära cylinderloppets botten, vid den nedre gränsen för ringrörelsen. Den övre ringen skiljer sig från den andra ringen. Den andra ringen känns enkelt igen på steget på dess nedre yta.

5 Mät ringgapet med ett bladmått.

6 Upprepa proceduren med ringen längst upp i cylinderloppet, vid övre gränsen för dess rörelse, och jämför värdena med dem i Specifikationer.

7 Om nya ringar används är det inte troligt att ändgapen kommer att vara för små. Om något mått visar sig vara för litet måste detta rättas till, annars finns det risk för att ringändarna kommer i kontakt med varandra när motorn går, vilket kan skada motorn. Helst ska nya kolvringar med korrekt ändgap monteras. Som en sista utväg kan öppningarna förstoras genom att ringändarna försiktigt filas ner med en fin fil. Fäst filen i ett skruvstäd med mjuka käftar, dra ringen över filen med ändarna i kontakt med filytan och rör ringen långsamt för att slipa ner materialet i ändarna. Var försiktig, kolvringar är vassa och går lätt sönder.

8 Det är lika föga troligt att ändgapet är för stort. Om gapen är för stora, kontrollera att det är rätt sorts ringar för motorn och den aktuella cylinderloppsstorleken.

9 Upprepa kontrollen av alla ringar i cylinder nr 1 och sedan av ringarna i de återstående cylindrarna. Kom ihåg att hålla ihop ringar, kolvar och cylindrar.

10 När ringöppningarna har kontrollerats, och eventuellt justerats, kan de demonteras på kolvarna.

11 Montera kolvringarna med samma teknik som användes vid demonteringen. Montera den nedersta skrapringen först, och fortsätt uppåt. Den nedre oljeskrapringen är tredelad – montera den fjädorlika expanderringen först, och sedan de två enkla ringarna på var sida. Observera textmarkeringarna på ena sidan av den övre och nedre ringen. Texten måste vara vänd uppåt när ringarna monteras. Mittenringen är fasad, och den fasade kanten måste vara vänd nedåt vid monteringen **(se bild)**. Tänj inte ut kompressionsringarna för långt, eftersom de kan gå av. **Observera:** *Följ alltid instruktionerna som medföljer de nya uppsättningarna med kolvringar – olika tillverkare kan ange olika tillvägagångssätt. Förväxla inte den övre och den andra*

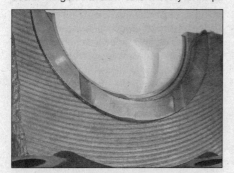

12.12a Se till att tryckbrickorna är monterade med oljespåren vända utåt

12.12b Montera nya gummitätningar på ramlageröverfallet på växellådsänden

12.12c Applicera en droppe tätningsmedel på fördjupningarnas hörn (se pil) . . .

12.12d . . . och montera överfallet och dess tätningar med remsor av stålmellanlägg

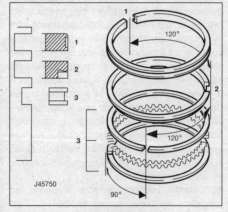

13.11 Kolvringar

1 *Övre kompressionsring*
2 *2:a kompressionsring*
3 *Oljeskrapring*

kompressionsringen, eftersom de ser olika ut i genomskärning.

12 När alla ringar är på plats, placera ut dem med 120° mellanrum, förutom den tredelade oljeskrapringen där de båda enkla ringarna ska vara placerade med 90° mellanrum.

14 Kolvar och vevstakar – montering

1 Innan du monterar kolvarna/vevstakarna måste cylinderloppen vara helt rena och vevaxeln och mellandelen/ramlageröverfallen måste vara på plats.

2 Ta bort vevstakslageröverfallet från cylinder nr 1:s vevstake (se de markeringar som har noterats eller gjorts vid demonteringen). Ta bort de ursprungliga lagerskålarna och torka lagerfördjupningarna på vevstaken och överfallet med en ren, luddfri trasa. De måste hållas absolut rena. Se till att det finns nya fästbultar eller muttrar för vevstaksöverfallen. Vi har funnit att det till dieselmodeller endast går att köpa nya muttrar tillsammans med bultarna.

3 Rengör baksidan av den nya övre lagerkåpan, montera den till vevstaken för cylinder nr 1, och montera sedan lagrets andra kåpa på vevstaksöverfallet. Observera att på bensinmodeller måste lagerskålen med den svarta storleksmarkeringen på kanten monteras på vevstaken. På stakar och överfall av "bruten" typ finns det inget inpassningsskåror för lagerskålens flik. På dessa stakar/överfall placerar du helt enkelt lagerskålarna så centrerat som möjligt. Om det finns flikar och skåror, se till att fliken på varje lagerskål passar i skåran på vevstaken eller överfallets fördjupning.

4 Placera kolvringgapen i rätt position runt kolven, smörj kolven och ringarna med ren motorolja och sätt på en kolvringkompressor på kolven. Låt manteln sticka ut något, för att styra in kolven i cylinderloppet. Ringarna måste tryckas ihop tills de är i jämnhöjd med kolven.

5 Vrid runt vevaxeln tills vevlageraxeltappen för cylinder nr 1 ligger vid nedre dödpunkten, och applicera lite motorolja på cylinderväggarna.

6 Placera enheten kolv nr 1/vevstaken så att pilen på kolvkronan pekar mot motorns kamremsände, och att kanalerna längst ner på kolvarna linjerar med kolvarnas kylmunstycke längst ner på cylinderloppet. Sätt försiktigt i alltihop i cylinderlopp nr 1, och låt ringkompressorns nederkant vila mot motorblocket.

7 Knacka på ringkompressorns övre del för att kontrollera att den ligger an mot motorblocket runt om.

8 Knacka försiktigt på kolvens övre del med änden av en hammares trähandtag, samtidigt som du styr in vevstakens storände på vevtappen. Kolvringarna kan hoppa ut ur ringkompressorn precis innan de ska in i cylinderloppet, så behåll trycket på

kompressorn. Arbeta långsamt och om du känner något som helst motstånd när kolvarna kommer in i cylindern, stanna omedelbart. Undersök vad det är som tar emot, och rätta till det innan arbetet återupptas. *Tvinga aldrig in kolven i cylindern, eftersom en ring och/eller kolven kan skadas. Var väldigt försiktig så att du inte skadar kolvarnas kylmunstycken.*

9 Se till att lagerytorna är helt rena, och applicera sedan ett jämnt lager ren motorolja på båda två. Det kan krävas att kolven trycks tillbaka upp i loppet något för att exponera kåpans lageryta i vevstaken.

10 Skjut tillbaka vevstaken på plats på vevlageraxeltappen och montera tillbaka vevstaksöverfallet. Smörj in bultgängorna, sätt dit bultarna/muttrarna och dra åt dem i två steg till angivet moment.

11 Upprepa hela proceduren för resten av kolvarna/vevstakarna.

12 De viktigaste huvudpunkterna är:
a) *Håll baksidan av lagerkåporna och urholkningarna i vevstakarna och överfallen helt rena när de sätts ihop.*
b) *Se till att du har rätt kolv/vevstake till varje cylinder.*
c) *Pilen på kolvkronan måste vara vänd mot motorns kamaxeldrivbältsände.*
d) *Smörj cylinderloppen med ren motorolja.*
e) *Smörj lagerytorna innan vevstaksöverfallen monteras.*

13 När alla kolv- och vevstaksenheter har monterats korrekt vrider du vevaxeln ett antal gånger för hand för att söka efter uppenbara kanter och kärvningar.

Dieselmotorer

14 Om du monterar nya kolvar, vevstakar eller vevaxel, eller om du monterar en ny kortare motor, måste du mäta hur långt kolvkronorna sticker ut ovanför topplockets yta vid ÖD, för att avgöra vilken topplockspackning som krävs.

15 Sätt dit sumpen enligt beskrivningen i kapitel 2C.

16 Fäst en indikatorklocka på motorblocket och rikta in den på topplockspackningens fogyta. Vila mätarsonden på kolvkrona nr 1 och vrid långsamt vevaxeln så att kolven når ÖD (övre dödpunkt). Mät och anteckna det maximala utsticket vid ÖD **(se bild).**

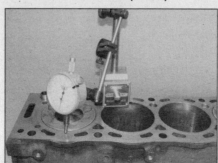
14.16 Mät hur långt kolven sticker ut med hjälp av en mätklocka

17 Upprepa mätningen för de återstående kolvarna och anteckna värdena.

18 Om måtten skiljer sig från kolv till kolv, ta det högsta värdet och använd det för att avgöra vilken typ av topplockspackning som behövs – se Specifikationer för mer information.

15 Motor – första start efter renovering och ihopsättning

1 Montera resten av motorkomponenterna i den ordning som anges i avsnitt 11, med hjälp av de relevanta delarna av den här delen av kapitel 2, och del A, B eller C. Sätt tillbaka motorn och växellådan i bilen enligt beskrivningen i avsnitt 3 i denna del. Kontrollera motoroljenivån och kylvätskenivån igen, samt att allt har återanslutits. Se till att inga verktyg eller trasor glömts kvar i motorrummet.

2 Demontera tändstiften (efter tillämplighet) och avaktivera tändsystemet genom att koppla loss kamaxelgivarens kablage vid skarvdonet. Koppla loss bränsleinsprutarens kontaktdon för att förhindra att bränsle sprutas in i cylindrarna.

3 Vrid runt motorn med startmotorn tills oljetryckslampan slocknar. Om lampan inte slocknar efter flera sekunders vevande, kontrollera motoroljenivån och att oljefiltret är korrekt monterat. Om dessa ser ut som de ska, kontrollera oljetrycksgivarens kablage och fortsätt inte förrän oljan garanterat pumpas runt motorn med tillräckligt tryck.

4 Montera tändstiften (i förekommande fall) och tändningskablaget (tändspolar och kablage), och återanslut kamaxelgivaren och bränsleinsprutarens kontaktdon.

5 Starta motorn, och tänk på att detta kan ta lite längre tid än normalt eftersom bränslesystemets komponenter är tomma.

6 Låt motorn gå på tomgång och leta efter bränsle-, kylvätske- och oljeläckage. Bli inte orolig om det luktar konstigt eller ryker från delar som blir varma och bränner bort oljeavlagringar. Observera att motorn även kan låta lite mer än vanligt tills ventillyftarna fylls med olja.

7 Låt motorn gå på tomgång tills det känns att varmt vatten cirkulerar igenom den övre slangen, kontrollera att den går jämnt och vid normal hastighet, och stäng sedan av den.

8 Kontrollera olje- och kylvätskenivåerna igen efter några minuter, och fyll på om det behövs (se kapitel 1A eller 1B).

9 Om nya delar som kolvar, ringar eller vevaxellager har monterats, måste motorn köras in i 800 km. Ge inte full gas och låt inte motorn arbeta på lågt varvtal på någon växel under denna inkörningsperiod. Vi rekommenderar att oljan och oljefiltret byts efter denna period.

Kapitel 3
Kyl-, värme- och luftkonditioneringssystem

Innehåll

Svårighetsgrad

| Enkelt, passar novisen med lite erfarenhet | Ganska enkelt, passar nybörjaren med viss erfarenhet | Ganska svårt, passar kompetent hemmamekaniker | Svårt, passar hemmamekaniker med erfarenhet | Mycket svårt, för professionell mekaniker |

Specifikationer

Allmänt
Systemtyp .... vattenbaserad kylvätska, pumpunderstödd cirkulation, termostatstyrd

Kylvätska
Blandningstyp .... se *Smörjmedel och vätskor*
Kylsystem – kapacitet .... se kapitel 1A eller 1B

Systemtryck
Trycktest .... ungefär 1,2 bar – se lock för faktiskt värde
(detta tryck bör vara konstant i två minuter)

Expansionskärl – påfyllningslock
Tryckkapacitet .... ungefär 1,2 bar – se lock för faktiskt värde

Termostat
Börjar att öppnas:
   Bensinmotor .... 90 °C
   Dieselmotorer .... 82 °C

Temperaturgivare för kylvätska
Resistans:
   1,8-liters bensinmodeller .... 280 kΩ vid -20 °C
                                                    32 kΩ vid 20 °C
   2,4-liters bensinmodeller .... 15 kΩ vid -20 °C
                                                    2,4 kΩ vid 0 °C
                                                    318 Ω vid 80 °C
   2,0-liters bensin- och dieselmodeller .... ingen uppgift

Luftkonditioneringssystem

Kylmedium:

Typ	R134a
Kapacitet (se etiketten på motorhuvudfrontens överdel)	500 till 600 g

Olja:

Typ	PAG
Totalkapacitet	180 till 200 g
Komponentkapacitet:	
Behållare/avfuktare....................................	90 cm³
Förångare	50 cm³
Kondensor	20 cm³
Rör	20 cm³
Slangar	20 cm³
Kompressor	se text

Åtdragningsmoment

	Nm
Behållare/avfuktare – bultar	10
Expansionsventil – anslutningsmutter	20
Kompressorns fästbultar	20
Kylvätskepump – bultar:	
1,8- och 2,0-liters bensinmodeller	10
2,4-liters bensinmodeller	16
2,0-liters dieselmodeller	16
Kylvätskepumpens remskiva – bultar (1,8- och 2,0-liters bensinmodeller)	25
Termostathus:	
1,8- och 2,0-liters bensinmodeller	10
2,4-liters bensinmodeller	ingen uppgift
2,0-liters dieselmodeller	17

1 Allmän information och föreskrifter

Allmän information

Kylsystemet är trycksatt, halvtätat och försett med ett expansionskärl där kylvätska från kylsystemet samlas upp när systemet är varmt. När systemet svalnar igen skickas kylvätskan tillbaka.

Kylvätskepumpen, som drivs av motorn kamrem, ombesörjer att vattenbaserad kylvätska cirkuleras runt motorblocket och topplocket. När kylvätskan cirkulerar runt motorn drar den åt sig värme. När den har blivit varm förs ut till kylaren där den passerar genom värmepaketet. När kylvätskan flyter genom kylarens värmepaket, kyler luftflödet som skapas av fordonets framåtrörelse ner vätskan och vätskan flyter sedan tillbaka till motorblocket. Luftflödet genom kylarens värmepaket understöds av en elfläkt med två hastighet. Denna fläkt styrs av motorstyrningssystemet (styrmodulen).

En termostat kontrollerar kylvätskeflödet genom kylaren. När motorn är kall är termostatventilen stängd så att det kylvätskeflöde i kylarens värmepaket som uppstår vid vanliga arbetstemperaturer avbryts.

När kylvätskan värms upp, börjar termostatventil att öppnas så att kylvätskeflödet genom kylaren återupprättas.

Motortemperaturen hålls på en konstant nivå (enligt termostatkapaciteten) oavsett lufttemperatur.

På de flesta modeller har en oljekylare monterats på sumpen. Denna kylare är i princip en värmeväxlare med kylvätsketillförsel som används för att extrahera värme från oljan i sumpen.

Fordonets invändiga värmeenhet fungerar med hjälp av kylvätska från motorns kylsystem. Kylvätskeflödet genom värmepaketet är konstant och temperaturen styrs genom att luften utanför fordonet blandas med den varma luften från värmepaketet i önskat förhållande.

Luft som tränger in i passagerarutrymmet filtreras av ett veckat pappersfilter som ibland kallas pollenfilter. I stället för ett pollenfilter finns även ett kolimpregnerat multifilter som absorberar inträngande dålig lukt etc, att tillgå. Detta system inkluderar en avgassensor som övervakar kvaliteten på den inkommande luften och som öppnar och stänger återcirkuleringsklaffen enligt luftkvaliteten.

Klimatanläggningssystem (luftkonditionering) i standardutförande beskrivs mer detaljerat i avsnitt 9.

Som tillval finns extra el- och bränsledrivna kupé- och motorvärmare. Dessa kan fjärrmanövreras eller programmeras så att de aktiveras i god tid innan du behöver fordonet.

Föreskrifter

⚠ **Varning: Försök inte ta bort expansionskärlets påfyllningslock eller på annat sätt göra ingrepp i kylsystemet medan det eller motorn är varm. Risken för allvarliga brännskador är mycket stor. Om expansionskärlets påfyllningslock måste tas bort innan motorn och kylaren har svalnat helt (även om detta inte rekommenderas), måste övertrycket i kylsystemet först släppas ut. Täck locket med ett tjockt lager tyg för att undvika brännskador. Skruva sedan långsamt bort locket tills ett pysande ljud hörs. När du inte längre hör det pysande ljudet, betyder det att trycket har släppts ut. Skruva långsamt loss påfyllningslocket tills det kan tas bort. Om du hör mer pysljud, vänta tills de har stoppat innan du skruvar bort locket helt. Håll dig alltid på ett säkert avstånd från påfyllningsöppningen.**

⚠ **Varning: Låt inte frostskyddsmedel komma i kontakt med huden eller lackerade ytor på bilen. Spola omedelbart bort eventuellt spill med stora mängder vatten. Lämna aldrig frostskyddsmedel i en öppen behållare, i en pöl på uppfarten eller på garagegolvet. Barn och husdjur dras till den söta doften, och frostskyddsmedel är livsfarligt att förtära.**

⚠ **Varning: Se även föreskrifterna för arbete på fordon med luftkonditionering i avsnitt 9.**

2 Kylsystemets slangar – demontering och byte

Observera: Se föreskrifterna i avsnitt 1 i detta kapitel innan arbetet fortsätts. För att undvika brännskador ska slangarna kopplas loss först när motorn har svalnat.

1 Om de kontroller som beskrivs i kapitel 1A eller 1B avslöjar en defekt slang, måste den bytas enligt följande.

2 Töm först kylsystemet (se kapitel 1A eller 1B); Om det inte är dags att byta forstskyddsmedlet kan kylvätskan som du har tömt återanvändas förutsatt att den samlas upp i en ren behållare.

3 För att koppla loss slangar, använd en tång

2.3 Du kan köpa specialverktyg som är särskilt utformade för att lossa slangklamrar av fjädertyp

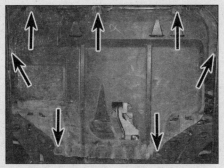

4.2 Motorns undre skyddskåpa är fäst med sju torxskruvar (se pilar)

4.4 Skruva loss de båda skruvarna (se pilar) som håller fast luftintagsslangen

för att lossa på fjäderklämmorna (eller en skruvmejsel för att lossa på skruvklämmor), flytta dem sedan längs slangen och håll dem i från anslutningen **(se bild)**. Ta försiktigt bort slangen från tapparna. Om slangarna är nya går det relativt enkelt att ta bort dem. På ett äldre fordon kan det dock svårare eftersom slangarna kan ha fastnat.

4 Om en slang är svår att ta bort, prova att lossa den genom rotera den på anslutningarna innan du återigen provar att ta bort den. Bänd försiktigt bort slangänden med ett trubbigt verktyg (som en flatbladig skruvmejsel). Använd inte för mycket kraft och var försiktig så att inte rörändarna eller slangarna skadas. Observera att särkilt kylarslangsanslutningarna är känsliga. Ta inte i för hårt när du ska ta bort slangarna.

 HAYNES TiPS *Om inget annat fungerar, skär av slangen med en vass kniv, och dela den sedan så att den kan skalas av i två delar. Även om detta kan verka dyrt om slangen är i gott skick i övrigt, är det bättre än att köpa en ny kylare.*

5 När du ska sätta tillbaka en slang, trä först på klämmorna på slangen, och haka sedan i slangen i anslutningarna. För slangen på plats och kontrollera att den är fäst och rätt dragen. Trä varje klämma längs slangen tills de sitter på plats bakom anslutningarnas utvikta slut innan du slutligen drar åt dem ordentligt.

6 Fyll på systemet med kylvätska (kapitel 1A eller 1B).

4.7 Kylfläktens anslutningskontakt sitter på kåpans övre vänstra hörn

HAYNES TiPS *Om slangen är stel kan lite tvålvatten användas som smörjmedel, eller också kan slangen mjukas upp med ett bad i varmvatten. Använd inte olja eller smörjfett, det kan angripa gummit.*

7 Kontrollera noggrant om det finns några läckor så snart som möjligt efter det att någon del av kylsystemet har rubbats.

3 Frostskyddsmedel – allmän information

Observera: *Se föreskrifterna i avsnitt 1 i detta kapitel innan arbetet fortsätts.*

1 Kylsystemet bör till ena hälften fyllas på med Volvo (frostskyddsmedel) och till andra hälften med rent vatten (50/50-förhållande). Med denna blandningen skyddar kylvätskan temperaturer ner till -35 °C. Frostskyddsmedlet ger även skydd mot rost och höjer kokpunkten. Eftersom motorn är helt konstruerad i aluminium är rostskyddsegenskaperna på frostskyddsmedlet ytterst viktiga. Endast Volvo frostskyddsmedel bör användas i kylsystemet och bör dessutom aldrig blandas med andra typer av frostskyddsmedel.

2 Kylsystemet bör underhållas enligt schemat i kapitel 1A eller 1B. Frostskyddsmedel som inte motsvarar Volvos specifikationer och gamla eller förorenade kylvätskeblandningar riskerar att skada och ge upphov till korrosion och avlagringar i systemet.

4.9 Tryck ner klämman (se pil) på var sida för att lossa kylfläktens kåpa

3 Innan du fyller på frostskyddsmedel, kontrollera alla slangar och alla slanganslutningar eftersom frostskyddsmedel har en tendens att läcka genom även den minsta öppning. I vanliga fall slukar inte motorer kylvätska. Om du märker att nivån sjunker, gör en felsökning och åtgärda problemet.

4 Den angivna blandningen är 50 % frostskyddsmedel och 50 % rent mjukt vatten (volymprocent). Blanda så mycket kylvätska som behövs i en ren behållare och fyll sedan på systemet enligt beskrivningen i kapitel 1A eller 1B och *Veckokontroller*. Spara all överflödig blandning för eventuell påfyllning.

4 Kylarfläkt – demontering och montering

Demontering
1,8- och 2,0-liters bensinmodeller

1 Ta bort luftrenarhuset enligt kapitel 4A.

2 Lossa i förekommande fall de sju torxskruvarna och ta bort motorns undre skyddskåpa **(se bild)**.

3 Lossa de tre fästskruvarna och ta panelen ovanför kylaren.

4 Skruva loss de båda skruvarna och ta bort friskluftintagsslangen **(se bild)**.

5 Skruva loss de båda skruvarna och ta bort fästbygeln till luftrenarhuset från motorhuvudfrontens överdel.

6 Lossa slangarna från fästklämmorna på ovansidan av fläktskyddet.

7 Koppla loss kylfläktens anslutningskontakt **(se bild)**.

8 Hissa upp bilens framvagn och stötta den på pallbockar (se *Lyftning och stödpunkter*).

9 Pressa in klämmorna och lossa hakarna, som sitter undertill på fläktskyddet, på båda sidor **(se bild)**.

10 Lyft fläktskyddet uppåt för att lossa de övre och nedre låshakarna på båda sidorna. Sänk fläktskyddet och ta bort det från bilens undersida.

11 Det verkar som om fläktmotorn endast kan köpas som en ihopsittande komponent tillsammans med kåpan. Kontrollera med din Volvo-återförsäljare eller reservdelsspecialist.

4.14 Skjut upp styrmodulens kåpa framför luftrenarhuset

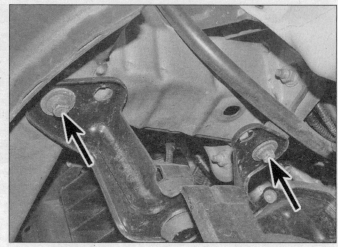

4.20a Ta bort kylarens fästbygelbultar på vänster sida (se pilar) . . .

2,4-liters bensinmodeller

12 Ta bort den främre stötfångaren enligt beskrivningen i kapitel 11.

13 Töm kylsystemet enligt beskrivningen i kapitel 1A.

14 Ta bort kåpan från motorns styrmodul **(se bild)**.

15 Koppla loss kylfläktens anslutningskontakt **(se bild 4.7)**.

16 Lossa slangarna från fästklämmorna på ovansidan av kylfläktskåpan.

17 Hissa upp bilens framvagn och stötta den på pallbockar (se *Lyftning och stödpunkter*).

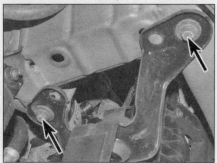

4.20b . . . och på höger sida (se pilar)

18 Skruva loss de sju torxskruvarna och ta bort motorns undre skyddskåpa.

19 Placera en garagedomkraft under kylaren för att stötta upp den.

20 Skruva loss de fyra bultarna och ta bort den nedre fästbygeln till kylaren/fläktskyddet **(se bilder)**.

21 Lossa på klämmorna och koppla loss kylvätskeslangarna från båda sidorna av kylaren.

22 På modeller med automatväxellåda, skruva loss torxskruven och koppla loss oljekylaren från kylarens vänstra sida. Slangarna behöver inte kopplas loss.

23 Tryck ner fästklämmorna på båda sidor om fläktkåpans övre del, lyft upp kåpan från dess nedre hakar och sänk sedan fläkten och kåpan från platsen **(se bild)**.

24 Det verkar som att fläktmotorn endast kan köpas som en ihopsittande komponent tillsammans med kåpan. Kontrollera med din Volvo-återförsäljare eller reservdelsspecialist.

2,0-liters dieselmodeller

25 Ta bort kylaren enligt beskrivningen i avsnitt 5.

26 Tryck ner fästklämman på båda sidor och lyft upp fläktskyddet från kylaren **(se bild)**.

Montering

27 Monteringen utförs i omvänd ordningsföljd mot demonteringen. Se till att alla hållare är ordentligt åtdragna.

5 Kylare – demontering och montering

HAYNES TiPS *Om orsaken till att kylaren demonteras är läckage, tänk på att mindre läckor ofta kan tätas med kylartätningsmedel med kylaren monterad.*

Demontering

1 Töm kylsystemet (se kapitel 1A eller 1B).

1,8- och 2,0-liters bensinmodeller

2 Ta bort den främre stötfångare enligt beskrivningen i kapitel 11.

3 Ta bort kylfläkten enligt beskrivningen i avsnitt 4.

4 Lossa de båda skruvarna och ta bort plastpanelen under kylaren.

5 Lossa plastkåpan från stötfångarens fäststag **(se bild)**.

4.23 Tryck ner klämman på var sida (se pil) och lyft kylfläkten uppår lite för att lossa de nedre spärrarna

4.26 Tryck ner klämman på var sida (se pil) och lyft bort fläktskyddet

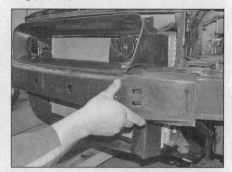

5.5 Lossa plastkåpan

5.8a Skruva loss fästskruven på var sida (se pil) . . .

5.8b . . . och ta bort den nedre luftkåpan

5.9 Häng upp kondensorn från bilens kaross

6 Skruva loss fästbultarna, koppla loss anslutningskontakterna och ta bort signalhornen.
7 Ta bort den övre luftkåpan från pinnbultarna.

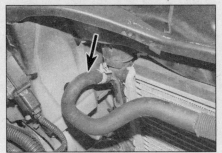

5.11 Koppla loss expansionsslangen (se pil)

8 Skruva loss de båda torxskruvarna och ta bort den nedre luftkåpan **(se bilder)**.
9 Använd buntband/remmar för att hänga upp kondensorn från fordonets kaross **(se bild)**.
10 Lossa på klämmorna och koppla loss kylvätskeslangarna från båda sidorna av kylaren.
11 Koppla loss expansionsslangen från kylaren **(se bild)**.
12 Skruva loss de fyra bultarna och ta bort kylarens nedre fästbygel **(se bilder 4.20a och 4.20b)**.
13 Pressa in kondensorns fästklämmor och sänk ner kylaren från dess plats **(se bilder)**.

2,4-liters bensinmodeller

14 Ta bort kylarfläkten enligt beskrivningen i avsnitt 4.
15 Skruva loss skruvarna och koppla loss

intagskanalen från motorrummets främre tvärbalk **(se bild)**.
16 Skruva loss de 2 skruvarna och ta bort motorhuvudfrontens överdel på kylarens ovansida **(se bild)**.
17 Skruva lossa skruv på båda sidor och ta bort det övre kylarfästet **(se bild)**.
18 Lyft upp luftkonditioneringskondensorn och häng upp den från karossen med hjälp av kablar eller remmar.
19 Stötta upp kylaren, skruva sedan loss skruvarna på båda sidorna på kylarens ovansida och sänk ner kylaren **(se bild)**.

2,0-liters dieselmodeller

20 Ta bort den främre stötfångaren enligt beskrivningen i kapitel 11, lossa sedan klämmorna och ta bort stötfångarens plastinlägg från signalhornens undersida.

5.13a Tryck ner klämman på var sida . . .

5.13b . . . och sänk ner kylaren

5.15 Skruva loss de båda skruvarna och ta bort luftintagskanalen

5.16 Skruva loss skruven i var ände som fäster panelkåpan

5.17 Skruva loss skruven och dra upp kylarfästet på båda sidor (se pil)

5.19 Skruva loss skruven (se pil) på var sida om kylarens ovansida

5.25 Lossa klämman (se pil) och koppla loss insugsröret

5.26 Skruva loss muttern på var sida (se pil) och ta bort den övre luftkåpan

5.27 Skruva loss de nedre luftkåpeskruvarna (se pil)

21 Skruva loss fästbulten och ta bort signalhornet på var sida. Koppla ifrån anslutningskontakterna när signalhornen tas bort.

22 Hissa upp bilens framvagn och stötta den på pallbockar (se *Lyftning och stödpunkter*). Lossa de sju fästena och ta bort motorns undre skyddskåpa (se bild 4.2).

23 Lossa expansionsslangarna från klämmorna på ovansidan av kylaren.
24 Koppla loss kylfläkten anslutningskontakt.
25 Lossa klämman och koppla loss laddluftröret från insugsgrenröret (se bild).
26 Skruva loss de 2 plastmuttrarna och ta bort den övre luftkåpan (se bild).
27 Ta bort de 2 nedre torxskruvarna till luftkåpan (se bild).
28 Skruva loss klämmorna och koppla loss luftslangarna från laddluftkylaren.
29 Skruva loss de 2 fästbultarna, lyft upp laddluftkylaren från tapparna, sänk sedan laddluftkylaren och sänk luftkåpan (se bild).
30 Lossa haken på någon av sidorna, lyft luftkonditioneringskondensorn något uppåt och häng sedan upp den från karossen med kablar eller remmar (se bilder).
31 Lossa klämmorna och koppla loss kylvätskeslangarna från kylaren (se bilder). Lossa slangarna från alla eventuella fästklämmor på kylaren.
32 Stötta med hjälp av medhjälpare upp kylaren och skruva sedan loss fästbultarna till den nedre fästbygeln (2 på varje sida). Sänk därefter kylaren något för att komma åt expansionsslangen på överkanten. Lossa slangen och sänk ner kylaren helt (se bilder).
33 Om det behövs, ta bort kylfläkten och kåpan enligt beskrivningen i avsnitt 4, ta sedan bort den nedre fästbygeln från gummibeslagen. Ta till sist bort beslagen från kylarens platta (se bild). Observera att laddluftkylarens insugsrör är fäst till kylaren med en enkel torxbult.

5.29 Lyft upp laddluftkylaren och lossa tapparna, sänk sedan ner den och luftkåpan

5.30a Lossa spärren på var sida (se pil) . . .

5.30b . . . lyft sedan upp kondensorn och häng upp den

5.31a Kylarens nedre slang . . .

5.31b . . . och övre slang

5.32a Skruva loss kylarens nedre fästbygelbultar på var sida (se pilar)

5.32b När du sänker ner kylaren, koppla loss expansionsslangen

5.33 Dra loss gummibeslaget från kylarens nedre del

6.6 Motorns kylvätsketemperaturgivare sitter på topplockets vänstra sida – sett från motorns bakre del

6.8 Motorns kylvätsketemperaturgivare (se pil) – 2,4-litersmodeller

Montering

34 Montera i omvänd ordningsföljd mot demonteringen. Avsluta med att fylla på systemet igen enligt beskrivningen i kapitel 1A eller 1B. **Observera:** *Använd traditionella justerbara skruvklämmor på de ställen där veckade metallklämmor har monterats.*

6 Temperaturgivare för kylvätska – kontroll, demontering och montering

Kontroll

1 Temperaturgivaren för kylvätska används av både motorstyrningssystemet och instrumentpanelens temperaturmätare för att upprätta en källsignal från temperaturkällan.
2 Om det uppstår ett fel på givaren, eller om signalen försvinner på grund av dåliga elektriska anslutningar, kommer en felkod att loggas i motorstyrningssystemet (styrmodulen). Denna kan man sedan läsa via diagnosuttaget (tillsammans med en lämplig felkodsläsare – se kapitel 4A eller 4B).
3 Om en felkod loggas, måste du noggrant kontrollera givarkablaget och kontaktdonet. Förutom de gånger ett test utförs genom att byta ut en enhet mot en ny, kräver andra kontroller att Volvos testutrustning används och

testerna utförs av en återförsäljare eller en specialist med lämplig utrustning.

Demontering

4 Töm delvis kylsystemet (se kapitel 1A eller 1B) så att nivån ligger under givarenheten (ungefär 2,0 liter).

1,8- och 2,0-liters bensinmodeller

5 Dra plastkåpan på motorns ovansida rakt uppåt från dess fästen.
6 Koppla loss anslutningskontakten, skruva sedan med hjälp av en djup hylsa loss givaren från dess plats inuti huset till kylvätskeutloppet. **(se bild)**.

2,4-liters bensinmodeller

7 Ta bort luftrenaren enligt beskrivningen i kapitel 4A.
8 Koppla loss givarens anslutningskontakt och dra sedan ut den kvarvarande fästklämman och ta bort givaren från termostathuset till vänster på topplocket **(se bild)**. Kasta tätningen till givaren om sådan finns. Du måste därefter sätta dit en ny tätning.

2,0-liters dieselmodeller

9 Dra plastkåpan på ovansidan av motorn rakt uppåt och ta bort den från motorrummet.
10 Lossa klämman och koppla loss luftintagsslangen från luftflödesmätare och flytta den åt ena sidan **(se bild)**.
11 Koppla loss anslutningskontakten och

bänd sedan ut fästklämman och dra bort givaren från termostathuset (se bild). Kasta tätningen – du måste sätta dit en ny.

Montering

12 Montera den nya givarenheten och smörj in gängorna med tätningsmedel eller sätt ditt en ny tätning om de behövs. Återanslut kontaktdonet. Resten av monteringen utförs i omvänd ordningsföljd mot demonteringen. Kom ihåg att fylla på kylsystemet enligt beskrivningen i *Veckokontroller.*

7 Kylvätskepump – demontering och montering

Observera: *Se föreskrifterna i avsnitt 1 i detta kapitel innan arbetet fortsätts.*

Demontering

1 Töm kylsystemet enligt beskrivningen i kapitel 1A eller 1B.

1,8- och 2,0-liters bensinmodeller

2 Dra plastkåpan på motorns ovansida rakt uppåt från dess fästen.
3 Lossa kylvätskepumpens remskivebultar **(se bild)**.
4 Rotera drivremmens spännararm moturs och ta bort remmen från spännarremskivan.

6.10 Lossa luftintagsslangens klämma (se pil)

6.11 På dieselmodeller sitter temperaturgivaren för kylvätska på topplockets vänstra ände, och hålls fast av en klämma (se pil)

7.3 Använd ett remskiveverktyg för att hålla kylvätskepumpens remskiva samtidigt som du lossar bultarna

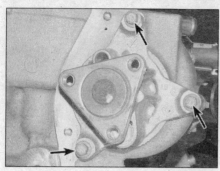

7.6a Skruva loss fästbultarna (se pilar) . . .

7.6b . . . ta bort kylvätskepumpen . . .

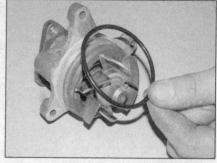

7.6c . . . och ta bort O-ringstätningen

5 Ta bort bultarna och kylvätskepumpens remskiva.
6 Skruva loss de tre bultarna och ta bort kylvätskepumpen **(se bilder)**. Ta bort O-ringstätningen och kasta den.

2,4-liters bensinmodeller

7 Ta bort kamremmen enligt kapitel 2B.
8 Skruva loss fästbultarna och ta bort kylvätskepumpen **(se bilder)**. Observera att det kan vara svårt att komma åt, vilket medför att det kan vara nödvändigt att höja eller sänka motorn något för att på så sätt komma åt bultarna.
9 Var noggrann så att alla spår av gammalt packningsmaterial försvinner när du rengör pumpens och motorblockets fogytor.

2,0-liters dieselmodeller

10 Ta bort kamremmen enligt kapitel 2C.
11 Skruva loss fästbultarna och ta bort kylvätskepumpen **(se bilder)**. Var noggrann så

att alla spår av gammalt packningsmaterial försvinner när du rengör pumpens och motorblockets fogytor.

Montering

12 Sätt dit en ny tätning eller en O-ringstätning (beroende på vad som behövs) och placera pumpen i rätt position.
13 Dra stegvis åt pumpens fästbultar i diagonal ordningsföljd till angivet moment.
14 Resten av monteringen utförs i omvänd ordningsföljd mot demonteringen. Kom ihåg att fylla på kylvätska enligt kapitel 1A eller 1B.

8 Termostat – demontering, kontroll och montering

1 Ju äldre termostaten blir, desto långsammare reagerar den på förändringar av

7.8a Skruva loss kylvätskepumpens bultar

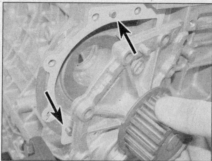

7.8b Observera styrstiften (se pilar)

7.11a Kylvätskepumpens fästbultar
(se pilar) – dieselmodeller

7.11b Byt kylvätskepumpens packning

vattentemperaturen. I slutändan kan detta leda till att enheten fastnar i öppen eller stängd position. Om en termostat fastnar i öppen position värms fordonet upp väldigt långsamt; om termostat däremot har fastnat i stängd position blir fordonet snabbt överhettat.
2 Kontrollera först kylvätskenivån innan du drar slutsatsen att termostaten är anledningen till kylsystemet inte fungerar som det ska. Om systemet töms på grund av en läcka eller om det inte har fyllts på ordentligt kan det finnas en luftficka i systemet (se kapitel 1A eller 1B).
3 Om det verkar ta för lång tid för motorn att bli varm (baserat på värmeenhetens effekt eller temperaturmätaren) har termostaten förmodligen fastnat i öppet läge.
4 Samtidigt kan en lång tids uppvärmning indikera att termostaten inte är på plats – den kan ha tagits bort eller oavsiktligen inte satts dit av den föregående ägaren eller av mekanikern. Kör inte bilen utan termostat eftersom motorstyrningssystemets ECM kommer att vara kvar i uppvärmningsläget längre än nödvändigt vilket gör att utsläpp och bränsleförbrukning ökar.
5 Om motorn blir varm, använd handen för att kontrollera temperaturen på kylarens övre slang. Om slangen inte är het, trots att motorn är det, har termostaten förmodligen fastnat i stängt läge, vilket hindrar kylvätskan i motorn från att rinna ut till kylaren – byt termostat. Detta problem kan även bero på en luftficka (se kapitel 1A eller 1B).
6 Om kylarens övre slang är het betyder det att kylvätskan rinner och att termostaten är öppen. Se avsnittet *Feldiagnos* i slutet av denna manual för att få hjälp med att spåra möjliga fel på kylsystemet.
7 Om du inte vill ta isär systemet, gör som följande för att göra en grov uppskattning om termostaten funktion när motorn värms upp.
8 Starta motorn när den är helt kall och låt den gå på tomgång. Kontrollera samtidigt temperaturen på kylarens övre slang. Kontrollera med jämna mellanrum temperaturen som visas på kylvätsketemperaturmätarens givarenhet – om denna indikerar överhettning, stäng omedelbart av motorn.
9 Den övre slangen bör vara kall under en viss tid när motorn värms upp och bör sedan bli varm ganska snabbt när termostaten öppnas.
10 Denna metod är inget exakt sätt att

8.14 Koppla loss kylvätskeslangarna från termostathuset – 1,8- och 2,0-litersmodeller

kontrollera att termostaten fungerar men om systemet inte fungerar enligt beskrivningen, ta bort och kontrollera termostaten enligt beskrivningen nedan.

Demontering

Observera: *Se föreskrifterna i avsnitt 1 i detta kapitel innan arbetet fortsätts.*

11 Innan detta arbete påbörjas måste motorn vara helt kall. Den ska ha varit avstängd i flera timmar och bör helst ha fått kylas ner över natten.

12 Töm delvis kylsystemet (se kapitel 1A eller 1B) så att nivån ligger under termostathuset (ungefär 2,0 liter).

1,8- och 2,0-liters bensinmodeller

13 Ta bort insugsgrenröret enligt beskrivningen i kapitel 4A.

14 Notera var slangarna är placerade på partikelfiltret, lossa klämmorna och koppla loss slangarna från termostathuset **(se bild)**.

15 Skruva loss de tre bultarna och ta bort termostathuset. Ta bort alla spår av gammalt packningsmaterial från huset och motorblockets fogytor. Observera att termostaten endast kan köpas tillsammans med huset.

2,4-liters bensinmodeller

16 Ta bort luftrenaren enligt beskrivningen i kapitel 4A.

17 Lossa klämmorna och koppla loss slangarna från termostathuset **(se bild)**.

18 Koppla ifrån temperaturgivarens anslutningskontakt.

19 Skruva loss fästbultarna och ta bort termostathuset. Kasta hustätningen eftersom en ny måste sättas dit senare. Även om du kan skilja termostaten från huset, verkar den i skrivande stund inte säljas som en separat del. Kontrollera med din Volvo-återförsäljare eller reservdelsspecialist. Temperaturgivaren bör flyttas till det nya huset enligt beskrivningen i avsnitt 6.

2,0-liters dieselmodeller

20 Dra plastkåpan på motorns ovansida rakt uppåt från dess fästen.

21 Koppla ifrån givarens anslutningskontakt **(se bild 6.11)**.

22 Lossa klämmorna och koppla loss slangarna från termostathuset.

23 Skruva loss de båda bultarna och ta bort termostathuset från dess placering ovanför topplockets vänstra ände. Ta loss tätningsringen **(se bilder)**. Även om du kan skilja termostaten från kåpan, verkar den i skrivande stund inte säljas som en separat del. Kontrollera med din Volvo-återförsäljare eller reservdelsspecialist.

Kontroll

24 Kontrollera temperaturmärkningen som är inpräglad på termostaten. Normalt sett ska det stå 90 °C.

25 Använd en termometer och en vattenbehållare, värm upp vattnet tills temperaturen motsvarar temperaturmärkningen på termostaten.

26 Fäst en bit snöre till termostaten (stängd) och lägg ner den i vattnet. Kontrollera att termostaten öppnas max. två minuter efter det att den har lagts ner i vattnet.

27 Ta bort termostaten och låt den svalna; kontrollera att stängd helt.

28 Om termostaten inte öppnas och stängs enligt beskrivningen eller om den fastnar i endera position, måste den bytas ut.

Montering

29 Sätt dit en ny tätningsring/packning på huset/kåpan, och sätt tillbaka kåpan/hus, dra åt bultarna till angivet moment om sådant finns.

30 Återstoden av monteringen utförs i omvänd ordningsföljd mot demonteringen.

Fyll på kylsystemet enligt beskrivningen i kapitel 1A eller 1B.

9 Värme-, ventilations- och luftkonditioneringssystem – allmän information och föreskrifter

Manuellt klimatanläggningssystem

1 På modeller som är utrustade med ett manuellt klimatanläggningssystem, är värmesystemet monterat tillsammans med en manuellt styrd luftkonditioneringsenhet.

2 Värmeenheten är av friskluftstyp. Luft tränger in genom en grill framför vindrutan och förs därifrån vidare till de olika luftmunstyckena; en föränderlig del av luften går igenom värmepaketet där den värms upp av motorkylvätskan som flödar genom värmepaketet.

3 Distribution av och temperaturen på luften till munstyckena och genom eller runt värmepaketet styrs av klaffar. Dessa drivs i sin tur av elmotorer.

4 En elfläkt med olika hastigheter är monterad för att öka luftflödet genom värmeenheten. Dessutom är ett utbytbart pollen/föroreningsfilter ditmonterat.

5 För att kunna uppnå lämplig lufttemperatur i bilen fungerar luftkonditioneringssystemet i samspel med värmeenheten. Systemet reducerar även luftfuktigheten på den inkommande luften och bidrar till dimborttagningen även om kylning inte behövs.

6 Kylningssidan på luftkonditioneringssystemet fungerar på samma sätt som en vanlig hushållsfrys. En kompressor, som drivs av en rem från vevaxelns remskiva, matar kylmedium i gasform från en förångare. Kylmediet går genom en kondensor där det kyls ner och övergår till flytande form. När vattnet reducerats återgår kylmediet till förångaren där det absorberar värme från luften som passerar över förångarens flänsar. Kylmediet blir återigen till gas och cykeln upprepas.

7 Olika typer av extrakontroller och givare skyddar systemet mot för hög temperatur och för högt tryck. Dessutom ökas motorns tomgångsvarvtal när systemet används för att på så sätt kompensera det extra tryck som kompressorn ger upphov till.

8.17 Termostathus – 2,4-litersmodeller

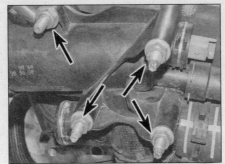

8.23a Termostathusets fästbultar (se pilar) – dieselmodeller

8.23b Byt termostathusets tätningsring

**9.16 Luftkonditioneringens service-
öppningar sitter i motorrummets bakre
högra hörn, och under plastpanelen
som är fäst på motorhuvens
låshållarpanel (se pilar)**

Klimatanläggningsmodulen CCM (Climate
Control Module) övervakar klimatanläggningen
under hela processen. CCM kommunicerar
med fordonens olika ECU:er med hjälp av en
CAN-buss (Controller Area Network), och med
de olika luftfördelningsmotorerna och givarna
med hjälp av en LIN-buss (Local Interconnect
Network).

Automatisk klimatanläggning

8 På modeller med automatisk klimatanläggning,
kan temperaturen inuti bilen automatiskt
upprätthållas på den nivå som användaren har
valt, oavsett yttertemperatur. Om det behövs
styr det datorstyrda systemet värmeenheten,
luftkonditioneringen och fläktfunktionerna för
att klara av denna uppgift. Kylningssidan på
systemet är samma som på modeller med
manuell klimatanläggning; den helautomatiska
elektroniska styrningen fungerar som följande.
9 Klimatanläggningsmodulen (CCM) tar
emot signaler från givare som känner av
luftkanalstemperaturer på förar- och passa-
gerarsidan och invändig temperatur på förar-
och passagerarsidan. En solsensor används
för att känna av solljus. Signaler tas även emot
från spjällen (luftklaffarna) på deras position
vid vilket tillfälle som helst. Information om
motortemperatur, yttertemperatur (oavsett
om motorn är igång eller inte) och fordonets
hastighet (om motorn är igång) skickas till
CCM från motorstyrningssystemet.
10 När automatfunktionen är aktiverad
kan CCM upprätta de optimala inställningar

**Många biltillbehörsbutiker säljer aero-
solförpackningar för påfyllning av
luftkonditionering. Vanligtvis innehåller
dessa kylmedium, kompressorolja,
läcktätningsmedel och systemkonditio-
nerare. Vissa innehåller även ett färg-
ämne som gör det lättare att upptäcka
läckor.**

 **Varning: Dessa produkter
får endast användas enligt
tillverkarens instruktioner
och ersätter inte behovet av
regelbundet underhåll.**

som behövs Dessa inställningar baseras
på givarsignalerna för vald temperatur och
luftdistribution. Inställningarna kan sedan
underhållas oavsett körförhållanden och väder.
11 För att den valda temperaturen ska uppnås
styr spjällen (klaffarna) luftfördelningen till de olika
munstyckena och blandningen av varm och kall
luft. Dämparna styrs av elmotorer som i sin tur
styrs av CCM. En fläkt med flera olika hastigheter
som kan styras manuellt eller automatiskt används
för att föra luftströmmen genom systemet. CCM
kommunicerar med fordonets olika ECU:er med
hjälp av en CAN-buss (Controller Area Network),
och med de olika luftfördelningsmotorerna
och givarna med hjälp av en LIN-buss (Local
Interconnect Network).
12 Om ett uppstår, lagrar CCM en serie med
felkoder för läsning via diagnosuttaget på
den nedre instrumentbrädespanelen ovanför
förarsidans pedaler.

Extra värmeenhet

13 Dieselmodeller för vissa marknader
kan vara utrustade med en extra eldriven
värmeenhet. Denna kan vara utformad som

ett PTC-element (Positive Temperature
Coefficient) placerat bredvid värmepaketet
i värmeenhetshuset. Elementet kan värma
upp passagerarsidan mycket snabbare än
dieselmotorn kan överföra överflödig värme
till kylsystemet. Funktionen på den extra
värmeenheten kontrolleras av CCM.

Föreskrifter

14 Om bilen är utrustad med luftkonditione-
ringssystem måste särskilda säkerhetsåtgärder
vidtas vid arbete med systemet och dess
komponenter. Om systemet av någon
anledning måste laddas ur bör du låta en
Volvo-återförsäljare eller kyltekniker utföra
detta.

 **Varning: Kylkretsen innehåller det
flytande flytmediet R134a. Det
kan därför vara förenat med risk
att koppla från en del av systemet utan att
specialkunskaper och specialutrustning.**
15 Kylmedlet kan vara farligt och bör endast
hanteras av utbildad personal. Om det stänker
på huden kan det orsaka köldskador. Även
om medlet inte är giftigt i sig så utvecklar det
en farlig gas om det kommer i kontakt med
en oskyddad låga (t.ex. en tänd cigarett).
Fara kan uppstå om kylmediet töms ur på ett
okontrollerat sätt och dessutom finns det en
risk att miljön skadas.
16 Kylmediekretsens serviceöppningar sitter
i motorrummets högra sida och är fästa
till motorhuvhållarens panel **(se bild och
Haynes Tips)** under plastpanelen.

10 Klimatanläggningssystemets
komponenter – demontering
och montering

Klimatanläggningspanel (CCM)/
kontrollpanel

Demontering

1 Se till att tändningslåset står i läget "Off".
2 Dra försiktigt panelen bakom CCM och
lossa de fyra fästklämmorna **(se bild)**.
3 Använd en liten skruvmejsel, tryck bort
fästklämman från mitten på båda sidorna
bort och ta bort ljudanläggningspanelen
(se bilder).

**10.2 Dra panelen bakåt för att lossa
klämmorna**

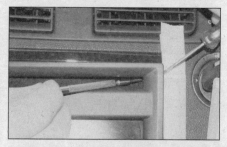

**10.3a Sätt i en skruvmejsel genom urtaget
och tryck klämman på var sida utåt –
observera tejpen som används för att
skydda panelens yta**

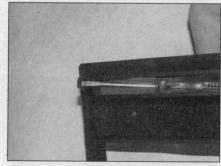

**10.3b Sett från panelens insida för att visa
hur klämmorna lossas**

10.4 Sträck in handen bakom och tryck loss modulen

10.5 Lossa cigarrettändarens/eluttagets panel

4 Demontera infotainmentstyrmodulen från mittkonsolen **(se bild)**. Koppla loss anslutningskontakterna när modulen tas bort.
5 Börja från sidorna, bänd loss cigarretttändaren/den elektriska hylskontaktpanelen från baksidan av värmeenhetsspaken/växelspaken **(se bild)**. Koppla loss anslutningskontakterna när panelen tas bort.
6 Skruva loss de fyra fästskruvarna till mittkonsolen **(se bilder)**.
7 Lossa växelspakens damask (endast manuell växellåda) och ta bort mittkonsolen **(se bild)**. Koppla ifrån anslutningskontakterna när konsolen tas bort.
8 Skruva de 8 skruvarna på baksidan av konsolen och ta bort panelen **(se bild)**.
9 Ta bort de fyra fästskruvarna och ta bort CCM **(se bild)**.

Montering

10 Montera i omvänd ordningsföljd mot demonteringen. Dra inte åt panelens fästskruvar för hårt, den går lätt sönder.
11 Om CCM-enheten har bytts, kan den behöva programmeras innan den används. Detta kan endast utföras av en Volvo-verkstad eller annan lämplig specialist.

Värmefläktsmotor

Demontering

12 Ta bort instrumentbrädan enligt beskrivningen i kapitel 11.
13 Ta bort luftkvalitetsgivaren **(se bild)**.
14 Koppla loss anslutningskontakten, skruva sedan loss de tre fästskruvarna och ta bort återcirkulationens spjällmotormodul (DDM) **(se bild 10.35)**.

15 Skruva loss de tre fästskruvarna och ta bort luftfördelarens spjällkåpa **(se bild)**.

10.6a Skruva loss de 2 torxskruvarna högst upp (se pilar) . . .

10.6b . . . och de 2 längst ner (se pilar)

10.7 På modeller med manuell växellåda, lyft upp konsolen och tryck spakens damask uppåt

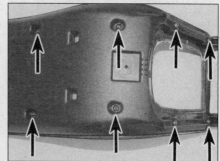

10.8 Skruva loss de 8 torxskruvarna (se pilar) och ta bort den bakre panelen

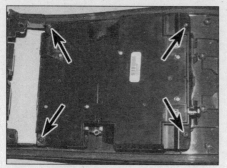

10.9 CCM:n är fäst med 4 torxskruvar (se pilar)

10.13 Vrid luftkvalitetsgivaren moturs och ta bort den

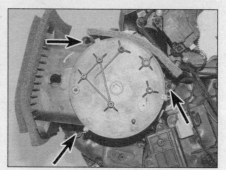

10.15 Skruva loss spjällkåpans skruvar (se pilar)

10.16a Vrid fläktmotorhuset moturs . . .

10.16b . . . och dra bort motorn från huset

10.19 Ta bort stödbygeln till instrumentbrädan på förarsidan (se pil)

16 Koppla loss fläktmotorns anslutningskontakt, tryck ner låsknappen, rotera fläktmotorns hus moturs till stoppläget, dra sedan loss motorn från huset **(se bilder)**.

Montering

17 Monteringen utförs i omvänd ordningsföljd.

Värmepaket

Observera: *Se föreskrifterna i avsnitt 1 i detta kapitel innan arbetet fortsätts.*

Demontering

18 Ta bort mittkonsolen enligt beskrivningen i kapitel 11.
19 Skruva loss bultarna och ta bort fästbygeln till instrumentbrädan på förarsidan. Lossa eventuella kablageklämmor efter behov **(se bild)**.
20 Från fabriken är värmepaketet installerat med inbyggda kylmedierör som går från

torpedväggens motorrumssida till värmepaketet (rör i ett stycke). Men reservdelsvärmepaket levereras med korta röranslutningar – det finns två extrarör tillgängliga (ingår i värmepaketets servicesats) för matning/retur av kylmediet till slangarna på var sida om torpedväggen (delade rör).
21 Skruva loss kåpans torxfästskruvarna, ta sedan bort kåpan från värmepaketet **(se bild)**.
22 Kapa värmepaketets rör och tryck in rören lite i motorrummet **(se bild)**. Om det behövs, skruva loss de båda torxskruvarna som håller fast den högra halvan av torpedväggens genomföringstätning.
23 Dra bort värmepaketet från huset. Observera hur tätningen är placerad på värmepaketet **(se bild)**.

Montering

24 Montera de nya rören i torpedväggens genomföring.

25 Sätt dit en ny tätning på värmepaketet och sätt in värmepaketet i värmeenhetens hus.
26 Smörj in de nya O-ringstätningarna med lite ren motorolja och sätt dit dem på rören.
27 Fäst röranslutningarna med klämmorna. Klämmorna är helt på plats när du hör ett "klickljud" när de trycks ihop.
28 Återstoden av monteringen utförs i omvänd ordningsföljd mot demonteringen. Fyll på kylsystemet enligt beskrivningen i kapitel 1A eller 1B.

Luftfördelarens spjällmotormodul (DMM)

Demontering

29 Ta bort handskfacket enligt beskrivningen i kapitel 11.
30 Koppla loss anslutningskontakten, skruva sedan loss de tre skruvarna och ta bort DMM **(se bild)**.

Montering

31 Justera motorns/drevens placering enligt bilden **(se bild)**, sätt sedan tillbaka motorn och dra åt skruvarna ordentligt.
32 Återstoden av monteringen utförs i omvänd ordningsföljd mot demonteringen.

Luftåtercirkulationens spjällmotormodul (DMM)

Demontering

33 Ta bort handskfacket enligt beskrivningen i kapitel 11.
34 Arbeta genom handskfacksöppningen, koppla loss dämparmotorns kontaktdon.

10.21 Lossa skruvarna till värmepaketets kåpa (vänster sida, märkta med pilar)

10.22 Skär igenom värmepaketets rör

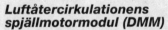

10.23 Lyft upp värmepaketet från huset

10.30 Luftfördelningens spjällmotormoduls torxskruvar (se pilar)

10.31 Vid återmonteringen ska den stora öppningen på det vita drevet fyllas av den stora kuggen på det svarta drevet (se pil)

10.35 Luftåtercirkulationens spjällmotormoduls torxskruvar (se pilar)

10.38 Avfrostarens spjällmotormodul

10.41 Temperaturens spjällmotormodul

35 Skruva loss de tre skruvarna och ta bort DMM från sidan av värmefläktens motorhus **(se bild)**.

Montering

36 Monteringen utförs i omvänd ordningsföljd.

Avfrostarens spjällmotormodul (DMM)

Demontering

37 Ta bort instrumentbrädan enligt kapitel 11.
38 Koppla loss anslutningskontakten, skruva sedan loss de tre fästskruvarna och dra bort spjällmotormodulen **(se bild)**.

Montering

39 Monteringen utförs i omvänd ordningsföljd.

Temperaturens spjällmotormodul (DMM)

Observera: *På modeller med automatisk klimatanläggning finns det två spjällmotormoduler för temperatur – en på höger sida och en på vänster sida.*

Demontering

40 Ta bort instrumentbrädan enligt kapitel 11.
41 Koppla loss anslutningskontakten, skruva sedan loss de tre fästskruvarna och dra bort spjällmotormodulen **(se bild)**.

Montering

42 Monteringen utförs i omvänd ordningsföljd.

Instrumentbrädans panel, luftmunstycken i mitten och på sidorna

Demontering

43 Bänd försiktigt ut luftmunstyckena från instrumentbrädans panel, använd en skruvmejsel med en bit kartong under den för att skydda panelen. Koppla loss anslutningskontakterna från luftmunstyckena när de tas bort (i förekommande fall).

Montering

44 Monteringen utförs i omvänd ordningsföljd mot demonteringen.

Värmeenhetens hus

Demontering

45 Låt en specialist med tillgång till lämplig utrustning tömma ut luftkonditioneringens kylmedium.
46 Töm kylsystemet enligt beskrivningen i kapitel 1A eller 1B.
47 Ta bort hela instrumentbrädesenheten enligt beskrivningen i kapitel 11.
48 Vrid klämmorna moturs och koppla loss värmeslangarna från motorrummets torpedvägg **(se bild)**.
49 Skruva loss fästbulten och koppla loss luftkonditioneringsrören från förångaranslutningen på motorrummets torpedvägg **(se bild)**. Ta hand om O-ringstätningarna och täpp till öppningarna.
50 Skruva loss bultarna och ta bort höger stödfäste från golvet **(se bild 10.19)**.
51 Koppla loss dräneringsslangen och

10.48 Vrid klämman (se pil) moturs och koppla loss värmeslangarna

10.51a Lossa kablaget . . .

lossa kablaget på den högra nedre kanten av huset, ta sedan bort hela huset från passagerarutrymmet **(se bilder)**.

Montering

52 Monteringen utförs i omvänd ordningsföljd. Tänk på följande:
 a) *Se till att gummigenomföringen mellan kylvätske-/kylmedierören och torpedväggen är korrekt placerad.*
 b) *Byt O-ringarna på värmepaketets kylmedierör (se punkt 25 och 26 i detta avsnitt).*
 c) *Volvo betonar att du bör byta behållaren/ avfuktaren om värmeenhetens hus byts.*
 d) *Låt en specialist med lämplig utrustning fylla på kylmediekretsen.*

Förångare

Observera: *När du kopplar loss luftkonditioneringsrör eller komponenter, plugga alltid*

10.49 Skruva loss bulten (se pil) och koppla loss luftkonditioneringsrören

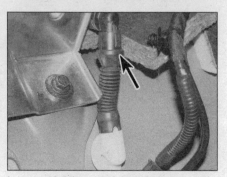

10.51b . . . och koppla loss dräneringsslangen (se pil)

10.54 Lossa de 2 torxskruvarna (se pilar) och ta bort torpedväggens tätningskåpa

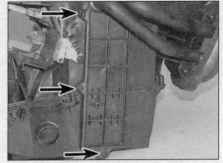

10.56 Skruva loss torxskruvarna från förångarens kåpa (se pilar)

igen öppningarna för att förhindra att det kommer in smuts, och för att förhindra att behållarens/avfuktaren blir genomblöt.

Demontering

53 Ta bort värmeenhetens hus enligt beskrivningen i detta avsnitt.
54 Skruva loss de båda fästskruvarna, ta bort höger halva av torpedväggens tätningskåpa **(se bild)**.
55 Ta bort värmepaketets rör.
56 Skruva loss de tre skruvarna och ta bort förångarens kåpa **(se bild)**.
57 Dra bort förångaren från huset. Den kan vara svår att ta loss – dra växelvis i den övre och den nedre kanten. Observera hur tätningen är placerad på förångaren **(se bild)**.

Montering

58 Sätt dit en ny tätning på förångaren, sätt sedan förångaren på plats i värmeenhetens hus. Sätt i förångaren så långt in huset att kåpan kan monteras (cirka 3 till 4 mm). Passa in kåpans främre kant mellan förångaren och värmeenheten och dra åt kåpans fästskruvar ordentligt **(se bild)**.
59 När bilen lämnar fabriken har den förångare med inbyggda kylmedierör. Men förångare som köps som reservdelar levereras med separata rör. Montera rören i torpedväggens tätning, och sedan på förångaren med nya O-ringstätningar.
60 Återstoden av monteringen utförs i omvänd ordningsföljd mot demonteringen.

Tänk på följande:
a) Sätt dit nya O-ringstätningar, insmorda med kylmedieolja, på kylmedierörsanslutningarna på motorrummets torpedvägg.
b) Avsluta med att låta fylla på och leta efter läckor i luftkonditioneringssystemet.

Kondensor

Observera: *När du kopplar loss luftkonditioneringsrör eller komponenter, plugga alltid igen öppningarna för att förhindra att det kommer in smuts, och för att förhindra att behållarens/avfuktaren blir genomblöt.*
61 Låt en specialist med tillgång till lämplig utrustning tömma ut luftkonditioneringens kylmedium.

Demontering – bensinmodeller

62 Ta bort kylaren enligt beskrivningen i avsnitt 5, men istället för att hänga upp kon-densorn skruvar du loss kylmedieröranslut-ningarna och tar bort kondensorn med kylaren.
63 Lossa de båda klämmorna och skilj kondensorn och kylarens åt **(se bild 5.13a)**.

Demontering – dieselmodeller

64 Ta bort kylaren enligt beskrivningen i avsnitt 5, men istället för att hänga upp kondensorn skruvar du loss kylmedierörsanslutningarna och tar bort kondensorn tillsammans med kylaren.
65 Tryck ner klämman och skjut sedan av kondensorn från fästramen **(se bild 5.30a)**.

Montering

66 Monteringen utförs i omvänd ordningsföljd, men observera följande:
a) Sätt dit nya O-ringstätningar, insmorda med kylmedieolja, på luftkonditioneringens röranslutningar.
b) Fyll på kylsystemet enligt beskrivningen i kapitel 1A eller 1B.
c) Avsluta med att låta fylla på och leta efter läckor i luftkonditioneringssystemet.

Expansionsventil

Observera: *När du kopplar loss luftkonditioneringsrör eller komponenter, plugga alltid igen öppningarna för att förhindra att det kommer in smuts, och för att förhindra att behållarens/avfuktaren blir genomblöt.*

Demontering

67 Låt en specialist med tillgång till lämplig utrustning tömma ut luftkonditioneringens kylmedium.
68 Expansionsventilen sitter på det nedre luftkonditioneringsröret på motorrummets torpedvägg. Skruva loss anslutningsmuttern och dra bort förångarens insugsrör från anslutningen på motorrummets torpedvägg.
69 Observera var den är monterad och dra sedan loss expansionsventilen från röret med hjälp av en tång. Ta vara på ventilens O-ringstätning. Observera att ventilen har ett inbyggt filter. Om en komponent, t.ex. en kompressor, går sönder kan filtret täppas igen av skräp.

Montering

70 Monteringen utförs i omvänd ordningsföljd, men observera följande:
a) Dra åt expansionsventilens anslutnings-mutter till angivet moment.
b) Byt alla O-ringstätningar som har rörts, de nya ska vara insmorda med kylmedieolja.
c) Avsluta med att låta fylla på och leta efter läckor i luftkonditioneringssystemet.

Behållare/avfuktare

Observera: *När du kopplar loss luftkonditioneringsrör eller komponenter, plugga alltid igen öppningarna för att förhindra att det kommer in smuts, och för att förhindra att behållarens/avfuktaren blir genomblöt.*
Observera: *Volvo betonar att behållaren/avfuktaren måste bytas om kylmediekretsen har öppnats/kopplats loss i mer än 10 minuter, eller om kompressorn har bytts.*

Demontering

71 Ta bort höger strålkastare enligt beskrivningen i kapitel 12.
72 Ta bort den främre stötfångare enligt beskrivningen i kapitel 11.
73 Skruva loss fästena och dra bort hjulhusfodrets främre kant.

10.57 Dra bort förångaren från huset

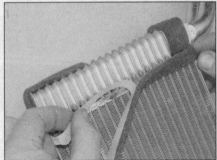

10.58 Sätt dit nya tätningar på förångaren

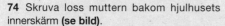

10.74 Skruva loss muttern (se pil) bakom hjulhusets innerskärm

74 Skruva loss muttern bakom hjulhusets innerskärm **(se bild)**.
75 Skruva loss bultarna och koppla loss behållarens/avfuktarens kylmedierör. Ta loss O-ringstätningarna.
76 Skruva loss de tre fästbultarna och ta bort de tre fästbultarna och ta bort behållaren/avfuktaren **(se bild)**.

Montering

77 Monteringen utförs i omvänd ordningsföljd, men observera följande:
a) *Dra åt behållaren/avfuktaren till angivet moment.*
b) *Byt alla O-ringstätningar som har rörts, de nya ska vara insmorda med kylmedieolja.*
c) *Avsluta med att låta fylla på och leta efter läckor i luftkonditioneringssystemet.*

Kompressor

Observera: *När du kopplar loss luftkonditioneringsrör eller komponenter, plugga alltid igen öppningarna för att förhindra att det kommer in smuts, och för att förhindra att behållarens/avfuktaren blir genomblöt.*
Observera: *Volvo betonar att behållaren/avfuktaren måste bytas om kompressorn har bytts.*

11.4a Skruva loss de 2 torxskruvarna (se pilar) . . .

10.76 Behållarens/avfuktarens fästbultar (se pilar)

Demontering

78 Låt en specialist med tillgång till lämplig utrustning tömma ut luftkonditioneringens kylmedium.
79 Ta bort drivremmen enligt beskrivningen i kapitel 1A eller 1B.
80 Hissa upp bilens framvagn och stötta den på pallbockar (se *Lyftning och stödpunkter*). Lossa i förekommande fall de sju torxskruvarna och ta bort motorns undre skyddskåpa **(se bild 4.2)**.
81 Skruva loss skruvarna och koppla loss luftkonditioneringsrören från kompressorn. Kasta O-ringarna eftersom nya måste monteras.
82 Koppla loss anslutningskontakten, skruva sedan loss de tre bultarna som håller fast kompressorn på motorn, och flytta den sedan nedåt och bort från bilen.

Montering

83 Monteringen utförs i omvänd ordningsföljd, men observera följande:
a) *Byt alla O-ringstätningar som har rörts, de nya ska vara insmorda med kylmedieolja.*
b) *Avsluta med att låta fylla på och leta efter läckor i luftkonditioneringssystemet.*
c) *Den mängd kylmedieolja som ska fyllas på när kompressorn har återmonterats*

11.4b . . . och dra bort värmeenheten från huset

10.85 Bänd försiktigt upp solsensorn från instrumentbrädan

beror på vilken mängd olja som tömdes ut tidigare. Om mer än 70 cm³ tömdes ut, fyll på den mängd som tömdes ut. Om den avtappade mängden är mindre, fyll på 70 cm³.

Solsensor

Demontering

84 Solsensorn sitter på ovansidan av instrumentbrädans kåpa.
85 Bänd försiktigt upp sensorn med hjälp av en skruvmejsel under dess nedre del, på sidan **(se bild)**.
86 Koppla loss kontaktdonen och ta bort sensorn.

Montering

87 Monteringen utförs i omvänd ordningsföljd mot demonteringen.

11 Extra elektrisk värmeenhet – demontering och montering

Observera: *den extra elektriska värmeenheten är endast tillgänglig på dieselmodeller som är avsedda för vissa marknader.*

Demontering

1 Demontera mittkonsolen enligt kapitel 11.
2 Lossa kablaget från fästbygeln, skruva sedan loss de fyra bultarna och ta bort höger fästbygel **(se bild 10.19)**.
3 Koppla loss värmeenhetens anslutningskontakter.
4 Skruva loss de båda fästbultarna och dra bort värmeenheten från huset **(se bilder)**.

Montering

5 Sätt tillbaka värmeenheten på huset, se till att styrsprintarna på värmeenhetens ände hakar i huset korrekt.
6 Återstoden av monteringen utförs i omvänd ordningsföljd mot demonteringen.

Anteckningar

Kapitel 4 Del A:
Bränsle- och avgassystem – bensinmodeller

Innehåll

Svårighetsgrad

Enkelt, passar novisen med lite erfarenhet	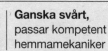 Ganska enkelt, passar nybörjaren med viss erfarenhet	 Ganska svårt, passar kompetent hemmamekaniker	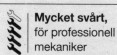 Svårt, passar hemmamekaniker med erfarenhet	Mycket svårt, för professionell mekaniker

Specifikationer

Allmänt

Systemtyp .... Inbyggt motorstyrningssystem med sekvensstyrd elektronisk bränsleinsprutning och tändning. Både tomgångsvarvtalet och blandningen styrs av styrmodulen (Electronic Control Module) och kan inte justeras

Bränslesystemdata

Observera: Motståndsvärdena som anges ovan är typvärden och kan användas som riktvärden. I allmänhet visas en felaktig komponent som ett nollvärde eller ett oändligt avläst värde, snarare än som en liten avvikelse från de angivna värdena. Bekräfta alltid dina resultat innan du köper en ny del (utför om möjligt samma test på en ny komponent, och jämför resultaten).

Bränsleinsprutare

Resistans .... 12,5 Ω vid 20 °C

Vevaxelns hastighets-/lägesgivare

Resistans:
1,8- och 2,0-litersmodeller .... 445 Ω vid 20 °C
2,4-litersmodeller .... 125 Ω vid 20 °C

Kamaxelgivare

Resistans:
1,8- och 2,0-litersmodeller .... 450 Ω vid 20 °C

Insugskamaxelns återställningsventil

Resistans:
2,4-litersmodeller .... 3 till 5 Ω

Insugsluftens temperaturgivare

Resistans:
1,8- och 2,0-litersmodeller .... 15 kΩ vid -20 °C
                                                        2,5 kΩ vid 20 °C
2,4-litersmodeller .... 2,3 kΩ vid 20 °C

Bränsletemperaturgivare

Resistans:
2,4-litersmodeller .... 2,5 kΩ vid 20 °C

Avgasåterföringsventil

Resistans:
1,8- och 2,0-litersmodeller .... 12 till 22 Ω på varje stegmotorspole

Bränslesystemdata (forts.)

Givare för absolut tryck i insugsgrenröret (MAP)
Resistans:
1,8- och 2,0-litersmodeller	3 till 5 kΩ vid 20 °C
2,4-litersmodeller	10 Ω

Variabel insugsvakuumventil
Resistans:
1,8- och 2,0-litersmodeller	31 Ω vid 20 °C

Virvelspjällets vakuumventil
Resistans:
1,8- och 2,0-litersmodeller	31 Ω vid 20 °C

Åtdragningsmoment
	Nm
Avgasgrenrör:	
1,8- och 2,0-litersmodeller*	48
2,4-litersmodeller*	25
Bränsleinsprutningsbrygga till insugsgrenrör:	
1,8- och 2,0-litersmodeller	25
2,4-litersmodeller	10
Bränslemätargivarens/pumpens plastfästmutter	70
Elektronisk gasspjällsmodul	10
Främre kryssrambalksbultar:	
Främre bultar	120
Bakre bultar	280
Insugsgrenrörets bultar:	
2,4-litersmodeller:	
Övre del	10
Nedre del	20
Kamaxelgivare:	
1,8- och 2,0-litersmodeller	6
2,4-litersmodeller	Ingen uppgift
Nedre momentstag:	
M10	60
M12	80
Vevaxelns läges-/hastighetsgivare:	
1,8- och 2,0-litersmodeller	6
2,4--litersmodeller*	10

* Återanvänds inte

1 Allmän information och föreskrifter

Allmän information

Bränslesystemet består av en centralt monterad bränsletank; en elektrisk bränsle-pump, ett bränslefilter och ett helt elektroniskt bränsleinsprutningssystem. Det finns mer information om bränsleinsprutningssystemen i avsnitt 6 och 8.

Beroende på motortyp kan modeller avsedda för vissa marknader också ha ett avgasåterföringssystem (EGR) som en del av avgasreningspaketet. Ytterligare information om dessa system finns i del C av detta kapitel.

Tryckavlasta bränslesystemet

Innan du utför en åtgärd på någon del av bränslesystemet rekommenderar vi att du först avlastar kvarblivet bränsletryck. Även om motorn har varit avstängd en stund finns det en risk för att det kvarblivna bränsletrycket gör att det sprutar ut bränsle när du kopplar loss bränsleledningarna. Detta är i bästa fall obehagligt (t.ex. om det sprutar ut i ditt ansikte) och i värsta fall är det en brandfara.

När en bränsleledning ska kopplas loss, framförallt om systemet inte har tryckavlastats, linda ordentligt med trasor runt den anslutning som ska åtgärdas. Lossa beslagen eller klämmorna långsamt, och ta bort eventuella rör försiktigt, så att trycket sjunker på ett kontrollerat sätt, och/eller så att eventuellt bränslespill kan tas om hand.

Ta bort säkring nr 74 för bränslepumpsreläet i säkringsdosan i passagerarutrymmet (se kapitel 12). Starta motorn och låt den gå på tomgång tills den stannar. Systemet har nu tryckavlastats. Sätt tillbaka pumpens säkring.

Ett system som har tryckavlastats kan fortfarande kan ge upphov till bränslespill – det finns fortfarande bränsle i ledningarna, så det är bra att placera absorberande trasor runt den anslutning som ska åtgärdas.

Föreskrifter

⚠️ **Varning: Bensin är extremt brand-farligt – största försiktighet måste iakttagas vid allt arbete som rör bränslesystemets delar. Rök inte och se till att inga öppna lågor eller oskyddade glödlampor förekommer i närheten av arbetsplatsen. Observera att även gasdrivna hushållsapparater med tändlågor, som varmvattenberedare, ångpannor och torktumlare, också utgör en brandrisk. Tänk på det om arbetet utförs på en plats i närheten av sådana apparater. Ha alltid en eldsläckare i närheten av arbetsplatsen och kontrollera att den fungerar innan arbetet påbörjas. Använd skyddsglasögon vid arbete med bränslesystemet och tvätta omedelbart bort allt bränsle som kommer i kontakt med huden med tvål och vatten. Observera att bränsleångor är lika farliga som flytande bränsle. Ett kärl som precis har tömts på flytande bränsle innehåller fortfarande ångor och kan utgöra en explosionsrisk. Bensin är en ytterst brandfarlig vätska och säkerhetsföreskrifterna för hantering kan inte nog betonas.**

• **Flera av momenten som beskrivs i detta kapitel innebär att bränsleledningar måste kopplas bort, något som kan leda till bränslespill. Innan du påbörjar arbetet, läs ovanstående varningsavsnitt och informationen i Säkerheten främst!**

i början av handboken. Läs även informationen om hur man tryckavlastar bränslesystemet, som anges tidigare i detta avsnitt.

- *Vi rekommenderar verkligen att du kopplar loss batteriets minuskabel i alla situationer där det finns risk för bränslespill. Detta minskar risken för att en gnista orsakar en brand, och förhindrar även att bränslepumpen går, något som kan vara farligt om bränsleledningarna har kopplats loss.*
- *Var extra noga med renligheten vid arbete med bränslesystemets komponenter. Smuts som tränger in i bränslesystemet kan orsaka blockeringar som leder till dålig drift.*

2 Luftrenarenhet – demontering och montering

Demontering

1,8- och 2,0-litersmodeller

1 Lossa klämman och koppla loss luftutloppsslangen från gasspjällshuset **(se bilder)**.
2 Lossa gummiremmen längst fram på luftrenarhuset **(se bild)**.
3 Dra luftrenarenheten rakt upp från gummi-fästena. Koppla sedan loss ventilen från husets nedre del när den tas bort **(se bilder)**.

2,4-litersmodeller

4 Lossa de 2 fästskruvarna och koppla loss

2.1a Lossa klämman . . .

2.2 Lossa gummiremmen

2.3b . . . och ta bort luftrenaren

2.6 Lossa klämman (se pil) och koppla loss utloppsslangen

insuget från motorhuvens överdel **(se bild)**.
5 Dra försiktigt vakuumslangen från luftrenarenheten **(se bild)**.
6 Lossa luftutloppsslangens klämma och koppla loss slangen **(se bild)**.

2.4 Ta bort luftintaget från frontens överdel

2.7a Skjut upp styrmodulens kåpa . . .

2.1b . . . och koppla loss slangen från gasspjällshuset

2.3a Tryck ihop kragens sida och koppla loss ventilationsslangen . . .

7 Skjut styrmodulens kåpa uppåt och koppla loss anslutningskontakterna **(se bilder)**.
8 Koppla loss anslutningskontakten från massluftflödesgivaren.
9 Gör nu inställningsmarkeringar mellan

2.5 Dra bort vakuumslangen (se pil) från luftrenarenhetens framsida

2.7b . . . bänd sedan upp spärrarna och koppla loss anslutningskontakterna

2.10 Flytta bort luftrenaren från dess plats

3.1 Dra panelen framför mittkonsolen bakåt för att loss klämmorna

3.2 Bänd bort instrumentbrädans ändpanel och ta bort klämman (se pil)

fästbygeln och chassit, ta sedan bort de båda bultarna som fäster höger motorfäste på chassit, och tryck motorns högra ände bakåt 20 till 30 mm.

10 Dra luftfilterenheten uppåt för att lossa den från gummifästena, skruva sedan loss kablagets styrskruv, skjut enheten åt vänster och flytta den från sitt läge (se bild).

Montering

11 För alla modeller gäller att monteringen utförs i omvänd ordningsföljd.

3 Gaspedal –
demontering och montering

Demontering

1 Bänd försiktigt loss panelen på mittkonsolens framsida, lossa de 4 fästklämmorna (se bild).
2 Bänd loss klädselpanelens bakre kant på förarsidans ände av instrumentbrädan och lossa den nedre instrumentpanelens yttre klämma (se bild).
3 Skruva loss de 3 fästskruvarna och ta bort den nedre instrumentbrädespanelen (se bild). Koppla ifrån eventuella anslutningskontakter när panelen tas bort.
4 Skruva loss de tre muttrarna som fäster enheten på torpedväggen (se bild).
5 Lossa buntbandet och koppla loss lägesgivarens anslutningskontakt när du tar bort pedalenheten. Vi rekommenderar inte att du tar isär enheten mer än så.

3.3 Skruva loss de tre skruvarna (se pilar) och ta bort instrumentbrädans nedre panel

Montering

6 Montera i omvänd ordningsföljd mot demonteringen.

4 Bränslemätarens pump-/ givarenhet – demontering och montering

Observera: *Observera föreskrifterna i avsnitt 1 innan något arbete utförs på bränslesystemets komponenter.*

Demontering

1 Ta bort bränsletanken enligt beskrivningen i avsnitt 5.
2 Skruva loss pump-/givarenhetens fästkrage av plast med hjälp av ett par stora korslagda skruvmejslar eller tillverka ett hemgjort verktyg (se bild).

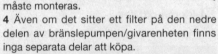

3.4 Gaspedalsenhetens fästmuttrar (se pilar)

3 Lyft pump-/givarenheten från tanken (se bild). Kasta O-ringstätningen eftersom en ny måste monteras.
4 Även om det sitter ett filter på den nedre delen av bränslepumpen/givarenheten finns inga separata delar att köpa.
5 Om det behövs, anslut ledningarna från en multimeter till givarenhetens kablar (orange och grön) och mät motståndet när flottören är helt upplyft respektive nedsläppt. Motståndet i enheten vi testade var 200 ohm när flottören är helt nedsläppt, och 10 ohm när den är helt upplyft (se bild).

Montering

6 Monteringen utförs i omvänd ordningsföljd. Tänk på följande:
a) Använd en ny O-ringstätning insmord med vaselin.

4.2 Använd ett egentillverkat verktyg för att lossa givarenhetens fästkrage

4.3 Lyft försiktigt bort givar-/pumpenheten från tanken, var försiktig så att du inte böjer flottörarmen

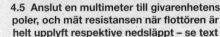

4.5 Anslut en multimeter till givarenhetens poler, och mät resistansen när flottören är helt upplyft respektive nedsläppt – se text

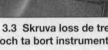

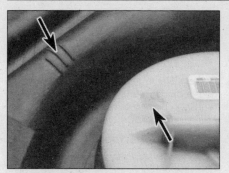

4.6 Linjera markeringen på tanken med pilen på givarenheten (se pilar)

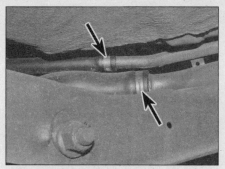

5.6 Lossa klämmorna (se pilar) och koppla loss bränslepåfyllnings- och ventilrören

5.8 Bänd upp den vita låsspärren (se pil), tryck sedan in knappen och koppla loss bränslematningsröret

b) *Placera givar-/pumpenheterna så att pilen på kåpan linjerar med märket på bränsletanken (se bild).*

c) *Dra åt givar-/pumpenhetens fästkrage till angivet moment, där verktygen tillåter det.*

5 Bränsletank – demontering och montering

Observera: *Observera föreskrifterna i avsnitt 1 innan något arbete utförs på bränslesystemets komponenter.*

Demontering

1 Innan tanken kan demonteras måste den tömmas på så mycket bränsle som möjligt. För att undvika de faror och komplikationer som bränslehantering och lagring kan innebära bör det här arbetet utföras med en i det närmaste tom tank.

2 Koppla loss batteriets minusledare (se kapitel 5A).

3 Lossa de vänstra bakre hjulbultarna, klossa sedan framhjulen och höj upp bilens bakvagn och stötta den på pallbockar (se *Lyftning och stödpunkter*). Demontera hjulet.

4 Ta bort avgassystemets bakre del enligt beskrivningen i avsnitt 12. Stötta upp systemets främre del för att undvika att belasta den flexibla delen.

5 Skruva loss plastmuttrarna och ta bort värmeskölden under tanken.

5.9 Tryck in lossningsknappen, koppla sedan loss kolfilterröret från tankens baksida (se pil)

6 Lossa klämmorna och koppla loss bränslepåfyllnings- och ventilationsslangarna där de ansluter till metallrören (se bild). Var beredd på bränslespill. Om klämmorna är skadade ska de bytas.

7 På bensinmodeller som tillverkats för vissa specifika länder kan du behöva ta bort kolfiltret enligt beskrivningen i kapitel 4C.

8 Tryck in lossningsknapparna (bänd upp den vita låsdelen på matningsröret först) och koppla loss bränslematnings- och kolfilterrören på tankens framsida (se bild).

9 Arbeta på tankens baksida och tryck in lossningsknappen och koppla ifrån röret till kolfiltret (se bild).

10 Placera en garagedomkraft mitt under tanken. Lägg en skyddande träkloss mellan domkraftshuvudet och tankens nedre del. Hissa sedan upp domkraften så att den lyfter tanken.

11 Lossa tankens fästremmar och sänkt försiktigt ner domkraften och tanken något.

12 Koppla loss bränslegivar-/pumpenhetens kontaktdon från tankens övre del (se bild).

13 Sänk ner tankens främre del och skjut den framåt, mata slangarna över den bakre kryssrambalkens ovansida, och ta bort tanken från bilens undersida.

14 Om tanken är förorenad med sediment eller vatten, ta bort mätargivarenheten och bränslepumpen enligt beskrivningen ovan. Skölj ur tanken med rent bränsle.

15 Tanken är gjuten i syntetmaterial och om den skadas ska den bytas ut.

5.12 Tryck ner lossningsklämman (se pil) och koppla loss givarenhetens anslutningskontakt

I somliga fall kan det dock vara möjligt att reparera små läckor eller mindre skador. Kontakta en verkstad eller en lämplig specialist angående frågor om tankreparationer.

16 Flytta över alla komponenterna från den gamla tanken till den nya, om en ny tank ska monteras. Byt alltid tätningen mellan bränslepump-/mätargivarenheten och tanken.

Montering

17 Monteringen utförs i omvänd ordningsföljd. Tänk på följande:

a) *Innan du höjer upp tanken till dess slutliga position, återanslut givar-/pumpenhetens anslutningskontakt, och fäst kolfilterslangen på tankens ovansida med klämmor.*

b) *Avsluta med att fylla på tanken med bränsle och leta mycket noga efter tecken på bränsleläckage innan bilen körs i trafik.*

6 Bränsleinsprutningssystem – allmän information

Allmän information

Detta är ett mikroprocessorstyrt motorstyrningssystem, som är konstruerat för att uppfylla en sträng avgasreningslagstiftning samtidigt som det ger utmärkta motorprestanda och god bränsleekonomi. Systemet uppnår detta genom att hela tiden övervaka motorn med olika givare, vars data leds in i systemets elektroniska styrmodul (ECM). Baserat på den här informationen avgör ECM-programmet och minnet sedan den exakta bränslemängd som behövs, vilken sedan sprutas in sekventiellt i insugsgrenröret, för alla faktiska och förutsedda körförhållanden. Styrmodulen styr även motorns tändningsfunktioner (se kapitel 5B) och motorns avgasreningssystem (se kapitel 4C).

Huvudkomponenterna i systemets bränsledel följer nedan.

Elektronisk styrmodul (ECM)

ECM är en mikroprocessor som helt styr bränsle- och tändsystemen, motorns kylfläkts- och kamaxellägessystem (i förekommande fall) och avgassystemet. I modulminnet finns program som styr bränslematningen till insprutningsventilerna och deras öppningstid. Programmet använder underprogram för att ändra parametrarna i enlighet med signalerna från de andra komponenterna i systemet. Dessutom styrs motorns tomgångsvarvtal av styrmodulen, som använder en motoriserad gasspjällsenhet. Styrmodulen innehåller även en självdiagnostiseringsenhet som ständigt kontrollerar att hela bränsle-/tändsystemet fungerar som det ska. Eventuella upptäckta fel loggas som felkoder som kan laddas ner med hjälp av en så kallad felkodsavläsare. Om fel i systemet uppstår på grund av att en signal från en givare går förlorad återgår styrmodulen till ett nödprogram. Detta gör att bilen kan köras, även om motorns funktion och prestanda begränsas.

Styrmodulen har flera adaptiva (själv-inlärande) funktioner, som för det möjligt att hela tiden anpassa systemen till förändrade omständigheter under bilens livslängd (slitage, bränsleskillnader etc.).

Motorstyrningsmodulen tar även emot information från bilens andra styrmoduler (central elektronikmodul, bromsstyrmodul, AC-styrmodul, växellådsstyrmodul (endast automat), rattmodul, förarinformationsmodul och elservostyrningsmodul), via en CAN-buss (Controller Area Network). På vissa modeller används ett LIN (Local Interconnect Network) för viss kommunikation inom styrmodulen (generatorstyrmodul 2005 och senare).

Bränsleinsprutare

Varje bränsleinsprutare består av en solenoidstyrd nålventil som öppnas på kommando av styrmodulen. Bränsle från bränsleinsprutningsbryggan transporteras då sekventiellt genom bränsleinsprutarens munstycke till insugsgrenröret.

Temperaturgivare för kylvätska

Den här resistiva enheten är fastskruvad i termostathuset, där den har direktkontakt med motorns kylvätska. Förändringar i kylvätsketemperaturen registreras av styrmodulen som en förändring i givarens resistans. Givaren är av typen med negativ temperaturkoefficient, där resistansen minskar när temperaturen stiger. Signaler från temperaturgivaren för kylvätska används även av temperaturmätaren i instrumentpanelen.

Givare för absolut tryck i grenröret/insugsluftens temperatur

Den här kombinerade givaren mäter både tryck/vakuum och temperaturen i luften som kommer in i insugsgrenröret. MAP-givaren är en halvledare där ett silikonmembran styrs ut av det tryck det utsätts för. Spänningssignalen från MAP-givaren förändras i förhållande till trycket – när trycket ökar gör även spänningen det. Temperaturgivaren har en negativ tempe-raturkoefficient, där givarens resistans sjunker när temperaturen stiger.

Observera att insugsluftens temperaturgivare inte finns på 2,4-litersmodeller – endast MAP-givaren.

Massluftflödets/insugsluftens temperaturgivare

2,4-litersmodeller

MAF-givaren mäter luftmängden som dras in i motorn. Givaren är av varmtrådstyp och har ett resistivt element med en keramisk beläggning. Enheten sitter i luftrenarintaget och använder insugsluften för att ändra elementets resistans. Den kombinerade givaren har också en temperaturgivare för insugsluften. Givaren är av typen med negativ temperaturkoefficient, där resistansen minskar när temperaturen stiger.

Gaspedalens lägesgivare

Gaspedalens lägesgivare har två potentio-metrar och en omvandlare mellan analogt och digitalt. Pedalskaftet är anslutet till potentiometrarna, vars resistans ändras i förhållande till pedalläget. Givaren skickar både en analog och en digital signal till styrmodulen och informerar den om pedalläget och ändringstakten. Den här informationen används av styrmodulen för att styra det motoriserade gasspjällets styrenhet. Det finns ingen gasvajer.

Elektronisk gasspjällsmodul

Gasspjällets styrenhet reglerar luftmängden som kommer in i insugsgrenröret. Den består av ett gasspjäll (skiva), en likströmsmotor och växlar, samt två potentiometrar som rapporterar om gasspjällets läge till styrmodulen. Det finns ingen gasvajer – gasspjällets läge styrs av styrmodulen via elmotorn.

Bränslepump

Den elektriska bränslepumpen är placerad i bränsletanken och är helt genomdränkt av bränsle. Enheten är en tvåstegskomponent som består av en elektrisk motor som driver en skovelhjulspump för att dra in bränsle, och en kugghjulspump för att pumpa ut det under tryck. Bränslet transporteras sedan till bränsle-insprutningsbryggan på insugsgrenröret via ett bränslefilter.

Bränsletrycksregulator

Bränsletrycksregulatorns funktion är in-byggd i pumpmodulen som är fäst på bränsle-tanken.

Bromsljusbrytare

Informerar styrmodulen om bromspedalens läge, för farthållarfunktioner.

Kopplingspedalsbrytare

Manuell växellåda

Informerar styrmodulen om kopplings-pedalens läge, för farthållarfunktioner.

Bränsletrycks-/temperaturgivare

2,4-litersmodeller

Det här piezo-motståndet sitter i bränsle-insprutningsbryggan. När trycket påverkar givaren varierar utgångsspänningen i enlighet med detta. Givarens temperaturavkännande del har en negativ temperaturkoefficient, där resistansen sjunker när temperaturen stiger.

Luftkonditioneringens tryckgivare

Den här givaren sitter i högtryckssidan av AC-systemet och informerar styrmodulen om systemets tryck så att det kan styra motorns kylfläkt (för att kyla kondensorn) och kompressorn, samt justerar tomgångsvarvtalet i enlighet med kompressorns belastning.

Vevaxelns läges-/hastighetsgivare

1,8- och 2,0-litersmodeller

När motorns vevaxel roterar, roterar även ett tandat hjul bakom vevaxelns remskiva. Bredvid den här remskivan sitter en induktiv givare. När det tandade hjulet roterar, induceras en växelström i givaren. Vevaxelns rotationshastighet beräknas av motorstyrningsmodulen enligt den ström som induceras. För att styrmodulen ska kunna avgöra vilket läge vevaxeln är i saknas en av kuggarna på hjulet. Detta kallas för referensläget. När denna öppning passerar givaren sjunker den inducerade strömmen till noll, vilket gör att styrmodulen kan känna av vevaxelns läge. Även om vevaxelns rotationsläge kan övervakas, kan givaren inte avgöra vilken "takt" (kompression, avgas etc.) motorn är i. Den informationen ska styrmodulen få från kamaxelgivaren.

2,4-litersmodeller

När motorns svänghjul roterar passerar ett antal borrade/utstansade hål (med 6 graders mellanrum) på dess omkrets givarens spets, som sitter på motorns baksida ovanför svänghjulet. Eftersom givaren är induktiv med en permanentmagnet genererar det passerande svänghjulet/hålen en växelspänning i givaren. Den här spänningens frekvens är direkt proportionerlig till motorvarvtalet. För att vevaxelns läge ska kunna övervakas saknas det två hål. De hål som saknas skapar en felaktighet i signalen, och med hjälp av denna kan styrmodulen avgöra vevaxelns exakta läge. Den första tanden efter de saknade hålen sitter 84° före övre dödläget på cylinder nummer 1.

Kamaxelgivare

För att kunna avgöra kamaxelns läge sitter den här givaren bredvid kamaxelflänsarna. Varje fläns har "flanker" med en tand var. Dessa tänder sitter inte med lika stort mellanrum (flankerna är inte symmetriska), så när de passerar givarens spets genererar permanentmagneten i givaren en AC-spänning, vars mönster informerar styrmodulen om läget, och vars frekvens representerar hastigheten.

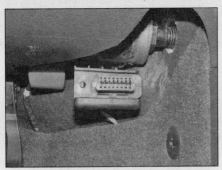

7.2 Diagnosuttaget sitter under instrumentbrädan, på förarsidan

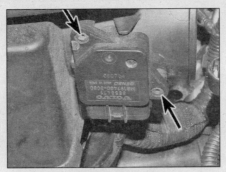

8.2 Massluftflödesgivarens skruvar (se pilar)

8.4 Givare för absolut tryck i grenröret/ in-sugsluftens temperatur – 2,4-litersmodeller

Kamaxelns återställningsventil

2,4-litersmodeller

Den här ventilen, som sitter på topplocket, styr oljeflödet till den kontinuerligt variabla ventiltidsenheten (CVVT) på kamaxeln. Olje-flödet till dessa enheter avgör kamaxelns radiella läge. Spänningen till magnetventilen styrs av motorstyrningsmodulen.

7 Bränsleinsprutningssystem – kontroll och justering

1 Om ett fel uppstår i bränsleinsprutningsdelen av motorstyrningssystemet ska alla kontaktdon kontrolleras så att de sitter som de ska och inte visar tecken på korrosion. Kontrollera sedan att felet inte beror på dåligt underhåll, dvs. kontrollera att luftfiltret är rent, att tändstiften är i gott skick och har korrekt avstånd, att cylinderkompressionstrycken är korrekta, att tändningsinställningen är korrekt samt att motorns ventilationsslangar inte är igentäppta eller skadade, enligt kapitel 1A, 2A, 2B och 5B.
2 Om dessa kontroller inte visar vad som är orsaken till problemet, sitter det ett diagnosuttag under förarsidans instrumentbräda ovanför pedalerna, där man kan ansluta en felkodsläsare **(se bild)**. Testutrustningen kan undersöka motorstyrningssystemet elektroniskt och komma åt dess interna fellogg.
3 Felkoderna kan endast tas fram från styrmodulen med en särskild felkodsläsare. En Volvoverkstad har naturligtvis en sådan avläsare, men de finns även hos andra leverantörer. Det är antagligen inte lönsamt för en privatperson att köpa en felkodsläsare, men en välutrustad lokal verkstad eller bilspecialist har en.
4 Med den här utrustningen kan man snabbt och enkelt ta reda på vad som är fel, även om felen endast uppstår periodiskt. Att testa alla systemkomponenterna individuellt för att lokalisera felet genom uteslutningsmetoden är mycket tidskrävande och knappast särskilt givande (framförallt om felet uppstår dynamiskt), och medför en stor risk att skada styrmodulens inre komponenter.

5 Erfarna hemmamekaniker som har en exakt varvräknare och en noggrant kalibrerad avgasanalyserare kan kontrollera avgasernas CO-halt och motorns tomgångsvarvtal. Om de ligger utanför de angivna värdena måste bilen lämnas in hos en Volvoverkstad eller specialist med lämplig utrustning för bedömning. Varken luft-/bränsleblandningen (avgasernas CO-halt) eller motorns tomgångsvarvtal kan justeras manuellt. Felaktiga testresultat anger att underhåll krävs (möjligen rengöring av insprutningsventil) eller att det finns ett fel inom bränsleinsprutningssystemet.

8 Bränsleinsprutnings-systemets komponenter – demontering och montering

Observera: Läs föreskrifterna i avsnitt 1 innan något arbete utförs på bränslesystemets komponenter. Följande anvisningar kan tillämpas på alla bränsleinsprutningssystem om inte annat anges.

Massluftflödets/insugsluftens temperaturgivare

2,4-litersmodeller

1 Ta bort luftrenaren enligt beskrivningen i avsnitt 2.
2 Skruva loss de båda skruvarna och ta bort givaren från luftrenarkåpan **(se bild)**.
3 Montera i omvänd ordningsföljd.

8.8 På 1,8- och 2,0-litersmodeller sitter MAP-givaren på grenrörets nedre, vänstra kant (se pil)

Givare för absolut tryck i grenröret/insugsluftens temperatur

2,4-litersmodeller

4 Givaren sitter på insugsgrenrörets övre vänstra ände **(se bild)**.
5 Koppla loss anslutningskontakten, dra sedan ut givaren från grenröret.
6 Montera i omvänd ordningsföljd.

1,8- och 2,0-litersmodeller

7 Hissa upp bilens framvagn och stötta den på pallbockar (se *Lyftning och stödpunkter*). I förekommande fall, lossa de sju torxskruvarna och ta bort motorns undre skyddskåpa.
8 Lossa givarens anslutningskontakt och fästskruvarna och ta bort givaren från insugs-grenrörets nedre, vänstra kant **(se bild)**.
9 Monteringen utförs i omvänd ordningsföljd.

Bränsleinsprutningsbrygga och bränsleinsprutare

Observera: Om du misstänker ett insprutar-problem kan det vara värt att testa en rengörande behandling för insprutnings-ventilerna innan du tar bort dem.
10 Tryckavlasta bränslesystemet enligt beskrivningen i avsnitt 1.

Demontering – 1,8- och 2,0-litersmodeller

11 Dra plastkåpan på motorns ovansida rakt uppåt från dess fästen.
12 Tryck ner klämmorna och koppla loss anslutningskontakten från var och en av insprutningsventilerna **(se bild)**. Lossa

8.12 Tryck ner klämman och dra anslutningskontakten från varje insprutningsventil

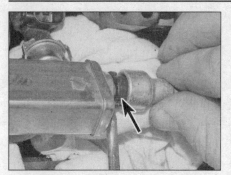

8.13 Tryck in hylsan (se pil) och koppla loss bränslematningsslangen från insprutningsbryggan

8.14 Bränsleinsprutningsbryggans fästbultar (se pilar)

8.16 Bänd ut klämman och koppla loss insprutningsventilen från insprutningsbryggan

klämmorna och ta loss kablaget från bränsle-insprutningsbryggan.

13 Koppla loss bränsleledningens snabb-koppling från bränsleinsprutningsbryggan genom att trycka kopplingshylsorna bakåt **(se bild)**. Var beredd på att det läcker bränsle när kopplingen lossas. Täpp till kopplingen för att förhindra ytterligare bränslespill.

14 Rengör området runt insprutningsventil-erna och ta sedan bort bränsleinsprutnings-bryggans fästbultar **(se bild)**.

15 Lirka försiktigt loss insprutningsventilerna och dra insprutningsbryggan uppåt för att lossa insprutningsventilerna från topplocket och ta bort bryggan tillsammans med insprutningsventilerna.

16 Bänd ut varje fästklämma och dra insprut-ningsventilerna från bränsleinsprutnings-bryggan **(se bild)**. Kasta klämman och O-ringstätningen. Du måste sätta dit nya.

Demontering – 2,4-litersmodeller

17 Ta bort luftrenaren enligt beskrivningen i avsnitt 2.

18 Lossa klämman och koppla loss luft-intagsslangen från grenröret **(se bild 2.6)**.

19 Skruva loss de sex bultarna på insugs-grenrörets framsida och de två på baksidan **(se bilder)**. Lyft bort grenrörets övre del och lägg den åt sidan.

20 Lossa klämmorna och anslutningskon-takten från varje insprutningsventil **(se bild)**.

21 Rengör området runt insprutningsventil-erna och lossa sedan bränsleinsprutnings-bryggans fästbultar **(se bild)**.

22 Koppla loss bränslematningsslangen från bränsleinsprutningsbryggan.

23 Spraya lite smörjolja runt insprutnings-ventilernas platser på insugsgrenröret, dra sedan bränsleinsprutningsbryggan och in-sprutningsventilerna uppåt från grenröret.

24 Skruva loss fästskruvarna, ta bort insprut-ningsventilens spännbricka och lossa insprut-ningsventilerna.

Montering

25 Monteringen utförs i omvänd ordningsföljd, och notera följande:

a) Kontrollera att insprutningsventilernas O-ringar och grenrörs-/topplockstätningar är i gott skick, byt dem om det behövs.

b) Smörj in O-ringarna med vaselin eller silikonfett för ihopsättningen.

c) Se till att alla kablage och bränsle-ledningsanslutningar är korrekt och säkert anslutna.

d) Dra åt bränsleinsprutningsbryggans fästbultar till angivet moment.

Elektronisk gasspjällsmodul

1,8- och 2,0-litersmodeller

26 Koppla loss batteriets minusledare enligt beskrivningen i kapitel 5A.

27 Dra plastkåpan på motorns ovansida rakt uppåt från dess fästen.

28 Lossa klämman och koppla loss luft-intagsslangen mellan den elektroniska gas-spjällsmodulen och luftrenarenheten.

29 Lossa anslutningskontakten, skruva loss de fyra skruvarna och ta bort den elektroniska gasspjällsmodulen **(se bild)**. Kasta pack-ningen, en ny måste monteras.

30 Monteringen utförs omvänt, använd en ny packning. Sätt vid behov dit nya slangklämmor. Dra åt den elektroniska gasspjällsmodulens fästskruvar till angivet moment.

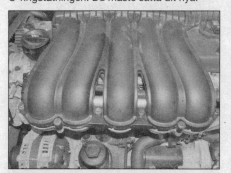

8.19a Grenrörets övre del är fäst med 6 skruvar på framsidan . . .

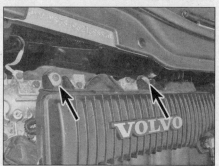

8.19b . . . och två på baksidan (se pilar)

8.20 Tryck ner klämman (se pil) och dra loss anslutningskontakten från ventilerna

8.21 Bränsleinsprutningsbryggans fästbultar (se pilar)

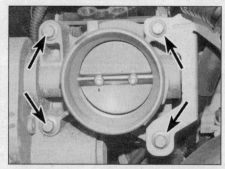

8.29 Elektronisk gasspjällsmodul, skruvar (se pilar) – 1,8- och 2,0-litersmodeller

8.32 Koppla loss gasspjällshusets anslutningskontakt – 2,4-litersmodeller

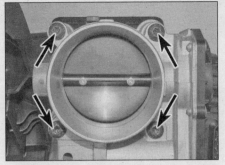

8.33 Den elektroniska gasspjällsmodulens bultar (se pilar) – 2,4-litersmodeller

8.37 Tryck ner klämman och lyft bort styrmodulens kåpa – 1,8- och 2,0-litersmodeller

2,4-litersmodeller

31 Ta bort luftrenaren enligt beskrivningen i avsnitt 2.

32 Koppla loss den elektroniska gasspjälls-modulens anslutningskontakt **(se bild)**.

33 Skruva loss de fyra fästbultarna och ta bort den elektroniska gasspjällsmodulen **(se bild)**. Kasta packningen och fästbultarna – du måste använda nya.

34 Monteringen utförs i omvänd ordningsföljd. Använd en ny packning och nya fästbultar. Dra åt den elektroniska gasspjällsmodulens fästbultar till angivet moment.

Temperaturgivare för kylvätska

35 Se kapitel 3.

Elektronisk styrmodul (ECM)

Observera: Om du monterar en ny styrmodul, måste den programmeras med särskild Volvo-testutrustning. Överlämna detta till en Volvo-verkstad eller annan lämplig specialist med rätt utrustning.

36 Koppla loss batteriets minusledare enligt beskrivningen i kapitel 5A.

Varning: Vänta minst två minuter efter det att tändningen har slagits av så att eventuell kvarbliven energi försvinner från huvudsystemreläet.

Demontering – 1,8- och 2,0-litersmodeller

37 Rengör ovansidan av styrmodulens lock för att det inte ska falla i smuts och skräp när den tas bort. Lossa spärren på ovansidan av styrmodulens lockkåpa. Lyft bort kåpan och lägg den åt sidan **(se bild)**.

38 Skruva loss styrmodulens tre fästskruvar, lossa sedan låsspakarna och koppla loss anslutningskontakterna **(se bild)**. Ta bort styrmodulen. **Observera:** *Rör inte styrmodulens polstift med bara händer, det finns risk för skador på grund av statisk elektricitet.*

Demontering – 2,4-litersmodeller

39 Skjut upp styrmodulens kåpa och ta bort den **(se bild 2.7a)**.

40 Lossa låsspakarna och koppla loss anslut-ningskontakterna från styrmodulen **(se bild 2.7b)**. **Observera:** *Rör inte styrmodulens polstift med bara händer, det finns risk för skador på grund av statisk elektricitet.*

41 Skruva loss de fem torxskruvarna och ta bort styrmodulen **(se bild)**.

Montering

42 Monteringen utförs i omvänd ordningsföljd mot demonteringen.

Vevaxelns läges-/hastighetsgivare

1,8- och 2,0-litersmodeller

43 Hissa upp bilens framvagn och stötta den på pallbockar (se *Lyftning och stödpunkter*). Lossa i förekommande fall de sju torxskruvarna och ta bort motorns undre skyddskåpa **(se bild)**.

44 Givaren sitter i anslutning till vevaxelns remskiva. Koppla ifrån givarens anslut-ningskontakt **(se bild)**.

45 Skruva loss de båda fästbultarna och ta bort givaren.

46 Monteringen utförs i omvänd ordnings-följd. Dra åt givarens fästbultar ordentligt.

2,4-litersmodeller

47 Ta bort luftrenaren enligt avsnitt 2.

48 Skruva loss de åtta bultarna som fäster den övre delen av insugsgrenröret, lägg sedan grenröret (med insugsslangen ansluten) åt sidan. Täck för öppningarna i grenrörets nedre del för att förhindra att det kommer in smuts.

49 Givaren sitter ovanför växellådshuset, på motorblockets vänstra ände. Håll kylarslangen åt sidan och lossa givarens anslutningskontakt, skruva sedan loss muttern och ta bort givaren. Kasta muttern. Du måste sätta dit en ny.

50 Monteringen utförs i omvänd ordnings-följd. Dra åt den nya fästmuttern till det

8.38 Bänd ut spärrarna (se pilar) och koppla loss styrmodulens kontakter

8.41 Skruva loss skruvarna (se pilar) och lossa styrmodulen från luftrenarenheten

8.43 Skruva loss de sju torxskruvarna (se pilar) och ta bort motorns undre skyddskåpa (i förekommande fall)

8.44 Vevaxelhastighets-/lägesgivare (se pil) – 1,8- och 2,0-litersmodeller

8.52 Kamaxelgivare – 1,8- och 2,0-litersmodeller

8.56 Insugskamaxelns lägesgivare – 2,4-litersmodeller

8.61 Kamaxelns återställningsventil – 2,4-litersmodeller

angivna momentet och sätt tillbaka grenröret med en ny packning.

Kamaxelgivare

1,8- och 2,0-litersmodeller

51 Ta bort plastkåpan på motorns övre del rakt upp från dess fästen.
52 Koppla loss givarens anslutningskontakt, skruva loss skruven och ta bort givaren **(se bild)**.
53 Monteringen utförs i omvänd ordningsföljd. Dra åt fästskruven till angivet moment.

2,4-litersmodeller

54 Lossa klämman och koppla loss luftintagsslangen från insugsgrenröret.
55 Lossa de åtta fästbultarna och lägg insugsgrenrörets övre del åt sidan **(se bild 8.19a och 8.19b)**.
56 Det kan finnas två givare. En ovanför insugskamaxeln och en ovanför avgaskamaxeln, båda sitter på ventilkåpans vänstra ände. Koppla ifrån givarens/givarnas anslutningskontakt **(se bild)**.
57 Skruva loss fästskruven/fästskruvarna och ta bort givarna.
58 Monteringen utförs i omvänd ordningsföljd. Använd en ny packning till grenrörets överdel.

Kamaxelns återställningsventil

2,4-litersmodeller

59 Skruva loss klämmorna/skruvarna och ta bort den övre kamremskåpan.
60 Rengör området runt ventilen för att förhindra att det kommer in smuts, koppla sedan loss ventilens anslutningskontakt.

8.68 Bränslepumpsmodul – 2,4-litersmodeller

61 Skruva loss fästskruven och ta bort ventilen **(se bild)**. Kasta tätningen.
62 Se till att fogytorna är rena och sätt sedan tillbaka ventilen med en ny tätning, med tätningens fasade kant vänd nedåt. Dra åt fästskruven ordentligt.
63 Sätt tillbaka kamremskåpan.

Kopplingspedalens lägesgivare

64 Se kapitel 6.

Bränslepumpsmodul

2,4-litersmodeller

65 Koppla loss batteriets minusledare enligt beskrivningen i kapitel 5A.
66 Ta bort baksätets vänstra dyna enligt beskrivningen i kapitel 11.
67 Dra upp och ta bort vänster bakdörrs rampanel, vik sedan mattan framåt.
68 Lossa modulens anslutningskontakt, dra sedan modulen uppåt från fästet **(se bild)**.
69 Monteringen utförs i omvänd ordningsföljd mot demonteringen.

Bränsletryckgivare

2,4-litersmodeller

70 Tryckavlasta bränslesystemet enligt beskrivningen i avsnitt 1.
71 Skruva loss skruvarna och ta bort den övre kamremskåpan.
72 Koppla ifrån givarens anslutningskontakt.
73 Täck över generatorn så att det inte kommer in bränsle, skruva sedan loss fästskruven och ta bort givaren **(se bild)**. Var beredd på bränslespill.
74 Monteringen utförs i omvänd ordningsföljd.

8.73 Bränsletryckgivare – 2,4-litersmodeller

Kontrollera att det inte förekommer bränsleläckage när du har startat motorn.

Bränslepumpens avstörningsfilter

Observera: *Avstörningsfiltret finns endast på vissa marknader.*

1,8- och 2,0-litersmodeller

75 Se till att tändningen är avslagen, ta bort baksätets dyna enligt kapitel 11.
76 Dra den främre kanten uppåt, dra sedan den bakre kanten framåt och ta bort vänster bakdörrs rampanel.
77 Vik mattan framåt och lossa avstörningsfiltrets fästbult.
78 Notera deras placering och koppla sedan loss filtrets anslutningskontakter när det tas bort.
79 Monteringen utförs i omvänd ordningsföljd mot demonteringen.

Bromsljuskontakt

80 Se kapitel 9.

9 Farthållare – allmän information

Farthållaren gör att bilen stadigt håller den hastighet som föraren valt, opåverkad av backar och kraftiga vindar.

Systemets huvudkomponenter är kontrollprogramvaran (del av rattmodulen) och ett reglage. Bromspedalens och (i förekommande fall) kopplingspedalens brytare skyddar motorn mot för höga hastigheter eller belastningar om en pedal trycks ner medan systemet används.

Under körning accelererar föraren till önskad hastighet och aktiverar sedan systemet med hjälp av reglaget. Programvaran läser sedan av fordonets hastighet (från hjulhastighetsgivarna) och öppnar eller stänger gasspjället med hjälp av det motoriserade gasspjällets styrenhet. Om reglaget flyttas till OFF, eller om broms- eller kopplingspedalen trycks ner, stänger programvaran gasspjället omedelbart. Den inställda hastigheten lagras i styrmodulens minne och systemet kan aktiveras igen genom att reglaget flyttas till RESUME, förutsatt att bilens hastighet inte sjunkit under 40 km/h.

Föraren kan utmanövrera farthållaren genom att helt enkelt trycka ner gaspedalen. När

10.2a Koppla loss EVAP-slangen . . .

10.2b . . . och bromsservoslangen från grenrörets framsida

10.10 Byt insugsgrenrörets tätningar

pedalen släpps återgår bilens hastighet till den angivna.

Farthållaren kan inte användas vid hastigheter lägre än 40 km/h, och bör inte användas vid halka eller trafikstockningar.

För demontering och montering:
a) Rattmodul – kapitel 10.
b) Farthållarreglage – kapitel 12.
c) Elektronisk gasspjällsmodul – avsnitt 8 i detta kapitel.

10 Insugsgrenrör – demontering och montering

Observera: Observera föreskrifterna i avsnitt 1 innan något arbete utförs på bränslesystemets komponenter.

1,8- och 2,0-litersmodeller

Demontering

1 Ta bort den elektroniska gasspjällsmodulen enligt beskrivningen i avsnitt 8.
2 Notera placeringen av EVAP-kolfiltrets och bromsservons vakuumslangar och lossa dem från grenröret **(se bilder)**.
3 Lossa anslutningskontakten från tryckgivaren på grenrörets nedre vänstra hörn.
4 Notera hur de är placerade och lossa de olika kablagen från grenröret.
5 Skruva loss bränsleinsprutningsbryggans fästbultar **(se bild 8.14)** och lägg insprutningsbryggan och insprutningsventilerna åt sidan.

11.3 Skruva loss rattstångskopplingens klämbult (se pil)

Täpp igen eller täck över öppningarna i topplocket för att förhindra nedsmutsning.
6 Skruva loss de båda skruvarna som fäster oljemätstickans rör och dra loss det. Kontrollera O-ringstätningens skick längst ner på röret och byt den vid behov.
7 Insugsgrenröret är fäst med sju bultar i den övre kanten och en bult i den nedre kanten. Skruva loss bultarna.
8 Notera var vakuumslangarna är placerade och lossa dem från styrningsventilerna på grenröret. Koppla loss vevhusventilationsslangen och ta bort grenröret. Kasta tätningarna.
Observera: Vi har märkt att det är bättre att koppla loss vakuumslangen till manöverdonet för grenrörsinställning vid magnetventilen.

Montering

9 Monteringen utförs i omvänd ordning mot demonteringen, använd en ny grenrörspackning samt nya tätningar och O-ringar för insprutningsventilerna om det behövs.
10 Placera grenrörets tätningar på grenröret och passa in grenröret på plats **(se bild)**. Kom ihåg att föra upp vevhusventilationens slang mellan den andra och tredje kanalen i förekommande fall. Dra åt bultarna ordentligt.

2,4-litersmodeller

Demontering

11 Ta bort bränsleinsprutarna enligt beskrivningen i avsnitt 8.
12 Lossa grenrörets nedre rad av fästbultar, ta sedan bort de övre och yttre bultarna och lyft bort grenröret. Koppla loss slangen mellan

11.5 Lambdasondens anslutningskontakter sitter på topplockets vänstra ände

grenröret och oljeavskiljaren när grenröret tas bort. Kasta packningen.

Montering

13 Monteringen utförs i omvänd ordningsföljd mot demonteringen. Använd nya packningar/tätningar om det behövs och dra åt fästena till angivet moment om sådant finns.

11 Avgasgrenrör – demontering och montering

1,8- och 2,0-litersmodeller

Demontering

1 Koppla loss batteriets minusledare (se kapitel 5A).
2 Se till att ratten är helt rak och haka sedan i rattlåset så att rattstången stannar kvar i detta läge. **Observera:** Om du endast ska byta grenrörspackningen kan du hoppa över det här steget.
3 Arbeta under instrumentbrädan, dra upp plastdamasken, gör inställningsmarkeringar mellan rattstångens universalknut och kuggstångens drev. Skruva loss klämbulten och dra knuten uppåt från drevet **(se bild)**. **Observera:** Om du endast ska byta grenrörspackningen kan du hoppa över det här steget.
4 Ta bort plastkåpan på motorns övre del genom att dra den rakt upp från dess fästen.
5 Koppla loss lambdasondernas främre och bakre anslutningskontakter **(se bild)**. **Observera:** Om du endast ska byta grenrörspackningen kan du hoppa över det här steget.
6 Skruva loss de fyra bultarna och ta bort värmeskölden från grenrörets övre sida.
7 Skruva loss muttrarna som fäster grenröret på topplocket. Kasta muttrarna, du måste sätta dit nya.
8 Lyft upp framvagnen och stötta den ordentligt på pallbockar (se Lyftning och stödpunkter).
9 Skruva loss de båda bultar som fäster fästbygeln på katalysatorn.

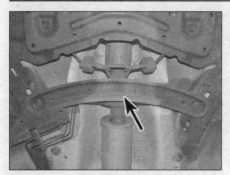

11.10 SIPS-tvärbalk (se pil)

11.27 Främre lambdasondens anslutningskontakt – 2,4-litersmodeller

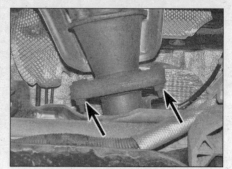

11.30 Muttrar mellan katalysator och grenrör (se pilar)

10 Skruva loss de båda bultarna och ta bort SIPS-tvärbalken från avgassystemets undersida (se bild).

11 Skruva loss muttrarna och koppla loss avgasröret från grenröret/katalysatorn.

12 Koppla loss katalysatorn från gummifästet och dra bort grenröret från topplocket. Kasta packningen. Om grenröret endast tas bort för att du ska byta packningen krävs ingen vidare isärtagning.

13 Skruva loss bultarna och ta bort det nedre momentstaget och fästbygeln mellan motor-/växellådshuset och kryssrambalken.

14 Gör inställningsmarkeringar mellan den främre kryssrambalken och karossen, placera sedan en garagedomkraft under kryssrambalken. Skruva loss kryssrambalkens fästbultar och sänk ner den cirka 10 cm – precis så mycket om behövs för att du ska kunna flytta grenröret/katalysatorn nedåt och bort från bilens undersida.

Montering

15 Om du ska montera ett nytt grenrör/katalysator, flytta med lambdasonderna från det gamla grenröret till det nya och smörj in gängorna med lite högtemperaturkopparfett.

16 Sätt i en ny packning på fästpinnbultarna på topplocket, passa sedan in grenröret/katalysatorn på plats. Sätt dit nya fästmuttrar men dra endast åt dem för hand på det här stadiet.

17 Återanslut avgasröret på grenröret/katalysatorn och dra åt muttrarna ordentligt.

18 Montera SIPS-kryssrambalken och dra åt bultarna ordentligt.

19 Montera och dra åt katalysatorns fästbygelbultar.

20 Höj försiktigt upp den främre kryssrambalken, linjera den med de markeringar som gjordes tidigare, och kuggstångens drev med rattstångens universalknut. För att kontrollera kryssrambalkens linjering använder Volvo ett specialverktyg (nr 999 7089) som passar genom de två motsvarande hålen i kryssrambalken och chassit. Om dessa hål saknas, använd två runda träbitar – se kapitel 10, avsnitt 15.

21 Montera och dra åt kryssrambalkens fästbultar till angivet moment.

22 Montera det nedre momentstaget och fästbygeln, dra åt bultarna till angivet moment.

23 Dra nu åt muttrarna som fäster grenröret på topplocket.

24 Återstoden av monteringen utförs i omvänd ordning mot demonteringen, observera att du ska montera en ny klämbult till rattstångens universalknut.

2,4-litersmodeller

Demontering

25 Skruva loss de fem bultar som fäster värmeskölden på avgasgrenröret. Lämna kvar skölden löst sittande på grenröret.

26 Skruva loss muttrarna som fäster grenröret på topplocket.

27 Koppla loss den främre lambdasondens anslutningskontakt och lossa kablaget från klämmorna (se bild).

28 Lyft upp framvagnen och stötta den ordentligt på pallbockar (se Lyftning och stödpunkter).

29 Skruva loss de båda bultarna och ta bort SIPS-kryssrambalken från avgasrörets undersida. Lossa den bakre lambdasondens kablage från klämman på tvärbalken när den tas bort.

30 Koppla loss den bakre lambdasondens anslutningskontakt, skruva sedan loss muttrarna som fäster avgasgrenröret på katalysatorn (se bild).

31 Skruva loss muttrarna som fäster katalysatorn på avgasröret, haka sedan loss gummifästena och ta bort katalysatorn.

32 Om du endast behöver byta packningen, dra grenröret bakåt från topplocket och kasta packningen.

33 Om grenröret ska bytas, skruva loss bultarna och ta bort det nedre momentstaget och fästbygeln mellan motor-/växellådshuset och kryssrambalken.

34 Sänk ner avgasgrenröret och ta bort det från bilen.

Montering

35 Se till att fogytorna på topplocket och avgasgrenröret är rena, placera sedan nya packningar på pinnbultarna i topplocket. Stryk på antikärvningsfett (Copperslip) på grenrörets pinnbultar.

36 Passa in värmeskölden på grenröret, montera sedan grenröret på cylinder och dra åt de nya muttrarna till angivet moment.

37 Stryk på antikärvningsfett (Copperslip) på

deras gängor och dra sedan åt värmeskölden bultar ordentligt.

38 Återstoden av monteringen utförs i omvänd ordningsföljd mot demonteringen.

12 Avgassystem – allmän information och byte av komponenter

Allmän information

1 På 2,4-litersmodeller består avgassystemet av en främre del med ett främre avgasrör och en ljuddämpare, en mellandel som också har en ljuddämpare, samt en bakre del bestående av en ljuddämpare och ett bakre avgasrör. På 1,8- och 2,0-litersmodeller består systemet av ett främre avgasrör och en ljuddämpare, ett mellanrör och ljuddämpare samt avgasrör. Systemet hänger från underredet i gummifästen, och är fäst med bultar på avgasgrenröret/katalysatorn i den främre delen.

2 Avgassystemet ska regelbundet undersökas med avseende på läckage, skador och säkerhet (se kapitel 1A). Kontrollera avgassystemet genom att dra åt handbromsen och låta motorn gå på tomgång i ett väl ventilerat utrymme. Lägg dig ner på båda sidor av bilen i tur och ordning och kontrollera att systemet inte har några läckor medan en medhjälpare tillfälligt täpper till det bakre avgasröret med en trasa. Om en läcka upptäcks, stäng av motorn och täta läckan med en lämplig renoveringssats. Om läckan är stor eller om tydliga skador syns ska delen bytas ut. Kontrollera gummifästenas skick och byt ut dem om det behövs.

Främre del – demontering

3 Dra åt handbromsen ordentligt, lyft upp framvagnen (och helst även bakvagnen) och ställ den på pallbockar (se Lyftning och stödpunkter).

4 I förekommande fall skruvar du loss de sju torxskruvarna och tar bort motorns undre skyddskåpa.

5 Skruva loss muttrarna som fäster det främre rörets fläns vid grenröret/katalysatorn.

6 Skruva loss muttrarna och bultarna som fäster den främre och den mellersta delen.

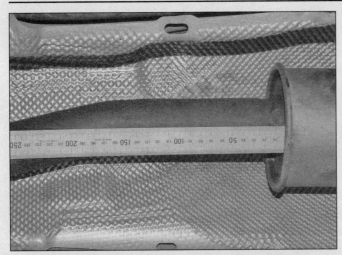

12.9 Mät ut en punkt 105 mm bakåt från den främre ljuddämparens bakre kant – 1,8- och 2,0-litersmodeller

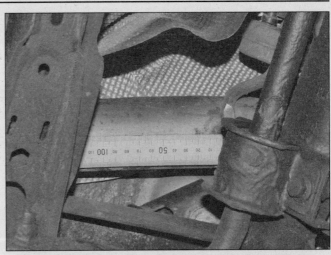

12.11 Märk ut en punkt 100 mm bakåt från den svetsade fästbygeln bakom den mellersta ljuddämparen – 2.4-litersmodeller

7 Ta isär anslutningen mellan det främre röret och grenröret/katalysatorn och ta bort den främre delen från bilens undersida.

Bakre del – demontering

1,8- och 2,0-litersmodeller

8 Klossa framhjulen och lyft sedan upp framvagnen (och helst även bakvagnen) och ställ den på pallbockar (se *Lyftning och stödpunkter*).
9 Om det är ett originalavgassystem, mät ut en punkt 105 mm bakåt från den främre ljuddämparens bakre kant och kapa röret i två delar med en bågfil **(se bild)**.
10 Om det är ett reservdelsavgassystem, lossa muttern som fäster klämman mellan de båda avgassystemsdelarna, haka loss gummifästena och ta bort den bakre delen.

2,4-litersmodeller

11 Om bilen har originalsystemet kvar, mät ut en punkt 100 mm bakåt från fästbygeln som är fastsvetsad på avgasröret, bakom den mittersta ljuddämparen **(se bild)**. Kapa röret med en bågfil.
12 Om bilen har ett reservdelsavgassystem, lossa klämbulten, haka loss gummifästet och ta bort den bakre delen.

Montering

13 Monteringen utförs i omvänd ordningsföljd. Tänk på följande:
a) Använd en ny tätningsring eller fläns-packning (det som är tillämpligt) till

anslutningen mellan det främre röret och grenröret.
b) När den främre delen monteras, fäst det främre röret löst på grenröret/katalysatorn och avgasröret löst på mellanröret. Justera systemet. Dra sedan först åt muttrarna mellan det främre röret och grenröret, följt av mellanrörets klämmuttrar.
c) Se till att avståndet mellan avgassystemet och underredets/fjädringens komponenter är minst 20 mm.
d) Det finns bakre ljuddämpare som reservdel, som dras över det befintliga avgasrörets ände och fästs med klämmor. Skjut på den nya ljuddämparen över röret, haka i ljuddämparens gummifästen och dra sedan åt rörklämman ordentligt.

Kapitel 4 Del B:
Bränsle- och avgassystem – dieselmotorer

Innehåll

Svårighetsgrad

Enkelt, passar novisen med lite erfarenhet	**Ganska enkelt,** passar nybörjaren med viss erfarenhet 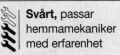	**Ganska svårt,** passar kompetent hemmamekaniker	**Svårt,** passar hemmamekaniker med erfarenhet	**Mycket svårt,** för professionell mekaniker

Specifikationer

Allmänt

Systemtyp . . . . Siemens direktinsprutande common rail med en kamaxeldriven högtrycksmatningspump, variabel turbogeometri samt laddluftkylare

Bränsleinsprutningspump . . . . Tandempump (högtryck och lågtryck) som drivs av avgaskamaxeln

Åtdragningsmoment

	Nm
Avgasgrenrör till topplock	30
Bränslehögtrycksrörets anslutningsmuttrar*	30
Bränsleinsprutarens klämmuttrar:	
Steg 1	4
Steg 2	Vinkeldra ytterligare 45°
Bränsleinsprutningspumpens fästbultar.	20
Bränslemätargivare.	70
Hjulmuttrar	90
Kryssrambalkens bakre fästbyglar till kaross.	25
Kryssrambalkens fästbultar:*	
Fram	120
Bak	280
Turboaggregatets oljebanjobult	28
Turboaggregat till avgasgrenrör.	25

Återanvänds inte

1 Allmän information och föreskrifter

Allmän information

Bränsleinsprutningssystemets funktion beskrivs närmare i avsnitt 5.

Bränsle dras från en tank under bilens bakre del med hjälp av en elektrisk pump som är nedsänkt i tanken. Bränslet tvingas sedan genom ett filter till insprutningspumpen. Insprutningspumpen, som drivs av avgaskamaxeln, är en tandempump – en lågtryckspump av skoveltyp som förser högtryckspumpen med bränsle med ett konstant tryck, och en högtryckspump av kolvtyp som matar bränsleinsprutningsbryggan med variabelt tryck. Bränsle matas från insprutningsbryggan till insprutningsventilerna. Inuti insprutningspumpenheten sitter även en tryckstyrningsventil som reglerar trycket i bränslet från högtryckspumpen, och en bränslevolymstyrningsventil som reglerar bränsleflödet till högtryckssidan av pumpen. Insprutningsventilerna styrs ut av magnetventiler som styrs av styrmodulen, baserat på information från olika givare. Motorns styrmodul styr även förvärmningsdelen av systemet – se kapitel 5A för mer information.

Motorstyrningssystemet har ett "drive by wire-system", där den traditionella gasvajern har ersatts av en lägesgivare för gaspedalen. Lägesgivaren rapporterar gaspedalens läge och ändringstakten till styrmodulen, som sedan justerar bränsleinsprutarna och bränsletrycket för att leverera rätt mängd bränsle och skapa optimal förbränningseffektivitet.

I avgassystemet ingår ett turboaggregat och en avgasåterföringsventil. Det finns mer information om avgasreningssystemen i kapitel 4C.

Föreskrifter

När man arbetar med komponenter i ett dieselsystem är det viktigt att man håller arbetsområdet mycket rent och inte låter det komma in några främmande material i bränsleledningar eller komponenter.

Efter det att du har utfört arbeten där bränsleledningarna har kopplats loss, rekommenderar vi att du kontrollerar att anslutningarna inte läcker. Trycksätt systemet genom att dra runt motorn flera gånger.

De elektroniska styrenheterna är mycket känsliga, och vissa föreskrifter måste följas för att du inte ska skada dessa enheter.

När du utför svetsarbeten på bilen med elsvets måste batteriet och generatorn vara frånkopplade.

Även om modulerna i motorrummet klarar av normala förhållanden i motorrummet, kan de påverkas negativt av värme eller fukt. Om du använder svetsutrustning eller högtryckstvätt i närheten av en elektronisk modul, var noga med att inte rikta värme eller vatten- eller ångstrålar mot modulen. Om detta inte kan undvikas, ta bort modulen från bilen och skydda dess anslutningskontakt med en plastpåse.

Innan du kopplar loss några kablage, eller tar bort komponenter, se alltid till att tändningen är avslagen.

Försök inte att utföra improviserade felsökningsprocedurer av styrmoduler med en kontrollampa eller multimeter, eftersom du kan orsaka permanenta skador på modulen.

När du har arbetat på bränsleinsprutningens eller motorstyrningssystemets komponenter, se till att allt kablage är rätt återanslutet innan du återansluter batteriet eller slår på tändningen.

2 Luftrenarenhet – demontering och montering

Demontering

1 Koppla loss massluftflödesmätarens anslutningskontakt, lossa kablageklämman, lossa klämman och koppla loss utloppsslangen från massluftflödesmätaren (se bild).

2 Lossa gummifästbandet från husets främre del (se bild).

3 Dra huset rakt uppåt för att lossa det från de tre fästgenomföringarna.

Montering

4 Monteringen utförs i omvänd ordningsföljd mot demonteringen.

3 Bränsletank – demontering och montering

Observera: Observera föreskrifterna i avsnitt 1 innan något arbete utförs på bränslesystemets komponenter.

Demontering

1 Innan tanken kan demonteras måste den tömmas på så mycket bränsle som möjligt. För att undvika de faror och komplikationer som bränslehantering och lagring kan innebära bör det här arbetet utföras med en i det närmaste tom tank.

2 Koppla loss batteriets minusledare (se kapitel 5A).

3 Lossa de vänstra bakre hjulbultarna, klossa sedan framhjulen och höj upp bilens bakvagn och stötta den på pallbockar (se Lyftning och stödpunkter). Demontera hjulet.

4 Koppla loss den mellersta/bakre delen av avgassystemet från anslutningen bakom katalysatorn och haka loss gummifästena. Stötta upp systemets främre del för att inte belasta den flexibla delen.

5 Skruva loss plastmuttrarna och ta bort värmeskölden för att komma åt bränslerören.

6 Lossa klämmorna och koppla loss bränslepåfyllnings- och ventilrören. Var beredd på bränslespill.

7 Bänd upp låsspärrarna, tryck ner knapparna och koppla loss bränslerören från tankens framsida (se bild).

8 Placera en garagedomkraft mitt under tanken. Lägg en skyddande träkloss mellan domkraftshuvudet och tankens nedre del. Hissa sedan upp domkraften så att den lyfter tanken.

9 Skruva loss tankens fästband och sänk försiktigt ner domkraften och tanken något (se bilder).

2.1 Koppla loss luftflödesmätarens anslutningskontakt

2.2 Lossa gummifästbandet (se pil)

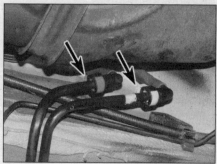

3.7 Bänd upp spärrarna (se pilar), tryck ner knapparna på ena sedan och koppla loss bränslematnings- och returslangarna

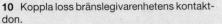

3.9a Bränsletankens bakre bultar (se pilar) . . .

3.9b . . . och främre bultar (se pil)

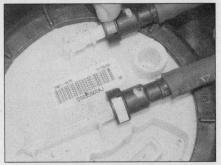

3.11 Tryck ner låskragarna och koppla loss matnings- och returslangarna från tankens givarenhet

10 Koppla loss bränslegivarenhetens kontaktdon.

11 Tryck ner låskragarna och koppla loss bränsleanslutningarna från givarenheten **(se bild)**.

12 Sänk ner domkraften och tanken och ta bort tanken från bilens undersida.

13 Om tanken är förorenad med sediment eller vatten, ta bort mätargivarenheten enligt beskrivningen ovan. Skölj ur tanken med rent bränsle.

14 Tanken är gjuten i syntetmaterial och om den skadas ska den bytas ut. I somliga fall kan det dock vara möjligt att reparera små läckor eller mindre skador. Kontakta en verkstad eller en lämplig specialist angående frågor om tankreparationer.

15 Flytta över alla komponenterna från den gamla tanken till den nya, om en ny tank ska monteras. Byt alltid tätningen och plastmuttern som fäster mätargivarenheten. Om de är använda är det inte säkert att de fäster och sluter tillräckligt tätt på den nya tanken.

Montering

16 Monteringen utförs i omvänd ordningsföljd. Tänk på följande:
a) Innan du höjer upp tanken till dess slutliga läge, återanslut givarenhetens anslutningskontakt.
b) Avsluta med att lufta bränslesystemet enligt beskrivningen i avsnitt 6.

4 Gaspedal – demontering och montering

Demontering

1 Bänd försiktigt loss panelen på mittkonsolens framsida, lossa de fyra fästklämmorna **(se bild)**.

2 Bänd loss klädselpanelens bakre kant på förarsidans ände av instrumentbrädan och lossa den nedre instrumentpanelens yttre klämma **(se bild)**.

3 Skruva loss de tre fästskruvarna och ta bort den nedre instrumentbrädespanelen **(se bild)**. Koppla ifrån eventuella anslutningskontakter när panelen tas bort.

4 Skruva loss de tre muttrarna som fäster enheten på torpedväggen **(se bild)**.

5 Lossa buntbandet och koppla loss läges-

givarens anslutningskontakt när du tar bort pedalenheten. Vi rekommenderar inte att du tar isär enheten mer än så.

Montering

6 Montera i omvänd ordningsföljd mot demonteringen.

5 Bränsleinsprutningssystem – allmän information

Systemet styrs av motorstyrningsmodulen (ECM), som också styr förvärmningssystemet (se kapitel 5C).

Bränsle matas från tanken i bilens bakre del via en eldriven lyftpump och ett bränslefilter till bränsleinsprutningspumpen. Insprutningspumpen matar bränsle under högt tryck till

4.1 Dra panelen framför mittkonsolen bakåt för att lossa klämmorna

4.2 Bänd bort instrumentbrädans ändpanel och ta bort klämman (se pil)

4.3 Skruva loss de tre skruvarna (se pilar) och ta bort instrumentbrädans nedre panel

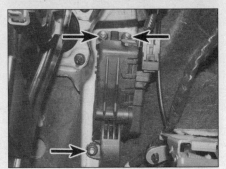

4.4 Gaspedalsenhetens fästmuttrar (se pilar)

Bränsleinsprutningsbryggan. Detta är en behållare med trycksatt bränsle som insprutningsventilerna kan leverera direkt till förbränningskammaren. De individuella bränsleinsprutarna har piezoelektriska delar, som när de styrs ut tillåter att högtrycksbränslet sprutas in. Delarna styrs av styrmodulen. Bränsleinsprutningspumpens enda uppgift är att tillhandahålla högtrycksbränsle. Insprutningens synkronisering och varaktighet styrs av styrmodulen baserat på informationen från de olika givarna. För att öka förbränningens effektivitet och minska ljudet från förbränningen ("dieselknackningar") sprutas en liten mängd bränsle in innan huvudinsprutningen utförs – detta kallas förinsprutning eller pilotinsprutning. Bränslefiltret har en värmeenhet.

Motorstyrningsmodulen aktiverar dessutom förvärmningssystemet (kapitel 5A) och avgasåterföringssystemet (EGR) (se kapitel 4C).

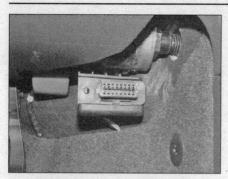

5.9 Diagnosuttaget sitter under instrumentbrädan, på förarsidan

Systemet använder följande givare:

a) *Vevaxelgivare – informerar styrmodulen om vevaxelns hastighet och läge.*

b) *Temperaturgivare för kylvätska – informerar styrmodulen om motorns temperatur.*

c) *Massluftflödesgivare – informerar styrmodulen om den luftmassa som kommer in i insugskanalen.*

d) *Hjulhastighetsgivare – informerar styrmodulen om bilens hastighet.*

e) *Gaspedalens lägesgivare – informerar styrmodulen om gasspjällets läge och i vilken takt gasspjället öppnas och stängs.*

f) *Bränslets högtrycksgivare – informerar styrmodulen om bränslets tryck i bränsleinsprutningsbryggan.*

g) *Kamaxelgivare – informerar styrmodulen om kamaxelläget så att motorns tändordning kan bestämmas.*

h) *Bromsljuskontakt – informerar styrmodulen om när bromsarna används.*

i) *Laddtrycksgivare – informerar styrmodulen om det laddtryck som turboaggregatet skapar.*

j) *Luftkonditioneringstryckgivare – informerar styrmodulen om högtryckssidan av luftkonditioneringssystemet, om det krävs ett högre tomgångsvarvtal för att kompensera för kompressorns belastning.*

k) *Insugsluftens temperaturgivare – informerar styrmodulen om insugsluftens temperatur.*

l) *Kopplingspedalbrytare – informerar*

styrmodulen om kopplingspedalens läge.

m) *Turboaggregatets lägesgivare – informerar styrmodulen om det variabla insugsmunstyckets styrskenor.*

På alla modeller används ett "drive-by-wire-system" för att styra gasspjället. Gaspedalen är inte fysiskt sammanbunden med bränsleinsprutningspumpen med en traditionell vajer, utan övervakas istället av en dubbel potentiometer som är fäst på pedalenheten, och som ger motorstyrmodulen (ECM) en signal om gaspedalens rörelse.

Signalerna från de olika givarna bearbetas av styrmodulen, och den optimala bränslemängden och insprutningens synkroniseringsinställningar väljs för motorns aktuella arbetsvillkor.

Det finns två katalysatorer och ett avgasåterföringssystem (EGR), för att minska utsläppet av skadliga avgaser. Mer information om detta och andra avgasreningssystem finns i kapitel 4C.

Om det förekommer något onormalt i avläsningarna från någon av givarna, övergår styrmodulen till backup-läget. I detta fall ignorerar styrmodulen den onormala givarsignalen och antar ett förprogrammerat värde som gör det möjligt för motorn att fortsätta att arbeta (dock med minskad effektivitet). Om styrmodulen övergår till backup-läget tänds varningslampan på instrumentpanelen och den aktuella felkoden sparas i styrmodulens minne.

Om varningslampan tänds ska bilen lämnas in till en Volvoverkstad eller specialist så snart som möjligt. Då kan ett fullständigt test av systemet utföras med hjälp av en särskild elektronisk testenhet som helt enkelt ansluts till systemets diagnosuttag. Uttaget sitter under instrumentbrädan, på förarsidan, ovanför pedalerna **(se bild)**.

6 Bränslesystem – snapsning och luftning

1 Om du har arbetat med bränslesystemet före högtryckspumpen för bränsleinsprutning måste systemet luftas. Detta gör Volvo-mekaniker med en handpump (nr 951 2898) som suger bränsle från tanken och tvingar det

genom filtret. Om du inte har tillgång till detta verktyg, använd en handvakuumpump.

2 Ta bort plastkåpan från motorns ovansida genom att dra den rakt upp från dess fästen i den främre och högra kanten, dra den sedan framåt.

Med Volvopump

3 Koppla loss bränslematningsrörets snabbanslutning från högtryckspumpen för bränsleinsprutning och placera rörets ände i ett lämpligt kärl för att fånga upp bränslet.

4 Koppla loss bränslematningsslangen från bränslefiltret och anslut handpumpen (eller motsvarande) mellan slangen och filtret. Se till att pilen på pumpen pekar mot bränslefiltret.

5 Använd pumpen tills det kommer ett jämnt flöde av bränsle i kärlet.

6 Återanslut röret på högtryckspumpen och kör sedan pumpen tills du känner ett starkt motstånd.

7 Aktivera startmotorn och kör motorn tills den uppnår normal arbetstemperatur.

Varning: Använd inte startmotorn längre än 10 sekunder, vänta sedan 30 sekunder innan du försöker igen.

8 Stanna motorn och ta bort handpumpen. Torka upp eventuellt bränslespill och sätt tillbaka motorkåpan.

Med en handhållen vakuumpump

9 Tryck ner lossningsfliken och koppla loss bränslereturanslutningen bredvid bränslefiltret **(se bild)**.

10 Anslut vakuumpumpsröret till returslangen och fortsätt att skapa vakuum tills det kommer bubbelfritt bränsle ur slangen. Att det kommer bränsle från filtret kan ses genom den genomskinliga slang som går till högtryckspumpen **(se bilder)**.

11 Återanslut bränslereturslangen.

12 Aktivera startmotorn och kör motorn tills den uppnår normal arbetstemperatur.

Varning: Använd inte startmotorn längre än 10 sekunder, vänta sedan 30 sekunder innan du försöker igen.

13 Stanna motorn. Torka upp eventuellt bränslespill och sätt tillbaka motorkåpan.

6.9 Tryck ner lossningsfliken (se pil) och koppla loss bränslereturslangen

6.10a Använd en vakuumpump och dra bränsle genom systemet . . .

6.10b . . . tills det kommer ut bubbelfritt bränsle från den genomskinliga slangen (se pil) som går till högtryckspumpen

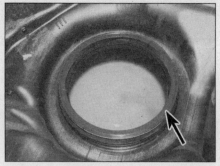

7.2 Vi använde ett egentillverkat verktyg för att skruva loss givarenhetens plastkrage

7.3a Lyft upp givarenheten från tanken . . .

7.3b . . . kasta tätningen (se pil), du måste sätta dit en ny

7 Bränslemätargivare – demontering och montering

Observera: *Observera föreskrifterna i avsnitt 1 innan något arbete utförs på bränslesystemets komponenter.*

Demontering

1 Ta bort bränsletanken enligt beskrivningen i avsnitt 3.
2 Skruva loss givarenhetens fästkrage av plast med hjälp av ett par stora korslagda skruvmejslar eller tillverka ett hemgjort verktyg **(se bild)**.
3 Lyft bort givarenheten från tanken **(se bilder)**. Kasta O-ringstätningen eftersom en ny måste monteras. Observera att på modeller med en bränsledriven motorvärmare ska du skruva loss anslutningen till utsugsröret på nivågivarens undersida och flytta röret till den nya givaren (om den byts). Det säljs inga separata reservdelar.
4 Om det behövs ansluter du ledningarna från en multimeter på givarenhetens kablar och mäter resistansen när flottören är helt upplyft respektive nedsläppt. Motståndet i enheten vi testade var 200 ohm när flottören var helt upplyft, och 10 ohm när den var helt nedsläppt **(se bild)**.

Montering

5 Monteringen utförs i omvänd ordningsföljd. Tänk på följande:

a) Använd en ny O-ringstätning insmord med vaselin.
b) Placera givarenheten så att pilen på kåpan linjerar med märkena på bränsletanken **(se bild)**.
c) Dra åt givarenhetens fästkrage till angivet moment, där verktygen tillåter det.

8 Bränsleinsprutningssystem – kontroll och justering

Kontroll

1 Om ett fel uppstår i bränsleinsprutningsdelen av motorstyrningssystemet ska alla kontaktdon kontrolleras så att de sitter som de ska och inte visar tecken på korrosion. Kontrollera att felet inte beror på dåligt underhåll, dvs. kontrollera att luftfiltret är rent, att cylinderkompressionstrycket är korrekt (se kapitel 2C) och att motorns ventilationsslangar inte är igentäppta och att de är oskadda (se kapitel 4C).
2 Om motorn inte startar, kontrollera glödstiftens skick (se kapitel 5A).
3 Om dessa kontroller inte avslöjar orsaken till problemet, ska bilen lämnas in till en Volvoverkstad eller specialist för test med särskild elektronisk utrustning som ansluts till bilens diagnosuttag (se avsnitt 5). Testverktyget ska snabbt och lätt hitta felet och då slipper man kontrollera alla systemkomponenter enskilt,

något som är tidskrävande och medför stora risker för att skada styrmodulen.

Justering

4 Motorns tomgångsvarvtal, maxvarvtal och bränsleinsprutningspumpens synkronisering styrs av styrmodulen. Även om det i teorin är möjligt att kontrollera inställningarna, måste bilen ändå lämnas in till en Volvoverkstad eller annan specialist som har den lämpliga utrustningen om någon av inställningarna måste justeras. Man måste ha tillgång till den felsökningsutrustning som behövs för att testa och (om möjligt) justera inställningarna.

9 Bränsleinsprutningspump – demontering och montering

Varning: *Renlighet är mycket viktigt. Var noga med att inte låta smuts komma in i insprutningspumpen eller insprutningsventilernas rör under arbetet.*
Observera: *Alla styva högtrycksrör som berörs av åtgärderna måste bytas ut.*

Demontering

1 Ta bort plastkåpan från motorns ovansida genom att dra den rakt upp från dess fästen i den främre och högra kanten, dra den sedan framåt.
2 Lossa klämman och koppla loss luftkanalen från massluftflödesgivaren. Flytta kanalen åt sidan så att du kommer åt pumpen **(se bild)**.

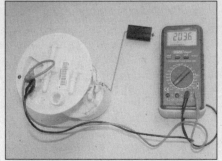

7.4 Använd en multimeter för att mäta givarenhetens resistans när flottören är helt uppsläppt respektive nedsläppt

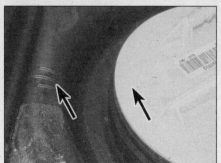

7.5 Pilen på givarens kåpa måste vara linjerad med markeringarna på bränsletanken (se pilar)

9.2 Lossa klämman (se pil) och koppla loss luftkanalen

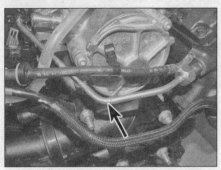

9.3 Ta bort röret (se pil) mellan högtrycksbränslepumpen och bränsleinsprutningsbryggan

9.4a Bänd ut klämman och koppla loss bränslematningsslangen . . .

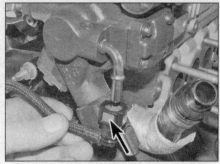

9.4b . . . tryck ner lossningsfliken (se pil) och koppla loss bränslereturslangen

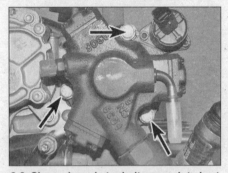

9.6 Skruva loss de tre bultarna och ta bort pumpen (se pil)

9.8 Se till att pumpens medbringare (se pil) är linjerad med spåret i kamaxelns ände

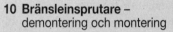

10 Bränsleinsprutare – demontering och montering

Varning: Var noga med att inte låta smuts komma in i insprutningspumpen eller insprutningsventilernas rör under arbetet.

Demontering

1 Ta bort ventilkåpan/insugsgrenröret enligt beskrivningen i kapitel 2C.
2 Se till att områdena runt högtrycksbränslerörets anslutningar från bränsleinsprutningsbryggan till insprutningsventilerna är helt rena och fria från skräp etc. Använd om möjligt en dammsugare och ett avfettningsmedel för att rengöra området.
3 Bänd försiktigt ner fästklämmornas nedre kant, koppla sedan loss bränslereturslangarna från insprutningsventilerna **(se bilder)**. Var försiktig så att du inte tappar fästklämmorna när de tas bort, och kontrollera skicket på O-ringarna – byt om det behövs.
4 Skruva loss anslutningarna och ta sedan bort högtrycksbränslerören från bränsleinsprutningsbryggan till insprutningsventilerna. Kasta bränslerören, du måste sätta dit nya. Placera en andra öppen nyckel på insprutningsventilens öppning för att hålla emot när du lossar röranslutningen **(se bild)**. Var beredd på bränslespill och täpp igen/täck över öppningarna i insprutningsventilerna och insprutningsbryggan för att förhindra att det kommer in smuts.
5 Skruva loss de båda muttrarna som fäster varje insprutningsventilklämma och

3 Skruva loss anslutningarna och ta bort högtrycksbränsleröret mellan pumpen och bränsleinsprutningsbryggan **(se bild)**. Kasta röret, du måste sätta dit ett nytt.
4 Notera var lossningsflikarna är placerade, tryck ner dem och koppla loss bränslematnings- och returrören från pumpen **(se bild)**. Var beredd på bränslespill. Täpp igen öppningarna för att förhindra nedsmutsning.
5 Notera hur de är placerade och koppla loss anslutningskontakterna från pumpen.
6 Skruva loss de tre fästbultarna och dra loss pumpen från topplocket **(se bild)**. Kasta packningen.

Montering

7 Se till att fogytorna på pumpen och topplocket är rena och torra och sätt dit den nya packningen.

8 Se till att spåret i kamaxeländen och pumpens medbringare är linjerade, montera sedan tillbaka pumpen och dra åt fästbultarna till angivet moment **(se bild)**.
9 Återanslut bränslematnings- och returrören till pumpen samt anslutningskontakterna.
10 Montera det nya högtrycksbränsleröret mellan pumpen och bränsleinsprutningsbryggan och dra sedan åt till angivet moment med en hanfottillsats.
11 Resten av återmonteringen utförs i stort sett i omvänd ordning mot demonteringen. Tänk på följande:
  a) Lufta bränslesystemet enligt beskrivningen i avsnitt 6.
  b) När motorn har startat, kontrollera noggrant att det inte finns några bränsleläckage från de rör/slangar som har berörts.

10.3a Bänd ner fästklämmans nedre kant (visas med returslangen frånkopplad för tydlighetens skull) . . .

10.3b . . . dra sedan bort returslangarna från insprutningsventilerna

10.4 Använd en andra nyckel för att hålla emot insprutningsventilens öppning när du lossar anslutningsmuttern

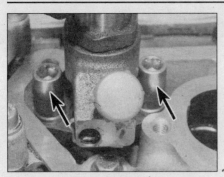

10.5 Insprutningsventilens klämmuttrar (se pilar)

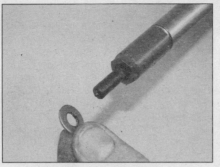

10.7a Sätt dit en ny koppartätningsbricka på insprutningsventilerna . . .

10.7b . . . montera dem sedan i topplocket

ta försiktigt bort insprutningsventilerna. Skjut av koppartätningsbrickan från varje insprutningsventils ände. Kasta tätningsbrickorna – du måste sätta dit nya **(se bild)**.

Montering

6 Se till att insprutningsventilerna och sätena i topplocket är rena, torra och sotfria. Det är mycket viktigt att tätningsytorna är fria från smuts, annars uppstår det läckage.
7 Sätt dit nya tätningsbrickor på insprutningsventilerna och sätt tillbaka dem på topplocket **(se bilder)**. Dra endast åt fästmuttrarna för hand i detta skede.
8 Sätt tillbaka returslangarna på insprutningsventilerna med nya O-ringar där det behövs. Se till att fästklämmorna är helt intryckta.

10.9a Montera de nya rören på insprutningsventilerna/bryggan . . .

9 Smörj in anslutningarnas gängor med ren motorolja, sätt sedan tillbaka de nya styva högtrycksrören mellan insprutningsbryggan och insprutningsventilerna. Börja vid insprutningsbryggan och dra åt röranslutningarna till angivet moment. Upprepa detta på röranslutningarna vid insprutningsventilerna. Placera en andra öppen nyckel på insprutningsventilernas öppningar när du drar år anslutningarna **(se bilder)**. Se till att det sitter gummihållare på rören innan de trycks in i ventilkåpan.
10 Dra sedan åt insprutningsventilernas fästmuttrar till angivet moment. Se till att fästmuttrarna dras åt jämnt på båda sidor om insprutningsventilerna.
11 Resten av återmonteringen utförs i stort sett i omvänd ordning mot demonteringen. Tänk på följande:
 a) Kontrollera skicket på bränslereturslangarna och byt de som verkar skadade.
 b) Tryck ner gaspedalen till golvet och starta sedan motorn som vanligt (det kan ta längre tid än normalt – använd startmotorn i tio sekunder i taget med 30 sekunders vila emellan). Kör motorn på snabb tomgång i cirka en minut för att få ut eventuell kvar-bliven luft i bränsleledningarna. Efter detta bör motorn ha en smidig tomgång med ett konstant varvtal.
 c) När motorn har startat, kontrollera noggrant att det inte finns några bränsleläckage från de rör/slangar som har berörts.

 d) Om du har monterat nya insprutningsventiler måste motorstyrmodulen programmeras om enligt insprutningsparametrarna med hjälp av särskild testutrustning. Överlämna detta till en Volvoverkstad eller annan lämplig specialist med rätt utrustning.

11 Motorstyrningssystemets komponenter – demontering och montering

Vevaxelns läges-/hastighetsgivare

1 Lossa de högra framhjulsmuttrarna, lyft upp framvagnen och ställ den stadigt på pallbockar (se *Lyftning och stödpunkter*). Ta bort hjulet.
2 Lossa fästena och ta bort det högra hjulhusets innerskärm.
3 Givaren sitter i anslutning till vevaxelns remskiva. Koppla ifrån givarens anslutningskontakt.
4 Skruva loss fästbulten och ta försiktigt bort givaren **(se bild)**.
5 Återmonteringen utförs i omvänd ordningsföljd mot demonteringen. Dra åt fästbulten ordentligt.

Massluftflödesgivare

6 Ta bort luftrenaren enligt beskrivningen i avsnitt 2.

10.9b . . . och använd en 17 mm "hanfottillsats" för att dra åt anslutningsmuttrarna

11.4 Vevaxelns hastighets-/lägesgivares fästbult (se pil)

11.11 Givare för absolut tryck i grenröret (se pil)

11.21a Tre anslutningskontakter är anslutna till styrmodulen . . .

11.21b . . . vik spärrarna bakåt . . .

7 Skruva loss skruvarna och ta sedan bort luftflödesgivaren från luftrenarhuset, tillsammans med dess tätningsring.
8 Återmonteringen utförs i omvänd ordningsföljd mot demonteringen, smörj in tätningsringen.

Temperaturgivare för kylvätska

9 Se kapitel 3 för information om demontering och montering.

Gaspedalens lägesgivare

10 Givaren är fäst på gaspedalen. Se avsnitt 4 i detta kapitel för information om hur du tar bort pedalen. Observera att det i skrivande stund inte gick att köpa givaren separat från pedalenheten.

Givare för absolut tryck i insugsgrenröret

11 MAP-givaren sitter på insugsgrenröret **(se bild)**.
12 Ta bort plastkåpan från motorns ovansida genom att dra den rakt upp från dess fästen i den främre och högra kanten, dra den sedan framåt.
13 Se till att tändningen är avstängd. Koppla sedan bort kontaktdonet från givaren.
14 Skruva loss fästbulten och ta bort givaren från bilen.
15 Återmonteringen utförs i omvänd ordningsföljd mot demonteringen. Dra åt givarens fäste ordentligt.

Bromsljuskontakt

16 Motorstyrmodulen tar emot en signal från bromsljuskontakten som anger när bromsarna används. Information om hur du demonterar och monterar bromsljuskontakten finns i kapitel 9.

Elektronisk styrmodul (ECM)

Observera: *Om du monterar en ny styrmodul, måste den programmeras med särskild Volvo-testutrustning. Överlämna detta till en Volvo-verkstad eller annan lämplig specialist med rätt utrustning.*

17 Koppla loss batteriets minusledare (se kapitel 5A) och vänta sedan minst två minuter innan du börjar arbeta med enheten för att eventuell kvarbliven elektrisk energi ska försvinna.
18 Lossa de vänstra framhjulsmuttrarna, lyft upp framvagnen och ställ den stadigt på pallbockar (se *Lyftning och stödpunkter*). Demontera hjulet.
19 Ta bort de fem skruvarna och en plastmutter, vik sedan undan framkanten av det vänstra hjulhusets innerskärm.
20 Skruva loss de fyra skruvarna och ta bort styrmodulens kåpa.
21 Lossa låsspärrarna och koppla loss de tre kontakterna från styrmodulen **(se bilder)**.
22 Lossa klämmorna och ta bort styrmodulen.
23 Monteringen utförs i omvänd ordningsföljd, se till att kåpans gummitätning (i förekommande fall) placeras korrekt i spåret.

Insugsluftens temperaturgivare

24 Ta bort plastkåpan från motorns ovansida genom att dra den rakt upp från fästena i den främre och högra kanten, dra den sedan framåt.
25 Koppla ifrån givarens anslutningskontakt **(se bild)**.
26 Skruva loss fästbulten och dra bort givaren.
27 Stryk på lite vaselin för att lättare få givaren på plats, dra sedan åt fästbulten ordentligt.

28 Återanslut givarens anslutningskontakt och sätt tillbaka motorkåpan.

Bränsletryckgivare

29 Bränsletryckgivaren kan inte bytas ut separat, utan måste bytas tillsammans med bränsleinsprutningsbryggan. Volvo rekommenderar att man inte försöker att ta bort den. Om det är fel på givaren, byt insprutningsbryggan enligt beskrivningen i detta avsnitt.

Bränsleinsprutningsbrygga (common rail)

30 Ta bort insugsgrenröret/ventilkåpan enligt beskrivningen i kapitel 2C.
31 Se till att områdena runt högtrycks-bränslerörets anslutningar från bränsle-Insprutningsbryggan till insprutningsventilerna och högtryckspumpen är helt rena och fria från skräp etc. Använd om möjligt en dammsugare och ett avfettningsmedel för att rengöra området.
32 Skruva loss anslutningarna och ta sedan bort högtrycksbränslerören från insprutnings-bryggan till insprutningsventilerna, och från insprutningsbryggan till högtryckspumpen. Kasta bränslerören, du måste sätta dit nya. Placera en andra öppen nyckel på öppningarna för att hålla emot när du lossar röranslutningen **(se bild 10.4)**. Var beredd på bränslespill och täpp igen/täck över öppningarna i insprut-ningsventilerna, högtryckspumpen och bränsleinsprutningsbryggan för att förhindra att det kommer in smuts.
33 Koppla loss bränsletryckgivarens anslut-ningskontakt **(se bild)**.

11.21c . . . och dra loss kontakterna från styrmodulen

11.25 Insugsluftens temperaturgivare sitter på insugsgrenröret (se pil)

11.33 Bränsletryckgivaren sitter på undersidan av insprutningsbryggan (se pil)

11.36 Använd en "hanfottillsats" för att dra åt anslutningsmuttrarna

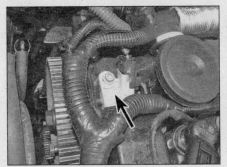

11.43 Kamaxelgivare (se pil)

11.46a Placera givaren mot kamaxeldrevets eker . . .

34 Skruva loss muttrarna och ta bort bränsleinsprutningsbryggan.

35 Vid återmonteringen, passa in bränsleinsprutningsbryggan, men dra endast åt fästmuttrarna för hand i detta skede.

36 Montera de nya högtrycksbränslerören mellan insprutningsventilerna och bränsleinsprutningsbryggan, och högtryckspumpen och insprutningsbryggan. Dra åt rörens anslutningar till angivet moment med en hanfottillsats **(se bild)**. Se till att det sitter gummihållare på rören innan de trycks in i ventilkåpan.

37 Dra nu åt bränsleinsprutningsbryggans fästmuttrar ordentligt.

38 Återanslut bränsletryckgivarens anslutningskontakt.

39 Sätt tillbaka insugsgrenröret/ventilkåpan enligt beskrivningen i kapitel 2C.

40 Tryck ner gaspedalen till golvet och starta sedan motorn som vanligt (det kan ta längre tid än normalt – använd startmotorn i tio sekunder i taget med 30 sekunders vila emellan). Kör motorn på snabb tomgång i cirka en minut för att få ut eventuell kvarbliven luft i bränsleledningarna. Efter detta bör motorn ha en smidig tomgång med ett konstant varvtal.

41 När motorn har startat, kontrollera noggrant att det inte finns några bränsleläckage från de rör/slangar som har berörts.

Kamaxelgivare

42 Ta bort plastkåpan från motorns ovansida genom att dra den rakt upp från dess fästen i den främre och högra kanten, dra den sedan framåt.

43 Kontrollera att tändningen är avslagen och koppla loss anslutningskontakten från givaren, den sitter på höger sida av ventilkåpan **(se bild)**.

44 Skruva loss skruven och ta bort givaren.

45 När du ska sätta tillbaka givaren, kontrollera att fogytorna på ventilkåpan och givaren är rena.

46 Montera givaren på kåpan, placera kamaxeldrevets eker i upprätt läge, och placera sedan givaren så att den är i kontakt med kamaxeldrevet. Dra givaren 1,2 mm bakåt och dra åt skruven ordentligt **(se bilder)**. För att avståndet mellan givaren och remskivan ska bil korrekt levereras nya givare med en liten plastflik – montera givaren så att fliken ligger mot kamaxelns remskiva.

Turboaggregatets regulatorventil för laddtryck

47 Ta bort plastkåpan från motorns ovansida genom att dra den rakt upp från dess fästen i den främre och högra kanten, dra den sedan framåt.

48 Koppla loss anslutningskontakten, skruva sedan loss regulatorns båda fästmuttrar **(se bild)**.

49 Notera vakuumslangarnas placeringar och koppla loss dem när du tar bort regulatorn.

50 Monteringen utförs i omvänd ordningsföljd mot demonteringen.

Bränsletryckstyrningsventil och bränslemängdstyrningsventil

51 Dessa ventiler sitter på högtrycksinsprutningspumpen. De säljs inte som separata delar och kan endast bytas tillsammans med pumpen. Volvo rekommenderar att du inte försöker att ta bort ventilerna.

Vibrationsdämpande ventil

52 Det sitter en vibrationsdämpande ventil på insugsgrenröret för att minska vibrationerna när motorn stängs av. Detta gör ventilen genom att stänga insugsöppningen vilket förhindrar att det dras in luft i cylindrarna. Ventilen är inbyggd i grenröret. Ventilen styrs av en magnetventil som sitter på motorblockets nedre högra hörn **(se bild)**.

53 När du ska ta bort ventilen, notera var vakuumslangarna och anslutningskontakten är placerade och koppla sedan loss dem. Ventilen är fäst med två muttrar.

54 Monteringen utförs i omvänd ordningsföljd mot demonteringen.

12 Turboaggregat – beskrivning och föreskrifter

Beskrivning

Ett turboaggregatet ökar motorns verkningsgrad genom att höja trycket i insugsgrenröret över atmosfäriskt tryck. I stället för att luft bara sugs in i cylindrarna tvingas den dit. Insprutningspumpen tillför ytterligare bränsle i proportion till det ökade luftintaget.

Turboaggregatet drivs av avgaserna. Gasen flödar genom ett specialutformat hus

11.46b . . . dra den sedan bakåt 1,2 mm

11.48 Turboaggregatets regulatorventil för laddtryck sitter på topplockets vänstra ände

11.52 Den vibrationsdämpande ventilen (se pil)

13.2 Skruva loss muttrarna (se pilar) som fäster turboaggregatet på grenröret

15.1 Lossa stötfångarens plastskydd (se pil)

(turbinhuset) där den får turbinhjulet att snurra. Turbinhjulet sitter på en axel i vars ände ytterligare ett vingförsett hjul sitter monterat, kompressorhjulet. Kompressorhjulet snurrar i sitt eget separata hus och komprimerar insugsluften på väg till insugsgrenröret.

Tryckluften går genom en laddluftkylare. Det är en luftvärmeväxlare som sitter tillsammans med kylaren på bilens framsida. Syftet med laddluftkylaren är att den tar bort en del av värmen i den luft som sugs in, värme som har bildats när luften komprimerades. Eftersom svalare luft är tätare ökar motorns verkningsgrad ytterligare när värmen tas bort.

Turboaggregatet har justerbara styrningsvingar som kontrollerar avgasflödet in till turbinen. Vingarna vrids av en vakuumenhet på turboaggregatet, som styrs av regulatorventilen för laddtryck, som i sin tur styrs av motorstyrmodulen. Vid lägre varvtal går vingarna ihop vilket ger en mindre ingångsöppning för avgaserna, och därför en högre gashastighet vilket ökar laddtrycket vid låga varvtal. Vid höga varvtal vrids vingarna så att avgaserna får en större ingångsöppning, och följaktligen lägre gashastighet, vilket effektivt bibehåller ett rimligt konstant laddtryck över motorns varvtalsintervall. Detta kallas variabel turbogeometri (VNT).

Turboaxeln trycksmörjs via ett oljematningsrör från oljeledningarna. Axeln "flyter" på en kudde av olja. Ett avtappningsrör för tillbaka oljan till sumpen.

Föreskrifter

Turboaggregatet arbetar vid extremt höga hastigheter och temperaturer. Vissa säkerhetsåtgärder måste vidtas för att undvika personskador och skador på turboaggregatet.

• Kör **inte** turboaggregatet när dess komponenter är oskyddade. Om ett föremål skulle falla ner på de roterande vingarna kan det orsaka omfattande materiella skador och (om det slungas ut) personskador.

• Varva **inte** motorn direkt efter starten, särskilt inte om den är kall. Låt oljan cirkulera i några sekunder.

• Låt **alltid** motorn gå ner på tomgång innan den stängs av – varva inte upp motorn och vrid av tändningen, eftersom aggregatet då inte får någon smörjning.

• Låt motorn gå på tomgång i flera minuter innan du stänger av den efter en körning i höga hastigheter.

• Följ de rekommenderade bytesintervallen för olja och filter, och använd en välkänd olja med rätt kvalitet (se *Smörjmedel och vätskor*). Bristande oljebyten eller användning av begagnad olja eller olja av dålig kvalitet, kan orsaka sotavlagringar på turboaxeln med driftstopp som följd.

13 Turboaggregat – demontering och montering

Demontering

1 Demontera avgasgrenröret tillsammans med

turboaggregatet enligt beskrivningen i avsnitt 16.

2 Skruva loss muttrarna och skilj turboaggregatet från grenröret **(se bild)**.

Montering

3 Monteringen utförs i omvänd ordningsföljd, men observera följande:

a) Se till att alla fogytor är rena och torra.
b) Byt alla O-ringar, tätningar och packningar.
c) Dra åt alla fästen till angivet moment, om det är tillämpligt.
d) Innan du startar motorn, ta bort bränslepumpreläet enligt beskrivningen i kapitel 12 och kör startmotorn tills varningslampan för oljetryck slocknar. Sätt tillbaka reläet, starta motorn och sök efter läckage.

14 Turboaggregat – undersökning och renovering

Med turboaggregatet borttaget, undersök om huset är sprucket eller har andra synliga skador.

Snurra turbinen eller kompressorhjulet för att kontrollera att axeln är intakt och för att känna efter om det förekommer stora skakningar eller ojämnheter. Ett visst spel är normalt eftersom axeln "flyter" på en oljefilm när den används. Kontrollera att hjulvingarna är oskadda.

Övertrycksventilen och manöverdonet är inbyggda i turboaggregatet, och kan inte kontrolleras eller bytas separat. Kontakta en Volvoverkstad eller annan specialist om du tror att det är fel på övertrycksventilen.

Om det är olja i avgas- eller insugspassagerna är det antagligen fel på turboaxelns packboxar. (På insugssidan har detta i så fall även smutsat ner laddluftkylaren, som ska spolas med ett lämpligt lösningsmedel.)

Hemmamekanikerna kan inte utföra några reparationer av turbon. Det kan finnas nya enheter som reservdel.

15 Laddluftkylare – demontering och montering

Demontering

1 När du ska ta bort laddluftkylaren, ta bort den främre stötfångaren enligt beskrivningen i kapitel 11, lossa sedan de fyra klämmorna och dra loss stötfångarens plastskydd **(se bild)**.

2 Skruva loss de övre skruvarna som håller fast den nedre luftkåpan.

3 Lossa klämmorna och koppla loss luftslangarna från laddluftkylaren **(se bilder)**.

4 Skruva loss de båda bultarna, lyft sedan laddluftkylaren något uppåt för att lossa

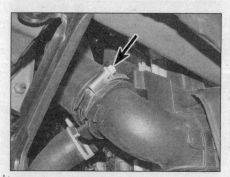

15.3a Lossa laddluftkylarens slangklamrar (se pil) . . .

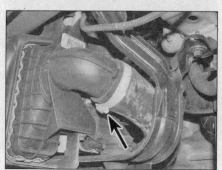

15.3b . . . på båda sidor (se pil)

15.4a Skruva loss laddluftkylarens fästbultar på var sida (se pil) . . .

15.4b . . . lyft sedan upp den för att haka loss krokarna, och sänk ner den

16.13 Skruva loss de båda bultarna och lossa insexskruven (se pilar)

krokarna och ta sedan bort laddluftkylaren nedåt **(se bilder)**.

Montering

5 Monteringen utförs i omvänd ordningsföljd mot demonteringen.

16 Grenrör – demontering och montering

Insugsgrenrör

1 Insugsgrenröret är inbyggt i ventilkåpan – se kapitel 2C.

Avgasgrenrör

Demontering

2 Ta bort plastkåpan från motorns ovansida genom att dra den rakt upp från dess fästen i den främre och högra kanten, dra den sedan framåt.
3 Töm kylsystemet enligt beskrivningen i kapitel 1B.
4 Ta bort batteriet enligt beskrivningen i kapitel 5A, skruva sedan loss de tre bultarna och ta bort batterihyllan.
5 Koppla loss växlingsvajern från växelförararmen och stödfästet enligt beskrivningen i kapitel 7A.
6 Lossa klämmorna, skruva loss muttern och bulten och ta sedan bort laddluftröret från oljesumpens undersida.
7 Ta bort drivaxlarna enligt beskrivningen i kapitel 8. Observera att du inte behöver ta bort vänster drivaxel från växellådshuset.
Observera: Detta är inte nödvändigt om du endast tar bort grenröret/turboaggregatet för att byta topplocket och/eller packningen.
8 Häng upp motorns högra ände på en motorlyft och skruva sedan loss bultarna som fäster höger motorfäste på fästbygeln på motorblocket. Låt motor komma lite framåt.
9 Skruva loss bultarna och ta bort det nedre momentstaget från motorns baksida.
Observera: Detta är inte nödvändigt om du endast tar bort grenröret/turboaggregatet för att byta topplocket och/eller packningen.
10 Skruva loss bultarna som håller fast kuggstången på kryssrambalken, stötta sedan stången med remmar eller liknande och häng

upp den från en lämplig plats i motorrummet.
Observera: Detta är inte nödvändigt om du endast tar bort grenröret/turboaggregatet för att byta topplocket och/eller packningen.
11 Placera en garagedomkraft under kryssrambalken, skruva sedan loss kryssrambalkens fästbultar och sänk ner den. Ta bort kryssrambalken från bilens undersida.
Observera: Detta är inte nödvändigt om du endast tar bort grenröret/turboaggregatet för att byta topplocket och/eller packningen.
12 Skruva loss bultarna som fäster avgasåterföringskylaren på avgasåterföringsventilen och insugsgrenröret.
13 Koppla loss anslutningskontakten, skruva sedan loss de båda bultarna på ovansidan, lossa insexskruven under och ta bort avgasåterföringsventilen **(se bild)**.

14 Lossa klämmorna och koppla loss slangarna från avgasåterföringskylaren **(se bild)**.
15 Lossa muttern, lossa klämmorna och ta bort värmeskölden från avgasåterföringskylarens högra ände.
16 Skruva loss muttrarna som fäster avgasåterföringskylaren på avgasgrenröret och muttern som håller fast fästbygeln på avgasgrenröret. Ta sedan bort avgasåterföringskylaren från dess plats.
17 Skruva loss bultarna och ta bort luftintagskanalerna och resonatorn från turboaggregatet **(se bilder)**.
18 Ta bort katalysatorn enligt beskrivningen i kapitel 4C.
19 Koppla loss anslutningskontakten och vakuumröret från turboaggregatets bladlägesgivare/manöverdon **(se bild)**.

16.14 Lossa klämmorna och koppla loss slangarna från avgasåterföringskylaren (höger klämma visas med pil)

16.17a En bult fäster insugskanalen och resonatorn på fästbygeln (se pil) . . .

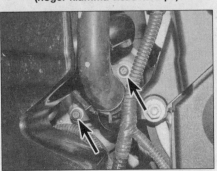

16.17b . . . och två fäster den på turboaggregatet (se pilar)

16.19 Turboaggregatets bladlägesgivare/manöverdon, anslutningskontakt och vakuumslang (se pil)

16.20a Turboaggregatets banjobult för oljematning (se pil)

16.20b Turboaggregatets oljereturslang, fästbultar (se pilar)

16.20c Banjobulten för oljematning har ett inbyggt filter

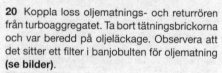

20 Koppla loss oljematnings- och returrören från turboaggregatet. Ta bort tätningsbrickorna och var beredd på oljeläckage. Observera att det sitter ett filter i banjobulten för oljematning (**se bilder**).
21 Lossa turboaggregatets nedre fästbygelbult (**se bild**).
22 Dra värmeskölden uppåt för att lossa den från den övre ytan. Skruva sedan loss muttrarna som fäster avgasgrenröret på topplocket och ta hand om distanserna (**se bild**). Dra loss grenröret från fästpinnbultarna. Om grenröret tas bort för att du ska byta topplockspackningen krävs ingen vidare isärtagning. Ta bort packningen.
23 Sänk ner grenröret och turboaggregatet, bort från bilen.
24 Om det behövs lossar du muttrarna och koppla loss turboaggregatet från grenröret.

Montering

25 Undersök om någon av grenrörets pinnbultar visar tecken på skador eller korrosion. Ta bort alla tecken på korrosion och reparera eller byt eventuella skadade pinnbultar.
26 Se till att fogytorna på avgasgrenröret och topplocket är rena och torra. Passa in den nya packningen och sätt tillbaka avgasgrenröret på topplocket. Dra åt muttrarna till angivet moment.

16.21 Turboaggregatets nedre fästbult (se pil)

27 Återstoden av monteringen utförs i omvänd ordningsföljd mot demonteringen. Tänk på följande:
a) Dra åt alla fästen till angivet moment, om det är tillämpligt.
b) Stryk på lite antikärvningsfett för höga temperaturer (Copperslip) på grenrörets pinnbultar.
c) Fyll på kylvätskesystemet enligt beskrivningen i kapitel 1B.
d) Kontrollera och fyll vid behov på oljenivån enligt beskrivningen i "Veckokontroller".

17 Avgassystem – allmän information och byte av komponenter

Allmän information

1 Avgassystemet består av flera delar: det främre avgasröret med katalysatorn/katalysatorerna och den bakre delen med de mellersta och bakre ljuddämparna. Det finns ett partikelfilter som standard eller tillval, beroende på vilken marknad bilens säljs på.
2 Om det behövs kan den bakre ljuddämparen bytas separat från resten av systemet, genom att du skär loss den gamla ljuddämparen från

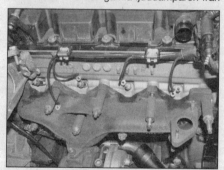

16.22 Skruva loss muttrarna och ta hand om grenrörets distanser

röret och trär på den nya över den kapade änden – mer information finns i detta avsnitt.

Demontering

3 Avgassystemet är sammanfogat med ett antal flänsade eller glidande fogar. Stryk på ordentligt med genomträngande vätska på fästena innan de tas bort, lossa fästena, haka loss gummifästena och lossa systemet från bilens undersida.

Bakre ljuddämpare

4 Om den bakre ljuddämparen är den enda delen av systemet som behöver bytas, skär loss den gamla ljuddämparen från systemets bakre del med en röravskärare eller en bågfil 105 mm bakom den svetsade fästbygeln, framför ljuddämparen. Lossa ljuddämparen från dess fästen och ta bort den från bilen.
Observera: *Detta kan variera från marknad till marknad – kontrollera med din lokala Volvoverkstad om det finns reservdelar innan du skär i avgassystemet.*
5 Rengör och ta bort skägg från det befintliga avgasrörets ände med en fil/smärgelband eller liknande.
6 Det finns bakre ljuddämpare som reservdel, som dras över det befintliga avgsrörets ände och fästs med klämmor. Skjut på den nya ljuddämparen över röret, haka i ljuddämparens gummifästen och dra sedan åt rörklämman ordentligt.

Montering

7 Varje avsnitt monteras i omvänd ordning mot demonteringen, observera följande punkter:
a) Se till att alla spår av korrosion har tagits bort från flänsarna och byt alla packningar.
b) Undersök gummifästena och leta efter tecken på skador eller åldrande, byt vid behov.
c) Innan du drar åt avgassystemets fästen, se till att alla gummifästen är korrekt placerade och att det finns tillräckligt spel mellan avgassystemet och bilens underrede.

Kapitel 4 Del C:
Avgasreningssystem

Innehåll

Svårighetsgrad

Enkelt, passar novisen med lite erfarenhet	Ganska enkelt, passar nybörjaren med viss erfarenhet 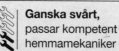	Ganska svårt, passar kompetent hemmamekaniker 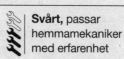	Svårt, passar hemmamekaniker med erfarenhet	Mycket svårt, för professionell mekaniker

Specifikationer

Åtdragningsmoment

	Nm
Avgastemperaturgivare	30
Katalysator till grenrör (endast 2,4-litersmodeller)*	24
Katalysatorklämma (endast dieselmodeller)*	47
Lambdasond:	
1,8- och 2,0-liters bensinmodeller	20
2,4-litersmodeller	45

* Återanvänds inte

1 Allmän information

Alla modeller som behandlas i den här handboken är försedda med bränslesystem med flera olika egenskaper som ska minimera miljöfarliga utsläpp. Dessa egenskaper kan grovt indelas i följande tre kategorier: vevhusventilation, avdunstningsreglering och avgasrening. Huvudegenskaperna hos systemen är följande.

Vevhusventilation

Bensinmodeller

För att minska utsläppen av icke förbränna kolväten från vevhuset till atmosfären används ett positivt vevhusventilationssystem (PCV). Motorn är sluten och genomblåsningsgaserna och oljeångorna dras ut från vevhusets inre, genom en oljeavskiljare, in till insugskanalen, för att förbrännas av motorn under den normala förbränningen.

När högt undertryck råder i grenröret (tomgångskörning, inbromsning) sugs gaserna ut ur vevhuset. Under förhållanden med lågt undertryck i grenröret (acceleration, körning med full gas) tvingas gaserna ut ur vevhuset av det (relativt) högre vevhustrycket. Om motorn är sliten gör det högre vevhustrycket (på grund av ökad genomblåsning) att en del av flödet går tillbaka, oavsett grenrörsförhållanden.

Dieselmodeller

Vevhusgaserna leds via slangar från topplocket och motorblocket till en oljeavskiljare av cyklontyp. Här tvingas gaserna att vrida sig förbi två koner. När gaserna passerar konerna kastas olja ut och kondenseras på avskiljarens väggar, där den sedan återförs till sumpen. Gaserna förs in i insugssystemet via en tryckbegränsningsventil.

Avdunstningsreglering

Bensinmodeller

Avdunstningsregleringssystemet (EVAP) används för att minimera utsläppen av oförbrända kolväten i atmosfären. Därför är bränsletankens påfyllningslock tätat och ett kolfilter används för att samla upp och lagra bensinångorna från tanken. När motorn är igång förs ångorna bort från kolfiltret med hjälp av en elstyrd avdunstningsrensventil som styrs av styrmodulen, in till insugskanalen, och förbränns av motorn under den normala förbränningen.

För att se till att motorn går som den ska på tomgång öppnas ventilen endast när motorn körs med belastning. Ventilen öppnas sedan så att den lagrade ångan kan gå vidare till insugskanalen.

Avgasrening

Lambdasond – bensinmodeller

För att minimera mängden föroreningar som släpps ut i atmosfären, är alla modeller försedda med en katalysator i avgassystemet. Systemet är slutet och har två uppvärmda lambdasonder i avgassystemet som ger motorstyrmodulen information om syrehalten i avgaserna. Det gör det möjligt för den elektroniska styrenheten att justera bränsle-blandningen genom att variera bränsle-insprutarnas öppningstid och på så sätt skapa bästa möjliga arbetsförhållanden för katalysatorn. Systemet fungerar på följande sätt.

Lambdasonderna har inbyggda värme-element som aktiveras av styrmodulen för att snabbt ge sondens spets den effektiva arbetstemperaturen. Sondens spets är känslig för syre, och skickar en varierande spänning till styrmodulen i enlighet med syrehalten i avgaserna. Om insugsluft-/bränsleblandningen är för fet är avgasernas syrehalt låg, och då skickar sonden en spänningssignal som står i proportion till det avlästa syrevärdet, spänningen förändras när blandningen blir mindre fet och mängden syre i avgaserna stiger. Maximal omvandlingseffekt för alla större föroreningar uppstår när bränsleblandningen hålls vid den kemiskt korrekta kvoten för fullständig förbränning av bensin, som är 14,7 delar (vikt) luft till 1 del bensin (den "stökiometriska" kvoten). Sondens signalspänning ändras kraftigt vid denna punkt och styrmodulen använder signaländringen som referens för att justera bränsleblandningen genom att ändra bränsleinsprutarnas öppningstid.

Avgasåterföringssystem – dieselmodeller

Systemets syfte är att återcirkulera små avgasmängder till insuget och vidare in i förbränningsprocessen. Detta minskar halten av kväveoxider i avgaserna.

Den mängd avgaser som återcirkuleras styrs av en elstyrd magnetventil. Magnetventilen, ventilen och kylaren sitter som en enhet på topplockets vänstra del, mellan insugs- och avgasgrenrören.

Avgasåterföringssystemet styrs av motor-styrmodulen, som får information om motorns arbetsvärden från de olika givarna.

Partikelfilter – dieselmodeller

Det finns även ett partikelfilter som standard eller tillval, beroende på vilken marknad bilens säljs på.

Den här enheten är utformad för att fånga in kolpartiklar som uppstår vid förbränningen. För att partikelfiltret ska kunna fungera ordentligt, och inte täppas igen, sprutas en tillsats in i bränsletanken. När den här tillsatsen går igenom förbränningsprocessen, reagerar den med delarna i partikelfiltret och gör så att de värms upp och bränner bort partiklarna. Tillsatsen sprutas automatiskt in i tanken varje gång man tankar mer än fem liter bränsle. Hela processen styrs av en tillsatsdoseringsmodul (ADM) som också informerar föraren om när tillsatsnivån är låg. Det är endast märkesverkstäder eller specialister som kan fylla på tillsats, eftersom doseringsmodulen måste nollställas med hjälp av specialutrustning. Man ska endast behöva fylla på tillsats vart tredje år/ var 60 000:e km.

Katalysatorer

Både bensin- och dieselmodellerna har katalysatorer. På bensinmodellerna finns det en inbyggd katalysator i avgasgrenröret, och vanligtvis en till i avgasrörets främre del. På dieselmodeller sitter katalysatorn mellan turboaggregatet och partikelfiltret.

2 Katalysator – allmän information och föreskrifter

På bensinmodeller finns det en inbyggd trevägskatalysator i avgasgrenröret och på avgasrörets främre del, medan det på dieselmodeller sitter en oxideringskatalysator efter turboaggregatet.

Katalysatorn är en tillförlitlig och enkel anordning som inte kräver något underhåll. Det finns dock några punkter som bör upp-märksammas för att katalysatorn ska fungera ordentligt under hela sin livslängd.

Bensinmodeller

a) Använd INTE blyad bensin eller bensin med blyersättning – blyet lägger sig ovanpå ädelmetallerna och minskar deras katalytiska förmåga, vilket slutligen förstör katalysatorn.

b) Underhåll alltid tänd- och bränslesystemen regelbundet enligt tillverkarens underhållsschema (se kapitel 1A).

c) Om motorn börjar feltända ska bilen inte köras alls (eller åtminstone så lite som möjligt) tills felet är åtgärdat.

d) Bilen får INTE knuffas igång eller bogseras eftersom katalysatorn då dränks i oförbränt bränsle och kommer att överhettas när motorn startas.

e) Stäng INTE av tändningen vid höga motorvarvtal, dvs. tryck inte ner gaspedalen alldeles innan tändningen vrids av.

f) Använd INTE tillsatser för bränsle eller motorolja – dessa kan innehålla ämnen som är skadliga för katalysatorn.

g) Fortsätt INTE att köra bilen om motorn bränner olja så att den lämnar blå rök efter sig.

h) Tänk på att katalysatorn arbetar med mycket höga temperaturer. Parkera därför INTE bilen i torr undervegetation, i högt gräs eller över lövhögar efter en längre körsträcka.

i) Kom ihåg att katalysatorn är KÄNSLIG. Slå inte på den med verktyg vid underhållsarbetet.

j) I vissa fall kan det lukta svavel (som ruttna ägg) om avgaserna. Detta är vanligt hos många bilar med katalysator. När bilen har kört några hundra mil borde problemet försvinna – prova att byta bensinmärke så länge.

k) Katalysatorn i en välunderhållen och välkörd bil bör hålla i mellan 90 000 och 150 000 km. Om katalysatorn inte längre är effektiv ska den bytas ut.

Dieselmodeller

Se informationen i avsnitt f, g, h, i och k för den information om bensinmotorer som ges ovan.

3 Vevhusventilationssystem – kontroll och byte av komponenter

Kontroll

1 Inga komponenter i det här systemet behöver tillsyn, förutom alla slangar som måste kontrolleras så att de inte är igentäppta eller skadade.

Oljeavskiljare – byte

2 Oljeavskiljaren är placerad på motorblockets framsida, nedanför insugsgrenröret.

1,8- och 2,0-liters bensinmodeller

3 Ta bort insugsgrenröret enligt beskrivningen i del A i detta kapitel.
4 Skruva loss oljeavskiljaren från motor-blocket/vevhuset och ta bort den. Ta bort och kasta packningen (se bild).
5 Spola ur eller byt oljeavskiljaren efter behov.
6 Vid ihopsättningen monterar du en ny packning och drar år bultarna ordentligt.
7 Återstoden av monteringen utförs i omvänd ordningsföljd mot demonteringen.

2,4-litersmodeller

8 Ta bort luftrenaren enligt beskrivningen i kapitel 4A.
9 Skruva loss bulten till styrhylsan för motorolje-mätstickan och dra sedan loss hylsan från sumpen.
10 Skruva loss kontaktdonets fästbygelbultar och lägg fästbygeln/kablaget åt sidan.
11 Ta bort klämmorna som fäster anslutnings-slangarna på avskiljaren. Om klämmorna inte är i perfekt skick, skaffa nya klämmor till ihopsättningen.

3.4 Oljeavskiljare – 1,8- och 2,0-litersmodeller

3.12 Den eluppvärmda oljeavskiljaren sitter på motorblockets framsida – 2,4-litersmodeller

3.17a Skruva loss de 4 bultarna (se pilar) som fäster bränslefiltrets fästbygel . . .

3.17b . . . och den enda torxskruven på sidan (se pil) . . .

3.17c . . . lyft sedan bort filtret

12 Skruva loss de fyra fästbultarna och ta bort enheten från motorn **(se bild)**.
13 Montera oljeavskiljaren i omvänd ordningsföljd. Montera luftrenarenheten enligt beskrivningen i avsnitt A i detta kapitel.

Dieselmodeller

14 Töm ut motoroljan och kylvätskan enligt beskrivningen i kapitel 1B.
15 Ta bort plastkåpan från motorns ovansida genom att dra den rakt upp från dess fästen i den främre och högra kanten, dra den sedan framåt.
16 Lossa båda kablagen från fästklämmorna på bränslefiltrets fästbygel.
17 Lossa bränsleröret från klämman, skruva sedan loss de fyra bultarna/skruven och lyft upp bränslefiltret och dess fästbygel, och placera det ovanpå motorn **(se bilder)**.
18 Lossa klämmorna och ta bort luftintagsröret från insugsgrenröret.
19 Koppla loss oljetrycksbrytarens anslutningskontakt, skruva sedan loss muttrarna och koppla loss oljefilterhuset/avskiljaren från

3.19 Oljefilterhusets/avskiljarens fästmuttrar (se pilar)

motorblocket **(se bild)**. Var beredd på olje- och kylvätskespill. Täpp igen öppningarna för att förhindra nedsmutsning.
20 Lossa klämmorna och koppla loss slangarna när du tar bort enheten.
21 Monteringen utförs i omvänd ordningsföljd, men observera följande:
a) Byt oljefilterhuset/avskiljarens O-ringstätning.
b) Fyll på motorolja och kylvätska enligt beskrivningen i kapitel 1B.

4 Avdunstningsregleringssystem – kontroll och byte av komponenter

Kontroll

1 Dålig tomgång, att motorn självdör och dåliga köregenskaper kan orsakas av en trasig vakuumventil till kolfiltret, ett skadat kolfilter, trasiga eller spruckna slangar eller slangar som

anslutits till fel ställen. Kontrollera om bränslepåfyllningslockets packning är skadad eller deformerad.
2 Bränslespill eller bränslelukt kan orsakas av att flytande bränsle läcker från bränsleledningarna, av en defekt vakuumventil till kolfiltret och av urkopplade, feldragna, veckade eller skadade ång- eller styrningsslangar.
3 Undersök alla slangar som är anslutna till kolfiltret fullständigt efter veck, läckor och sprickor. Reparera eller byt efter behov.
4 Undersök kolfiltret. Om det är spruckt eller skadat ska det bytas ut. Kontrollera om bränsle läcker från botten av kolfiltret. Vid bränsleläckage, byt ut kolfiltret och kontrollera slangarna och slangarnas dragning.

Byte av komponenter
Kolfilter

5 Kolfiltret sitter under bilens bakre del, fäst på den bakre kryssrambalken **(se bild)**.
6 Observera var slangarna på kolfiltret är placerade och tryck in lossningsknapparna för att lossa dem **(se bild)**.
7 Skruva loss de båda fästskruvarna och sänk ner kolfiltret.
8 Monteringen utförs i omvänd ordningsföljd mot demonteringen.

Kolfiltrets avluftningsventil (EVAP)

9 Kolfiltrets avluftningsventil sitter i motorrummet, på topplockets vänstra sida. Ta bort batteriet och batterihyllan enligt beskrivningen i kapitel 5A.
10 Observera var vakuumrören och anslutningskontakten är placerade och koppla sedan loss dem från ventilen **(se bild)**.

4.5 Kolfiltret (se pil) är fäst på den bakre kryssrambalken

4.6 Tryck ner lossningsknapparna (se pilar) och koppla loss slangarna

4.10 Rensventilen (se pil) sitter på topplockets vänstra ände

5.4 Skruva loss lambdasonden från grenröret – övre sond visas

5.8 Bakre lambdasond – 2,4-litersmodeller

5.11 Lambdasondens anslutningskontakt (se pil)

11 Lossa ventilen från fästbygeln.
12 Monteringen utförs i omvänd ordningsföljd.

5 Avgasreningssystem – kontroll och byte av komponenter

Kontroll

1 En fullständig kontroll av systemet omfattar en noggrann undersökning av alla slangar, rör och anslutningar med avseende på skick och säkerhet. Förutom detta ska alla eventuella kända eller misstänkta fel utföras av en Volvoverkstad eller annan specialist med lämplig utrustning.

Lambdasond, byte

Observera: *Lambdasonden är ömtålig och går sönder om den tappas i golvet eller stöts till, om dess strömförsörjning bryts eller om den kommer i kontakt med rengöringsmedel.*

1,8- och 2,0-liters bensinmodeller

2 Dra plastkåpan på motorns ovansida rakt uppåt från dess fästen.
3 Koppla loss lambdasondens kontaktdon och lossa kablaget från eventuella klämmor.
4 Skruva loss sonden från avgasgrenröret och ta hand om tätningsbrickan (i förekommande fall) **(se bild)**.
5 Rengör tätningsbrickan (i förekommande fall) vid återmonteringen och byt ut den

om den är skadad eller sliten. Applicera antikärvningsfett på lambdasondens gängor. Montera sedan lambdasonden och dra åt till angivet moment. Återanslut kablaget och fäst med kabelklämmor om det är tillämpligt.

2,4-litersmodeller

6 Lyft upp framvagnen och stötta den ordentligt på pallbockar (se *Lyftning och stödpunkter*). Om du ska ta bort den främre sonden, skruva loss de sju torxskruvarna och ta bort motorns undre skyddskåpa.
7 Koppla loss sondens anslutningskontakt och lossa kablaget från eventuella fästklämmor.
8 Skruva loss sonden och ta hand om tätningsbrickan (i förekommande fall) **(se bild)**.
9 Rengör tätningsbrickan (i förekommande fall) vid återmonteringen och byt ut den om den är skadad eller sliten. Applicera antikärvningsfett på lambdasondens gängor. Montera sedan lambdasonden och dra åt till angivet moment. Återanslut kablaget och fäst med kabelklämmor om det är tillämpligt.

Katalysator(er), byte

1,8- och 2,0-liters bensinmodeller

10 Katalysatorn/katalysatorerna är en del av avgasgrenröret. Se avsnitt A i detta kapitel för information om byte och ytterligare information.

2,4-liters bensinmodeller

11 Observera var den främre lambdasondens

anslutningskontakt är placerad och koppla sedan loss den **(se bild)**. Lossa sondens kablage från eventuella fästklämmor.
12 Ta bort höger främre drivaxel enligt beskrivningen i kapitel 8.
13 Skruva loss bultarna och ta bort den främre SIPS-kryssrambalken från katalysatorns undersida.
14 Koppla loss den bakre sondens anslutningskontakt och lossa kablaget från eventuella fästklämmor.
15 Skruva loss muttrarna som fäster katalysatorn på avgasgrenröret och avgassystemet.
16 Haka loss katalysatorn från gummifästet och sänk ner den från bilen **(se bild)**.
17 Monteringen utförs i omvänd ordningsföljd, men observera följande:
  a) Sätt dit nya packningar.
  b) Använd nya muttrar för att fästa katalysatorn på avgasröret och grenröret.
  c) Dra åt alla fästen till angivet moment, om det är tillämpligt.

Dieselmodeller

18 Lyft upp framvagnen och stötta den ordentligt på pallbockar (se *Lyftning och stödpunkter*). Skruva loss de sju torxskruvarna och ta bort motorns undre skyddskåpa **(se bild)**.
19 Lossa bultarna och ta bort SIPS-tvärbalken från undersidan av röranslutningen mellan katalysatorn och avgasröret **(se bild)**.

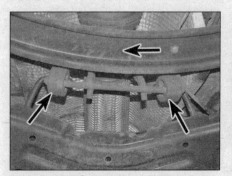

5.16 Katalysatorfästen och SIPS-tvärbalk (se pilar)

5.18 Motorns undre skyddskåpa, torxfästskruvar (se pilar)

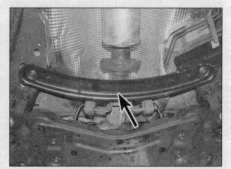

5.19 Skruva loss bultarna som fäster SIPS-tvärbalken (se pil)

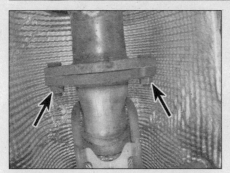

5.20 Skruva loss muttrarna (se pilar) och koppla loss katalysatorn från avgasröret

5.23 Klämbult mellan katalysator och turboaggregat (se pil)

5.30 Avgasåterföringsventil (se pil) – 1,8- och 2,0-litersmodeller

20 Skruva loss muttrarna och koppla loss katalysatorn från avgasröret **(se bild)**. Ta loss packningen.

21 Haka loss gummifästena från katalysatorn bredvid den främre kryssrambalken.

22 Skruva loss de fyra muttrarna som fäster stödfästet på katalysatorn och det nedre, bakre motor-/växellådsfästet.

23 Lossa klämman och koppla loss katalysatorn från turboaggregatet **(se bild)**. Ta bort katalysatorn från bilens undersida.

24 Monteringen utförs i omvänd ordningsföljd, men observera följande:

a) Använd en ny klämma för att fästa katalysatorn på turboaggregatet.

b) Använd nya muttrar för att fästa katalysatorn på avgasröret.

c) Dra åt alla fästen till angivet moment, om det är tillämpligt.

Avgasåterföringens solenoid/ventil – byte

1,8- och 2,0-liters bensinmodeller

25 Ta bort plastkåpan på motorns övre del genom att dra den rakt upp från dess fästen.

26 Ta bort luftrenaren enligt beskrivningen i kapitel 4A.

27 Töm ut kylvätskan enligt beskrivningen i kapitel 1A.

28 Skruva loss de fyra fästmuttrarna som fäster kylvätskans utloppshus på topplockets vänstra del.

29 Skruva loss muttern som fäster lambda-

sondens kontaktdonsbygel, dra sedan bort kylvätskans utloppshus från topplocket. Kasta packningen.

30 Koppla loss magnetventilens anslutningskontakt, skruva sedan loss skruvarna och koppla loss solenoiden/ventilen från avgasåterföringsröret **(se bild)**. Kasta packningen.

31 Monteringen utförs i omvänd ordningsföljd mot demonteringen, byt packningen om det behövs.

Dieselmodeller

32 Ta bort plastkåpan från motorns ovansida genom att dra den uppåt i den högra och främre kanten, dra den sedan framåt.

33 Lyft upp framvagnen och stötta den ordentligt på pallbockar (se Lyftning och stödpunkter). Skruva loss de sju torxskruvarna och ta bort motorns undre skyddskåpa **(se bild 5.18)**.

34 Stötta upp motorn med en motorlyft. Om du inte har tillgång till en lyft, placera en garagedomkraft under motorn, med en träkloss mellan domkraftens lyftsadel och sumpen för att förhindra skador.

35 Skruva loss de båda muttrarna och bultarna, ta sedan bort höger motorfästesenhet.

36 Skruva loss de båda bultarna och ta bort det nedre momentstaget från baksidan av motorn/växellådan.

37 Lossa klämman och koppla loss luftkanalen från insugsgrenröret.

38 Sänk ner motorn cirka 8 cm och flytta den något framåt.

39 Ta bort klämman som fäster avgasåterföringsröret på avgasgrenröret **(se bild)**.

40 Skruva loss skruvarna som fäster avgasåterföringsventilen på avgasåterföringskylaren och de båda skruvarna som fäster ventilen på topplocket **(se bild)**. För att det ska vara lättare att komma åt kan du koppla loss laddluftröret vid luftrenaren och ta bort skruven på rörets fästbygel bredvid avgasåterföringsventilen, och sedan bända röret så att det inte är i vägen.

41 Lossa fästskruven under avgasåterföringsventilen några varv, ta sedan bort ventilen. Kasta packningen.

42 Monteringen utförs i omvänd ordningsföljd, men observera följande:

a) Byt packningen mellan ventilen och kylaren.

b) Dra åt fästena till angivet moment, om det är tillämpligt.

c) Fyll på kylsystemet enligt beskrivningen i kapitel 1A.

Partikelfilter – byte

43 Lyft upp framvagnen och stötta den ordentligt på pallbockar (se Lyftning och stödpunkter).

44 Skruva loss fästena och ta bort SIPS-tvärbalken från partikelfiltrets undersida. Lossa kablaget från fästklämman.

45 Ta bort temperaturgivaren från filtret och skruva sedan loss de båda bultar som fäster filtret på katalysatorn **(se bild)**.

46 Skruva loss de båda muttrarna som fäster partikelfiltret på avgasröret.

5.39 Lossa klämman (se pil)

5.40 Avgasåterföringsventilen är fäst med två skruvar på topplocket och med en insexskruv på dess undersida (se pilar)

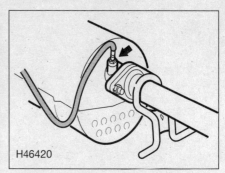

5.45 Avgastemperaturgivare (se pil)

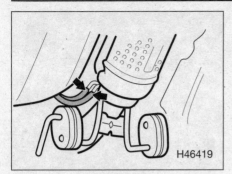

5.47 Koppla loss slangarna (se pil) från partikelfiltret

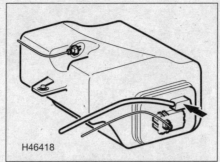

5.52 Lossa snabbkopplingskontakterna och nivågivarens anslutningskontakt (se pil)

47 Observera var slangarna är placerade på partikelfiltret och lossa sedan klämmorna och koppla loss slangarna **(se bild)**.
48 Ta bort partikelfiltret från bilens undersida. Kasta packningen/packningarna.
49 Monteringen utförs i omvänd ordningsföljd, men observera följande:
a) Byt alla packningar.
b) Byt muttrarna mellan partikelfiltret och katalysatorn samt avgasrörets muttrar.
c) Om du har monterat ett nytt partikelfilter måste partikelfiltrets vägmätare i motorstyrmodulen nollställas. Detta kan endast utföras med Volvos testutrustning. Kontakta en Volvoverkstad eller specialist.

Tillsatsbehållare – byte

50 Behållaren sitter under bilens bakre del, fäst i kryssrambalken. Lyft upp fordonets bakre del och stötta den ordentligt på pallbockar (se Lyftning och stödpunkter).
51 Koppla loss anslutningskontakten till behållarens nivågivare.
52 Lossa snabbkopplingskontakterna och koppla loss rören från behållaren **(se bild)**. Var beredd på vätskespill. Täpp igen öppningarna för att förhindra nedsmutsning.
53 Skruva loss de tre skruvarna och ta bort behållaren. Observera att du endast kan köpa nya behållare som kompletta enheter – det

finns inga separata delar som reservdelar. Kontakta en Volvoverkstad eller specialist.
54 Monteringen utförs i omvänd ordningsföljd mot demonteringen. Observera att efter det att behållaren har satts tillbaka/bytts ut, måste du fylla på tillsatsmatningsslangen med tillsatsmedel och anpassa styrmodulen efter detta. Detta kan endast utföras med Volvos testutrustning. Kontakta en Volvoverkstad eller specialist.

Tillsatsdoseringsmodul (ADM) – byte

55 Se till att tändningen är avslagen, ta sedan bort baksätets dyna enligt beskrivningen i kapitel 11.
56 Lyft upp mattan under sätet på vänster sida, skruva loss de båda muttrarna och ta bort tillsatsdoseringsmodulen. Koppla loss modulens anslutningskontakt när du tar bort enheten.
57 Monteringen utförs i omvänd ordningsföljd. Observera att om du har bytt doseringsmodulen måste den nya enheten programmeras med programvara som laddas ner från Volvo. Kontakta en Volvoverkstad eller specialist.

Kapitel 5 Del A:
Start- och laddningssystem

Innehåll

Svårighetsgrad

Enkelt, passar novisen med lite erfarenhet	Ganska enkelt, passar nybörjaren med viss erfarenhet 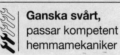	Ganska svårt, passar kompetent hemmamekaniker 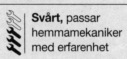	Svårt, passar hemmamekaniker med erfarenhet 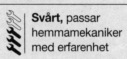	Mycket svårt, för professionell mekaniker

Specifikationer

Systemtyp	12 volt, negativ jord

Batteri

Typ	Lågunderhållsbatteri eller underhållsfritt och livstidsförslutet
Effekt	60, 70 eller 80 Ah (beroende på modell)
Laddningskondition:	
Dålig	12,5 volt
Normal	12,6 volt
Bra	12,7 volt

Generator

Utgående effekt	120 eller 150 A

Startmotor

Typ:	
1,8- och 2,0-liters bensinmodeller	1,1 kW
2,4-liters bensinmodeller	1,4 kW
2,0-liters dieselmodeller	1,9 kW

Åtdragningsmoment

	Nm
Generatorns fästbultar:	
1,8- och 2,0-liters bensinmodeller	Ingen uppgift
2,4-liters bensinmodeller	24
2,0-liters dieselmodeller	
M6	10
M10	50
Generatorns remskiva	80
Glödstift	5
Startmotorns fästbultar:	
1,8- och 2,0-liters bensinmodeller	35
2,4-liters bensinmodeller	40
2,0-liters dieselmodeller	Ingen uppgift

1 Allmän information och föreskrifter

Allmän information

Motorns elsystem består huvudsakligen av laddnings-, start- och dieselförvärmningssystemen. Eftersom dessa fungerar tillsammans med motorn behandlas de separat från övriga elektriska funktioner som belysning, instrument etc. (som tas upp i kapitel 12). Information om tändsystemet finns i del B i detta kapitel.

Systemet är ett 12 volts elsystem med negativ jordning.

Batteriet är av lågunderhållstyp eller "underhållsfritt" (livstidsförseglat) och laddas av generatorn, som drivs av en rem från vevaxelns remskiva.

Startmotorn är föringreppad med en inbyggd solenoid. Vid start för solenoiden drevet mot svänghjulets startkrans innan startmotorn får ström. När motorn startat förhindrar en envägskoppling att startmotorn drivs av motorn tills drevet släpper från svänghjulet.

Detaljinformation om de olika systemen finns i relevanta avsnitt i detta kapitel. Även om vissa reparationsmetoder beskrivs här är det normala tillvägagångssättet att byta ut defekta komponenter. Ägare som är intresserade av mer än enbart komponentbyte rekommenderas boken *Bilens elektriska och elektroniska system* från detta förlag.

Föreskrifter

⚠️ *Varning: Det är nödvändigt att iakttaga extra försiktighet vid arbete med elsystem för att undvika skador på halvledarenheter (dioder och transistorer) och personskador. Förutom föreskrifterna i "Säkerheten främst!", ska du iaktta följande punkter när du arbetar med systemet:*

• *Ta alltid av ringar, klockor och liknande före arbete med elsystemet. En urladdning kan inträffa, även med batteriet urkopplat, om en komponents strömstift jordas genom ett metallföremål. Detta kan ge stötar och allvarliga brännskador.*

• *Kasta inte om batteripolerna. Komponenter som växelströmsgeneratorer, elektroniska styrenheter och andra komponenter med halvledarkretsar kan totalförstöras så att de inte går att reparera.*

• *Koppla aldrig loss batteripolerna, växelströmsgeneratorn, elektriska ledningar eller testutrustning när motorn är igång.*

• *Låt aldrig motorn dra runt generatorn när den inte är ansluten.*

• *Testa aldrig om generatorn fungerar genom att "gnistra" med spänningskabeln mot jord.*

• *Kontrollera alltid att batteriets negativa anslutning är bortkopplad vid arbete i det elektriska systemet.*

• *Om motorn startas med hjälp av startkablar och ett fulladdat batteri ska batterierna anslutas plus-till-plus och minus-till-minus (se Starthjälp). Detta gäller även vid inkoppling av en batteriladdare.*

• *Testa aldrig kretsar eller anslutningar med en ohmmätare av den typ som har en handvevad generator.*

• *Koppla ur batteriet, generatorn och komponenter som elektroniska styrenheter (i förekommande fall) för att skydda dem från skador, innan elektrisk bågsvetsningsutrustning används på bilen.*

2 Batteri – kontroll och laddning

Kontroll

Standard- och lågunderhållsbatteri

1 Om bilen har en kort årlig körsträcka är det mödan värt att kontrollera elektrolytens specifika vikt var tredje månad för att avgöra batteriets laddningsstatus. Använd en hydrometer till kontrollen och jämför resultatet med tabellen nedan. Observera att densitetskontrollen förutsätter att elektrolyttemperaturen är 15 °C. För varje 10 °C under 15 °C, subtrahera 0,007. För varje 10 °C över 15 °C, addera 0,007.

	Över 25 °C	Under 25 °C
Fullt laddat	1,210 till 1,230	1,270 till 1,290
70 % laddat	1,170 till 1,190	1,230 till 1,250
Urladdat	1,050 till 1,070	1,110 till 1,130

2 Om batteriet misstänks vara defekt, kontrollera först elektrolytens specifika vikt i varje cell. En variation som överstiger 0,040 eller mer mellan celler är tecken på elektrolytförlust eller nedbrytning av de inre plattorna.

3 Om de specifika vikterna har avvikelser på 0,040 eller mer ska batteriet bytas ut. Om variationen mellan cellerna är som den ska men batteriet är urladdat ska det laddas enligt beskrivningen längre fram i detta avsnitt.

Underhållsfritt batteri

4 Om ett livstidsförseglat underhållsfritt batteri är monterat kan elektrolyten i varje cell kanske inte testas eller fyllas på. Batteriets skick kan därför bara kontrolleras med en batteriindikator eller en voltmätare.

5 Vissa modeller innehåller ett underhållsfritt batteri med en inbyggd indikator för laddningstillstånd. Indikatorn sitter ovanpå batterikåpan och anger batteriets skick genom att ändra färg. De laddningsförhållanden som indikatorns färg betecknar ska finnas på en tryckt etikett på batteriet – om så inte är fallet, kontakta en Volvoverkstad eller en bilelspecialist för råd.

Alla batterityper

6 Om du kontrollerar batteriet med hjälp av en voltmätare, anslut voltmätaren till batteripolerna och notera den avlästa spänningen. För att kontrollen ska ge korrekt utslag får batteriet inte ha laddats på något sätt under de senaste sex timmarna. Om så inte är fallet, tänd strålkastarna under 30 sekunder och vänta sedan fyra till fem minuter innan batteriet kontrolleras. Alla andra kretsar ska vara frånslagna, så kontrollera att dörrar och baklucka verkligen är stängda när kontrollen görs.

7 Om den uppmätta spänningen understiger 12,2 volt är batteriet urladdat, medan en spänning mellan 12,2 och 12,4 volt indikerar delvis urladdning.

8 Om batteriet ska laddas, ta bort det från bilen och ladda det enligt beskrivningen senare i detta avsnitt.

Laddning

Observera: *Följande är endast avsett som hjälp. Följ alltid tillverkarens rekommendationer (finns ofta på en tryckt etikett på batteriet) innan batteriladdning utförs.*

Standard- och lågunderhållsbatteri

9 Ladda batteriet med en strömstyrka som motsvarar 10 % av batteriets kapacitet (dvs. för ett batteri på 45 Ah laddar du med 4,5 A) och fortsätt så tills du inte noterar någon förändring i densiteten under en fyratimmarsperiod.

10 Alternativt kan en underhållsladdare som laddar med 1,5 A användas över natten.

11 Speciella snabbladdare som påstås kunna ladda batteriet på 1-2 timmar är inte att rekommendera, eftersom de kan orsaka allvarliga skador på batteriplattorna genom överhettning. Om batteriet är helt urladdat ska uppladdningen ta minst 24 timmar.

12 Observera att elektrolytens temperatur aldrig får överskrida 38 °C när batteriet laddas.

Underhållsfritt batteri

13 Denna batterityp tar avsevärt längre tid att ladda fullt än standardtypen. Hur lång tid det tar beror på hur urladdat batteriet är, men det kan ta ända upp till tre dagar.

14 En laddare av konstantspänningstyp krävs, och ska ställas till mellan 13,9 och 14,9 volt med en laddström underskridande 25 A. Med denna metod bör batteriet vara användbart inom 3 timmar med en spänning på 12,5 volt, men detta gäller ett delvis urladdat batteri. Full laddning kan som sagt ta avsevärt längre tid.

15 Om batteriet ska laddas från fullständig

urladdning (under 12,2 volt), låt en Volvo-verkstad eller bilelektriker ladda batteriet i och med att laddströmmen är högre och att laddningen kräver konstant övervakning.

3 Batteri – demontering och montering

Observera: *På modeller med motorvärmare med fjärrstart återställs den personliga koden till standardkoden från fabrik (1234) så snart batteriet har kopplats ifrån.*

Varning: Vänta minst 5 minuter efter det att du har slagit av tändningen innan du kopplar ifrån batteriet. Detta gör man för att ge de olika styrmodulerna tid att lagra information.

Demontering

1 Batteriet sitter i motorrummets vänstra del. I förekommande fall drar du upp plastkåporna över motorrummets tvärbalksändar. Skruva loss muttrarna och ta bort tvärbalken **(se bild)**.
2 Lossa klämman och ta bort batterikåpan **(se bild)**.
3 Lossa klämmuttern och koppla ifrån batteriets minusledare **(se bild)**.
4 Lossa klämmuttern och koppla ifrån batteriets plusledare **(se bild)**.
5 Använd en skruvmejsel och lossa batteri-lådans främre vägg.
6 Skruva loss muttern och ta bort batteriets fästklämma **(se bild)**.
7 Lyft ut batteriet från motorrummet.

Montering

8 Passa in batteriet i batterilådan.
9 Sätt tillbaka fästklämman och dra åt fäst-muttern ordentligt.
10 Vrid tändningen till läge II och återanslut sedan batteriets pluskabel, följt av minus-kabeln. Smörj in polerna med lite vaselin. Se till att ingen sitter i bilen och när du återansluter batteriet.
11 Sätt tillbaka batterikåpan, följt av motor-rummets tvärbalk. Dra åt fästmuttrarna ordentligt.

3.1 Dra upp plastkåpan i båda ändar och skruva loss tvärbalkens mutter (se pil)

12 När du har återanslutit batteriet kan motorn gå lite ojämnt tills den har körts i några minuter, detta för att styrmodulen ska lära in köregenskaperna igen. Initiera centrallåssystemet genom att låsa upp bilen med fjärrkontrollen eller nyckeln.

4 Laddningssystem – kontroll

Observera: *Se varningarna i Säkerheten främst! och i avsnitt 1 i detta kapitel innan arbetet påbörjas.*
1 Omtändningens/laddningsvarningslampa inte tänds när tändningen slås på, kontrollera först att generatorns kabelanslutningar sitter ordentligt. Om allt fungerar, men lampan fortfarande inte tänds, kan generatorn vara defekt och ska bytas ut eller lämnas till en bilelektriker för test och reparation.
2 Om tändningens varningslampa tänds när motorn är igång, stanna motorn och kontrollera att drivremmen är korrekt spänd (se kapitel 1A eller 1B) och att generatorns anslutningar sitter ordentligt. Om allt stämmer så här långt, låt en specialist på bilel kontrollera generatorn och reparera den vid behov.
3 Om generatorns arbetseffekt misstänks vara felaktig även om varningslampan fungerar som den ska, kan regulatorspänningen kontrolleras på följande sätt.
4 Anslut en voltmeter till batteripolerna och starta motorn.

3.2 Lossa klämman och lyft kåpan från batteriet

5 Öka motorvarvtalet tills voltmätarutslaget är stabilt. Det avlästa värdet ska ligga mellan 13,5 och 14,8 volt.
6 Sätt på så många elektriska tillbehör som möjligt (t.ex. strålkastare, bakrutedefroster och värmefläkt), och kontrollera att generatorn håller regulatorspänningen mellan 13,5 och 14,8 volt.
7 Om regulatorspänningen ligger utanför de angivna värdena kan felet bero på utslitna borstar, svaga borstfjädrar, en defekt spän-ningsregulator, en defekt diod, en bruten fasledning eller slitna eller skadade släpringar. Borstarna och släpringarna kan kontrolleras (se avsnitt 6), men om felet kvarstår ska gener-atorn bytas eller lämnas till en bilelspecialist för kontroll och reparation.

5 Generator – demontering och montering

Demontering

1 Koppla loss batteriets minusledare (se avsnitt 3).
2 Ta bort drivremmen enligt beskrivningen i kapitel 1A eller 1B.

1,8- och 2,0-liters bensinmodeller

3 Ta bort plastkåpan på motorns övre del genom att dra den rakt upp från dess fästen.
4 Skruva loss och ta bort generatorns övre fästbult.

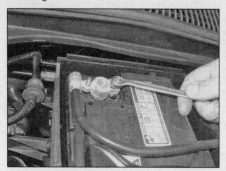

3.3 Lossa klämmuttern och koppla loss batteriets minuspol

3.4 Lossa muttern (se pil) och koppla loss batteriets pluspol

3.6 Skruva loss muttrarna och ta bort batteriets fästband (se pilar)

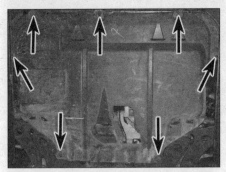

5.5 Skruva loss de 7 torxskruvarna (se pilar) och ta bort motorns undre skyddskåpa

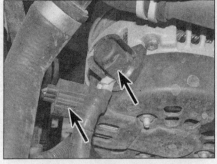

5.6 Koppla loss anslutningskontakten och dra av gummilocket. Koppla sedan loss ledningen från polen (se pilar)

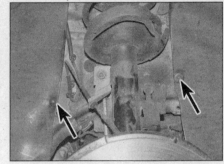

5.8 Plastmuttrar till hjulhusets innerskärm (se pilar)

5 Lyft upp bilen och ställ den stadigt på pallbockar (se *Lyftning och stödpunkter*). Lossa i förekommande fall de sju torxskruvarna och ta bort motorns undre skyddskåpa (se bild).
6 Koppla loss kablagens anslutningskontakter och ledningen från anslutningen på baksidan av generatorn (se bild).
7 Skruva loss de båda nedre fästbultarna och lyft ut generatorn.

2,4-liters bensinmotorer

8 Lyft upp bilens framvagn (se *Lyftning och stödpunkter*), ta sedan bort höger framhjul. Skruva loss torxskruvarna/plastmuttrarna och ta bort hjulhusets innerskärm (se bild).
9 Koppla loss kablagens anslutningskontakt

och ledningen från anslutningen på baksidan av generatorn (se bild).
10 Ta bort fästbultarna och ta bort generatorn.

Dieselmotorer

11 Skruva loss bultarna och ta bort kåpan från bränslefilterenhetens ovansida (se bild).
12 Koppla loss anslutningskontakten, skruva sedan loss skruven och lyft bort bränslefiltret med slangarna anslutna (se bilder).
13 Koppla loss anslutningskontakten, bänd sedan ut locket, skruva loss muttern och koppla loss ledningen från anslutningen på generatorn (se bild).
14 Skruva loss de tre fästbultarna, lossa insexskruven och ta bort generatorn (se bild).

Montering

15 Monteringen utförs i omvänd ordningsföljd mot demonteringen. Kom ihåg att dra åt de olika fästena till deras respektive angivna moment, i förekommande fall.

6 Generator – byte av borsthållare

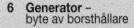

1 Ta bort generatorn enligt beskrivningen i avsnitt 5.
2 Placera generatorn på en ren arbetsyta, med remskivan vänd nedåt.

5.9 Dra bort gummilocket (se pil), koppla loss polanslutningen, koppla sedan loss anslutningskontakten (se pil)

5.11 Skruva loss bultarna (se pilar) och lyft bort bränslefiltrets kåpa

5.12a Skruva loss torxskruven på var sida om filtret (se pil) . . .

5.12b . . . lyft sedan bort filtret

5.13 Bänd ut locket (se pil) och koppla loss generatorkablaget

5.14 Skruva loss de 3 bultarna, lossa insexskruven och ta bort generatorn (se pilar)

6.3 Skruva loss de tre muttrarna och ta bort plastkåpan

6.4 Borsthållarskruvar (se pilar)

6.5 Undersök om borstarna är slitna eller skadade

3 Skruva loss kåpmuttrarna/skruvarna, lyft sedan bort plastkåpan från generatorns baksida **(se bild)**.

4 Skruva loss skruvarna och ta försiktigt bort borsthållaren från generatorn **(se bild)**.

5 Undersök om borstarna är slitna eller skadade. Volvo har inte angivit några specifikationer för borstlängder, men för stort slitage bör synas väl **(se bild)**.

6 Rengör och undersök släpringarnas ytor på generatoraxelns ände, arbeta genom hållarens styrhål **(se bild)**. Om de är mycket slitna, eller är skadade, måste generatorn bytas.

7 När du ska återmontera borsthållaren, tryck tillbaka borstarna i deras hållare och sätt sedan in en insexnyckel på 1,5 mm (eller ett utböjt gem) genom hålet i borstkåpan för att hålla borstarna i det indragna läget **(se bild)**.

8 Sänk ner borsthållaren över släpringarna och dra åt fästskruvarna ordentligt. Ta bort insexnyckeln (eller gemet).

9 Sätt tillbaka skyddskåpan, dra åt fästmuttrarna och sätt tillbaka generatorn.

7 Startsystem – kontroll

Observera: *Se föreskrifterna i Säkerheten främst! och i avsnitt 1 i detta kapitel innan arbetet påbörjas.*

1 Om startmotorn inte arbetar när startnyckeln

vrids till startläget kan något av följande vara orsaken:

a) *Batteriet är defekt.*
b) *De elektriska anslutningarna mellan strömbrytare, solenoid, batteri och startmotor har ett fel någonstans som gör att ström inte kan passera från batteriet till jorden genom startmotorn.*
c) *Solenoiden är defekt.*
d) *Startmotorn har ett mekaniskt eller elektriskt fel.*

2 Kontrollera batteriet genom att tända strålkastarna. Om de försvagas efter ett par sekunder är batteriet urladdat. Ladda (se avsnitt 2) eller byt batteri. Om strålkastarna lyser klart, vrid om startnyckeln. Om strålkastarna då försvagas betyder det att strömmen når startmotorn, vilket anger att felet finns i startmotorn. Om strålkastarna lyser klart (och inget klick hörs från solenoiden) indikerar detta ett fel i kretsen eller solenoiden – se följande punkter. Om startmotorn snurrar långsamt, trots att batteriet är i bra skick, indikerar detta antingen ett fel i startmotorn eller ett kraftigt motstånd någonstans i kretsen.

3 Vid ett misstänkt fel på kretsen, koppla loss batterikablarna (inklusive jordningen till karossen), startmotorns/solenoidens kablar och motorns/växellådans jordledning. Rengör alla anslutningar noga och anslut dem igen.

Använd sedan en voltmätare eller testlampa och kontrollera att full batterispänning finns vid strömkabelns anslutning till solenoiden och att jordförbindelsen är god. Smörj in batteripolerna med vaselin så att korrosion undviks – korroderade anslutningar är en av de vanligaste orsakerna till elektriska systemfel.

4 Om batteriet och alla anslutningar är i bra skick, kontrollera kretsen genom att lossa ledningen från solenoidens bladstift. Anslut en voltmätare eller testlampa mellan ledningen och en bra jord (t.ex. batteriets minuspol) och kontrollera att ledningen är strömförande när tändningsnyckeln vrids till startläget. Är den det, är kretsen god. Om inte, kan kretsen kontrolleras enligt beskrivningen i kapitel 12.

5 Solenoidens kontakter kan kontrolleras med en voltmätare eller testlampa mellan strömkabeln på solenoidens startmotorsida och jord. När tändningsnyckeln vrids till start ska mätaren ge utslag eller lampan tändas. Om inget sker är solenoiden defekt och måste bytas.

6 Om kretsen och solenoiden fungerar måste felet finnas i startmotorn. I det fallet kan det vara möjligt att låta en specialist renovera motorn, men kontrollera först pris och tillgång på reservdelar, eftersom det mycket väl kan vara billigare att köpa en ny eller begagnad startmotor.

8 Startmotor – demontering och montering

Demontering

1 Koppla loss batteriets minusledare (se avsnitt 3).

1,8- och 2,0-liters bensinmodeller

2 Lyft upp framvagnen och stötta den ordentligt på pallbockar (se *Lyftning och stödpunkter*). Lossa i förekommande fall de sju torxskruvarna och ta bort motorns undre skyddskåpa **(se bild 5.5)**.

6.6 Undersök om generatorns släpringar är slitna eller skadade

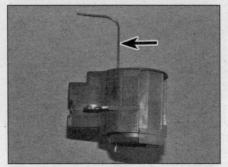

6.7 För in ett gem genom hålet i kåpan för att hålla fast borstarna före återmontering (se pil)

8.3 Skruva loss muttern (se pil) och skjut bort kablageanslutningen från pinnbulten

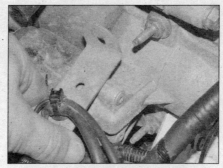

8.4 Ta bort kablagets fästbygel från startmotorns fästpinnbultar/bultar

8.9 Dra bort locket (se pil), skruva loss muttern och lossa startmotorns kablage

3 Koppla loss kablaget från startmotorns solenoid **(se bild)**.
4 Skruva loss fästmuttrarna och lägg kablagets fästbygel åt sidan **(se bild)**.
5 Skruva loss startmotorns bakre stödfäste från motorblocket – i förekommande fall.
6 Skruva loss fästpinnbultarna och ta bort startmotorn. Kasta packningen.

2,4-liters bensinmodeller

7 Ta bort luftrenaren enligt beskrivningen i kapitel 4A.
8 Lossa kylvätskeslangen, lossa sedan slangens fästbygel och böj den åt sidan för att komma åt startmotorns bultar.
9 Koppla loss kablaget från startmotorn **(se bild)**.
10 Skruva loss fästbultarna och ta bort startmotorn **(se bild)**.

Dieselmodeller

11 Lyft upp framvagnen och stötta den ordentligt på pallbockar (se *Lyftning och stödpunkter*). Skruva loss de sju torxskruvarna och ta bort motorns undre skyddskåpa **(se bild 5.5)**.
12 Skruva loss M8- och M6-muttrarna, dra sedan plastkåpan över startmotorns kabelanslutningar åt höger sida och koppla loss dem **(se bild)**.
13 Skruva loss fästbultarna och ta bort startmotorn nedåt **(se bild)**.

Montering

14 Monteringen utförs i omvänd ordningsföljd mot demonteringen. Dra åt alla fästen till angivet moment, om sådant anges.

9 Startmotor – kontroll och översyn

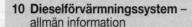

Om startmotorn misstänks vara defekt måste den demonteras och tas till en bilelektriker för kontroll. De flesta bilelektriker kan ta hem och montera borstar till en rimlig kostnad. Kontrollera dock reparationskostnaderna först, eftersom det kan vara billigare med en ny eller begagnad motor.

10 Dieselförvärmningssystem – allmän information

För att underlätta vid kallstart har modeller med dieselmotorer ett förvärmningssystem, som består av ett relä och fyra glödstift. Systemet styrs av motorstyrmodulen (ECM), som använder information från temperatur-givaren för kylvätska (se kapitel 3).
Glödstiften är minielvärmeelement, som är inkapslade i metall med en sond i ena änden, och en elanslutning i den andra. Förbränningskamrarna har ingängade glödstift. När glödstiftet strömmatas värms det snabbt upp och gör att temperaturen på den luft som dras in i varje förbränningskammare stiger. Varje glödstiftssond är placerad direkt i "skottlinjen" för det inkommande bränslet från insprutningsventilen. När bränslet

passerar över glödstiftets sond värms det upp, vilket gör att det uppnår sin optimala förbränningstemperatur snabbare.
Förvärmningsperiodens längd styrs av motorns elektroniska styrmodul (ECM), som använder information från temperaturgivaren för kylvätska (se kapitel 3). Den elektroniska styrmodulen ändrar förvärmningstiden (den tidsperiod under vilket glödstiften strömmatas) så att den passar de aktuella förhållandena.
En varningslampa informerar föraren om att förvärmningen sker. Lampan slocknar när tillräcklig förvärmning har utförts för att motorn ska kunna startas. Glödstiften strömmatas dock en stund till, så kallad eftervärmning, för att minska avgasutsläppen. Om inget försök görs att starta motorn avbryts strömmatningen till glödstiften för att förhindra att batteriet laddas ur och att glödstiften förstörs.

11 Dieselförvärmningssystem – kontroll

1 En fullständig kontroll av systemet kan endast utföras med särskild felsökningsutrustning som ansluts till motorstyrningssystemets diagnoskontaktdon (se kapitel 4B). Om du tror att det är fel på förvärmningssystemet kan du göra några förberedande kontroller av glödstiftens funktion enligt beskrivningen i följande avsnitt.

8.10 Observera var styrstiftet sitter (se pil)

8.12 Skruva loss muttrarna (se pilar) och koppla loss kablaget

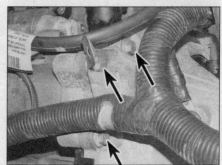

8.13 Startmotorns bultar (se pilar) – dieselmodeller

2 Anslut en voltmätare eller en kontrollampa på 12 volt mellan glödstiftets matningskabel och en bra jordanslutning på motorn. *Varning: Se till att spänningsanslutningen hålls borta från motorn och karossen.*

3 Be en medhjälpare att aktivera förvärmningssystemet genom att vrida startnyckeln till det andra läget, och kontrollera att batterispänningen läggs på glödstiftets elanslutning. **Observera:** *Matningsspänningen är inledningsvis lägre än batterispänningen, men stiger och stabiliseras allt eftersom glödstiftet värms upp. Sedan sjunker den till noll när förvärmningsperioden avslutas och säkerhetsspärren aktiveras.*

4 Om ingen matningsspänning kan registreras vid glödstiftet, kan det vara fel på glödstiftsreläet eller matningskabeln.

5 För att hitta ett felaktigt glödstift, mät elresistansen mellan glödstiftsanslutningen och motorjorden, och jämför den med resistansen i de andra glödstiften, eller med ett känt referensvärde. Om det avlästa värdet är mycket annorlunda, är det med största sannolikhet fel på glödstiftet.

6 Om du inte hittar några problem, lämna in bilen till en Volvoverkstad eller specialist för test med lämplig testutrustning.

12 Glödstift – demontering, kontroll och montering

Demontering

1 Glödstiften sitter på topplockets baksida. Ta bort avgasåterföringssolenoiden/ventilen enligt beskrivningen i kapitel 4C.

2 Kläm ihop de kylvätskeslangar som är anslutna till avgasåterföringskylaren på baksidan av topplocket med hjälp av slang-

12.2 Koppla loss kylvätskeslangarna från avgasåterföringskylaren (se pilar)

klämmor, lossa sedan fästklämmorna och koppla loss slangarna från kylaren **(se bild)**.

3 Skruva loss bultarna/muttrarna och ta bort avgasåterföringskylaren.

4 Skruva loss muttrarna (en per stift) och koppla loss kablaget från glödstiften **(se bild)**.

5 Skruva loss varje glödstift från topplocket med hjälp av en djup hylsa **(se bild)**.

Kontroll

6 Undersök om glödstiften är skadade. Brända eller eroderade glödstiftsspetsar kan orsakas av att insprutningsventilen har dåligt spraymönster. Låt kontrollera insprutningsventilerna om den här typen av skador föreligger.

7 Om glödstiften är i gott skick, kontrollera dem elektriskt enligt beskrivningen i avsnitt 11.

8 Glödstiften kan matas genom att man ansluter 12 volt till dem för att kontrollera att de värms upp jämnt och inom den tid som krävs. Observera följande föreskrifter:

a) Stöd glödstiftet genom att försiktigt klämma fast det i ett skruvstäd eller med en självlåsande tång. Kom ihåg att det kommer att vara mycket hett.

12.4 Skruva loss muttrarna (se pilar) som fäster glödstiftens elektriska anslutningarna

b) Se till att strömförsörjningen eller testledningen har en säkring eller en överbelastningsspärr som skydd mot skador på grund av en kortslutning.

c) När kontrollen är slutförd måste du låta glödstiftet svalna i flera minuter innan du kan handskas med det.

9 Ett glödstift i bra skick börjar glöda och bli rött efter att ha strömmatats i cirka fem sekunder. Ett stift som tar mycket längre tid på sig att börja glöda, eller som börjar glöda i mitten istället för i spetsen, är det antagligen fel på.

Montering

10 Rengör glödstiften ordentligt liksom glödstiftens sätesområden i topplocket.

11 Applicera antikärvningsfett på glödstiftets gängor. Montera sedan glödstiftet och dra åt till angivet moment.

12 Återanslut kablaget till glödstiftet och dra åt muttern ordentligt.

13 Återstående montering utförs i omvänd ordningsföljd.

12.5 Skruva loss glödstiften från topplocket

13.3 Reläkontaktdonets spärrhake och fästmutter (se pilar)

13 Glödstiftsrelä – demontering och montering

1 Glödstiftsreläet sitter i motorrummets vänstra främre hörn, det är fäst med bultar på chassibalken.

2 Ta bort den främre stötfångaren enligt beskrivningen i kapitel 11.

3 Skjut ut låsspärren och koppla loss anslutningskontakten från reläets nedre del **(se bild)**.

4 Skruva loss fästmuttern och ta bort reläet.

5 Monteringen utförs i omvänd ordningsföljd mot demonteringen.

Kapitel 5 Del B:
Tändsystem

Innehåll

Svårighetsgrad

| Enkelt, passar novisen med lite erfarenhet | | Ganska enkelt, passar nybörjaren med viss erfarenhet | | Ganska svårt, passar kompetent hemmamekaniker | | Svårt, passar hemmamekaniker med erfarenhet | | Mycket svårt, för professionell mekaniker | 🔧🔧🔧🔧 |

Specifikationer

Allmänt
Systemtyp .... Fördelarlöst motorstyrningssystem
Tändföljd:
  4-cylindriga modeller .... 1-3-4-2 (cylinder nr 1 i motorns kamkedjeände)
  5-cylindriga modeller .... 1-2-4-5-3 (cylinder nr 1 i motorns kamremsände)

Tändstift
Typ .... Se kapitel 1A Specifikationer

Tändningsinställning
Kontroll .... Tändningsinställningen ändras hela tiden av motorstyrmodulen och kan inte kontrolleras utan specialutrustning

Tändspole
Primär resistans .... Ingen uppgift
Sekundär resistans... Ingen uppgift

Knacksensor
Resistans:
  1,8- och 2,0-liters bensinmodeller .... 4,9 mΩ
  2,4-litersmodeller .... Ingen uppgift

Åtdragningsmoment
	Nm
Knacksensor	20
Tändspole	10

1 Allmän information

Tändsystemet ser till att den komprimerade bränsle/luftblandningen tänds i varje cylinder i exakt rätt ögonblick i förhållande till motorns varvtal och belastning. Detta sköts av ett sofistikerat motorstyrningssystem, som använder datorteknik och elektromagnetiska strömkretsanordningar för att skapa de tändningsegenskaper som krävs.

Huvudkomponenterna på systemets tändningssida är tändspolarna (med inbyggt effektsteg och tändhattar), tändstiften och knacksensorerna. Tändsystemet styrs övergripande av motorstyrmodulen, därför kan många av de givare som styrmodulen använder påverka tändsystemet. Systemet fungerar såhär:

På 2,4-litersmodeller beräknar styrmodulen motorvarvtalet och vevaxelns läge utifrån en serie hål som har borrats ut i svänghjulets omkrets, med hjälp av en varvtalsgivare vars induktiva huvud går precis ovanför det genomborrade svänghjulets omkrets. När vevaxeln roterar passerar området (eller "kuggarna") mellan de borrade hålen i svänghjulet vevaxelns läges-/hastighetsgivare, som skickar en puls till styrmodulen varje gång en kugge passerar den. Det saknas ett hål i svänghjulets omkrets, vilket gör att området (eller kuggen) där måste vara dubbelt så bred som de andra. Styrmodulen känner av avsaknaden av en puls från läges-/hastighetsgivaren vid denna punkt, och använder detta till att avgöra ÖD-läget för kolv nr 1. Med hjälp av tiden mellan pulserna, och platsen för pulsen som saknas, kan styrmodulen noga beräkna vevaxelns position och hastighet. Kamaxelns lägesgivare förbättrar denna information genom att känna av om en särskild kolv är i en insugs- eller avgascykel.

På 1,8- och 2,0-litersmodeller sitter vevaxelns läges-/hastighetsgivare i anslutning till vevaxelns remskiva på motorns högra ände. Induktionsgivaren med permanentmagnet skapar en växelström när det kuggade hjulet

1.9 Diagnosuttaget sitter under instrumentbrädan, på förarsidan

bakom remskivan roterar. Strömmen och frekvensen som skapas ökar när motorvarvtalet ökar. ÖD på det kuggade hjulet är ett referensläge. När detta läge passerar givaren sjunker den genererade spänningen och frekvensen till noll, vilket gör att styrmodulen kan identifiera vevaxelns läge. Precis som med 2,4-litersmotorn förbättrar kamaxelgivaren denna information genom att känna av om en viss kolv är i en insugs- eller avgascykel.

Information om motorns belastning kommer till styrmodulen via massluftflödesgivaren och givaren för absolut tryck i grenröret på vissa modeller. Motorbelastningen avgörs av en beräkning som baseras på den luftmängd som dras in i motorn. Ytterligare information skickas till styrmodulen från en knacksensor (två sensorer på 2,4-litersmodeller). Denna givare är känslig för vibrationer och känner av knackningarna som uppstår när motorn börjar spika (förtända). Givare som övervakar kylvätsketemperaturen, gaspedalens läge, hastigheten och automatväxellådans position (i förekommande fall) ger ytterligare ingående signaler till styrmodulen om bilens funktionsvillkor.

Utifrån dessa hela tiden föränderliga data väljer styrmodulen en viss tändningsförinställning från ett urval av tändningsegenskaper som finns lagrade i dess minne, och ändrar den om så krävs.

När tändningspunkten har beräknats skickar styrmodulen en signal till tändningseffektsteget, som är en elektronisk brytare som styr strömmen till tändspolens primärlindningar. När signalen tas emot från styrmodulen, bryter effektsteget primärströmmen till tändspolen, vilket inducerar en högspänning i spolens sekundärlindningar. Denna högspänning går genom de inbyggda tändhattarna till tändstiften. Varje cylinder har sin egen lilla tändspole, som är fäst direkt på tändstiftet och ihopkopplad med styrmodulen.

Om fel i systemet uppstår på grund av att en signal från en givare går förlorad återgår styrmodulen till ett nödprogram. Detta gör att bilen kan köras, även om motorns funktion och prestanda begränsas. En varningslampa på instrumentbrädan tänds om felet kan orsaka farliga avgasutsläpp.

För att underlätta feldiagnosen har tändsystemet en inbyggd felsökningsfunktion som kan konsulteras med hjälp av lämplig diagnosutrustning (felkodsläsare). Diagnosuttaget sitter instrumentbrädan, på förarsidan, ovanför pedalerna **(se bild)**.

2 Tändsystem – kontroll

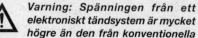

⚠ *Varning: Spänningen från ett elektroniskt tändsystem är mycket högre än den från konventionella*

tändsystem. Var mycket försiktig vid arbete med systemet om tändningen är påslagen. Personer med pacemaker bör inte vistas i närheten av tändningskretsar, komponenter och testutrustning.

Allmänt

1 Tändsystemets komponenter är normalt väldigt tillförlitliga. Det är troligare att ett fel beror på lösa eller smutsiga anslutningar, eller krypströmmar på grund av smuts, fukt eller skadad isolering, än på fel i något av systemets komponenter. Kontrollera **alltid** alla kablar ordentligt och arbeta metodiskt för att utesluta alla andra möjligheter innan en elektrisk komponent döms ut som defekt.

2 Den tidigare vanligt förekommande metoden för att kontrollera om det finns en gnista genom att hålla den strömförande änden av en tändhatt en liten bit ifrån motorn rekommenderas **inte**. Det innebär inte bara en hög risk för att man drabbas av en stark elektrisk stöt, utan också att styrmodulen eller tändspolen kan skadas. Försök heller **aldrig** att fastställa en feltändning genom att dra loss en tändspole i taget.

3 Följande kontroller bör utföras om något uppenbart fel föreligger, t.ex. om motorn inte startar eller om en tydlig feltändning sker. Vissa fel är däremot svårare att upptäcka och döljs ofta av att styrmodulen går in i nödläge för att behålla så mycket körbarhet som möjligt. Fel av denna typ avslöjar sig ofta genom hög bränsleförbrukning, dålig tomgång, sämre effekt, knackning eller spikning från motorn under vissa förhållanden, eller en kombination av dessa. Om man upplever problem av den här typen är det bäst att lämna in bilen till en verkstad som har lämplig felsökningsutrustning.

Motorn startar inte

Observera: *Kom ihåg att ett fel i stöldskyddslarmet eller startspärren ger upphov till vad som verkar vara startproblem. Se till att larmet eller startspärren har avaktiverats, se bilens instruktionsbok för mer information.*

4 Om motorn inte vrids runt alls, eller vrids runt mycket långsamt ska batteriet och startmotorn kontrolleras. Anslut en voltmeter över batteripolerna (mätarens plussond till batteriets pluspol) och läs sedan av spänningen medan motorn vrids runt på startmotorn i högst tio sekunder (inte mer). Om det avlästa värdet är mindre än 9,5 volt, börja med att kontrollera batteriet, startmotorn och laddningssystemet enligt beskrivningen i del A i det här kapitlet.

Motorn feltänder

5 En oregelbunden feltändning beror förmodligen på en lös anslutning till någon av tändspolarna eller systemgivarna.

6 Stäng av motorn och gör en noggrann kontroll av systemet. Se till att samtliga anslutningar är rena och ordentligt fastgjorda.

7 Regelbunden feltändning tyder på ett problem med någon av tändspolarna eller tändstiften. Eftersom det inte finns några resistansvärden att tillgå, är det bäst att överlämna testningen av spolarna till en Volvo-verkstad eller annan specialist med lämplig utrustning.

8 Eventuell vidare kontroll av systemets komponenter ska utföras efter en kontroll av att det inte föreligger felkoder i styrmodulen.

3 Felsökning – allmän information och förberedande kontroller

Observera: Både tänd- och bränslesystemen ska behandlas som ett sammanhängande motorstyrningssystem. Även om innehållet i det här avsnittet mestadels rör tändningsdelen av systemet, så utför många av komponenterna dubbla funktioner, och vissa av följande procedurer rör bränslesystemet.

Allmän information

1 Bränsle- och tändsystemen på alla motorer som tas upp i denna handbok har ett inbyggt diagnossystem som underlättar felsökning och systemkontroll. Om ett fel skulle uppstå, lagrar styrmodulen en serie felkoder för läsning via det 16-poliga diagnosuttaget under instrumentbrädan, på förarsidan, ovanför pedalerna **(se bild 1.9)**.

2 Om du har upplevt problem under körningen och motoreffekten är dålig, kan det inbyggda felsökningssystemet användas för att ta fram eventuella problemområden, men detta kräver särskild testutrustning. När detta har gjorts krävs ofta fler test för att avgöra felets exakta natur, dvs. om det faktiskt är en komponent som har gått sönder eller om det är problem med kablaget eller liknande.

3 För alla kontroller utom visuell kontroll av kablaget och anslutningarna krävs minst en felkodsläsare. En Volvoverkstad har naturligtvis en sådan avläsare, men de finns även hos andra leverantörer. Det är antagligen inte lönsamt för en privatperson att köpa en felkodsläsare, men en välutrustad lokal verkstad eller bilelspecialist har en.

Förberedande kontroller

Observera: När de här kontrollerna utförs för att spåra ett fel, tänk på att om felet uppstått bara en kort tid efter det att någon del av bilen har genomgått service eller renovering, är det här man måste börja söka. Hur ovidkommande det än kan verka bör man se till att det inte är någon del som monterats tillbaka slarvigt som orsakar problemet.

Om du ska spåra orsaken till ett partiellt motorfel (t.ex. försämrad effekt) bör kompressionstrycken kontrolleras, utöver de kontroller som anges nedan. Kontrollera även att bränslefiltret och luftfiltret har bytts med rekommenderade intervall. Se kapitel 1A och 2A eller 2B för information om hur dessa rutiner utförs.

Kom ihåg att alla felkoder som har loggats måste raderas från styrenhetens minne med en särskild felkodsläsare (se punkt 3) för att du ska kunna vara säker på att felets orsak har åtgärdats.

4 Kontrollera skicket på batterianslutningarna (se kapitel 5A) – gör om anslutningarna eller byt ledningarna om det förekommer fel. Använd samma teknik för att se till att alla jordningspunkter i motorrummet ger god elektrisk kontakt genom rena metall-till-metall-anslutningar, och kontrollera att de sitter ordentligt fast.

5 Arbeta sedan metodiskt runt hela motorrummet och kontrollera alla synliga kablar, samt anslutningarna mellan de olika kablage-delarna. Det du letar efter i det här läget är kablage som är uppenbart skadat genom att det skavt mot vassa kanter eller rörliga delar i fjädringen/växellådan och/eller drivremmen. Kablarna kan också ha klämts mellan slarvigt återmonterade delar eller smält genom att de kommit i kontakt med heta motordelar, kylrör etc. I nästan alla fall orsakas skador av denna typ i första hand av inkorrekt dragning vid ihopsättning efter det att tidigare arbete har utförts (se anmärkningen i början av detta underavsnitt).

6 Kablar kan naturligtvis gå av eller kortslutas inuti isoleringen så att det inte finns några yttre tecken på felet, men detta händer vanligtvis om kablaget har dragits felaktigt så att det är översträckt eller vikt. Dessa förhållanden borde vara uppenbara även vid en enklare kontroll. Om detta misstänks ha hänt, men felet ändå inte kan hittas, bör det misstänkta kabelavsnittet kontrolleras mycket noggrant under de mer detaljerade kontroller som beskrivs nedan.

7 Beroende på problemets storlek kan skadade kablar repareras genom sammanfogning eller splitsning med en bit ny kabel, med lödning för att försäkra en god anslutning, och sedan nyisolering med isoleringstejp eller krympslang. Om skadan är omfattande kan det vara bäst att byta hela kabelavsnittet med tanke på bilens körsäkerhet, oavsett om det kan verka dyrt.

8 När skadan har reparerats, se till att kablaget dras korrekt vid återmonteringen så att det inte vidrör andra delar, inte är sträckt eller veckat, samt att det hålls undan med hjälp av de plastklämmor, skenor och fästband som finns till hands.

9 Kontrollera alla elektriska kontaktdon och se till att de är rena och ordentligt fastsatta, samt att vart och ett hålls på plats med motsvarande plastflik eller kabelklämma. Om något kontaktdon uppvisar yttre tecken på korrosion (vita eller gröna avlagringar, eller rost), eller om något misstänks vara smutsigt, måste det kopplas loss och rengöras med rengöringsmedel för elektriska kontakter. Om kontaktstiften är mycket korroderade måste kontaktdonet bytas. Observera att detta kan betyda att du måste byta hela den delen av kablaget.

10 Om rengöringen helt tar bort korrosionen och kontaktdonet är i gott skick, är det bra att slå in kontaktdonet i ett lämpligt material som skyddar det mot smuts och fukt, och hindrar att korrosion uppstår igen. En Volvo-återförsäljare kan rekommendera en lämplig produkt.

11 Arbeta metodiskt runt hela motorrummet och kontrollera noga att alla vakuumslangar och rör sitter ordentligt fast och att de dragits korrekt, utan tecken på sprickor, åldrande eller andra skador som kan orsaka läckor, och se till att inga slangar klämts, vridits eller böjts så skarpt att de förhindrar luftflödet. Var extra noga vid alla anslutningar och skarpa böjar och byt alla slangar som är skadade eller deformerade.

12 Arbeta från bränsletanken via filtret till bränsleinsprutningsbryggan (inklusive matnings- och returrör) och kontrollera bränsleledningarna. Byt alla som läcker, är klämda eller böjda. Kontrollera framförallt slangändarna – de kan spricka och gå sönder så mycket att det uppstår läckage.

13 Lossa luftrenarens kåpa och kontrollera att luftfiltret inte är igensatt eller fuktigt. (Ett igensatt luftfilter hindrar insugsluften, vilket försämrar motorns effektivitet märkbart.) Byt filtret om det behövs. Se de aktuella avsnitten i kapitel 1A om du behöver mer information.

14 Starta motorn och låt den gå på tomgång. *Varning: Arbete i motorrummet när motorn är igång kräver stor försiktighet för att undvika risk för personskador. Du riskerar brännskador om du kommer åt heta komponenter. Rörliga delar som kylarfläkten och drivremmen kan också orsaka skador. Läs Säkerheten främst! i början av den här handboken innan arbetet påbörjas, och se till att alltid hålla undan händer, långt hår och löst sittande kläder från heta eller rörliga delar.*

15 Arbeta från luftintaget via luftrenaren och luftflödesgivaren till gasspjällets styrenhet och insugsgrenröret (inklusive de olika vakuumslangar och rör som är anslutna till dessa) och leta efter luftläckor. Läckorna avslöjas normalt av sugande eller väsande ljud, men mindre läckor kan spåras genom att man sprutar en lösning med tvålvatten på den misstänkta fogen. Om den läcker visas detta genom att motorljudet förändras och att detta åtföljs av luftbubblor (eller insugning av vätskan, beroende på tryckskillnaden vid den punkten). Om en läcka upptäcks på något ställe, dra åt fasthållningsklämman och/eller byt de defekta delarna.

16 På liknande sätt, arbeta från topplocket via grenröret till det bakre avgasröret och kontrollera att avgassystemet inte har några läckor. Om bilen kan lyftas upp och stöttas säkert och med fullständig säkerhet medan kontrollen utförs, är den enklaste metoden att tillfälligt blockera avgasröret och lyssna efter avgaser som pyser ut. En läcka borde då vara uppenbar. Om en läcka påträffas någonstans,

4.2 Tryck ner klämman och koppla loss spolens anslutningskontakt

4.3 Skruva loss spolens fästbult (se pil)

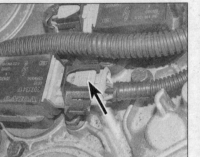

4.6 Tryck ihop klämman och koppla loss anslutningskontakten (se pil)

4.7 Skruva loss fästbulten och lyft bort spolen

dra åt klämbultarna och/eller muttrarna, byt packning och/eller den defekta delen i systemet för att täta läckan.

17 Du kan kontrollera elanslutningarna ytterligare genom att vicka på varje elkontaktdon i systemet med motorn på tomgång. Ett defekt kontaktdon ger sig omedelbart tillkänna på grund av motorns gensvar när kontakten bryts och återupptas. Ett defekt kontaktdon ska bytas för systemets framtida tillförlitlighet. Observera att detta kan betyda att du måste byta hela den delen av kablaget.

18 Om de förberedande kontrollerna inte har avslöjat felet måste bilen lämnas in till en Volvo-verkstad eller annan verkstad med lämplig utrustning för felsökning med elektronisk testutrustning.

4 Tändspolar – demontering och montering

Demontering

1,8- och 2,0-litersmotorer

1 Ta bort plastkåpan på motorns övre del genom att dra den rakt upp från dess fästen.

2 Lossa tändspolens/spolarnas anslutningskontakt(er) **(se bild)**. Det är säkrast att arbeta med en spole i taget. Om spolarna och deras anslutningskontakter har läges-markeringar kan dock alla fyra tas bort samtidigt.

3 Varje spole är fäst med en bult. Skruva loss bulten/bultarna och dra försiktigt ut spolen/spolarna från topplocket **(se bild)**.

2,4-litersmodeller

4 Ta bort den övre delen av insugsgrenröret/ventilkåpan enligt beskrivningen i kapitel 4A.

5 Om tändspolarna för cylinder 1 eller 2 ska tas bort, lossa klämmorna och ta bort den övre kamremskåpan. Se kapitel 2B om det behövs.

6 Koppla loss tändspolens/spolarnas anslutningskontakt(er) **(se bild)**. Det är säkrast att arbeta med en spole i taget. Om spolarna och deras anslutningskontakter har läges-markeringar kan dock alla fem tas bort samtidigt.

7 Skruva loss spolens fästbult, dra sedan bort spolen och tändhatten från fördjupningen i topplocket **(se bild)**.

Montering

8 Linjera spolen med fästbultshålet och tryck sedan ner den ordentligt på tändstiftet. Dra åt fästbulten till det angivna momentet.

9 Tryck på anslutningskontakten tills du hör att den "klickar" på plats.

10 Återstoden av monteringen utförs i omvänd ordningsföljd mot demonteringen.

5 Knacksensor(er) – demontering och montering

Demontering

1,8- och 2,0-litersmodeller

1 Knacksensorn sitter på motorblockets framsida, under insugsgrenröret.

2 Se kapitel 4A och ta bort insugsgrenröret.

3 Koppla loss kontaktdonet från knacksensorn.

4 Notera sensorns placering, det är mycket viktigt att den återmonteras i ursprungsläget. Skruva loss fästbulten och ta bort sensorn **(se bild)**.

2,4-litersmodeller

5 Ta bort luftrenaren enligt beskrivningen i kapitel 4A.

6 Observera var de är placerade, det är mycket viktigt att de återmonteras på sina ursprungsplatser. Skruva loss bultarna och ta bort sensorerna **(se bild)**. Koppla loss anslutningskontakterna när du tar bort sensorerna.

Montering

7 Monteringen utförs i omvänd ordningsföljd, men observera följande:

a) Sensorn/sensorerna måste återmonteras på sina ursprungsplatser, med kablagets vinkel exakt som tidigare.

b) Det är oerhört viktigt att du drar åt fästbulten till det angivna momentet. Om du inte gör det kan sensorns funktion påverkas, vilket kan orsaka motorskador.

5.4 Knacksensor (se pil) – 1,8- och 2,0-litersmodeller

5.6 Främre knacksensor (se pil) – 2,4-litersmodeller

Kapitel 6
Koppling

Innehåll

Svårighetsgrad

Enkelt, passar novisen med lite erfarenhet	Ganska enkelt, passar nybörjaren med viss erfarenhet 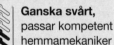	Ganska svårt, passar kompetent hemmamekaniker 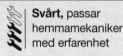	Svårt, passar hemmamekaniker med erfarenhet	Mycket svårt, för professionell mekaniker

Specifikationer

Allmänt
Kopplingstyp .... Enkel torrlamell, tallriksfjäder, hydraulstyrd

Tryckplatta
Högsta tillåtna skevhet................................... 0,2 mm

Åtdragningsmoment
	Nm
Tryckplattans fästbultar	25
Urtrampningslager och slavcylinder, fästbultar	10

---

1 Allmän information

På alla modeller med manuell växellåda finns en koppling med enkel torrlamell och tallriksfjäder monterad. Kopplingen styrs hydrauliskt via en huvud- och en slavcylinder. Alla modeller har en invändigt monterad kombinerad enhet med en slavcylinder och ett urtrampningslager.

Kopplingens huvudkomponenter består av tryckplattan, kopplingslamellen (som ibland kallas friktionsplattan eller -skivan) och urkopplingslagret. Tryckplattan sitter fastbultad vid svänghjulet, med kopplingslamellen fastklämd däremellan. Kopplingslamellens centrum är försett med honspårning som hakar i hanspårningen på växellådans ingående axel. Urtrampningslagret påverkar tallriksfjäderns fingrar på tryckplattan.

När motorn går och kopplingspedalen släpps upp klämmer tallriksfjädern samman tryckplattan, kopplingslamellen och svänghjulet. Drivkraft överförs via friktionsytorna på svänghjulet och tryckplattan till kopplingslamellens belägg och på så sätt till växellådans ingående axel.

Slavcylindern är inbyggd i urtrampningslagret – när slavcylindern arbetar rör sig urtrampningslagret mot tallriksfjäderns fingrar. När fjäderns tryck på tryckplattan försvinner, snurrar svänghjulet och tryckplattan utan att påverka kopplingslamellen. När pedalen släpps upp återtas fjädertrycket och drivkraften ökar gradvis.

Kopplingens hydraulsystem består av en huvudcylinder och en slavcylinder samt tillhörande rör och slangar. Vätskebehållaren delas med bromshuvudcylindern.

2 Kopplingspedal – demontering och montering

⚠ *Varning: Hydraulvätskan är giftig. Tvätta genast noggrant bort vätska som kommer i kontakt med huden och sök omedelbart läkarhjälp om vätska sväljs eller hamnar i ögonen. Vissa typer av kopplingsvätska är brandfarliga och kan antändas när de kommer i kontakt med varma delar. Vid arbete med hydraulsystem är det alltid säkrast att anta att vätskan verkligen är brandfarlig, och att vidta samma försiktighetsåtgärder mot brand som när bensin hanteras. Kopplingsvätska är även ett effektivt färgborttagningsmedel och angriper plast. Vid spill ska vätskan sköljas bort omedelbart med stora mängder rent*

2.1 Batterihyllans bultar (se pilar)

2.2 Ta bort torpedväggens ljudisolerande panel

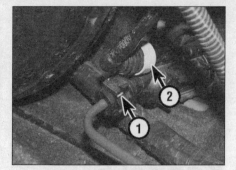

2.4 Kopplingens tryckrörs låssprint (1) och matningsrörs låskrage (2)

vatten. Den är också hygroskopisk (den absorberar fukt från luften) – gammal vätska kan vara förorenad och är därför inte lämplig att använda. Vid påfyllning eller byte ska alltid rekommenderad typ användas och den måste komma från en nyöppnad förseglad förpackning.

Demontering

1 Ta bort batteriet enligt beskrivningen i kapitel 5A, skruva sedan loss de tre bultarna och ta bort batterilådan **(se bild)**.
2 Lossa fästklämman, skruva loss plastmuttern och ta bort den ljudisolerande panelen på motorrummets torpedvägg (i förekommande fall) **(se bild)**.
3 Koppla loss kopplingens lägesgivare (i förekommande fall) på motorrummets torpedvägg.
4 Dra ut låssprinten och koppla loss

kopplingens tryckrör för hydraulvätska i motorrummet från huvudcylindern **(se bild)**. Var beredd på vätskespill. Täpp igen öppningarna för att förhindra nedsmutsning.
5 Tryck in låskragen och dra försiktigt bort kopplingens matningsrör för hydraulvätska i motorrummet från huvudcylindern. Var beredd på vätskespill. Plugga igen eller täpp till öppningarna för att förhindra nedsmutsning, och placera matningsrörets ände högre än behållaren.
6 Ta bort den nedre instrumentbrädespanelen på förarsidan, enligt beskrivningen i kapitel 11.
7 På de modeller där kopplingspedalen har en lägesgivare, sträck in handen under instrumentbrädan och koppla loss givarens anslutningskontakt, vrid sedan givaren moturs och dra bort den från dess plats **(se bild)**.
8 På modeller med startspärr, koppla loss kontakten från brytaren på pedalfästbygeln.

9 På alla modeller, tryck ner låsklämmorna på var sida och skilj huvudcylinderns tryckstång från pedalen **(se bild)**.
10 Skruva loss de fyra muttrarna och dra pedalen, fästbygeln och huvudcylindern cirka 50 mm bakåt **(se bild)**. Åtkomligheten till den övre muttern är begränsad, det krävs både fingerfärdighet och tålamod. Var beredd på vätskespill.
11 Vrid huvudcylindern moturs (från kupén) och skilj huvudcylindern från pedalens fästbygel. Volvos serviceteknier använder ett specialverktyg (nr 999 7172) för att vrida huvudcylindern. Om huvudcylindern sitter hårt och du inte har tillgång till detta verktyg, använd hammare och körnare **(se bild)**.
12 Ta bort pedalen och fästbygeln från deras plats under instrumentbrädan. Ytterligare isärtagning rekommenderas inte. Om det är fel på pedalen och fästbygeln måste de bytas som en enhet.

Montering

13 Montera i omvänd ordningsföljd mot demonteringen. Observera följande punkter:
  a) *Dra åt alla fästen ordentligt.*
  b) *Byt tätningen mellan huvudcylindern och torpedväggen.*
  c) *Innan du sätter tillbaka den ljudisolerande panelen på motorrummets torpedvägg, lufta kopplingens hydraulsystem enligt beskrivningen i avsnitt 5.*
  d) *Kontrollera kopplingens funktion innan du sätter tillbaka den nedre instrumentbrädespanelen.*

2.7 Vrid kopplingspedalens lägesgivare moturs för att ta bort den

2.9 Tryck ihop klämman på var sida och skilj tryckstången från pedalen

3 Kopplingens huvudcylinder – demontering och montering

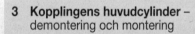

Observera: *I skrivande stund verkar det inte gå att köpa huvudcylinderns inre komponenter separat, och därför kan man inte heller reparera eller se över cylindern. Om det är fel på hydraulsystemet, eller om det finns tecken på synligt vätskeläckage på eller runt huvudcylindern eller kopplingspedalen, ska enheten bytas – kontakta en Volvoverkstad eller specialist.*
1 Demontering och montering av huvudcylindern ingår i metoden för demontering och montering av pedalen som beskrivs tidigare.

2.10 Pedalens fästbygelmuttrar (se pilar – instrumentbrädan borttagen för bättre sikt)

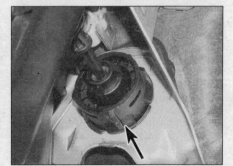

2.11 Vrid huvudcylindern (se pil) moturs

4 Kopplingens slavcylinder – demontering och montering

Observera 1: *Slavcylinderns inre komponenter går inte att köpa separat och det går inte att reparera eller renovera slavcylindern. Om det uppstår fel i ett hydraulsystem, eller om det finns tecken på vätskeläckage, ska enheten bytas.*
Observera 2: *Se varningen i början av avsnitt 2 innan du fortsätter med arbetet.*

Demontering

1 Ta bort växellådan enligt beskrivningen i kapitel 7A. Den interna slavcylindern kan inte tas bort med växellådan på plats.
2 Lossa gummitätningen från växellådan. På 2,4-liters bensinmodeller och 2,0-liters dieselmodeller måste tätningen tryckas in i balanshjulskåpan, längs med röret.
3 På modeller med M56-växellådan (2,4-liters bensinmodeller och 2,0-liters dieselmodeller) bänder du ut klämman och kopplar loss vätskerörets anslutning från röret **(se bild)**.
4 Ta bort fästbultarna som håller fast cylindern och urtrampningslagret på växellådan. Ta bort enheten och mata vätskeröret genom växellådsöppningen **(se bild)**.

Montering

5 Se till att fogytorna på urtrampningslagret/ slavcylindern och växellådshuset är rena. Lägg tätningsmedel (Volvo 116 1059) på baksidan av lagret/cylindern som visas **(se bild)**.
6 Smörj in tätningens inre läppar med lite fett och placera sedan urtrampningslagret/ slavcylindern på den ingående axeln. Dra sedan åt bultarna till angivet moment.
7 Montera gummitätningen runt rören, se till att den är korrekt placerad.
8 Återstoden av monteringen utförs i omvänd ordningsföljd mot demonteringen. Tänk på följande:
   a) Sätt tillbaka växellådan enligt beskrivningen i kapitel 7A.
   b) Volvo rekommenderar att du sätter dit en ny tätning när du sätter tillbaka rörens snabb-kopplingsanslutningar.
   c) Avsluta med att lufta kopplingens hydraulsystem (avsnitt 5).

5.2 Luftningsskruven till kopplingens slavcylinder sitter ovanpå växellådan. Anslut en bit genomskinlig slang och inled luftningen

4.3 Bänd ut klämman (se pil) och koppla loss anslutningen från röret

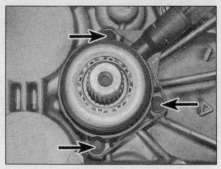

4.4 Bultar till kopplingens slavcylinder (se pilar)

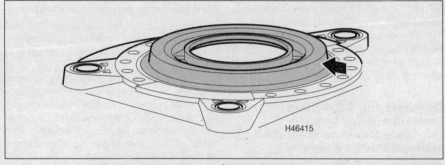

4.5 Lägg tätningsmedel på slavcylindern enligt bilden

5 Kopplingens hydraulsystem – luftning

Observera: *Se varningen i början av avsnitt 3 innan du fortsätter med arbetet.*
1 Fyll på hydraulvätskebehållaren på broms-huvudcylindern med ren vätska av angiven typ (se *Veckokontroller*).
2 Ta bort dammkåpan och montera en slang över luftningsskruven på slavcylindern **(se bild)**. Placera den andra änden av slangen i en burk med lite hydraulvätska i.
3 Lossa luftningsskruven och be sedan en medhjälpare att trycka ner kopplingspedalen. Dra åt luftningsskruven när pedalen är nedtryckt. Låt medhjälparen släppa pedalen och lossa sedan luftningsskruven igen.
4 Upprepa processen tills ren vätska utan luftbubblor kommer ut från luftningsskruven. Dra åt skruven när pedalen befinner sig längst ner och ta bort slangen och burken. Montera dammkåpan.
5 Fyll på hydraulvätskebehållaren.
6 Du kan använda luftningsutrustning om du föredrar det – se informationen i kapitel 9, avsnitt 2.

6 Koppling – demontering, kontroll och montering

Varning: Dammet från kopplings-slitage som avlagrats på kopplings-komponenterna kan innehålla hälsovådlig asbest. BLÅS INTE bort dammet med tryckluft och ANDAS INTE in det. ANVÄND INTE bensin eller bensinbaserade lösningsmedel för att tvätta bort dammet. Rengöring för bromssystem eller T-sprit bör användas för att spola ner dammet i en lämplig behållare. När kopplingens komponenter har torkats rena med trasor måste trasorna och det använda rengöringsmedlet kastas i en tät, märkt behållare.

Demontering – allmänt

1 Du kan komma åt kopplingen på något av följande två sätt. Antingen kan du ta bort motor-/växellådsenheten enligt beskrivningen i kapitel 2D, och sedan skilja växellådan från motorn. Eller också lämnar du kvar motorn i bilen och tar bort växellådan separat enligt beskrivningen i kapitel 7A. Om kopplingen ska återmonteras, använd färg eller en märkpenna för att markera tryckplattans placering i förhållande till svänghjulet.

Demontering – 1,8- och 2,0-liters bensinmodeller

2 När du har separerat växellådan från sväng-hjulet, kontrollera om det finns markeringar som visar tryckplattans placering i förhållande till svänghjulet. Om så inte är fallet, gör egna markeringar med en klick färg eller en ritspets. Dessa markeringar används om originalkåpan ska återmonteras, och hjälper enheten att behålla balansen. Du kan montera en ny kåpa i någon av de positioner som styrstiften tillåter.
3 Skruva loss tryckplattans sex fästbultar, arbeta diagonalt och lossa endast bultarna ett varv i taget. Om det behövs kan svänghjulet

6.3a Skruva loss tryckplattans fästbultar

6.3b Använd ett egentillverkat verktyg för att låsa svänghjulet

hållas stilla med ett egentillverkat låsverktyg **(se bilder)**.

4 Lirka loss tryckplattan från dess styrstift. Var beredd på att fånga kopplingslamellen, den ramlar ut så fort kåpan tas bort. Notera åt vilket håll plattan är monterad.

Demontering – 2,4-liters bensinmodeller och 2,0-liters dieselmodeller med självjusterande koppling

Observera: *Självjusterande kopplingar säljs endast på vissa marknader.*

Med Volvos specialverktyg

5 Placera Volvos "mothållarverktyg" 999 5677 på tryckplattan för att återställa den självjusterande mekanismen. Se till att verktygets stift hakar i spåret framför justerfjädrarna och håll sedan verktyget mot plattan. Haka i krokarna på verktygsfjädrarnas ände i mitten av de tre hålen, som är placerade med 120° mellanrum runt tryckplattans omkrets.

6 Placera Volvos kompressionsverktyg 999 5662 på tryckplattan, och tryck ihop tallriksfjädern så att den självjusterande fjädern inte är ihoptryckt. Se till att krokarna på kompressorns undersida hakar i som de ska, utan att klämma åt justermekanismens fjädrar. Fortsätt att skruva in kompressionsverktygets spindel tills tallriksfjädern har pressat tryckplattan till ett "fritt" läge. Du hör ett tydligt "klick" när tryckplattan är i det fria läget.

Med eller utan Volvos specialverktyg

7 Skruva loss torxskruvarna och ta bort tryckplattan, följt av kopplingslamellen. Observera vilken väg kopplingslamellen är monterad.

8 Det är viktigt att inte olja eller fett kommer i kontakt med belägget eller tryckplattans och svänghjulets ytor vid kontrollen och återmonteringen. **Observera:** *Om tryckplattan ska återmonteras, låt inte tallriksfjädern vara ihoptryckt under en längre tid, eftersom den då kan försvagas permanent.*

Demontering – 2,4-liters bensinmodeller och 2,0-liters dieselmodeller utan självjusterande koppling

9 Ta bort kopplingen enligt beskrivningen i punkt 2 till 4 i detta avsnitt.

Kontroll

10 Med kopplingen demonterad, torka bort allt kopplingsdamm med en torr trasa. Detta ska helst göras utomhus eller i en välventilerad lokal.

11 Undersök kopplingslamellens belägg och leta efter tecken på slitage och lösa nitar, och sök efter skevhet, sprickor, trasiga fjädrar och slitna räfflor på fälgen. Lamellytorna kan vara blankslitna, men så länge friktionsbeläggets mönster syns tydligt är allt som det ska.

12 Om en sammanhängande eller fläckvis svart, blank missfärgning förekommer är lamellen nedsmutsad med olja och måste

bytas ut och orsaken till nedsmutsningen måste spåras och åtgärdas. Orsaken kan vara en läckande packbox från antingen vevaxeln eller växellådans ingående axel, eller från båda två.

13 Kopplingslamellen måste också bytas ut om beläggen slitits ner till nithuvudena eller strax över. Med tanke på hur mycket arbete isärtagningen för att komma åt kopplingslamellen kräver, kan det vara klokt att sätta dit en ny lamell oavsett vilket skick den gamla är i.

14 Undersök svänghjulets och tryckplattans slipade sidor. Om de är spåriga, eller djupt repade, måste de bytas. Förutsatt att skadorna inte är för allvarliga kan svänghjulet tas bort enligt beskrivningen i den aktuella delen av kapitel 2 och lämnas in till en verkstad som kanske kan bearbeta och jämna till ytan.

15 Tryckplattan måste bytas ut om den har synliga sprickor, om tallriksfjädern är skadad eller ger dåligt tryck, eller om tryckplattans yta har slagit sig för mycket.

16 Med växellådan demonterad, kontrollera skicket på urkopplingslagret, enligt beskrivningen i avsnitt 7.

Montering – allmänt

17 Vi rekommenderar att du har rena händer när du återmonterar kopplingsenheten, och att du torkar av tryckplattans och svänghjulets ytor med en ren och torr trasa innan du påbörjar monteringen.

18 Placera ett lämpligt centreringsverktyg i hålet på vevaxeländen. Verktyget måste ha skjutpassning i vevaxelhålet och kopplingslamellens mitt. Använd Volvos centreringsverktyg 999 5662 (1,8- och 2,0-liters bensinmodeller) eller 999 5663 (2,4-liters bensin- eller dieselmodeller) eller tillverka ett eget.

19 Sätt kopplingslamellen på plats med den mittersta upphöjningens längre sida mot svänghjulet, eller enligt anteckningarna från demonteringen. Observera att den nya kopplingslamellen har markeringar som anger vilken sida som ska vara vänd mot svänghjulet **(se bilder)**.

Montering – 1,8- och 2,0-liters bensinmodeller

20 Placera tryckplattan över styrstiften. Sätt tillbaka fästbultarna och dra åt dem för hand så att kopplingslamellen hakar i något, men fortfarande kan flyttas.

21 Kopplingslamellen måste nu centreras så att spåren på växellådans ingående axel fäster i spåren i mitten av lamellens nav när motorn och växellådan kopplas ihop.

22 Du kan utföra centreringen genom att föra in ett runt stag genom hålet i kopplingslamellens mitt, så att stagets ände vilar i hålet på vevaxelns bakre ände. Flytta staget i sidled eller upp och ner för att flytta lamellen i den riktning som behövs för att den ska centreras. Du kan sedan kontrollera centreringen genom att ta bort staget och titta på kopplingslamellens nav i förhållande

6.19a Kopplingens lamell ska markeras så att man vet vilken sida som är vänd mot växellådan eller svänghjulet

6.19b Montering av kopplingslamellen med hjälp av ett centreringsverktyg

till tallriksfjäderns fingrar, eller genom att titta genom kåpans sidoöppningar och kontrollera att lamellen är centralt placerad i förhållande till tryckplattans ytterkant.

23 En alternativ och mer exakt metod för centrering är att använda ett särskilt centreringsverktyg, som kan köpas hos de flesta tillbehörsbutiker **(se bild 6.19b)**.

24 När kopplingen är centrerad drar du stegvis åt kåpans bultar diagonalt till angivet moment.

Montering – 2,4-liters bensinmodeller och 2,0-liters dieselmodeller med självjusterande koppling

Med Volvos specialverktyg

25 Placera mothållarverktyget 999 5677 på tryckplattan, se till att de tre stiften hakar i spåren framför justerfjädern och håll sedan verktyget mot plattan. Haka i krokarna på verktygsfjädrarnas ände i mitten av de tre hålen, som är placerade med 120° mellanrum runt tryckplattans omkrets.

26 Placera Volvos komprimeringsverktyg 999 5662 på tryckplattan och tryck ihop tallriksfjädern så att den självjusterande fjädern inte är ihoptryckt. Se till att krokarna på kompressorns undersida hakar i som de ska, utan att klämma åt justermekanismens fjädrar. Kompressionsspindeln ska inte vridas mer än 4,5 varv från det inledande "lösa" skicket, och du ska höra ett tydligt "klick" när tryckplattan är i det "fria" läget.

Utan Volvos specialverktyg

27 Använd en bit gängstag och några runda distansbrickor och två muttrar för att trycka ihop tallriksfjäderns fingrar och tryckplattan enligt vad som visas. När fingrarna har tryckts ihop, använd en skruvmejsel för att flytta och hålla justeringsringen moturs till ändläget **(se bilder)**.

28 Skruva långsamt loss muttrarna för att sänka trycket i tryckplatteenheten. Den självjusterande ringen ska sitta kvar på samma plats. Ta bort gängstaget etc.

6.27a Använd en bit gängstag, brickor och 2 muttrar, tryck ihop tallriksfjädern och tryckplattan . . .

6.27b . . . flytta sedan justeringsringen (se pil) moturs till ändläget

Med eller utan Volvos specialverktyg

29 Placera tryckplatteenheten över styrstiften på svänghjulet, rikta in de markeringar som gjordes tidigare (i förekommande fall).

30 Placera ut och dra åt plattans fästskruvar diagonalt och jämnt till angivet moment.

31 Lossa långsamt komprimeringsverktyget, ta sedan bort mothållarverktyget från kopplingen – i förekommande fall.

32 Dra bort centreringsverktyget från plattan/ vevaxeln och kontrollera visuellt att kopplings-lamellen är helt centrerad.

Montering – alla modeller

33 Motorn och/eller växellådan kan nu sättas tillbaka enligt anvisningarna i det aktuella kapitlet i den här handboken.

7 Urtrampningslager – demontering, kontroll och montering

Demontering

1 Du kan komma åt urtrampningslagret på något av följande två sätt. Antingen kan du ta bort motor-/växellådsenheten enligt beskrivningen i kapitel 2D, och sedan skilja växellådan från motorn. Eller också lämnar

du kvar motorn i bilen och tar bort växellådan separat enligt beskrivningen i kapitel 7A.

2 Urtrampningslagret och slavcylindern har satts ihop till en enhet, och de kan inte skiljas åt. Se metoden för demontering av slav-cylindern i avsnitt 4.

Kontroll

3 Kontrollera att lagret fungerar smidigt och byt ut det om det kärvar när det vrids. Det är bra att alltid byta lagret vid översyn av kopplingen, oavsett i vilket skick det verkar vara, med tanke på all krånglig isärtagning som krävs för att komma åt det.

Montering

4 Se avsnitt 4.

8 Kopplingspedalens lägesgivare – byte

1 Ta bort den nedre instrumentbrädans panel på förarsidan enligt beskrivningen i kapitel 11.

2 Koppla loss anslutningskontakten, vrid sedan sensorn moturs och dra loss den från pedalens fästbygel **(se bild 2.7)**.

3 Monteringen utförs i omvänd ordningsföljd.

Kapitel 7 Del A:
Manuell växellåda

Innehåll

Svårighetsgrad

Enkelt, passar novisen med lite erfarenhet	**Ganska enkelt,** passar nybörjaren med viss erfarenhet	**Ganska svårt,** passar kompetent hemmamekaniker	**Svårt,** passar hemmamekaniker med erfarenhet	**Mycket svårt,** för professionell mekaniker 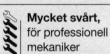

Specifikationer

Allmänt

Växellådstyp... Fem eller sex framåtgående växlar och en backväxel. Synkronisering av alla växlar

Beteckning:
    1,8- och 2,0-liters bensinmodeller MTX75
    2,4-liters bensinmodeller och 2,0-liters dieselmodeller (5-växlad)... M56
    2,0-liters dieselmodeller (6-växlad)......................... MMT6

Smörjning

Smörjmedelstyp... Se slutet av *Veckokontroller*
Volym .... 2,1 liter

Åtdragningsmoment

	Nm
Backljuskontakt	25
Bultar mellan kuggstång och kryssrambalk*	50
Bultar mellan växellådan och motorn........................	48
Hjulmuttrar:	
Steg 1	20
Steg 2	90
Kryssrambalkens bakre fästbyglar till kaross.................	50
Kryssrambalksbultar:*	
Främre bultar	120
Bakre bultar	280
Krängningshämmarens klämbultar:*	
M8	24
M10	50
Motorns/växellådans fästen:	
Vänster fäste, M10-muttrar:	
Steg 1	35
Steg 2	Vinkeldra ytterligare 90°
Vänster fästbultar:	
M12	80
M14:	
Steg 1	60
Steg 2	Vinkeldra ytterligare 50°
Nedre momentstagsbultar:*	
M10	60
M12	80
M12 till övre chassibalk	130
Oljepåfyllnings-/avtappningspluggar	35

* Återanvänds inte

1 Allmän information

Den manuella växellådan och slutväxeln sitter i ett aluminiumhölje som är fastbultat direkt på vänster sida av motorn. Växlarna väljs av en fjärrmonterad arm som styr ut växellådans växelväljarmekanism via vajrar.

På 1,8- och 2,0-liters bensinmodeller är växellådsnumret från Ford MTX75. MT står för Manual Transmission (manuell växellåda), X för transaxel (framhjulsdrift) och 75 är avståndet mellan den ingående och utgående axeln i mm (se bild).

På 2,4-liters bensinmodeller och 2,0-liters dieselmodeller har växellådan från Volvo koden M56 (5-växlade modeller) eller MMT6 (6-växlade modeller). Växellådans inre delar består av den ingående axeln, de övre och nedre överföringsaxlarna, samt slutväxeldifferentialen och växelspaksmekanismen. Alla växlar är synkroinkopplade (se bild).

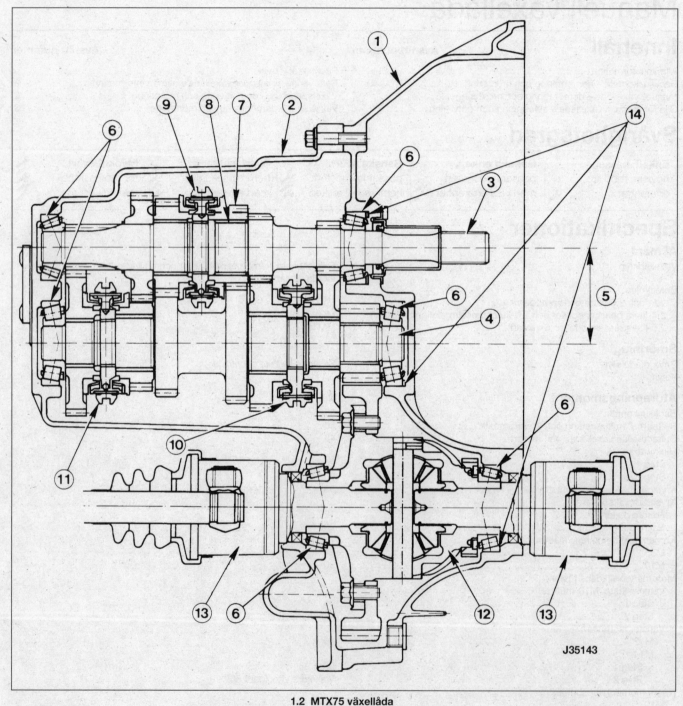

1.2 MTX75 växellåda

1 Kopplingshus
2 Växellådshus
3 Ingående axel
4 Utgående axel

5 Avstånd mellan axelcentra = 75 mm
6 Koniska rullager
7 4:ans växel

8 Nålrullager
9 3:ans/4:ans växel synkro
10 1:ans/2:ans växel synkro
11 5:ans växel/backväxel synkro

12 Differential
13 Drivaxlar
14 Mellanlägg

J35143

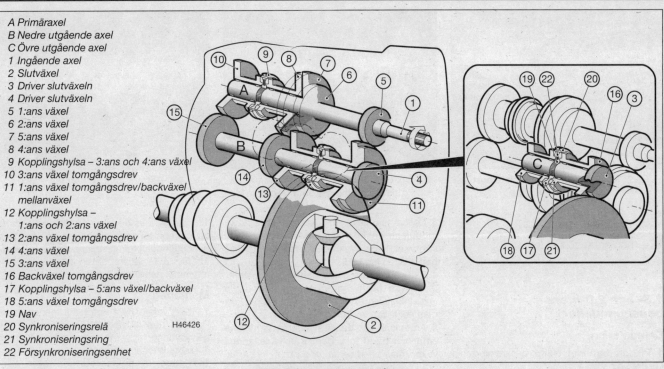

A Primäraxel
B Nedre utgående axel
C Övre utgående axel
1 Ingående axel
2 Slutväxel
3 Driver slutväxeln
4 Driver slutväxeln
5 1:ans växel
6 2:ans växel
7 5:ans växel
8 4:ans växel
9 Kopplingshylsa – 3:ans och 4:ans växel
10 3:ans växel tomgångsdrev
11 1:ans växel tomgångsdrev/backväxel
    mellanväxel
12 Kopplingshylsa –
    1:ans och 2:ans växel
13 2:ans växel tomgångsdrev
14 4:ans växel
15 3:ans växel
16 Backväxel tomgångsdrev
17 Kopplingshylsa – 5:ans växel/backväxel
18 5:ans växel tomgångsdrev
19 Nav
20 Synkroniseringsrelä
21 Synkroniseringsring
22 Försynkroniseringsenhet

H46426

1.3 M56 5-växlad växellåda

På grund av den komplicerade samman-sättningen och att det kan vara svårt att få tag på de delar och specialverktyg som behövs, ingår inte interna reparationsprocedurer för den manuella växellådan i anvisningarna för hemmamekanikern. För de läsare som vill renovera en växellåda finns det kort information om renovering i avsnitt 8. Huvuddelen av informationen i detta kapitel rör demontering och montering.

2 Växelspakshus – demontering och montering

Demontering

1 Demontera mittkonsolen enligt beskriv-ningen i kapitel 11.
2 Tryck ner knoppen och vrid den moturs till ändläget, dra sedan bort den och damasken från spaken (se bild).

1,8- och 2,0-liters bensinmodeller

3 Bänd bort växelspakens inre vajerhylsändar från kullederna på armarna, och lossa vajerhöljena från fästbyglarna på huset.
4 Skruva loss de fyra bultarna som fäster huset på golvet (se bild 2.6).

2,4-liters bensin- och dieselmodeller

5 Lossa vänster vajerhölje från fästbygeln på huset (se bild).
6 Skruva loss de fyra bultarna som fäster huset på golvet (se bild).
7 Lyft upp huset och bänd bort växelspakens inre vajerhylsfogar från växelspaken (se bild).
8 Lossa återstående vajerhölje från huset och ta bort enheten från bilen.

Montering

9 Monteringen utförs i omvänd ordningsföljd. Dra åt de fyra bultarna ordentligt.

2.2 Tryck ner, rotera moturs och dra knoppen/damasken från spaken

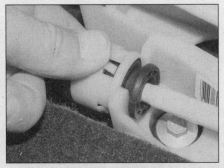

2.5 Dra bort kragen och lossa vajerhöljet från fästbygeln

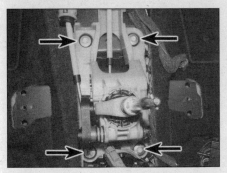

2.6 Skruva loss husets fästbultar (se pilar)

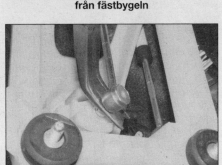

2.7 Bänd ut vajerhylsan från spakens nedre del

3.2 Tryck ner klämman och ta bort styrmodulens kåpa

3.3 Vik ut spärrarna (se pilar) och koppla loss anslutningskontakterna

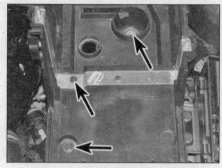

3.4 Batterilådans bultar (se pilar)

3 Växelvajrar – demontering, montering och justering

1,8- och 2,0-liters bensinmodeller

Demontering

1 Ta bort batteriet enligt beskrivningen i kapitel 5A.
2 Lossa klämman och ta sedan bort kåpan från motorstyrmodulen **(se bild)**.

3.5a Bänd loss de inre vajerändarna från armarna på växellådan

3 Lossa låsspärrarna, koppla loss styr-modulens anslutningskontakter och lossa kablaget från eventuella fästklämmor på batterilådan **(se bild)**.
4 Skruva loss tre bultar och ta bort batteri-lådan **(se bild)**. Anteckna var eventuella anslutningskontakter ska sitta och koppla loss dem när lådan tas bort.
5 Anteckna var de inre vajerändarna ska sitta och bänd loss dem från växellådans växelarmar, bänd sedan upp de blå ringarna, dra kragarna bakåt och dra vajerhöljena från fästbyglarna på växellådan **(se bilder)**.
6 Hissa upp bilens framvagn och stötta den på pallbockar (se *Lyftning och stödpunkter*).
7 Ta bort fästet från den mittersta ljud-dämparen, skruva loss de fyra plastmuttrarna och skjut värmeskölden bakåt så att du kommer åt muffen där vajrarna går genom golvet.
8 Lossa vajrarna från fästklämmorna på golvets undersida.
9 Koppla loss växelvajrarna från växelspaken enligt beskrivningen i avsnitt 2.
10 Vik bort mattan på var sida om mitt-konsolen och skär försiktigt bort ljud-isoleringen runt vajergenomföringen, som sitter precis framför värmeenhetens hus. Ta bort ljudisoleringen.

11 Skruva loss de båda muttrar som fäster vajergenomföringen på golvet och lyft bort genomföringen från fästpinnbultarna **(se bild)**.
12 Flytta in vajerenheten till passagerar-utrymmet och sedan bort från bilen.

Montering

13 Sätt vajerenheten på plats, genom hålet i golvet, upp till växellådan. Placera sedan genomföringen över fästpinnbultarna och dra åt fästmuttrarna ordentligt.
14 Passa in ljudisoleringen igen runt genomföringen och tejpa över kapställena.
15 Återanslut växelvajrarna till växelspaken enligt beskrivningen i avsnitt 2.
16 Fäst vajrarna med klämmor på golvets undersida.
17 Sätt tillbaka värmeskölden ovanför avgassystemet och sätt sedan tillbaka ljuddämparens fäste.
18 Justera växelvajern enligt beskrivningen i detta avsnitt.

2,4-liters bensin- och dieselmodeller

19 Ta bort luftrenaren enligt beskrivningen i kapitel 4A eller 4B.
20 Ta bort batteriet enligt beskrivningen i kapitel 5A, skruva sedan loss de tre bultarna och ta bort batterilådan. Koppla ifrån

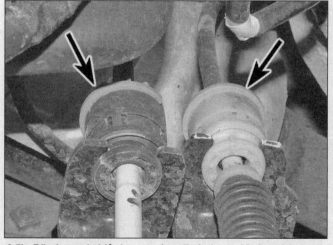

3.5b Bänd upp de blå ringarna (se pilar), dra sedan bort kragarna

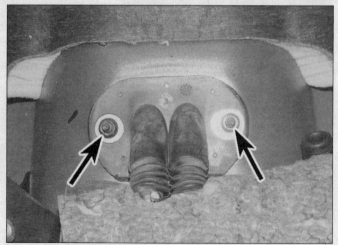

3.11 Skruva loss kabelgenomföringens muttrar (se pilar)

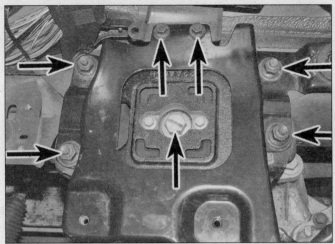

3.22 Skruva loss de 4 muttrarna och 3 bultarna och ta bort fästet

3.23 Ta bort fästbygeln

eventuella anslutningskontakter när lådan tas bort.

21 Stötta växellådans vänstra del med en motorlyft, eller ta bort motorns/växellådans undre skyddskåpa (i förekommande fall) och stötta växellådan med en garagedomkraft underifrån.

22 Skruva loss de fyra muttrarna och de tre bultarna och ta bort vänster fästbygel till motor/växellåda **(se bild)**. Sänk ner växellådan något.

23 Skruva loss de tre bultarna och ta bort vänster fäste till motor/växellåda **(se bild)**. Sänk ner växellådan något.

24 Bänd försiktigt bort växelspakens inre vajerhylsor från kullederna på växelarmarna vid växellådan, skjut sedan bort de blå kragarna och dra vajerhöljeshylsorna bakåt från fästbygeln **(se bild)**.

25 Hissa upp bilens framvagn och stötta den på pallbockar (se *Lyftning och stödpunkter*).

26 Ta bort fästet till den mittersta ljuddämparen, skruva loss de fyra plastmuttrarna och skjut värmeskölden bakåt så att du kommer åt muffen där vajrarna går genom golvet.

27 Lossa vajrarna från fästklämmorna på golvets undersida.

28 Koppla loss växelvajrarna från växelspaken enligt beskrivningen i avsnitt 2.

29 Vik bort mattan på var sida om mittkonsolen och skär försiktigt bort ljudisoleringen runt vajergenomföringen, som sitter precis framför värmeenhetens hus. Ta bort ljudisoleringen.

30 Skruva loss de båda muttrar som fäster vajergenomföringen på golvet och lyft bort genomföringen från fästpinnbultarna **(se bild 3.11)**.

31 Flytta in vajerenheten till passagerarutrymmet och sedan bort från bilen.

Montering

32 Sätt vajerenheten på plats, genom hålet i golvet, upp till växellådan. Placera sedan genomföringen över fästpinnbultarna och dra åt fästmuttrarna ordentligt.

33 Passa in ljudisoleringen igen runt genomföringen och tejpa över kapställena.

34 Återanslut växelvajrarna till växelspaken enligt beskrivningen i avsnitt 2.

35 Fäst vajrarna med klämmor på golvets undersida.

36 Sätt tillbaka värmeskölden ovanför avgassystemet och sätt sedan tillbaka ljuddämparens fäste.

37 Justera växelvajern enligt beskrivningen i detta avsnitt.

3.24 Skjut de blå kragarna (se pilar) bakåt och dra vajerhöljena bakåt

Justering

38 Om du inte redan har gjort det, ta bort batterilådan enligt beskrivningen i punkt 1 till 4 i detta avsnitt.

39 Lägg i 3:ans växel med växelspaken.

40 Dra ut låsknappen på sidan av vänster inre vajerbeslag (5-växlade modeller) eller höger inre vajerbeslag (6-växlade modeller) vid växelspaken på växellådan **(se bilder)**.

3.40a Dra bort kragen något (se pil) och tryck ut låsknappen – MTX75

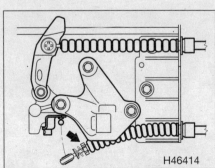

3.40b Dra ut låsknappen (se pil) – M56

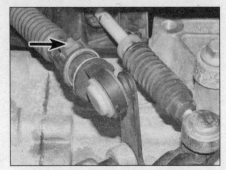

3.40c Tryck ner låsknappen på det inre vajerbeslaget (se pil) – MMT6

3.41 Håll växelspaken centrerad

4.3 Bänd loss drivaxelns packbox

4.6 Tryck packboxen på plats med en slang eller en hylsa

41 Kontrollera att växelspaken hålls centralt (se bild).
42 Tryck in låsknappen på sidan av den inre vajern vid växelspaken på växellådan, och kontrollera att växellägena är lätta att använda.
43 Sätt tillbaka batterilådan etc. i omvänd ordningsföljd mot demonteringen.

4 Packboxar – byte

Drivaxeltätningar

1 Ta bort vänster eller höger drivaxel (efter tillämplighet) enligt beskrivningen i kapitel 8.
2 Töm ut växellådsoljan enligt beskrivningen i avsnitt 6.
3 Använd en stor skruvmejsel eller annan lämplig hävarm och bänd försiktigt bort packboxen från växellådshuset, var försiktig så att du inte skadar huset (se bild).
4 Torka rent packboxens säte i växellådshuset.
5 Stryk på en liten mängd allroundfett på de nya tätningsläpparna, tryck sedan in den lite i huset för hand och se till att den är vinkelrät mot sätet.
6 Använd en bit lämplig slang eller en stor hylsa och driv in packboxen helt på plats tills den ligger jäms med husets kant (se bild).
7 Sätt tillbaka drivaxeln/drivaxlarna enligt beskrivningen i kapitel 8.
8 Fyll på växellådsoljan enligt beskrivningen i avsnitt 6.

Ingående axelns packbox

1,8- och 2,0-liters bensinmodeller

9 Den ingående axelns tätning är inbyggd i kopplingens slavcylinder/urtrampningslager. Byt cylindern/lagret enligt beskrivningen i kapitel 6.

2,4-liters bensin- och dieselmodeller

10 Ta bort kopplingens urkopplingslager/slavcylinder enligt beskrivningen i kapitel 6.
11 Notera hur djupt tätningen är placerad och borra sedan ett litet hål i dess hårda yttre yta, sätt in en självgängande skruv och använd en tång för att ta bort tätningen (se bild).
12 Smörj in den nya tätningen med fett och placera den i svänghjulskåpan, med läpparna pekande mot växellådssidan. Använd en djup hylsa eller lämplig slang för att få den på plats (se bild).
13 Sätt tillbaka urtrampningslagret/slavcylindern i motsatt ordning mot borttagningen.

5 Backljuskontakt – demontering och montering

Demontering

1,8- och 2,0-liters bensinmodeller

1 Ta bort batteriet enligt beskrivningen i kapitel 5A.

2 Dra motorstyrmodulens kåpa rakt uppåt för att ta bort den (se bild 3.2).
3 Lossa låsspärrarna, koppla loss styrmodulens anslutningskontakter och lossa kablaget från eventuella fästklämmor på batterilådan (se bild 3.3.).
4 Skruva loss tre bultar och ta bort batterilådan (se bild 3.4). Anteckna var eventuella anslutningskontakter ska sitta och koppla loss dem när lådan tas bort.
5 Koppla loss anslutningskontakten, skruva sedan loss kontakten från växellådshusets ovansida (se bild).

2,4-liters bensin- och dieselmodeller med 5-växlad låda

6 Backljuskontakten sitter på växellådans ovansida, mellan de båda växelväljararmarna. Ta bort luftrenaren enligt beskrivningen i kapitel 4A eller 4B.
7 Koppla loss växelvajrarna från armarna på växellådan enligt beskrivningen i avsnitt 3.
8 Driv ut fäststiftet som fäster den vertikala växelspaken på axeln på växellådan. Det finns ett särskilt Volvoverktyg (nr 999 5543) för detta.
9 Koppla loss anslutningskontakten från kontakten, skruva sedan loss kontakten från växellådan (se bild).

Dieselmodeller med 6-växlad låda

10 Backljuskontakten sitter på växellådans ovansida, mellan de båda växelväljararmarna. Ta bort luftrenaren enligt beskrivningen i kapitel 4B.

4.11 Sätt i en självgängande skruv och dra bort tätningen

4.12 Driv in den nya tätningen vinkelrätt till dess ursprungliga djup

5.5 Backljuskontakt (se pil) – MTX75

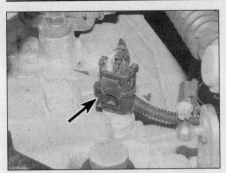

5.9 Backljuskontakt (se pil) – M56

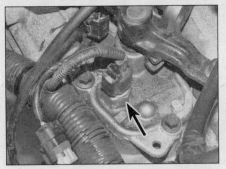

5.11 Backljuskontakt (se pil) – MMT6

6.3 Växellådans avtappningsplugg – MTX75

11 Torka rent runt kontakten, koppla loss kontaktdonet (se bild) och skruva loss kontakten.

Montering

12 Montera tillbaka i omvänd ordningsföljd mot demonteringen.

6 Olja för manuell växellåda – avtappning och påfyllning

Observera: *Byte av växellådsoljan ingår inte i servicen och behöver normalt endast utföras om enheten ska tas bort för översyn eller renovering. Men om bilen har gått långt eller används under svåra förhållanden (t.ex. ofta används för bogsering eller som taxi), rekommenderar vi att du byter oljan för säkerhets skull, framförallt om växlingen har försämrats.*

Avtappning

1 Lossa de vänstra framhjulsbultarna, lyft sedan upp framvagnen och ställ den stadigt på pallbockar (se *Lyftning och stödpunkter*). Demontera hjulet.

2 Lossa de sju torxskruvarna och ta bort motorns undre skyddskåpa (i förekommande fall), placera sedan ett lämpligt kärl under växellådan.

1,8- och 2,0-liters bensinmodeller

3 På växellådshusets högra sida ser du

avtappningspluggen. Skruva loss pluggen och låt oljan rinna ut i behållaren **(se bild)**. Kontrollera skicket på avtappningspluggens tätningsbricka och byt den vid behov.

2,4-liters bensin- och dieselmodeller

4 Avtappningspluggen sitter på växellådans vänstra sida. Skruva loss dräneringspluggen och låt oljan rinna ut i behållaren **(se bild)**. Kontrollera skicket på avtappningspluggens tätningsbricka (om en sådan finns monterad) och byt den vid behov.

Alla modeller

5 När all olja har tömts ut, sätt tillbaka pluggen och dra åt den till angivet moment.

Påfyllning

Observera: *För att nivåkontrollen ska vara korrekt måste bilen stå helt plant. Om bilens framvagn har lyfts upp ska även bakvagnen lyftas upp.*

1,8- och 2,0-liters bensinmodeller

6 Skruva loss påfyllnings-/nivåpluggen på växellådshusets framsida **(se bild)**. Kasta tätningsbrickan, du måste sätta dit en ny.

7 Fyll på olja enligt specifikationerna (se *Smörjmedel och vätskor*) tills det börjar rinna olja från påfyllnings-/nivåpluggen.

8 Sätt dit en ny tätningsbricka på påfyllnings-pluggen och dra åt den till angivet moment.

2,4-liters bensin- och dieselmodeller

9 Torka rent området runt påfyllnings-/nivåpluggen och skruva loss pluggen från huset **(se bild)**.

10 Fyll växellådan genom påfyllningspluggens

hål med rätt typ av olja tills den börjar rinna ut genom hålet.

11 Sätt tillbaka påfyllnings-/nivåpluggen med en ny tätning (i förekommande fall) och dra åt den till angivet moment.

Alla modeller

12 Lämna den gamla oljan till en miljöstation. Sätt tillbaka den undre skyddskåpan (i förekommande fall) samt hjulet och sänk sedan ner bilen.

7 Manuell växellåda – demontering och montering

Observera: *Motorn måste på något sätt lyftas ovanifrån så att kryssrambalken kan kopplas loss på vänster sida. Det bästa sättet att hänga upp motorn är med ett stag fäst i motorhuvskanalerna, med en lämpligt placerad justerbar krok. Garagedomkrafter och en medhjälpare krävs även till hela proceduren.*

Demontering

1 Ta bort plastkåpan från motorns övre del.

2 Ta bort batteriet enligt beskrivningen i kapitel 5A.

1,8- och 2,0-liters bensinmodeller

3 Dra motorstyrmodulens kåpa rakt uppåt för att ta bort den **(se bild 3.2)**.

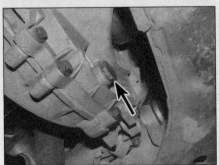

6.4 Växellådans avtappningsplugg (se pil) – M56 och MMT6

6.6 Oljepåfyllnings-/nivåplugg (se pil) – MTX

6.9 Oljepåfyllnings-/nivåplugg (se pil) – M56 och MMT6

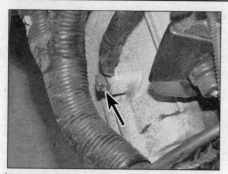

7.12 Koppla loss jordledningen från växellådshuset (se pil)

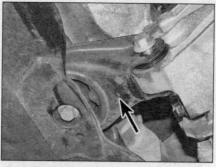

7.14 Skruva loss bultarna och ta bort det nedre momentstaget (se pil)

4 Lossa låsspärrarna, koppla loss styr-modulens anslutningskontakter och lossa kablaget från eventuella fästklämmor på batterilådan (se bild 3.3.).

Alla modeller

5 Skruva loss tre bultar och ta bort batteri-lådan (se bild 3.4). Anteckna var eventuella anslutningskontakter ska sitta och koppla loss dem när lådan tas bort.
6 Se avsnitt 6 och töm ut växellådsoljan. Detta är absolut inte nödvändigt, men eliminerar risken för problem med oljespill när drivaxlarna tas bort, eller när växellådan har flyttats ut ur bilen.
7 Se kapitel 4A eller 4B och ta bort luftrenaren och alla relevanta insugskanaler runt motorns vänstra sida.
8 Koppla loss växlingsvajrarna från växellådan enligt beskrivningen i avsnitt 3.
9 Ta bort båda drivaxlarna enligt beskrivningen i kapitel 8.
10 Skruva loss fästena och ta bort vänstra hjulhusets innerskärm.
11 Stötta motorn uppifrån (se anmärkningen i början av detta avsnitt), och skruva sedan loss muttrarna/bultarna och ta bort vänster motor/växellådsfäste och fästbygel.
12 Anteckna var jordledningen på växellådans ovansida/framsida är placerad (i förekommande fall), koppla sedan loss ledningen tillsammans med backljuskontaktens anslutningskontakt (se bild).
13 På dieselmodeller med 6-växlade lådor, skruva loss muttrarna och ta bort stödfästet från katalysatorns undersida. Du kan behöva lossa anslutningen mellan turboaggregatet och

katalysatorn för att kunna lyfta katalysatorn tillräckligt mycket för att ta bort fästbygeln.
14 Skruva loss bultarna och ta bort det bakre, nedre momentstaget och fästbygeln (se bild).

2,4-liters bensin- och dieselmodeller med 5-växlad låda

15 Skruva loss de båda bultarna som fäster kuggstången på den främre kryssrambalken.
16 Gör linjeringsmarkeringar mellan den främre kryssrambalken och bilens kaross för att underlätta återmonteringen.
17 Placera en garagedomkraft under den främre kryssrambalken för att stötta upp dess vikt.
18 Skruva loss de främre kryssrambalkens bultar, sänk sedan ner den något för att komma åt klämbultarna till den främre krängningshämmaren.
19 Ta bort krängningshämmarens klämbultar.
20 Fäst kuggstången på karossen med buntband eller remmar.
21 Lossa kablaget från eventuella fäst-klämmor på kryssrambalken, sänk sedan ner kryssrambalken till marken.
22 Skruva loss bultarna och koppla loss fästbygeln till motorns kylvätskeslang från motor-/växellådsanslutningen fram.
23 Skruva loss bultarna och ta bort växelvajerns fästbygel från växellådshusets ovansida.

Dieselmodeller med 6-växlad låda

24 Sänk ner motorn/växellådan cirka 40 mm.
25 Lossa rörklämmorna, skruva loss fäst-bulten och ta bort laddluftröret från undersidan av motorn/växellådan (se bild).

26 Skruva loss muttern och ta bort skydds-kåpan mellan motorblocket och växellådan, precis framför höger drivaxelöppning i växel-lådshuset (se bild).

Alla modeller

27 Lossa bultarna och ta loss vänster fästbygel från växellådans ovansida (se bild 3.23).
28 Bänd ut fästklämman och koppla loss kopplingens hydraulvätskerör från anslut-ningen vid balanshjulskåpan. Dra sedan rörets gummibussning uppåt från fästbygeln på växellådan. Täpp igen öppningarna för att förhindra nedsmutsning.
29 För att förbättra åtkomsten, skruva loss de båda bultarna och ta bort växelvajrarnas stödfäste från växellådans ovansida.
30 På 1,8- och 2,0-liters bensinmodeller, skruva loss bultarna och ta bort värmeskölden ovanför katalysatorn.
31 Demontera startmotorn enligt beskriv-ningen i kapitel 5A.
32 Skruva loss de övre bultarna som fäster växellådan på motorn.
33 Sänk ner motorn och växellådan cirka 10 mm.
34 Stötta växellådan underifrån med en garagedomkraft på ett säkert sätt.
35 Skruva loss de återstående bultarna som fäster växellådan på motorn. Dra växellådan rakt av från motorns styrhylsor, och se till så att inte vikten av växellådan vilar på den ingående axeln. Sänk ner motorn något när du tar bort växellådan för att komma åt chassits sidobalk.
36 Sänk ner domkraften och ta bort enheten från bilens undersida.

Montering

37 Se till att växellådans ingående axel är ren och fri från rost och fett. Stryk sedan på lite smörjmedel (Volvo art.nr 30759651) på den ingående axelns spårning – torka bort eventuellt överflöd. Kontrollera att alla styrpinnar är i gott skick och korrekt placerade.
38 För växellådan rakt in på sin plats och haka i den med motorns styrhylsor. Montera tillbaka de nedre bultar som håller fast växellådan vid motorn och dra åt dem till angivet moment.
39 Lyft upp motorn till dess ungefärliga monterade läge. Sätt tillbaka den bakre motorfästbygeln och momentstaget och dra åt bultarna till angivet moment. **Observera:** *På dieselmodeller med 6-växlade lådor sätter du katalysatorns stödfäste på plats innan du drar åt bultarna/muttrarna.*
40 Återstoden av monteringen utförs i omvänd ordningsföljd mot demonteringen. Tänk på följande:
a) *Dra åt alla fästen till angivet moment, om det är tillämpligt.*
b) *Montera den främre kryssrambalken (i förekommande fall), linjera de markeringar som gjordes tidigare (efter tillämplighet). Kryssrambalkens linjering kan kontrolleras med ett inpassningsverktyg eller ett runt stag eller*

7.25 Skruva loss bulten och ta bort laddluftröret (se pil)

7.26 Skruva loss muttern (se pil) och ta bort kåpan

7.40 Sätt in ett inpassningsverktyg genom hålen i kryssrambalken och karossen (se pil)

trästift med en diameter på 20 mm, genom linjeringshålen (se bild).

c) *Fyll på växellådsolja enligt beskrivningen i avsnitt 6 i det här kapitlet.*

d) *Justera växelspaksvajrarna enligt beskrivningen i avsnitt 3.*

e) *Lufta kopplingens hydraulsystem enligt beskrivningen i kapitel 6.*

f) *Återanslut batteriets minusledare enligt beskrivningen i kapitel 5A.*

8 Översyn av manuell växellåda – allmän information

Att utföra en renovering av en manuell växellåda är ett svårt jobb för en hemmamekaniker. Det innebär isärtagning och ihopsättning av många små delar. Det finns ett stort antal avstånd som måste ställas in exakt och, om det behövs, ändras med speciella distansbrickor och låsringar. Om problem med växellådan skulle uppstå kan alltså hela enheten demonteras och återmonteras av en kompetent hemmamekaniker, men en renovering bör överlåtas till en växellådsspecialist. Det kan hända att det går att få tag i en renoverad växellåda – hör efter med reservdelsförsäljare, motortillverkare eller växellådsspecialister. Hur som helst är den tid och de pengar som går åt till en renovering man utför själv säkerligen högre än kostnaden för en renoverad enhet.

Trots allt är det inte omöjligt för en erfaren hemmamekaniker att renovera en växellåda, förutsatt att specialverktyg finns att tillgå och att arbetet utförs på ett metodiskt sätt så att ingenting glöms bort.

De verktyg som krävs för en renovering är inre och yttre låsringstänger, en lageravdragare, en hammare, en uppsättning pinndorn, en mätklocka och eventuellt en hydraulpress. Dessutom krävs en stor, stadig arbetsbänk och ett skruvstäd eller växellådsställ.

Var noga med att notera var varje del sitter när växellådan demonteras, hur den sitter i förhållande till de andra delarna och hur den hålls fast.

Innan växellådan tas isär för reparation är det bra att känna till vilken del av växellådan det är fel på. Vissa problem kan härledas till specifika områden i växellådan, vilket kan underlätta undersökning och byte av komponenter. Se avsnittet *Felsökning* i slutet av den här handboken för information om möjliga felkällor.

Kapitel 7 Del B:
Automatväxellåda

Innehåll

Svårighetsgrad

Enkelt, passar novisen med lite erfarenhet	**Ganska enkelt,** passar nybörjaren med viss erfarenhet	**Ganska svårt,** passar kompetent hemmamekaniker	**Svårt,** passar hemmamekaniker med erfarenhet	**Mycket svårt,** för professionell mekaniker

Specifikationer

Allmänt

Typ .... Datorstyrd femväxlad, en backväxel, med momentomvandlarlås på de tre högsta växlarna

Beteckning .... AW55-51SN (femväxlad)

Smörjning

Smörjmedelstyp... Se slutet av *Veckokontroller*
Volym:
    Tömning och påfyllning .... 7,1 liter

Åtdragningsmoment

	Nm
Backljuskontakt	25
Bultar mellan kuggstång och kryssrambalk*	50
Bultar mellan momentomvandlaren och svänghjulet*	35
Bultar mellan växellådan och motorn.......................	48
Hjulmuttrar:	
Steg 1	20
Steg 2	90
Kryssrambalkens bakre fästbyglar till kaross.................	50
Kryssrambalksbultar:*	
Främre bultar	120
Bakre bultar	280
Krängningshämmarens klämbultar:*	
M8	24
M10	50
Motorns/växellådans fästen:	
Vänster fäste, M10-muttrar:	
Steg 1	35
Steg 2	Vinkeldra ytterligare 90°
Vänster fästbultar:	
M12	80
M14:	
Steg 1	60
Steg 2	Vinkeldra ytterligare 50°
Nedre momentstagsbultar:*	
M10	60
M12	80
M12 till övre chassibalk	130
Oljepåfyllnings-/avtappningspluggar	35

* *Återanvänds inte*

1 Allmän information

AW 55-51SN är en datorstyrd helautomatisk femväxlad växellåda, med momentomvandlarlås på de tre högsta växlarna.

Enheten styrs av en växellådsstyrmodul (TCM) som tar emot signaler från olika givare rörande växellådans arbetsförhållanden. Information om motorparametrar skickas också till växellådsstyrmodulen från motorstyrningssystemet. Från dessa data kan styrmodulen räkna ut optimala växlingshastigheter och låspunkter, beroende på vilken körstilsinställning som valts.

Kraften leds från motorn till växellådan via en momentomvandlare. Detta är en typ av hydraulisk koppling som under vissa förhållanden har en momentförstärkande effekt. Momentomvandlaren är mekaniskt låst till motorn, kontrollerat av styrmodulen, när växellådan arbetar på de tre högsta växlarna. Detta eliminerar förluster till följd av slirning och förbättrar bränsleekonomin.

Motorn kan endast startas i växelläget P, tack vare en säkerhetsfunktion som kallas växellås (Shiftlock). Med det här systemet kan startnyckeln endast tas bort från tändningen/rattlåset om växelväljarspaken är placerad i läge P. När bilen startas igen kan växelväljarspaken endast flyttas från läget P när tändningslåset vrids till läge II.

De flesta modeller med automatväxellåda har ett vinterläge, vars brytare sitter bredvid växelväljarspaken. I vinterläget startar växellådan från stillastående på en högre växel än normalt för att minska risken för att hjulen spinner loss vid halt väglag.

En kickdown-funktion gör att växellådan växlar ner ett steg (beroende på motorvarvtal) när gaspedalen är helt nedtryckt. Detta är praktiskt om extra acceleration krävs. Kickdown-funktionen, liksom alla övriga funktioner i växellådan, styrs av styrmodulen.

Det finns även en växellåsfunktion i växelspaksmekanismen på vissa modeller. Denna säkerhetsfunktion förhindrar att växelspaken flyttas när motorn står stilla, eller om tändningen slagits av med växelspaken i läge P.

Utöver styrningen av växellådan, innehåller styrmodulen en inbyggd feldiagnosfunktion. Om det uppstår ett fel i växellådan blinkar varningslampan för växellådan på instrumentpanelen. Styrmodulen startar då ett nödprogram som ser till att två framåtväxlar och backen alltid kan väljas, men växlingen måste utföras för hand. Om det uppstår ett fel av den här typen, sparar styrmodulen ett antal signaler (eller felkoder) som kan läsas och tolkas med lämplig felsökningsutrustning för snabb och korrekt feldiagnos (se avsnitt 7). Styrmodulen har också en funktion som registrerar den tid som växellådsoljans temperatur är över 150 °C – normalt sker detta bara om bilen ofta används som taxi eller bogseringsbil. När oljan överskrider en bestämd tid på eller över denna temperatur lagrar styrmodulen en felkod och tänder en varningslampa på instrumentpanelen, som talar om att oljan måste bytas. Men att du byter oljan betyder inte att lampan släcks – detta måste göras med särskild testutrustning från Volvo.

Automatväxellådan är en komplicerad enhet, men om den inte missköts är den tillförlitlig och långlivad. Reparationer eller renoveringar överstiger många verkstäders kompetens, för att inte tala om hemmamekanikerns. Be om specialistråd om det uppstår problem som inte kan lösas med hjälp av anvisningarna ovan.

2 Växelvajer – demontering, montering och justering

Demontering

1 Demontera mittkonsolen enligt beskrivningen i kapitel 11.
2 Lossa och ta bort kåpan från motorstyrmodulen (se bild).
3 Bänd försiktigt loss växelväljarspakens inre vajerhylsbeslag från kulleden på växelförararmen (se bild).
4 Lossa växelväljarspakens vajerhölje från fästbygeln på växellådan (se bilder). Bind fast en bit snöre eller kabel på växelvajern för att underlätta återmonteringen.
5 Hissa upp bilens framvagn och stötta den på pallbockar (se *Lyftning och stödpunkter*).

2.2 Styrmodulens kåpa glider upp från sitt läge på luftrenarenhetens vänstra ände

2.3 Bänd loss innervajeränden från kulleden på växelförararmen (se pil)

2.4a Bänd upp den blå fasthållningsringen . . .

2.4b . . . dra sedan kragen bakåt och haka loss vajerhöljet från fästbygeln

2.10a Bänd upp den blå fasthållningsringen . . .

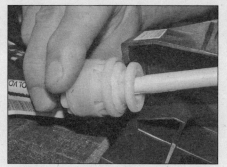

2.10b . . . dra sedan kragen bakåt och haka loss vajerhöljet från fästbygeln

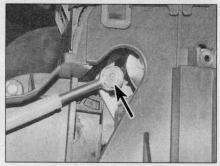

2.11 Bänd loss den inre vajern (se pil) från armens kulled

6 Ta bort fästet till den mittersta ljuddämparen, skruva loss de fyra plastmuttrarna och skjut värmeskölden bakåt så att du kommer åt muffen där vajern går genom golvet.

7 Lossa vajern från fästklämman på golvets undersida.

8 Vik bort mattan på var sida om mittkonsolen och skär försiktigt bort ljudisoleringen runt vajergenomföringen, som sitter precis framför värmeenhetens hus. Ta bort ljudisoleringen.

9 Skruva loss de båda muttrar som fäster vajergenomföringen på golvet och lyft bort genomföringen från fästpinnbultarna.

10 Bänd bort den blå ringen, dra sedan bort låskragen lite och lossa vajerhöljet från växelspakshusets fästbygel (se bilder).

11 Dra vajern in i passagerarutrymmet så långt att du kan haka loss vajerändens beslag från kulleden på växelväljarspaken (se bild).

12 Flytta in växelvajerenheten i passagerarutrymmet, lossa snöret/kabeln – lämna kvar den för att underlätta monteringen och ta sedan bort växelvajern från bilen.

Montering och justering

13 Arbeta inuti bilen och bind fast snöret/kabeln på växelvajern och mata försiktigt vajern in till motorrummet, med hjälp av en medhjälpare som drar i snöret/kabeln så att den blir korrekt dragen.

14 Återanslut vajern till växelspaken och husets fästbygel. Se till att vajern har hakat i innan du återmonterar vajerhöljeshylsans fästklämma.

15 Sätt tillbaka vajerns genomföring och dra åt de båda muttrarna ordentligt.

16 Sätt tillbaka ljudisoleringen och tejpa över slitsarna/kapställena.

17 Sätt tillbaka mattan.

18 Arbeta under bilen och fäst vajern med klämmor på golvets undersida.

19 Sätt tillbaka värmeskölden, dra åt fästmuttrarna och sätt tillbaka ljuddämparens fäste.

20 Sätt tillbaka vajerändbeslaget på kulleden på växellådans växelväljarspak. Montera sedan tillbaka vajerhöljeshylsan och fäst den med fästklämman.

21 Sänk ner bilen. Se till att tändningen är avstängd.

22 Flytta växelväljarspaken till läge P (Park). Se till att växelspakens och vajerns positioner inte rubbas under efterföljande operationer.

23 Arbeta i motorrummet, lossa växelvajerjusteraren genom att dra den fjäderbelastade hylsan framåt och dra upp lossningstappen (se bild).

24 Flytta växelväljarspaken på växellådan så långt framåt det går, till P-läget. Kontrollera att P har valts genom att lossa handbromsen och försöka rulla bilen. Växellådan ska vara spärrad. Dra åt handbromsen igen.

25 Tryck ner lossningstappen på växelvajerhylsan.

26 Sätt tillbaka styrmodulens kåpa.

27 Montera tillbaka mittkonsolen enligt beskrivningen i kapitel 11.

3 Växelspakshus och displaypanel för växellägen – demontering och montering

Demontering

Växelspakshus

1 Demontera mittkonsolen enligt beskrivningen i kapitel 11.

2 Notera hur de är placerade och koppla loss anslutningskontakterna från huset.

3 Skruva loss de fyra bultarna som fäster växelspakshuset på golvet (se bild).

4 Lossa växelvajern från husarmen enligt beskrivningen i avsnitt 2.

Displaypanel för växellägen

5 Demontera mittkonsolen enligt beskrivningen i kapitel 11.

6 Vrid kragen längst ner på spakens knopp moturs och dra den nedåt (se bild).

7 Ta tag i spakens knopp med båda händerna och ryck den hårt uppåt för att ta bort den.

8 Notera var kontaktdonen på magnetventils- och kabelbrytarna ska sitta och koppla sedan loss dem.

2.23 Dra den fjäderbelastade hylsan framåt (se pil)

3.3 Skruva loss de fyra bultarna som fäster huset på golvet (vänster bultar, se pilar)

3.6 Vrid kragen moturs och dra den nedåt

3.9a Lossa klämmorna (se pilar) på höger sida . . .

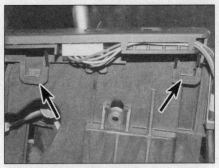

3.9b . . . följt av klämmorna (se pilar) på vänster sida

4.5a Skruva loss muttern och lyft armen från TCM-spindeln . . .

9 Lossa försiktigt de fyra fästklämmorna och ta bort displaypanelen **(se bilder)**.

Montering

10 Monteringen utförs i omvänd ordningsföljd, men observera följande:

a) *Om växelspakshuset har bytts, måste den inbyggda givaren kalibreras med Volvos testutrustning. Överlämna detta till en Volvoverkstad eller annan lämplig specialist med rätt utrustning.*

b) *Sätt tillbaka knoppen på växelväljarspaken och tryck den hårt på plats. Dra upp damasken runt knoppen och tryck låsringen uppåt för att fästa damasken på knoppen.*

4.5b . . . skruva sedan loss de 3 bultarna och ta bort styrmodulen

Montering

6 Passa in styrmodulen på plats, se till att pilarna på armens spindel och styrmodulens hus är linjerade **(se bild)**.
7 Sätt tillbaka styrmodulens fästbultar och fästbygeln, dra sedan åt bultarna/skruvarna ordentligt.
8 Sätt tillbaka armen och dra åt fästmuttern ordentligt.
9 Återanslut anslutningskontakterna och sätt tillbaka luftrenarenheten.
10 Återanslut batteriets minusledare (se kapitel 5A).

4.6 Se till att pilarna på styrmodulens kåpa och spindeln linjeras (se pilar)

6 Smörj momentomvandlarens hylsa med växellådsolja och skjut omvandlaren på plats. Skjut in den så långt det går.
7 Kontrollera att momentomvandlaren sitter ordentligt på plats genom att mäta avståndet från kanten av växelhusets yta till flikarna på omvandlarens fästbultar. Måttet ska vara cirka 14 mm **(se bild)**.
8 Montera tillbaka växellådan enligt beskrivningen i avsnitt 7.

Växelväljarstångens tätning

9 Ta bort växellådsstyrmodulen enligt beskrivningen i avsnitt 4.
10 Bänd försiktigt loss den gamla packboxen med en liten skruvmejsel. Var noga med att inte skada länkstaget.
11 Smörj in den nya packboxens läppar med

4 Växellådsstyrmodul – demontering och montering

Observera: *Om du monterar en ny styrmodul, måste den programmeras med särskild Volvo-testutrustning. Överlämna detta till en Volvo-verkstad eller annan lämplig specialist med rätt utrustning.*

Demontering

1 Slå av tändningen, vänta sedan minst två minuter innan du koppla loss batteriets minusledare (se kapitel 5A). Detta görs för att se till att eventuell kvarbliven elektrisk energi har försvunnit. **Observera:** *Om kylfläkten går efter det att tändningen har slagits av, vänta tills den stannar och sedan två minuter till innan du kopplar loss batteriledningen.*
2 Ta bort luftrenaren enligt beskrivningen i kapitel 4A.
3 Växellådsstyrmodulen (TCM) sitter ovanpå växellådshuset. Koppla loss anslutnings-kontakterna från styrmodulen. **Observera:** *Rör inte styrmodulens polstift med bara händer, det finns risk för skador på grund av statisk elektricitet.*
4 Skruva loss fästbygelskruven och ta bort fästbygeln till höger om styrmodulen.
5 Skruva loss tre fästbultar och armens fästmutter. Dra bort armen från spindeln och ta bort växellådsstyrmodulen **(se bilder)**.

5 Vätsketätningar – byte

Differentialens sidodrevtätningar

1 Rutinen är densamma som enligt beskriv-ningen för manuella växellådor i kapitel 7A.

Den ingående axelns/ momentomvandlarens tätning

2 Ta bort växellådan (se avsnitt 6).
3 Dra momentomvandlaren rakt ut ur växel-lådan. Var försiktig, den är full med olja.
4 Dra eller bänd ut den gamla tätningen. Rengör tätningshuset och undersök dess gnidyta på momentomvandlaren.
5 Smörj den nya tätningen med växellådsolja och sätt på den med läpparna inåt. Skjut den på plats med en bit slang.

5.7 Vid korrekt placering ska avståndet mellan växellådshusets ände och fästflikarna på omvandlaren vara 14 mm

ren automatväxellådsolja, styr sedan tätningen över staget (läpparna mot växellådan), och sätt den på plats med en lämplig rörformad distansbricka.

12 Montera växellådsstyrmodulen enligt beskrivningen i avsnitt 4.

Alla tätningar

13 Avsluta med att kontrollera växellådans oljenivå enligt beskrivningen i kapitel 1A.

6 Automatväxellåda –
demontering och montering

Observera: *Du måste se till att kunna lyfta motorn ovanifrån. Det bästa sättet att hänga upp motorn är med ett stag fäst i motorhuvskanalerna, med en lämpligt placerad justerbar krok. Garagedomkrafter och en medhjälpare krävs även till hela proceduren.*

Demontering

1 Lossa framhjulsmuttrarna, höj framvagnen och stötta den ordentligt på pallbockar (se *Lyftning och stödpunkter*). Skruva loss de sju torxskruvarna och ta bort motorns/växellådans undre skyddskåpa.

2 Placera ratten och hjulen helt rakt. Lossa rattstångens justerare, och tryck ratten inåt och uppåt så långt det går. Spärra den i detta läge.

3 Koppla loss batteriets minusledare enligt beskrivningen i kapitel 5A.

4 Skruva loss bultarna som fäster kuggstången på den främre kryssrambalken. Använd buntband/remmar för att hänga upp kuggstången i bilens kaross.

5 Ta bort de båda främre drivaxlarna enligt beskrivningen i kapitel 8.

6 Placera en garagedomkraft under den främre kryssrambalken och gör linjeringsmarkeringar mellan kryssrambalken och karossen. Lossa sedan kryssrambalkens främre fästbultar lite.

7 Koppla loss det främre avgasrörets gummifäste från fästbygeln.

8 Skruva loss kryssrambalkens bakre fästbultar och det bakre momentstagets bultar **(se bild)**.

9 Sänk ner den främre kryssrambalken lite och ta bort klämfästbultarna från den främre krängningshämmaren. Koppla loss hämmaren från kryssrambalken.

10 Lossa kablaget från klämmorna på kryssrambalken, ta sedan bort de främre fästbultarna och sänk ner kryssrambalken. Flytta bort den från bilens undersida.

11 Placera en behållare under växellådan, skruva sedan loss fästbulten och koppla loss vätskeröret från växellådshusets främre nedre kant **(se bild)**. Täpp igen öppningarna för att förhindra nedsmutsning.

12 Koppla loss jordanslutningen från växellådshuset **(se bild)**.

13 Vrid vevaxeln med hjälp av en hylsnyckel på remskivans mutter, tills det går att komma åt

6.8 Skruva loss bultarna och ta bort det bakre momentstaget

en av fästbultarna mellan momentomvandlaren och svänghjulet genom öppningen på motorns baksida. Arbeta genom öppningen, skruva loss bulten med en TX50-hylsa. Vrid vevaxeln så mycket som behövs och ta bort de återstående bultarna på samma sätt.

14 Ta bort luftrenaren enligt beskrivningen i kapitel 4A.

15 Bänd försiktigt bort växelväljarspakens inre vajerbeslag från kulleden på växelförararmen. Dra sedan hylsan bakåt och koppla loss vajerhöljet från fästbygeln **(se bilder 2.4a och 2.4b)**.

16 Tryck in kragarna och koppla loss vätskeröret mellan oljekylaren och växellådskåpan vid snabbkopplingarna **(se bild)**. Var beredd på vätskespill.

17 Arbeta på växellådans framsida, ta bort fästbygeln till motorns kylvätskeslang och fästbygelns hållare.

18 Lossa växellådans luftningsslang från fästbygeln ovanför startmotorfästet.

19 Demontera startmotorn enligt beskrivningen i kapitel 5A.

20 Ta bort bultarna på den övre kanten som fäster växellådan på motorn.

21 Följ anvisningen i början av detta avsnitt, lyft motorn uppifrån och justera stödet så att belastningen försvinner från motorfästena.

22 Skruva loss den vänstra genomgående bulten från motor-/växellådsfästet, sänk ner växellådan så mycket att du kommer åt bultarna och ta bort vänster motor-/växellådsfästenhet. Kontrollera att inga slangar eller kablage är klämda eller för sträckta när du sänker ner motorn/växellådan.

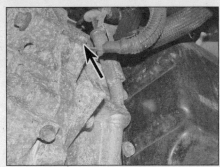

6.12 Växellådans jordledning (se pil)

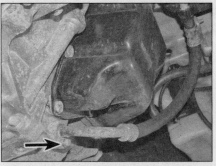

6.11 Skruva loss bulten (se pil) och koppla loss vätskeslangen

23 Sänk ner motorn/växellådan med det överhängande motorstödet tills det finns tillräckligt mycket utrymme för att du ska kunna ta bort växellådan. Var försiktig så att du inte sänker ner enheten för långt, då kan det främre avgasröret ta i kuggstången. Kontrollera även att mätstickan för motorolja inte tar i kylarfläkten och att inga slangar eller ledningar är klämda eller för sträckta.

24 Stötta växellådan underifrån med en garagedomkraft på ett säkert sätt.

25 Ta bort de återstående bultarna som fäster växellådan på motorn.

26 Tillsammans med en medhjälpare, dra växellådan rakt av från motorns styrhylsor, och se till att momentomvandlaren sitter kvar på växellådan. Använd åtkomsthålet i växelhuset för att hålla omvandlaren på plats.

27 Sänk ner domkraften och ta bort enheten från bilens undersida.

Montering

28 Rengör kontaktytorna på momentomvandlaren och svänghjulet, samt växellådans och motorns fogytor. Smörj sedan momentomvandlarens styrningar och motorns/växellådans styrstift lätt med fett.

29 Volvo understryker att oljekylaren måste spolas med ny växellådsolja innan den återmonteras. Absolut renlighet är mycket viktigt.

30 Kontrollera att momentomvandlaren sitter ordentligt på plats genom att mäta avståndet från kanten av växelhusets yta till flikarna på omvandlarens fästbultar. Måttet ska vara cirka 14 mm **(se bild 5.7)**.

6.16 Växellådsoljerörets snabbkoppling (se pil)

6.35 Kontrollera kryssrambalkens linjering med runda verktyg som passar i hålen i kryssrambalken och karossen (se pil)

31 För växellådan rakt in på sin plats och haka i den med motorns styrhylsor. Sätt tillbaka de bultar som håller fast växellådan vid motorn och dra åt dem, först lätt i diagonal ordningsföljd och sedan till angivet moment.

32 Montera momentomvandlaren på svänghjulet med nya bultar. Vrid vevaxeln för att komma åt bultarna på samma sätt som vid demonteringen. Vrid sedan momentomvandlaren med hjälp av åtkomsthålen i växelhuset. Sätt i och dra åt alla bultar, först för hand och sedan till angivet moment.

33 Montera vänstermotor-/växellådsfästenhet och dra åt bultarna till angivet moment.

34 Lyft upp motorn till dess ungefärliga monterade läge. Sätt sedan i den vänstra genomgående bulten till motorn/växellådan och dra åt den till angivet moment.

35 Återstoden av monteringen utförs i omvänd ordningsföljd mot demonteringen. Tänk på följande:

 a) *Dra åt alla fästen till angivet moment, om det är tillämpligt.*

 b) *Montera den främre kryssrambalken, linjera de markeringar som gjordes tidigare (efter tillämplighet). Kryssrambalkens linjering kan kontrolleras med ett inpassningsverktyg eller ett runt stag eller trästift med en diameter på 20 mm, genom linjeringshålen (se bild).*

 c) *Fyll på växellådsoljan enligt beskrivningen i kapitel 1A.*

 d) *Justera växelväljarspakens vajer enligt beskrivningen i avsnitt 2.*

 e) *Återanslut batteriets minusledare enligt beskrivningen i kapitel 5A.*

7 Automatväxellåda – feldiagnos

Automatväxellådans elektroniska styrsystem innehåller ett inbyggt diagnossystem som hjälp vid felsökning och systemkontroll. Diagnossystemet är en funktion i växellådans styrmodul (TCM) som kontinuerligt övervakar systemkomponenterna och deras funktion. Om ett fel skulle uppstå lagrar växellådans styrmodul en serie signaler (eller felkoder) i minnet för efterföljande kontroll.

Om det uppstår ett fel som indikeras av att varningslampan på instrumentpanelen blinkar, kan man komma åt den inbyggda felsökningen med hjälp av en felkodsläsare för snabb och korrekt diagnos. En Volvoverkstad har naturligtvis en sådan avläsare, men de finns även hos andra leverantörer. Det är antagligen inte lönsamt för en privatperson att köpa en felkodsläsare, men en välutrustad lokal verkstad eller bilelspecialist har en.

I många fall är felet inte allvarligare än en korroderad, klämd eller lös kabelanslutning, eller en lös, smutsig eller dåligt ansluten komponent. Tänk på att om felet uppstått bara en kort tid efter det att någon del av bilen har genomgått service eller renovering, är det här man måste börja söka. Hur ovidkommande det än kan verka bör man se till att det inte är någon del som monterats tillbaka slarvigt som orsakar problemet.

Även om du hittar orsaken till felet och åtgärdar den, kan det fortfarande krävas diagnosutrustning för att radera felkoden från TCM-minnet, och stoppa varningslampans blinkningar.

Om felet inte är lätt att åtgärda finns det för närvarande två möjligheter. Antingen byter du ut en misstänkt komponent mot en som du vet fungerar (där det är möjligt), eller också lämnar du in bilen till en Volvoverkstad eller annan lämplig specialist.

Kapitel 8
Drivaxlar

Innehåll

Svårighetsgrad

Enkelt, passar novisen med lite erfarenhet	**Ganska enkelt,** passar nybörjaren med viss erfarenhet	**Ganska svårt,** passar kompetent hemmamekaniker	**Svårt,** passar hemmamekaniker med erfarenhet	**Mycket svårt,** för professionell mekaniker

Specifikationer

Allmänt

Drivaxeltyp . . . . Lika långa solida stålaxlar, räfflade till inre och yttre drivknutar. Mellanaxel inbyggd i höger drivaxelenhet

Yttre drivknutstyp . . . . Kulhållartyp

Inre drivknutstyp . . . . Trebenknut

Smörjning

Smörjmedelstyp . . . . Specialfett i renoveringssatsen, eller lämpligt molybdendisulfidfett – kontakta en Volvoverkstad eller reservdelsspecialist

Drivknutens fettvolym:	Yttre knut	Inre knut
1,8- och 2,0-liters bensinmodeller	95 g	140 g
2,4-liters bensinmodeller	125 g	153 g
2,0-liters dieselmodeller	120 g	174 g

Åtdragningsmoment

	Nm
Den nedre armens spindelled till hjulspindeln*	80
Drivaxelskruv:*	
Steg 1	35
Steg 2	Vinkeldra ytterligare 90°
Hjulmuttrar:	
Steg 1	20
Steg 2	90
Höger drivaxels stödlageröverfallsbultar	25

* Återanvänds inte

1 Allmän information

Drivningen överförs från differentialen till framhjulen vi två lika långa drivaxlar i solitt stål med drivknutar på de inre och yttre ändarna. På grund av växellådans placering finns det en mellanaxel och ett stödlager inbyggt i den högra drivaxelenheten.

Det sitter en drivknut av kulhållartyp på varje drivaxels ytterände. Knuten har en yttre del, som är räfflad för att passa ihop med hjullagret och gängad så att den kan fästas

på navet med en stor skruv. Knuten innehåller sex kulor i en kulhållare, som hakar i den inre delen. Enheten i sin helhet skyddas av en flexibel damask som är fäst på drivaxeln och knutens yttre del.

På den inre änden är drivaxeln räfflad så att den hakar i en drivknut av trebenstyp, som innehåller nålrullager och skålar. På vänster sida hakar drivaxelns inre drivknut direkt i differentialens solhjul. På höger sida är den inre knuten inbyggd i mellanaxeln, vars inre ände hakar i differentialens solhjul. Precis som i de yttre drivknutarna, skyddas hela enheten av en flexibel damask som sitter på drivaxeln och drivknutens yttre del.

2 Drivaxlar – demontering och montering

Demontering

1 Dra åt handbromsen ordentligt och klossa bakhjulen. När drivaxelns skruv ska lossas (eller dras åt) rekommenderar vi att bilen står på hjulen. Om bilen är upphöjd innebär detta en stor belastning på domkraften och bilen kan glida av.

2 Om bilen har stålfälgar, ta bort navkapseln på den sida som du arbetar på – drivaxelns skruv kan sedan lossas med hjulet på

2.3a Lossa drivaxelns fästskruv (se pil)

2.3b På vissa modeller, bänd ut det mittersta locket och lossa skruven

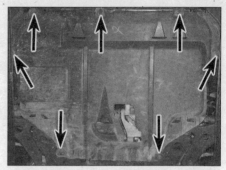

2.4 Skruva loss torxskruvarna (se pilar) och ta bort motorns undre skyddskåpa

marken. På modeller med lättmetallfälgar är det säkraste alternativet att ta bort hjulet på den sida som du arbetar på, och att sätta dit reservhjulet (se *Hjulbyte* i början av den här handboken) – med detta hjul kommer du åt drivaxelns skruv.

3 Be en medhjälpare att trycka ner bromspedalen hårt, lossa drivaxelns fästskruv med en hylsa och ett långt förlängningsskaft **(se bilder)**. Observera att denna skruv sitter mycket hårt – se till att de verktyg som används för att lossa den är av god kvalitet och att de sitter bra.

4 Lossa framhjulens muttrar, lyft sedan upp bilens framvagn och stötta den på pallbockar (se *Lyftning och stödpunkter*). Ta bort aktuellt framhjul, lossa sedan de sju torxskruvarna och ta bort motorns undre skyddskåpa (i förekommande fall) **(se bild)**.

5 Ta bort drivaxelns fästskruv som du lossade tidigare. Kasta skruven – du måste sätta dit en ny.

6 Knacka drivaxelns ände cirka 15 till 20 mm in i hjulnavet.

7 Skruva loss muttern och koppla loss krängningshämmarens länkstag från fjäderbenen, använd en insexnyckel för att hålla emot länkens spindelled **(se bild)**.

8 Koppla loss bromsslangen från fästbygeln på benet och lossa ABS-kablaget från fästbygeln på hjulhuset **(se bild)**.

9 Lossa den nedre länkarmens spindelledsmutter tills spindelledsaxelns ände är i nivå med mutterns ovansida.

10 Koppla loss den nedre länkarmens spindelled från hjulspindeln med en spindelledsavdragare **(se bild)**.

11 Tryck länkarmen nedåt med ett kraftigt stag för att lossa spindelledsaxeln från hjulspindeln. Var försiktig så att du inte skadar spindelledens dammkåpa under och efter frånkopplingen.

12 Sväng fjäderbenet och hjulspindelenheten utåt och dra bort drivaxelns drivknut från navflänsen **(se bild)**.

13 Om du tar bort vänster drivaxel, frigör den inre drivknuten från växellådan genom att bända mellan knutens kant och växellådshuset med en stor skruvmejsel eller liknande verktyg. Se till att inte skada växellådans packbox eller den inre drivknutens damask. Ta bort drivaxeln från hjulhuset.

14 Om du tar bort höger drivaxel, skruva loss de båda bultarna och ta bort locket från mellanaxelns stödlager **(se bild)**. Dra ut mellanaxeln från växellådan och ta bort drivaxelenheten från hjulhuset. **Observera:** *Dra inte loss den yttre axeln från mellanaxeln – kopplingen kommer att dras sönder.*

Montering

15 Monteringen utförs i omvänd ordningsföljd mot demonteringen, men tänk på följande:

a) *Före monteringen ska du ta bort alla spår av rost, olja och smuts från räfflorna på den yttre drivknuten, och smörja in den inre knutens räfflor med hjullagerfett.*

b) *Om du arbetar med vänster drivaxel, se till att den inre drivknuten är helt inskjuten i växellådan så att låsringen låses fast i differentialens kugghjul.*

2.7 Håll emot krängningshämmarens spindelledsaxel med en insexnyckel

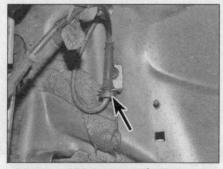

2.8 Lossa ABS-kablaget från fästbygeln (se pil)

2.10 Använd en spindelledsavdragare för att ta loss spindelleden från hjulspindeln

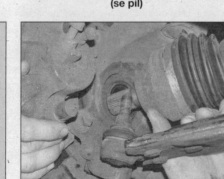

2.12 Tryck den nedre länkarmen nedåt, dra hjulspindeln utåt och ta bort drivaxeln

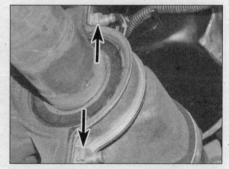

2.14 Skruva loss de båda muttrarna och ta bort mellanlageröverfallet (se pilar)

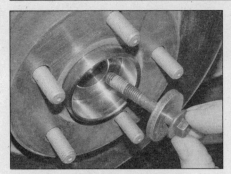

2.15 Byt alltid drivaxelns fästskruv

3.3 Skär av damaskens fästklämmor

3.7 Fyll den yttre drivknuten med ungefär hälften av det medföljande fettet

c) Använd alltid en ny fästskruv mellan drivaxeln och navet **(se bild)**.

d) Montera samma hjul som användes för att lossa drivaxelns skruv och sänk ner bilen.

e) Dra åt alla muttrar och bultar till angivet moment (se kapitel 9 och 10 för momentanvisningar för broms- och fjädringskomponenter). När du drar åt drivaxelskruven, dra först åt den med en momentnyckel och sedan till den angivna vinkeln, använd en vinkelmätare.

f) Enligt Volvo måste man byta ut mellanaxelns lageröverfall mot ett i stål när man återmonterar höger drivaxel.

g) I förekommande fall avslutar du med att återmontera lättmetallfälgen. Dra åt hjulbultarna till angivet moment.

3 Yttre drivknutens damask – byte

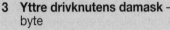
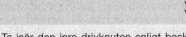
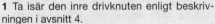

1 Ta isär den inre drivknuten enligt beskrivningen i avsnitt 4.

Automatmodeller med vibrationsdämpare

2 På dessa modeller ska du, efter att ha tagit bort den inre drivknuten, mäta och anteckna avståndet från axeländen till dämparens kant. Dämparen ska sedan tryckas av axeln och när den yttre drivknutens damask har bytts trycker du tillbaka dämparen i dess ursprungliga läge enligt de mått som antecknades tidigare. Om du inte har tillgång till en hydraulisk press utför de

flesta verkstäder (båda bilverkstäder och andra) detta arbete mot en liten avgift.

Alla modeller

3 Skär av damaskens fästklämmor, skjut sedan damasken nedför axeln för att frilägga den yttre drivknuten **(se bild)**.

Varning: Ta inte isär den yttre drivknuten.

4 Ta ut så mycket fett som möjligt från knuten.

5 Undersök kulspåren på de inre och yttre delarna. Om spåren är slitna, sitter kulorna inte längre riktigt tätt. Undersök samtidigt kulhållarens fönster och leta efter tecken på slitage eller sprickbildning mellan fönstren. Om knuten verkar sliten kan ett komplett byte vara det enda alternativet – prata med en Volvo-verkstad eller annan specialist.

6 Om knuten är i gott skick, skaffa en renoveringssats från Volvo-verkstaden. Satsen består av en ny damask, fästklämmor, drivaxelskruv, låsring och fett.

7 Fyll knuten med hälften av det medföljande fettet, arbeta in det ordentligt i kulspåren

och in i drivaxelöppningen i den inre delen **(se bild)**.

8 Låt gummidamasken glida på axeln.

9 Applicera det återstående fettet på knuten och på damaskens insida.

10 Passa in damaskens yttre läpp i spåret på knutens yttre del och sätt sedan dit fästklämman. Ta bort eventuellt spelrum i klämmorna genom att försiktigt trycka ihop den upphöjda delen med en specialtång **(se bilder)**. **Observera:** *Se till att det inte kommer fett på ytorna mellan damasken och drivknutshuset.*

11 Använd en liten skruvmejsel för att lyfta upp damaskens inre läpp så att lufttrycket inuti damasken jämnas ut. Sätt sedan dit den inre klämman på damasken **(se bild)**.

12 Sätt den nya låsringen på axeländen **(se bild)**.

13 I förekommande fall trycker du ner dämparen på dess ursprungliga plats.

14 Sätt ihop den inre drivknuten enligt beskrivningen i avsnitt 4.

3.10a Sätt den yttre klämman på damasken . . .

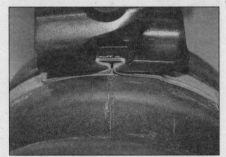

3.10b . . . ta sedan en specialtång . . .

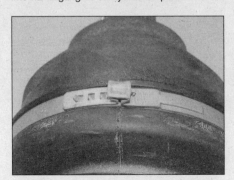

3.10c . . . och ta bort ev. spel i klämman

3.11 Lyft upp damaskens inre kant för att jämna ut lufttrycket

3.12 Låsringen på axelns ände måste bytas

4.3 Gör linjeringsmarkeringar mellan axeln och huset

4.6a Ta bort låsringen från axelns ände . . .

4.6b . . . tryck sedan försiktigt loss trebensknuten från axeln

4 Inre drivknutens damask – byte

Byte

1 Ta bort drivaxeln/drivaxlarna enligt beskrivningen i avsnitt 2.

2 Skär igenom metallklämmorna och skjut av damasken från den inre drivknuten.

3 Ta bort en del av fettet från knuten, gör sedan linjeringsmarkeringar mellan huset och axeln, för att underlätta ihopsättningen (se bild).

4 Dra försiktigt ut huset från trebensknuten och vrid det så att trebensknutens rullar kommer ut en i taget. Om det behövs kan du använda en mjuk hammare eller klubba för att knacka loss huset.

5 Ta bort fettet från trebensknuten och huset.

6 Ta bort låsringen och driv försiktigt bort trebensknuten från axelns ände (se bilder). Kasta låsringen, du måste sätta dit en ny (finns i renoveringssatsen). Ta bort damasken om den fortfarande sitter på axeln.

7 Trä på den nya damasken på axeln tillsammans med den mindre klämman (se bild).

8 Sätt tillbaka trebensknuten med den fasade kanten mot drivaxeln och driv in den helt på plats, så att du kan montera den nya låsringen (se bilder).

9 Smörj in trebensknutens rullar med lite av fettet från damasksatsen, fyll sedan huset och damasken med resten.

10 Sätt tillbaka huset på trebensknuten, knacka det försiktigt på plats med en mjuk hammare eller klubba om det behövs.

11 Trä den nya damasken på plats och se till att dess mindre diameter hamnar över spåren på axeln (se bild).

12 Sätt dit nya fästklämmor (se bild).

5 Höger drivaxels stödlager – demontering och montering

Observera: *I skrivande stund verkar inte stödlagret finnas som reservdel. Om lagret är skadat eller slitet måste du byta hela drivaxeln. Det finns drivaxlar att köpa som reservdelar – prata med en Volvoverkstad eller specialist.*

6 Renovering av drivaxel – allmän information

Provkör bilen långsamt i en cirkel med fullt rattutslag och lyssna efter ett metalliskt klickljud från bilens främre del. Upprepa kontrollen i vänstervarv och högervarv. Ljudet kan även höras när man kör iväg efter att ha stått stilla i fullt utslag. Om ett klickande hörs indikerar detta slitage i den yttre drivknutarna.

Om vibrationer som följer hastigheten känns i bilen vid acceleration, kan det vara de inre drivknutarna som är slitna.

Om knutarna är slitna eller skadade verkar det i skrivande stund inte finnas reservdelar att köpa, med undantag för renoveringssatser för bagageutrymmen, vilket gör att man måste byta hela drivaxeln. Det kan finnas drivaxlar att köpa som reservdelar – prata med en Volvoverkstad eller specialist.

4.7 Trä på den nya damasken och klämman med den mindre diametern på axeln

4.8a Passa in trebensknuten med den fasade kanten (se pil) mot axeln . . .

4.8b . . . sätt sedan dit den nya låsringen

4.11 Damaskens mindre diameter måste passas in över spåret i axeln (se pil)

4.12 Jämna ut lufttrycket innan du drar åt damaskklämman

Kapitel 9
Bromssystem

Innehåll

Svårighetsgrad

Enkelt, passar novisen med lite erfarenhet	Ganska enkelt, passar nybörjaren med viss erfarenhet	Ganska svårt, passar kompetent hemmamekaniker	Svårt, passar hemmamekaniker med erfarenhet	Mycket svårt, för professionell mekaniker

Specifikationer

Allmänt

Systemtyp:

Fotbroms	Dubbel hydraulkrets med servo. Skivbromsar fram och bak. Låsningsfria bromsar (ABS) på alla modeller
Handbroms	Mekanisk på bakre bromsok

Främre bromsar

Typ	Ventilerad skiva, med glidande bromsok med enkel kolv
Minsta tjocklek på bromsklossbelägg	2,0 mm
Skivdiameter	278, 300 eller 320 mm
Skivtjocklek:	
Ny	26,0 mm
Slitagegräns	23,0 mm
Maximalt kast	0,075 mm
Maximal disktjockleksvariation	0,008 mm

Bakre bromsar

Typ	Solid skiva, med glidande bromsok med enkel kolv
Minsta tjocklek på bromsklossbeläggen	2,0 mm
Skivdiameter	295 mm
Skivtjocklekens slitagegräns	9,0 mm
Maximalt kast	0,04 mm
Maximal skivtjockleksvariation	0,08 mm

Åtdragningsmoment

	Nm
ABS-hjulgivare, fästbultar	6
Bakre bromsokets fästbygelbultar	70
Bakre bromsokets styrsprintsbultar	30
Främre bromsokets fästbygelbultar	120
Främre bromsokets styrsprintsbultar	30
Hjulmuttrar:	
Steg 1	20
Steg 2	90
Huvudcylinderns muttrar	24
Vakuumpumpsbultar	17

1 Allmän information

Bromspedalen styr ut skivbromsar på alla fyra hjul med ett tvåkrets hydraulsystem med servo. Handbromsen styr ut manöverdon som är inbyggda i de bakre bromsoken, och använder samma bromsklossar. Det sitter ett system för låsningsfria bromsar (ABS) på alla modeller, detta beskrivs närmare i avsnitt 18.

Hydraulsystemet är uppdelat i två kretsar, så att även om det uppstår fel i den ena kretsen så ger den andra ändå tillräcklig bromskraft (även om pedalvägen och kraften som krävs kan öka). Här används ett system som är delat på diagonalen, där den främre huvudcylinderns kammare/kolv sköter det främre vänstra och det bakre högra bromsoket, medan den bakre huvudcylinderns kammare/kolv sköter det främre högra och det bakre högra bromsoket.

Bromsservon är direktverkande, och sitter mellan bromspedalen och huvud-cylindern. Servon förstärker den kraft som föraren använder. Den är vakuumstyrd, vakuumet kommer från insugsgrenröret på bensinmodeller och från en kamaxeldriven vakuumpump på dieselmodeller.

Varningslampor på instrumentpanelen upp-märksammar föraren om låg vätskenivå med hjälp av en nivågivare som sitter i huvud-cylinderbehållaren. Andra varningslampor påminner om att handbromsen är ilagd, och om det är fel i ABS-systemet.

Observera: *Arbeta noggrant och metodiskt när någon del av systemet servas. Iakttag alltid fullständig renlighet när någon del av hydraulsystemet ses över. Byt alltid ut delar (på båda sidor där så är möjligt) om deras skick kan ifrågasättas. Använd enbart äkta Volvodelar, eller åtminstone delar som är av erkänt god kvalitet. Observera de varningar som finns i "Säkerheten främst!" och relevanta punkter i detta kapitel som rör asbestdamm och hydraulvätska.*

2 Hydraulsystem – luftning

⚠️ **Varning:** *Hydraulvätskan är giftig. Tvätta genast noggrant bort vätskan vid hudkontakt och sök omedelbart läkarhjälp om vätska sväljs eller hamnar i ögonen. Vissa typer av bromsvätska är brandfarliga och kan antändas när de kommer i kontakt med varma delar. Vid arbete med hydraulsystem är det alltid säkrast att anta att oljan verkligen är brandfarlig, och att vidta samma försiktighetsgärder mot brand som när bensin hanteras. Bromsvätska är även ett effektivt färgborttagningsmedel och angriper plast. Vid spill ska vätskan sköljas bort omedelbart med stora mängder*

rent vatten. Slutligen är den hygroskopisk (den absorberar fukt från luften). Ju mer fukt vätskan har absorberat, desto lägre blir dess kokpunkt, vilket leder till farligt minskad bromskraft vid hård användning. Gammal vätska kan vara smutsig och inte lämpa sig för fortsatt användning. Vid påfyllning eller byte ska alltid rekommenderad typ användas och den måste komma från en nyöppnad förseglad förpackning.

Allmänt

1 Ett bromshydraulsystem kan inte fungera som det ska förrän all luft har avlägsnats från komponenterna och kretsen. Detta görs genom att systemet luftas.

2 Tillsätt endast ren, oanvänd hydraulvätska av rekommenderad typ under luftningen. Återanvänd aldrig vätska som redan har tömts ur systemet. Se till att det finns tillräckligt med vätska i beredskap innan luftningen påbörjas.

3 Om det finns någon risk att fel typ av olja finns i systemet måste bromsledningarna och komponenterna spolas ur helt med ren olja av rätt typ, och alla tätningar måste bytas.

4 Om huvudcylindern har tappat bromsvätska på grund av ett läckage i systemet, se till att du hittar orsaken innan du går vidare.

5 Parkera bilen på plant underlag, lägg i handbromsen och slå av tändningen.

6 Kontrollera att alla rör och slangar sitter säkert, att anslutningarna är ordentligt åtdragna och att luftningsskruvarna är stängda. Ta bort dammkåporna och ta bort eventuell smuts runt luftningsskruvarna.

7 Skruva loss huvudcylinderbehållarens lock och fyll på behållaren till MAX-markeringen. Montera locket löst. Kom ihåg att oljenivån aldrig får sjunka under MIN-nivån under arbetet, annars är det risk för att ytterligare luft tränger in i systemet.

8 Det finns ett antal enmans gör-det-själv-luftningssatser att köpa i motortillbehörs-butiker. Vi rekommenderar att en sådan sats används, eftersom den i hög grad förenklar arbetet och dessutom minskar risken för att avtappad olja och luft sugs tillbaka in i systemet. Om det inte går att få tag på en sådan sats återstår bara den vanliga tvåmansmetoden som beskrivs i detalj nedan.

2.14 Bänd bort dammkåpan från luftningsskruven (se pil)

9 Om en luftningssats ska användas, förbered bilen enligt beskrivningen ovan och följ sedan luftningssatstillverkarens instruktioner, eftersom metoden kan variera något mellan olika luftningssatser. I allmänhet är metoden den som beskrivs i relevant underavsnitt.

10 Oavsett vilken metod som används måste ordningen för luftning (se punkt 11 och 12) följas för att systemet garanterat ska tömmas på all luft.

Ordningsföljd vid luftning av bromsar

11 Om hydraulsystemet endast kopplats ur delvis och åtgärder vidtagits för att minimera oljespill, ska bara den aktuella delen av systemet behöva luftas (dvs. primär- eller sekundärkretsen).

12 Om hela systemet ska luftas ska det göras i följande ordningsföljd:
   a) Vänster frambroms.
   b) Höger bakbroms.
   c) Höger frambroms.
   d) Vänster bakbroms.

Luftning

Grundläggande luftning (för två personer)

13 Skaffa en ren glasburk i lämplig storlek, en plast- eller gummislang med lagom längd som sluter tätt över avluftningsskruven och en ringnyckel som passar skruvarna. En medhjälpare behövs också.

14 Om du inte redan har gjort det, ta bort dammkåpan från luftningsskruven på det första hjul som ska luftas **(se bild)**, och sätt dit nyckeln och luftningsslangen på skruven. Placera slangens andra ände i burken och häll i tillräckligt med vätska för att slangänden ska täckas.

15 Se till att oljenivån i huvudcylinderbehållaren överstiger linjen för miniminivå under hela arbetets gång.

16 Låt medhjälparen trycka ner bromspedalen helt flera gånger för att öka trycket, håll sedan kvar trycket vid den sista nedtryckningen.

17 Med pedaltrycket intakt, skruva loss luftningsskruven (ungefär ett varv) och låt den komprimerade vätskan och luften flöda in i behållaren. Medhjälparen ska behålla pedaltrycket, följa det ner till golvet om det behövs och inte släppa det förrän instruktioner ges. När flödet tar slut, dra åt luftningsskruven igen, låt medhjälparen släppa upp pedalen långsamt, och kontrollera återigen behållarens vätskenivå.

18 Upprepa stegen i punkt 16 och 17 till dess att inga bubblor finns kvar i oljan som kommer ut från luftningsskruven. Om huvudcylindern har tömts och fyllts på igen och den luftas via den första skruven i ordningsföljden, låt det gå ungefär fem sekunder mellan cyklerna innan huvudcylindern går över till påfyllning.

19 Dra åt luftningsskruven ordentligt när inga fler bubblor förekommer. Ta sedan bort slangen och nyckeln och montera dammkåpan. Dra inte åt luftningsskruven för hårt.

2.22 Anslut satsen och öppna luftningsskruven

20 Upprepa procedurerna på de kvarvarande bromsoken i ordningsföljd tills all luft har tömts ur systemet och bromspedalen känns fast igen.

Med hjälp av en luftningssats med backventil

21 Dessa luftningssatser består av en bit slang försedd med en envägsventil för att förhindra att luft och vätska dras tillbaka in i systemet. Vissa satser levereras även med en genomskinlig behållare som kan placeras så att luftbubblorna lättare ses flöda från slangänden.

22 Koppla luftningssatsen till luftningsskruven och öppna den **(se bild)**. Återvänd till förarsätet, tryck ner bromspedalen mjukt och stadigt och släpp sedan långsamt upp den igen. Detta upprepas tills vätskan som rinner ut är utan luftbubblor.

23 Observera att dessa luftningssatser underlättar arbetet så mycket att man lätt glömmer huvudcylinderns vätskenivå. Se till att nivån hela tiden ligger över MIN-markeringen.

Med hjälp av en tryckluftssats

24 De tryckluftsdrivna avluftningssatserna drivs ofta av tryckluften i reservdäcket. Observera dock att trycket i reservhjulet antagligen behöver minskas till under den normala nivån. Se instruktionerna som följer med luftningssatsen.

25 Om man ansluter en trycksatt, vätskefylld behållare till huvudcylinderbehållaren kan luftningen utföras genom att man helt enkelt öppnar luftningsskruvarna i tur och ordning (i den angivna ordningsföljden) och låter vätskan flöda ut tills den inte längre innehåller några luftbubblor.

26 En fördel med den här metoden är att den stora vätskebehållaren ytterligare förhindrar att luft dras tillbaka in i systemet under luftningen.

27 Trycksatt luftning är speciellt effektiv för luftning av "svåra" system och vid rutinbyte av all olja. Detta är också den metod som Volvo rekommenderar om hydraulsystemet har tömts helt eller delvis.

Alla metoder

28 När luftningen är avslutad och pedalen känns fast, tvätta bort eventuellt oljespill, dra åt avluftningsskruvarna ordentligt och montera dammskydden.

29 Kontrollera hydrauloljenivån i huvudcylinderbehållaren och fyll på om det behövs.
30 Kassera all hydraulvätska som har tappats ur systemet. Den lämpar sig inte för återanvändning.
31 Kontrollera känslan i bromspedalen. Om den känns "svampig" finns det luft kvar i systemet och ytterligare luftning behövs. Om systemet inte är helt luftat efter ett rimligt antal luftningar kan det bero på slitna huvudcylindertätningar.
32 Kontrollera kopplingens funktion. Eventuella problem tyder på att även kopplingssystemet måste luftas – se kapitel 6.

3 Hydraulrör och slangar – byte

Observera: Innan du börjar, läs varningen i början av avsnitt 2 om riskerna med hydraulvätska.
1 Om du ska byta något rör eller någon slang, minimera hydraulvätskeförlusten genom att ta bort huvudcylinderbehållarens lock, placera en bit plastfilm över behållaren och förslut den med ett gummiband. Alternativt kan mjuka slangar tätas, vid behov, med en bromsslangklämma. Bromsrörsanslutningar i metall kan pluggas igen eller täckas över direkt när de kopplas loss. Var då noga med att inte låta smuts tränga in i systemet. Placera trasor under de anslutningar som ska lossas för att fånga upp eventuellt oljespill.
2 Om en slang ska kopplas loss, skruva loss muttern till bromsrörsanslutningen innan fjäderklammern som fäster slangen i fästet tas bort, efter tillämplighet. Vissa av slanganslutningarna skyddas av en gummikåpa – i detta fall måste röret tas bort från fästbygeln först, och kåpan skjutas nedför röret, innan du kan skruva loss muttern.
3 Använd helst en bromsrörsnyckel av lämplig storlek när anslutningsmuttrarna skruvas loss. Sådana finns att köpa i de flesta större motortillbehörsbutiker. Finns ingen sådan nyckel tillgänglig måste en tättsittande öppen nyckel användas, även om det innebär att hårt sittande eller korroderade muttrar kan runddras om nyckeln slinter. Skulle det hända är ofta en självlåsande tång det enda sättet att skruva loss en envis anslutning, men i så fall måste röret och de skadade muttrarna bytas ut vid ihopsättningen.
4 Rengör alltid anslutningen och området runt den innan den kopplas loss. Om en komponent med mer än en anslutning kopplas loss ska noggranna anteckningar göras om anslutningarna innan de rubbas.
5 Om ett bromsrör måste bytas ut kan ett nytt köpas färdigkapat, med muttrar och flänsar monterade, hos en Volvoverkstad. Allt som sedan behöver göras innan det nya röret kan monteras är att böja det till rätt form med det gamla röret som mall. Alternativt kan de flesta tillbehörsbutiker tillhandahålla bromsrör, men

det kräver extremt noggranna mätningar av originalet för att det nya röret ska få rätt längd. Det bästa är oftast att ta med sig originalröret till butiken som mall.
6 Före återmonteringen ska du blåsa igenom det nya röret eller slangen med torr tryckluft. Dra inte åt anslutningsmuttrarna för hårt. Man behöver inte använda överdrivet mycket kraft för att få en ordentlig tätning.
7 Om du byter ut de flexibla gummislangarna, se till att rören och slangarna är korrekt dragna, utan veck och vridningar, och att de är fästa med de klämmor eller fästbyglar som medföljer. Originalslangarna har vita linjer längs med dem vilket gör det enkelt att se om de är vridna.
8 Efter monteringen luftar du hydraulsystemet enligt beskrivningen i avsnitt 2, tvätta bort eventuellt vätskespill och kontrollera noggrant att det inte förekommer vätskeläckage.

4 Främre bromsklossar – byte

⚠️ *Varning: Byt ut båda främre bromsklossuppsättningarna på en gång – byt aldrig bromsklossar bara på ena hjulet eftersom det kan ge ojämn bromsverkan. Observera att dammet som uppstår p.g.a. slitage på bromsklossarna kan innehålla hälsovådlig asbest. Blås aldrig bort det med tryckluft och andas inte in det. En godkänd skyddsmask bör bäras vid arbete med bromsarna. Använd INTE bensin eller petroleumbaserade lösningsmedel för att rengöra bromskomponenter. Använd endast bromsrengöringsmedel eller T-sprit.*

1 Dra åt handbromsen och lossa sedan de främre hjulmuttrarna. Lyft upp framvagnen med domkraft och ställ den på pallbockar. Demontera båda framhjulen.
2 Följ respektive foto **(bild 4.2a till 4.2p)** för själva proceduren för bromsklossbyte. Var noga med att följa ordningen och läsa texten under varje bild, och tänk på följande:
a) Nya klossar kan ha självhäftande film på fästplattorna. Ta bort filmen före installation.

4.2a Använd en spårskruvmejsel för att försiktigt bända loss bromsokets spärrfjäder

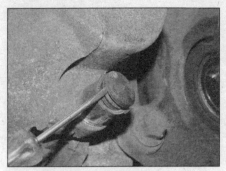

4.2b Bänd ut gummilocken . . .

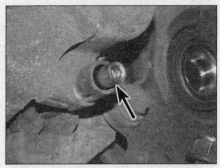

4.2c . . . och använd en insexnyckel för att lossa bromsokets styrpinnbultar (se pil)

4.2d Skjut bort bromsoket och bromsklossarna från skivan

4.2e Dra den inre bromsklossen från bromsokskolven

4.2f Om du sätter dit nya bromsklossar, tryck in kolven i bromsoket med en G-klämma . . .

4.2g . . . eller ett verktyg för kolvbort-tagning – glöm inte att hålla ett öga på vätskenivån i huvudcylinderbehållaren

4.2h Rengör bromsklossens fästytor med en stålborste

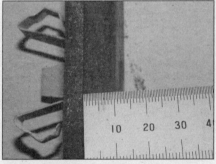

4.2i Mät tjockleken på bromsklossens belägg. Om det är 2,0 mm eller mindre, byt alla de främre bromsklossarna.

4.2j Sätt dit den yttre bromsklossen på bromsokets fästbygel . . .

4.2k . . . och montera sedan den inre bromsklossen på bromsokskolven

4.2l Skjut oket, med den inre bromsklossen monterad, över skivan och den yttre klossen

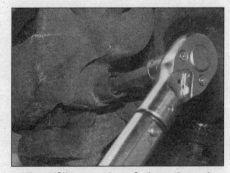

4.2m Håll bromsoket på plats, skruva in styrpinnbultarna och dra åt dem till angivet moment

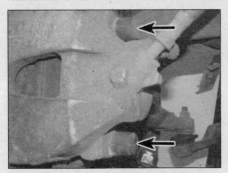

4.2n Tryck gummilocken på plats över styrpinnbultarna (se pilar)

4.2o Använd en tång . . .

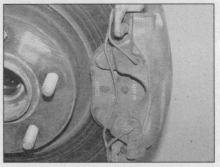

4.2p . . . för att sätta tillbaka bromsokets spärrfjäder

b) *Rengör bromsokets styrningsytor grundligt, och stryk på lite bromsfett av polykarbamidtyp.*

c) *När du trycker bromsokskolven bakåt för att få plats med nya bromsklossar är det viktigt att du håller ett öga på vätskearmen i behållaren.*

3 Tryck ner bromspedalen flera gånger, tills bromsklossarna trycks ordentligt mot bromsskivan och normalt pedaltryck (utan hjälp) uppstår.

4 Upprepa ovanstående procedur med det andra främre bromsoket.

5 Montera hjulen. Sänk sedan ner bilen till marken och dra åt hjulbultmuttrarna till angivet moment.

6 Kontrollera hydrauloljenivån enligt beskrivningen i *Veckokontroller*.

Varning: Nya bromsklossar ger inte full bromseffekt förrän de har körts in. Var beredd på det, och undvik hårda inbromsningar i mesta möjliga mån under de första 170 km efter bromsklossbytet.

---

5 Bakre bromsklossar – byte

⚠ *Varning: Byt ut båda bakre bromsklossuppsättningarna på en gång – byt aldrig bromsklossar bara på ena hjulet eftersom det kan ge ojämn bromsverkan. Observera att dammet som uppstår p.g.a. slitage på bromsklossarna kan innehålla hälsovådlig asbest. Blås aldrig bort det med tryckluft och andas inte in det. En godkänd skyddsmask bör bäras vid arbete med bromsarna. Använd INTE bensin eller petroleumbaserade lösningsmedel för att rengöra bromskomponenter. Använd endast bromsrengöringsmedel eller T-sprit.*

1 Klossa framhjulen, lossa bakhjulsmuttrarna, lyft upp framvagnen och ställ den på pallbockar (se *Lyftning och stödpunkter*). Demontera bakhjulen.

2 Med handbromsspaken helt lossad, följ nedanstående bilder **(se bilder 5.2a till 5.2p)** för anvisningar om hur man byter bromsklossar. Var noga med att följa ordningen och läsa texten under varje bild, och tänk på följande:

a) *Om du sätter tillbaka originalklossarna, se till att de placeras på sina ursprungliga platser.*

b) *Rengör bromsokets styrningsytor och styrsprintar ordentligt, och stryk på* lite *bromsfett (art.nr 1161325-4).*

c) *Om du ska sätta dit nya bromsklossar, använd ett kolvborttagningsverktyg för att trycka kolven bakåt* och *vrida den medurs samtidigt – håll ett öga på vätskenivån i behållaren när du tar bort kolven.*

3 Tryck ner bromspedalen flera gånger, tills bromsklossarna trycks ordentligt mot bromsskivan och normalt pedaltryck (utan hjälp) uppstår.

4 Upprepa ovanstående procedur med det andra bromsoket.

5 Justera handbromsen enligt beskrivningen i avsnitt 13 om det behövs.

6 Montera hjulen. Sänk sedan ner bilen till marken och dra åt hjulmuttrarna till angivet moment.

7 Kontrollera hydrauloljenivån enligt beskrivningen i *Veckokontroller*.

Varning: Nya bromsklossar ger inte full bromseffekt förrän de har körts in. Var beredd på det, och undvik hårda inbromsningar i mesta möjliga mån under de första 15 milen efter bromsklossbytet.

5.2a Ta försiktigt bort bromsokets spärrfjäder med en skruvmejsel

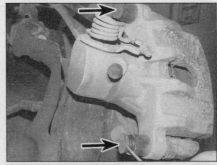

5.2b Bänd ut styrpinnbultarnas gummilock (se pilar) . . .

5.2c . . . och skruva loss styrpinnbultarna med en insexnyckel eller liknande

5.2d Lossa hydraulslangen från fästbygeln

5.2e Lyft bort bromsoket från skivan

5.2f Ta bort den yttre bromsklossen . . .

5.2g . . . följt av den inre bromsklossen

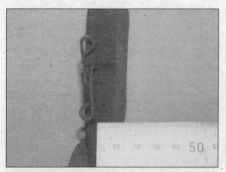

5.2h Mät hur tjockt bromsklossens belägg är, om det är 2,0 mm eller mindre ska alla de bakre klossarna bytas

5.2i Om du ska sätta dit nya bromsklossar, använd ett verktyg för kolvborttagning och tryck kolven in i bromsoket, samtidigt som du vrider den medurs – håll ett öga på vätskenivån i bromshuvudcylindern

5.2j Använd en stålborste för att rengöra bromsklossens fästytor på bromsokets fästbygel

5.2k Sätt dit den inre bromsklossen . . .

5.2l . . . följt av den yttre bromsklossen

5.2m Skjut bromsoket över bromsklossarna

5.2n Håll bromsoket på plats, skruva in styrpinnbultarna och dra åt dem till angivet moment

5.2o Sätt tillbaka styrsprintens gummilock

5.2p Använd en tång för att sätta tillbaka bromsokets spärrfjäder

6.4 Mät tjockleken på bromsskivan med en mikrometer

6.6 Lyft bort bromsskivan från pinnbultarna

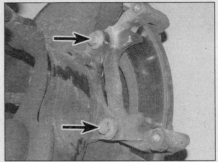

7.3 Skruva loss bromsokets fästbygelbultar (se pilar)

6 Främre bromsskiva – kontroll, demontering och montering

Observera: *Innan du börjar, läs varningen i början av avsnitt 4 om riskerna med asbestdamm.*
Observera: *Om någon av skivorna behöver bytas bör du byta BÅDA samtidigt för att undvika ojämn bromsverkan. Nya bromsklossar bör också monteras.*

Kontroll

1 Ta bort de främre bromsklossarna enligt beskrivningen i avsnitt 4.
2 Undersök skivans friktionsytor och kontrollera om den har sprickor eller djupa repor (lätta spår är normalt och kan ignoreras). En sprucken skiva måste bytas. En repig skiva kan åtgärdas genom ytbearbetning, förutsatt att tjockleken inte underskrider det angivna minimivärdet.
3 Kontrollera skivans skevhet med en indikatorklocka, med sonden placerad nära skivans ytterkant. Om skevheten överskrider värdet som anges i Specifikationer, kan det vara möjligt att bearbeta ytan. I annat fall måste skivan bytas.

> **HAYNES TiPS**
> *Om du inte har tillgång till en indikatorklocka, kontrollera skevheten genom att placera en låsbar passare som ligger an mot skivans yta, nära den yttre kanten. Vrid skivan och mät passarens maximala förflyttning med bladmått.*

4 För stora skillnader i skivtjocklek kan också orsaka skakningar. Kontrollera detta med en mikrometer **(se bild)**.

Demontering

5 Med bromsklossarna och bromsoket borttagna (avsnitt 4), skruva loss de båda fästbultarna och ta bort bromsokets fästbygel **(se bild 7.3)**.
6 Kontrollera om skivans placering i förhållande till navet är markerad. Om så inte är

fallet, gör din egen markering för att underlätta återmonteringen. Ta bort och kasta klämman som håller fast skivan på navet (i förekommande fall – används endast under tillverkningsprocessen), lyft sedan bort skivan **(se bild)**.

Montering

7 Se till att navets och skivans fogytor är helt rena. Ta bort eventuellt rostskyddsmedel från en ny skiva med avfettningsmedel och en trasa.
8 Passa in skivan på navet med inställningsmarkeringarna (i förekommande fall) linjerade.
9 Sätt tillbaka bromsokets fästbygel och dra åt bultarna till angivet moment.
10 Sätt tillbaka bromsklossarna enligt beskrivningen i avsnitt 4.

7 Bakre bromsskiva – kontroll, demontering och montering

Observera: *Innan du börjar, läs varningen i början av avsnitt 5 om riskerna med asbestdamm.*
Observera: *Om någon av skivorna behöver bytas bör du byta BÅDA samtidigt för att undvika ojämn bromsverkan. Nya bromsklossar bör också monteras.*

Kontroll

1 Med de bakre bromsklossarna borttagna (avsnitt 5), är kontrollproceduren densamma som för de främre bromsskivorna, och läs avsnitt 6, punkt 2 till och med 4.

Demontering

2 Om du inte redan har gjort det, ta bort de bakre bromsklossarna enligt beskrivningen i avsnitt 5. Stötta upp bromsoket på lämpligt sätt, eller häng upp det i ett snöre eller en bit kabel som binds fast i en lämplig fjädringskomponent.
3 Skruva loss de båda bultarna till bromsokets fästbygel och ta bort fästbygeln **(se bild)**.
4 Ta bort skivans fästklämma och kasta den (i förekommande fall – används endast vid tillverkningsprocessen).
5 Märk ut skivans placering i förhållande till

navet, dra sedan bort skivan. Om det behövs kan du knacka på den med en mjuk klubba för att få loss den.

Montering

6 Se till att navets och skivans fogytor är helt rena. Ta bort eventuellt rostskyddsmedel från en ny skiva med avfettningsmedel och en trasa.
7 Passa in skivan på navet med inställningsmarkeringarna linjerade.
Sätt tillbaka bromsokets fästbygel och dra åt bultarna till angivet moment.
9 Montera bromsklossarna enligt beskrivningen i avsnitt 5.
10 Justera handbromsen enligt beskrivningen i avsnitt 13.

8 Främre bromsok – demontering, översyn och montering

Observera: *Innan du börjar arbeta, se varningen i början av del 2 angående farorna med hydraulvätska, och varningen i början av del 4 angående farorna med asbestdamm.*

Demontering

1 Dra åt handbromsen och klossa bakhjulen. Lossa framhjulens muttrar, lyft därefter upp bilens framvagn och stötta den på pallbockar (se *Lyftning och stödpunkter*). Demontera hjulet.
2 För att minimera vätskeförlusten, be en medhjälpare trycka ner bromspedalen och hålla den nertryckt. Fäst sedan en bit plastslang på luftningsskruven på bromsoket, med slangens andra ände placerad i en ren behållare. Skruva upp luftningsskruven cirka ett varv och låt vätskan rinna ner i behållaren. Så snart vätskan rinner långsammare drar du åt skruven och spärrar pedalen i det nedtryckta läget. Detta kan du göra med en pedaldomkraft eller med en bit trä (t.ex. ett kvastskaft) som har kapats till rätt längd. Du kan också använda en bromsslangklämma, en G-klämma eller liknande verktyg med skyddade käftar,

8.2a Använd en pedaldomkraft för att hålla bromspedalen nedtryckt

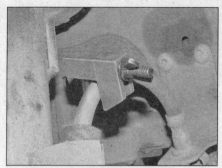

8.2b Använd en slangklämma på de flexibla slangarna

för att försiktigt klämma av den främre hydraul-slangen **(se bilder)**.

3 Gör rent runt anslutningen mellan hydraul-slangen och bromsoket, lossa sedan slangan-slutningen ett halvt varv. Var beredd på vätskespill.

4 Ta bort bromsklossarna enligt beskrivningen i avsnitt 4.

5 Skruva loss bromsoket från hydraulslangen och torka upp eventuell utspilld vätska omedelbart. Plugga igen eller sätt lock på de öppna anslutningarna.

6 Om du vill ta bort bromsokets fästbygel, skruva loss de båda bultarna som fäster det på hjulspindeln.

Renovering

7 I skrivande stund fanns det inga reservdelar för att renovera bromsoken. Följaktligen måste bromsoken bytas om det är fel på dem. Det finns hela bromsok att köpa som reservdelar. Kontakta en Volvo-verkstad eller reservdelsspecialist.

Montering

8 Om du har tagit bort bromsokets fästbygel, sätt tillbaka det och dra åt bultarna till angivet moment.

9 Sätt tillbaka bromsklossarna enligt beskriv-ningen i avsnitt 4, men skruva på bromsoket på slangen innan du sätter tillbaka det i bromsokets fästbygel.

10 Dra åt slanganslutningen och se till att slangen inte är vikt.

11 Ta bort bromsslangklämman och/eller pedaldomkraften, och lufta hydraulsystemet enligt beskrivningen i avsnitt 2.

12 Tryck ner fotbromsen två eller tre gånger för att bromsklossarna ska hamna rätt, och sätt sedan tillbaka hjulet och sänk ner bilen. Dra åt hjulmuttrarna i diagonal ordningsföljd till angivet moment.

9 Bakre bromsok –
demontering, översyn och montering

Observera: *Innan du börjar arbeta, se varningen i början av avsnitt 2 angående farorna med hydraulvätska, och varningen i början av avsnitt 5 angående farorna med asbestdamm.*

Demontering

1 Dra åt handbromsen och klossa framhjulen.

Lossa bakhjulens muttrar, lyft sedan upp bilens bakvagn och stötta den på pallbockar (se *Lyftning och stödpunkter*). Demontera hjulet.

2 För att minimera vätskeförlusten, be en medhjälpare trycka ner bromspedalen och hålla den nertryckt. Fäst sedan en bit plastslang på luftningsskruven på bromsoket, med slangens andra ände placerad i en ren behållare. Skruva upp luftningsskruven cirka ett varv och låt vätskan rinna ner i behållaren. Så snart vätskan rinner långsammare drar du åt skruven och spärrar pedalen i det nedtryckta läget. Detta kan du göra med en pedaldomkraft eller med en bit trä (t.ex. ett kvastskaft) som har kapats till rätt längd. Du kan också använda en bromsslangklämma, en G-klämma eller liknande verktyg med skyddade käftar, för att försiktigt klämma av den bakre hydraulslangen **(se bilder 8.2a och 8.2b)**.

3 Rengör området runt hydraulanslutningen på bromsoket, lossa sedan slanganslutningen ett halvt varv.

4 Ta bort de bakre bromsklossarna enligt beskrivningen i avsnitt 5.

5 Lossa handbromsens inre vajerbeslag från armen på bromsoket, koppla sedan loss vajerhöljet från fästbygeln **(se bild 14.9)**.

6 Skruva loss bromsoket från slangan-slutningen. Var beredd på vätskespill, och plugga igen eller täck för de öppna anslutningarna.

Renovering

7 I skrivande stund fanns det inga reservdelar för att renovera bromsoken. Följaktligen måste bromsoken bytas om det är fel på dem. Det finns hela bromsok att köpa som reservdelar. Kontakta en Volvoverkstad eller reservdelsspecialist.

10.3 Koppla loss nivågivarens anslutnings-kontakt, tryck sedan ner lossningsknappen (sitter dold på kopplingens baksida) och koppla loss vätskematningsröret till kopplingens huvudcylinder (se pilar)

Montering

8 Sätt tillbaka bromsslangen på bromsoket, dra endast åt anslutningarna för hand i detta skede.

9 Återanslut handbromsvajern på bromsokets arm och fästbygel.

10 Sätt tillbaka bromsklossarna enligt beskrivningen i avsnitt 5.

11 Dra åt slanganslutningen ordentligt, se till att slangen inte är vriden eller vikt.

12 Ta bort bromsslangklämman och/eller pedaldomkraften, i förekommande fall, och lufta hydraulsystemet enligt beskrivningen i avsnitt 2.

13 Tryck ner fotbromsen två eller tre gånger för att bromsklossarna ska hamna rätt, och sätt sedan tillbaka hjulet och sänk ner bilen. Dra åt hjulbultarna i diagonal ordningsföljd till angivet moment.

10 Bromshuvudcylinder –
demontering och montering

Observera: *Innan du börjar, läs varningen i början av avsnitt 2 om riskerna med hydraulvätska.*

Observera: *Huvudcylinderns inre komponenter går inte att köpa separat och det går inte att reparera eller renovera huvudcylindern. Om det är fel på huvudcylindern måste enheten bytas.*

Demontering

1 Tryck ner bromspedalen flera gånger för att få bort eventuellt kvarvarande vakuum i servon. Sug sedan ut så mycket vätska som möjligt från huvudcylinderbehållaren med en bollspruta eller sughävert.

Varning: Sug inte upp vätskan med munnen eftersom den är giftig.

2 Koppla loss eventuella kontaktdon från behållaren/huvudcylindern.

3 På modeller med manuell växellåda, tryck ner fästfliken och koppla loss kopplingens huvudcylinders vätskeslang från behållarens sida **(se bild)**. Var beredd på vätskespill. Plugga igen slangens öppna ände och öppningen i behållaren.

4 Koppla loss hydraulrörsanslutningarna från huvudcylindern **(se bild)**. Var beredd på ytterligare oljespill. Plugga igen eller täck över öppningarna för att förhindra nedsmutsning.

10.4 Skruva loss anslutningarna och koppla loss hydraultryckrören från cylindern

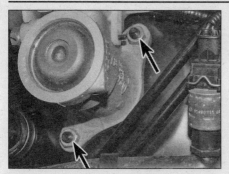

10.5 Huvudcylindern är fäst på servon med två muttrar (se pilar)

5 Ta bort muttrarna som fäster huvudcylindern på servon **(se bild)**. Dra bort huvudcylindern från servons pinnbultar och ta bort den. Var försiktig så att du inte spiller hydraulvätska på lacken.

6 Om det behövs kan du skruva loss skruven och lyfta bort behållaren från huvudcylindern **(se bild)**. Kontrollera de båda tätningarnas skick och byt dem vid behov.

Montering

7 Om behållaren har tagits bort, smörj in tätningarna med ren bromsvätska, sätt tillbaka behållaren på huvudcylindern och dra sedan åt fästskruven ordentligt.

8 Placera huvudcylindern där den ska sitta på servoenheten och fäst den med muttrarna åtdragna till rätt moment.

9 Sätt tillbaka bromsrören, men dra inte åt anslutningsmuttrarna helt i detta skede.

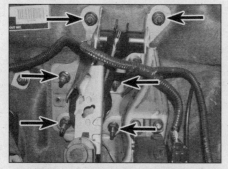

11.3 Skruva loss de 6 muttrarna (se pilar) som håller fast pedalfästbygeln

11.4b . . . lossnar det stora "plasthuvudet" . . .

10.6 Skruva loss skruven och dra behållaren från huvudcylindern (skruvänden markerad med pil)

10 Sätt tillbaka vätskeslangen på behållaren. Smörj in slangänden med bromsvätska för att underlätta monteringen.

11 Återanslut behållarens/huvudcylinderns elektriska kontaktdon.

12 Placera uppsugande trasor under bromsrörsanslutningarna på huvudcylindern, fyll sedan behållaren med ren hydraulvätska av angiven typ.

13 Dra åt bromsrörsanslutningarna ordentligt när du kan se att det sipprar ut hydraulvätska.

14 Avsluta med att lufta hydraulsystemet enligt beskrivningen i avsnitt 2. På modeller med manuell växellåda luftar du kopplingens hydraulsystem enligt beskrivningen i kapitel 6.

15 När systemet har luftats, trycktestar du huvudcylindern genom att trycka ner bromspedalen hårt och hålla den nedtryckt i 30 sekunder. Släpp upp pedalen och kon-

11.4a Vi fann att det var omöjligt att ta bort tryckstångens sprint utan att skada den – när man bänder ut mittdelen av metall . . .

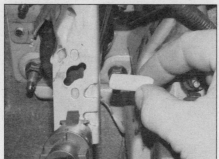

11.4c . . . och resten av stiftet togs bort från höger sida

trollera om det förekommer läckage runt huvudcylinderns röranslutningar.

11 Bromspedal – demontering och montering

Demontering

1 Ta bort hela instrumentbrädan enligt beskrivningen i kapitel 11.

2 Notera var anslutningskontakterna är placerade och koppla sedan loss dem från pedalbrytaren(arna). Lossa kablaget från buntbanden.

3 Skruva loss de sex muttrarna som fäster broms- och gaspedalsfästbygeln på torpedväggen **(se bild)**.

4 Ta bort sprinten som håller fast bromspedalen på servotryckstången **(se bilder)**. Observera att sprinten inte kan separeras helt, och att den måste bytas vid återmonteringen. Ta bort pedalfästbygelenheten.

5 Om det behövs kan du skruva loss de tre muttrarna och ta bort gaspedalenheten från fästbygeln. Det finns inga separata reservdelar – försök inte att skilja bromspedalen från fästbygeln.

Montering

6 Om gaspedalsenheten har tagits bort återmonterar du den på fästbygeln och drar åt fästmuttrarna ordentligt.

7 Passa in pedalfästbygeln på plats och dra åt fästbulten/muttrarna ordentligt.

8 Återanslut servotryckstången till pedalen och fäst den med en ny sprint **(se bild)**.

9 Återanslut anslutningskontakterna och fäst kablaget med buntband.

10 Sätt tillbaka instrumentbrädan enligt beskrivningen i kapitel 11.

11 Kontrollera att bromsljusen fungerar.

12 Vakuumservoenhet – demontering och montering

Demontering

1 Eftersom du måste hantera AC-kretsen måste systemet tömmas av en kyltekniker.

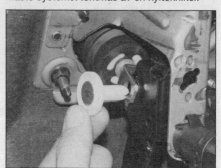

11.8 Tryck in servotryckstångens nya sprint tills den snäpper fast

12.5a Skruva loss skruvarna med plugg (se pilar) . . .

12.5b . . . och ta bort kåpan över servon

12.9 Dela på låsringen (se pil) och dra pedalgivaren från servon

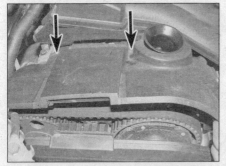

12.12 Skruva loss de båda bultarna (se pilar) och ta bort den övre kamremskåpan

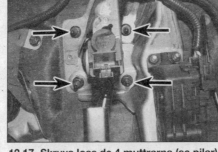

12.17 Skruva loss de 4 muttrarna (se pilar) som fäster servon på pedalfästbygeln

Placera en träkloss mellan domkraftens lyftsadel och sumpen för att förhindra skador.

15 Skruva loss bultarna och ta bort höger motorfästesenhet, sänk sedan ner motorn cirka 6 cm.

16 Ta bort sprinten som fäster servotryckstången på bromspedalen **(se bilder 11.4a, 11.4b och 11.4c)**. Observera att sprinten inte kan separeras helt, och att den måste bytas vid återmonteringen.

17 Skruva loss de fyra muttrarna som fäster servon på pedalfästbygeln/torpedväggen **(se bild)**. Flytta bort servon från motorrummet.

Montering

18 Återmonteringen utförs i omvänd ordningsföljd. Tänk på följande:

a) *Dra åt alla muttrar och bultar till angivet moment.*

b) *Sätt tillbaka huvudcylindern enligt beskrivningen i avsnitt 10.*

c) *Sätt tillbaka vindrutetorkaren enligt beskrivningen i kapitel 12.*

d) *Avsluta med att kontrollera och vid behov lufta hydraulsystemet enligt beskrivningen i avsnitt 2.*

2 Tryck ner bromspedalen flera gånger för att få bort eventuellt vakuum i servoenheten.

3 Ta bort bromshuvudcylindern enligt beskrivningen i avsnitt 10.

4 Ta bort vindrutetorkarmotorn enligt beskrivningen i kapitel 12.

5 Lossa kablagen från klämmorna, skruva sedan loss de båda skruvarna med plugg och ta bort skyddskåpan på bromsservon **(se bilder)**.

6 Skruva loss fästena och ta bort luftkonditioneringens lågtrycksrör. Plugga/täpp igen öppningarna för att förhindra nedsmutsning. Kasta O-ringarna eftersom nya måste monteras.

7 Lossa luftkonditioneringens högtrycksrör från fästklämman och lägg det åt sidan.

8 Bänd loss tryckgivaren från servon (i förekommande fall).

9 Koppla loss anslutningskontakten, dela sedan

försiktigt på låsringen och dra loss pedalgivaren från servon **(se bild)**. Kasta O-ringstätningen eftersom en ny måste monteras.

10 Skruva loss anslutningarna och ta bort de båda vätskerören mellan huvudcylindern och ABS-enheten. Plugga/täpp igen öppningarna för att förhindra nedsmutsning.

11 Ta bort den nedre instrumentbrädespanelen på förarsidan, enligt beskrivningen i kapitel 11.

2,4-liters bensinmodeller

12 Skruva loss de båda bultarna och ta bort den övre kamremskåpan **(se bild)**.

Alla modeller

13 Höj upp framvagnen och ställ den på pallbockar (se *Lyftning och stödpunkter*). Skruva loss de sju torxskruvarna och ta bort motorns undre skyddskåpa (i förekommande fall).

14 Stötta motorn med en garagedomkraft.

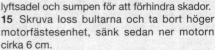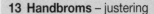

13 Handbroms – justering

Observera: *Handbromsen ska endast justeras när bromsskivorna/bromsklossarna är kalla.*

1 Innan du utför justeringen, dra åt handbromsen ordentligt fem gånger. Klossa framhjulen och lossa handbromsen.

2 Ta bort spakens damask och lossa justeringsmuttern tills justeringsstagets ände är jäms med mutterns ovansida **(se bilder)**.

3 Lyft upp fordonets bakre del och stötta den ordentligt på pallbockar (se *Lyftning och stödpunkter*).

4 Tryck ner fotbromsen fem gånger för att säkerställa att det bakre bromsoket är korrekt inställt.

5 Rotera hjulen ett i taget och kontrollera att det inte förekommer något onormalt motstånd.

6 Arbeta inuti bilen, med spaken i viloläge, och dra åt justeringsmuttern tills 7,0 mm av stagets gängning sticker ut från muttern.

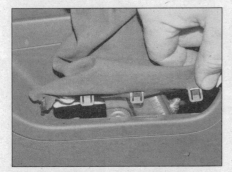

13.2a Lossa spakens damask . . .

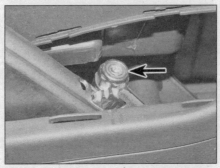

13.2b . . . och skruva upp justeringsmuttern tills den är jäms med justeringsstaget (se pil)

13.6 Dra åt justeringsmuttern tills 7,0 mm av gängningen sticker ut

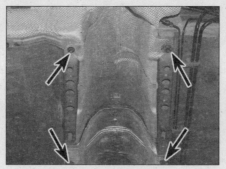

14.5 Skruva loss de 4 muttrarna (se pilar) och ta bort värmeskölden

14.6 Ta bort luftkåpan (se pil) på den aktuella sidan

Dra sedan åt muttern ytterligare tills du känner ett lätt motstånd i hjulen **(se bild)**.

7 Dra upp handbromsspaken minst 5 hack, 5 gånger, och släpp sedan spaken och kontrollera att det fortfarande finns ett lätt motstånd i hjulen. Om det behövs drar du åt justeringsmuttern ytterligare.

8 Skruva loss justeringsmuttern ett helt varv, dra åt handbromsen (minst 5 hack, 5 gånger).

9 Lossa spaken och kontrollera att det inte finns någon friktion i handbromsmekanismen vid hjulen. Om det finns friktion, skruva loss justeringsmuttern, dra åt handbromsen (minst 5 hack, 5 gånger) och kontrollera igen.

10 När justeringen är tillräcklig, sätt tillbaka damasken och sänk ner bilen.

14 Handbromsvajer – demontering och montering

Demontering

Bakre vajrar

1 Lossa de bakre hjulmuttrarna och klossa sedan framhjulen. Hissa upp bakvagnen och stötta den på pallbockar (se *Lyftning och stödpunkter*). Ta bort bakhjulen.

2 Lossa handbromsvajerns justeringsmutter helt enligt beskrivningen i avsnitt 13.

3 Skruva loss de båda muttrarna som fäster avgassystemets katalysator på den mellersta ljuddämparen och skruva loss den mellersta ljuddämparens fästbygelsmutter. Använd

en bit kabel eller snöre för att hänga upp katalysatorn från bilens kaross.

4 Koppla loss gummifästet till avgassystemets mellersta del och lägg sedan avgassystemet åt sidan. Häng upp avgassystemet med en bit kabel eller snöre för att förhindra att det skadas.

5 Skruva loss de fyra plastmuttrarna och ta bort värmeskölden från dess plats under handbromsspaken **(se bild)**.

6 Skruva loss de båda plastmuttrarna och den skruv som fäster luftkåpan på den aktuella sidan **(se bild)**.

7 Skruva loss de sju plastmuttrarna och ta bort värmeskölden ovanför den bakre/mellersta ljuddämparen **(se bild)**.

8 Tryck ner fästklämmorna och dra bort vajerhöljesbeslagen från fästbygeln, koppla sedan loss handbromsens främre inre vajer från utjämnarens fästbygel **(se bilder)**.

9 Koppla loss de inre vajrarna från de bakre bromsoken **(se bild)**.

10 Lossa vajern och ta bort den från bilens undersida. Observera att den bakre vajern endast finns som en komplett enhet.

Främre vajer

11 Ta bort mittkonsolen enligt beskrivningen i kapitel 11.

12 Skruva loss handbromsens justeringsmutter från spaken **(se bild 13.2b)**.

13 Skruva loss bulten från den mellersta ljuddämparens fästbygel, skruva sedan loss de sex plastmuttrarna och skjut värmeskölden ovanför ljuddämparen framåt för att komma åt vajrarna.

14 Koppla loss vajern från utjämnarens fästbygel på baksidan **(se bild 14.8b)**, och armen på framsidan **(se bild)**. Ta bort vajern.

14.7 Ta bort värmeskölden ovanför ljuddämparen

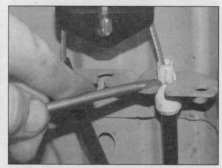

14.8a Tryck ihop klämman och koppla loss vajerhöljena från fästbygeln . . .

14.8b . . . koppla sedan loss den främre inre vajern från utjämnarens fästbygel

14.9 Koppla loss vajern från bromsokets arm

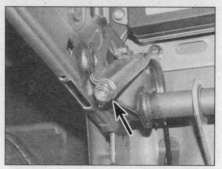

14.14 Med justeringsmuttern (se pil) borttagen, dra den inre vajern från armen

15.4 Fästbultar till handbromsspaksenheten (se pilar)

Montering

15 Monteringen utförs i omvänd ordningsföljd mot demonteringen, kom ihåg att justera handbromsen enligt beskrivningen i avsnitt 13.

15 Handbromsspak – demontering och montering

Demontering

1 Demontera mittkonsolen enligt beskrivningen i kapitel 11.
2 Skruva loss vajerns justeringsmutter från handbromsvajern (se bild 13.2b).
3 Koppla loss kontaktdonet från ljuskontakten till handbromsens varningslampa.
4 Skruva loss de tre bultarna som fäster spakenheten på golvet (se bild).

Montering

5 Monteringen utförs i omvänd ordnings-följd mot demonteringen. Avsluta med att justera handbromsen enligt beskrivningen i avsnitt 13.

16 Brytaren till handbromsens varningslampa – demontering och montering

1 Demontera mittkonsolen enligt beskrivningen i kapitel 11.
2 Skruva loss fästbulten och ta bort brytaren (se bild).
3 Koppla loss anslutningskontakten när du tar bort brytaren.

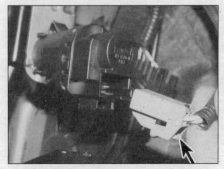

17.3 Tryck ner fliken och koppla loss brytarens anslutningskontakt (se pil)

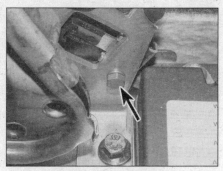

16.2 Fästbult till handbromsbrytaren (se pil)

4 Monteringen utförs i omvänd ordningsföljd mot demonteringen.

17 Bromsljuskontakt – demontering och montering

Demontering

1 Se till att tändningen är avstängd.
2 Ta bort den nedre instrumentbrädespanelen på förarsidan, enligt beskrivningen i kapitel 11.
3 Koppla loss brytarens anslutningskontakt (se bild).
4 Vrid brytaren medurs tills den lossnar från fästbygeln.
5 Tryck ihop brytarens sidofästspärrar och ta bort brytaren från pedalfästbygeln. Koppla loss kontaktdonet(en) och ta bort brytaren (se bild).

Montering

6 Se till att bromspedalen är i "viloläget", sätt sedan tillbaka brytaren, vrid den moturs tills den låses på plats. Observera att brytaren "självjusterar" sig vid installationen.
7 Återanslut anslutningskontakten.
8 Sätt tillbaka den nedre instrumentbräde-panelen.

18 Låsningsfria bromsar (ABS) – allmän information

Det låsningsfria bromssystemet (ABS) är standardutrustning på alla modeller. Systemet

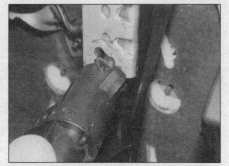

17.5 Vrid bromsljuskontakten medurs för att ta bort den

övervakar hjulens rotationshastighet under inbromsning. Om ett hjul plötsligt förlorar fart tyder detta på att det har låst sig vilket leder till att hydraultrycket till det hjulets broms minskas eller avbryts tillfälligt.

Systemets huvudkomponenter är rhjulgivarna, den elektroniska styrmodulen (ECM) och den hydrauliska modulatorenheten.

Det sitter en givare på varje hjul, tillsammans med ett magnetiskt pulshjul som är inbyggt i hjullagrets inre tätning. Givarna övervakar hjulens rotationshastighet, och kan känna av om det finns risk för att något hjul ska låsa sig (låg rotationshastighet). Hjulgivarna ger även information om bilens hastighet till hastighetsmätaren.

Information från givarna överförs till broms-styrmodulen (BCM), som styr ut magnetventiler i den hydrauliska modulatorn. Magnetventilerna begränsar tillförseln av hydraulvätska till det eller de bromsok som är på väg att låsas.

Om det uppstår fel i systemet tänder bromsstyrmodulen en varningslampa på instrumentpanelen och avaktiverar systemet. Normal bromsning kan fortfarande utföras, men utan den låsningsfria funktionen. Om det uppstår ett fel lagrar bromsstyrmodulen ett antal signaler (eller felkoder) för avläsning med diagnosutrustning (se avsnitt 20).

Den elektroniska bromskraftsfördelningen (EBD) är inbyggd i ABS-systemet och styr hur mycket av bromskraften som ska användas på de främre och bakre hjulen.

På bilar med antispinnsystem (TC) och/eller dynamiskt stabilitets- och antispinnsystem (DSTC), har ABS-systemet flera roller. Förutom att känna av när ett hjul låses vid inbromsning, registrerar systemet även ett hjul som spinner under acceleration, eller när bilen kommer att glida iväg på grund av för stora kurvtagningskrafter. Om något av dessa förhållanden upptäcks, aktiveras bromsen på det hjulet tillfälligt för att minska eller ta bort hjulspinnet. Om det handlar om kurvtagning bromsas det lämpligaste hjulet för att bibehålla stabilitet och kontroll. När det spinnande hjulets rotationshastighet är lika stor som de andra hjulens, lossas bromsen. På bilar med stabilitetskontroll (DSTC) används samma givare, magnetventiler och rör. Men bilar med DSTC har även en kombinerad givare för kursstabilitet/acceleration i sidled och en rattvinkelgivare.

19 Låsningsfria bromsar (ABS), komponenter – demontering och montering

Demontering
Främre hjulsensor

1 Lossa de lämpliga framhjulsmuttrarna och klossa bakhjulen. Hissa upp framvagnen och stötta den på pallbockar (se *Lyftning och stödpunkter*). Demontera hjulet.
2 Koppla loss hjulgivarens anslutnings-kontakt.
3 Skruva loss torxbulten som håller fast givaren på hjulspindeln. Ta bort givaren

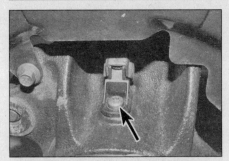

19.3a Skruva loss givarens fästtorxbult (se pil – visas med skivan borttagen för tydlighetens skull) . . .

19.3b . . . och bänd sedan försiktigt upp givaren från hjulspindeln

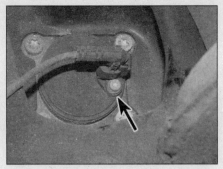

19.7 Skruva loss torxbulten till bakhjulets hastighetsgivare (se pil)

(se bild). Om det behövs kan du ta bort bromsskivan och fästplattan, och sedan bända loss givaren **(se bild).**

Pulshjul

4 Det magnetiska pulshjulet är inbyggt i hjullagrets inre tätning. I kapitel 10 finns det mer information om hur hjullagret byts.

Bakre hjulsensor

5 Lossa de lämpliga bakhjulsmuttrarna och klossa framhjulen. Hissa upp bakvagnen och stötta den på pallbockar (se *Lyftning och stödpunkter*). Demontera hjulet.

6 På modeller med självnivellerande bakfjädring (Nivomat-fjädring) skruvar du loss bulten och flyttar stötdämparens nedre ände åt sidan.

7 Skruva loss bulten som fäster givaren på axeltappen **(se bild)**. Ta bort givaren och koppla loss kontaktdonet. På vissa modeller måste du spåra kablaget bakåt tills du hittar kontaktdonet och då kan koppla loss det.

Bromsstyrmodul (BCM)

8 Ta bort den hydrauliska modulatorn enligt beskrivningen i detta avsnitt.

9 Skruva loss de båda fästbultarna och dra försiktigt bort BCM/pumpen från modulatorn **(se bild)**.

10 Ytterligare isärtagning rekommenderas inte. Se till att det inte kommer in smuts eller liknande i modulatorn eller BCM-/pumpenheten.

11 Om bromsstyrmodulen har bytts, måste programvaran för enheten laddas ner från Volvo.

Hydraulisk modulator

Observera: *Innan du börjar, läs varningen i början av avsnitt 2 om riskerna med hydraulvätska.*

Varning: Absolut renhet är mycket viktigt. Även de minsta smutspartiklar kan få systemet att sluta fungera.

12 För att minimera vätskeförlusten, be en medhjälpare trycka ner bromspedalen och hålla den nertryckt. Fäst sedan en bit plastslang på luftningsskruven på bromsoket, med slangens andra ände placerad i en ren behållare. Skruva upp luftningsskruven cirka ett varv och låt vätskan rinna ner i behållaren. Så snart vätskan rinner långsammare drar du åt skruven och spärrar pedalen i det nedtryckta läget. Detta kan du antingen göra med en pedaldomkraft, eller med en bit trä (t.ex. ett kvastskaft) som har kapats till rätt längd **(se bild 8.2a)**.

13 Ta bort batteriet enligt beskrivningen i kapitel 5A, skruva sedan loss de tre bultarna och ta bort batterilådan. Koppla ifrån aktuella anslutningskontakter när lådan tas bort.

14 Rengör området runt bromsrörsanslutningarna på modulatorn. Notera sedan var rören är placerade och lossa dem från modulatorn **(se bild)**. Täpp igen öppningarna för att förhindra nedsmutsning. Var beredd på vätskespill.

15 Koppla loss bromsstyrmodulens anslutningskontakt, skruva loss fästena och ta bort modulatorenheten.

16 Ytterligare isärtagning rekommenderas inte. Observera att när du luftar systemet behövs det luftningsutrustning.

Bromspedalens lägesgivare

17 Tryck ner bromspedalen två eller tre gånger för att få bort eventuellt vakuum i servoenheten.

18 Koppla loss kontaktdonet från pedalgivaren på framsidan av vakuumservoenheten.

19 Öppna låsringen och ta bort givaren från servon **(se bild 12.9)**. Ta loss O-ringen och distanshylsan från givaren.

Rattvinkelgivare

20 Rattvinkelgivaren är inbyggd i rattmodulen/krockkuddens kontaktenhet. Se kapitel 12. Observera att om rattmodulen har bytts, måste programvaran laddas ner från Volvo. Kontakta en Volvoverkstad eller specialist.

Karossens givarsamling, stabilitetsgivare (givare för kursstabilitet och acceleration i sidled)

21 Stabilitetsgivaren i karossens givarsamling (BSC) sitter under höger framsäte. Koppla loss batteriets minusledare enligt beskrivningen i kapitel 5A.

22 Ta bort höger framsäte enligt beskrivningen i kapitel 11.

23 Vik bort mattan för att få fram givaren **(se bild)**.

24 Koppla loss givarens anslutningskontakt, skruva sedan loss de båda bultarna och ta bort givaren tillsammans med fästbygeln.

Varning: Hantera givaren mycket försiktigt, eftersom den är extremt känslig för mekanisk skada.

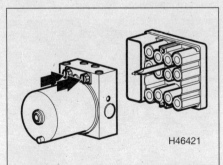

H46421

19.9 Skruva loss de båda bultarna (se pilar) och dra bort modulen från modulatorn

19.14 Skruva loss röranslutningarna på modulatorn

19.23 Samlingen med karossens stabilitetsgivare sitter under mattan på förarsidan (se pil)

20.1 Diagnosuttaget sitter under instrumentbrädan, på förarsidan

21.2 Avgasåterföringsrörets klämma är fäst med en mutter (se pil)

21.3 Tryck ner knappen (se pil) och koppla loss röret från vakuumpumpen

Montering

25 Monteringen utförs i omvänd ordning mot demonteringen, men tänk på följande:

a) Ta bort all smuts från hjulgivarna och fästena före återmontering, och rengör även pulshjulen med en styv borste.

b) Lufta hydraulsystemet enligt beskrivningen i avsnitt 2 när den hydrauliska modulatorn har återmonterats.

c) Använd en ny O-ring på bromspedalens lägesgivare, och se till att den färgkodade distanshylsan överensstämmer med servoenhetens färgkod.

d) Om BCM eller BSC måste tas bort och återmonteras, kan det dynamiska stabilitetssystemet behöva kalibreras om. Detta kan utföras med Volvos testutrustning. Det kan även utföras genom att du kör bilen i 30 km under följande förhållanden:
Låg acceleration i sidled (inga skarpa kurvor).
Jämn vägbeläggning (inga potthål, spår eller liknande).
Bra väggrepp (inte halt).

20 Låsningsfria bromsar (ABS) – feldiagnos

1 Systemet med låsningsfria bromsar har ett sofistikerat självdiagnossystem som underlättar felsökning och test av systemet. Om ett fel skulle uppstå, lagrar bromsstyrmodulen en

serie signaler (eller felkoder) för avläsning via diagnosuttaget som sitter under instrumentbrädan, på förarsidan, ovanför pedalerna (se bild).

2 Om du har upplevt problem kan det inbyggda felsökningssystemet användas för att ta fram eventuella problemområden, men detta kräver särskild testutrustning. När detta har gjorts krävs ofta fler test för att avgöra felets exakta natur, dvs. om det faktiskt är en komponent som har gått sönder eller om det är problem med kablaget eller liknande. För alla kontroller utom visuell kontroll av kablaget och anslutningarna krävs minst en felkodsläsare. En Volvo-verkstad har naturligtvis en sådan avläsare, men de finns även hos andra leverantörer. Det är antagligen inte lönsamt för en privatperson att köpa en felkodsläsare, men en välutrustad lokal verkstad eller bilelspecialist har en.

3 Observera att bromsstyrmodulen ständigt kommunicerar med bilens andra styrmoduler via ett databussnätverk. Traditionell felsökning, där man letar sig bakåt med spänningsprob etc. ska inte användas på nätverkskontakterna.

21 Vakuumpump – demontering och montering

Demontering

Kamaxeldriven pump

Observera: *Den kamaxeldrivna vakuumpumpen finns endast på dieselmodeller.*

1 Dra plastkåpan på motorns ovansida rakt uppåt från dess fästen.

2 Ta bort klämman från avgasåterföringsröret på vakuumpumpen, och lossa bränsleröret från klämmorna (se bild).

3 Tryck ner lossningsknappen och koppla loss vakuumslangen från pumpen (se bild).

4 Skruva loss de tre bultarna och ta bort pumpen från topplocket (se bild). Var beredd på vätskespill. Kasta O-ringarna eftersom nya måste monteras. Vi rekommenderar inte att du tar isär pumpen.

Elpump

Observera: *Elpumpen finns endast på vissa bensinmodeller.*

5 Koppla loss batteriets minusledare enligt beskrivningen i kapitel 5A.

6 Koppla loss vakuumslangen och anslutningskontakten från pumpen som sitter i motorrummets främre vänstra hörn.

7 Skruva loss de båda bultarna och ta bort pumpen.

Montering

Kamaxeldriven pump

8 Sätt dit nya O-ringar på pumpens fogyta, linjera sedan pumpens drivtappar med spåren i avgaskamaxelns ände och sätt ihop pumpen och topplocket – dra åt bultarna till angivet moment (se bilder).

9 Återstoden av monteringen utförs i omvänd ordningsföljd mot demonteringen.

Elpump

10 Monteringen utförs i omvänd ordningsföljd mot demonteringen.

21.8a Byt pumpens O-ringstätningar (se pilar)

21.8b Se till att drivtapparna hakar i spåret på kamaxeländen (se pilar)

21.4 Vakuumpumpens insexfästbultar (se pilar)

Kapitel 10
Fjädring och styrning

Innehåll

Svårighetsgrad

| Enkelt, passar novisen med lite erfarenhet | | Ganska enkelt, passar nybörjaren med viss erfarenhet | | Ganska svårt, passar kompetent hemmamekaniker | | Svårt, passar hemmamekaniker med erfarenhet | | Mycket svårt, för professionell mekaniker | |

Specifikationer

Framfjädring
Typ .... Fristående, med MacPherson-fjäderben med spiralfjädrar och teleskopstötdämpare. Krängningshämmare på alla modeller.

Bakfjädring
Typ .... Helt fristående, multilink med separata spiralfjädrar och hydrauliska teleskopstötdämpare. Krängningshämmare på alla modeller.

Styrning
Typ .... Kuggstångsstyrning med servo
Styrvätsketyp....................................... Se slutet av Veckokontroller

Hjulinställning och styrningsvinklar
Framhjul:
  Cambervinkel:
    Standardchassi.................................. -0,6° ± 0,7°
    Sportchassi..................................... -0,9° ± 0,7°
  Castervinkel:
    Standardchassi.................................. 3,6° ± 1,5°
    Sportchassi..................................... 4,0° ± 1,5°
  Toe-inställning.................................... 0,2° ± 0,1° toe-in
Bakhjul:
  Cambervinkel:
    Standardchassi.................................. -1,5° ± 1,0°
    Sportchassi..................................... -1,9° ± 1,0°
  Toe-inställning.................................... 0,3° ± 0,1° toe-in

Däck
Däcktryck.. Se etiketten på förarsidans B-stolpe

Åtdragningsmoment

	Nm
Framfjädring	
ABS-givare	10
Bromsokets fästbygelsbultar*	120
Drivaxelskruv*:	
Steg 1	35
Steg 2	Vinkeldra ytterligare 90°
Fjäderbenets kolvmutter*	50
Fjäderbenets övre fäste till kaross	30
Fjäderben till hjulspindel	90
Kryssrambalkens bakre fästbyglar till kaross	25
Kryssrambalkens fästbultar:*	
Fram	120
Bak	280
Krängningshämmarens anslutningslänksmuttrar*	50
Krängningshämmarens klämbultar*	50
Spindelleds mutter till hjulspindel*	70
Nedre momentstagsbultar:	
M10	60
M12	80
Länkarm till kryssrambalk:*	
Bakre bult:	
Steg 1	60
Steg 2	Vinkeldra ytterligare 90°
Främre bult	175
Bakfjädring	
Bakre navlagerenhet	55
Krängningshämmare till kryssrambalk, bultar	50
Krängningshämmare till nedre länkarmar	50
Nedre länkarm till hjulspindel	115
Nedre länkarm till kryssrambalk	90
Parallellstagsbultar	115
Sidostag/hjulspindel till kaross	120
Stötdämparens nedre fästbult:	
Normal fjädring	115
Självnivellerande fjädring (Nivomat)	225
Stötdämparens övre fästbultar	25
Stötdämparens övre fästmutter:*	
Normal fjädring	25
Självnivellerande fjädring (Nivomat)	60
Övre länkarm till hjulspindel/sidostag och kryssrambalk	115
Styrning	
EPS/pumpens fästbultar	25
Kuggstångens fästbultar	80
Rattbult*	65
Rattstångens fästbultar*	25
Styraxelns kardanknuts klämbult*	25
Styrstagets låsmuttrar	70
Styrstagsändens spindelleds muttrar*	50
Hjul	
Hjulmuttrar:	
Steg 1	20
Steg 2	90

* Återanvänds inte

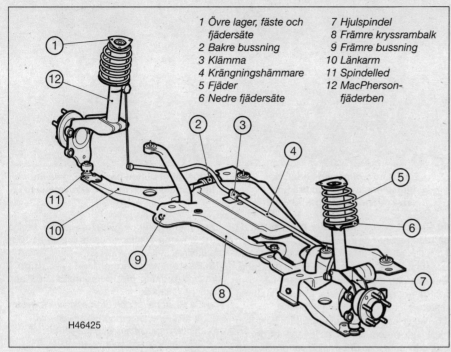

1 Övre lager, fäste och
   fjädersäte
2 Bakre bussning
3 Klämma
4 Krängningshämmare
5 Fjäder
6 Nedre fjädersäte
7 Hjulspindel
8 Främre kryssrambalk
9 Främre bussning
10 Länkarm
11 Spindelled
12 MacPherson-
   fjäderben

H46425

1.1 Framfjädring

1 Allmän information

Den oberoende framfjädringen är av typen
MacPherson fjäderben, med spiralfjädrar
och inbyggda teleskopiska stötdämpare.

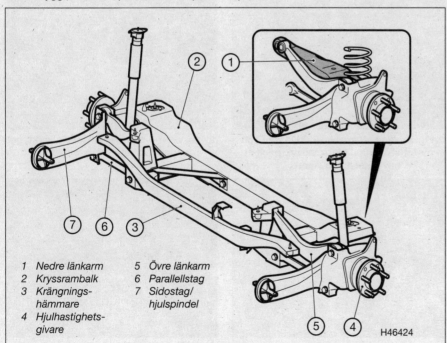

1 Nedre länkarm
2 Kryssrambalk
3 Krängnings-
   hämmare
4 Hjulhastighets-
   givare
5 Övre länkarm
6 Parallellstag
7 Sidostag/
   hjulspindel

H46424

1.2 Bakfjädring

Fjäderbenen hålls på plats av tvärgående
länkarmar som är fästa på den främre
kryssrambalken med gummibussningar
på innerändarna, och med en spindelled
på ytterändarna. Hjulspindlarna, där hjul-
lagren, bromsoken och naven/skivorna
sitter, är fastskruvade på MacPherson-
benen och anslutna till länkarmarna via
spindellederna. Alla modeller har en främre

krängningshämmare, som är fäst på kryss-
rambalken och MacPherson-benen med
länkarmar (se bild).

Bakfjädringen är av den helt fristående
multilinktypen, och består av en övre och en
nedre länkarm som är fästa med gummi-
bussningar på sidostaget/hjulspindeln och
den bakre kryssrambalken. Sidostaget är fäst
på karossen i framänden och har hjulspindeln
i bakänden. Enheten hålls på plats med ett
parallellstag på vardera sida. Det sitter
spiralfjädrar mellan den nedre länkarmen och
kryssrambalken. Det sitter separata
hydrauliska teleskopstötdämpare mellan
hjulspindeln och karossen (se bild).

Kuggstångsstyrning med servo är standard-
utrustning. Servostyrningen kommer från en
hydraulpump som drivs av en elmotor och
som styrs av den elektroniska styrservo-
modulen (EPS).

2 Främre hjulspindel och lager
   – demontering och montering

Observera: *Navlagret är ett förslutet, förinställt
och förinsmort tvåradigt kullager som ska
hålla bilens hela livslängd utan underhåll.
Navflänsen och lagret servas som en enda
enhet, och dessa komponenter kan inte tas
isär eller bytas separat.*

Demontering

1 Lossa det aktuella framhjulets muttrar, lyft
sedan upp bilens framvagn och stötta den
på pallbockar (se *Lyftning och stödpunkter*).
Demontera relevant framhjul.
2 Skruva loss skruven som fäster drivaxeln på
navet (se bild). Be en medhjälpare trycka ner
bromspedalen för att hindra att navet roterar.
Kasta skruven, du måste sätta dit en ny.
3 Ta bort den främre bromsskivan enligt
beskrivningen i kapitel 9.
4 Skruva loss de fyra bultarna och ta bort
bromsens fästplatta.
5 Skruva loss fästmuttern, koppla sedan loss
styrstagsändens spindelled från hjulspindeln.
Använd en spindelledsavdragare om det
behövs (se bild 19.3a och 19.3b).

2.2 Lossa drivaxelskruven (se pil)

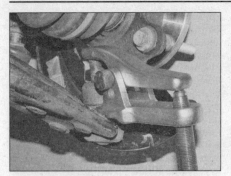

2.7 Använd en avdragare för att koppla loss länkarmens spindelled från hjulspindeln

2.9 Bänd länkarmen nedåt, dra hjulspindeln utåt och dra bort drivaxeländen från navflänsen

2.10a Med bulten borttagen, dela lite på hjulspindeln med en stor skruvmejsel . . .

6 Koppla loss anslutningskontakten, skruva loss torxskruven och ta bort ABS-hjulgivaren från hjulspindeln – se kapitel 9 om det behövs.

7 Lossa muttern tills den är i nivå med spindelledsaxelns ände. Använd sedan en spindelledsavdragare och lossa fjädringens spindelled från hjulspindeln. Placera en insexnyckel på spindelledsaxelns ände för att förhindra att den roterar när muttern lossas **(se bild)**.

8 Använd ett kraftigt stag för att bända länkarmen nedåt och flytta hjulspindeln över spindelledsaxelns ände. Var försiktig så att du inte skadar spindelledens dammkåpa under och efter ifrånkopplingen.

9 Sväng hjulspindelenheten utåt och ta bort drivaxelns drivknut från navflänsen **(se bild)**.

10 Ta bort bulten som fäster hjulspindeln på stötdämparen. För in ett plattbladigt verktyg i öppningen och dela lite på hjulspindeln där den fäster på stötdämparens nedre ände. Knacka samtidigt hjulspindeln nedåt från stötdämparen. Observera i vilken riktning bulten är insatt – framifrån **(se bilder)**.

11 Navet och lagret måste nu tas loss från hjulspindeln som en enhet. Vi fann att det på grund av enhetens utformning var omöjligt att trycka in det nya navet/lagret i hållaren utan att använda Volvos specialverktyg nr 9997090 **(se bilder)**. Lagret blir oanvändbart efter borttagningen och kan inte återanvändas.

Montering

12 Före monteringen tar du bort alla spår av metallfästmedel, rost, olja och smuts

från spårningen och gängorna på drivaxelns yttre drivknut och lagerhusets fogyta på hjulspindeln.

13 Resten av återmonteringen utförs i omvänd ordning mot demonteringen. Tänk dock på följande:

a) Se till att navet och bromsskivans fogytor är helt rena, och montera skivan med inställningsmarkeringarna linjerade.

b) Du måste använda en ny fästskruv till drivaxeln.

c) Se till att ABS-givaren och givarens plats i hjulspindeln är helt rena före återmonteringen.

d) Dra åt alla muttrar och bultar till angivet moment (se kapitel 9 för bromskomponenternas åtdragningsmoment).

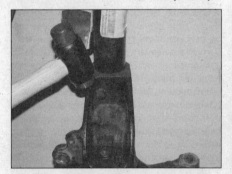

2.10b . . . knacka sedan ner hjulspindeln från stötdämparen

2.11a Använd ett specialverktyg från Volvo för att stötta upp hjulspindeln, tryck ut navflänsen och lagret . . .

2.11b . . . montera sedan specialverktyget runt den nya lager-/flänsenheten . . .

2.11c . . . passa in hjulspindeln över det nya lagret, och sätt specialverktyget på plats på hjulspindeln . . .

2.11d . . . tryck sedan hjulspindeln . . .

2.11e . . . helt på lagret

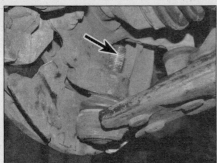

**3.4 Dra länkarmen nedåt tills spindel-
ledsaxelns ände (se pil) går genom
hjulspindelns botten**

**3.7 Skruva loss muttern som fäster
krängningshämmarens spindelled på
fjäderbenet – använd en insexnyckel för att
hålla emot spindelledsaxeln**

**3.9 Dra upp locken, skruva sedan loss
muttrarna och ta bort motorrummets
tvärbalk**

3 Främre fjäderben – demontering och montering

Demontering

1 Lossa det aktuella framhjulets muttrar, lyft sedan upp bilens framvagn och stötta den på pallbockar (se *Lyftning och stödpunkter*). Demontera relevant framhjul.

2 Skruva loss skruven som fäster drivaxeln på navet. Be en medhjälpare trycka ner bromspedalen för att hindra att navet roterar. Kasta skruven, du måste sätta dit en ny.

3 Lossa muttern tills den är i nivå med spindelledsaxelns ände. Använd sedan en spindelledsavdragare och lossa länkarmens spindelled från hjulspindeln. Placera en insexnyckel på spindelledsaxelns ände för att förhindra att den roterar när muttern lossas **(se bild 2.7)**.

4 Använd ett kraftigt stag för att bända länkarmen nedåt och tryck spindelledsaxelns ände ner genom hjulspindeln **(se bild)**. Var försiktig så att du inte skadar spindelledens dammkåpa under och efter ifrånkopplingen.

5 Skruva loss de båda bultarna som fäster bromsokets fästbygel på hjulspindeln och dra loss bromsoket från skivan. Använd en bit snöre eller kabel för att hänga upp bromsoket i bilens kaross. Belasta inte bromsslangen.

6 Sväng hjulspindelenheten utåt och ta bort drivaxelns drivknut från navflänsen.

7 Skruva loss muttern som fäster krängnings-hämmarstagets spindelled på fjäderbenet. Använd en insexnyckel för att hålla emot spindelledsaxeln **(se bild)**.

8 Ta bort bulten som fäster hjulspindeln på stötdämparen. För in ett plattbladigt verktyg i öppningen och dela lite på hjulspindeln där den fäster på stötdämparens nedre ände. Knacka samtidigt hjulspindeln nedåt från stötdämparen. Observera i vilken riktning bulten är insatt – framifrån **(se bilder 2.10a och 2.10b)**.

9 Arbeta inuti motorrummet och dra upp plastkåporna, skruva loss fästmuttrarna och ta bort motorrummets tvärbalk (i förekommande fall) **(se bild)**.

10 Skruva loss de tre bultarna som fäster benets övre fäste på karossen – försök **inte** att lossa mittmuttern **(se bild)**. Observera att nya muttrar kommer att behövas vid monteringen.

11 Ta ut fjäderbenet från hjulhusets undersida.

Montering

12 Monteringen utförs i omvänd ordningsföljd mot demonteringen, men tänk på följande:
a) *Dra åt alla muttrar och bultar till angivet moment, använd nya muttrar/bultar där det behövs.*
b) *Låt kontrollera, och vid behov justera, strålkastarinställningen.*

4 Främre fjäderben – isärtagning, kontroll och ihopsättning

⚠️ *Varning: Innan fjäderbenet kan demonteras måste ett passande verktyg för komprimering av spiralfjädern anskaffas. Justerbara fjäder-spännare som kan fästas ordentligt på fjäderspolen finns att köpa och dessa rekommenderas verkligen för denna åtgärd. Alla försök att ta isär fjäderbenet utan ett sådant verktyg innebär stora risker för materiella skador och/eller personskador.*

Isärtagning

1 Ta bort fjäderbenet från bilen enligt beskriv-ningen i avsnitt 3.

2 Lossa kolvmuttern 1/2 varv, samtidigt som du håller fast kolvstångens utstickande del med en insexnyckel **(se bild)**. Ta inte bort muttern i det här skedet.

3 Montera fjäderkompressorer på spiral-fjädrarna och dra åt kompressorerna tills belastningen försvinner från fjädersätena **(se bild)**.

4 Ta bort kolvmuttern och gör sedan inställningsmarkeringar där fjäderns ändar kommer i kontakt med de övre och nedre sätena **(se bild)**. Kasta muttern – du måste sätta dit en ny.

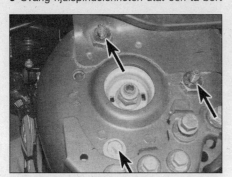

**3.10 Stötta fjäderbenet, skruva sedan loss
de 3 bultarna/pinnbultarna och sänk ner
det från hjulhuset**

**4.2 Håll benets kolvstång med en
insexnyckel och lossa fästmuttern**

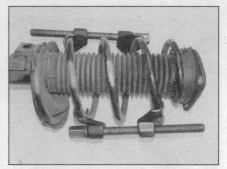

**4.3 Montera kompressionsverktygen på
fjädrarna**

4.4 Gör inställningsmarkeringar mellan fjädern och sätena

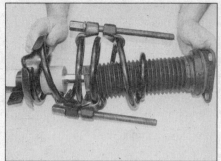

4.5 Med fjädrarna helt ihoptryckta, ta bort fästet/sätet/stoppklacken och damasken, följt av fjädern

4.11a Se till att fjäderändarna är korrekt placerade i sätena

5 Ta bort det övre fästet/fjädersätet, stopp-klacken och damasken, följt av fjädern **(se bild)**. Försök inte att lossa fjädersätet från fästet, då ramlar lagerkulorna ut.

Kontroll

6 Nu när fjäderbensenheten är helt isärtagen undersöker du alla komponenterna och kontrollerar om de är slitna, skadade eller deformerade. Byt komponenter efter behov.

7 Undersök stötdämparen och leta efter tecken på vätskeläckage, och kontrollera längs med hela benets kolv att den inte visar tecken på punktkorrosion. Testa stötdämparens funktion när du håller den upprätt genom att röra kolven ett helt slag och sedan korta slag om 50 till 100 mm. I båda fallen ska motståndet kännas mjukt och jämnt. Om motståndet är hoppigt eller ojämnt, eller om det finns synliga tecken på slitage eller skador måste stötdämparen bytas ut.

8 Om det råder någon tvekan om fjäderspolens skick så lossa fjäderkompressorn stegvis och kontrollera om fjädern är vriden eller sprucken. Eftersom Volvo inte anger någon minsta fri längd är det enda sättet att kontrollera fjäderns spänning att jämföra den med en ny komponent. Byt fjädern om den är skadad eller vriden eller om det råder något som helst tvivel om dess skick.

9 Undersök övriga komponenter efter tecken på skador eller åldrande och byt ut alla misstänkta komponenter.

10 Om du ska montera en ny stötdämpare, håll den vertikalt och pumpa kolven några gånger för att flöda den.

Ihopsättning

11 Ihopsättningen utförs i motsatt ordning mot isärtagningen, men se till att fjädern är helt ihoptryckt före montering. Se till att fjäderändarna är korrekt placerade i de övre och nedre sätena, linjera markeringarna som gjordes vid demonteringen. Dra sedan åt den nya stötdämparkolvens fästmutter och fjäderbenets fästbultar till angivet moment **(se bilder)**.

---

5 Framfjädringens länkarm/ spindelled – demontering, översyn och montering

Observera: *Spindelleden kan inte köpas annat än tillsammans med länkarmen. Om det är fel på den måste länkarm/spindelled bytas.*

Demontering

1 Lossa de lämpliga främre hjulmuttrarna. Klossa bakhjulen och dra åt handbromsen, lyft sedan upp framvagnen och ställ den på pallbockar (se *Lyftning och stödpunkter*). Ta bort det aktuella framhjulet, lossa sedan de sju torxskruvarna och ta bort motorns undre skyddskåpa (i förekommande fall).

2 Skruva loss skruven som fäster drivaxeln på navet. Be en medhjälpare trycka ner bromspedalen för att hindra att navet roterar. Kasta skruven, du måste sätta dit en ny.

3 Lossa muttern tills den är i nivå med spindelledsaxelns ände. Använd sedan en

spindelledsavdragare och lossa fjädringens spindelled från hjulspindeln. Placera en insexnyckel på spindelledsaxelns ände för att förhindra att den roterar när muttern lossas **(se bild 2.7)**.

4 Använd ett kraftigt stag för att bända länkarmen nedåt och över spindelledsaxelns ände **(se bild 3.4)**. Var försiktig så att du inte skadar spindelledens dammkåpa under och efter ifrånkopplingen.

5 Skruva loss de båda bultarna som fäster länkarmens bakre fäste och den bult som fäster det främre fästet, och flytta bort länkarmen från bilens undersida **(se bilder)**. Kasta bultarna, du måste sätta dit nya.

Renovering

6 Rengör länkarmen och området runt länk-armens fästen ordentligt. Undersök om armen visar tecken på sprickor, skador eller vridningar, och kontrollera försiktigt om de inre pivåbussningarna visar tecken på att gummit har svällt, spruckit eller skadats på annat sätt.

7 Om någon av bussningarna kräver byte ska arbetet utföras av en Volvoverkstad eller annan specialist. En hydraulisk press och lämpliga distanser krävs för att ta bort och sätta tillbaka bussningarna, och det behövs en inställningsmätare för att kunna placera bussningarna korrekt i armen.

Montering

8 Passa in armen i fästena och sätt dit de nya fästbultarna. Dra åt bultarna till angivet moment.

4.11b Dra åt den nya kolvstångsmuttern till angivet moment

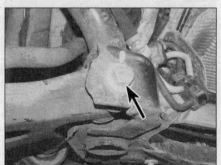

5.5a Länkarmens främre fästbult (se pil) . . .

5.5b . . . och bakre fästbultar (se pilar)

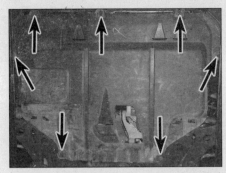

6.1 Skruva loss de 7 torxskruvarna (se pilar) och ta bort motorns undre skyddskåpa

6.8 Skruva loss kryssrambalkens främre fästbult på var sida cirka 6 varv

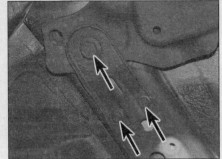

6.10 Skruva loss bulten (se pilar) på var sida som håller fast fästbygeln på kryssrambalken och karossen

9 Haka i spindelledsaxeln i länkarmen och dra sedan åt den nya muttern till det angivna momentet.

10 Återstoden av monteringen utförs i omvänd ordningsföljd mot demonteringen.

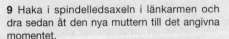

6 Främre krängningshämmare – demontering och montering

Demontering

1 Lossa de lämpliga främre hjulmuttrarna. Klossa bakhjulen och dra åt handbromsen, lyft sedan upp framvagnen och ställ den på pallbockar (se *Lyftning och stödpunkter*). Ta bort aktuellt framhjul, lossa sedan de sju torxskruvarna och ta bort motorns undre skyddskåpa (i förekommande fall) **(se bild)**.

2 Skruva loss skruven som fäster drivaxeln på navet och tryck drivaxeln genom navet cirka 10 till 15 mm. Be en medhjälpare att trycka ner bromspedalen för att förhindra att navet roterar. Kasta skruven, du måste sätta dit en ny.

3 Lossa muttern tills den är i nivå med spindelledsaxelns ände. Använd sedan en spindelledsavdragare och lossa fjädringens spindelled från hjulspindeln. Placera en insexnyckel på spindelledsaxelns ände för att förhindra att den roterar när muttern lossas **(se bild 2.7)**.

4 Använd ett kraftigt stag för att bända länkarmen nedåt och över spindelledsaxelns

ände **(se bild 3.4)**. Var försiktig så att du inte skadar spindelledens dammkåpa under och efter ifrånkopplingen.

5 Skruva loss bultarna på båda sidor som håller fast kuggstången på kryssrambalken. Häng sedan upp kuggstången från karossen med en bit snöre/kabel eller buntband **(se bild 15.11)**.

6 Skruva loss muttern på var sida som fäster den nedre änden av krängningshämmarstaget på staget. Använd en torxbit för att hålla mot muttern.

7 Placera en stadig garagedomkraft under kryssrambalkens bakre del så att den ligger emot balken.

8 Skruva loss bulten på var sida som fäster kryssrambalkens främre del på karossen cirka sex varv **(se bild)**. Observera att du behöver nya främre fästbultar till kryssrambalken vid monteringen.

9 Skruva loss bulten på motorns nedre bakre del som fäster det nedre momentstaget på fästbygeln på växellådan/motorn.

10 Haka loss avgassystemets gummifästen från fästbyglarna på kryssrambalkens baksida, koppla loss lambdasondens anslutningskontakt (i förekommande fall), skruva sedan loss bultarna på var sida som fäster de bakre fästbyglarna på kryssrambalken och karossen, och ta bort distansbrickorna **(se bild)**. Observera att du behöver nya fästbultar till kryssrambalken vid monteringen.

11 Sänk försiktigt ner domkraften och låt kryssrambalkens bakre del komma ner något,

så att du kommer åt krängningshämmarens klämbultar.

12 Skruva loss bultarna som fäster krängningshämmarens klämmor på var sida om kryssrambalken, och ta bort krängningshämmaren från bilens undersida **(se bild)**. Kasta bultarna, du måste sätta dit nya.

13 Undersök om krängningshämmaren visar tecken på skador eller vridningar, och om anslutningslänkarna och fästbussningarna visar tecken på skador i gummit. Bussningarna är delade längs med och måste placeras på sina ursprungliga platser **(se bild)**.

Montering

14 Sätt krängningshämmaren på plats på kryssrambalken. Sätt dit de nya klämbultarna och dra åt till angivet moment.

15 Lyft upp kryssrambalkens bakre del, sätt dit de bakre fästbyglarna på karossen och dra åt bultarna (nya om det behövs), dra endast åt för hand i detta skede.

16 Kryssrambalkens linjering måste kontrolleras genom att du för in runda verktyg genom hålen i sidobalkarna. Volvoverktyg (art.nr 999 7089) kan användas. I annat fall kan du använda två träpinnar som är 20 mm i diameter och cirka 150 mm långa **(se bild)**.

17 Med kryssrambalken korrekt linjerad kan du sätta dit nya främre kryssrambalksfästbultar och dra åt alla kryssrambalksbultar till angivet moment.

18 Resten av monteringen utförs i omvänd ordningsföljd mot demonteringen.

6.12 Skruva loss krängningshämmarens klämbultar på var sida (se pil)

6.13 Krängningshämmarens bussningar är delade för att underlätta byte, och de är formade för att passa stagprofilen

6.16 Linjera den främre kryssrambalken genom att sätta in syftningsverktyg (se pil) genom hålen i kryssrambalken och genom motsvarande hål i karossen

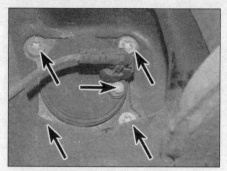

7.3 Bakre ABS-givarbult (se pil) och bakre navlagerbultar (se pilar)

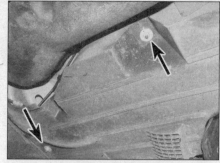

8.2 Skruva loss muttrarna (se pilar) och ta bort luftkåpan

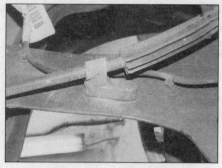

8.7 Koppla loss handbromsvajerns klämma från sidostaget

7 Baknavslager – byte

1 De bakre navlagret kan inte bytas separat och levereras med det bakre navet som en komplett enhet.
2 Demontera bromsskivan enligt beskrivningen i kapitel 9.
3 Skruva loss bulten och ta bort ABS hjulhastighetsgivaren från hjulspindeln **(se bild)**.
4 Skruva loss de fyra torxbultarna och ta bort lagerenheten från hjulspindeln.
5 Placera den nya enheten på hjulspindeln, sätt sedan i bultarna och dra åt dem till angivet moment.
6 Sätt tillbaka ABS-hjulhastighetsgivaren och bromsskivan enligt beskrivningen i kapitel 9.

8 Bakre hjulspindel/sidostag – demontering och montering

Demontering

1 Ta bort relevant bakre spiralfjäder enligt beskrivningen i avsnitt 10.
2 Skruva loss fästena och ta bort luftkåps-enheten från den aktuella sidan **(se bild)**.
3 Ta bort den nedre fästbulten och dra loss stötdämparen från sidostaget **(se bild 9.4)**.

4 Skruva loss fästbulten och ta bort ABS-hjulgivaren från hjulspindeln/sidostaget. Koppla inte loss hjulgivarens anslutningskontakt.
5 Skruva loss bultarna som fäster den övre länkarmen och parallellstaget på sidostaget/hjulspindeln **(se bilder 11.4, 11.7a och 11.7b)**.
6 Skruva loss bulten och lossa den nedre länkarmen från sidostaget/hjulspindeln **(se bilder 11.10a och 11.10b)**.
7 Skruva loss skruven och koppla loss handbromsvajerns fästklämma från sidostaget **(se bild)**.
8 Lossa ABS-hjulhastighetsgivarens kablage från klämmorna på sidostaget.
9 Skruva loss de båda bultarna som håller fast det främre fästet på karossen och dra därefter bort sidostaget från bilens undersida **(se bild)**.
10 Om du ska byta bussningen på sidostagets främre del behöver du specialverktyg från Volvo och en hydraulisk press. Därför rekommenderar vi att du överlåter detta arbete till en Volvoverkstad eller annan specialist med lämplig utrustning.

Montering

11 Sätt sidostaget på plats och dra åt de båda främre fästbultarna till angivet moment.
12 Sätt tillbaka ABS hjulhastighetsgivarens kablageklämmor på staget.
13 Passa in handbromsvajern och sätt tillbaka vajerns fästklämma.
14 Sätt tillbaka den övre länkarmen, den

nedre länkarmen och parallellstaget, men dra inte åt bulten än. Sidostaget måste vara i det "normala" läget innan bultarna kan dras åt.
15 Placera en garagedomkraft under den nedre länkarmens stötdämparfäste och lyft upp hjulspindelenheten till det "normala" läget. Mät avståndet från den nedre kanten av hjulhusets övre del till mitten av hjulnavet **(se bild)**. Avståndet måste vara 350 mm på alla modeller.
16 Dra åt den övre länkarmens, den nedre länkarmens och parallellstagets bultar till angivet moment.
17 Återstoden av monteringen utförs i omvänd ordningsföljd mot demonteringen.

9 Bakre stötdämpare – demontering och montering

Demontering

1 Lossa de bakre hjulmuttrarna, klossa sedan framhjulen, höj upp bilens bakvagn och stötta den på pallbockar (se *Lyftning och stödpunkter*). Demontera bakhjulen.
2 Placera en garagedomkraft under hjulspindeln och lyft upp fjädringen lite för att inte belasta stötdämparen.
3 Skruva loss de båda bultarna som fäster stötdämparens övre ände på karossen **(se bild)**.

8.9 Sidostagets/hjulspindelns främre fästbultar

8.15 Avståndet från navets mitt till hjulhuset måste vara 350 mm

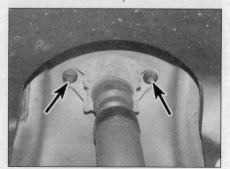

9.3 Stötdämparens övre fästbultar (se pilar)

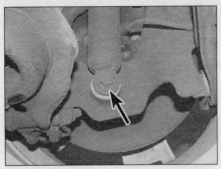

9.4 Stötdämparens nedre fästbult (se pil)

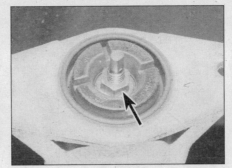

9.5 Skruva loss stötdämparens övre fästmutter (se pil)

10.2 Ta bort de bakre fjädrarna med hjälp av fjäderkompressorer

4 Skruva loss den nedre fästbulten och dra loss stötdämparen från hjulspindeln **(se bild)**.
5 Om det behövs skruvar du loss muttern och dra bort det övre fästet från stötdämparen **(se bild)**.
6 Kontrollera stötdämparens skick och byt den om det behövs.

Montering

7 Monteringen utförs i omvänd ordningsföljd mot demonteringen, dra åt alla muttrar och bultar till angivet moment.

10 Bakre spiralfjäder – demontering och montering

Demontering

1 Lossa hjulmuttrarna, klossa sedan framhjulen och lyft upp bilens bakvagn. Stötta den ordentligt på pallbockar (se *Lyftning och stödpunkter*). Ta bort hjulen.

Vänster fjäder

2 Fäst fjäderkompressorer på fjädern och tryck ihop den. Volvo anger verktyg nr 951 2911 och 951 2897. Det kan finnas alternativa fjäderkompressorer **(se bild)**.

Höger fjäder

3 Ta bort stötdämparen enligt beskrivningen i avsnitt 9, sänk sedan ner garagedomkraften lite.
4 Fäst fjäderkompressorer på fjädern och tryck ihop den. Volvo anger verktyg nr 951 2911 och 951 2897. Det kan finnas alternativa fjäderkompressorer **(se bild 10.2)**.

Båda sidor

5 Lyft ut fjädern från dess plats.
6 Undersök alla komponenter och leta efter tecken på slitage eller skador, byt efter behov.

Montering

7 Sätt tillbaka gummisätena på länkarmen och fjädern, se till att fjäderns ändar placeras korrekt **(se bilder)**.
8 Sätt tillbaka den ihoptryckta fjädern i sätet på den nedre länkarmen. Vrid fjädern tills den hakar i länkarmens spår på rätt sätt.
9 Lyft upp länkarmen med en domkraft och haka i fjäderns övre ände i fördjupningen i karossen.
10 Sätt tillbaka stötdämparen (om så är tillämpligt), fäst den på plats innan du tar bort domkraften. Dra åt alla muttrar och bultar till angivet moment.
11 Lossa och ta bort fjäderkompressorn.
12 Återstoden av monteringen utförs i omvänd ordningsföljd mot demonteringen.

11 Bakfjädringens parallellstag och länkarmar – demontering och montering

Demontering

1 Lossa de bakre hjulbultarna. Klossa framhjulen, lyft upp bakvagnen med hjälp av en domkraft och stötta den på pallbockar (se *Lyftning och stödpunkter*). Ta bort det lämpliga bakhjulet/bakhjulen.

Parallellstag

2 Ta bort den bakre fjädern enligt beskrivningen i avsnitt 10.
3 Om du inte redan har gjort det, så placera en garagedomkraft under hjulspindeln/sidostaget och hissa upp hjulspindeln lite för att spänningen i parallellstagets bultar ska släppa.

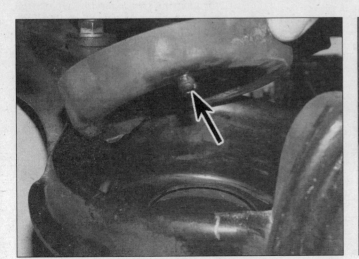

10.7a Tappen (se pil) på sätets undersida måste passas in i hålet i armen

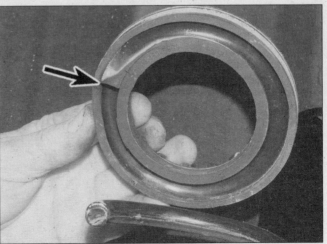

10.7b Fjäderns ände måste passa ihop med stoppet i gummisätet (se pil)

11.4 Parallellstagets fästbultar (se pilar)

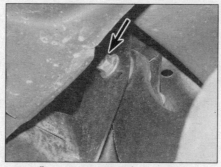

11.7a Övre länkarmens inre bult (se pil) . . .

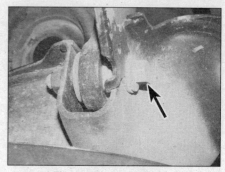

11.7b . . . och yttre bult (se pil)

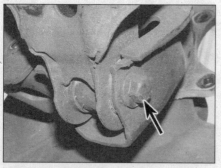

11.10a Skruva loss den nedre länkarmens yttre bult (se pil) . . .

11.10b . . . markera sedan excenter-brickans position (se pil) och ta bort bulten

4 Skruva loss de inre och yttre bultarna, ta sedan bort parallellstaget **(se bild)**.

Övre länkarm

5 Ta bort den bakre fjädern enligt beskrivningen i avsnitt 10.
6 Om du inte redan har gjort det, placera en garagedomkraft under hjulspindeln/sidostaget och hissa upp hjulspindeln lite för att spänningen i länkarmens bultar ska släppa.
7 Skruva loss de inre och yttre bultarna, ta sedan bort länkarmen **(se bilder)**.

Nedre länkarm

8 Ta bort spiralfjädern enligt beskrivningen i avsnitt 10.
9 Skruva loss muttrarna och lossa krängningshämmarstagen från länkarmen och krängningshämmaren **(se bild 12.2)**.
10 Markera var den inre bultens excenterbricka är placerad i förhållande till armen. Skruva sedan loss länkarmens inre och yttre bultar och vrid krängningshämmaren cirka 30° och ta bort länkarmen **(se bilder)**.
11 Undersök i vilket skick metall-/gummibussningarna i länkarmen är. Om byte krävs måste bussningarna tryckas loss från armen och nya tryckas på plats. Detta kräver en hydraulisk press. Låt en Volvoverkstad eller annan lämplig specialist med rätt utrustning utföra detta.

Montering

12 Monteringen av länkarmar/parallellstag utförs i huvudsak i omvänd ordning mot borttagningen, observera emellertid följande punkter:

a) Dra åt alla fästen till sina angivna moment i de fall sådana finns, använd lite gänglåsningsmedel.
b) Innan du drar åt någon av länkarmarnas/parallellstagets fästbultar, se till att fjädringen är i det "normala" läget enligt beskrivningen i avsnitt 8 i detta kapitel.

12 Bakre krängningshämmare – demontering och montering

Demontering

1 Klossa framhjulen, lyft upp bakvagnen med hjälp av en domkraft och stötta den på pallbockar (se *Lyftning och stödpunkter*).
2 Skruva loss muttrarna som fäster krängningshämmarens ytterändar **(se bild)**. Var noga med att inte skada gummidamaskerna.

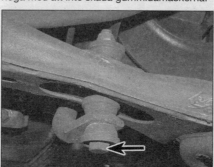

12.2 Bakre bult mellan krängningshämmare och länkarm (se pil)

3 Skruva loss de skruvar som håller fast krängningshämmarens klämmor på kryssrambalken, ta bort krängningshämmaren från bilens undersida **(se bild)**.
4 Undersök om krängningshämmaren visar tecken på skador eller vridningar, och om anslutningslänkarna och fästbussningarna visar tecken på skador i gummit. Bussningarna är delade längs med och måste placeras på sina ursprungliga platser.

Montering

5 Passa in krängningshämmaren, sätt sedan dit och dra åt de bultar som fäster krängningshämmarens klämmor på kryssrambalken.
6 Sätt tillbaka krängningshämmarstagen och dra åt muttrarna till angivet moment, använd en torxbit för att hålla emot muttrarna.
7 Återstoden av monteringen utförs i omvänd ordningsföljd mot demonteringen.

13 Ratt – demontering och montering

⚠ *Varning: Handskas mycket försiktigt med krockkuddarna på grund av olycksrisken. Håll dem alltid med kåpan bort från kroppen. Om du är tveksam inför moment som innefattar arbeten på krockkudden eller på dess styrkrets bör du kontakta en Volvo-återförsäljare.*

Demontering

1 Kör bilen framåt och parkera den med framhjulen rakt framåt.

12.3 Skruva loss skruvarna (se pilar) som fäster krängningshämmarens klämmor

13.4 Lossa rattens centrumbult (se pil)

13.5a Ta bort låsskruven från förvaringsläget (se pil) . . .

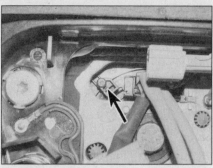

13.5b . . . och för in den för att låsa kontaktenheten på plats (se pil)

2 Ta bort förarsidans krockkudde enligt beskrivningen i kapitel 12.
3 Koppla loss den gröna anslutningskontakten på rattöppningens ovansida.
4 Skruva loss rattens mittersta fästbult **(se bild)**.
5 Se till att ratten är riktad rakt framåt, ta sedan bort den nedre skruven från dess förvaringsläge och för in den i hålet för att låsa den roterande kontaktrullen **(se bilder)**.
6 Lyft bort ratten från rattstången och mata kablaget och plastremsan genom hålet i ratten.

Montering

7 Se till att framhjulen fortfarande är riktade rakt framåt.
8 Mata kablaget genom hålet i ratten, haka sedan i ratten med rattstången. Se till att markeringarna som gjordes vid demonteringen är linjerade och att piggarna på kontaktrullen hakar i spåren på rattnavet. Observera att den övre kåpan är fäst på instrumentpanelens sarg. Försök inte att vrida på ratten när kontaktrullen är spärrad, då kan rullen skadas.
9 Sätt tillbaka rattens fästbult och dra endast åt den för hand.
10 Använd informationen i kapitel 12 och ta bort låsskruven till krockkuddens kontaktrulle, och sätt tillbaka skruven och plastremsan på den avsedda platsen i ratten.
11 Dra åt den nya rattens fästbult till angivet moment.
12 Sätt tillbaka krockkuddsenheten på ratten enligt beskrivningen i kapitel 12.

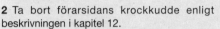

14 Rattstång –
demontering och montering

Demontering

1 Koppla loss batteriets minusledare – se kapitel 5A.
2 Dra ut rattstången så långt det går och ta sedan bort ratten (se avsnitt 13).
3 Skruva loss fästena och ta bort den nedre instrumentbrädespanelen på förarsidan – se kapitel 11.
4 Skruva loss de fyra skruvarna och ta bort knäskyddspanelerna och luftkanalen från deras plats under rattstången (i förekommande fall).
5 Skruva loss de tre torxskruvarna från deras

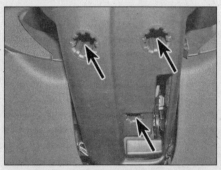

14.5a Skruva loss de 3 torxskruvarna (se pilar) . . .

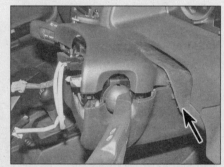

14.5b . . . bänd sedan isär kåporna och lossa damaskens klämmor (se pil)

placering under rattstångens nedre kåpa, och bänd isär de övre och nedre kåporna för att lossa fästpiggarna. Ta bort den nedre kåpan och lyft bort den övre kåpan. Om det behövs kan du lossa damasken mellan den övre kåpan och instrumentbrädan **(se bilder)**.
6 Torkar-/spolarbrytaren och blinkerbrytaren är fästa med två skruvar var. Skruva loss skruvarna och dra brytarna ut åt sidorna **(se bild)**.
7 Skruva loss de båda skruvarna, lossa klämman och dra kontaktrullen/rattmodulen bakåt. Koppla loss anslutningskontakterna när du tar bort enheten **(se bilder)**.
8 Koppla loss eventuella återstående anslutningskontakter, lossa sedan klämmorna som håller fast kablaget på styrningen på stångens undersida.

14.6 Skruva loss skruvarna (se pilar) och dra loss brytarna från modulen

14.7a Skruva loss de 2 skruvarna (se pilar) . . .

14.7b . . . tryck ner klämman (se pil) och dra bort modulen från rattstången

14.9 Dra rattstångens nedre damask uppåt

14.10 Skruva loss rattstångens nedre klämbult (se pil)

9 Dra försiktigt loss rattstångens nedre damask, lossa klämmorna **(se bild)**.

10 Skruva loss rattstångens nedre klämbult och dra knuten uppåt från drevet **(se bild)**. Se till att rattstångens justeringsspak lossas innan du lossar knuten från drevet. Kasta klämbulten, du måste sätta dit en ny.

11 Skruva loss de fyra fästbultarna och ta bort rattstången från bilen **(se bild)**. Kasta bultarna, du måste sätta dit nya.

12 Om det behövs kan du borra ut säkerhetsskruvarna, trycka in fästsprinten och ta bort rattlåset från rattstången **(se bild)**. Vi rekommenderar inte att du tar isär enheten mer än så.

Montering

13 Monteringen utförs i omvänd ordningsföljd. Tänk på följande:
  a) *Smörj in kardanknutens spårning med fett innan du hakar i rattstången.*
  b) *När du sätter tillbaka de nya rattstångsfästbultarna placeras de*

kortaste bultarna närmast torpedväggen.
  c) *Använd en ny klämbult till kardanknuten.*
  d) *Om du sätter tillbaka rattlåset, dra åt de nya säkerhetsskruvarna tills deras huvuden går av.*
  e) *Om rattstången har vridits, eller om framhjulen inte längre är riktade rakt framåt, återställ krockkuddens kontaktrulle enligt beskrivningen i kapitel 12.*

15 Kuggstång – demontering och montering

Demontering

1 Kör bilen framåt och parkera den med hjulen rakt framåt. Ta bort startnyckeln för att spärra styrningen i detta läge.

2 Ta bort den nedre instrumentbrädespanelen på förarsidan, enligt beskrivningen i kapitel 11.

3 Ta bort rattstångens nedre damask, skruva

sedan loss klämbulten och dra knuten uppåt från drevet **(se bilder 14.9 och 14.10)**. Se till att rattstångens justeringsspak lossas innan du lossar knuten från drevet. Kasta klämbulten, du måste sätta dit en ny.

4 Lossa de främre hjulmuttrarna. Klossa bakhjulen, lyft upp framvagnen med hjälp av en domkraft och stötta den på pallbockar (se *Lyftning och stödpunkter*). Demontera båda framhjulen.

5 Skruva loss skruven som fäster drivaxeln på navet på var sida och tryck drivaxeln genom navet cirka 10 till 15 mm. Be en medhjälpare att trycka ner bromspedalen för att förhindra att navet roterar. Kasta skruven, du måste sätta dit en ny.

6 Skruva loss de sju torxskruvarna och ta bort motorns undre skyddskåpa (i förekommande fall) **(se bild 6.1)**.

7 Mät styrstagets längd på ena sidan i förhållande till kuggstångshuset, och anteckna måttet.

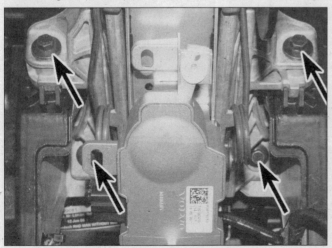

14.11 Rattstångens fästbultar (se pilar)

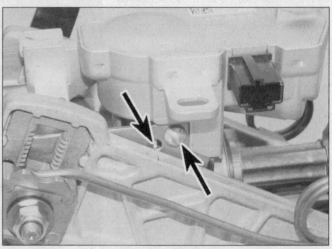

14.12 Borra ut fästbulten på var sida (se pil) och tryck sedan ner klämman (se pil)

15.11 Skruva loss bulten på var sida som håller fast kuggstången på kryssrambalken

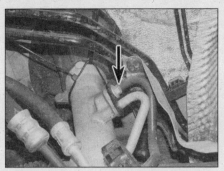

15.18 Fästbult till vätskeanslutning (se pil)

16.2 Lossa klämmorna (se pilar) och ta bort damasken

8 Skruva loss fästmuttern, koppla sedan loss styrstagsändens spindelled från hjulspindeln. Använd en spindelledsavdragare om det behövs **(se bild 19.3)**.

9 Lossa muttern tills den är i nivå med spindelledsaxelns ände. Använd sedan en spindelledsavdragare och lossa fjädringens spindelled från hjulspindeln. Placera en insexnyckel på spindelledsaxelns ände för att förhindra att den roterar när muttern lossas.

10 Använd ett kraftigt stag för att bända länkarmen nedåt och över spindelledsaxelns ände. Var försiktig så att du inte skadar spindelledens dammkåpa under och efter frånkopplingen **(se bild 3.4)**.

11 Skruva loss bultarna på båda sidor som håller fast kuggstången på kryssrambalken. Häng sedan upp kuggstången från karossen med en bit snöre/kabel eller buntband **(se bild)**.

12 Skruva loss muttern på var sida som fäster den nedre änden av krängningshämmarstagen på staget. Använd en torxbit för att hålla mot muttern.

13 Placera en kraftig garagedomkraft under kryssrambalken.

14 Skruva loss bulten på motorns nedre bakre del som fäster det nedre momentstaget på fästbygeln på växellådan/motorn.

15 Skruva loss bulten på var sida som fäster kryssrambalkens främre del på karossen **(se bild 6.8)**. Observera att du behöver nya främre fästbultar till kryssrambalken vid monteringen.

16 Haka loss avgassystemets gummifästen från fästbyglarna på kryssrambalkens baksida, koppla loss lambdasondens anslutningskontakt,

skruva sedan loss bultarna på var sida som fäster de bakre fästbyglarna på kryssrambalken och karossen, och ta bort distansbrickorna **(se bild 6.10)**. Observera att nya bultar kommer att behövas vid monteringen.

17 Sänk försiktigt ner kryssrambalken.

18 Skruva loss fästbulten och dra loss vätskerörsanslutningarna från kuggstången **(se bild)**. Var beredd på vätskespill. Täpp igen öppningarna för att förhindra nedsmutsning. Kasta O-ringarna eftersom nya måste monteras.

19 Lossa snöret/buntbanden/kabeln och flytta kuggstången i sidled, bort från motorrummet.

Montering

20 Ställ in styrstagets längd till det mått som antecknades tidigare genom att vrida kuggstången så mycket som behövs.

21 Passa in kuggstången på plats och stötta den som under demonteringen.

22 Haka i styraxelns universalknut med kuggstången, och tryck den helt på plats.

23 Sätt tillbaka vätskerören på kuggstången med nya O-ringstätningar, och dra åt fästbultarna ordentligt.

24 Lyft upp kryssrambalken till rätt läge och haka i kuggstångens bultar.

25 Sätt i kryssrambalkens bakre fästbyglar på karossen, för sedan in kryssrambalkens nya främre och bakre fästbultar. Dra endast åt dem för hand i detta skede.

26 Kryssrambalkens inriktning måste kontrolleras genom att du för in runda verktyg genom hålen i sidobalkarna. Volvoverktyg (art.nr 999 7089) kan användas. I annat

fall kan du använda två träpinnar som är 20 mm i diameter och cirka 150 mm långa **(se bild 6.16)**.

27 Med kryssrambalken korrekt inriktad drar du åt alla dess fästbultar till angivet moment.

28 Sätt dit den nya universalknutens klämbult och dra åt den till angivet moment.

29 Återstoden av monteringen utförs i omvänd ordningsföljd mot demonteringen. Tänk på följande:

a) Dra åt alla fästen till angivet moment om sådant anges.
b) Lufta styrservosystemet enligt beskrivningen i avsnitt 17.
c) Låt kontrollera framhjulsinställningen så snart som möjligt.

16 Kuggstångsdamask – byte

1 Ta bort styrstagsänden på berörd sida enligt beskrivningen i avsnitt 19. Skruva loss låsmuttern från styrstaget.

2 Lossa de båda klämmorna och skala av damasken **(se bild)**.

3 Ta bort smuts och orenheter från styrstagets innerände och kuggstången (om du kommer åt den).

4 Linda isoleringstejp runt styrstagets gängor för att skydda den nya damasken under monteringen.

5 Sätt tillbaka styrstagsändens låsmutter.

6 Sätt tillbaka styrstagsänden enligt beskrivningen i avsnitt 19.

17 Styrsystem – luftning

1 Styrservons vätskebehållare sitter till höger i motorrummet, precis bakom strålkastaren. Ta bort höger strålkastare enligt beskrivningen i kapitel 12.

2 Torka rent området runt behållarens påfyllningsrör och skruva sedan loss påfyllningslocket/mätstickan från behållaren.

3 Vätskenivån i behållaren syns genom behållaren. Om det behövs kan du använda en ficklampa för att se nivån bättre **(se bilder)**.

17.3a Styrservovätskans nivå kan skönjas genom behållaren på dieselmodeller (se pil)

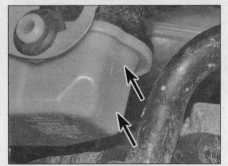

17.3b På bensinmodeller syns behållarens MAX- och MIN-markeringar på sidan (se pilar)

18.4 Skruva loss tryckrörets fästbygelsbult (se pil)

18.5 Koppla loss anslutningskontakterna från EPS-modulen

18.6 Koppla loss vätskeretur- och tryckrören

4 Om påfyllning behövs, använd ren vätska av angiven sort (se *Veckokontroller*). Kontrollera om systemet läcker om du ofta måste fylla på det. Kör inte motorn om det inte finns vätska i behållaren.

5 Efter byte av komponenter, eller om vätskenivån har sjunkit så lågt att det har kommit in luft i hydraulsystemet, måste luftning utföras enligt följande.

6 Fyll på behållaren till rätt nivå enligt vad som beskrivs ovan.

7 Starta motorn och vrid ratten flera gånger från fullt utslag åt ena hållet till fullt utslag åt andra hållet. Fyll sedan på så mycket vätska som behövs.

8 Vrid ratten långsamt till höger ändläge, och håll den där i två sekunder.

9 Vrid sedan ratten långsamt till vänster ändläge, och håll den där i två sekunder.

10 Fyll på vätskenivån igen om det behövs.

11 Upprepa punkterna 8 och 9 tills styrningens funktion är tillfredsställande

12 Avsluta med att stanna motorn, kontrollera vätskenivån igen och sätta tillbaka strålkastaren.

18 Elektronisk styrservomodul/ pump – demontering och montering

Demontering

1 Ta bort höger strålkastare enligt beskrivningen i kapitel 12.

2 Ta bort den främre stötfångaren enligt beskrivningen i kapitel 11, ta sedan bort det högra hjulhusets innerskärm.

3 Använd en bollspruta för att få ut så mycket vätska som möjligt från pumpbehållaren.

4 Skruva loss låsbulten från tryckrörs-

anslutningens fästbygel några varv och ta bort fästbygeln **(se bild)**.

5 Koppla loss anslutningskontakterna från EPS-modulen (elektronisk styrservo) **(se bild)**.

6 Lossa klämman och koppla loss vätskereturröret från behållaren. Skruva sedan loss anslutningen och koppla loss tryckröret **(se bild)**. Täpp igen öppningarna för att förhindra nedsmutsning. Var beredd på vätskespill.

7 Skruva loss de tre bultarna och ta bort enheten **(se bild)**.

8 Det finns inga separata delar att köpa till EPS/pumpen. Om fel uppstår finns reservenheter att köpa från Volvo.

Montering

9 Monteringen utförs i omvänd ordningsföljd. Tänk på följande:

a) Använd en ny O-ring på tryckrörsanslutningen.

b) Dra åt fästbultarna till angivet moment.

c) Om du har monterat en ny EPS, måste du ladda ner tillhörande programvara från Volvo. Kontakta en Volvoverkstad eller specialist.

d) Fyll på vätskebehållaren och lufta systemet enligt beskrivningen i avsnitt 17.

19 Styrstagsände – demontering och montering

Demontering

1 Lossa de lämpliga främre hjulmuttrarna. Klossa bakhjulen, lyft upp framvagnen med hjälp av en domkraft och stötta den på pallbockar (se *Lyftning och stödpunkter*). Demontera relevant framhjul.

2 Håll emot styrstaget och lossa styrstagsändens låsmutter ett halvt varv **(se bild)**. Om låsmuttern lämnas kvar i detta läge fungerar den som en ytterligare hjälp vid återmonteringen.

3 Skruva loss muttern till styrstagsändens spindelled, använd en insexnyckel för att hålla emot spindelledsaxeln. Skilj spindelleden från länkarmen med en lämplig spindelledsavdragare, ta sedan bort muttern och lossa spindelleden från armen **(se bilder)**.

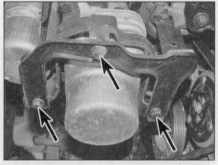

18.7 EPS-modulens fästbultar (se pilar)

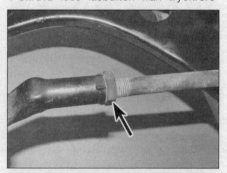

19.2 Lossa styrstagsändens låsmutter (se pil)

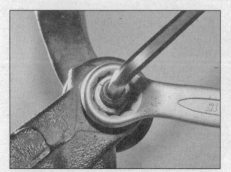

19.3a Använd en insexnyckel för att hålla emot styrstagsändens spindelledsaxel

19.3b Använd en avdragare för att lossa styrstagsänden från hjulspindeln

4 Skruva loss styrstagsänden från styrstaget, räkna hur många varv det krävs för att ta bort den. Anteckna antalet varv så att samma inställning (eller i alla fall ungefär) kan göras vid återmonteringen.

Montering

5 Skruva in styrstagsänden på styrstaget lika många varv som antecknades vid demonteringen.

6 Haka i spindelleden med länkarmen. Sätt dit en ny mutter och dra åt den till angivet moment.

7 Håll emot styrstaget och dra åt låsmuttern.

8 Sätt tillbaka framhjulet, sänk ner bilen och dra åt hjulbultarna i diagonal ordningsföljd till angivet moment.

9 Låt en Volvoverkstad eller annan lämplig specialist kontrollera framhjulens toe-in (hjulinställning) och justera den om det behövs.

20 Hjulinställning och styrvinklar – allmän information

1 En bils styrning och fjädringsgeometri definieras av fyra grundinställningar – alla vinklar uttrycks i grader (toe-inställningar uttrycks även som mått). De relevanta inställningarna är cambervinkel, castervinkel, spindelbultens lutning och toe-inställning **(se bild)**. På de modeller som ingår i den här handboken kan endast fram- och bakhjulens toe-inställningar justeras.

2 Cambervinkeln är den vinkel med vilket framhjulen är placerade vertikalt, sett från bilens främre eller bakre del. Negativ camber är det antal grader som hjulen är vinklade inåt från den vertikala linjen.

3 Den främre cambervinkeln justeras genom att man lossar fästbultarna mellan styrspindeln och fjäderbenet och passa in hjulspindelenheterna så mycket som behövs.

4 Castervinkeln är vinkeln mellan styraxeln och en vertikal linje sett från bilens sida. Positiv caster är när styraxeln är lutad bakåt längst upp.

5 Spindelbultens lutning är vinkeln (sett från bilens främre del) mellan den vertikala linjen och en tänkt linje som dras genom det främre fjäderbenets övre fäste och länkarmens spindelled.

6 Toe-inställning är det värde med vilket avståndet mellan hjulens främre inre kanter (mätt i navhöjd) skiljer sig från det diametralt motsatta avståndet som mäts mellan hjulens bakre inre kanter. Toe-in föreligger när hjulen pekar inåt mot varandra i framkanten, och toe-out föreligger om de pekar utåt från varandra.

7 Framhjulens toe-inställning justeras genom att man ändrar styrstagets längd på båda sidor. Denna justering kallas normalt för hjulinställning.

8 Bakhjulets toe-inställning justeras genom att man roterar sidostagets främre fästbult i chassit. Bulten har en excenterbricka, och stagets pivåpunkt varierar när bulten roteras.

9 Alla andra fjädrings- och styrvinklar ställs in vid tillverkningen och kan inte justeras. Därför kan man anta att alla de förinställda vinklarna är korrekta, förutsatt att bilen inte har varit med om en olycka.

10 Det krävs särskild mätutrustning för att kontrollera och justera de främre och bakre toe-inställningarna och de främre cambervinklarna korrekt. Detta arbeta ska överlåtas till en Volvoverkstad eller liknande specialist. De flesta däckspecialister har den kompetens och utrustning som krävs för att åtminstone utföra en kontroll av toe-inställningen för framhjulen (hjulinställning) mot en rimlig avgift.

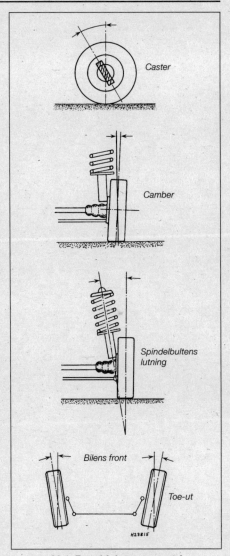

20.1 Framhjulens geometri

Kapitel 11
Kaross och detaljer

Innehåll

Svårighetsgrad

Enkelt, passar novisen med lite erfarenhet	Ganska enkelt, passar nybörjaren med viss erfarenhet	Ganska svårt, passar kompetent hemmamekaniker	Svårt, passar hemmamekaniker med erfarenhet	Mycket svårt, för professionell mekaniker

Specifikationer

Åtdragningsmoment

	Nm
Bakre säkerhetsbältets rulle, mutter.	40
Bakre säkerhetsbältenas nedre förankringar	40
Främre bältessträckare/bältesrullar	40
Främre säkerhetsbältes förankring i sätet	48

1 Allmän information

Ytterkarossen är tillverkad av delar i pressat stål och finns som fyradörrars sedan (S40) och femdörrars kombi (V50). De flesta komponenter är sammansvetsade, men ibland används strukturlim. Dörrarna och dörrstolparna är förstärkta mot sidokrockar, som en del av sidokrockskyddssystemet (SIPS).

Ett antal av strukturdelarna och karosspanelerna är gjorda av galvaniserat stål för att ge bra skydd mot korrosion. Plastmaterial används också i stor utsträckning, framförallt i inredningen, men även till yttre komponenter. De främre och bakre stötfångarna är tillverkade i formsprutat syntetmaterial som är mycket starkt samtidigt som det är mycket lätt. Plastdelar som hjulhusens innerskärmar är monterade på undersidan för att förbättra karossens skydd mot korrosion ännu mer.

2 Underhåll – kaross och underrede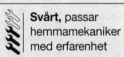

Karossens allmänna skick påverkar bilens värde väsentligt. Underhållet är enkelt men måste utföras regelbundet. Underlåtenhet att sköta underhållet, speciellt efter smärre skador, kan snabbt leda till värre skador och dyra reparationer. Det är även viktigt att hålla ett öga på de delar som inte är direkt synliga, exempelvis underredet, under hjulhusen och de nedre delarna av motorrummet.

Tvättning utgör grundläggande underhåll av karossen – helst med stora mängder vatten från en slang. Detta tar bort all lös smuts som har fastnat på bilen. Det är viktigt att spola bort smutsen på ett sätt som förhindrar att lacken skadas. Hjulhusen och underredet måste tvättas rena från lera på samma sätt. Fukten som binds i leran kan annars leda till rostangrepp. Paradoxalt nog är det bäst att tvätta av underredet och hjulhuset när det regnar eftersom leran då är blöt och mjuk. Vid körning i mycket våt väderlek spolas vanligen underredet av automatiskt vilket ger ett tillfälle för kontroll.

Med undantag för bilar med vaxade underreden är det bra att periodvis rengöra hela undersidan av bilen med ångtvätt, inklusive motorrummet, så att en grundlig kontroll kan utföras för att se vilka åtgärder och mindre reparationer som behöver utföras. Ångtvättar finns på många bensinstationer och verkstäder och behövs när man ska ta bort de ansamlingar av oljeblandad smuts som ibland lägger sig tjockt i vissa utrymmen. Om det inte finns tillgång till ångtvätt finns det ett par utmärkta fettlösningsmedel som penslas på. Sedan kan smutsen helt enkelt spolas bort. Observera att ingen av ovanstående metoder ska användas på bilar med vaxade underreden, eftersom de tar bort vaxet. Bilar med vaxade underreden ska kontrolleras årligen, helst på senhösten. Underredet ska då tvättas av så att skador i vaxbestrykningen kan hittas och åtgärdas med underredsbehandling. Helst ska ett helt nytt lager vax läggas på. Överväg även att spruta in vaxbaserat skydd i dörrpaneler, trösklar, balkar och liknande som ett extra rostskydd där tillverkaren inte redan åtgärdat den saken.

Torka av lacken med sämskskinn efter tvätten så att den får en fin yta. Ett lager med genomskinligt skyddsvax ger förbättrat skydd mot kemiska föroreningar i luften. Om lacken mattats eller oxiderats kan ett kombinerat rengörings-/polermedel återställa glansen. Detta kräver lite arbete, men sådan mattning orsakas vanligen av slarv med regelbundenheten i tvättningen. Metalliclacker kräver extra försiktighet och speciella slipmedelsfria rengörings-/polermedel krävs för att inte skada ytan.

Kontrollera alltid att dräneringshål och rör i dörrar och ventilation är öppna så att vatten kan rinna ut. Kromade ytor ska behandlas på samma sätt som lackerade. Glasytor ska hållas fria från smutshinnor med hjälp av glastvättmedel. Använd aldrig någon form av vax eller andra typer av karosspolermedel eller krompreparat på glas, framförallt inte på vindrutan och bakrutan.

3 Underhåll –
klädsel och mattor

Mattorna ska borstas eller dammsugas med jämna mellanrum så att de hålls rena. Om de är svårt nedsmutsade kan de tas ut ur bilen och skrubbas. Se i så fall till att de är helt torra innan de läggs tillbaka i bilen. Säten och invändiga klädselpaneler kan hållas rena genom att de torkas av med en fuktig trasa och lämpligt rengöringsmedel. Om de smutsas ner (vilket ofta syns tydligare på ljus

inredning) kan lite flytande tvättmedel och en mjuk nagelborste användas för att skrubba ut smutsen ur materialet. Glöm inte takets insida, håll det rent på samma sätt som klädseln. När flytande rengöringsmedel används inne i en bil får de tvättade ytorna inte överfuktas. För mycket fukt kan tränga in i sömmar och stoppning och framkalla fläckar, störande lukter och till och med röta.

> **HAYNES TiPS**
> *Om insidan av bilen blir mycket blöt är det mödan värt att torka ur den ordentligt, speciellt mattorna. Lämna inte olje- eller eldrivna värmare i bilen för att den ska torka snabbare.*

4 Mindre karosskador –
reparation

Repor

Om en repa är mycket ytlig och inte trängt ner till karossmetallen är reparationen mycket enkel att utföra. Gnugga det skadade området helt lätt med lackrenoveringsmedel eller en mycket finkornig slippasta så att lös lack tas bort från repan och det omgivande området befrias från vax. Skölj med rent vatten.

Om bilen har metalliclack är reporna normalt inte i lacken utan i överlacken, och ser då vita ut. Om du är försiktig kan dessa repor ibland göras mindre synliga genom att man använder ett lackrenoveringsmedel (som annars inte ska användas på metalliclack). Du kan även göra reporna mindre framträdande genom att applicera lack med en tunn pensel.

Applicera förbättringslack på repan med en tunn målarpensel. Fortsätt att lägga på tunna lager färg tills färgytan i repan är i nivå med den omgivande lacken. Låt den nya lacken stelna i minst två veckor. Låt den sedan smälta in i den omgivande färgen genom att gnugga det repade området med ett lackrenoveringsmedel eller en mycket fin slippasta. Avsluta med en vaxpolering.

Om repan gått ner till karossmetallen och denna börjat rosta krävs en annan teknik. Ta bort lös rost från botten av repan med ett vasst föremål och lägg sedan på rostskyddsfärg så att framtida rostbildning förhindras. Använd sedan en spackel av gummi eller nylon och fyll upp repan med spackelmassa. Vid behov kan spacklet tunnas ut med thinner så att det blir mycket tunt vilket är idealiskt för smala repor. Innan spacklet härdar, linda ett stycke mjuk bomullstrasa runt en fingertopp. Doppa fingret i cellulosaförtunning och stryk snabbt över fyllningen i repan. Det gör att ytan blir något urholkad. Lacka sedan över repan enligt tidigare anvisningar.

Bucklor

När en djup buckla uppstått i bilens kaross blir den första uppgiften att räta ut den så att karossen i det närmaste återfår ursprungsformen. Det finns ingen anledning att försöka återställa formen helt eftersom metallen i det skadade området sträckt sig vid skadans uppkomst och aldrig helt kommer att återta sin gamla form. Det är bättre att försöka ta bucklans nivå upp till ca 3 mm under den omgivande karossens nivå. I de fall bucklan är mycket grund är det inte värt besväret att räta ut den. Om undersidan av bucklan är åtkomlig kan den knackas ut med en träklubba eller plasthammare. När detta görs ska mothåll användas på plåtens utsida så att inte större delar knackas ut.

Skulle bucklan finnas i en del av karossen som har dubbel plåt eller om den av någon annan anledning är oåtkomlig från insidan krävs en annan teknik. Borra ett flertal små hål genom metallen i bucklan – speciellt i de djupare delarna. Skruva sedan in långa plåtskruvar precis så långt att de får ett fast grepp i metallen. Dra sedan ut bucklan genom att dra i skruvskallarna med en tång.

Nästa steg är att ta bort lacken från det skadade området och ca 3 cm av den omgivande oskadade plåten. Detta görs enklast med stålborste eller slipskiva monterad på borrmaskin, men kan även göras för hand med slippapper. Fullborda underarbetet genom att repa den nakna plåten med en skruvmejsel eller filspets, eller genom att borra små hål i det område som ska spacklas. Detta gör att massan fäster mycket bättre.

Se avsnittet om spackling och sprutning för att avsluta reparationen.

Rosthål eller revor

Ta bort lacken från det drabbade området och ca 30 mm av den omgivande oskadade plåten med en sliptrissa eller stålborste monterad i en borrmaskin. Om detta inte finns tillgängligt kan några ark slippapper göra jobbet lika effektivt. När lacken är borttagen kan rostskadans omfattning uppskattas mer exakt och därmed kan man avgöra om hela plåten (om möjligt) ska bytas ut eller om rostskadan ska repareras. Nya plåtdelar är inte så dyra som de flesta tror och det går ofta snabbare och ger bättre resultat med plåtbyte än att försöka reparera större rostskador.

Ta bort alla detaljer från det drabbade området, utom de som visar på den ursprungliga formen av det drabbade området. Ta sedan bort lös eller rostig metall med plåtsax eller bågfil. Knacka kanterna något inåt så att du får en grop för spacklingsmassan.

Borsta av det drabbade området med en stålborste så att rostdamm tas bort från ytan av kvarvarande metall. Måla området med rostskyddsfärg. Behandla också det skadade områdets baksida, om den är åtkomlig.

Innan spacklingen kan ske måste hålet täckas på något sätt. Detta kan göras med nät av plast eller aluminium eller med aluminiumtejp.

Nät av plast eller aluminium eller glasfiberväv är antagligen det bästa materialet för ett stort hål. Skär ut en bit som är ungefär lika stor som det hål som ska fyllas, placera den i hålet så att kanterna är lägre än den omgivande plåten. Ett antal klickar spackelmassa runt hålet fäster materialet.

Aluminiumtejp bör användas till små eller mycket smala hål. Dra av en bit tejp från rullen och klipp till den storlek och form som behövs. Dra bort eventuellt skyddspapper och fäst tejpen över hålet. Tejpen kan överlappas om en bit inte räcker. Tryck ner tejpkanterna med ett skruvmejselhandtag eller liknande så att tejpen fäster ordentligt på metallen.

Spackling och sprutning

Se tidigare anvisningar beträffande reparation av bucklor, repor, rost- och andra hål innan beskrivningarna i det här avsnittet följs.

Det finns många typer av spackelpasta. Generellt sett är de som består av grundmassa och härdare bäst vid den här typen av reparationer. Vissa kan användas direkt ur tuben. En bred och följsam spackel av nylon eller gummi är ett ovärderligt verktyg för att skapa en väl formad spackling med fin yta.

Blanda lite massa och härdare på en skiva av exempelvis kartong eller masonit. Följ tillverkarens instruktioner och mät härdaren noga, i annat fall härdar spacklet för snabbt eller för långsamt. Använd applikatorn och bred ut massan på den förberedda ytan. Dra applikatorn över massans yta för att forma den och göra den jämn. Så snart spacklet antagit en någorlunda korrekt form bör arbetet avbrytas. Om man håller på för länge blir spacklet kletigt och börjar fastna på applikatorn. Fortsätt lägga på tunna lager med ca 20 minuters mellanrum till dess att massan är något högre än den omgivande plåten.

När spacklet härdat kan överskottet tas bort med hyvel eller fil. Börja sedan slipa ytan med stegvis finare slippapper, inled med nr 40 och avsluta med nr 400 våt- och torrpapper. Linda alltid papperet runt en slipkloss, i annat fall blir inte den slipade ytan plan. Vid slutpoleringen med torr- och våtpapper ska detta då och då sköljas med vatten. Detta skapar en mycket slät spackelyta i slutskedet.

I det här stadiet bör bucklan vara omgiven av en ring med ren plåt som i sin tur omges av en lätt ruggad kant av den oskadade lacken. Skölj av reparationsområdet med rent vatten

till dess att allt slipdamm försvunnit.

Spruta ett tunt lager grundfärg på hela reparationsområdet. Då avslöjas mindre ytfel i spacklingen. Laga dessa med ny spackelmassa eller filler och slipa av ytan igen. Massa kan tunnas ut med thinner så att den blir mer lämpad för riktigt små gropar. Upprepa denna sprutning och reparation till dess att du är nöjd med spackelytan och den ruggade lacken. Rengör reparationsytan med rent vatten och låt den torka helt.

Reparationsytan är nu klar för lackering. Färgsprutning måste utföras i ett varmt, torrt, drag- och dammfritt utrymme. Detta kan åstadkommas inomhus om det finns tillgång till ett större arbetsområde, men om arbetet måste äga rum utomhus är valet av dag av stor betydelse. Om arbetet utförs inomhus kan golvet spolas av med vatten eftersom detta binder damm som annars skulle finnas i luften. Om ytan som ska åtgärdas endast omfattar en panel ska de omgivande panelerna maskeras av. Då kommer inte mindre nyansskillnader i lacken att synas lika tydligt. Dekorer och detaljer (kromlister, handtag med mera) ska även de maskeras av. Använd riktig maskeringstejp och flera lager tidningspapper till detta.

Förbered sprutning genom att skaka burken ordentligt och spruta på en provbit, exempelvis konservburk, tills tekniken behärskas. Täck reparationsytan med ett tjockt lager grundfärg. Tjockleken ska byggas upp med flera tunna färglager, inte ett enda tjockt lager. Polera sedan grundfärgsytan med nr 400 våt- och torrpapper, till dess att den är riktigt slät. Medan detta utförs ska ytan hållas våt och pappret ska sköljas i vatten med jämna mellanrum. Låt torka innan mer färg läggs på.

Spruta på färglagret och bygg upp tjockleken med flera tunna lager färg. Börja spruta i mitten av reparationsytan och arbeta med enkla rörelser i sidled, utåt, till dess att hela reparationsytan och ca 50 mm av den omgivande lackeringen täcks. Ta bort maskeringen 10–15 minuter efter det att det sista färglagret sprutades på.

Låt den nya lacken härda i minst två veckor innan den nya lackens kanter jämnas ut mot den gamla med ett lackrenoveringsmedel eller mycket fin slippasta. Avsluta med en vaxpolering.

Plastdetaljer

Biltillverkarna gör allt fler karossdelar av plast (t.ex. stötfångare, spoilers och i vissa fall även större karosspaneler), och allvarligare fel på sådana komponenter kan endast åtgärdas genom att reparationsarbetet överlåts till en specialist, eller genom att hela komponenten byts ut. Gör-det-själv reparationer av sådana skador är inte rimliga på grund av kostnaden

för den specialutrustning och de speciella material som krävs. Principen för dessa reparationer är dock att en skåra tas upp längs med skadan med en roterande rasp i en borrmaskin. Den skadade delen svetsas sedan ihop med en varmluftspistol och en plaststav i skåran. Plastöverskott tas bort och ytan slipas ner. Det är viktigt att rätt typ av plastlod används – plasttypen i karossdelar kan variera, exempelvis PCB, ABS eller PPP.

Hemmamekanikern kan reparera mindre allvarliga skador (skrapmärken, mindre sprickor etc.) med hjälp av tvåkomponents epoxymassa. Den blandas i lika delar och används på liknande sätt som spackelmassa på plåt. Epoxyn härdar i regel inom 30 minuter och kan sedan slipas och målas.

Om ägaren har bytt en komponent på egen hand eller reparerat med epoxymassa, återstår svårigheten att hitta en färg som lämpar sig för den aktuella plasten. En gång i tiden kunde inte någon universalfärg användas på grund av det breda utbudet av plaster i karossdelar. Standarlacker fäster i allmänhet inte tillräckligt bra på plast eller gummi. Numera finns det dock satser för plastlackering att köpa. Dessa består i princip av förprimer, grundfärg och färglager. Kompletta instruktioner finns i satserna, men grundmetoden är att först lägga på förprimern på den aktuella delen och låta den torka i 30 minuter. Sedan ska grundfärgen läggas på och lämnas att torka i ungefär en timme innan det färgade ytlacket läggs på. Resultatet blir en korrekt färgad del där lacken kan röra sig med materialet, något de flesta standardfärger inte klarar.

5 Större karosskador – reparation

Om helt nya paneler måste svetsas fast på grund av större skador eller bristande underhåll bör arbetet överlåtas till professionella mekaniker. Om skadorna beror på en krock måste hela ytterkarossinställningen kontrolleras. På grund av konstruktionsprinciper kan styrkan och formen påverkas av skador på en del. I sådana fall måste man anlita en Volvoverkstad med speciella kontrolljiggar. Om en kaross är felinställd och detta inte åtgärdas, är det för det första farligt eftersom bilen inte uppför sig som den ska. För det andra utsätts styrningen, motorn och växellådan för ojämn belastning vilket leder till onormalt slitage eller fel. Däckslitaget kan också bli onormalt stort.

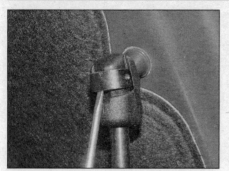

6.4a Bänd loss klämmorna och dra bort stödbenen från fästpinnbultarna

6.4b Skruva loss motorhuvens gångjärnsmuttrar

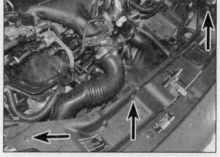

7.1 Skruva loss de tre bultarna (se pilar) och ta bort plastpanelen

6 Motorhuv – demontering, montering och justering

Demontering

1 Öppna motorhuven och koppla loss slang-arna från spolarmunstyckenas nedre del. Dra slangen bakåt genom motorhuven, lossa den från fästklämmorna och lägg den åt sidan.
2 I förekommande fall, koppla loss spolar-munstyckenas anslutningskontakter och dra bort kablaget från motorhuven.
3 Gör markeringar med en tuschpenna runt gångjärnets fäste på motorhuvens undersida för att underlätta återmonteringen.
4 Ta hjälp av en medhjälpare och stötta upp motorhuven, bänd loss stödbenens klämmor och dra bort benen, ta sedan bort gångjärnens muttrar **(se bilder)**. Lyft av motorhuven och förvara den på ett säkert ställe.

Montering och justering

5 Före monteringen placerar du stoppning i form av trasor under motorhuvens hörn, nära gångjärnen, för att skydda lacken från skador.
6 Montera motorhuven och sätt in gång-järnens muttrar. Sätt dit muttrarna enligt de markeringar som du gjorde tidigare och sätt sedan tillbaka stödbenen.
7 Återanslut spolarslangen och anslutnings-kontakterna.
8 Stäng motorhuven och kontrollera att den passar. Lossa muttrarna om det behövs och passa in motorhuven igen.
9 Dra åt gångjärnsmuttrarna ordentligt när motorhuven är helt rätt inställd.

7 Motorhuvens låsvajer – demontering och montering

Demontering

1 Skruva loss de tre bultarna och ta bort plast-panelen runt motorhuvudfrontens överdel **(se bild)**.
2 Lyft bort kylvätskans expansionskärl och lägg det åt sidan.
3 Ta bort klädselpanelen ovanför förarsidans pedaler – se avsnitt 26 om det behövs.
4 Koppla loss vajerändarna från låsspakarna och lossningshaken, observera hur vajern är

dragen, lossa den från fästklämmorna och ta bort den **(se bilder)**.

Montering

5 Montera i omvänd ordning.

8 Motorhuvens lås – demontering och montering

Demontering

1 Ta bort den främre stötfångaren enligt beskrivningen i avsnitt 22.
2 Koppla loss låsvajern och anslutnings-kontakten från låset.
3 Skruva loss de båda fästbultarna och ta bort låset.

Montering

4 Montera i omvänd ordning. Dra endast åt hakens fästskruvar för hand, stäng sedan

7.4a Koppla loss vajern från låsspakarna . . .

motorhuven för att centrera haken. Dra åt fästskruvarna ordentligt.

9 Dörrar – demontering och montering

Demontering

1 Koppla loss batteriets minusledare (se kapitel 5A).
2 Öppna dörren och stötta den med en dom-kraft eller pallbockar, använd trasor för att skydda lacken.
3 Koppla loss framdörrens elkablage. Använd en liten skruvmejsel för att lossa klämman på ovansidan och koppla loss kontaktdonet **(se bild)**. Om du tar bort en bakdörr, lossa muffen från dörrstolpen, dra bort kontaktdonet från stolpen, tryck ner klämman och separera kontaktdonets båda halvor **(se bild)**.

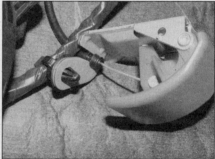

7.4b . . . och urkopplingsarmen

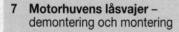

9.3a Bänd loss klämman och koppla loss framdörrens kablage

9.3b Dra bort hylsan lite, lossa klämman och koppla loss bakdörrens kontaktdon

9.5 Skruva loss dörrgångjärnets bultar (se pil)

10.2a Bänd bort den inre panelen från dörrhandtaget (se pil) . . .

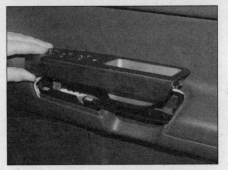

10.2b . . . bänd sedan upp brytarpanelen/ handtaget

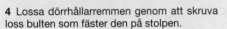
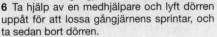

10.3a Skruva loss de 3 skruvarna i framdörrens handtagsöppning (se pilar) . . .

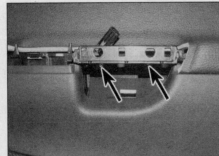

10.3b . . . eller de 2 skruvarna – bakdörr (se pilar)

10.4 Dra bort panelen från dörren för att lossa klämmorna

4 Lossa dörrhållarremmen genom att skruva loss bulten som fäster den på stolpen.
5 Skruva loss gångjärnsbultarna **(se bild)**.
6 Ta hjälp av en medhjälpare och lyft dörren uppåt för att lossa gångjärnens sprintar, och ta sedan bort dörren.

Montering

7 Montera dörren i omvänd ordningsföljd.
8 När dörren är monterad, justera låsblecket så att dörren öppnas och stängs lätt men ordentligt. Stäng dörren med dörrhandtaget utdraget och kontrollera att låset glider över låsblecket utan att skrapa i.

10 Dörrens inre klädselpanel – demontering och montering

Demontering

1 Se till att tändningen är avstängd. Vänta

minst en minut så att eventuell kvarbliven elenergi försvinner innan du påbörjar arbetet.
2 Bänd bort panelen på insidan av dörrhandtaget, bänd sedan upp handtaget och brytarenheten **(se bilder)**. Koppla loss anslutningskontakterna när panelen tas bort.
3 Skruva loss de tre torxskruvarna (framdörr) eller två torxskruvarna (bakdörr) i handtagets öppning **(se bilder)**.
4 Dörrklädselpanelen är dessutom fäst med plastklämmor runt panelens nedre del samt runt fram-/bak-/ovankanten. Använd en spårskruvmejsel och bänd försiktigt loss panelen från dörramen **(se bild)**.
5 Lyft panelen över dörrlåsknoppen, dra sedan bort panelen från dörren så mycket att du kommer åt anslutningskontakterna/kablarna bakom den. Notera var kablaget är placerat och koppla loss det från fönstret, sidospegeln och dörrlåsbrytarna (i förekommande fall).
6 Lossa klämman och kabeländen från det inre handtaget (i förekommande fall) **(se bild)**.

Montering

7 Monteringen utförs i omvänd ordningsföljd mot demonteringen. Skaffa och montera nya fästen på panelens nedre del/kanter om panelen skadades på något sätt vid borttagningen. Kontrollera alla brytarnas funktion innan du sätter klädselpanelen på plats.

11 Dörrhandtag och låskomponenter – demontering och montering

Yttre handtag
Demontering

1 På modeller med nyckellöst upplåsningssystem, koppla loss batteriets minusledare enligt beskrivningen i kapitel 5A.
2 Bänd ut gummigenomföringen från dörränden **(se bilder)**.

10.6 Koppla loss innerhandtagets vajer när panelen tas bort

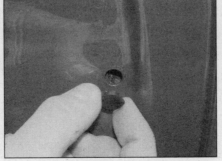

11.2a Bänd bort gummigenomföringen från dörränden

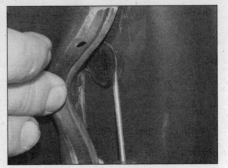

11.2b På bakdörren sitter genomföringen bakom gummitätningsremsan

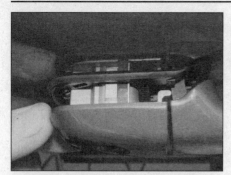

11.3a Dra ut låscylindern/täckpluggen . . .

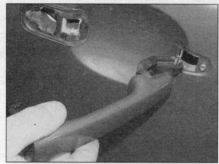

11.3b . . . yttre handtag . . .

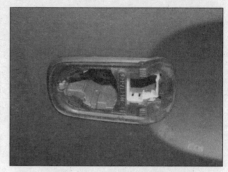

11.3c . . . och gummitätning

11.12 Skruva loss de tre torxbultarna som håller fast låset och den ensamma skruven längst ner på glasstyrningen (se pil)

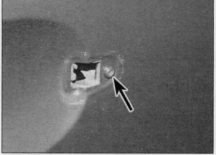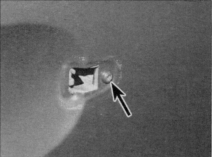

11.13 Yttre dörrhandtagsramens fästskruv (se pil)

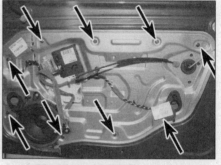

11.14 Dörrkassetten är fäst med 9 skruvar (se pilar)

3 Skruva loss torxskruven i genomförings-öppningen max. fem hela varv, och dra bort låscylindern/täckpluggen, det yttre handtaget och gummitätningen från dörren (se bilder).

4 På modeller med nyckellöst upplåsnings-system, dra det yttre handtagets anslutnings-kontakt framåt och fäst den i "parkeringsläget" innan du kopplar ifrån den. Annars kan kontaktdonet falla ner i dörren och vara svårt att få upp igen utan att ta bort dörrens klädselpanel.

Montering

5 Monteringen utförs i omvänd ordningsföljd mot demonteringen.

Framdörrens låscylinder

6 Hur man tar bort låscylindern beskrivs i metoden för borttagning av det yttre dörr-handtaget tidigare i detta avsnitt.

Framdörrens låsenhet

Demontering

7 Sänk ner framrutan cirka 290 mm.

8 Koppla loss batteriets minusledare enligt beskrivningen i kapitel 5A.

9 Lossa dörrens ruta enligt beskrivningen i avsnitt 12, men istället för att ta bort rutan från dörren skjuter du den helt uppåt och tejpar fast den på plats.

10 Ta bort det yttre dörrhandtaget enligt beskrivningen i detta avsnitt.

11 Koppla loss sidospegelns anslutnings-kontakt från dörrkassetten.

12 Ta bort de tre torxbultarna på dörrens bakände som fäster låsmekanismen, och den ensamma torxskruven längst ner på glasstyrningen (se bild).

13 Skruva loss torxskruven som håller fast det yttre dörrhandtagets ram (se bild).

14 Skruva loss de nio skruvar som håller fast dörrkassetten (se bild).

15 Bänd upp låshaken och koppla loss anslut-ningskontakten från dörren (se bild 9.3a).

16 Sträck in handen i dörramen, skjut upp plastspärren, tryck sedan ihop klämmorna på utsidan och tryck in kontaktdonet/kablaget i dörren (se bild).

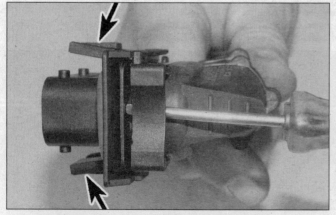

11.16 Bänd upp spärren, tryck ihop klämmorna (se pilar) och dra kontaktdonet in i dörren – visas borttaget från dörren för tydlighetens skull

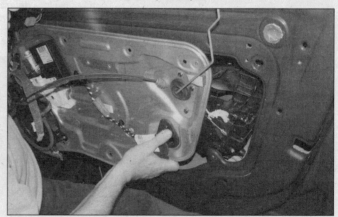

11.17 Ta bort kassetten från dörren

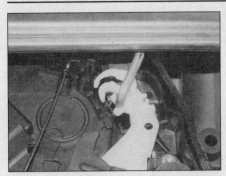

11.18a Koppla loss låsknappens stag . . .

11.18b . . . bänd sedan ut klämman (se pil) och koppla loss låsets anslutningskontakt

11.19 Ta bort niten längst ner på låset (se pil)

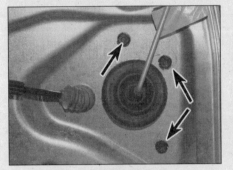

11.20a Lossa de tre klämmorna (se pilar) . . .

11.20b . . . koppla sedan loss de 2 vajrarna från låset

11.28 Torxbultar till bakdörrens lås

17 Ta bort kassetten från dörren **(se bild)**.
18 Ta bort låsknappen, koppla loss låsets anslutningskontakt och det inre handtagets låsvajer från låsmekanismen **(se bilder)**.

11.29 Bakdörrskassetten är fäst med 8 skruvar (se pilar)

19 Borra ur niten längst ner på mekanismen **(se bild)**.
20 Lossa det yttre handtagets mekanism från kassetten och koppla loss de båda låsvajrarna **(se bilder)**.
21 Haka loss låsmekanismen och ta bort den från kassetten.

Montering

22 Monteringen utförs i omvänd ordningsföljd. Kontrollera att dörren fungerar som den ska innan du sätter tillbaka dörrklädseln.

Bakdörrens låsenhet

Demontering

23 Sänk ner bakrutan cirka 150 mm.
24 Koppla loss batteriets minusledare enligt beskrivningen i kapitel 5A.
25 Lossa dörrens ruta enligt beskrivningen i avsnitt 12, men istället för att ta bort rutan från

dörren skjuter du den uppåt så långt det går och tejpar fast den på plats.
26 Ta bort det yttre dörrhandtaget enligt beskrivningen i detta avsnitt.
27 Skruva loss torxskruven som fäster det yttre handtagets ram på dörren **(se bild 11.13)**.
28 Ta bort de tre torxskruvarna på dörrens bakände som håller fast låsmekanismen **(se bild)**.
29 Skruva loss de åtta skruvar som håller fast dörrkassetten **(se bild)**.
30 Dra gummidamasken bakåt och koppla loss låsknappen **(se bild)**.
31 Dra damasken bakåt och koppla loss dörrens anslutningskontakt från stolpen, tryck sedan ner kablaget och hylsan i dörren **(se bild 9.3b)**.
32 Ta bort kassetten från dörren **(se bild)**.

11.30 Skala av damasken lite och koppla loss låsknappens stag

11.32 Ta bort kassettenheten från dörren

11.33 Koppla loss vajern från låset

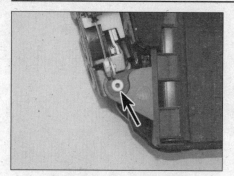

11.34 Borra ur niten (se pil)

11.35 Koppla loss ytterhandtagets låsvajer

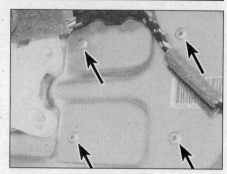

12.12 Borra ur nitarna (se pilar) och ta bort fönsterhissen

33 Koppla loss låsets anslutningskontakt och det inre handtagets låsvajer från låsmekanismen **(se bild på föregående sida)**.
34 Borra ur niten längst ner på mekanismen **(se bild)**.
35 Koppla loss det yttre handtagets låsvajer **(se bild)**.
36 Haka loss låsmekanismen och ta bort den från kassetten.

Montering

37 Monteringen utförs i omvänd ordningsföljd. Kontrollera att dörren fungerar som den ska innan du sätter tillbaka dörrklädseln.

Inre handtag

38 Både de främre och bakre inre handtagen är inbyggda i dörrklädseln och kan inte köpas separat.

12 Dörrfönsterhiss, motor och glas – demontering och montering

Framdörrens fönsterhiss

Demontering

1 Sänk ner framrutan cirka 290 mm.
2 Koppla loss batteriets minusledare enligt beskrivningen i kapitel 5A.
3 Lossa dörrens ruta enligt beskrivningen i detta avsnitt. Men istället för att ta bort fönstret skjuter du det uppåt så långt det går och tejpar det på plats.
4 Ta bort det yttre dörrhandtaget enligt beskrivningen i det föregående avsnittet.

5 Koppla loss sidospegelns anslutningskontakt från dörrkassetten.
6 Ta bort de tre bultarna på dörrens bakände som fäster låsmekanismen, och den ensamma skruven längst ner på glasstyrningen **(se bild 11.12)**.
7 Skruva loss torxskruven som fäster det yttre handtagets ram på dörren **(se bild 11.13)**.
8 Skruva loss de nio skruvar som håller fast dörrkassetten **(se bild 11.14)**.
9 Bänd upp låshaken och koppla loss anslutningskontakten från dörren **(se bild 9.3a)**.
10 Sträck in handen i dörramen, skjut upp plastspärren, tryck sedan ihop klämmorna på utsidan och tryck in kontaktdonet/kablaget i dörren **(se bild 11.16)**.
11 Ta bort kassetten från dörren **(se bild 11.17)**.
12 Borra ur de fyra nitarna och ta bort fönsterhissenheten från kassetten **(se bild)**.

Montering

13 Monteringen utförs i omvänd ordningsföljd. Om du har satt dit en ny fönsterhiss kan du behöva justera fönstrets läge innan hissen används. Detta kan endast utföras med Volvos testutrustning. Överlämna detta till en Volvoverkstad eller annan lämplig specialist med rätt utrustning.

Bakdörrens fönsterhiss

Demontering

14 Sänk ner bakrutan cirka 150 mm.
15 Koppla loss batteriets minusledare enligt beskrivningen i kapitel 5A.
16 Lossa dörrens ruta enligt beskrivningen i

föregående avsnitt, men istället för att ta bort rutan från dörren skjuter du den uppåt så långt det går och tejpar fast den på plats.
17 Ta bort det yttre dörrhandtaget enligt beskrivningen i detta avsnitt.
18 Ta bort de tre bultarna på dörrens bakände som håller fast låsmekanismen **(se bild 11.28)**.
19 Skruva loss de åtta skruvar som håller fast dörrkassetten **(se bild 11.29)**.
20 Dra gummidamasken bakåt och koppla loss låsknappen **(se bild 11.30)**.
21 Dra damasken bakåt och koppla loss dörrens anslutningskontakt från stolpen, tryck sedan ner kablaget och hylsan i dörren.
22 Ta bort kassetten från dörren **(se bild 11.32)**.
23 Borra ur de fyra nitarna och ta bort fönsterhissenheten från kassetten **(se bild)**.

Montering

24 Monteringen utförs i omvänd ordningsföljd. Om du har satt dit en ny fönsterhiss kan du behöva justera fönstrets läge innan hissen används. Detta kan endast utföras med Volvos testutrustning. Överlämna detta till en Volvoverkstad eller annan lämplig specialist med rätt utrustning.

Framdörrens fönsterglas

Demontering

25 Sänk ner rutan cirka 290 mm.
26 Ta bort dörrens inre klädselpanel enligt beskrivningen i avsnitt 10.
27 Bänd upp plastkåporna och lossa fönsterklämskruven endast två varv **(se bild)**.

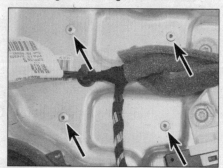

12.23 Den bakre fönsterhissens fästnitar (se pilar)

12.27 Bänd upp kåporna och lossa klämskruvarna (se pil)

12.28 Dra glaset uppåt i dörren

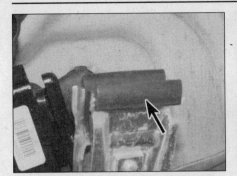

12.29a På tidiga modeller (se texten) måste klämgummit bytas (se pil) . . .

28 Dra fönstret uppåt och flytta bort det från dörren **(se bild)**.

29 På S40-modeller upp till identifikationsnr 0154433, och V50-modeller upp till identifika-tionsnr 0154805, understryker Volvo att det bakre fönstrets klämgummi måste bytas om fönstret tas bort. Använd en spetstång och dra gummit genom åtkomsthålet i kassetten **(se bilder)**.

Montering

30 Om du har tagit bort gummit, sätt det nya i det bakre fönstrets klämma med hjälp av en spetstång, använd sedan ett långt, platt verktyg för att trycka gummit på plats i klämman.
31 Passa in glaset på plats, se till att det är centrerat i klämgummit.
32 Dra åt klämskruvarna ordentligt, och sätt tillbaka plastkåpan.

12.29b . . . detta kan du göra genom kassettöppningen med hjälp av en spetstång

33 Återstoden av monteringen utförs i om-vänd ordningsföljd mot demonteringen.

Bakdörrens fönsterglas

Demontering

34 Sänk ner rutan cirka 150 mm.
35 Ta bort dörrens inre klädselpanel enligt beskrivningen i avsnitt 10.
36 Använd ett plattbladigt verktyg för att bända ut och ta bort de inre och yttre gummi-remsorna från rutans båda sidor **(se bilder)**.
37 Dra försiktigt bort de inre och yttre tre-kantiga remsorna från fönsterramens bakre hörn **(se bilder)**.
38 Borra ur de båda nitar som håller fast det bakre fönstrets styrning **(se bild)**.
39 Lossa fönstrets klämskruvar tre hela varv **(se bild)**.

12.36a Bänd upp den yttre gummiremsan . . .

12.36b . . . och den inre gummiremsan

40 Lossa den inre gummitätningen på dörrens baksida, dra sedan upp och ta bort fönstrets panel och glaskanal **(se bilder)**.
41 Lyft upp glaset och ta bort det från dörren.

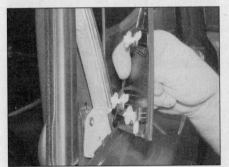

12.37a Dra loss den yttre triangelformade panelen för att lossa tryckklämmorna . . .

12.37b . . . följt av den inre panelen

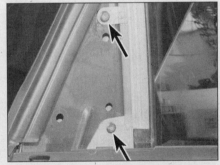

12.38 Borra ur de 2 nitarna (se pilar)

12.39 Bänd ut plastkåporna och lossa klämskruvarna 3 varv (se pil)

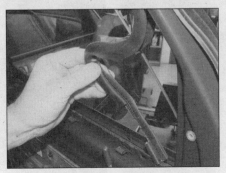

12.40a Bänd ut gummitätningen . . .

12.40b . . . lyft sedan ut glaskanalen

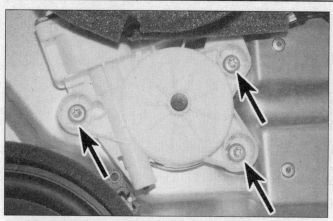

12.45 Det främre fönstrets elmotors fästbultar (se pilar)

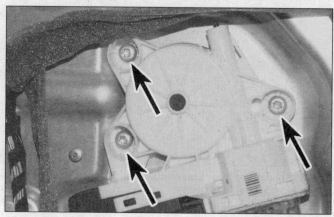

12.49 Det bakre fönstrets elmotors fästbultar (se pilar)

Montering

42 Monteringen utförs i omvänd ordningsföljd, men observera följande:

a) Dra åt fönsterglasets klämskruvar ordentligt.

b) Kontrollera fönstrets placering innan du sätter tillbaka dörrklädselns panel helt. Om det behövs kan du justera placeringen genom att lossa klämskruvarna och passa in glaset igen.

Främre fönstrets elmotor

Demontering

43 Ta bort dörrens inre klädselpanel enligt beskrivningen i avsnitt 10.

44 Notera hur de är placerade och koppla loss de tre anslutningskontakterna från motorn.

45 Skruva loss de tre fästbultarna och dra bort motorenheten från fönsterhissen **(se bild)**.

Montering

46 Monteringen utförs i omvänd ordningsföljd mot demonteringen. Observera att om du har monterat en ny motorenhet måste du ladda ner programvara till styrenheten. Kontakta en Volvoverkstad eller specialist.

Bakre fönstrets elmotor

47 Ta bort dörrens inre klädselpanel enligt beskrivningen i avsnitt 10.

48 Koppla loss anslutningskontakten från motorn.

49 Skruva loss de tre fästbultarna och dra bort motorenheten från fönsterhissen **(se bild)**.

Montering

50 Monteringen utförs i omvänd ordningsföljd mot demonteringen. Observera att om du har monterat en ny motorenhet måste du ladda ner programvara till styrenheten. Kontakta en Volvo-verkstad eller specialist.

13 Bakluckans inre klädselpanel (kombi) – demontering och montering

Demontering

1 Öppna bakluckan och dra klädseln från handtagets fördjupning nedåt för att lossa den **(se bild)**.

2 Dra försiktigt panelen nedåt för att lossa de sex tryckklämmorna som håller fast den nedre panelen på bakluckan **(se bild)**.

3 Dra ihop den övre klädselpanelens båda sidor för att lossa fästklämman på var sida, dra sedan panelens övre kant bort från gångjärnen för att lossa de fyra övre klämmorna **(se bilder)**.

Montering

4 Monteringen utförs i omvänd ordningsföljd mot demonteringen.

13.1 Dra handtaget nedåt

13.2 Dra bort klädespanelen från bakluckan för att lossa klämmorna

13.3a Dra den övre panelens sidor mot varandra . . .

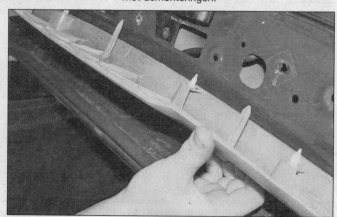

13.3b . . . dra sedan bort panelen från gångjärnen

14.2 Koppla loss anslutningskontakterna och jordanslutningarna

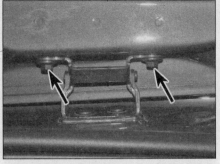

14.4 Gör markeringar och skruva sedan loss bakluckans gångjärnsbultar (se pilar)

15.1 Bänd bort klämmorna och koppla loss stödbenens ändar från kulpinnesfästena

14 Baklucka (kombi) – demontering och montering

Demontering

1 Ta bort bakluckans klädselpaneler enligt beskrivningen i avsnitt 13.
2 Koppla loss anslutningskontakterna från torkarmotorn och låsenheten, och lossa kablaget från fästklämmorna **(se bild)**.
3 Låt en medhjälpare stödja bakluckan och koppla loss bakluckans stödben enligt beskrivningen i avsnitt 15.
4 Gör inställningsmarkeringar mellan bakluckans gångjärn och karossen för att underlätta återmonteringen, skruva sedan loss gångjärnens bultar och ta bort bakluckan **(se bild)**. Mata kablaget genom bakluckan när den tas bort.

Montering

5 Monteringen utförs i omvänd ordningsföljd mot demonteringen.

15 Bakluckans/motorhuvens stödben – demontering och montering

Demontering

1 Öppna bakluckan/motorhuven, bänd sedan bort fästklämmorna i vardera änden. Koppla sedan loss benet från fästkullederna **(se bild)**.

⚠️ *Varning: Bakluckan är mycket tung. Be en medhjälpare att stötta upp den innan du lossar benen.*

Montering

2 Monteringen utförs i omvänd ordningsföljd mot demonteringen.

16 Bakluckans låskomponenter – demontering och montering

Demontering

Låsenhet

1 Ta bort bakluckans nedre klädselpanel enligt beskrivningen i avsnitt 13.
2 Skruva loss de tre bultarna som fäster låsenheten på bakluckan **(se bild)**.
3 Koppla loss låsets anslutningskontakt.
4 Ta bort låset från bakluckan.

Ytterhandtag

5 Öppna bakluckan, skruva sedan loss de fyra

torxskruvarna och dra bort handtagsenheten **(se bild)**.
6 Koppla loss anslutningskontakten när handtaget tas bort **(se bild)**.

Montering

7 Monteringen utförs i omvänd ordningsföljd.

17 Bagagelucka (sedan) – demontering och montering

Demontering

1 Ta bort varningstriangeln från klädselpanelen (i förekommande fall).
2 Dra försiktigt bort klädseln från handtagets fördjupning från bagageutrymmespanelen **(se bild)**.
3 Dra bort platsskyddet från bagageutrymmets lås **(se bild)**.

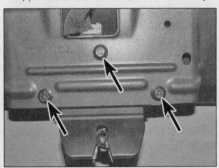

16.2 Bakluckelåsets fästbultar (se pilar)

16.5 Skruva loss handtagsenhetens torxskruvar (se pilar)

16.6 Koppla loss anslutningskontakten när enheten tas bort

17.2 Dra bort handtagets fördjupning från klädselpanelen

17.3 Dra bort bagageutrymmets låskåpa

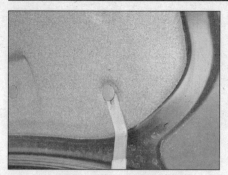

17.4 Bänd ut de 10 klämmorna

17.7 Gör markeringar runt gångjärnen och skruva loss skruvarna (se pilar)

19.2 Skruva loss bagageutrymmets låsbultar (se pilar)

4 Lossa de tio klämmorna och ta bort bagage-utrymmets inre klädselpanel (se bild).

5 Notera var de är placerade och koppla sedan loss bagageutrymmets anslutningskontakt och lossa kablagegenomföringen från bakluckan.

6 Ta bort bakluckans stödben enligt beskriv-ningen i avsnitt 18.

7 Gör markeringar runt gångjärnen för att underlätta återmonteringen. Skruva sedan loss de båda skruvarna på var sida som håller fast gångjärnen på bakluckan (se bild). Be en medhjälpare hålla upp bakluckan, dra ut kablaget från bakluckan när den tas bort.

Montering

8 Monteringen utförs i omvänd ordningsföljd mot demonteringen. Kontrollera att bakluckan passar och kan stängas, justera vid behov.

18 Bagageluckans stödben – byte

Byte

1 Stötta bakluckan, bänd ut fästklämmorna och dra bort stödbenens övre och nedre del från kulledsfästena (se bild 15.1). Ta bort benen från bilen.

2 Monteringen utförs i omvänd ordningsföljd mot demonteringen. Observera att benen innehåller trycksatt gas – om du har satt dit nya ben ska de gamla tas om hand på ett säkert sätt och får under inga omständigheter brännas upp.

19 Bagageluckans låskomponenter – demontering och montering

Demontering

Låsenhet

1 Ta bort bakluckans klädselpanel enligt beskrivningen i avsnitt 17.

2 Skruva loss de tre bultarna och ta bort lås-enheten, koppla loss anslutningskontakten när den tas bort (se bild).

Ytterhandtag

3 Öppna bakluckan, skruva sedan loss de fyra skruvarna och dra bort handtagsenheten (se bild 16.5).

4 Koppla loss anslutningskontakten när du tar bort handtaget.

Montering

5 Monteringen utförs i omvänd ordningsföljd.

20 Vindruta och andra fasta rutor – demontering och montering

Det krävs specialutrustning och special-teknik för att lyckas demontera och montera vindrutan, bakrutan och sidorutorna. Låt en Volvoverkstad eller vindrutespecialist utföra arbetet.

21 Speglar och tillhörande komponenter – demontering och montering

⚠️ **Varning: Om spegelglaset går sönder ska du använda handskar för att skydda händerna. Detta är ett gott råd även om spegeln inte har gått sönder, på grund av risken för att glaset ska gå sönder.**

Demontering

Sidospegelglas

1 Vrid spegelglaset i den nedre kanten in i spegelhuset så långt som möjligt.

2 Sätt in ett tunt plattbladigt verktyg mellan glasets övre kant och spegelhuset, och lossa försiktigt glasets fästklämmor (se bild).

3 Dra ut spegelglaset från huset och koppla loss värmeelementets kablage.

Sidospegelmotor

4 Ta bort spegelglaset enligt beskrivningen ovan.

5 Skruva loss den mittersta skruven och lossa motorn från de tre klämmorna (se bild).

Sidospegelskåpa

6 Ta bort spegelglaset enligt beskrivningen tidigare i detta avsnitt.

7 Tryck kåpan framåt (se bild).

Sidospegel (komplett enhet)

8 Ta bort dörrens inre klädselpanel enligt beskrivningen i avsnitt 10.

21.2 Lossa försiktigt spegelglaset från klämmorna

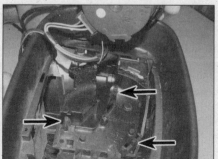

21.5 Spegelmotorns fästklämmor (se pilar)

21.7 Lossa klämman och dra kåpan framåt

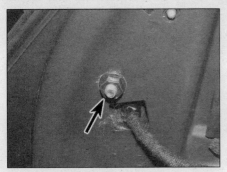

21.10 Sidospegelns fästmutter (se pil)

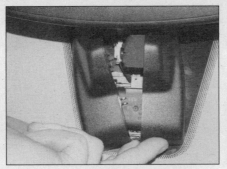

21.11 Bänd isär spegelfotens kåpor

21.13 Vrid spegelfoten 90° för att lossa den från vindrutan

9 Koppla loss motorkablaget från kontaktdonet inuti dörren och lossa det från fästklämmorna.
10 Stötta spegeln och skruva sedan loss fästmuttern och ta bort spegeln från dörren **(se bild)**. Lossa gummitätningen från dörren när spegeln tas bort. Kontrollera tätningens skick och byt den vid behov.

Innerspegel

11 Bänd isär kåpans två halvor över spegelfoten/givaren **(se bild)**.
12 Koppla loss spegelns anslutningskontakt (i förekommande fall).
13 Vrid spegelfoten 90° och ta bort den från fästet på vindrutan **(se bild)**.

Montering

14 Monteringen utförs i omvänd ordningsföljd. I förekommande fall ser du till att gummi-

genomföringen är korrekt placerad i hålet i dörren.

---

22 Stötfångare –
demontering och montering

Observera: *Stötfångarna består av flera delar, och när stötfångarenheten har tagits bort enligt beskrivningen nedan kan den yttre kåpan lossas och stötfångaren tas isär. I skrivande stund är det osäkert om man kan köpa stötfångarens olika delar separat.*

Främre stötfångare

Demontering

1 Skruva loss de tre torxskruvarna som håller fast luftkåpan på stötfångarens nedre kant **(se bild)**.

2 Tryck in centrumsprintarna och ta bort de fem plastexpansionsnitarna på stötfångarens övre kant **(se bilder)**.
3 Skruva loss torxbulten på var ände av stötfångarens övre kant **(se bild)**.
4 På båda sidor, skruva loss de fem bultarna som håller fast stötfångaren vid hjulhusets innerskärm **(se bild)**.
5 Bänd försiktigt loss strålkastarens spolarmunstyckeskåpor från stötfångaren, dra dem sedan försiktigt framåt. Tryck upp klämman på undersidan och ta bort kåporna **(se bild)**.
6 Ta hjälp av en medhjälpare och dra stötfångarens sidor utåt lite för att lossa klämmorna. Dra den sedan framåt och ta bort den från bilen. Anteckna var anslutningskontakterna är placerade och koppla loss dem när stötfångaren tas bort. Om stötfångaren är svår att få loss från klämmorna

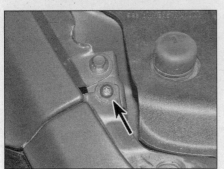

22.1 Skruva loss de 3 torxskruvarna under stötfångaren (se pilar)

22.2a Tryck in centrumsprintarna . . .

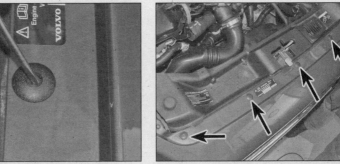

22.2b . . . och bänd ut de 5 plastnitarna (se pilar)

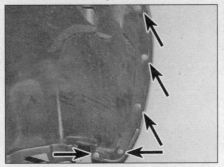

22.3 Skruva loss torxskruven i de övre hörnen (se pil)

22.4 Stötfångaren hålls fast vid hjulhusets innerskärm med 5 bultar (se pilar)

22.5 Lossa klämman (se pil) på undersidan som fäster strålkastarspolarmunstyckets kåpa

22.6 Ta bort strålkastaren och lossa stöt-
fångarens spärr (se pil) med en skruvmejsel

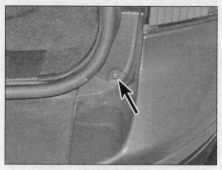

22.8 Ta bort torxskruven på var sida om
bakluckans öppning (se pil)

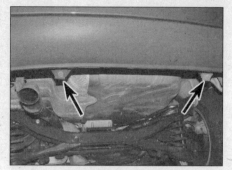

22.9 Skruva loss de 2 torxskruvarna på
undersidan (se pilar)

22.10 5 torxskruvar fäster hjulhusets
innerskärm vid stötfångaren

22.11 Dra ut de övre kanterna för att lossa
klämmorna

22.12 Skruva loss de 2 torxskruvarna (se
pilar) på var sida om utrymmets öppning

under strålkastarna, ta bort strålkastarna enligt
beskrivningen i kapitel 12, och lossa spärrarna
med en skruvmejsel **(se bild)**.

Montering

7 Monteringen utförs i omvänd ordningsföljd
mot demonteringen. Var försiktig när du
passar in stötfångaren så att sidofästena
hakar i på rätt sätt (i förekommande fall).

Bakre stötfångare

Demontering – V50-modeller

8 Öppna bakluckan och skruva loss torx-
skruven på var sida om bakluckans öppning
(se bild).
9 Skruva loss de båda torxskruvarna på
stötfångarens undersida **(se bild)**.
10 Skruva loss de fem torxskruvarna på var
sida som fäster stötfångaren vid hjulhusets
innerskärm **(se bild)**.

11 Ta hjälp av en medhjälpare och dra
stötfångarens sidor utåt lite för att lossa
de åtta klämmorna på var sidas övre kant,
dra den sedan bakåt och ta bort den från
bilen **(se bild)**. Anteckna var eventuella
anslutningskontakter är placerade och koppla
loss dem när stötfångaren tas bort.

Demontering – S40-modeller

12 Öppna bakluckan och skruva loss torx-
skruven på var sida om bakluckans öppning
(se bild).
13 Skruva loss de båda skruvarna på stöt-
fångarens undersida **(se bild)**.
14 Skruva loss de fem skruvarna på var sida
som fäster stötfångaren hjulhusets innerskärm
(se bild).
15 Ta hjälp av en medhjälpare och dra stöt-
fångarens sidor utåt lite för att lossa de sex
klämmorna på var sidas övre kant, dra den
sedan bakåt och ta bort den från bilen. Anteckna

var eventuella anslutningskontakter är placerade
och koppla loss dem när stötfångaren tas bort.

Montering – alla modeller

16 Monteringen utförs i omvänd ordningsföljd
mot demonteringen. Var försiktig när du passar
in stötfångaren så att sidofästena hakar i på
rätt sätt (i förekommande fall).

23 Främre grillpanel –
demontering och montering

Demontering

1 Ta bort den främre stötfångaren enligt
beskrivningen i avsnitt 22.
2 Lossa de åtta fästklämmorna och dra grillen
framåt **(se bild)**.

Montering

3 Montera i omvänd ordningsföljd.

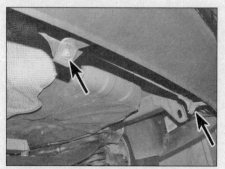

22.13 Ta bort de 2 torxskruvarna (se pilar)
på stötfångarens undersida

22.14 5 torxskruvar fäster stötfångaren vid
hjulhusets innerskärm

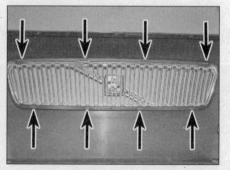

23.2 Frontgrillens fästklämmor (se pilar)

24.2a Skjut av plastkåporna från skenorna . . .

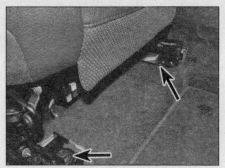

24.2b . . . skruva sedan loss sätets fästbultar (se pilar)

24.3 Skruva loss skruven (se pil) som fäster sätets sidopanel

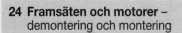

24 Framsäten och motorer –
demontering och montering

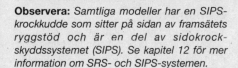

Observera: *Samtliga modeller har en SIPS-krockkudde som sitter på sidan av framsätets ryggstöd och är en del av sidokrock-skyddssystemet (SIPS). Se kapitel 12 för mer information om SRS- och SIPS-systemen.*

Framsäte

Demontering

1 Höj upp sittdynan så långt det går. Kontrollera att tändningen är avslagen och koppla sedan loss batteriets minusledare enligt beskrivningen i kapitel 5A. Vänta minst fem minuter innan du fortsätter så att eventuell kvarbliven elenergi försvinner.
2 Lossa klämmorna, skjut av plastkåporna och skruva loss sätets fyra fästbultar **(se bilder)**. **Observera:** *På vår projektbil fann vi att det var omöjligt att ta bort de flesta av plastkåporna utan att ha sönder dem. Kom ihåg att du kan behöva nya.*
3 Skruva loss skruven på framkanten av sätets sidopanel, dra sedan loss panelen uppåt

(se bild). Observera att på passagerarsätet behöver man endast vrida panelens bakre del uppåt för att komma åt säkerhetsbältets klämma – panelen behöver inte tas bort helt.
4 Använd en skruvmejsel och lossa klämman, koppla sedan loss säkerhetsbältet från det yttre fästet **(se bilder)**.
5 Lyft upp sätet och ta bort det från bilen. Eftersom sätena är mycket tunga är det bra att ha hjälp av en medhjälpare. Skruva loss bulten och koppla loss anslutningskontakten när sätet tas bort **(se bild)**. Var försiktig så att du inte skadar kontaktdonen.

Montering

6 Passa in sätet på styrsprintarna, återanslut kablaget och sätt i fästbultarna. Dra åt bultarna ordentligt och sätt tillbaka bultkåporna.
7 Sätt tillbaka säkerhetsbältets fästplatta på sätets sida (om det har tagits bort) och dra åt bulten till angivet moment.
8 Återanslut sätesbältets nedre förankring, se till att haken är helt ihakad.
9 På modeller med manuella säten, sätt tillbaka sidopanelen och höjdinställningshandtaget, dra åt fästskruvarna ordentligt.
10 På modeller med eldrivna säten sätter du tillbaka brytarkonsolen på sidopanelen (om den har tagits bort), återansluter kontakten

under sätesdynan, fäster kabeln med buntband och sätter tillbaka sidopanelen. Dra åt sidopanelens skruv ordentligt.
11 Se till att ingen befinner sig i bilen och återanslut sedan batteriets minusledare enligt beskrivningen i kapitel 5A.

Sätesmotorer

Främre höjdinställningsmotor

12 Ta bort sätet enligt beskrivningen tidigare i detta avsnitt.
13 Skruva loss de tre bultarna och ta bort motorn

24.4a Tryck ner klämman och lossa det yttre säkerhetsbältsfästet – på förarsidan . . .

24.4b . . . och på passagerarsidan

24.5 Kontaktdonet är fäst med en enda bult (se pil)

24.13 Bultar till framsätets höjdinställningsmotor (se pilar)

24.17 Yttre bultar till bakre höjdinställningsmotor (se pilar)

24.20 Fästskruvar till motorn för justering framåt och bakåt (se pil)

(se bild). Koppla loss anslutningskontakten när motorn tas bort.

14 Monteringen utförs i omvänd ordningsföljd mot demonteringen.

Bakre höjdinställningsmotor

15 Höj upp sätet till dess högsta läge (om möjligt).

16 Skruva loss skruven på framkanten av sätets sidopanel, dra sedan loss panelen uppåt (se bild 24.3).

17 Lossa buntbandet som håller fast kablaget på motorn. Skruva sedan loss de fyra bultarna (en på den inre kanten) och ta bort motorn (se bild). Koppla loss anslutningskontakten när motorn tas bort.

18 Monteringen utförs i omvänd ordningsföljd.

Inställningsmotor framåt-bakåt

19 Ta bort framsätet enligt beskrivningen tidigare i detta avsnitt.

20 Skruva loss de båda skruvarna och ta bort

motorn och kablarna (se bild). Koppla loss anslutningskontakten när motorn tas bort.

21 Monteringen utförs i omvänd ordningsföljd.

Elsätesmodul

22 Höj upp sätet till dess högsta läge (om möjligt).

23 Skruva loss skruven på framkanten av sätets sidopanel, dra sedan loss panelen uppåt (se bild 24.3).

24 Skruva loss de fyra fästskruvarna och koppla loss modulen från sidopanelen (se bild). Koppla loss anslutningskontakterna när modulen tas bort. Observera att knopparna för sätesinställning på sidan försiktigt kan bändas loss med hjälp av en liten skruvmejsel.

25 Monteringen utförs i omvänd ordningsföljd mot demonteringen. Om du har monterat en ny modul måste du ladda ner lämplig programvara från Volvo. Kontakta en Volvo-verkstad eller specialist.

25 Baksäte – demontering och montering

Demontering

1 Vrid sätesdynan framåt, skruva sedan loss fästbultarna och ta bort dynan (se bild).

2 Ta tag i sidodynans övre kant och dra den framåt, sedan uppåt (se bild).

3 Skruva loss ryggstödets gångjärnsklämbult och bänd upp klämman (se bild).

4 Lyft bort ryggstödet, observera hur gångjärnens sprintar är sammankopplade (se bild). För att ta bort "60 %-ryggstödet", skruva lossa bulten som fäster säkerhetsbältet och stammen på golvet.

Montering

5 Monteringen utförs i omvänd ordningsföljd mot demonteringen.

26 Inre klädsel – demontering och montering

Observera: Se tidigare delar i detta kapitel för specifika metoder för dörrarnas och bakluckans inre klädselpaneler.

Inre klädselpaneler – allmänt

1 De inre klädselpanelerna är antingen fästa med skruvar eller olika typer av panelhållare, vanligtvis pinnbultar eller klämmor.

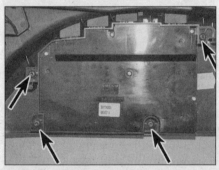

24.24 Elsätesmodulens fästskruvar (se pilar)

25.1 Bänd bort kåporna och skruva loss sätets fästbultar

25.2 Dra den över kanten framåt och lyft sedan bort sidodynan

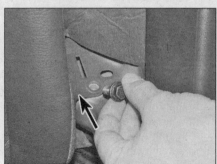

25.3 Skruva loss bulten och lyft bort klämman (se pil)

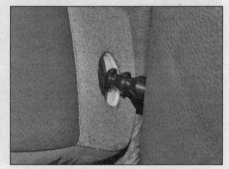

25.4 Sätets gångjärnssprintar är sammankopplade

26.8 Bänd ut bagageutrymmets lampa

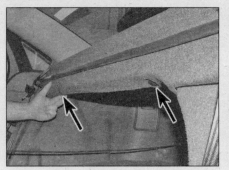

26.10a Dra den främre kanten framåt för att lossa de 2 klämmorna (se pilar) . . .

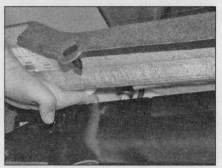

26.10b . . . tryck sedan bagagehyllan uppåt för att lossa klämmorna vid fjädertornen

2 Kontrollera att inga andra paneler överlappar den som ska tas bort, och att inga andra delar hindrar demonteringen. Vanligtvis finns det en ordningsföljd som måste följas och som är tydlig vid närmare undersökning.

3 Vissa av de inre panelerna hålls dessutom fast av skruvar som används för att fästa andra delar, t.ex. handtagen.

4 Ta bort alla synliga fästen, t.ex. skruvar, och kom ihåg att de kan vara dolda under små plastlock. Om panelen inte lossnar sitter den fast med invändiga klämmor eller hållare. Dessa sitter vanligtvis runt panelens kanter och kan bändas loss. Observera att de dock kan gå sönder ganska lätt, så det ska alltid finnas nya klämmor och hållare till hands. Det bästa sättet att lossa dessa klämmor är att använda en stor spårskruvmejsel eller annat plattbladigt verktyg. Observera att tätningsremsan bredvid ofta måste bändas loss för att en panel ska kunna lossas.

5 När du tar bort en panel ska du **aldrig** använda överdrivet mycket styrka eftersom panelen kan skadas. Kontrollera alltid noggrant att alla hållare eller andra relevanta komponenter har tagits bort eller lossats innan du försöker ta bort en panel.

6 Monteringen utförs i omvänd ordningsföljd mot demonteringen. Tryck hållarna ordentligt på plats och se till att alla lossade komponenter sitter fast för att förhindra skallrande ljud.

Bakre bagagehylla

Endast S40-modeller

7 Lossa spärrarna och vik ner baksätets ryggstöd.

8 Bänd försiktigt ut och ta bort bagage-utrymmets armatur på bagagehyllans undersida **(se bild)**.

9 Skruva loss bultarna som fäster de nedre ändarna av de yttre bakre säkerhetsbältena.

10 Lossa de båda tryckklämmorna på bagagehyllans främre, nedre kant. Lyft sedan upp den främre kanten, sträck in handen under och lossa klämmorna på var sida genom att trycka hyllan uppåt bredvid till fjädertornen **(se bilder)**.

11 Dra hyllan framåt lite, bänd sedan ut säkerhetsbältets styrningspaneler och dra igenom bältena när hyllan tas bort.

12 Monteringen utförs i omvänd ordningsföljd mot demonteringen.

Mattor

13 Mattan i passagerarutrymmet består av tre delar: vänster fram, höger fram och en bakre del. Mattans sidor är fästa i de främre och bakre rampanelerna.

14 Det är ganska enkelt men också tidskrävande att demontera och montera mattan eftersom alla angränsande klädselpaneler måste tas bort först, liksom sätena, mittkonsolen och även säkerhetsbältenas nedre förankringar.

Inre takklädsel

15 Den inre takklädseln är fastklämd i taket och kan endast tas bort när alla detaljer såsom handtag, solskydd, taklucka (i förekommande fall), fasta rutglas och tillhörande klädselpaneler och aktuella tätningsremsorna har avlägsnats.

16 Observera att demonteringen och monter-ingen av den inre takklädseln kräver skicklighet

och erfarenhet om man ska undvika skador och därför helst bör överlåtas åt en professionell verkstad eller bilklädselspecialist.

A-stolpens panel

17 Dra loss gummitätningsremsan från dörröppningen bredvid A-stolpen.

18 Dra den övre delen av A-stolpens panel inåt, mot mitten av passagerarutrymmet. Haka sedan loss klämman på panelens övre del **(se bild)**.

19 Monteringen utförs i omvänd ordningsföljd mot demonteringen. Om någon klämma skadas ska du sätt dit nya vid återmonteringen, så att inte sidokrockskyddsgardinens funktion hindras. Detta gäller alla versioner.

B-stolpens panel

20 Dra framdörrens rampanel rakt uppåt för att lossa den från fästklämmorna. Upprepa proceduren på bakdörrens rampanel **(se bild)**.

21 Flytta framsätet så långt framåt det går, dra sedan loss gummitätningsremsorna från dörröppningarna bredvid B-stolpen.

22 Tryck ner snabbkopplingsspärren på sidan **(se bilder 24.4a och 24.4b)** och ta bort säkerhetsbältets nedre förankring från sätets utsida.

23 Bänd försiktigt ut kåpan, skruva sedan loss fästskruven på stolppanelens övre del **(se bild)**.

24 Dra den nedre kanten av B-stolpens nedre panel mot kupéns mitt för att lossa klämmorna, dra sedan den övre panelen inåt/nedåt för att lossa klämmorna **(se bilder)**.

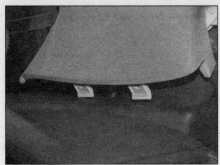

26.18 Observera hur den nedre kanten av A-stolpens panel hakas på plats

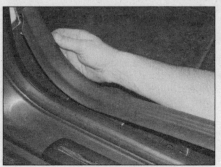

26.20 Dra rampanelen uppåt för att lossa klämmorna

26.23 Bänd ut kåpan och skruva loss skruven på stolppanelens övre del (se pil)

26.24a Dra stolppanelens nedre kant inåt . . .

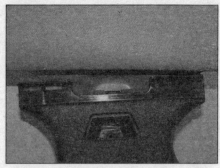

26.24b . . . och den övre panelen nedåt/inåt

26.25a Tryck ner klämman (se pil) för att separera stolppanelens båda halvor åt

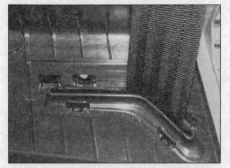

26.25b Lossa klämmorna och koppla loss säkerhetsbältets öppningspanel

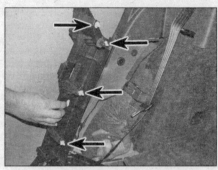
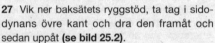
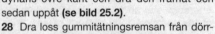

26.29 Panelen är fäst med 4 tryckklämmor (se pilar)

26.30 Bänd ut kåpan och skruva loss skruven (se pil)

25 Tryck in klämman för att separera den övre panelen från den nedre. Bänd ut öppningens panel och mata säkerhetsbältet genom panelen när den tas bort (se bilder).

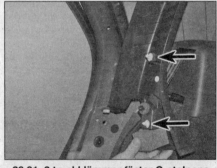

26.31 2 tryckklämmor fäster C-stolpens klädselpanel (se pilar)

26 Monteringen utförs i omvänd ordningsföljd mot demonteringen.

C-stolpens paneler
V50-modeller

27 Vik ner baksätets ryggstöd, ta tag i sidodynans övre kant och dra den framåt och sedan uppåt (se bild 25.2).
28 Dra loss gummitätningsremsan från dörröppningen bredvid stolpens klädselpanel.
29 Dra C-stolpens nedre klädselpanel inåt och lossa de fyra tryckklämmorna (se bild).
30 Bänd ut kåpan och skruva loss fästskruven på panelens övre del (se bild).
31 Dra C-stolpens övre klädselpanel inåt och lossa de båda tryckklämmorna (se bild).
32 Monteringen utförs i omvänd ordningsföljd mot demonteringen.

S40-modeller

33 Vik ner baksätets ryggstöd, ta tag i sidodynans övre kant och dra den framåt och sedan uppåt (se bild 25.2).
34 Dra bort gummitätningsremsan från dörröppningen, bredvid stolpens klädselpanel, och dra sedan bakdörrens rampanel uppåt för att lossa klämmorna (se bild).
35 Dra den nedre delen av stolpens panel in mot bilens mitt för att lossa tryckklämmorna (se bild).
36 Dra den övre delen av stolpens klädsels bakre del mot bilens mitt för att lossa tryckklämmorna, lyft sedan bort den. Skjut bort "hållarklämman" från panelen när den tas bort. Observera att om "hållarklämman" är det minsta skadad ska den bytas (se bilder).

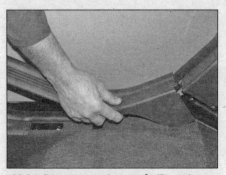

26.34 Dra rampanelen uppåt för att lossa klämmorna

26.35 Den nedre delen av stolppanelen är fäst med 4 tryckklämmor

26.36a Observera kroken längst ner på stolpens panel (se pil)

26.36b Om "hållarklämman" skadas vid borttagningen ska den bytas (se pil)

37 Dra den främre delen av stolpens panel inåt för att lossa tryckklämmorna (se bild).
38 Monteringen utförs i omvänd ordningsföljd mot demonteringen.

D-stolpens paneler
Endast V50-modeller

39 Dra den övre mittersta panelen på bakluckans öppning nedåt för att lossa klämman. Koppla loss armaturens anslutningskontakt när panelen tas bort (se bild).
40 Dra loss gummitätningsremsan från bakluckans öppning bredvid stolpens panel.
41 Börja från den bakre kanten och dra delvis bort den övre sidoklädselpanelen – den behöver inte tas bort helt (se bild 26.50).
42 Dra D-stolpens övre klädselpanel inåt mot bilens mitt, lossa den från styrningen vid den inre takklädseln när den tas bort, och sänk ner den (se bild).

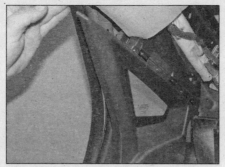

26.37 Dra panelen inåt för att lossa klämmorna

43 Monteringen utförs i omvänd ordningsföljd mot demonteringen. Se till att stolpens panel hakar i styrningen vid den inre takklädseln ordentligt.

Bagageutrymmets sidopanel
V50-modeller

44 Lyft ut bagageutrymmets golvpanel.
45 Bänd upp kåporna och skruva loss skruven i varje, ta sedan bort bagagefästöglorna (se bild).
46 Skruva loss den enda bulten som fäster panelen över säkerhetsbältets bältesrulle, och ta bort panelen genom att dra den uppåt (se bild).
47 Skruva loss fästbulten på sidopanelens främre, övre kant (se bild).
48 Dra bort gummitätningsremsan från bakluckans öppning, bredvid panelen.

26.39 Dra ner den mittersta klädselpanelen i bakluckans öppning

49 Vik ner baksätets ryggstöd, ta tag i sidodynans övre kant och dra den framåt och sedan uppåt (se bild 25.2).
50 Börja i den bakre kanten och dra panelen inåt för att lossa de båda fästklämmorna. Upprepa sedan detta i framkanten och ta bort panelen från bagageutrymmet (se bild).
51 Monteringen utförs i omvänd ordningsföljd mot demonteringen. Observera att du för att underlätta återmonteringen kan dra bakluckans rampanel uppåt på den aktuella sidan innan du sätter tillbaka bagageutrymmets sidopanel.

S40-modeller

52 Lyft ut bagageutrymmets golvpanel.
53 Skruva loss de båda plastskruvarna, bänd sedan bagageutrymmets rampanel uppåt för att lossa klämmorna (se bild).

26.42 D-stolpens panel är fäst med 4 tryckklämmor. Se hur panelens övre del hakar i bakom den inre takklädseln (se pil)

26.45 Bänd upp kåpan och skruva sedan loss skruven där bakom

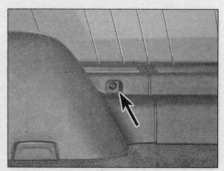

26.46 Skruva loss torxbulten (se pil) och dra panelen uppåt för att lossa klämmorna

26.47 Ta bort torxbulten (se pil) på panelens kant

26.50 Dra sidopanelen inåt för att lossa tryckklämmorna

26.53 Skruva loss de båda plastskruvarna (se pilar)

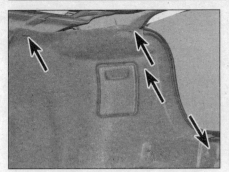

26.54 Lossa de 4 klämmorna (se pilar)

26.58 Bänd bort ändpanelen från instrumentbrädan på passagerarsidan, ta sedan bort klämman (se pil)

26.60 Dra panelen framför mittkonsolen bakåt för att lossa klämmorna

54 Lossa panelens fyra fästklämmor i bagageutrymmet (se bild).
55 Vik ner baksätets ryggstöd, lossa sedan fästklämman på bagagehyllans nedre kant (se bild 26.10a).
56 Lyft panelen över kroken på den övre delen och bagageförvaringsöglan på den nedre. Ta sedan bort panelen från bilen, koppla loss eventuella anslutningskontakter när panelen tas bort.
57 Monteringen utförs i omvänd ordningsföljd.

Handskfack

58 Bänd försiktigt loss panelen från instrumentbrädans kant på passagerarsidan (se bild).
59 Bänd ut klämman på instrumentbrädans ände.
60 Använd ett trubbigt, plattbladigt verktyg

och bänd panelen framför mittkonsolen bakåt för att lossa tryckklämmorna (se bild).
61 Sätt dit maskeringstejp på mittkonsolens kant för att förhindra skador när handskfacket tas bort.
62 Öppna handskfacket, dra ut gummimattan, skruva sedan loss de fem fästskruvarna och dra handskfacket bakåt för att lossa de båda klämmorna på den övre kanten (se bilder). Koppla ifrån eventuella anslutningskontakter när handskfacket tas bort.
63 Om det behövs kan du skruva loss de fyra skruvarna och ta bort det inre handskfacket.
64 Monteringen utförs i omvänd ordningsföljd mot demonteringen.

Solskydd

65 Bänd försiktigt bort de yttre fästkåporna

och skruva loss de båda skruvarna (se bild).
66 Ta bort solskyddet. Koppla loss anslutningskontakten när du tar bort solskyddet (se bild).
67 När du ska ta bort det inre fästet, bänd ner kontakten och dra bort fästet från den inre takklädseln (se bild).
68 Monteringen utförs i omvänd ordningsföljd mot demonteringen.

Nedre instrumentbrädespanel på förarsidan

69 Bänd försiktigt loss panelen från instrumentbrädans kant på förarsidan (se bild).
70 Ta bort panelens klämma på instrumentbrädans ände.
71 Använd ett trubbigt, plattbladigt verktyg och bänd panelen framför mittkonsolen nedåt för att lossa tryckklämmorna (se bild 26.60).

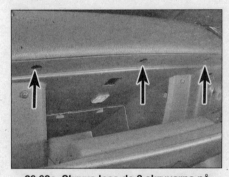

26.62a Skruva loss de 3 skruvarna på handskfackets övre del (se pilar) . . .

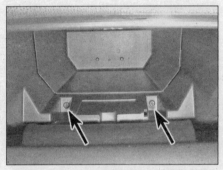

26.62b . . . och de båda nedre skruvarna (se pilar)

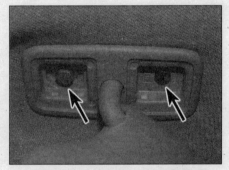

26.65 Solskyddets yttre fästskruvar (se pilar)

26.66 Dra ut solskyddets kablage och koppla loss kontakten

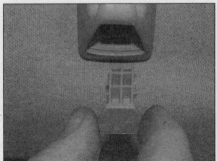

26.67 Bänd ut kontakten och dra ner det inre fästet

26.69 Ta bort instrumentbrädans ändpanel

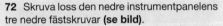

26.72 Instrumentbrädans nedre skruvar och klämma (se pilar)

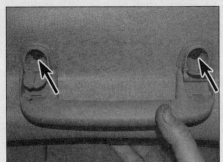

26.77 Bänd ner kåporna och skruva loss handtagets fästskruvar (se pilar)

72 Skruva loss den nedre instrumentpanelens tre nedre fästskruvar (se bild).
73 Dra den nedre instrumentbrädespanelen nedåt och ta bort den från kupén. Koppla loss armaturens anslutningskontakt när du tar bort panelen.
74 Monteringen utförs i omvänd ordningsföljd mot demonteringen.

Mittkonsolens dryckeshållare

75 Använd ett trubbigt, plattbladigt verktyg och bänd försiktigt hållaren uppåt från mittkonsolen, börja i det bakre hörnet.
76 Sätt tillbaka hållaren genom att trycka den på plats.

Handtag

77 Dra ner handtaget, bänd sedan ner kåporna och skruva loss fästskruvarna (se bild).
78 Monteringen utförs i omvänd ordningsföljd mot demonteringen.

27 Säkerhetsbälten – allmän information, demontering och montering

1 Alla modeller har pyrotekniska främre bältessträckare, som en del av det extra säkerhetssystemet SRS. Systemet är utformat för att omedelbart fånga upp spelrum i säkerhetsbältet vid en plötslig frontalkrock, vilket minskar risken för att personerna i framsätet blir skadade. Varje framsäte är

utrustat med systemet, sträckaren sitter bakom B-stolpens övre klädselpanel.
2 Bältessträckaren löses ut, tillsammans med förarsidans och passagerarsidans krockkudde, av en krock framifrån som överstiger en förutbestämd kraft. Mindre krockar, inklusive krockar bakifrån, kommer inte att aktivera systemet.
3 När systemet aktiveras dras den explosiva gasen i sträckarmekanismen in och spärrar säkerhetsbältet genom en vajer som påverkar bältesrullen. Detta förhindrar att säkerhetsbältet flyttar sig och håller kvar personen ordentligt i sätet. När sträckaren väl har aktiverats är säkerhetsbältet låst permanent och enheten måste bytas. Om du hör onormala rasslande ljud när du drar ut eller drar in bältet tyder detta också på att bältessträckaren har aktiverats.
4 Det finns en risk för skador om systemet oavsiktligt aktiveras när man arbetar med bilen, och därför rekommenderar vi verkligen att arbeten som rör bältessträckarsystemet överlämnas till en Volvoverkstad. Observera följande varningar innan något arbete utförs på de främre säkerhetsbältena.

⚠️ *Varning: Slå av tändningen, koppla loss batteriets minusledare och vänta minst 5 minuter så att eventuell kvarbliven elenergi försvinner innan du påbörjar arbetet med de främre säkerhetsbältena.*
• *Utsätt inte sträckarmekanismen för temperaturer över 100 °C.*
• *Om sträckarmekanismen tappas måste*

den bytas, även om den inte har fått någon synlig skada.
• *Låt inte några lösningsmedel komma i kontakt med sträckarmekanismen.*
• *Försök aldrig att öppna sträckarmekanismen eftersom den innehåller explosiv gas.*
• *Sträckare från andra bilar, även från samma modell och modellår, får inte monteras.*
• *Sträckare måste laddas ur innan de kastas, men detta ska överlämnas till en Volvoverkstad eller annan specialist.*

Främre säkerhetsbälte – demontering

5 Slå av tändningen och koppla sedan loss batteriets minusledare enligt beskrivningen i kapitel 5A. Vänta minst fem minuter innan du fortsätter.
6 Ta bort det aktuella framsätet enligt beskrivningen i avsnitt 24.
7 Ta bort B-stolpens panel enligt beskrivningen i avsnitt 26.
8 Koppla loss anslutningskontakten, lossa det pyrotekniska rörets klämbult, skruva sedan loss de båda bultarna och ta bort säkerhetsbältets bältesrulle (se bilder). Den här anslutningskontakten ska aldrig koppla loss (eller kopplas in igen) när batteriets minusledare är ansluten.

Bakre säkerhetsbälte – demontering

9 Slå av tändningen och koppla sedan loss batteriets minusledare enligt beskrivningen i kapitel 5A. Vänta minst fem minuter innan du fortsätter.

Yttre säkerhetsbälten – V50-modeller

10 Vik ner baksätets ryggstöd, ta sedan bort fästskruven och ta bort panelen över bältesrullen (se bild 26.46).
11 Skruva loss bältesrullens fästmutter och koppla loss anslutningskontakten (se bild).
12 Skruva loss säkerhetsbältets nedre förankringsbult och ta bort bältet från kupén.

Yttre säkerhetsbälten – S40-modeller

13 Ta bort bagagehyllan enligt beskrivningen i avsnitt 26.

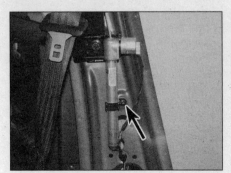

27.8a Klämbult till pyrotekniskt rör (se pil)

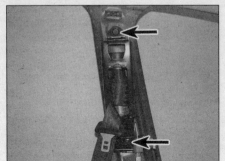

27.8b Fästbultar till säkerhetsbältets bältesrulle (se pilar)

27.11 Mutter till baksätets yttre säkerhetsbältes bältesrulle (se pil)

27.14 Skruva loss bältesrullens mutter – S40-modeller

27.15 Det mittersta säkerhetsbältets spänne är fäst med bultar i golvet

27.18a Skruva loss torxskruven (se pil) . . .

14 Koppla loss försträckarens anslutningskontakt, skruva sedan loss fästmuttern och lyft bort bältesrullen **(se bild)**.

Säkerhetsbälte i mitten

Observera: *När du ska ta bort bältesrullarna till säkerhetsbältet i mitten måste du ta bort sittdynans överdrag. Det krävs tålamod och fingerfärdighet för att lyckas ta bort och sätta tillbaka överdraget.*

15 Du kommer åt spännena och golvförankringarna genom att luta sätesdynan framåt **(se bild)**.

16 För att komma åt bältesrullarna tar du bort baksätets ryggstöd enligt beskrivningen i avsnitt 25.

17 Tryck in nackskyddets lossningsknapp och dra bort nackskydden från ryggstödet.

18 Skruva loss torxskruven och ta bort plastlocket från ryggstödets ovansida **(se bilder)**.

19 Bänd försiktigt upp och ta bort säkerhetsbältets styrningspanel från ryggstödets ovansida **(se bild)**.

20 Arbeta på ryggstödets baksida, låt lastnätet glida över till utsidan och ta bort det.

21 Skruva loss insexskruvarna och ta bort de båda fästbyglarna från ryggstödets baksida **(se bild)**.

22 Bänd ut de båda plastklämmorna och dra överdraget från ryggstödets baksida **(se bilder)**.

23 Använd ett trubbigt, plattbladigt verktyg och lossa försiktigt klädselns kant från ramen **(se bild)**.

24 Vik ner det mittersta armstödet (om så är

27.18b . . . ta sedan bort plastlocket

tillämpligt), skruva loss de båda torxfästskruvarna och lossa armstödet från styrtapparna **(se bild)**.

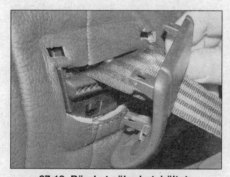

27.19 Bänd ut säkerhetsbältets styrningspanel

27.21 Lastnätets fästen är fästa med insexskruvar

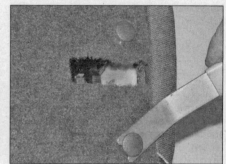

27.22a Bänd ut plastklämmorna . . .

27.22b . . . och dra bort ryggstödets överdrag

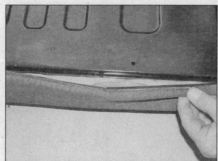

27.23 Bänd försiktigt loss klädseln från ramen

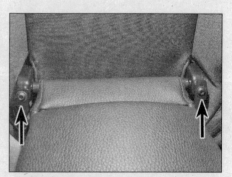

27.24 Skruva loss torxskruvarna (se pilar) som håller fast mittarmstödet

27.25 Lossa armstödets tyg från ramen

27.26a Lyft bort polystyrenkåpan . . .

27.26b . . . tryck sedan ner klämman och dra ut nackskyddets fäströr

25 Lossa tyget från armstödets öppning från ramen och lyft upp klädseln och skumgummit **(se bild)**.

26 Lyft ut polystyrenkåporna, tryck ner klämmorna och skjut ut nackskyddets fäströr **(se bilder)**.

27 Lyft upp och vik sätets överdrag/skumgummistoppning bakåt för att få fram bältesrullen.

28 Tryck ihop sidorna av plastkåpan över bältesrullen och ta bort den.

29 Skruva loss de båda torxskruvarna som fäster säkerhetsbältets styrning på sätets ryggstöd **(se bild)**.

30 Skruva loss fästmuttern och flytta bort bältesrullen **(se bild)**

27.29 Säkerhetsbältets styrning är fäst med 2 torxskruvar (se pilar)

27.30 Fästmutter till säkerhetsbältets bältesrulle (se pil)

Montering

31 För alla modeller gäller att monteringen utförs i omvänd ordningsföljd. Dra åt säkerhetsbältets fästen till angivet moment. När du återmonterar säkerhetsbältena, tänk på följande:

a) *Återanslut det främre säkerhetsbältets nedre förankring, se till att haken är helt ihakad.*

b) *Se till att ingen befinner sig inuti bilen. Slå på tändningen och återanslut sedan batteriets minusledare. Slå av tändningen, och slå sedan på den igen. Kontrollera att SRS-varningslampan tänds och sedan slocknar igen efter cirka sju sekunder.*

28 Mittkonsol –
demontering och montering

Demontering

1 Dra åt handbromsen helt, placera sedan växelspaken eller växelväljaren i neutralläget – observera att du kan behöva flytta växelspaken eller växelväljaren när konsolen tas bort.

2 Se till att framsätena är i det lägsta läget och så långt tillbakaskjutna som möjligt.

3 Använd ett plattbladigt verktyg i plast eller trä och bänd försiktigt upp handbromsspakens damask från konsolen, och dra den över spaken **(se bilder)**.

4 Dra försiktigt panelen på mittkonsolens

framsida bakåt för att lossa tryckklämmorna **(se bild 26.60)**.

5 Använd en liten skruvmejsel och tryck ner haken i något av ljudanläggningspanelens

övre hörn, och bänd sedan försiktigt panelen bakåt på den sidan. Upprepa åtgärden på den andra sidan av ljudanläggningspanelen **(se bilder)**.

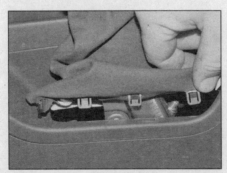

28.3a Lossa handbromsspakens damask . . .

28.3b . . . och dra bort den från spaken

28.5a Sätt i en skruvmejsel för att trycka klämman utåt och bänd ut panelen – observera tejpen som ska förhindra skador

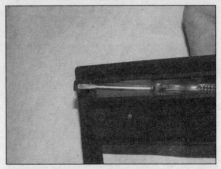

28.5b Sett från panelens insida för att visa hur klämman lossas

28.6 Sträck in handen bakom och tryck loss ICM-modulen

28.7 Cigaretttändarens/eluttagets panel dras helt enkelt loss

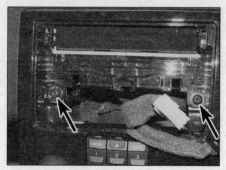

28.8a Skruva loss de 2 torxskruvarna på panelens övre del (se pilar) . . .

6 Tryck ICM-modulen bakåt från konsolen **(se bild)**. Koppla loss anslutningskontakterna när modulen tas bort.
7 Bänd försiktigt upp cigarettändar-/eluttags-panelen **(se bild)**. Koppla därefter loss

anslutningskontakterna när panelen tas bort.
8 Skruva loss de fyra skruvarna som håller fast konsolens mittpanel **(se bilder)**.
9 Lyft upp den mellersta delen lite, lossa sedan växelspakens damask (endast manuella

växellådor) **(se bild)**. Ta bort panelen, koppla loss anslutningskontakterna när du tar bort panelen.
10 Lossa panelen under mittarmstödet och skruva loss konsolens båda torxfästskruvar som blir synliga **(se bild)**.
11 Skruva loss de båda torxskruvarna på konsolens framsida **(se bild)**.
12 Lyft upp konsolens baksida och koppla loss anslutningskontakten till den bakre askkoppen/tillbehörsuttaget.
13 Lyft upp den bakre kanten först och flytta mittkonsolen över handbromsspaken och växelspaken/växelväljaren, och bort från bilen. På bilar med automatlåda matar du växelväljarens panel genom öppningen när du tar bort konsolen.
14 Konsolens olika delar hålls ihop av diverse muttrar och skruvar, som syns underifrån.

28.8b . . . och de 2 på den nedre kanten (se pilar)

28.9 Damasken lossas från panelen

Montering

15 Monteringen utförs i omvänd ordningsföljd mot demonteringen. Var noga med att inte dra åt några fästskruvar för hårt, eftersom konsolen och dess tillhörande paneler är känsliga och kan spricka.

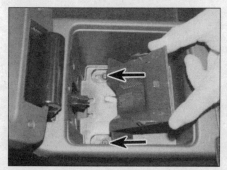

28.10 Lossa panelen och skruva loss de 2 torxskruvarna (se pilar)

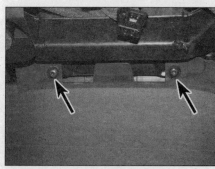

28.11 Skruva loss de 2 torxskruvarna på konsolens framsida (se pilar)

29 Instrumentbräda – demontering och montering

Demontering

1 Se till att framsätena är skjutna så långt bakåt det går och ställ in temperaturreglaget på maximal kyla. Koppla sedan loss batteriets minusledare (se kapitel 5A) och vänta minst fem minuter innan du fortsätter för att eventuell kvarbliven elenergi ska försvinna.
2 Ta bort den nedre instrumentbrädespanelen på förarsidan samt handskfacket på passagerar-sidan enligt beskrivningen i avsnitt 26.
3 Ta bort mittkonsolen enligt beskrivningen i avsnitt 28.
4 Lossa de båda klämmorna och ta bort den ljudisolerande panelen på passagerarsidan **(se bild)**.
5 Luftkanalerna på förar- och passagerar-sidan är fästa på tvärbalken med en skruv var. Skruva loss skruvarna och ta bort luftkanalerna **(se bild)**.

29.4 Skruva loss fästena och ta bort den ljudisolerande panelen

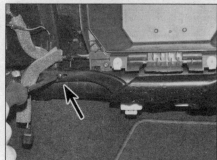

29.5 Skruva loss skruven (se pil) på var sida som fäster luftkanalerna

29.7 Skruva loss skruvarna från instrumentpanelens rampanel (se pilar)

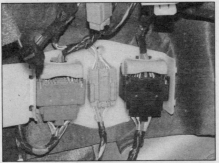

29.9a Öppna plastenheterna på båda sidor och koppla loss anslutningskontakterna

29.9b Skruva loss jordanslutningarna på passagerarsidan . . .

6 Ta bort A-stolpens klädselpaneler enligt beskrivningen i avsnitt 26.
7 Skruva loss de båda torxskruvarna, ta bort instrumentpanelens rampanel och lossa listen från rattstångens övre del **(se bild)**.
8 Dra upp den bakre kanten av framdörrens rampanel och lossa den främre kanten från instrumentbrädan. Upprepa detta på den andra sidan **(se bild 26.20)**.
9 Dra upp mattan på båda sidor, koppla loss anslutningskontakterna i lådorna på vardera sida, skruva sedan loss bultarna och koppla loss de båda jordanslutningarna på båda sidorna **(se bilder)**.
10 Vrid fästena moturs och sänk ner passagerarsidans säkringsdosa/centrala elektronikmodulen från instrumentbrädan **(se bild)**. Notera var de är placerade och koppla sedan loss säkringsdosans/elektronikmodulens anslutningskontakter, lossa kablagets klämmor och ta bort säkringsdosan/elektronikmodulen.
11 Koppla loss backljusets anslutningskontakt från växelväljarmekanismen (endast modeller med automatväxellåda) och lossa kablagets klämma.
12 I mittkonsolsområdet finns den kompletterande säkerhetssystemsmodulens anslutningskontakt, koppla loss den **(se bild)**.
13 Ta bort den mittersta luftkanalen – börja med att dra ner den övre kanten **(se bild)**.
14 Skruva loss fästbultarna som fäster instrumentbrädans golvfästbyglar på passagerar- och förarsidan **(se bild)**. Lossa kablageklämmorna och ta bort fästbyglarna.
15 Skruva loss skruvarna som håller fast

värmepaketets kåpa och ta bort kåpan **(se bild)**.
16 Ta bort rattstången enligt beskrivningen i kapitel 10.

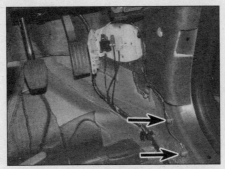

29.9c . . . och på förarsidan (se pilar)

29.12 Bänd över spärren och koppla loss den kompletterande säkerhetssystemmodulens anslutningskontakt (se pil)

17 Ta bort vindrutetorkarmotorn enligt beskrivningen i kapitel 12.
18 Ta bort instrumentbrädans båda fästbultar i motorrummet **(se bild)**.

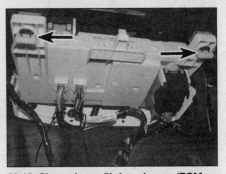

29.10 Skruva loss säkringsdosans/ECM:ns fästen (se pilar)

29.13 Dra den mittersta luftkanalen nedåt och ta bort den

29.14 Ta bort fästbyglarna på var sida (se pil)

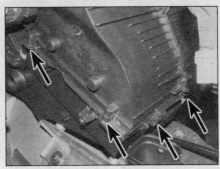

29.15 Värmepaketets kåpa är fäst med diverse skruvar (se pilar) runt kanten

29.18 Skruva loss de båda bultarna i motorrummet bakom torkarmotorn

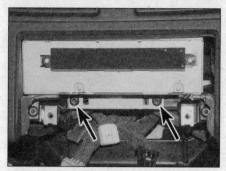

29.19 Mediaspelarens torxfästbultar (se pilar)

29.20 Skruva loss de 2 bultarna i mitten av instrumentbrädan (se pilar)

29.22 Lossa bulten på instrumentbrädans båda ändar, i dörrstolpsområdena . . .

29.23 . . . skruva sen distansen bort från tvärbalken (se pil)

19 Skruva loss de båda fästbultarna och dra ut mediaspelaren. Koppla loss anslutningskontakterna när du tar bort spelaren **(se bild)**.
20 Skruva loss de båda fästbultarna i instrumentbrädans mitt **(se bild)**.
21 Bänd ut plastlåshaken och koppla loss anslutningskontakterna från varje dörr **(se bild 9.3a)**.
22 Skruva loss bulten på instrumentbrädans båda ändar i dörröppningen så långt som möjligt **(se bild)**.
23 Skruva in instrumentbrädans tvärbalksdistans på båda sidorna **(se bild)**.
24 Ta bort de övre fästbultarna i instrument-

brädans båda ändar, och skruva in en bit 8 mm gängstag **(se bild)**.
25 Ta bort den nedre fästbulten på passagerarsidan och lossa bulten på förarsidan fem mm. Dra passagerarsidans del av instrumentbrädan bakåt cirka 140 mm **(se bild)**.
26 Koppla loss anslutningskontakten till värmefördelningsenhetens dämparmotor (passagerarsidan) och fläktmotorns kontakt (förarsidan).
27 Ta hjälp av en medhjälpare och skruva loss gängstagen och ta bort instrumentbrädan genom dörröppningen på passagerarsidan.

Montering

28 Passa in instrumentbrädan på plats och sätt i de gängade stagen i instrumentbrädans övre fästbultshål. Se till att instrumentbrädans övre kant hakar i korrekt med styrningarna vid vindrutan, och de mittersta styrsprintarna i mittkonsolens öppning hakar i korrekt med värmeenhetens hus.
29 Återanslut värmefördelningsenhetens och fläktmotorns anslutningskontakter.
30 Sätt i instrumentbrädans nedre fästbultar och dra åt dem för hand på det här stadiet.
31 Skruva i fästbultarna på instrumentbrädans ändar (i dörröppningarna) och skruva sedan i distanserna tills de tar i tvärbalken. Kontrollera instrumentbrädans placering genom att linjera

fästhålen i motorrummet. Om det behövs kan du justera instrumentbrädans placering genom att vrida på distanserna. När instrumentbrädan är korrekt placerad sätter du dit och drar åt fästbultarna.
32 Återstoden av monteringen utförs i omvänd ordningsföljd mot demonteringen.
33 Avsluta med att kontrollera att ingen befinner sig i bilen. Slå på tändningen och återanslut sedan batteriets minusledare. Slå av tändningen, och slå sedan på den igen. Kontrollera att SRS-varningslampan tänds och sedan slocknar igen efter cirka sju sekunder.

30 Taklucka – allmän information, byte och justering av panel

Allmän information

En elstyrd taklucka finns som standardutrustning eller som tillval, beroende på modell.
Takluckan är underhållsfri, men eventuell demontering och montering av komponenterna (förutom glaspanelen) ska överlåtas till en verkstad eller specialist, eftersom det är en komplicerad enhet och mycket av den inre panelen och den inre takklädseln måste tas bort för att man ska komma åt. Den senare åtgärden

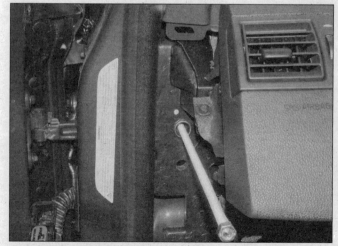

29.24 Ta bort den övre bulten från instrumentbrädans båda ändar och skruva in en bit 8 mm-gängstag

29.25 Dra instrumentbrädan bakåt cirka 140 mm

kräver omsorg och specialistkunskaper för att inte orsakar skador.

Om takluckans funktion blir långsam kan skenorna och/eller vajrarna behöva smörjas in – kontakta en Volvoverkstad eller annan specialist för råd om vilken produkt som ska användas. Övriga kontroller vid funktionsproblem som en hemmamekaniker kan utföra är att kontrollera säkringarna och kablaget, enligt kopplingsscheman i slutet av kapitel 12.

Takluckans glaspanel

Demontering

1 Placera takluckan i halvöppet läge.
2 Dra skyddsplåtens panel bakåt och lossa sedan den övre och nedre kanten. Ta bort skyddsplåtens panel.
3 Skruva loss de fyra fästbultarna och ta bort glaspanelen **(se bild 30.6)**.

Montering

4 Monteringen utförs i omvänd ordningsföljd, men observera följande:
  a) *Om du har monterat en ny gummi-tätningsremsa, passa in tätningsremsans fog mitt på panelens bakre kant.*
  b) *Justera panelens placering enligt beskrivningen i detta avsnitt innan du sätter tillbaka skyddsplåtens panel.*

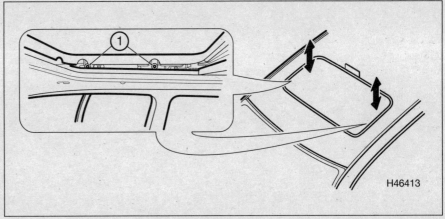

30.6 Med en plastremsa på plats, lossa skruvarna (1) och flytta den bakre kanten så att den ligger jäms med

Justering

5 Ta bort takluckans skyddsplåtspanel enligt beskrivningen i avsnitt 2 i detta avsnitt.
6 Med takluckan i stängt läge, kläm fast en plastremsa (1,0 till 1,2 mm tjock och 150 mm lång) mellan takluckans bakre kant och takpanelen **(se bild)**.
7 Lossa de fyra fästbultarna till takluckans glaspanel.
8 Justera panelens placering så att dess bakre ände är jäms med eller max. 1,0 mm ovanför, takpanelen. Dra åt den bakre panelens fästbultar ordentligt.
9 Med plastremsan kvar på glaspanelens bakre del passar du in panelen så att glasets främre kant är jäms med, eller max. 1,0 mm ovanför, takpanelen. Dra åt den främre panelens fästskruvar.
10 Kontrollera att det fungerar som det ska och sätt sedan tillbaka skyddsplåtens panel.

Anteckningar

Kapitel 12
Karossens elsystem

Innehåll

Svårighetsgrad

Enkelt, passar novisen med lite erfarenhet	Ganska enkelt, passar nybörjaren med viss erfarenhet	Ganska svårt, passar kompetent hemmamekaniker	Svårt, passar hemmamekaniker med erfarenhet	Mycket svårt, för professionell mekaniker	

Specifikationer

Systemtyp . . . . 12 volt, negativ jord

Glödlampor

	Effektklass (watt)
Körriktningsvisare	21
Körriktningsvisare	5 sockellös
Dimljus:	
Fram	55 H11
Bakre	21
Strålkastare:	
Halvljus	55 H7
Helljus	55 HB3
Xenonstrålkastare:	
Halvljus	35 DS2
Helljus	55 HB3
Handskfacksbelysning	3 sockellös
Högt bromsljus	Lysdioder
Innerbelysning	5
Registreringsskyltsbelysning	5
Bagageutrymmesbelysning	5 sockellös
Backljus	21
Parkeringsljus	5
Bromsljus	21
Bakljus	5
Sminkspegel	1,2

Åtdragningsmoment

	Nm
Krockgivarens bultar	6
Krockkuddens styrenhets muttrar	7

1 Allmän information och föreskrifter

 Varning: Innan något arbete utförs på elsystemet, läs igenom föreskrifterna i Säkerheten främst! i början av denna handbok och i kapitel 5A.

1 Systemet är ett 12 volts elsystem med negativ jordning. Strömmen till lamporna och alla elektriska tillbehör kommer från ett bly/syrabatteri som laddas av generatorn.

2 Detta kapitel tar upp reparations- och servicearbeten för de elkomponenter som inte hör till motorn. Information om batteriet, generatorn och startmotorn finns i kapitel 5A.

3 Innan arbete på komponenter i elsystemet utförs, lossa batteriets jordledning för att undvika kortslutningar och/eller bränder.

Observera: *Om bilen har en radio med säkerhetskod, kontrollera att du har kodnumret uppskrivet innan du kopplar ifrån batteriet. Kontakta din Volvo-återförsäljare om du är osäker.*

2 Felsökning av elsystemet – allmän information

Observera: *Se föreskrifterna i Säkerheten främst! och i kapitel 5A innan du inleder arbetet. Följande kontroller relaterar till huvudkretsen och ska inte användas för att kontrollera känsliga elektroniska kretsar (som system för låsningsfria bromsar), speciellt där en elektronisk styrenhet används.*

Varning: Elsystemet i Volvo V50/S40 är extremt komplicerat. Många av styrmodulerna är ihopkopplade med ett "databussystem", där de kan dela på information från de olika givarna, och kommunicera med varandra. När automatväxellådan närmar sig en växlingspunkt signalerar den till motorstyrmodulen via databussnätet, t.ex. När växellådans styrmodul utför växlingen fördröjer motorstyrmodulen tändningsinställningen, vilket tillfälligt minskar motorns arbetseffekt, för att säkerställa en smidig övergång från ett utväxlingsförhållande till ett annat. På grund av databussystemets utformning är det inte tillrådligt att leta sig bakåt i ECM:erna med en multimeter på det traditionella sättet. Elsystemen har istället ett avancerat självdiagnossystem som kan efterfråga sparade felkoder i de olika styrmodulerna och hjälpa till att leta reda på felen. För att komma åt självdiagnossystemet krävs specialtestutrustning (felkodsläsare/skanner).

Allmänt

1 En typisk elkrets består av en elektrisk komponent, alla brytare, reläer, motorer, säkringar, smältsäkringar eller kretsbrytare för den aktuella komponenten, samt kablage och kontaktdon som förbinder komponenten med batteriet och karossen. För att under- lätta felsökningen i elkretsarna finns kopplings- scheman i slutet av det här kapitlet.

2 Studera relevant kopplingsschema noga för att förstå den aktuella kretsens olika komponenter innan du försöker diagnostisera ett elfel. De möjliga felkällorna kan reduceras genom att man undersöker om andra komponenter som är kopplade till kretsen fungerar som de ska. Om flera komponenter eller kretsar slutar fungera samtidigt är det troligt att felet beror på en gemensam säkring eller jordanslutning.

3 Elproblem har ofta enkla orsaker, som lösa eller rostiga anslutningar, jordfel, trasiga säkringar, smälta länkningar eller ett defekt relä (se avsnitt 3 för detaljer om relätestning). Kontrollera alla säkringar, kablar och anslut- ningar i en felaktig krets innan komponenterna kontrolleras. Använd bokens kopplings- scheman för att se vilka anslutningar som behöver kontrolleras för att komma åt den felande länken.

4 De grundläggande verktyg som behövs vid felsökning av elsystemet är en kretstestare eller voltmätare (en 12-volts glödlampa med en uppsättning testkablar kan också användas för vissa kontroller), en självförsörjande testlampa (kallas även kontinuitetsmätare), en ohmmätare (för att mäta resistans), ett batteri och en uppsättning testkablar samt en testkabel, helst med kretsbrytare eller en inbyggd säkring, som kan användas för att koppla förbi misstänkta kablar eller elektriska komponenter. Innan du försöker hitta ett fel med hjälp av testinstrument, använd kopplingsschemat för att ta reda på var det ska anslutas.

5 För att hitta källan till ett periodiskt åter- kommande kabelfel (vanligen på grund av en felaktig eller smutsig anslutning eller skadad isolering), kan man ibland göra ett vicktest på kabeln. Det innebär att man vickar på kabeln för hand för att se om felet uppstår när kabeln rubbas. Det ska därmed vara möjligt att härleda felet till en speciell del av kabeln. Denna testmetod kan användas tillsammans med vilken annan testmetod som helst i de följande avsnitten.

6 Förutom problem som beror på dålig anslutning, finns det två andra grundtyper av fel som kan uppstå i en elkrets: en bruten (öppen) krets eller en kortslutning.

7 Kretsavbrott orsakas av ett brott någonstans i kretsen, vilket hindrar strömflödet. Ett krets- avbrott gör att komponenten inte fungerar, men utlöser inte säkringen.

8 Låg resistans eller kortslutningar orsakas av en "kortslutning": en felpunkt som gör att strömmen som går runt in i kretsen kan "smita" en annan väg, någonstans i kretsen. Detta uppstår vanligtvis när en positiv matningskabel rör antingen en jordkabel eller en jordad komponent, t.ex. ytterkarossen. Dessa fel orsakas normalt av ett fel i kablagets isolering.

Ett kortslutningsfel gör normalt att den aktuella kretsens säkring går sönder.

9 Säkringarna är utformade för att skydda kretsen från överbelastning. En trasig säkring tyder på att det kan finnas ett problem i den kretsen och det är viktigt att identifiera och åtgärda problemet innan säkringen byts. Byt alltid en trasig säkring mot en säkring med rätt märkström: om du sätter dit en säkring med en annan märkström kan den överbelastade kretsen överhettas och till och med antändas.

Hitta ett kretsbrott

10 Ett av de enklaste sätten att hitta ett kretsbrottsfel är att använda en kretsprovare eller voltmätare. Anslut en av mätarens ledningar antingen till batteriets minuspol eller till en välkänt bra jordanslutning. Koppla den andra ledningen till en anslutning i den krets som ska provas, helst närmast batteriet eller säkringen. Slå på kretsen, men tänk på att vissa kretsar bara är strömförande med tändningslåset i ett visst läge. Om ström ligger på (visas antingen genom att testlampan lyser eller genom ett utslag från voltmätaren, beroende på vilket verktyg som används), betyder det att delen mellan kontakten och batteriet är felfri. Kontrollera resten av kretsen på samma sätt. Om en punkt där det inte finns någon ström upptäcks ligger felet mellan denna punkt och den föregående testpunkten med ström. De flesta fel kan härledas till en trasig, korroderad eller lös anslutning.

Varning: Under inga omständig- heter får man använda ström- matade mätinstrument som ohm- mätare, voltmätare eller en lampa och kontrolledningar för att testa någon av krockkuddarnas kretsar. Kontroll av dessa komponenter måste överlåtas till en Volvo- verkstad eller annan specialist eftersom risken är stor för att systemet aktiveras om inte allt utförs på ett korrekt sätt.

Hitta en kortslutning

11 Om kretsen belastas under testningen ger detta felaktiga resultat och kan skada din testutrustning. Alla strömförbrukare måste kopplas loss från kretsen innan du kan kontrollera om den är kortsluten. Strömförbrukare är komponenter som drar ström från en krets, t.ex. glödlampor, motorer, värmeelement etc.

12 Låt både tändningen och den krets som testas vara avslagna, ta sedan bort den aktuella säkringen från kretsen och anslut en kretsprovare eller voltmätare till säkringsanslutningarna.

13 Slå på kretsen, men tänk på att vissa kretsar bara är strömförande med tänd- ningslåset i ett visst läge. Om det finns spänning (visas genom att testlampan lyser eller att voltmätaren ger utslag) betyder det att kretsen är kortsluten. Om det inte finns någon spänning, men säkringarna fortsätter att gå sönder när strömförbrukarna är påkopplade är det ett tecken på ett internt fel i någon av strömförbrukarna.

2.14a Huvudjordanslutningarna finns på de båda främre fjäderbenslagren (båda sidor) . . .

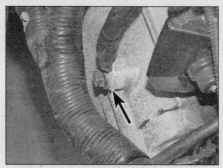

2.14b . . . växellådshusets främre del (se pil) . . .

2.14c . . . och i passagerarutrymmet (båda sidor)

Hitta ett jordfel

14 Batteriets minuspol är ansluten till "jord": metallen i motorn/växellådan och karossen – och de flesta system är kopplade så att de endast tar emot positiv matning, och strömmen går tillbaka genom karossens metall. Det innebär att komponentfästet och karossen utgör en del av kretsen. Lösa eller korroderade fästen kan därför orsaka flera olika elfel, allt ifrån totalt haveri till svårfångade, partiella fel. Vanligast är att lampor lyser svagt (särskilt när en annan krets som delar samma jordpunkt är igång) och att motorer (t.ex. torkarmotorerna eller kylarens fläktmotor) går långsamt. En krets kan påverka en annan till synes orelaterad krets. Observera att på många fordon används särskilda jordledningar

mellan vissa komponenter, t.ex. motorn/växellådan och karossen, vanligtvis där det inte finns någon direkt metallkontakt mellan komponenterna på grund av gummifästen eller liknande (se bilder).

15 Koppla bort batteriet och koppla den ena ledaren från en ohmmätare till en känd jordpunkt för att kontrollera om en komponent är korrekt jordad. Koppla den andra ledaren till den kabel eller jordanslutning som ska kontrolleras. Resistansen ska vara noll. Om så inte är fallet ska anslutningen kontrolleras enligt följande.

16 Om en jordanslutning misstänks vara felaktig, ta isär anslutningen och putsa upp metallen på både ytterkarossen och kabelfästet eller komponentens jordanslutnings fogyta. Se till att ta bort alla spår av rost och smuts

och skrapa sedan bort eventuell lack med en kniv för att få fram en ren metallyta. Dra åt fogfästena ordentligt vid ihopsättningen. Om en kabelanslutning återmonteras ska taggbrickor användas mellan anslutningen och karossen för att garantera en ren och säker anslutning. När kopplingen återansluts, rostskydda ytorna med ett lager vaselin, silikonfett eller genom att regelbundet spraya på fuktdrivande aerosol eller vattenavstötande smörjmedel.

3 Säkringar och reläer – allmän information

Huvudsäkringar

1 Säkringarna sitter på en panel under instrumentbrädan på passagerarsidan, och i en säkringsdosa på motorrummets vänstra sida.
2 Du kommer åt säkringarna på passagerarsidan genom att ta bort klädselpanelen som döljer säkringsdosan. Panelen är fäst med två plastexpandernitar. Tryck in centrumsprintarna cirka 10 mm och dra sedan loss nitarna. Vrid säkringsdosans fästen moturs och sänk ner säkringsdosan (se bild).
3 För att komma åt säkringsdosan i motorrummet öppnar du motorhuven, lossar klämman och öppnar säkringsdosans kåpa (se bild).
4 Alla säkringar är numrerade: säkringarnas kapacitet och de kretsar de säkrar finns angivna på täckpanelens baksida. Det finns en lista över säkringarna tillsammans med kopplingsschemana.
5 När du ska ta bort en säkring, slå först av den berörda kretsen (eller tändningen) och dra sedan loss säkringen – det finns en tång som är särskilt avsedd för detta på undersidan av motorrummets säkringsdosekåpa. Kabeln i säkringen bör vara synlig: om säkringen är trasig har kabeln ett brott som syns genom plasthöljet.
6 Byt alltid ut en säkring mot en som har samma kapacitet. Använd aldrig en säkring med en annan märkström än originalsäkringen, och byt inte ut den mot något annat. Byt aldrig en säkring mer än en gång utan att spåra orsaken till felet. Säkringens kapacitet

3.2a Tryck in centrumsprintarna, dra ut plastnitarna (se pilar) och ta bort panelen under passagerarsidans instrumentbräda

3.2b Vrid fästena moturs (se pilar) . . .

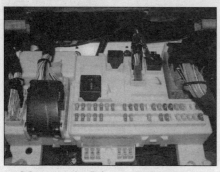

3.2c . . . och sänk ner säkringsdosan

3.3 Lossa klämman (se pil) och ta bort kåpan över motorrummets säkringsdosa

är instämplad ovanpå säkringen. Notera att säkringarna även är färgkodade så att du lätt ska känna igen dem.

7 Om en ny säkring går sönder på en gång, ta reda på varför detta inträffar innan du byter den igen: en kortslutning till jord på grund av felaktig isolering är det troligaste skälet. Om en säkring skyddar fler än en krets, försök att isolera problemet genom att slå på varje krets i tur och ordning (om möjligt) tills säkringen går sönder igen. Ha alltid ett antal reservsäkringar med relevant kapacitet i bilen. En reservsäkring för varje kapacitet ska sitta längst ner i säkringsdosan.

8 Observera att vissa kretsar skyddas av "maxi-säkringar" i motorrummets säkringsdosa. Dessa säkringar är fysiskt mycket större än normala säkringar och har motsvarande högre kapacitet. Om någon av dessa säkringar går sönder, låt en Volvo-verkstad eller annan specialist undersöka kretsen innan säkringen byts.

9 Det sitter två smältsäkringar på batteriets pluskabel. De är utformade för att skydda startmotorns och generatorns kablage från skador på grund av ett större fel. Om någon av dessa smältsäkringar skulle gå sönder, byt dem inte innan den berörda kretsen har kontrollerats.

Reläer

10 Huvudreläerna sitter i säkringsdosan på passagerarplatsen och i motorrummets säkringsdosa. Reläernas placering och funktion anges på undersidan av säkringsdosans lock.
11 Reläerna är förslutna och kan inte repareras om det är fel på dem. Reläerna är av instickstyp och kan tas bort genom att du drar loss dem direkt från anslutningarna. I vissa fall måste du bända ut två plastklämmor innan du kan ta bort reläet.
12 Om det uppstår ett fel i en krets eller ett system som styrs av ett relä och du misstänker reläet, styr ut systemet: om reläet fungerar ska du kunna höra ett klickljud när det matas. Om så är fallet ligger felet i komponenterna eller kablarna till systemet. Om reläet inte matas får det antingen ingen ström eller också kommer inte ställströmmen fram, men det kan också bero på att reläet i sig självt är defekt. Test med hjälp av en bevisat fungerande enhet ska utföras med försiktighet: även om vissa reläer är identiska utseendemässig och funktionsmässigt, kan andra likna varandra men utföra olika funktioner.
13 Innan ett relä byts, se först till att tändningen är av. Sedan kan du helt enkelt dra loss reläet från hylsan och sätta dit ett nytt.

4 Tändningslås – demontering och montering

Demontering

1 Lossa fästklämmorna och bänd sedan försiktigt loss de mittersta luftmunstyckena från instrumentbrädan **(se bilder)**.
2 Ta bort intrumentbrädans nedre panel på förarsidan samt mittkonsolen enligt beskrivningen i kapitel 11.
3 Lossa den optiska kabelns fästklämmor från mediaspelarmodulens undersida (i förekommande fall) genom att trycka klämmorna utåt och nedåt **(se bild)**. Var försiktig så att du inte viker de optiska kablarna eller sträcker ut dem för mycket.
4 Skruva loss de båda fästbultarna och dra loss mediaspelarmodulen (i förekommande fall) från instrumentbrädan. Koppla loss anslutningskontakterna när du tar bort enheten **(se bild)**.
5 Skruva loss de båda skruvarna och dra bort instrumentsamlingens sargpanel **(se bilder)**.
6 Tändningslåset är fäst med två skruvar. Sträck in händerna genom öppningarna, skruva loss skruvarna, koppla loss anslutningskontakterna och ta bort tätningslåset från instrumentbrädan **(se bild)**.

Montering

7 Monteringen utförs i omvänd ordningsföljd mot demonteringen.

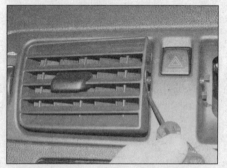

4.1a Bänd ut luftmunstyckets galler . . .

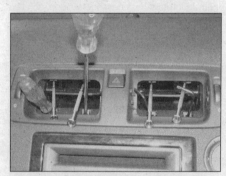

4.1b . . . lossa sedan de åtta klämmorna och bänd ut luftmunstyckets sarg

4.3 Koppla loss den optiska kabeln från mediaspelaren (visas med enheten borttagen för tydlighetens skull)

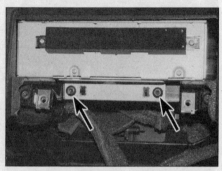

4.4 Mediaspelarens torxfästbultar (se pilar)

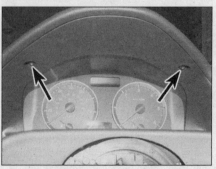

4.5a Skruva loss instrumentpanelens omgivande skruvar (se pilar) . . .

4.5b . . . och dra bort den

4.6 Tändningslåset är fäst med 2 torxskruvar (se pilar – sett från instrumentbrädans baksida)

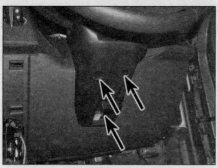

5.5a Skruva loss de nedre kåpskruvarna (se pilar)

5.5b Lossa gummidamasken och dela på rattstångens kåpor

5.6 Styrmodulens brytare är fästa med två skruvar var (se pilar)

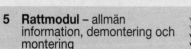

5 Rattmodul – allmän information, demontering och montering

Allmän information

1 Rattmodulen är monterad längst upp på rattstången, och hanterar signalerna för följande funktioner (i förekommande fall):

a) *Rattvinkelinformation.*
b) *Rattvinkelns förändringstakt.*
c) *Ljudanläggningens volymkontroll.*
d) *Telefonmodulens menyval och volym.*
e) *Trafikinformationsmeny.*
f) *Vindrutespolare och torkare.*
g) *Bakrutespolare och torkare.*
h) *Strålkastarspolare.*
i) *Farthållare.*
j) *Blinkers.*
k) *Körriktningsvisare.*
l) *Halv- och helljus.*
m) *Färddator/förarinformationsmodulens testdisplay.*
n) *Regnsensormodul.*
o) *Parkeringsvärmare.*

2 Rattmodulen har ständig kommunikation med bilens andra styrmoduler genom ett informationsnätverk som kallas databuss.
3 Om det skulle uppstå ett fel så har modulen ett avancerat självdiagnossystem som kan rådfrågas via bilens diagnosuttag, placerat under instrumentbrädan på förarsidan, med hjälp av en felkodsläsare.

5.7a Skruva loss de 2 skruvarna (se pilar) . . .

Demontering

4 Se kapitel 10 och ta bort ratten.
5 Skruva loss de tre T25-torxskruvarna från deras placering under rattstångens nedre kåpa, lossa damasken och bänd isär de övre och nedre kåporna för att lossa fästpiggarna. Ta bort den nedre kåpan och lyft bort den övre kåpan (se bilder).
6 Torkar-/spolarbrytaren och blinkerbrytaren är fästa med två skruvar var. Skruva loss skruvarna och dra brytarna ut åt sidorna (se bild).
7 Skruva loss de båda skruvarna, lossa klämman och dra kontaktrullen/rattmodulen bakåt. Koppla loss anslutningskontakterna när du tar bort enheten (se bilder).

Montering

8 Monteringen utförs i omvänd ordningsföljd mot demonteringen. Om du har satt dit en ny rattmodul/kontaktrulle, måste du ladda ner programvara till den nya enheten från

5.7b . . . tryck sedan in klämman (se pil) och skjut bort modulen från rattstången

Volvo. Kontakta en Volvoverkstad eller annan specialist.

6 Brytare – demontering och montering

Lampbrytare på instrumentbrädan

1 Se till att brytaren är i läge 0, bänd sedan försiktigt loss ändpanelen från instrumentbrädan på förarsidan (se bild).
2 Sträck in handen bakom och tryck loss brytarenheten från instrumentbrädan (se bild). Koppla ifrån anslutningskontakten när enheten tas bort.
3 Om det behövs kan du vrida lamphållaren på enhetens baksida moturs, dra loss den och byta glödlampan (se bild).
4 Monteringen utförs i omvänd ordningsföljd.

6.1 Bänd loss instrumentbrädans ändpanel

6.2 Tryck bort brytarmodulen

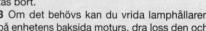
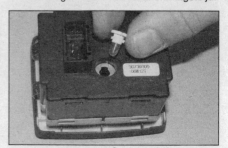

6.3 Vrid lamphållaren moturs och dra bort den från brytaren (glödlampan är inbyggd i hållaren)

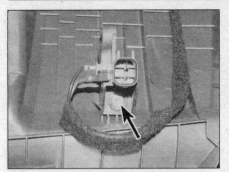

6.7 Skruva loss torxskruven (se pil) och ta bort handskfackets lampbrytare

6.10a Bänd loss panelen från handtagets insida . . .

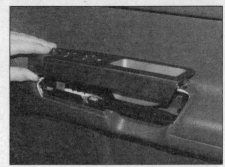

6.10b . . . bänd sedan panelen uppåt för att lossa klämmorna

Handskfackets lampbrytare

5 Ta bort handskfacket enligt beskrivningen i kapitel 11.
6 Koppla loss brytarens anslutningskontakt.
7 Skruva loss torxskruven och ta bort brytaren (se bild).
8 Monteringen utförs i omvänd ordningsföljd mot demonteringen.

Sidospegelsjusterare

9 Sidospegeljusterarna är inbyggda i fönster-brytarenheterna i dörrpanelerna.
10 När du ska ta bort brytarenheterna, använd ett plattbladigt trubbigt verktyg och bänd försiktigt loss panelen från handtagets fördjupning. Bänd sedan brytarpanelen rakt upp från dörrklädselpanelen (se bilder).
11 Koppla loss kontaktdonet, skruva sedan loss de fyra fästskruvarna och dra bort brytaren från sargen (se bild).
12 Montera i omvänd ordningsföljd.

Takluckans brytare

Modeller upp till modellår 2007

13 Bänd försiktigt loss innerbelysningens glas/kåpa, skruva sedan loss skruven och koppla loss ljuskonsolen från den inre takklädseln.

Modellår 2007 och senare

14 Bänd försiktigt loss innerbelysnings-konsolen nedåt från den inre takklädseln.

Alla modeller

15 Tryck ut fästklämmorna och dra brytaren från konsolen.
16 Montera i omvänd ordningsföljd.

Centrallåsbrytare

17 Ta bort dörrens klädselpanel enligt beskrivningen i kapitel 11.
18 Koppla loss anslutningskontakten från brytaren, tryck sedan ner fästklämmorna och tryck bort brytaren från panelen (se bild).
19 Monteringen utförs i omvänd ordningsföljd mot demonteringen.

Fönstrets brytare

20 När du ska ta bort brytarenheterna, använd ett plattbladigt trubbigt verktyg och bänd försiktigt loss panelen från handtagets fördjupning. Bänd sedan brytarpanelen rakt upp från dörrklädselpanelen (se bilder 6.10a och 6.10b).
21 Koppla loss kontaktdonet, skruva sedan loss de fyra fästskruvarna och dra bort brytaren från sargen (se bild 6.11).
22 Montera i omvänd ordningsföljd.

Kupébelysningens brytare

23 Kupélamporna styrs av mikrobrytare som är inbyggda i dörrlåsen. Brytarna kan inte köpas separat. Om det är fel på dem måste du byta dörrlåsenheten (se kapitel 11).

Färdriktningsvisar-, torkar- och spolarbrytare

24 Ta bort ratten enligt beskrivningen i kapitel 10.
25 Skruva loss de tre skruvarna från deras placering under rattstångens nedre kåpa, och bänd isär de övre och nedre kåporna för att lossa fästpiggarna. Ta bort den nedre kåpan och lyft bort den övre kåpan. Om det behövs

kan du lossa damasken mellan den övre kåpan och instrumentbrädan (se bild 5.6).
26 Torkar-/spolarbrytaren och blinkerbrytaren är fästa med två skruvar var. Skruva loss skruvarna och dra brytarna ut åt sidorna (se bild 5.7a och 5.7b).
27 Monteringen utförs i omvänd ordningsföljd mot demonteringen.

Brytaren till handbromsens varningslampa

28 Ta bort mittkonsolen enligt beskrivningen i kapitel 11.
29 Skruva loss skruven och koppla loss brytaren (se bild).
30 Koppla loss kontaktdonet från brytaren.
31 Montera i omvänd ordningsföljd.

Bromsljuskontakt

32 Se kapitel 9.

Strålkastarreglage/dimljus/instrumentbelysning

33 Dessa brytare är inbyggda i ljusbrytar-modulen. Demonteringen beskrivs tidigare i detta avsnitt.

Varningsblinkersbrytare

34 Lossa fästklämmorna och bänd sedan försiktigt loss de mittersta luftmunstyckena från instrumentbrädan (se bild 4.1a).
35 Bänd de fyra nedre krokarna uppåt, och de fyra övre krokarna nedåt, och bänd ut luftmunstyckeshuset (se bild 4.1b). Var väldigt försiktig så att du inte skadar det omgivande området.

6.11 Skruva loss de fyra torxskruvarna (se pilar) och dra bort brytaren från panelsargen

6.18 Lossa klämmorna (se pilar) och tryck bort centrallåsbrytaren från panelen

6.29 Skruv till brytaren till handbromsens varningslampa (se pil)

36 Koppla loss anslutningskontakten från brytaren.
37 Tryck ner klämmorna och tryck bort brytaren **(se bild)**.
38 Monteringen utförs i omvänd ordningsföljd mot demonteringen.

Rattbrytare

39 Ta bort förarsidans krockkudde enligt beskrivningen i avsnitt 23.
40 Använd ett trubbigt, plattbladigt verktyg och bänd försiktigt loss den aktuella brytaren från ratten **(se bild)**. Koppla loss anslutningskontakten när du tar bort brytaren.
41 Monteringen utförs i omvänd ordningsföljd mot demonteringen.

Stolsvärmebrytare

42 Brytarna till framsätenas stolsvärme är inbyggda i värme-/luftkonditioneringens kontrollpanel, och kan inte bytas ut separat. Hur man demonterar panelen beskrivs i kapitel 3.

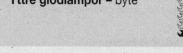

7 Yttre glödlampor – byte

1 Tänk på följande punkter när en glödlampa ska bytas:
  a) *Kom ihåg att om lyset nyligen har varit tänt kan lampan vara mycket het.*
  b) *Rör inte glödlampans glas med fingrarna, eftersom små avlagringar kan förmörka glödlampan.*
  c) *Kontrollera alltid glödlampans kontakter och hållare, se till att det är ren kontakt metall mot metall. Avlägsna korrosion och smuts innan en ny lampa sätts i.*
  d) *Om lampor med bajonettfattning används, se till att kontakterna har god kontakt med glödlampan.*
  e) *Se alltid till att den nya lampan har rätt specifikationer och att den är helt ren innan den monteras.*

Strålkastare

Observera: *Det här avsnittet omfattar inte byte av glödlampor på modeller som har xenonlampor: se kapitel 10 för information om byte.*

6.37 Lossa klämmorna (se pilar) och tryck bort varningsblinkersbrytaren från panelen

Helljus

2 Demontera strålkastaren enligt beskrivningen i avsnitt 9.
3 Tryck fästklämmorna utåt och ta bort plastkåpan från strålkastarens baksida **(se bild)**.
4 Vrid lamphållaren moturs (vänster strålkastare) eller medurs (höger strålkastare) och dra loss lamphållaren från strålkastaren **(se bilder)**. Observera att glödlampan och hållaren sitter ihop. Rör inte glaset med fingrarna om glödlampan ska sättas tillbaka. Om du råkar vidröra glaset, torka av det med T-sprit.
5 Montera den nya glödlampan i omvänd ordningsföljd mot demonteringen.

Halvljus

6 Ta bort strålkastaren enligt beskrivningen i avsnitt 9.

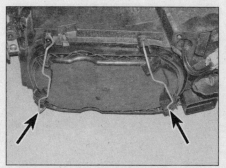

7.3 Tryck klämmorna utåt och ta bort kåpan från strålkastaren (se pilar)

6.40 Bänd försiktigt bort brytarenheten från ratten

7 Tryck fästklämmorna utåt och ta bort plastkåpan från strålkastarens baksida **(se bild 7.3)**.
8 Koppla loss anslutningskontakten från glödlampans baksida, lossa sedan fästklämman och ta bort glödlampan från strålkastaren, notera hur den är monterad **(se bilder)**. Rör inte glaset med fingrarna om glödlampan ska sättas tillbaka. Om du råkar vidröra glaset, torka av det med T-sprit.
9 Montera den nya glödlampan i omvänd ordningsföljd mot demonteringen.

Parkeringsljus

10 Ta bort strålkastararmaturen enligt beskrivningen i avsnitt 9, ta sedan bort kåpan från strålkastarens baksida **(se bild 7.3)**.

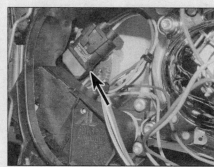

7.4a Vrid lamphållaren (se pil) moturs (vänster strålkastare) eller medurs (höger strålkastare)

7.4b Helljusglödlampan är inbyggd i hållaren

7.8a Lossa fästklämman . . .

7.8b . . . och dra bort halvljusglödlampan från strålkastarens reflektor

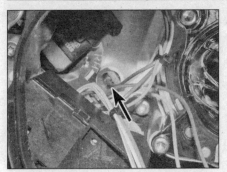

7.11 Dra bort parkeringsljusets lamphållare (se pil) från strålkastaren

11 Dra loss lamphållaren från strålkastararmaturen **(se bild)**. Dra endast i lamphållaren – inte i kabeln.
12 Dra bort glödlampan med insticksfäste direkt från lamphållaren.
13 Montera den nya glödlampan i omvänd ordningsföljd mot demonteringen.

Främre dimljus

14 Ta bort dimljuset enligt beskrivningen i avsnitt 9.
15 Koppla loss anslutningskontakten från lamphållaren.
16 Vrid lamphållaren moturs och ta bort den från dimljuset **(se bild)**. Observera att glödlampan och lamphållaren sitter ihop.
17 Montera den nya glödlampan i omvänd ordningsföljd mot demonteringen.

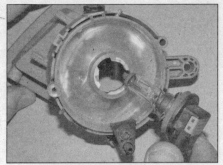

7.16 Vrid det främre dimljusets lamphållare moturs och ta bort den

Främre körriktningsvisare

18 Ta bort strålkastaren enligt beskrivningen i avsnitt 9.
19 Vrid lamphållaren moturs och dra bort den från strålkastaren **(se bild)**.
20 Tryck ner och vrid glödlampan för att lossa den från lamphållaren **(se bild)**.
21 Montera den nya glödlampan i omvänd ordningsföljd mot demonteringen.

Körriktningsvisare

22 Ta bort sidospegelns kåpa enligt beskrivningen i kapitel 11.
23 Lossa klämman och ta bort körriktningsvisaren från spegelhuset **(se bilder)**.
24 Dra loss glödlampan med insticksfästning från lamphållaren.
25 Montera den nya glödlampan i omvänd ordningsföljd mot demonteringen.

7.19 Vrid körriktningsvisarens lamphållare moturs för att ta bort den . . .

Sidoblinkljus på strålkastare

26 Ta bort strålkastaren enligt beskrivningen i kapitel 9.
27 Vrid lamphållaren/anslutningskontakten moturs och dra loss dem från strålkastaren **(se bild)**.
28 Ta bort den sockellösa glödlampan med insticksfäste från hållaren.
29 Montera den nya glödlampan i omvänd ordningsföljd mot demonteringen.

Bakljusarmatur

30 Arbeta i bagageutrymmet, lossa och ta bort aktuell åtkomstpanel på den berörda sidan **(se bilder)**.
31 Koppla loss anslutningskontakten från lamphållarenheten.
32 Tryck ihop plastflikarna och dra bort

7.20 . . . tryck ner den och vrid glödlampan

7.23a Lossa klämman . . .

7.23b . . . och ta bort körriktningsvisaren

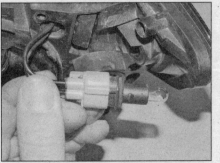

7.27 Vrid sidoblinkljusets lamphållare/ anslutningskontakt moturs och dra loss dem från strålkastaren

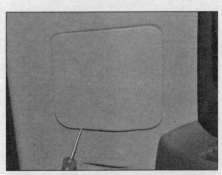

7.30a Bänd försiktigt loss den berörda glödlampans åtkomstpanel – V50-modeller

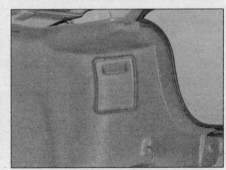

7.30b Bakljusåtkomstpanel – S40-modeller

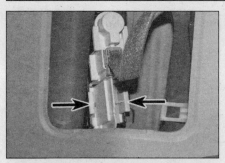

7.32a Tryck ihop klämmorna (se pilar) och ta bort lamphållarenheten – V50:ns övre lampor visas . . .

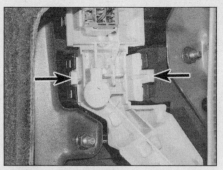

7.32b . . . och klämmorna från de nedre ljusens lamphållare (se pilar) – V50-modeller

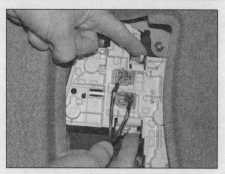

7.32c Lamphållarens fästklämmor – S40-modeller

7.33 Tryck och vrid den berörda glödlampan för att ta bort den

7.39 Skruva loss torxskruvarna (se pilar) och dra ner registreringsskyltsbelysningen – V50-modeller

7.40 Dra bort rörglödlampan från kontakterna

lamphållaren från bakljusarmaturen **(se bilder)**.

33 Tryck och vrid den berörda glödlampan moturs, och ta bort den från lamphållaren **(se bild)**.

34 Montera den nya glödlampan i omvänd ordningsföljd mot demonteringen.

Registreringsskyltsbelysning

S40-modeller

35 Registreringsskyltsbelysningen sitter på bakluckan, precis ovanför registreringsskylten. För att du lättare ska komma åt fästskruvarna kan du öppna bakluckan. Skruva loss fästskruven och bänd ner glaset **(se bild 7.39)**.

36 Vrid lamphållaren moturs och ta bort den från glaset.

37 Dra loss rörglödlampan från dess hållare.

38 Montera den nya glödlampan i omvänd ordningsföljd mot demonteringen.

V50-modeller

39 Skruva loss torxfästskruvarna och dra bort glaset från bakluckan **(se bild)**.

40 Dra loss rörglödlampan från kontakterna **(se bild)**.

41 Montera den nya glödlampan i omvänd ordningsföljd mot demonteringen.

Högt bromsljus

42 Det höga bromsljuset belyses av icke-utbytbara lysdioder. Om det är fel på dem måste hela bromsljusenheten bytas enligt beskrivningen i avsnitt 9.

8   Inre glödlampor – byte

1 Tänk på följande när en glödlampa ska bytas:

a) *Kom ihåg att om lyset nyligen har varit tänt kan lampan vara mycket het.*

b) *Kontrollera alltid lampans sockel och kontaktytor. Se till att kontaktytorna mellan lampan och ledaren och lampan och jord är rena. Avlägsna korrosion och smuts innan en ny lampa sätts i.*

c) *Om lampor med bajonettfattning används, se till att kontakterna har god kontakt med glödlampan.*

d) *Se alltid till att den nya lampan har rätt specifikationer och att den är helt ren innan den monteras.*

Inre lampor/läslampa

Fram

2 Dra försiktigt armaturen rakt nedåt från den inre takklädseln **(se bild)**.

3 Vrid lamphållaren och ta bort den **(se bilder)**. Observera att glödlampan och hållaren sitter ihop.

8.2 Dra innerbelysningen rakt nedåt för att lossa klämmorna

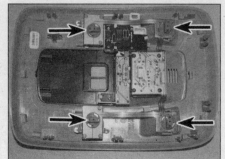

8.3a Vrid den aktuella lamphållaren (se pilar) . . .

8.3b . . . och dra bort den

8.4a Bänd loss bakljusets glas/kåpa . . .

8.4b . . . och dra bort den sockellösa glödlampan från hållaren

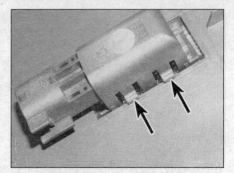

8.7 Tryck ner klämmorna (se pilar) och ta bort lampan från handskfacket

Bak

4 Bänd loss armaturens glas, dra sedan loss den sockellösa glödlampan från hållaren **(se bilder)**.
5 Montera den nya glödlampan i omvänd ordningsföljd mot demonteringen.

Handskfacks-/fotbrunnslampa

6 Ta bort handskfacket enligt beskrivningen i kapitel 11.
7 Lossa klämmorna och bänd loss armaturen från handskfacket **(se bild)**.
8 För in en spårskruvmejsel bakom glasets kant, tryck ner fästklämman och bänd loss lampans glas **(se bild)**.
9 Dra loss den sockellösa glödlampan från hållaren.
10 Montera den nya glödlampan i omvänd ordningsföljd mot demonteringen. Observera att glaset endast kan monteras i en riktning.

Solskydds-/sminkspegelslampa

11 Se till att spegelns lock är stängt, bänd sedan försiktigt ut spegeln/kåpan från solskyddet med hjälp av en liten skruvmejsel **(se bild)**.
12 Dra loss rörglödlampan från kontakterna **(se bild)**.
13 Montera den nya glödlampan i omvänd ordningsföljd mot demonteringen.

Instrumentbrädans lampor

14 På alla modeller som omfattas av den här handboken är det omöjligt att byta instrumentpanelens glödlampor individuellt eftersom de är av lysdiodstypen och fastlödda på ett kretskort. Det går inte att byta en enstaka lysdiod. Om det är fel på en lysdiod måste hela instrumentpanelen bytas.

Bagageutrymmets belysning

15 För in en spårskruvmejsel bakom glasets kant, tryck ner fästklämman och bänd loss lampans glas/lampenheten **(se bild)**.
16 Dra loss rörglödlampan från dess hållare.
17 Montera den nya glödlampan i omvänd ordningsföljd mot demonteringen.

Brytarbelysning

18 De flesta av brytarbelysningens glöd-lampor är inbyggda i själva brytaren och kan inte bytas separat. Se beskrivningen i avsnitt 6 och ta bort brytaren. Men glödlamporna till ljusbrytarmodulen och varningsblinkersbrytarna kan bytas – ta bort den aktuella brytaren enligt beskrivningen i avsnitt 6.
19 Vrid lamphållaren moturs och ta bort den. Glödlampan sitter ihop med hållaren **(se bild)**.
20 Monteringen utförs i omvänd ordningsföljd mot demonteringen.

Värmeenhetens/ luftkonditioneringens kontrollpanelsbelysning

21 Kontrollpanelen lyses upp av icke utbytbara lysdioder. Om det är fel på dem kan du behöva byta kontrollpanelen.

9 Yttre armaturer – demontering, montering och strålkastarinställning

Strålkastararmatur

Varning: På modeller med xenon strålkastare, koppla loss batteriets minusledare

8.8 Lossa klämman och ta bort glaset

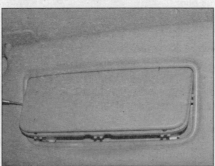
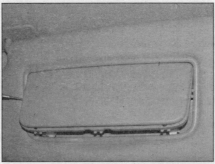

8.11 Bänd försiktigt bort spegeln/kåpan . . .

8.12 . . . dra sedan loss glödlampan från kontakterna

8.15 Tryck ner klämman och bänd ner bagageutrymmets lampa

8.19 Vrid lamphållaren moturs och ta bort den – varningsblinkersbrytaren visas (se pil)

9.1 Dra upp strålkastarens låssprint (se pil)

9.2 Dra strålkastaren utåt för att lossa tappen från styrhålet (se pilar)

9.3 Tryck ihop klämman och koppla loss strålkastarens anslutningskontakt (se pil)

enligt beskrivningen i kapitel 5A innan du arbetar med strålkastarna.

Demontering

1 Öppna motorhuven och dra upp strålkastarens låssprint **(se bild)**.
2 Dra ut strålkastaren till utsidan och sedan framåt **(se bild)**. Var försiktig så att du inte skadar bilens lack när du tar bort strålkastaren.
3 Tryck ner fästklämman och koppla loss anslutningskontakten från strålkastarens baksida **(se bild)**.

Montering

4 Monteringen utförs i omvänd ordningsföljd. Avsluta med att kontrollera att funktionen är bra och låt kontrollera strålkastarinställningen så snart som möjligt.

Främre dimljus

Demontering

5 Använd en skruvmejsel och lossa de fyra fästklämmorna och dra bort dimljusets sargpanel från stötfångaren **(se bild)**.
6 Skruva loss de båda fästskruvarna, ta bort dimljuset från den främre stötfångaren och koppla loss kablaget **(se bild)**.

Montering

7 Monteringen utförs i omvänd ordningsföljd mot demonteringen, men låt kontrollera dimljusets inställning så snart som möjligt. Du kan göra en ungefärlig justering genom att placera bilen 10 meter från en vägg med en

markering av dimljusets mittpunkt på glaset. Vrid justeringsskruven efter behov **(se bild)**. Observera att du endast kan utföra justeringar i höjdled – du kan inte göra justeringar i sidled.

Körriktningsvisare

Demontering och montering

8 Proceduren är densamma som beskrivs för glödlampsbyte i avsnitt 7.

Bakljusarmatur

S40-modeller

9 Med bakluckan öppen, vik åtkomstfliken framåt, tryck ihop fästklämmorna och ta bort lamphållarenheten **(se bild 7.32c)**.
10 Skruva loss de fyra fästmuttrarna och dra

loss armaturen **(se bild)**.
11 Monteringen utförs i omvänd ordningsföljd mot demonteringen. Se till att tätningen är korrekt placerad.

V50-modeller

12 Ta bort åtkomstkåporna från D-stolpens klädselpanel, tryck sedan ihop fästklämmorna och ta bort lamphållarenheterna **(se bild 7.32a och 7.32b)**.
13 Skruva loss de fyra fästmuttrarna och ta bort armaturen **(se bild)**.
14 Monteringen utförs i omvänd ordningsföljd mot demonteringen. Se till att tätningen är korrekt placerad.

Registreringsskyltsbelysning

15 Proceduren är densamma som beskrivs för glödlampsbyte i avsnitt 7.

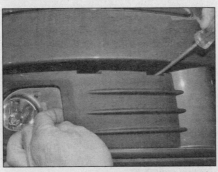

9.5 Lossa de 2 klämmorna högst upp på dimljusets sargpanel, och de 2 på den nedre kanten

9.6 Dimljusets torxfästskruvar

9.7 Dimljusets justeringsskruv

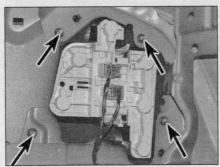

9.10 Bakljusets fästmuttrar (se pilar) – S40-modeller

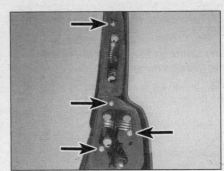

9.13 Bakljusarmaturens fästmuttrar och bultar (se pilar) – visas med enheten borttagen för tydlighetens skull

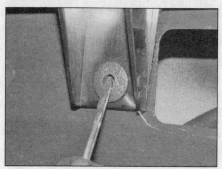

9.17a Tryck in centrumsprintarna och ta bort plastexpandernitarna . . .

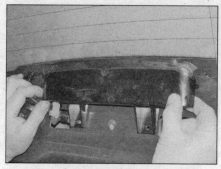

9.17b . . . skjut sedan bort det höga bromsljuset

9.21 Strålkastarens inställningsskruvar (visas med strålkastaren borttagen)
A Horisontell justering
B Vertikal justering

Högt bromsljus

V50-modeller

16 Ta bort bakluckans klädselpanel enligt beskrivningen i avsnitt 13 i kapitel 11.
17 Tryck in centrumsprintarna och bänd ut de båda plastexpandernitarna, koppla sedan loss anslutningskontakten och skjut bort armaturen **(se bilder)**.
18 Monteringen utförs i omvänd ordningsföljd mot demonteringen.

S40-modeller

19 På dessa modeller är det höga bromsljuset fäst i den inre takklädseln. För att kunna byta armaturen måste du sänka ner den inre takklädseln och lossa armaturen från klädseln. Detta är en avancerad åtgärd som kräver erfarenhet och stor försiktighet. Följaktligen rekommenderar vi att du överlåter arbetet till en Volvoverkstad eller specialist.

Strålkastarinställning

20 Korrekt inställning av strålkastarna kan endast utföras med optisk utrustning och ska därför överlåtas till en Volvo-verkstad eller en annan lämpligt utrustad verkstad.
21 Som referens kan strålkastarna justeras med justeringsskruven, som nås via varje armaturs ovansida **(se bild)**.
22 Vissa modeller är utrustade med elstyrd strålkastarjustering som styrs via brytaren på instrumentbrädan. På dessa modeller måste du se till att brytaren är i grundläget O innan du justerar strålkastarens riktning.

Inställning för vänster- eller högerstyrning

23 Du kan justera strålkastarna för körning på höger eller vänster sida av vägen. Ta bort strålkastaren enligt beskrivningen i detta avsnitt.
24 Lossa klämmorna och ta bort kåpan från strålkastarens baksida **(se bild 7.3)**.
25 Flytta armen på reflektorns nedre kant till vänster för körning på vänster sida av vägen (högerstyrning), eller till höger för körning på höger sida av vägen (vänsterstyrning).

10 Bi-xenon strålkastarsystem – demontering, montering och justering av komponenter

Allmän information

1 Bi-xenonstrålkastarna fanns som tillval för alla modeller som omfattas av den här handboken. Strålkastarna har lampor som producerar ljus med hjälp av en elektrisk ljus-båge, snarare än genom att värma upp en glödtråd av metall som i vanliga halogenlampor. Ljusbågen genereras av en styrkrets som fungerar vid spänning över 28 000 volt. Styrkan på det ljussken som sänds ut betyder att strålkastarinställningen måste skötas dynamiskt för att du inte ska blända andra trafikanter. En elektronisk styrenhet övervakar bilens lutning och totala chassihöjd med hjälp av givare som är monterade på fram- och bak-fjädringen, och justerar strålkastarinställningen enligt informationen som den får, med hjälp av nivåregleringsmotorerna som är inbyggda i strålkastararmaturen.

⚠ *Varning: Xenonlampans startkrets arbetar med extremt hög spänning. För att undvika elektriska stötar, se till att batteriets minusledare är frånkopplad innan du arbetar med strålkastararmaturen (se kapitel 5A). Slå dessutom på och av halvljusen för att få bort eventuell kvar-varande spänning.*

Glödlampsbyte

Helljus

2 Ta bort strålkastaren enligt beskrivningen i avsnitt 9.

3 Tryck fästklämmorna utåt och ta bort plast-kåpan från strålkastarens baksida **(se bild 7.3)**.
4 Koppla loss anslutningskontakten från glödlampans baksida, lossa sedan fäst-klämman och dra loss lampan från reflektorn **(se bild 7.4a)**. Observera hur tapparna på glödlampan hakar i spåren på reflektorn. Rör inte glaset med fingrarna om glödlampan ska sättas tillbaka. Om du råkar vidröra glaset, torka av det med T-sprit.
5 Montera den nya glödlampan i omvänd ordningsföljd mot demonteringen.

Halvljus

Varning: Halvljusglödlampan har ett gas-tryck på minst 10 bar, därför rekommenderar vi att du bär skyddsglasögon under detta arbete.

6 Ta bort strålkastaren enligt beskrivningen i avsnitt 9.
7 Lossa fästklämmorna och ta bort plastkåpan från armaturens baksida **(se bild 7.3)**.
8 Koppla loss anslutningskontakten, ta sedan bort tändningsmodulen följt av lamphållaren och glödlampan **(se bild)**. Om du råkar vidröra glaset, torka av det med T-sprit.
9 Montera den nya glödlampan i omvänd ordningsföljd mot demonteringen, se till att tappen på lampans ovansida hakar i korrekt med motsvarande spår i reflektorn.

Parkeringsljus

10 Demontera strålkastaren enligt beskriv-ningen i avsnitt 9.

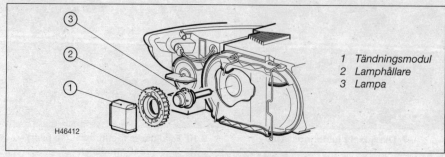

1 Tändningsmodul
2 Lamphållare
3 Lampa

10.8 Bild av xenonlampa

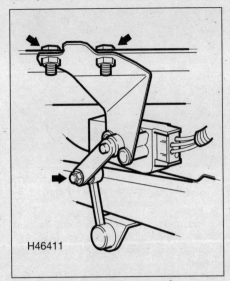

10.21 Markhöjdsgivarens fästbultar och länkarmsbult (se pilar)

11 Dra loss lamphållaren från strålkastararmaturen **(se bild 7.11)**. Dra endast i lamphållaren – inte i kabeln.

12 Dra bort glödlampan med insticksfäste direkt från lamphållaren.

13 Montera den nya glödlampan i omvänd ordningsföljd mot demonteringen.

Xenonlampornas styrmodul/ballast

Demontering

14 Det finns två styrmoduler – en för varje strålkastare. Enheten på förarsidan fungerar som en "master" och kommunicerar med den centrala elektronikmodulen (inbyggd i säkringsdosan på passagerarsidan) via en LIN-buss (Local Interconnect Network), medan den andra styrenheten är "slav" och endast kommunicerar med "mastern". Styrenheterna är ansvariga för att flytta bi-xenonlampan från halvljusläget till helljusläget, och för att styra strålkastarnas automatiska nivåinställningsmotorer, baserat på signaler från fjädringens höjdgivare. I styrenheterna finns inbyggda ballastenheter. Dessa enheter är ansvariga för att omvandla strömmen från likström till växelström, och reglera spänningen till glödlampan. Den spänning som krävs för att starta glödlampan är cirka 1 000 V, och det krävs cirka 100 V för att upprätthålla ljusbågen mellan lampans elektroder.

15 Lossa fästena och dra undan den främre kanten av hjulhusets innerskärm på den aktuella sidan.

16 Skruva loss fästbulten från ballastens stödfäste och koppla loss anslutningskontakten.

17 Flytta bort ballasten/styrmodulen.

Montering

18 Monteringen utförs i omvänd ordningsföljd mot demonteringen. Observera att om du har monterat en ny enhet måste du ladda ner tillhörande programvara från Volvo. Kontakta en Volvoverkstad eller specialist.

Främre markhöjdsgivare

Demontering

19 Givaren sitter på det vänstra hjulets nedre länkarm. Dra åt handbromsen och ställ framvagnen på pallbockar (se *Lyftning och stödpunkter*).

20 Skruva loss plastmuttern och vik ut hjulhusets innerskärm.

21 Skruva loss bulten som fäster givararmens fästbygel på länkarmen **(se bild)**.

22 Skruva loss de båda bultar som fäster givaren på fästbygeln.

23 Koppla loss anslutningskontakterna när givaren tas bort.

Montering

24 Monteringen utförs i omvänd ordningsföljd. Observera att om du monterar en ny givare, måste du utföra en kalibrering. Detta kräver tillgång till felsökningsutrustning från Volvo – lämna in bilen till en Volvoverkstad eller liknande.

Bakre markhöjdsgivare

Demontering

25 Givaren är fäst på vänster nedre länkarm och den bakre kryssrambalken. Klossa framhjulen, lyft upp bakvagnen med hjälp av en domkraft och stötta den på pallbockar (se *Lyftning och stödpunkter*). Ta bort vänster bakhjul.

26 Skruva loss muttern som fäster länken på givararmen **(se bild 10.21)**.

27 Skruva loss de båda bultar som håller fast givaren på kryssrambalken. Koppla ifrån anslutningskontakten när givaren tas bort.

Montering

28 Monteringen utförs i omvänd ordningsföljd mot demonteringen. Observera att om du monterar en ny givare måste du utföra en kalibrering. Detta kräver tillgång till felsökningsutrustning från Volvo – lämna in bilen till en Volvoverkstad eller liknande.

Inställning för körning på höger eller vänster sida

29 På modeller med xenonstrålkastare, kan enhetens "halvljusfunktion" ställas in för länder som kör på vänster eller höger sida av vägen. Ta bort strålkastaren enligt beskrivningen i avsnitt 9.

30 Lossa klämmorna och ta bort plastkåpan från strålkastarens baksida, bakom halvljusets plats.

31 Tryck armen på reflektorns sida uppåt för körning på höger sida, och nedåt för körning på vänster sida.

Strålkastarinställning

32 Strålkastarnas grundinställning utförs på samma sätt som för vanliga halogenstrålkastare (se avsnitt 9). Men innan detta utförs måste markhöjdsgivarna kalibreras

med särskild testutrustning från Volvo. Därför ska uppgiften överlåtas till en Volvoverkstad eller annan lämplig specialist.

Ställmotor för nivåreglering

33 Nivåregleringsmotorerna är inbyggda i strålkastarna och kan inte bytas separat. Om det är fel på dem måste hela strålkastaren bytas.

---

11 Instrumentpanel – demontering och montering

Observera: *I instrumentpanelen ingår startspärrsenheten, vars funktion ingår i bilens självdiagnosprogram. Om det är fel på instrumentpanelen är det bra att låta en Volvoverkstad eller en specialist kontrollera bilens felminne innan panelen tas bort.*

Observera: *Om instrumentpanelen byts ut mot en ny enhet eller en reservenhet, krävs hjälp från en Volvoverkstad eller specialist för att ladda ner den programvara som krävs, och för att initiera/anpassa instrumentpanelens olika funktioner.*

Demontering

1 För att bevara det korrekta värdet på hur långt bilen har körts, måste bilen sättas i "standbyläge" enligt följande: Ta bort startnyckeln, stäng alla dörrar och bakluckan, lås bilen och vänta två minuter. Bilen är nu i standbyläge.

2 Lås upp bilen, dra ut rattstången så långt det går och sänk sedan ner den så långt det går.

3 Skruva loss de båda torxskruvarna som fäster instrumentpanelens sarg runt den övre kanten, och dra bort den **(se bild 4.5a)**.

4 Skruva loss de båda fästskruvarna (en på var ände), lyft upp panelen och flytta bort den **(se bild)**.

5 Koppla loss anslutningskontakten/anslutningskontakterna när panelen tas bort.

Montering

6 Monteringen utförs i omvänd ordningsföljd mot demonteringen, men läs anmärkningen i början av detta avsnitt.

11.4 Instrumentpanelens torxfästskruvar (se pilar)

12.3 Bänd upp kåpan och skruva loss torkarens axelmutter

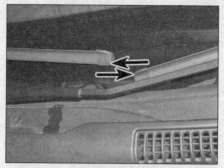

12.4 Det övre torkarbladets ände ska vara placerat 10 mm ovanför det nedre bladets ände (se pilar)

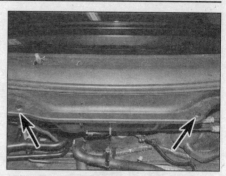

12.6a Bänd in centrumsprintarna och bänd ut de 4 plastnitarna – 2 i mitten (se pilar) . . .

12 Vindrutetorkarkomponenter – demontering och montering

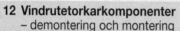

Torkarblad

1 Se *Veckokontroller*.

Torkararmar

2 Om torkarna inte är i viloläget, slå på tändningen och låt motorn flytta torkarna till detta läge.

3 Innan du ta bort en arm, markera dess vilolägesposition på glaset med en bit tejp. Bänd bort locket och skruva loss axelmuttern (**se bild**). Lossa armen från spindeln genom att försiktigt vicka den från sida till sida.

4 Monteringen utförs i omvänd ordningsföljd mot demonteringen, men innan du drar åt axelmuttrarna ska armen placeras enligt markeringarna som gjordes före demonteringen. Om bladens placering har försvunnit eller om vindrutan har bytts, placerar du bladen så att det översta bladets ände är 10 mm ovanför det nedre bladet (**se bild**).

Torkarmotor

Demontering

5 Ta bort torkararmarna enligt beskrivningen i föregående underavsnitt.

6 Ventilpanelen är fäst med sex klämmor. Tryck in centrumsprintarna och bänd ut de fyra plastnitarna. Vrid sedan de mittersta klämmorna 90° moturs (**se bilder**). Lyft bort panelen.

7 Bänd upp centrumsprinten och ta bort plastskyddet över torkarmotorn (**se bild**).

8 Koppla loss torkarmotorns anslutningskontakt.

9 Skruva loss de fyra bultarna och flytta bort torkarmotorns länkage (**se bilder**).

10 Använd en skruvmejsel och bänd försiktigt bort länkarmen från kulledsbulten.

11 För att underlätta återmonteringen, mät avståndet mellan armen och stoppet som visas (**se bild**).

12 Skruva loss muttern och ta bort armen från motoraxeln.

13 Skruva loss de tre torxbultarna och ta bort motorn.

Montering

14 Vid monteringen, med motorn/länkaget på plats, återansluter du anslutningskontakten

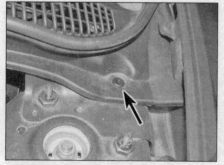

12.6b . . . och en i varje ände (se pil) . . .

12.6c . . . vrid sedan den mittersta klämman (se pilar) 90° moturs och ta bort ventilpanelen

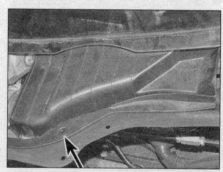

12.7 Tryck in centrumsprinten, bänd ut niten och ta bort kåpan över torkarmotorn (se pil)

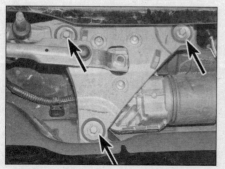

12.9a Torkarens länkage är fäst med 3 bultar runt motorområdet (se pilar) . . .

12.9b . . . och 1 på den yttre änden (se pil)

12.11 Mät avståndet mellan stoppet och armen (se pilar)

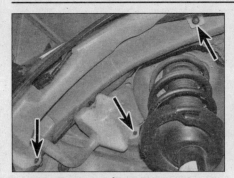

13.2a Spolarbehållaren sitter bakom framskärmen (fästskruvarna markerade med pilar)

13.2b Spolarvätskenivågivare (se pil)

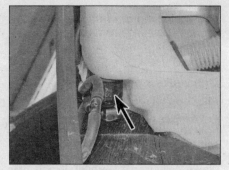

13.4 Spolarpump (se pil)

och styr sedan ut torkarknappen för att placera motorn i viloläge. Sätt tillbaka vevarmen i samma position som vid demonteringen, använd de mått som gjordes, och dra åt fästmuttern ordentligt. Återstoden av monteringen utförs i omvänd ordningsföljd mot demonteringen.

13 Spolarsystem – allmänt

1 Alla modeller har ett vindrutespolarsystem. Kombimodeller har även bakrutespolare, och vissa modeller har strålkastarspolare.
2 På modeller med 4-cylindrig motor sitter vätskebehållaren för vindrute-/strålkastarspolaren bakom innerskärmens högra sida, bakom hjulhusets innerskärm. Vindrutespolarens vätskepump är fäst på behållarens sida, liksom nivågivaren **(se bilder)**. Och om det finns strålkastarspolare sitter det en lyftcylinder/ackumulator i matningsröret, bakom den främre stötfångaren. Du kommer åt behållaren, pumpen och lyftcylindern genom att ta bort antingen det högra hjulhusets främre innerskärm eller den främre stötfångaren. Om strålkastarspolarmotorn, vindrutespolarmotorn eller nivågivaren måste tas bort, måste du även ta bort påfyllningsröret, vilket kräver borttagning av vindrutans ventilpanel.
3 På modeller med 5-cylindrig motor sitter behållare på bilens vänstra sida, bakom den främre stötfångaren.

4 Bakrutespolaren matas med vätska från samma behållare, med en dubbel utgående pump **(se bild)**.
5 Behållarens vätskenivå måste fyllas på regelbundet med vindrutespolarvätska innehållande frostskyddsmedel, men **inte** frostskyddsmedel för kylsystem – se *Veckokontroller*.
6 Matningsslangarna är fästa med gummikopplingar på de olika anslutningarna, och om det behövs kan de kopplas loss genom att man helt enkelt drar bort dem från det aktuella kontaktdonet.
7 Vindrutespolarmunstyckena kan justeras genom att du sätter in ett stift i munstycket och ändrar riktningen efter behov. När du ska ta bort ett spolarmunstycke, öppna motorhuven och koppla loss slangen från munstycket.
8 I förekommande fall kopplar du loss anslutningskontakten och trycker sedan ihop klämmorna och tar bort munstycket **(se bild)**.
9 Strålkastarspolarmunstyckena justeras bäst med Volvoverktyget och detta arbete ska därför överlåtas till en Volvoverkstad eller specialist.

14 Bakrutetorkarens motor– demontering och montering

Demontering

1 Se till att baklucketorkaren är avslagen och i viloläget, ta sedan bort bakluckans

klädselpanel enligt beskrivningen i kapitel 11.
2 Ta bort torkararmen och bladet enligt beskrivningen i avsnitt 12.
3 Koppla loss kontaktdonet från torkarmotorn.
4 Skruva loss torkarmotorns tre fästbultar och ta bort torkarmotorn från bakluckan **(se bild)**. Kontrollera skicket på spindelns gummigenomföring på bakluckan, och byt den vid behov.

Montering

5 Montera i omvänd ordningsföljd. Sätt tillbaka torkararmen och bladet så att armen är korrekt placerad i viloläget.

15 Signalhorn – demontering och montering

Demontering

1 Signalhornen sitter i bilens främre del. Du kommer åt signalhornen genom att ta bort den främre stötfångaren (se kapitel 11).
2 Koppla loss signalhornets anslutningskontakt, skruva loss fästbulten och ta bort signalhornet från bilen **(se bild)**.

Montering

3 Montera i omvänd ordning. Kontrollera att allt fungerar som det ska efter monteringen.

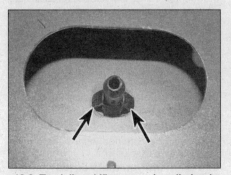

13.8 Tryck ihop klämmorna (se pilar) och ta bort munstycket

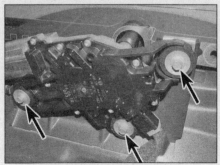

14.4 Fästbultar till baklucketorkarmotorn (se pilar)

15.2 Fästbult till signalhorn (se pil)

16 Takluckemotor/-styrmodul – demontering och montering

Demontering

Bilar upp till modellår 2006

1 Använd ett plattbladigt, trubbigt verktyg och bänd bort kåpan från baksidan av den främre innerbelysningskonsolen.

2 Skruva loss den ensamma fästbulten och dra konsolen nedåt **(se bild)**. Koppla ifrån anslutningskontakterna när konsolen tas bort.

Bilar med modellår 2007

3 Dra den främre innerbelysningskonsolen nedåt och koppla loss kontakterna när de blir åtkomliga.

Alla modeller

4 Lossa de tre bultar som fäster inner-belysningens konsolram.

5 Koppla loss anslutningskontakten, skruva sedan loss de tre bultarna och flytta på takluckans motor-/styrmodul.

Montering

6 Monteringen utförs i omvänd ordningsföljd mot demonteringen. Men motorn/styrmodulen måste kalibreras enligt följande:

Installera en begagnad motor

7 Med takluckan stängd och tändningslåset i läge I, tryck den bakre delen av takluckans brytare uppåt tills takluckan når det lutande läget. Släpp brytaren.

8 Flytta brytaren framåt i cirka 30 sekunder, tills takluckan rör sig cirka 2 mm och motorn stannar. Släpp brytaren.

9 Flytta brytaren framåt inom en halv sekund efter det att du har släppt den, och håll den där medan takluckan slutför en komplett cykel (går till det helt öppna läget och sedan till det helt stängda läget). När motorn stannar är kalibreringen slutförd.

Installera en ny motor

10 Med takluckan stängd och tändningslåset i läge I, tryck den bakre delen av takluckans brytare uppåt tills takluckan når det lutande läget. Släpp brytaren.

11 Flytta brytaren framåt inom en halv sekund

16.2 Skruva loss torxbulten (se pil) och ta bort konsolen från den inre takklädseln

efter det att du har släppt den, och håll den där medan takluckan slutför en komplett cykel (går till det helt öppna läget och sedan till det helt stängda läget). När motorn stannar är kalibreringen slutförd.

Nödstängning

12 Om det uppstår ett fel i motorn/styrmodulen kan takluckan stängas manuellt. Ta bort innerbelysningens konsol och ram enligt beskrivningen tidigare i detta avsnitt.

13 Sätt i en insexnyckel i skruven mitt på motorhuset **(se bild)**.

14 Vrid skruven i rätt riktning för att stänga takluckan.

17 Centrallåssystem – allmän information

1 Samtliga modeller har centrallåssystem, som automatiskt låser alla dörrar och bakluckan när förardörren låses. Systemet styrs elektroniskt med motorer/brytare som är inbyggda i dörrlåsenheterna. Systemet styrs av den centrala elektronikmodulen (CEM) och det nyckellösa systemets modul (KVM) – i förekommande fall. CEM och KVM kommunicerar med bilens andra styrmoduler via ett informationsnätverk som kallas databuss. Styrmodulerna som är inbyggda i elfönsterhissmotorerna tar emot signaler från CEM:n via databussen och styr direkt dörrlåsens funktion. Bakluckan har en egen styrmodul, som är inbyggd i låsenheten. Om någon modul byts måste man ladda ner ny programvara från Volvo. Överlämna detta till en Volvo-verkstad eller annan lämplig specialist med rätt utrustning.

2 Styrenheten är utrustad med en själv-diagnosfunktion. Om det uppstår ett fel i systemet, låt en Volvo-verkstad eller annan specialist kontrollera styrenheten. När felet har konstaterats, se det aktuella avsnittet i kapitel 11 för byte av en dörrmodul eller bakluckans lås om det är tillämpligt.

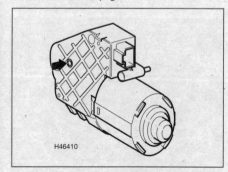

H46410

16.13 Sätt i en insexnyckel i spindelns ände (se pil)

18 Parkeringsassistans komponenter – allmänt, demontering och montering

Allmän information

1 Ett system för parkeringsassistans kan fås på alla modeller. Det sitter fyra ultraljudsgivare i stötfångarna som mäter avståndet till det närmaste föremålet bakom eller framför bilen, och informerar föraren med hjälp av ljudsignaler från en summer som sitter under bagageutrymmets panel. Ju närmare föremålet bilen befinner sig, desto oftare hörs signalerna.

2 I systemet ingår även en styrmodul och ett självfelsökningsprogram, och därför ska bilen lämnas till en Volvo-verkstad eller annan specialist som kan rådfråga systemet om det uppstår ett fel.

Parkeringsassistansmodulen

Demontering

3 Parkeringsassistansens styrenhet sitter bakom bagageutrymmets högra sidoklädselpanel. Ta bort bagageutrymmets sidoklädselpanel enligt beskrivningen i kapitel 11.

4 Skruva loss de båda fästskruvarna och ta bort modulen. När du tar bort enheten kopplar du även loss anslutningskontakterna.

5 På kombimodeller skruvar du loss de tre skruvarna och tar bort den nedre behållaren.

6 På alla modeller kopplar du loss styrenhetens anslutningskontakter och skruvar sedan loss de båda skruvarna och tar bort styrenheten.

Montering

7 Monteringen utförs i omvänd ordningsföljd mot demonteringen. Om du har monterat en ny parkeringsassistansmodul måste man ladda ner lämplig programvara från Volvo. Överlämna detta till en Volvo-verkstad eller annan lämplig specialist med rätt utrustning.

Avståndsgivare

Demontering

8 Ta bort den berörda stötfångaren enligt beskrivningen i kapitel 11.

9 Koppla loss givarens anslutningskontakt, tryck sedan isär fästklämmorna och dra bort givaren.

Montering

10 Monteringen utförs i omvänd ordningsföljd mot demonteringen. Tryck givaren ordentligt på plats tills fästklämmorna hakar i.

19 Infotainmentsystemets moduler – demontering och montering

Observera: *Detta avsnitt gäller endast för standardljudutrustning.*

Demontering

1 Koppla loss batteriets minusledare enligt beskrivningen i kapitel 5A.

Infotainmentsystemets displaymodul

2 Se till att framsätena är i det lägsta läget och så långt tillbakaskjutna som möjligt.

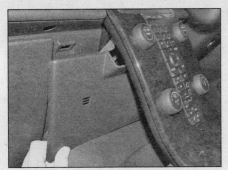

19.3 Dra panelen framför mittkonsolen bakåt för att lossa klämmorna

3 Dra försiktigt panelen på mittkonsolens framsida bakåt för att lossa tryckklämmorna **(se bild)**.

4 Använd en liten skruvmejsel och tryck ner haken i något av displaypanelens övre hörn, och bänd sedan försiktigt panelen bakåt på den sidan. Upprepa åtgärden på den andra sidan av ljudanläggningspanelen **(se bilder)**.

5 Sträck in handen på baksidan och tryck modulens displaymodul bakåt från konsolen **(se bild)**. Koppla loss anslutningskontakterna när modulen tas bort.

Mediaspelarmodul

6 Ta bort mittkonsolen enligt beskrivningen i kapitel 11.

7 Skruva loss de båda torxskruvarna och dra bort spelarmodulen **(se bild)**. Koppla loss anslutningskontakterna när modulen tas bort.

AM/FM-tunermodul (AFM)

8 På S40-modeller, ta bort bagagehyllan enligt beskrivningen i kapitel 11.

9 På V50-modeller, ta bort bagageutrymmets vänstra sidoklädselpanel enligt beskrivningen i kapitel 11.

10 På alla modeller skruvar du loss fästmuttern och bulten, kopplar loss anslutningskontakten och tar bort modulen.

Ljudmodul (AUD)

11 Ta bort bagageutrymmets vänstra sidoklädselpanel enligt beskrivningen i kapitel 11.

12 Skruva loss de fyra fästmuttrarna, koppla loss anslutningskontakterna och ta bort modulen **(se bild)**.

19.7 Skruva loss de 2 torxskruvarna (se pilar) och ta bort spelarmodulen

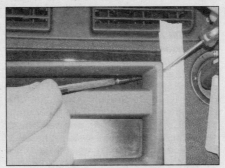

19.4a Använd en skruvmejsel för att trycka ner spärren i ljudanläggningens displaypanels övre hörn – notera att tejp har använts för att skydda panelen

Subwoofer-modul (SUB)

13 Vik vänster baksätes ryggstöd framåt.

14 Ta bort bagageutrymmets vänstra sidoklädselpanel enligt beskrivningen i kapitel 11.

15 Lossa de fyra klämmorna och ta bort golvets stöddistans.

16 Koppla loss anslutningskontakterna, skruva loss de båda bultarna och ta bort subwoofer-modulen.

Montering

17 Monteringen utförs i omvänd ordningsföljd mot demonteringen, men om du har satt dit en ny modul måste lämplig programvara laddas ner från Volvo. Överlämna detta till en Volvoverkstad eller annan lämplig specialist med rätt utrustning.

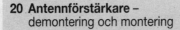

20 Antennförstärkare – demontering och montering

Demontering

S40-modeller

1 Ta bort vänster C-stolpens klädselpanel enligt beskrivningen i kapitel 11.

2 Notera hur de är placerade och koppla loss de tre anslutningskontakterna från enheten.

3 Skruva loss den ensamma fästskruven och bänd försiktigt loss förstärkaren.

V50-modeller

4 På de här modellerna måste innertakets

19.12 Ljudmodulens fästmuttrar (se pilar)

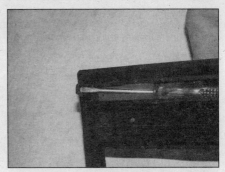

19.4b Sett inifrån panelen för att visa hur spärren lossas

19.5 Tryck bort moduldisplayen

klädsel sänkas ner. Detta är en avancerad åtgärd som kräver erfarenhet och fingerfärdighet. Följaktligen rekommenderar vi att du överlåter arbetet till en Volvoverkstad eller specialist.

Montering

5 Monteringen utförs i omvänd ordningsföljd mot demonteringen.

21 Högtalare – demontering och montering

Dörrhögtalare

1 När du ska ta bort en dörrmonterad högtalare, ta bort den berörda dörrklädseln enligt beskrivningen i kapitel 11.

2 Borra ur nitarna (fyra på framdörren, tre på bakdörren) som fäster högtalaren på dörren **(se bild)**.

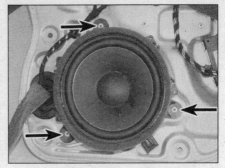

21.2 Borra ut nitarna och ta bort högtalaren (se pilar)

3 Koppla loss anslutningskontakterna när du tar bort högtalaren.

4 Montera i omvänd ordningsföljd.

Högtalare i instrumentbrädan

5 Bänd försiktigt upp högtalargallret från instrumentbrädans mitt.

6 Skruva loss de tre fästskruvarna och ta bort högtalaren från instrumentbrädan. Koppla loss högtalarens anslutningskontakt när den tas bort.

7 Monteringen utförs i omvänd ordningsföljd mot demonteringen.

22 Krockkuddssystem – allmän information och föreskrifter

> ⚠️ **Varning: Innan du utför några åtgärder på krockkuddssystemet, koppla loss batteriets minusledare** (se kapitel 5A). När åtgärderna har slutförts, se till att ingen befinner sig inuti bilen när batteriet ansluts igen.
>
> • *Observera att krockkudden/krockkuddarna inte får utsättas för temperaturer över 90 °C. När krockkudden tas bort ska du se till att den lagras med kudden vänd uppåt för att förhindra aktivering.*
>
> • *Se till att inga lösningsmedel eller rengöringsmedel kommer i kontakt med krockkuddarna. De får endast rengöras med hjälp av en fuktig trasa.*
>
> • *Krockkuddarna och styrenheten är känsliga för stötar. Om någon av dem*

tappas eller på annat sätt skadas bör de bytas ut.

• *Koppla loss anslutningskontakten till krockkuddens styrenhet innan du använder bågsvetsutrustning på fordonet.*

Krockkuddar på både förar- och passagerarsidan är standardutrustning på Volvos bilar av den här typen. Förarsidans krockkudde sitter mitt i ratten. Passagerarsidans krockkudde sitter på instrumentbrädans övre del, ovanför handskfacket. Krockkuddssystemet består av krockkuddsenheterna (kompletta med gasgenerator), en stötgivare, styrenheten och en varningslampa på instrumentpanelen. Sidokrockkuddar i sätena och sidokrockskyddsgardiner finns på vissa modeller, och det finns bältessträckare i bältesrullarna.

Krockkuddssystemet aktiveras vid en direkt eller indirekt krock framifrån, om den överstiger en viss kraft. Krockkuddarna blåses upp på bara några millisekunder och bildar en säkerhetsdyna mellan föraren och ratten, eller passageraren och instrumentbrädan (om en sådan krockkudde finns monterad). Detta förhindrar att överkroppen kommer i kontakt med ratten, rattstången och instrumentbrädan, vilket kraftigt minskar risken för skador. Krockkudden sjunker sedan ihop nästan omedelbart tack vare utsläpp på kuddens sidor.

Varje gång tändningen slås på utför krockkuddens styrenhet ett test av sig själv. Detta test tar cirka sju sekunder och under den här tiden lyser krockkuddens varningslampa på instrumentbrädan. När testet har avslutats ska varningslampan slockna. Om varningslampan

inte tänds, förblir tänd efter sju sekunder, eller tänds när bilen körs, är det fel i krockkuddssystemet. Bilen ska då lämnas in till en Volvoverkstad eller annan specialist för kontroll så snart som möjligt.

23 Krockkuddssystemets komponenter – demontering och montering

Observera: *Läs varningarna i avsnitt 22 innan följande åtgärder utförs.*

1 Koppla loss batteriets minusledare (se kapitel 5A). Vänta minst fem minuter innan du påbörjar arbetet, så att eventuell resterande elektrisk energi försvinner. **Observera:** *Om du ska ta bort krockkudden på förarsidan, vrid ratten 90° från rakt läge innan du kopplar ifrån batteriet, annars hakar rattlåset i.*

Förarsidans krockkudde

2 Ställ ratten i det helt raka läget, vrid den sedan 90° till vänster eller höger. Lossa rattstångens inställningsarm och dra ratten utåt och nedåt så långt det går.

3 Leta reda på åtkomsthålet på rattens baksida, och för in en plattbladig skruvmejsel i hålet. Dra sedan handtaget uppåt för att lossa fästklämman **(se bild)**. Vrid krockkudden 180° och lossa klämman på den andra sidan.

4 Vidrör tillfälligt låsblecket på framdörren för att bli av med eventuell statisk elektricitet. Vrid tillbaka ratten till det raka läget, lyft sedan bort krockkuddsenheten från ratten och koppla loss kontaktdonet på enhetens baksida **(se bild)**. Observera att krockkudden inte får utsättas för stötar eller tappas, och måste förvaras med den stoppade sidan uppåt.

5 Vid monteringen återansluter du kontaktdonen och passar in krockkuddsenheten på ratten, se till att kabeln inte kläms, och tryck krockkudden på plats för att haka i fästklämmorna. Slå på tändningen, återanslut **sedan** batteriets minusledare (se kapitel 5A). Se till att ingen sitter i bilen när du återansluter batteriet.

Passagerarsidans krockkudde

6 Ta bort handskfacket på passagerarsidan, mittkonsolen och den nedre instrumentbrädespanelen på förarsidan enligt beskrivningen i kapitel 11.

7 Ta bort instrumentbrädans högtalare enligt beskrivningen i avsnitt 21 (i förekommande fall).

8 Skruva loss de båda skruvarna och ta bort instrumentsamlingens sargpanel **(se bilder 4.5a och 4.5b)**.

9 Bänd försiktigt loss kåporna från instrumentbrädans båda ändar **(se bild 6.1)**.

10 Arbeta under instrumentbrädan, skruva loss krockkuddens båda nedre fästbultar **(se bild)**.

11 Koppla loss krockkuddens anslutningskontakt **(se bild)**.

23.3 För in en skruvmejsel och lyft bort handtaget för att lossa krockkuddens klämma

23.4 Koppla loss anslutningskontakterna från krockkuddens baksida

23.10 Skruva loss krockkuddens 2 nedre fästbultar (se pilar)

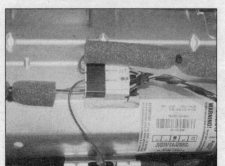

23.11 Koppla loss krockkuddens anslutningskontakt

23.12a Skruva loss bultarna på instrument-
brädans undersida – till höger . . .

23.12b . . . och vänster om krockkudden
(se pil)

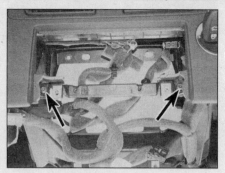

23.13a Ta bort skruvarna i mitten
(se pilar) . . .

12 Skruva loss båda bultarna på instrument-
brädespanelens undersida **(se bilder)**.
13 Skruva loss de tre bultarna på mittersta,
nedre delen av instrumentbrädespanelen **(se
bilder)**.
14 Skruva loss bulten i instrumentbrädans
högtalaröppning (i förekommande fall) och koppla
loss varningsblinkrarnas anslutningskontakt.
15 Skruva loss bulten i instrumentbrädes-
panelens ändar **(se bild)**.
16 Lyft upp instrumentbrädespanelen lite,
koppla loss ljusbrytarens och tändningslåsets
anslutningskontakter, lyft sedan bort panelen.
17 Skruva loss de åtta muttrarna och ta bort
krockkudden **(se bild)**.
18 Monteringen utförs i omvänd ordningsföljd
mot demonteringen. Se till att kontaktdonet
återansluts ordentligt. Se till att ingen
befinner sig inuti bilen. Slå på tändningen och
återanslut sedan batteriets minusledare.

Krockkuddens kablagekontaktenhet

19 Kontaktenheten är inbyggd i rattmodulen
(SWM). Demontering och montering av
enheten beskrivs i avsnitt 5 i det här kapitlet.

Kompletterande säkerhetssystemsmodul (SRS)

20 Demontera mittkonsolen enligt instruk-
tionerna i kapitel 11.
21 Lossa låsenheterna och koppla loss
styrenhetens anslutningskontakter.
22 Skruva loss de fyra fästbultarna och ta
bort styrenheten **(se bild)**.

23 Monteringen utförs i omvänd ordningsföljd
mot demonteringen. Se till att modulen monteras
med pilen på ovansidan vänd framåt. Observera
att om du har monterat en ny modul måste man
ladda ner tillhörande programvara från Volvo.
Överlämna detta till en Volvoverkstad eller
annan lämplig specialist med rätt utrustning.

Sidokrockkuddar

24 Sidokrockkuddarna är inbyggda i fram-
och baksätenas sidor. Demonteringen av
enheterna kräver att sätets stoppning tas
bort. Detta är ett avancerat arbete som vi
rekommenderar att du överlåter till en Volvo-
verkstad eller specialist.

Krockkuddar i huvudhöjd

25 Byte av krockkuddar i huvudhöjd/krock-
skyddsgardiner kräver demontering av den

inre takklädseln. Detta är ett avancerat arbete
som vi rekommenderar att du överlåter till en
Volvoverkstad eller specialist.

Krockgivare/givare för acceleration i sidled

Främre givare – demontering

26 De främre givarna sitter på var sida om
kylarfläktenheten på låshållaren/tvärbalken.
27 Lossa fästfliken och koppla loss givarens
anslutningskontakt.
28 Skruva loss de båda bultarna och ta bort
givaren **(se bild)**. Observera att givaren måste
hanteras försiktigt. Sätt inte tillbaka en givare
som har tappats eller utsatts för slag.

Sidogivare – demontering

29 Sidogivarna sitter i bilens B-stolpar och
C-stolpar, på båda sidorna.

23.13b . . . och den som sitter till höger om
tändningslåset (se pil)

23.15 Skruva loss skruven (se pil) på
instrumentbrädans båda ändar

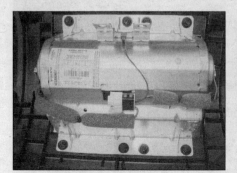

23.17 Ta bort krockkuddens 8 fästmuttrar

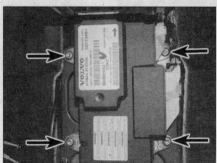

23.22 SRS-modulens fästskruvar (se pilar)

23.28 Det sitter en krockgivare på båda
sidor om kylaren . . .

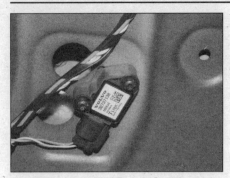

23.31 ... samt i B- och C-stolpen

30 Ta bort B-stolpens eller C-stolpens panel (se kapitel 11).
31 Koppla loss givarens anslutningskontakt, skruva sedan loss de båda bultarna och ta bort givaren **(se bild)**. Var mycket försiktig så att du inte skadar givarens kablage. Observera att givaren måste hanteras försiktigt. Sätt inte tillbaka en givare som har tappats eller utsatts för slag.

Montering

32 Monteringen utförs i omvänd ordningsföljd, men observera följande:
a) *Slå på tändningen, se till att ingen befinner sig i bilen och återanslut sedan batteriets minusledning (se kapitel 5A).*
b) *När batteriet återansluts kan krockkuddens varningslampa ange att ett fel har lagrats. Låt radera felet och se om det uppstår igen – kontakta en Volvoverkstad eller specialist.*

25.0 Diagnosuttaget sitter under instrumentbrädan, på förarsidan

24 Stöldskyddslarm – allmän information

Stöldskyddslarm och startspärr tillhör standardutrustningen. Om det blir något fel på systemet måste bilen tas till en Volvoverkstad eller annan specialist för undersökning. De har tillgång till ett särskilt diagnosverktyg som snabbt spårar eventuella fel i systemet.

25 Elektroniska styrmoduler – demontering och montering

Demontering

Observera: *Alla dessa moduler ingår i bilens avancerade självdiagnossystem. Om det uppstår ett fel, låt kontrollera systemet med en felkodsläsare/Volvos testutrustning, via diagnoskontakten under instrumentbrädan på förarsidan, ovanför pedalerna (se bild).*
1 Koppla loss batteriets minusledare enligt beskrivningen i kapitel 5A.

Tillbehörselektronikmodul (AEM)

2 Den här modulen är ansvarig för hanteringen av motorvärmaren, biltelefoner och eftermonterade larm. Den fungerar som ett gränssnitt mellan bilens datakommunikations-CAN (Controller Area Network) och eventuella tillbehör som inte är CAN-kompatibla.
3 Ta bort sidoklädselpanelen från bagageutrymmets högra sida enligt beskrivningen i kapitel 11.
4 Dra modulen rakt upp från fästbygeln, och koppla loss de båda anslutningskontakterna.

Det nyckellösa systemets modul (KVM)

5 Ta bort vänster framsäte enligt beskrivningen i kapitel 11.
6 Lossa spärrarna och koppla loss de fem anslutningskontakterna från enheten.
7 Skruva loss de båda skruvarna och ta bort KVM.

Central elektronikmodul (CEM)

8 CEM är inbyggd i säkringsdosan på passagerarsidan. Den hanterar följande funktioner:
Larm.
Centrallås.
Startspärr.
Strålkastare.
Strålkastarnas räckviddsinställning.
Dimljus.
Parkeringsljus.
Backljus.
Högt bromsljus.
Taklucka.
Regnsensor.
Signalhorn.
Klocka.
Säkerhetsbältespåminnare.
Innerbelysning.
Bränslenivåmätning.
Bränslepump.
Bakrutans uppvärmning.
Sätenas eluppvärmning.
Minnesfunktion för elsäten.
Generatorns effekt.
Startmotor.
Strömreglering.
9 Du kommer åt säkringarna på passagerarsidan genom att ta bort klädselpanelen som döljer säkringsdosan. Panelen är fäst med två plastexpandernitar. Tryck in centrumsprintarna cirka 10 mm och dra sedan loss nitarna. Vrid säkringsdosans fästen moturs och sänk ner säkringsdosan **(se bilder 3.2a, 3.2b och 3.2c)**.
10 Lossa kablagets buntband och koppla loss anslutningskontakterna från CEM/säkringsdosan.

Klimatanläggningsmodul (CCM)

11 Demonteringen av CCM beskrivs i kapitel 3.

Regnsensormodul (RSM)

12 Tryck ihop den övre och nedre kanten av innerspegelns fästkåpa och dra bort kåporna **(se bild)**.
13 Koppla loss givarens anslutningskontakt, lossa sedan de båda spärrarna och ta bort givaren **(se bild)**.

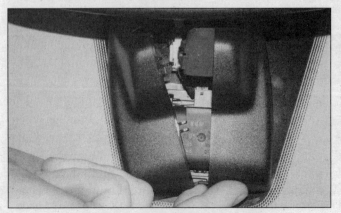

25.12 Bänd isär spegelns fästkåpor

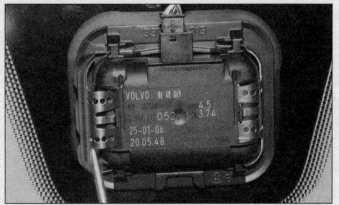

25.13 Lossa spärrarna och koppla loss givarens anslutningskontakt

Stolsvärmemodul (SHM)

14 Stolsvärmemodulen sitter på framsätenas undersida. Det går att komma åt modulen när sätet har placerats i det högsta läget. Du kan även ta bort framsätet enligt beskrivningen i kapitel 11.

15 Bänd upp centrumsprinten, bänd sedan ut plastexpanderniten som fäster modulen på sätesramen.

16 Koppla loss anslutningskontakten och ta bort modulen.

Förardörrens modul (DDM) och passagerardörrens modul (PDM)

17 Dessa moduler, som är ansvariga för funktionen i elhissar, lås, spegelinställning/uppvärmning, kupé- och instegsbelysning samt sidoblinkrar på speglarna, är inbyggda i elfönsterhissarnas motorenheter. Demontering och montering av dessa enheter beskrivs i kapitel 11. Observera att bakdörrsmodulerna är identiska med framdörrsmodulerna, men endast styr låsen och rutorna.

Montering

18 Monteringen utförs i omvänd ordningsföljd mot demonteringen. Om du har monterat en ny modul måste du ladda ner lämplig programvara från Volvo. Överlämna detta till en Volvoverkstad eller annan lämplig specialist med rätt utrustning.

26 Tankluckans låsmotor – demontering och montering

Demontering

1 Ta bort sidoklädselpanelen från bagageutrymmets högra sida enligt beskrivningen i kapitel 11.

2 Öppna tankluckan och skruva sedan loss de båda torxfästskruvarna **(se bild)**.

3 Koppla loss anslutningskontakten när motorn tas bort.

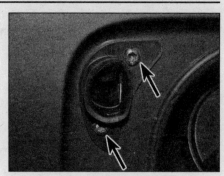

26.2 Skruva loss tanklocksmotorns torxskruvar (se pilar)

Montering

4 Passa in motorn på plats, återanslut anslutningskontakten och dra åt fästbultarna ordentligt.

5 Sätt tillbaka sidoklädselpanelen i bagageutrymmet.

VOLVO S40/V50 kopplingsscheman

Kopplingsschema 1

Teckenförklaring

Solenoidmanöverdon	
Värmeelement	
Jordningspunkt	(E7)
Kabelfärg (röd/gul)	Rd/Ye
Streckad ram betecknar en del av en större enhet, som i detta fall innehåller en elektronisk halvledarkomponent	E21 (K)
Kabelskarv, lödd anslutning eller ospecificerat kontaktdon	
Anslutningskablar	

Glödlampa	⊗
Brytare	
Säkring/smältsäkring	F26
Motstånd	
Variabelt motstånd	
Variabelt motstånd	
Diod	
Lysdiod	
Enhet nr	12
Motor/pump	M

Motorns säkringsdosa ④

Säkring	Märkström	Skyddad krets
F1	50 A	Motorns kylfläkt
F2	80 A	Servostyrning
F3	60 A	Matning till passagerarsidans säkringsdosa
F4	60 A	Matning till passagerarsidans säkringsdosa
F5	80 A	Klimatanläggning, extravärme
F6	60/70 A	Glödstift (4/5 cylindrar)
F7	30 A	ABS-pump
F8	20 A	ABS-ventiler
F9	30 A	Motorfunktioner
F10	40 A	Ventilationsfläkt
F11	20 A	Strålkastarspolare
F12	30 A	Uppvärmd bakruta
F13	30 A	Startmotorrelä
F14	40 A	Släpvagnskablage
F15	-	Reserv
F16	30 A	Infotainmentsystem
F17	30 A	Vindrutetorkare
F18	40 A	Matning till passagerarsidans säkringsdosa
F19	-	Reserv
F20	15 A	Signalhorn
F21	20 A	Extravärme
F22	-	Reserv
F23	10 A	Motorstyrning/växellådsstyrning
F24	20 A	Eluppvärmt bränslefilter
F25	-	Reserv
F26	15 A	Tändningslås
F27	10 A	Luftkonditioneringskompressor
F28	-	Reserv
F29	15 A	Främre dimljus
F30	3A	Motorstyrning
F31	10 A	Spänningsregulator
F32	10 A	Motorstyrning
F33	20 A	Motorstyrning
F34	10 A	Motorstyrning
F35	15 A	Motorstyrning
F36	10 A	Motorstyrning

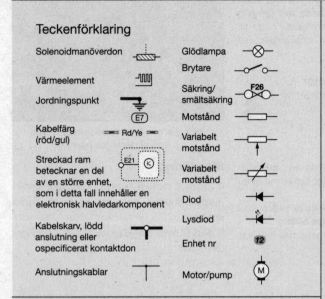

Passagerarsidans säkringsdosa ⑥

Säkring	Märkström	Skyddad krets
F37	-	Reserv
F38	-	Reserv
F39	-	Reserv
F40	-	Reserv
F41	-	Reserv
F42	-	Reserv
F43	15 A	Telefon, ljudanläggning
F44	10 A	Extra säkerhetssystem (SRS)
F45	15 A	Tillbehörsuttag
F46	5 A	Innerbelysning, handskfacksbelysning
F47	5 A	Innerbelysning
F48	15 A	Spolare
F49	10 A	Extra säkerhetssystem (SRS)
F50	-	Reserv
F51	10 A	Parkeringsassistans, nivåreglering av strålkastare, extravärme
F52	5 A	Växellådsstyrning, ABS
F53	10 A	Servostyrning
F54	10 A	Motorstyrning
F55	20 A	Fjärrkontroll, nyckelfri dörröppning
F56	10 A	Larm
F57	15 A	Diagnosuttag, bromsljus
F58	7,5 A	Höger helljus, extraljus
F59	7,5 A	Vänster helljus
F60	15 A	Uppvärmt förarsäte
F61	15 A	Uppvärmt passagerarsäte
F62	20 A	Taklucka
F63	20 A	Matning till höger bakdörr
F64	5 A	Ljudanläggning
F65	5 A	Infotainmentsystem
F66	10 A	Infotainmentsystem, klimatanläggning
F67	-	Reserv
F68	5 A	Farthållare, rattens styrenhet
F69	5 A	Klimatanläggning, regnsensor
F70	-	Reserv
F71	-	Reserv
F72	-	Reserv
F73	5 A	Taklucka, takkonsol, bakre bältesvarnare, backspegel med automatiskt avbländning
F74	15 A	Bränslepumprelä
F75	-	Reserv
F76	-	Reserv
F77	-	Bagageutrymmets tillbehörsuttag
F78	-	Reserv
F79	5 A	Backljus
F80	-	Reserv
F81	20 A	Matning till vänster bakdörr
F82	25 A	Matning till höger framdörr
F83	25 A	Matning till vänster framdörr
F84	25 A	Eluppvärmt passagerarsäte
F85	25 A	Eluppvärmt förarsäte
F86	5 A	Innerbelysning, eluppvärmda säten, bränslemätare

Jordpunkter

E1	På motorn
E2	Vänster fjäderbensfäste
E3	Höger fjäderbensfäste
E4	Nederdelen av vänster A-stolpe
E5	Nederdelen av vänster A-stolpe
E6	Höger fjäderbensfäste
E7	Nederdelen av höger A-stolpe
E8	Vänster, bakre del av bagageutrymmet
E9	Höger, bakre del av bagageutrymmet
E10	Nederdelen av vänster B-stolpe
E11	Vänster fjäderbensfäste
E12	Nederdelen av höger A-stolpe
E13	Nederdelen av vänster A-stolpe
E14	Nederdelen av höger A-stolpe
E15	Nederdelen av höger B-stolpe

H33702

Kabelfärger

Bk	Svart	Pk	Rosa
Ye	Gul	Vt	Lila
Bu	Blå	Og	Orange
Bn	Brun	Wh	Vit
Gn	Grön	Rd	Röd
Gy	Grå	Lgn	Ljusgrön

* modeller med automatväxellåda

Teckenförklaring

1 Batteri
2 Generator
3 Startmotor
4 Motorns säkringsdosa
   R2 = signalhornsrelä
   R13 = startmotorrelä
5 Tändningslås
6 Passagerarsidans säkringsdosa

7 Växellådans styrenhet
8 Motorreglage
9 Kopplingspedalens brytare (manuell växellåda)
10 Rattens styrenhet
11 Klockfjäder
12 Signalhornskontakt
13 Signalhorn

14 Kylfläktens styrenhet
15 Klimatanläggningens tryckbrytare
16 Temperaturgivare för kylvätska
17 Kylfläktsmotor
18 Servostyrningens styrenhet
19 ABS-styrenhet

Kopplingsschema 2

H33703

Start & laddning

Signalhorn

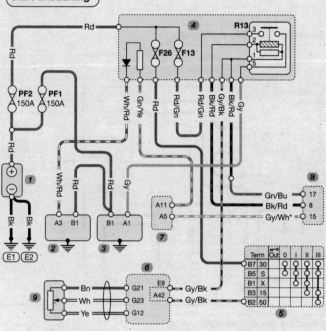

Motorns kylfläkt

Elektronisk servostyrning

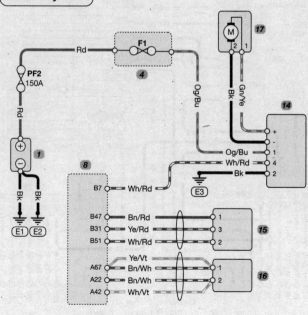

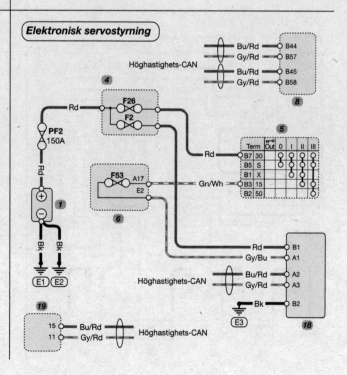

Kabelfärger

Bk	Svart	**Pk**	Rosa
Ye	Gul	**Vt**	Lila
Bu	Blå	**Og**	Orange
Bn	Brun	**Wh**	Vit
Gn	Grön	**Rd**	Röd
Gy	Grå	**Lgn**	Ljusgrön

* modeller med
  bi-xenonstrålkastare

Teckenförklaring

1 Batteri
4 Motorns säkringsdosa
5 Tändningslås
  a = startspärr
  b = läsare
6 Passagerarsidans säkringsdosa
  a = styrenhet
  R8 = helljusrelä
10 Rattens styrenhet
22 Rattlås

23 Ljusomkopplare
  a = från/parkeringsljus/strålkastare
  b = indikator för påslaget ljus
24 Vänster strålkastare
  a = halvljus
  b = helljus
  c = parkeringsljus
25 Höger strålkastare
  (som ovan)
26 Vänster gasurladdningsstrålkastares
  elektroniska styrenhet

27 Höger gasurladdningsstrålkastares
  elektroniska styrenhet
28 Registreringsskyltens belysningsarmatur
29 Vänster bakljusarmatur
  a = broms-/bakljus
  b = bakljus
30 Höger bakljusarmatur
  (som ovan)

Kopplingsschema 3

H33704

Startstyrsystem

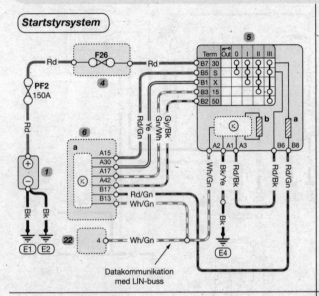

Strålkastare (utan bi-xenonlampor)

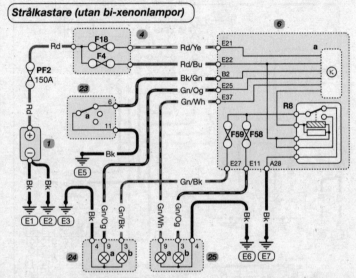

Parkerings- & bakljus

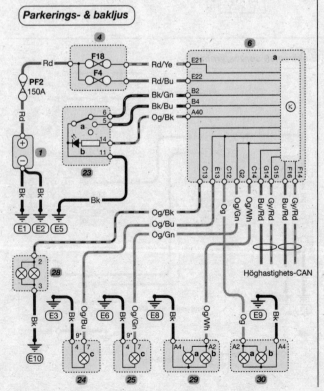

Strålkastare (med bi-xenonlampor)

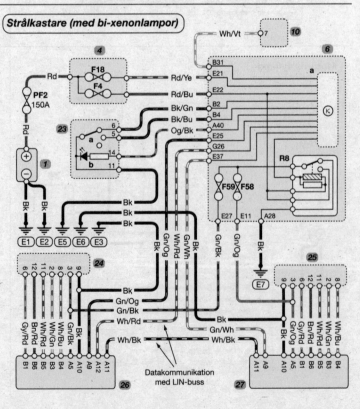

Kabelfärger

Bk	Svart	**Pk**	Rosa
Ye	Gul	**Vt**	Lila
Bu	Blå	**Og**	Orange
Bn	Brun	**Wh**	Vit
Gn	Grön	**Rd**	Röd
Gy	Grå	**Lgn**	Ljusgrön

* modeller med
bi-xenonstrålkastare

Teckenförklaring

1 Batteri
4 Motorns säkringsdosa
  R4 = relä till främre dimljus
6 Passagerarsidans säkringsdosa
  a = styrenhet
  R2 = backljusrelä
  R8 = helljusrelä
7 Växellådans styrenhet
23 Ljusomkopplare
  c = bakre dimljus
  d = främre dimljus
24 Vänster strålkastare
  d = körriktningsvisare

25 Höger strålkastare
  d = körriktningsvisare
29 Vänster bakljusarmatur
  a = broms-/bakljus
  c = backljus
  d = bakre dimljus
  e = körriktningsvisare
30 Höger bakljusarmatur
  (som ovan)
33 Säkring i hållare
34 Extra ljusbrytare
35 Extra ljusrelä
36 Extraljus, vänster sida

Kopplingsschema 4

37 Extraljus, höger sida
38 Högt bromsljus
39 Avstörning höger bakfönster
40 Styrenhet för förarinformation
41 Bromsljuskontakt
42 Backljuskontakt (manuell växellåda)
43 Främre dimljus, vänster
44 Främre dimljus, höger
45 Vänster ytterbackspegel
46 Höger ytterbackspegel
47 Styrenhet, vänster framdörr
48 Styrenhet, höger framdörr
49 Brytare till varningsblinkers

H33705

Extraljus

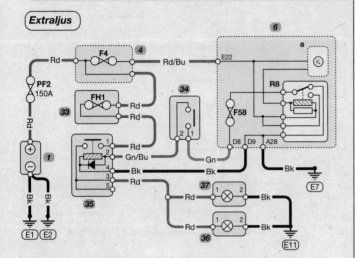

Främre & bakre dimljus

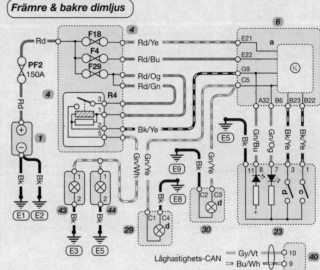

Stopp- & backljus

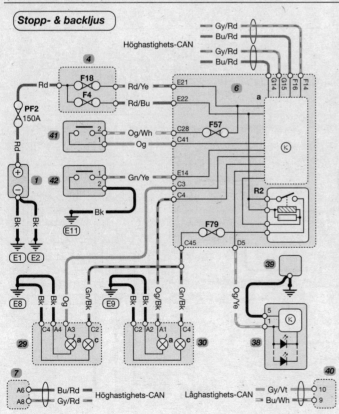

Körriktningsvisare & varningsblinkers

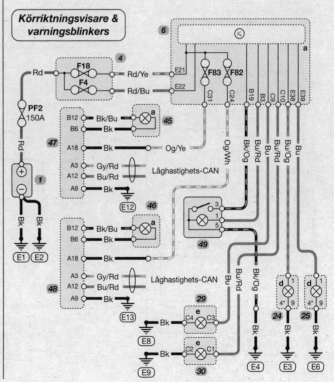

Kabelfärger

Bk	Svart	**Pk**	Rosa
Ye	Gul	**Vt**	Lila
Bu	Blå	**Og**	Orange
Bn	Brun	**Wh**	Vit
Gn	Grön	**Rd**	Röd
Gy	Grå	**Lgn**	Ljusgrön

Teckenförklaring

1 Batteri
4 Motorns säkringsdosa
  R9 = relä till strålkastarspolare
5 Tändningslås
6 Passagerarsidans säkringsdosa
  a = styrenhet
  R7A = relä till vindrutespolare
  R7B = relä till bakrutespolare
  R18 = relä till komfortfunktioner

10 Rattens styrenhet
23 Ljusomkopplare
  a = från/parkeringsljus/strålkastare
  b = indikator för påslaget ljus
30 Höger bakljusarmatur
  a = broms-/bakljus
41 Bromsljuskontakt
53 Styrenhet till släpvagn
54 7-stiftad släpvagnskontakt

55 13-stiftad släpvagnskontakt
56 Pump till strålkastarspolare
57 Torkarmotorns styrenhet
58 Regnsensor
59 Pump till vindrutespolare

Kopplingsschema 5

H33706

7-stiftad släpvagnskontakt

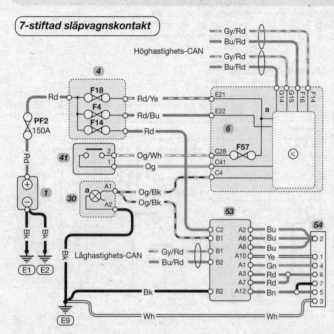

13-stiftad släpvagnskontakt

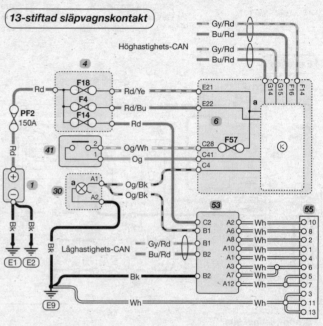

Strålkastarspolare

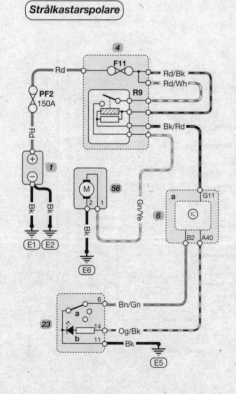

Spolare/torkare

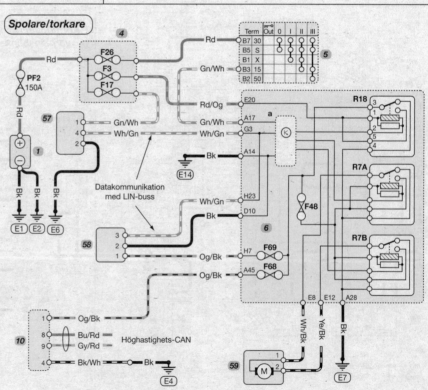

Term	Out	0	I	II	III
B7	30				
B5	S				
B1	X				
B3	15				
B2	50				

Kabelfärger

Bk Svart **Pk** Rosa
Ye Gul **Vt** Lila
Bu Blå **Og** Orange
Bn Brun **Wh** Vit
Gn Grön **Rd** Röd
Gy Grå **Lgn** Ljusgrön

Teckenförklaring

1 Batteri
4 Motorns säkringsdosa
6 Passagerarsidans säkringsdosa
  a = styrenhet
10 Rattens styrenhet
23 Ljusomkopplare
  e = bakluckans öppningsmekanism
28 Registreringsskyltens belysningsarmatur

47 Styrenhet, vänster framdörr
48 Styrenhet, höger framdörr
60 Styrenhet, vänster bakdörr
61 Styrenhet, höger bakdörr
62 Fjärrkontrollmottagare
63 Bränslefiltrets spjällmotor
64 Bakluckans låsmotor
65 SRS-styrmodul

66 Bakluckans låsbrytare
67 Dörrlåsenhet
68 Centrallåsbrytare

Kopplingsschema 6

H33707

Centrallås

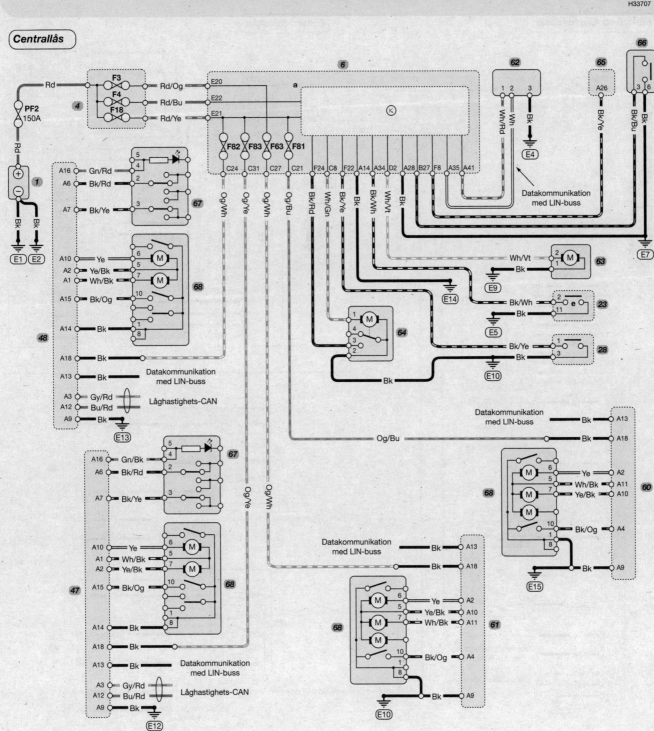

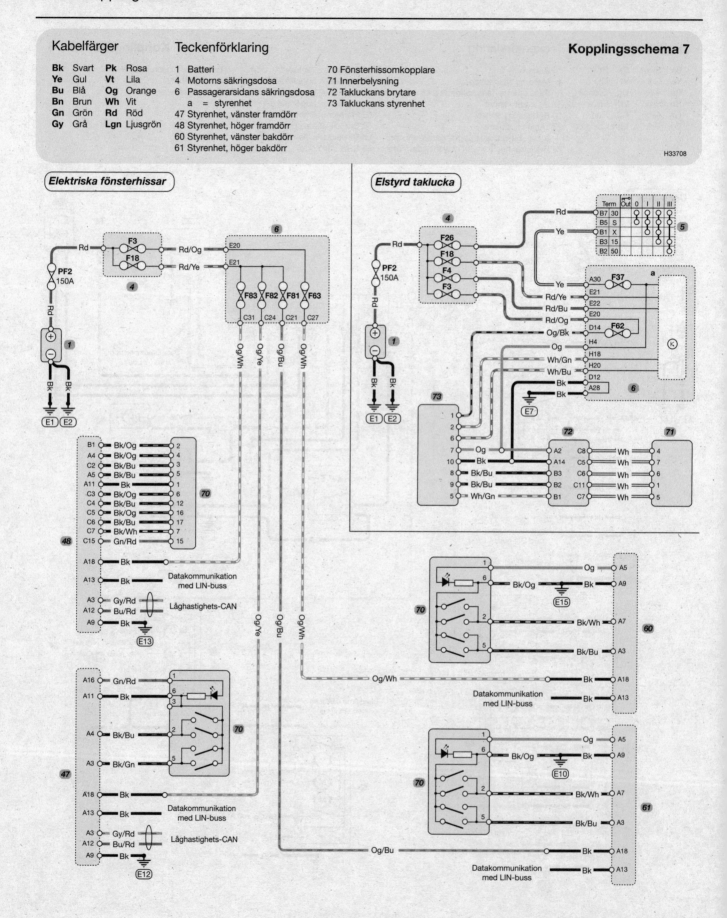

Kabelfärger

Bk	Svart	**Pk**	Rosa
Ye	Gul	**Vt**	Lila
Bu	Blå	**Og**	Orange
Bn	Brun	**Wh**	Vit
Gn	Grön	**Rd**	Röd
Gy	Grå	**Lgn**	Ljusgrön

Teckenförklaring

1 Batteri
4 Motorns säkringsdosa
  R10 = uppvärmd bakruta
5 Tändningslås
6 Passagerarsidans säkringsdosa
  a = styrenhet
  R11B = infotainmentsystem
10 Rattens styrenhet
39 Avstörning höger bakfönster
45 Vänster ytterbackspegel
46 Höger ytterbackspegel
47 Styrenhet, vänster framdörr

48 Styrenhet, höger framdörr
75 Styrenhet för trafikmeddelanden
76 Styrenhet för AM/FM-väljare
77 Styrenhet till uppvärmd bakruta
78 Uppvärmd bakruta
79 Infotainment-styrenhet
80 Mediaspelare
81 Ljudanläggning
82 Mitthögtalare (instrumentbräda)
83 Högtalare, höger bakdörr
84 Diskanthögtalare, höger bakdörr
85 Högtalare, passagerardörr

Kopplingsschema 8

86 Diskanthögtalare, passagerardörr
87 Högtalare, vänster bakdörr
88 Diskanthögtalare, vänster bakdörr
89 Högtalare, förardörr
90 Diskanthögtalare, förardörr
91 Mikrofon
92 Avstörning vänster bakfönster
93 Klimatanläggningens styrenhet
94 Reglage till uppvärmd backspegel/
   uppvärmd bakruta
95 Sidospegelsreglage

H33709

Ljudanläggning

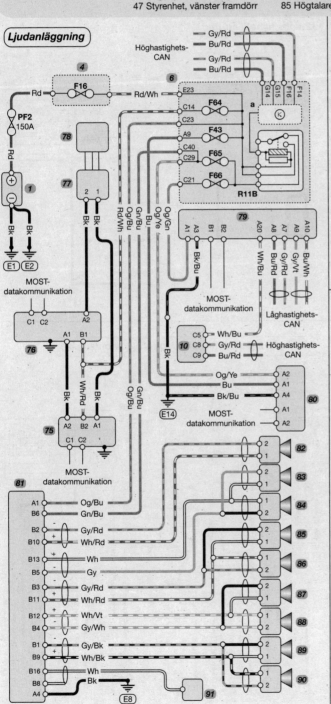

Uppvärmd bakruta

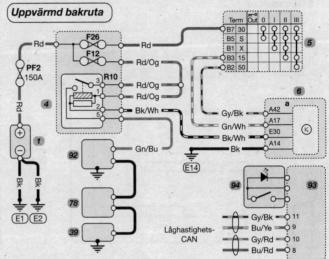

Uppvärmda & elmanövrerade backspeglar

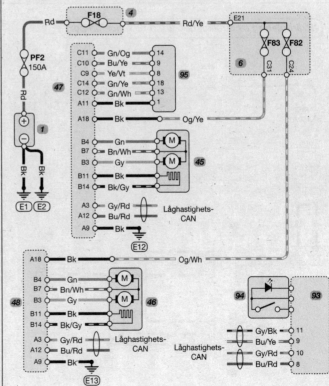

Kabelfärger

Bk	Svart	**Pk**	Rosa
Ye	Gul	**Vt**	Lila
Bu	Blå	**Og**	Orange
Bn	Brun	**Wh**	Vit
Gn	Grön	**Rd**	Röd
Gy	Grå	**Lgn**	Ljusgrön

Teckenförklaring

1 Batteri
4 Motorns säkringsdosa
5 Tändningslås
6 Passagerarsidans säkringsdosa
   a = styrenhet
   R3 = komfortrelä
   R8 = helljusrelä
23 Ljusomkopplare
   f = nivåreglering av strålkastare
24 Vänster strålkastare
   e = strålkastarinställning

25 Höger strålkastare
   e = strålkastarinställning
26 Vänster gasurladdningsstrålkastares elektroniska styrenhet
27 Höger gasurladdningsstrålkastares elektroniska styrenhet
100 Diagnosuttag
101 Främre 12-voltsuttag
102 Bakre 12-voltsuttag
103 Bagageutrymmets 12-voltsuttag
104 Främre nivågivare
105 Bakre nivågivare

Kopplingsschema 9

H33710

Diagnosuttag

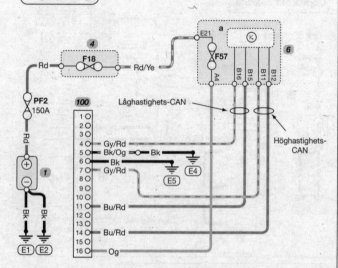

12-volts tillbehörsuttag

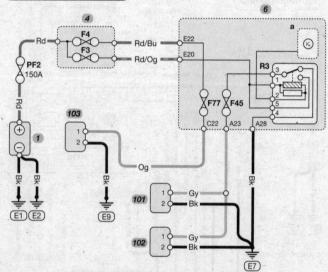

Nivåreglering av strålkastare (utan bi-xenonlampor)

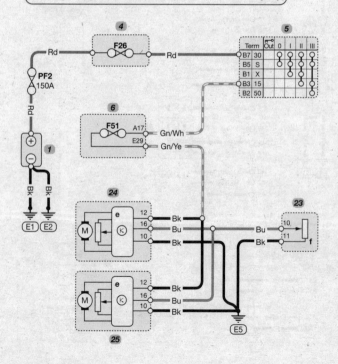

Nivåreglering av strålkastare (med bi-xenonlampor)

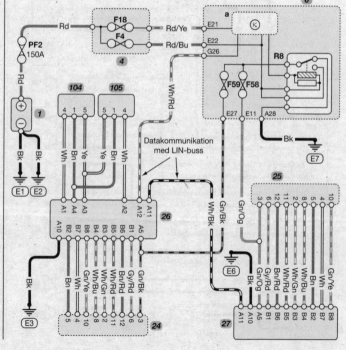

Referens

Mått och vikter

Observera: *Alla siffror är ungefärliga och kan variera beroende på modell. Se tillverkarens uppgifter för exakta mått.*

Dimensioner

Total längd:
  S40 . . . . 4 470 mm
  V50 . . . . 4 510 mm
Total bredd . . . . 1 770 mm
Axelavstånd . . . . 2 640 mm

Vikter

Tjänstevikt . . . . Se etiketten på förardörrens stolpe
Max bogseringsvikt:
  Obromsat släp . . . . 700 kg
  Bromsat släp . . . . 1 300 till 1500 kg
Maximal belastning på takräcke . . . . 75 kg

Reservdelar finns att köpa på flera olika ställen, t.ex. hos tillverkarens verkstäder, tillbehörsbutiker och motorspecialister. För att säkert få rätt del krävs att bilens identifikationsnummer uppges. Ta om möjligt med den gamla delen för säker identifiering. Många delar, t.ex. startmotor och generator, finns att få som fabriksrenoverade utbytesdelar – delar som returneras ska alltid vara rena.

Vårt råd när det gäller reservdelar är följande.

Auktoriserade Volvo-verkstäder

Detta är det bästa inköpsstället för delar som är specifika för just din bil och inte allmänt tillgängliga (märken, klädsel, etc). Det är även det enda ställe där man kan få reservdelar om bilens garanti fortfarande gäller.

Tillbehörsbutiker

Dessa är ofta bra ställen för inköp av underhållsmaterial (olje-, luft- och bränslefilter, glödlampor, drivremmar, fett, bromsbackar, bättringslack, etc). Tillbehör av detta slag som säljs av välkända butiker håller ofta samma standard som de som används av biltillverkaren.

Förutom delar säljer dessa butiker även verktyg och allmänna tillbehör. De har ofta bekväma öppettider och är billiga, och det brukar aldrig vara långt till en sådan butik. Vissa tillbehörsbutiker har reservdelsdiskar där så gott som alla typer av komponenter kan köpas eller beställas.

Grossister

Bra grossister lagerhåller alla viktigare komponenter som kan slitas ut relativt snabbt och kan ibland tillhandahålla enskilda komponenter som behövs för renovering av en större enhet (t.ex. bromstätningar och hydrauliska delar, lagerskålar, kolvar, ventiler, etc). I vissa fall kan de ta hand om större arbeten som omborrning av motorblocket, omslipning av vevaxlar, etc.

Specialister på däck och avgassystem

Dessa kan vara oberoende återförsäljare eller ingå i större kedjor. De har ofta bra priser jämfört med märkesverkstäder, men det är lönt att jämföra priser hos flera handlare. Kontrollera även vad som ingår vid priskontrollen – ofta ingår t.ex. inte ventiler och balansering vid köp av ett nytt hjul.

Andra inköpsställen

Var misstänksam när det gäller delar som säljs på lågprisförsäljningar och i andra hand. Artiklar av den typen är alltid av sämre kvalitet, men chansen att få ersättning om de inte fungerar är liten. När det gäller delar som är viktiga för säkerheten, t.ex. bromsklossar, löper du inte bara risk att drabbas av ekonomisk förlust, utan även att skada eller döda dig själv eller andra.

Begagnade delar eller delar från en bildemontering kan vara prisvärda i vissa fall, men sådana inköp bör helst göras av en mycket erfaren hemmamekaniker.

Identifikationsnummer

Inom biltillverkningen modifieras modellerna fortlöpande och det är endast de större modelländringarna som offentliggörs. Reservdelskataloger och listor är vanligen organiserade i nummerordning, så bilens identifikationsnummer är nödvändigt för att få rätt reservdel.

Lämna alltid så mycket information som möjligt vid beställning av reservdelar. Ange årsmodell, identifikationsnummer och motornummer när det behövs.

Plåten med chassinumret (VIN-numret) sitter på höger bakre dörrstolpe **(se bild)**. *Chassinumret* finns även på en plåt som syns genom vindrutan, på passagerarsidan, eller på ventilpanelen framför vindrutan **(se bilder)**.

Motornumret och typbeteckningen sitter på motorns högra del samt på kamremskåpan.

Övriga identifikationsnummer eller koder är inpräglade på större delar, som t.ex. växellådan.

Chassinumret finns på en plåt på höger bakre dörrstolpe . . .

. . . på en plåt på instrumentbrädan (syns genom vindrutan) . . .

. . . och ovanpå motorrummets torpedvägg

När service, reparationer och renoveringar utförs på en bil eller bildel bör följande beskrivningar och instruktioner följas. Detta för att reparationen ska utföras så effektivt och fackmannamässigt som möjligt.

Tätningsytor och packningar

Vid isärtagande av delar vid deras tätningsytor ska dessa aldrig bändas isär med skruvmejsel eller liknande. Detta kan orsaka allvarliga skador som resulterar i oljeläckage, kylvätskeläckage etc. efter montering. Delarna tas vanligen isär genom att man knackar längs fogen med en mjuk klubba. Lägg dock märke till att denna metod kanske inte är lämplig i de fall styrstift används för exakt placering av delar.

Där en packning används mellan två ytor måste den bytas vid ihopsättning. Såvida inte annat anges i den aktuella arbetsbeskrivningen ska den monteras torr. Se till att tätningsytorna är rena och torra och att alla spår av den gamla packningen är borttagna. Vid rengöring av en tätningsyta ska sådana verktyg användas som inte skadar den. Små grader och repor tas bort med bryne eller en finskuren fil.

Rensa gängade hål med piprensare och håll dem fria från tätningsmedel då sådant används, såvida inte annat direkt specificeras.

Se till att alla öppningar, hål och kanaler är rena och blås ur dem, helst med tryckluft.

Oljetätningar

Oljetätningar kan tas ut genom att de bänds ut med en bred spårskruvmejsel eller liknande. Alternativt kan ett antal självgängande skruvar dras in i tätningen och användas som dragpunkter för en tång, så att den kan dras rakt ut.

När en oljetätning tas bort från sin plats, ensam eller som en del av en enhet, ska den alltid kasseras och bytas ut mot en ny.

Tätningsläpparna är tunna och skadas lätt och de tätar inte annat än om kontaktytan är fullständigt ren och oskadad. Om den ursprungliga tätningsytan på delen inte kan återställas till perfekt skick och tillverkaren inte gett utrymme för en viss omplacering av tätningen på kontaktytan, måste delen i fråga bytas ut. Tätningarna bör alltid bytas ut när de har demonterats.

Skydda tätningsläpparna från ytor som kan skada dem under monteringen. Använd tejp eller konisk hylsa där så är möjligt. Smörj läpparna med olja innan monteringen. Om oljetätningen har dubbla läppar ska utrymmet mellan dessa fyllas med fett.

Såvida inte annat anges ska oljetätningar monteras med tätningsläpparna mot det smörjmedel som de ska täta för.

Använd en rörformad dorn eller en träbit i lämplig storlek till att knacka tätningarna på plats. Om sätet är försedd med skuldra, driv tätningen mot den. Om sätet saknar skuldra bör tätningen monteras så att den går jäms med sätets yta (såvida inte annat uttryckligen anges).

Skruvgängor och infästningar

Muttrar, bultar och skruvar som kärvar är ett vanligt förekommande problem när en komponent har börjat rosta. Bruk av rostupplösningsolja och andra krypsmörjmedel löser ofta detta om man dränker in delen som kärvar en stund innan man försöker lossa den. Slagskruvmejsel kan ibland lossa envist fastsittande infästningar när de används tillsammans med rätt mejselhuvud eller hylsa. Om inget av detta fungerar kan försiktig värmning eller i värsta fall bågfil eller mutterspräckare användas.

Pinnbultar tas vanligen ut genom att två muttrar låses vid varandra på den gängade delen och att en blocknyckel sedan vrider den undre muttern så att pinnbulten kan skruvas ut. Bultar som brutits av under fästytan kan ibland avlägsnas med en lämplig bultutdragare. Se alltid till att gängade bottenhål är helt fria från olja, fett, vatten eller andra vätskor innan bulten monteras. Underlåtenhet att göra detta kan spräcka den del som skruven dras in i, tack vare det hydrauliska tryck som uppstår när en bult dras in i ett vätskefyllt hål

Vid åtdragning av en kronmutter där en saxsprint ska monteras ska muttern dras till specificerat moment om sådant anges, och därefter dras till nästa sprinthål. Lossa inte muttern för att passa in saxsprinten, såvida inte detta förfarande särskilt anges i anvisningarna.

Vid kontroll eller omdragning av mutter eller bult till ett specificerat åtdragningsmoment, ska muttern eller bulten lossas ett kvarts varv och sedan dras åt till angivet moment. Detta ska dock inte göras när vinkelåtdragning använts.

För vissa gängade infästningar, speciellt topplocksbultar/muttrar anges inte åtdragningsmoment för de sista stegen. Istället anges en vinkel för åtdragning. Vanligtvis anges ett relativt lågt åtdragningsmoment för bultar/muttrar som dras i specificerad turordning. Detta följs sedan av ett eller flera steg åtdragning med specificerade vinklar.

Låsmuttrar, låsbleck och brickor

Varje infästning som kommer att rotera mot en komponent eller en kåpa under åtdragningen ska alltid ha en bricka mellan åtdragningsdelen och kontaktytan.

Fjäderbrickor ska alltid bytas ut när de använts till att låsa viktiga delar som

exempelvis lageröverfall. Låsbleck som viks över för att låsa bult eller mutter ska alltid bytas ut vid ihopsättning.

Självlåsande muttrar kan återanvändas på mindre viktiga detaljer, under förutsättning att motstånd känns vid dragning över gängen. Kom dock ihåg att självlåsande muttrar förlorar låseffekt med tiden och därför alltid bör bytas ut som en rutinåtgärd.

Saxsprintar ska alltid bytas mot nya i rätt storlek för hålet.

När gänglåsmedel påträffas på gängor på en komponent som ska återanvändas bör man göra ren den med en stålborste och lösningsmedel. Applicera nytt gänglåsningsmedel vid montering.

Specialverktyg

Vissa arbeten i denna handbok förutsätter användning av specialverktyg som pressar, avdragare, fjäderkompressorer med mera. Där så är möjligt beskrivs lämpliga lättillgängliga alternativ till tillverkarens specialverktyg och hur dessa används. I vissa fall, där inga alternativ finns, har det varit nödvändigt att använda tillverkarens specialverktyg. Detta har gjorts av säkerhetsskäl, likväl som för att reparationerna ska utföras så effektivt och bra som möjligt. Såvida du inte är mycket kunnig och har stora kunskaper om det arbetsmoment som beskrivs, ska du aldrig försöka använda annat än specialverktyg när sådana anges i anvisningarna. Det föreligger inte bara stor risk för personskador, utan kostbara skador kan också uppstå på komponenterna.

Miljöhänsyn

Vid sluthantering av förbrukad motorolja, bromsvätska, frostskydd etc. ska all vederbörlig hänsyn tas för att skydda miljön. Ingen av ovan nämnda vätskor får hällas ut i avloppet eller direkt på marken. Kommunernas avfallshantering har kapacitet för hantering av miljöfarligt avfall liksom vissa verkstäder. Om inga av dessa finns tillgängliga i din närhet, fråga hälsoskyddskontoret i din kommun om råd.

I och med de allt strängare miljöskyddslagarna beträffande utsläpp av miljöfarliga ämnen från motorfordon har alltfler bilar numera justersäkringar monterade på de mest avgörande justeringspunkterna för bränslesystemet. Dessa är i första hand avsedda att förhindra okvalificerade personer från att justera bränsle/luftblandningen och därmed riskerar en ökning av giftiga utsläpp. Om sådana justersäkringar påträffas under service eller reparationsarbete ska de, närhelst möjligt, bytas eller sättas tillbaka i enlighet med tillverkarens rekommendationer eller aktuell lagstiftning.

Domkraften som följer med bilens verktygslåda bör endast användas för att byta hjul – se *Hjulbyte* i början av den här handboken. Vid alla andra arbeten ska bilen lyftas med en hydraulisk garagedomkraft, som alltid ska åtföljas av pallbockar under bilens stödpunkter.

När du använder en garagedomkraft eller pallbockar, placera alltid domkraftens lyftsadel eller pallbockarnas sadel under eller i anslutning till en av de berörda stödpunkterna under trösklarna. Lägg en träkloss mellan domkraften eller pallbockarna och tröskeln.

Försök inte lyfta bilen under den främre kryssrambalken, oljesumpen eller någon av fjädringsdelarna.

Den domkraft som medföljer bilen passar in i stödpunkterna på trösklarnas undersida **(se bild)** – se *Hjulbyte* längst fram i den här handboken. Se till att domkraftens lyftsadel sitter korrekt innan du börjar lyfta bilen.

Arbeta **aldrig** under, runt eller i närheten av en lyft bil om den inte har ordentligt stöd på minst två punkter.

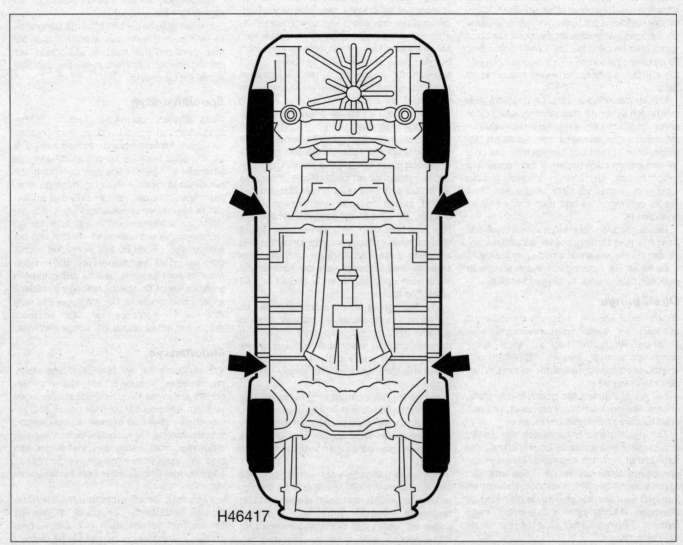

H46417

Den domkraft som medföljer bilen passas in på tröskelflänsarnas insida (se pilar)

Inledning

En uppsättning bra verktyg är ett grundläggande krav för var och en som överväger att underhålla och reparera ett motorfordon. För de ägare som saknar sådana kan inköpet av dessa bli en märkbar utgift, som dock uppvägs till en viss del av de besparingar som görs i och med det egna arbetet. Om de anskaffade verktygen uppfyller grundläggande säkerhets- och kvalitetskrav kommer de att hålla i många år och visa sig vara en värdefull investering.

För att hjälpa bilägaren att avgöra vilka verktyg som behövs för att utföra de arbeten som beskrivs i denna handbok har vi sammanställt tre listor med följande rubriker: *Underhåll och mindre reparationer, Reparation och renovering* samt *Specialverktyg.* Nybörjaren bör starta med det första sortimentet och begränsa sig till enklare arbeten på fordonet. Allt eftersom erfarenhet och självförtroende växer kan man sedan prova svårare uppgifter och köpa fler verktyg när och om det behövs. På detta sätt kan den grundläggande verktygssatsen med tiden utvidgas till en reparations- och renoveringssats utan några större enskilda kontantutlägg. Den erfarne hemmamekanikern har redan en verktygssats som räcker till de flesta reparationer och renoveringar och kommer att välja verktyg från specialkategorin när han känner att utgiften är berättigad för den användning verktyget kan ha.

Underhåll och mindre reparationer

Verktygen i den här listan ska betraktas som ett minimum av vad som behövs för rutinmässigt underhåll, service och mindre reparationsarbeten. Vi rekommenderar att man köper blocknycklar (ring i ena änden och öppen i den andra), även om de är dyrare än de med öppen ände, eftersom man får båda sorternas fördelar.

☐ *Blocknycklar - 8, 9, 10, 11, 12, 13, 14, 15, 17 och 19 mm*
☐ *Skiftnyckel - 35 mm gap (ca.)*
☐ *Tändstiftsnyckel (med gummifoder)*
☐ *Verktyg för justering av tändstiftens elektrodavstånd*
☐ *Sats med bladmått*
☐ *Nyckel för avluftning av bromsar*
☐ *Skruvmejslar:*
   Spårmejsel - 100 mm lång x 6 mm diameter
   Stjärnmejsel - 100 mm lång x 6 mm diameter
☐ *Kombinationstång*
☐ *Bågfil (liten)*
☐ *Däckpump*
☐ *Däcktrycksmätare*
☐ *Oljekanna*
☐ *Verktyg för demontering av oljefilter*
☐ *Fin slipduk*
☐ *Stålborste (liten)*
☐ *Tratt (medelstor)*

Reparation och renovering

Dessa verktyg är ovärderliga för alla som utför större reparationer på ett motorfordon och tillkommer till de som angivits för *Underhåll och mindre reparationer.* I denna lista ingår en grundläggande sats hylsor. Även om dessa är dyra, är de oumbärliga i och med sin mångsidighet - speciellt om satsen innehåller olika typer av drivenheter. Vi rekommenderar 1/2-tums fattning på hylsorna eftersom de flesta momentnycklar har denna fattning.

Verktygen i denna lista kan ibland behöva kompletteras med verktyg från listan för *Specialverktyg.*

☐ *Hylsor, dimensioner enligt föregående lista*
☐ *Spärrskaft med vändbar riktning (för användning med hylsor)* **(se bild)**
☐ *Förlängare, 250 mm (för användning med hylsor)*
☐ *Universalknut (för användning med hylsor)*
☐ *Momentnyckel (för användning med hylsor)*
☐ *Självlåsande tänger*
☐ *Kulhammare*
☐ *Mjuk klubba (plast/aluminium eller gummi)*
☐ *Skruvmejslar:*
   Spårmejsel - en lång och kraftig, en kort (knubbig) och en smal (elektrikertyp)
   Stjärnmejsel - en lång och kraftig och en kort (knubbig)
☐ *Tänger:*
   Spetsnostång/plattång
   Sidavbitare (elektrikertyp)
   Låsringstång (inre och yttre)
☐ *Huggmejsel - 25 mm*
☐ *Ritspets*
☐ *Skrapa*
☐ *Körnare*
☐ *Purr*
☐ *Bågfil*
☐ *Bromsslangklämma*
☐ *Avluftningssats för bromsar/koppling*
☐ *Urval av borrar*
☐ *Stållinjal*
☐ *Insexnycklar (inkl Torxtyp/med splines)* **(se bild)**

☐ *Sats med filar*
☐ *Stor stålborste*
☐ *Pallbockar*
☐ *Domkraft (garagedomkraft eller stabil pelarmodell)*
☐ *Arbetslampa med förlängningssladd*

Specialverktyg

Verktygen i denna lista är de som inte används regelbundet, är dyra i inköp eller som måste användas enligt tillverkarens anvisningar. Det är bara om du relativt ofta kommer att utföra tämligen svåra jobb som många av dessa verktyg är lönsamma att köpa. Du kan också överväga att gå samman med någon vän (eller gå med i en motorklubb) och göra ett gemensamt inköp, hyra eller låna verktyg om så är möjligt.

Följande lista upptar endast verktyg och instrument som är allmänt tillgängliga och inte sådana som framställs av biltillverkaren speciellt för auktoriserade verkstäder. Ibland nämns dock sådana verktyg i texten. I allmänhet anges en alternativ metod att utföra arbetet utan specialverktyg. Ibland finns emellertid inget alternativ till tillverkarens specialverktyg. När så är fallet och relevant verktyg inte kan köpas, hyras eller lånas har du inget annat val än att lämna bilen till en auktoriserad verkstad.

☐ *Ventilfjäderkompressor* **(se bild)**
☐ *Ventilslipningsverktyg*
☐ *Kolvringskompressor* **(se bild)**
☐ *Verktyg för demontering/montering av kolvringar* **(se bild)**
☐ *Honingsverktyg* **(se bild)**
☐ *Kulledsavdragare*
☐ *Spiralfjäderkompressor (där tillämplig)*
☐ *Nav/lageravdragare, två/tre ben* **(se bild)**
☐ *Slagskruvmejsel*
☐ *Mikrometer och/eller skjutmått* **(se bilder)**
☐ *Indikatorklocka* **(se bild)**
☐ *Stroboskoplampa*
☐ *Kamvinkelmätare/varvräknare*
☐ *Multimeter*

Hylsor och spärrskaft

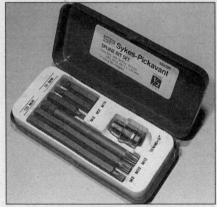

Bits med splines/torx

REF•6 Verktyg och arbetsutrymmen

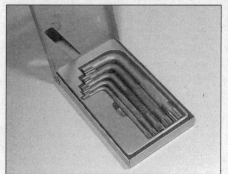

Nycklar med splines/torx

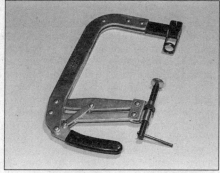

Ventilfjäderkompressor (ventilbåge)

Kolvringskompressor

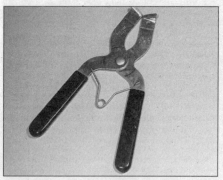

Verktyg för demontering och montering av
kolvringar

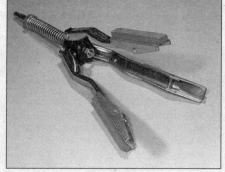

Honingsverktyg

Trebent avdragare för nav och lager

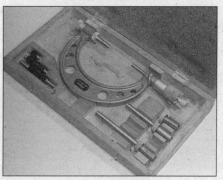

Mikrometerset

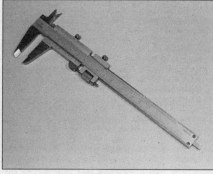

Skjutmått

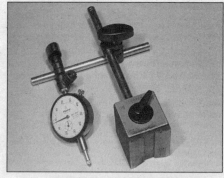

Indikatorklocka med magnetstativ

Kompressionsmätare

Centreringsverktyg för koppling

Demonteringsverktyg för bromsbackarnas
fjäderskålar

☐ Kompressionsmätare *(se bild)*
☐ Handmanövrerad vakuumpump och mätare
☐ Centreringsverktyg för koppling *(se bild)*
☐ Verktyg för demontering av
   bromsbackarnas fjäderskålar *(se bild)*
☐ Sats för montering/demontering av
   bussningar och lager *(se bild)*
☐ Bultutdragare *(se bild)*
☐ Gängverktygssats *(se bild)*
☐ Lyftblock
☐ Garagedomkraft

Inköp av verktyg

När det gäller inköp av verktyg är det i regel bättre att vända sig till en specialist som har ett större sortiment än t ex tillbehörsbutiker och bensinmackar. Tillbehörsbutiker och andra försöljningsställen kan dock erbjuda utmärkta verktyg till låga priser, så det kan löna sig att söka.

Det finns gott om bra verktyg till låga priser, men se till att verktygen uppfyller grundläggande krav på funktion och säkerhet. Fråga gärna någon kunnig person om råd före inköpet.

Vård och underhåll av verktyg

Efter inköp av ett antal verktyg är det nödvändigt att hålla verktygen rena och i fullgott skick. Efter användning, rengör alltid verktygen innan de läggs undan. Låt dem inte ligga framme sedan de använts. En enkel upphängningsanordning på väggen för t ex skruvmejslar och tänger är en bra idé. Nycklar och hylsor bör förvaras i metallådor. Mätinstrument av skilda slag ska förvaras på platser där de inte kan komma till skada eller börja rosta.

Lägg ner lite omsorg på de verktyg som används. Hammarhuvuden får märken och skruvmejslar slits i spetsen med tiden. Lite polering med slippapper eller en fil återställer snabbt sådana verktyg till gott skick igen.

Arbetsutrymmen

När man diskuterar verktyg får man inte glömma själva arbetsplatsen. Om mer än rutinunderhåll ska utföras bör man skaffa en lämplig arbetsplats.

Vi är medvetna om att många ägare/mekaniker av omständigheterna tvingas att lyfta ur motor eller liknande utan tillgång till garage eller verkstad. Men när detta är gjort ska fortsättningen av arbetet göras inomhus.

Närhelst möjligt ska isärtagning ske på en ren, plan arbetsbänk eller ett bord med passande arbetshöjd.

En arbetsbänk behöver ett skruvstycke. En käftöppning om 100 mm räcker väl till för de flesta arbeten. Som tidigare sagts, ett rent och torrt förvaringsutrymme krävs för verktyg liksom för smörjmedel, rengöringsmedel, bättringslack (som också måste förvaras frostfritt) och liknande.

Ett annat verktyg som kan behövas och som har en mycket bred användning är en elektrisk borrmaskin med en chuckstorlek om minst 8 mm. Denna, tillsammans med en sats spiralborrar, är i praktiken oumbärlig för montering av tillbehör.

Sist, men inte minst, ha alltid ett förråd med gamla tidningar och rena luddfria trasor tillgängliga och håll arbetsplatsen så ren som möjligt.

Sats för demontering och montering av lager och bussningar

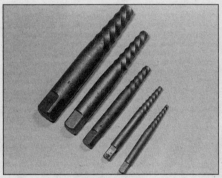

Bultutdragare

Gängverktygssats

Det här avsnittet är till för att hjälpa dig att klara bilbesiktningen. Det är naturligtvis inte möjligt att undersöka ditt fordon lika grundligt som en professionell besiktare, men genom att göra följande kontroller kan du identifiera problemområden och ha en möjlighet att korrigera eventuella fel innan du lämnar bilen till besiktning. Om bilen underhålls och servas regelbundet borde besiktningen inte innebära några större problem.

I besiktningsprogrammet ingår kontroll av nio huvudsystem – stommen, hjulsystemet, drivsystemet, bromssystemet, styrsystemet, karosseriet, kommunikationssystemet, instrumentering och slutligen övriga anordningar (släpvagnskoppling etc).

Kontrollerna som här beskrivs har baserats på Svensk Bilprovnings krav aktuella vid tiden för tryckning. Kraven ändras dock kontinuerligt och särskilt miljöbestämmelserna blir allt strängare.

Kontrollerna har delats in under följande fem rubriker:

1 Kontroller som utförs från förarsätet

2 Kontroller som utförs med bilen på marken

3 Kontroller som utförs med bilen upphissad och med fria hjul

4 Kontroller på bilens avgassystem

5 Körtest

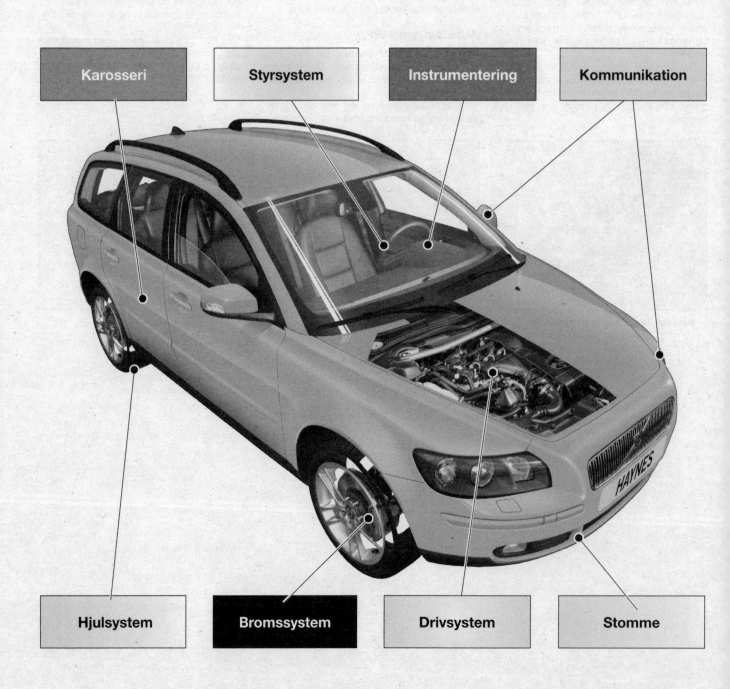

| Karosseri | Styrsystem | Instrumentering | Kommunikation |

| Hjulsystem | Bromssystem | Drivsystem | Stomme |

Vanliga personbilar kontrollbesiktigas första gången efter tre år, andra gången två år senare och därefter varje år. Åldern på bilen räknas från det att den tas i bruk, oberoende av årsmodell, och den måste genomgå besiktning inom fem månader.

Tiden på året då fordonet kallas till besiktning bestäms av sista siffran i registreringsnumret, enligt tabellen nedan.

Slutsiffra	Besiktningsperiod
1	*november t.o.m. mars*
2	*december t.o.m. april*
3	*januari t.o.m. maj*
4	*februari t.o.m. juni*
5	*maj t.o.m. september*
6	*juni t.o.m. oktober*
7	*juli t.o.m. november*
8	*augusti t.o.m. december*
9	*september t.o.m. januari*
0	*oktober t.o.m. februari*

Om fordonet har ändrats, byggts om eller om särskild utrustning har monterats eller demonterats, måste du som fordonsägare göra en registreringsbesiktning inom en månad. I vissa fall räcker det med en begränsad registreringsbesiktning, t.ex. för draganordning, taklucka, taxiutrustning etc.

Efter besiktningen

Nedan visas de system och komponenter som kontrolleras och bedöms av besiktaren på Svensk Bilprovning. Efter besiktningen erhåller du ett protokoll där eventuella anmärkningar noterats.

Har du fått en 2x i protokollet (man kan ha max 3 st 2x) behöver du inte ombesiktiga bilen, men är skyldig att själv åtgärda felet snarast möjligt. Om du inte åtgärdar felen utan återkommer till Svensk Bilprovning året därpå med samma fel, blir dessa automatiskt 2:or som då måste ombesiktigas. Har du en eller flera 2x som ej är åtgärdade och du blir intagen i en flygande besiktning av polisen, blir dessa automatiskt 2:or som måste ombesiktigas. I detta läge får du även böta.

Om du har fått en tvåa i protokollet är fordonet alltså inte godkänt. Felet ska åtgärdas och bilen ombesiktigas inom en månad.

En trea innebär att fordonet har så stora brister att det anses mycket trafikfarligt. Körförbud inträder omedelbart.

Karosseri

- **Dörr**
- **Skärm**
- **Vindruta**
- **Säkerhetsbälten**
- **Lastutrymme**
- **Övrigt**

Vanliga anmärkningar:
Skadad vindruta
Vassa kanter
Glappa gångjärn

Styrsystem

- **Styrled**
- **Styrväxel**
- **Hjälpstyrarm**
- **Övrigt**

Vanliga anmärkningar:
Glapp i styrleder
Skadade styrväxeldamasker

Instrumentering

- **Hastighetsmätare**
- **Taxameter**
- **Varningslampor**
- **Övrigt**

Kommunikation

- **Vindrutetorkare**
- **Vindrutespolare**
- **Backspegel**
- **Strålkastarinställning**
- **Strålkastare**
- **Signalhorn**
- **Sidoblinkers**
- **Parkeringsljus fram bak**
- **Blinkers**
- **Bromsljus**
- **Reflex**
- **Nummerplåts- belysning**
- **Övrigt**

Vanliga anmärkningar:
Felaktig ljusbild
Skadad strålkastare
Ej fungerande parkeringsljus
Ej fungerande bromsljus

Hjulsystem

- **Däck**
- **Stötdämpare**
- **Hjullager**
- **Spindelleder**
- **Länkarm fram bak**
- **Fjäder**
- **Fjädersäte**
- **Övrigt**

Vanliga anmärkningar:
Glapp i spindelleder
Utslitna däck
Dåliga stötdämpare
Rostskadade fjädersäten
Brustna fjädrar
Rostskadade länkarms- infästningar

Bromssystem

- **Fotbroms fram bak rörelseres.**
- **Bromsrör**
- **Bromsslang**
- **Handbroms**
- **Övrigt**

Vanliga anmärkningar:
Otillräcklig bromsverkan på handbromsen
Ojämn bromsverkan på fotbromsen
Anliggande bromsar på fotbromsen
Rostskadade bromsrör
Skadade bromsslangar

Drivsystem

- **Avgasrening, EGR- system (-88)**
- **Avgasrening**
- **Bränslesystem**
- **Avgassystem**
- **Avgaser (CO, HC)**
- **Kraftöverföring**
- **Drivknut**
- **Elförsörjning**
- **Batteri**
- **Övrigt**

Vanliga anmärkningar:
Höga halter av CO
Höga halter av HC
Läckage i avgassystemet
Ej fungerande EGR-ventil
Skadade drivknutsdamasker
Löst batteri

Stomme

- **Sidobalk**
- **Tvärbalk**
- **Golv**
- **Hjulhus**
- **Övrigt**

Vanliga anmärkningar:
Rostskador i sidobalkar, golv och hjulhus

1 Kontroller som utförs från förarsätet

Handbroms

☐ Kontrollera att handbromsen fungerar ordentligt utan för stort spel i spaken. För stort spel tyder på att bromsen eller bromsvajern är felaktigt justerad.

☐ Kontrollera att handbromsen inte kan läggas ur genom att spaken förs åt sidan. Kontrollera även att handbromsspaken är ordentligt monterad.

Fotbroms

☐ Tryck ner bromspedalen och håll den nedtryckt i ca 30 sek. Kontrollera att den inte sjunker ner mot golvet, vilket tyder på fel på huvudcylindern. Släpp pedalen, vänta ett par sekunder och tryck sedan ner den igen. Om pedalen tar långt ner måste broms-arna justeras eller repareras. Om pedalens rörelse känns "svampig" finns det luft i bromssystemet som då måste luftas.

☐ Kontrollera att bromspedalen sitter fast ordentligt och att den är i bra skick. Kontrollera även om det finns tecken på oljeläckage på bromspedalen, golvet eller mattan eftersom det kan betyda att packningen i huvudcylindern är trasig.

☐ Om bilen har bromsservo kontrolleras denna genom att man upprepade gånger trycker ner bromspedalen och sedan startar motorn med pedalen nertryckt. När motorn startar skall pedalen sjunka något. Om inte kan vakuumslangen eller själva servoenheten vara trasig.

Ratt och rattstäng

☐ Känn efter att ratten sitter fast. Undersök om det finns några sprickor i ratten eller om några delar på den sitter löst.

☐ Rör på ratten uppåt, nedåt och i sidled. Fortsätt att röra på ratten samtidigt som du vrider lite på den från vänster till höger.

☐ Kontrollera att ratten sitter fast ordentligt på rattstången, vilket annars kan tyda på slitage eller att fästmuttern sitter löst. Om ratten går att röra onaturligt kan det tyda på att rattstångens bärlager eller kopplingar är slitna.

Rutor och backspeglar

☐ Vindrutan måste vara fri från sprickor och andra skador som kan vara irriterande eller hindra sikten i förarens synfält. Sikten får inte heller hindras av t.ex. ett färgat eller reflekterande skikt. Samma regler gäller även för de främre sidorutorna.

☐ Backspeglarna måste sitta fast ordentligt och vara hela och ställbara.

Säkerhetsbälten och säten

Observera: *Kom ihåg att alla säkerhetsbälten måste kontrolleras - både fram och bak.*

☐ Kontrollera att säkerhetsbältena inte är slitna, fransiga eller trasiga i väven och att alla låsmekanismer och rullmekanismer fungerar obehindrat. Se även till att alla infästningar till säkerhetsbältena sitter säkert.

☐ Framsätena måste vara ordentligt fastsatta och om de är fällbara måste de vara låsbara i uppfällt läge.

Dörrar

☐ Framdörrarna måste gå att öppna och stänga från både ut- och insidan och de måste gå ordentligt i lås när de är stängda. Gångjärnen ska sitta säkert och inte glappa eller kärva onormalt.

2 Kontroller som utförs med bilen på marken

Registreringsskyltar

☐ Registreringsskyltarna måste vara väl synliga och lätta att läsa av, d v s om bilen är mycket smutsig kan det ge en anmärkning.

Elektrisk utrustning

☐ Slå på tändningen och kontrollera att signalhornet fungerar och att det avger en jämn ton.

☐ Kontrollera vindrutetorkarna och vindrutespolningen. Svephastigheten får inte vara extremt låg, svepytan får inte vara för liten och torkarnas viloläge ska inte vara inom förarens synfält. Byt ut gamla och skadade torkarblad.

☐ Kontrollera att strålkastarna fungerar och att de är rätt inställda. Reflektorerna får inte vara skadade, lampglasen måste vara hela och lamporna måste vara ordentligt fastsatta. Kontrollera även att bromsljusen fungerar och att det inte krävs högt pedaltryck för att tända dem. (Om du inte har någon medhjälpare kan du kontrollera bromsljusen genom att backa upp bilen mot en garageport, vägg eller liknande reflekterande yta.)

☐ Kontrollera att blinkers och varningsblinkers fungerar och att de blinkar i normal hastighet. Parkeringsljus och bromsljus får inte påverkas av blinkers. Om de påverkas beror detta oftast på jordfel. Se också till att alla övriga lampor på bilen är hela och fungerar som de ska och att t.ex. extraljus inte är placerade så att de skymmer föreskriven belysning.

☐ Se även till att batteri, elledningar, reläer och liknande sitter fast ordentligt och att det inte föreligger någon risk för kortslutning

Fotbroms

☐ Undersök huvudbromscylindern, bromsrören och servoenheten. Leta efter läckage, rost och andra skador.

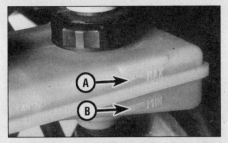

☐ Bromsvätskebehållaren måste sitta fast ordentligt och vätskenivån skall vara mellan max- (A) och min- (B) markeringarna.

☐ Undersök båda främre bromsslangarna efter sprickor och förslitningar. Vrid på ratten till fullt rattutslag och se till att broms-slangarna inte tar i någon del av styrningen eller upphängningen. Tryck sedan ner broms-pedalen och se till att det inte finns några läckor eller blåsor på slangarna under tryck.

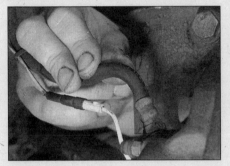

Styrning

☐ Be någon vrida på ratten så att hjulen vrids något. Kontrollera att det inte är för stort spel mellan rattutslaget och styrväxeln vilket kan tyda på att rattstångslederna, kopplingen mellan rattstången och styrväxeln eller själva styrväxeln är sliten eller glappar.

☐ Vrid sedan ratten kraftfullt åt båda hållen så att hjulen vrids något. Undersök då alla damasker, styrleder, länksystem, rörkopp-lingar och anslutningar/fästen. Byt ut alla delar som verkar utslitna eller skadade. På bilar med servostyrning skall servopumpen, driv-remmen och slangarna kontrolleras.

Stötdämpare

☐ Tryck ned hörnen på bilen i tur och ordning och släpp upp. Bilen skall gunga upp och sedan gå tillbaka till ursprungsläget. Om bilen

fortsätter att gunga är stötdämparna dåliga. Stötdämpare som kärvar påtagligt gör också att bilen inte klarar besiktningen. (Observera att stötdämpare kan saknas på vissa fjäder-system.)

☐ Kontrollera också att bilen står rakt och ungefär i rätt höjd.

Avgassystem

☐ Starta motorn medan någon håller en trasa över avgasröret och kontrollera sedan att avgassystemet inte läcker. Reparera eller byt ut de delar som läcker.

Kaross

☐ Skador eller korrosion/rost som utgörs av vassa eller i övrigt farliga kanter med risk för personskada medför vanligtvis att bilen måste repareras och ombesiktas. Det får inte heller finnas delar som sitter påtagligt löst.

☐ Det är inte tillåtet att ha utskjutande detaljer och anordningar med olämplig utformning eller placering (prydnadsföremål, antenn-fästen, viltfångare och liknande).

☐ Kontrollera att huvlås och säkerhetsspärr fungerar och att gångjärnen inte sitter löst eller på något vis är skadade.

☐ Se också till att stänkskydden täcker hela däckets bredd.

3 Kontroller som utförs med bilen upphissad och med fria hjul

Lyft upp både fram- och bakvagnen och ställ bilen på pallbockar. Placera pall-bockarna så att de inte tar i fjäder-upphängningen. Se till att hjulen inte tar i marken och att de går att vrida till fullt rattutslag. Om du har begränsad utrust-ning går det naturligtvis bra att lyfta upp en ände i taget.

Styrsystem

☐ Be någon vrida på ratten till fullt rattutslag. Kontrollera att alla delar i styrningen går mjukt och att ingen del av styrsystemet tar i någonstans.

☐ Undersök kuggstångsdamaskerna så att de inte är skadade eller att metallklämmorna glappar. Om bilen är utrustad med servo-styrning ska slangar, rör och kopplingar kontrolleras så att de inte är skadade eller

läcker. Kontrollera också att styrningen inte är onormalt trög eller kärvar. Undersök länk-armar, krängningshämmare, styrstag och styrleder och leta efter glapp och rost.

☐ Se även till att ingen saxpinne eller liknande låsmekanism saknas och att det inte finns gravrost i närheten av någon av styrmeka-nismens fästpunkter.

Upphängning och hjullager

☐ Börja vid höger framhjul. Ta tag på sidorna av hjulet och skaka det kraftigt. Se till att det inte glappar vid hjullager, spindelleder eller vid upphängningens infästningar och leder.

☐ Ta nu tag upptill och nedtill på hjulet och upprepa ovanstående. Snurra på hjulet och undersök hjullagret angående missljud och glapp.

☐ Om du misstänker att det är för stort spel vid en komponents led kan man kontrollera detta genom att använda en stor skruvmejsel eller liknande och bända mellan infästningen och komponentens fäste. Detta visar om det är bussningen, fästskruven eller själva infäst-ningen som är sliten (bulthålen kan ofta bli uttänjda).

☐ Kontrollera alla fyra hjulen.

Fjädrar och stötdämpare

☐ Undersök fjäderbenen (där så är tillämpligt) angående större läckor, korrosion eller skador i godset. Kontrollera också att fästena sitter säkert.

☐ Om bilen har spiralfjädrar, kontrollera att dessa sitter korrekt i fjädersätena och att de inte är utmattade, rostiga, spruckna eller av.

☐ Om bilen har bladfjädrar, kontrollera att alla bladen är hela, att axeln är ordentligt fastsatt mot fjädrarna och att fjäderöglorna, buss- ningarna och upphängningarna inte är slitna.

☐ Liknande kontroll utförs på bilar som har annan typ av upphängning såsom torsion- fjädrar, hydraulisk fjädring etc. Se till att alla infästningar och anslutningar är säkra och inte utslitna, rostiga eller skadade och att den hydrauliska fjädringen inte läcker olja eller på annat sätt är skadad.

☐ Kontrollera att stötdämparna inte läcker och att de är hela och oskadade i övrigt samt se till att bussningar och fästen inte är utslitna.

Drivning

☐ Snurra på varje hjul i tur och ordning. Kontrollera att driv-/kardanknutar inte är lösa, glappa, spruckna eller skadade. Kontrollera också att skyddsbälgarna är intakta och att driv-/kardanaxlar är ordentligt fastsatta, raka och oskadade. Se även till att inga andra detaljer i kraftöverföringen är glappa, lösa, skadade eller slitna.

Bromssystem

☐ Om det är möjligt utan isärtagning, kontroll- era hur bromsklossar och bromsskivor ser ut. Se till att friktionsmaterialet på broms- beläggen (A) inte är slitet under 2 mm och att bromsskivorna (B) inte är spruckna, gropiga, repiga eller utslitna.

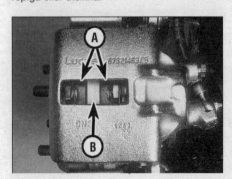

☐ Undersök alla bromsrör under bilen och bromsslangarna bak. Leta efter rost, skavning och övriga skador på ledningarna och efter tecken på blåsor under tryck, skavning, sprickor och förslitning på slangarna. (Det kan vara enklare att upptäcka eventuella sprickor på en slang om den böjs något.)

☐ Leta efter tecken på läckage vid bromsoken och på bromssköldarna. Reparera eller byt ut delar som läcker.

☐ Snurra sakta på varje hjul medan någon trycker ned och släpper upp bromspedalen. Se till att bromsen fungerar och inte ligger an när pedalen inte är nedtryckt.

☐ Undersök handbromsmekanismen och kontrollera att vajern inte har fransat sig, är av eller väldigt rostig eller att länksystemet är utslitet eller glappar. Se till att handbromsen fungerar på båda hjulen och inte ligger an när den läggs ur.

☐ Det är inte möjligt att prova bromsverkan utan specialutrustning, men man kan göra ett kortest och prova att bilen inte drar åt något håll vid en kraftig inbromsning.

Bränsle- och avgassystem

☐ Undersök bränsletanken (inklusive tanklock och påfyllningshals), fastsättning, bränsle- ledningar, slangar och anslutningar. Alla delar måste sitta fast ordentligt och får inte läcka.

☐ Granska avgassystemet i hela dess längd beträffande skadade, avbrutna eller saknade upphängningar. Kontrollera systemets skick beträffande rost och se till att rörklämmorna är säkert monterade. Svarta sotavlagringar på avgassystemet tyder på ett annalkande läckage.

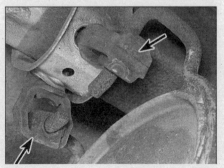

Hjul och däck

☐ Undersök i tur och ordning däcksidorna och slitbanorna på alla däcken. Kontrollera att det inte finns några skärskador, revor eller bulor och att korden inte syns p g a utslitning eller skador. Kontrollera att däcket är korrekt monterat på fälgen och att hjulet inte är deformerat eller skadat.

☐ Se till att det är rätt storlek på däcken för bilen, att det är samma storlek och däcktyp på samma axel och att det är rätt lufttryck i däcken. Se också till att inte ha dubbade och odubbade däck blandat. (Dubbade däck får användas under vinterhalvåret, från 1 oktober till första måndagen efter påsk.)

☐ Kontrollera mönsterdjupet på däcken – minsta tillåtna mönsterdjup är 1,6 mm. Onormalt däckslitage kan tyda på felaktig framhjulsinställning.

Korrosion

☐ Undersök alla bilens bärande delar efter rost. (Bärande delar innefattar underrede, tröskellådor, tvärbalkar, stolpar och all upp- hängning, styrsystemet, bromssystemet samt bältesinfästningarna.) Rost som avsevärt har reducerat tjockleken på en bärande yta medför troligtvis en tvåa i besiktningsproto- kollet. Sådana skador kan ofta vara svåra att reparera själv.

☐ Var extra noga med att kontrollera att inte rost har gjort det möjligt för avgaser att tränga in i kupén. Om så är fallet kommer fordonet ovillkorligen inte att klara besiktningen och dessutom utgör det en stor trafik- och hälso- fara för dig och dina passagerare.

4 Kontroller som utförs på bilens avgassystem

Bensindrivna modeller

☐ Starta motorn och låt den bli varm. Se till att tändningen är rätt inställd, att luftfiltret är rent och att motorn går bra i övrigt.

☐ Varva först upp motorn till ca 2500 varv/min och håll den där i ca 20 sekunder. Låt den sedan gå ner till tomgång och iaktta avgas- utsläppen från avgasröret. Om tomgången är onaturligt hög eller om tät blå eller klart synlig svart rök kommer ut med avgaserna i mer än 5 sekunder så kommer bilen antagligen inte att klara besiktningen. I regel tyder blå rök på att motorn är sliten och förbränner olja medan svart rök tyder på att motorn inte förbränner bränslet ordentligt (smutsigt luftfilter eller annat förgasar- eller bränslesystemfel).

□ Vad som då behövs är ett instrument som kan mäta koloxid (CO) och kolväten (HC). Om du inte har möjlighet att låna eller hyra ett dylikt instrument kan du få hjälp med det på en verkstad för en mindre kostnad.

CO- och HC-utsläpp

□ För närvarande är högsta tillåtna gränsvärde för CO- och HC-utsläpp för bilar av årsmodell 1989 och senare (d v s bilar med katalysator enligt lag) 0,5% CO och 100 ppm HC.

På tidigare årsmodeller testas endast CO-halten och följande gränsvärden gäller:

årsmodell 1985-88	3,5% CO
årsmodell 1971-84	4,5% CO
årsmodell -1970	5,5% CO.

Bilar av årsmodell 1987-88 med frivilligt monterad katalysator bedöms enligt 1989 års komponentkrav men 1985 års utsläppskrav.

□ Om CO-halten inte kan reduceras tillräckligt för att klara besiktningen (och bränsle- och tändningssystemet är i bra skick i övrigt) ligger problemet antagligen hos förgasaren/bränsleinsprutningsystemet eller katalysatorn (om monterad).

□ Höga halter av HC kan orsakas av att motorn förbränner olja men troligare är att motorn inte förbränner bränslet ordentligt.

Dieseldrivna modeller

□ Det enda testet för avgasutsläpp på dieseldrivna bilar är att man mäter röktätheten. Testet innebär att man varvar motorn kraftigt upprepade gånger.

Observera: *Det är oerhört viktigt att motorn är rätt inställd innan provet genomförs.*

□ Mycket rök kan orsakas av ett smutsigt luftfilter. Om luftfiltret inte är smutsigt men bilen ändå avger mycket rök kan det vara nödvändigt att söka experthjälp för att hitta orsaken.

5 Körtest

□ Slutligen, provkör bilen. Var extra uppmärksam på eventuella missljud, vibrationer och liknande.

□ Om bilen har automatväxellåda, kontrollera att den endast går att starta i lägena P och N. Om bilen går att starta i andra växellägen måste växelväljarmekanismen justeras.

□ Kontrollera också att hastighetsmätaren fungerar och inte är missvisande.

□ Se till att ingen extrautrustning i kupén, t ex biltelefon och liknande, är placerad så att den vid en eventuell kollision innebär ökad risk för personskada.

□ Bilen får inte dra åt något håll vid normal körning. Gör också en hastig inbromsning och kontrollera att bilen inte då drar åt något håll. Om kraftiga vibrationer känns vid inbromsning kan det tyda på att bromsskivorna är skeva och bör bytas eller fräsas om. (Inte att förväxlas med de låsningsfria bromsarnas karakteristiska vibrationer.)

□ Om vibrationer känns vid acceleration, hastighetsminskning, vid vissa hastigheter eller hela tiden, kan det tyda på att drivknutar eller drivaxlar är slitna eller defekta, att hjulen eller däcken är felaktiga eller skadade, att hjulen är obalanserade eller att styrleder, upphängningens leder, bussningar eller andra komponenter är slitna.

Motor

- [ ] Motorn går inte runt vid startförsök
- [ ] Motorn går runt, men startar inte
- [ ] Motorn är svårstartad när den är kall
- [ ] Motorn är svårstartad när den är varm
- [ ] Startmotorn ger i från sig oljud eller kärvar
- [ ] Motorn startar, men stannar omedelbart
- [ ] Ojämn tomgång
- [ ] Motorn feltänder vid tomgång
- [ ] Motorn feltänder vid alla varvtal
- [ ] Långsam acceleration
- [ ] Motorn självdör
- [ ] Låg motorkapacitet
- [ ] Motorn baktänder
- [ ] Varningslampan för oljetryck lyser när motorn är igång
- [ ] Glödtändning
- [ ] Motorljud

Kylsystem

- [ ] Överhettning
- [ ] Alltför stark avkylning
- [ ] Yttre kylvätskeläckage
- [ ] Inre kylvätskeläckage
- [ ] Korrosion

Bränsle- och avgassystem

- [ ] Överdriven bränsleförbrukning
- [ ] Bränsleläckage och/eller bränslelukt
- [ ] Överdriven ljudnivå eller för mycket avgaser från avgassystemet

Koppling

- [ ] Pedalen går i golvet – inget tryck eller mycket lite motstånd
- [ ] Kopplingen frikopplar inte (det går inte att lägga i växlar)
- [ ] Kopplingen slirar (motorns varvtal ökar men inte bilens hastighet)
- [ ] Skakningar vid frikoppling
- [ ] Missljud när kopplingspedalen trycks ner eller släpps upp

Manuell växellåda

- [ ] Missljud i friläge när motorn går
- [ ] Missljud när en speciell växel ligger i
- [ ] Svårt att lägga i växlar
- [ ] Växeln hoppar ur
- [ ] Vibrationer
- [ ] Smörjmedelsläckage

Automatväxellåda

- [ ] Oljeläckage
- [ ] Allmänna problem med växlingen
- [ ] Växellådan växlar inte ner (kickdown) när gaspedalen är helt nedtryckt
- [ ] Motorn startar inte i någon växel, eller startar i andra växlar än Park eller Neutral
- [ ] Växellådan slirar, växlar trögt, låter illa eller är utan drift i framväxlarna eller backen

Drivaxlar

- [ ] Vibrationer vid acceleration eller inbromsning
- [ ] Klickande eller knackande ljud vid svängar (i låg fart med fullt rattutslag)

Bromssystem

- [ ] Bilen drar åt ena sidan vid inbromsning
- [ ] Oljud (slipljud eller högt gnisslande) vid inbromsning
- [ ] Överdriven pedalväg
- [ ] Bromspedalen känns svampig vid nedtryckning
- [ ] Överdriven pedalkraft krävs för att stanna bilen
- [ ] Skakningar i bromspedal eller ratt vid inbromsning
- [ ] Pedalen pulserar när man bromsar hårt
- [ ] Bromsarna kärvar
- [ ] Bakhjulen låser sig vid normal inbromsning

Styrning och fjädring

- [ ] Bilen drar åt ena sidan
- [ ] Hjulen vinglar och skakar
- [ ] Kraftiga nigningar och/eller krängningar runt hörn eller vid inbromsning
- [ ] Vandrande eller allmän instabilitet
- [ ] Överdrivet stel styrning
- [ ] Överdrivet spel i styrningen
- [ ] Bristande servoeffekt
- [ ] Kraftigt däckslitage

Elsystem

- [ ] Batteriet laddar ur på bara ett par dagar
- [ ] Tändningslampan fortsätter lysa när motorn går
- [ ] Tändningslampan tänds inte
- [ ] Ljusen fungerar inte
- [ ] Instrumentavläsningarna missvisande eller ryckiga
- [ ] Signalhornet fungerar dåligt eller inte alls
- [ ] Vindrute-/bakrutetorkarna fungerar dåligt eller inte alls
- [ ] Vindrutespolarna fungerar dåligt eller inte alls
- [ ] De elektriska fönsterhissarna fungerar dåligt eller inte alls
- [ ] Centrallåset fungerar dåligt eller inte alls

Inledning

De fordonsägare som underhåller sina bilar med rekommenderad regelbundenhet kommer inte att behöva använda den här delen av handboken ofta. Moderna komponenter går mycket sällan sönder om de underhålls och byts ut med rekommenderad regelbundenhet. Fel uppstår vanligen inte plötsligt, de utvecklas med tiden. Speciellt större mekaniska haverier föregås vanligen av karakteristiska symptom under hundratals eller tusentals kilometer. De komponenter som ibland havererar utan föregående varning är i regel små och lätta att ha med i bilen.

Vid all felsökning är det första steget att bestämma var man ska börja söka. Ibland är detta uppenbart, men ibland behövs lite detektivarbete. En ägare som gör ett halvdussin slumpmässiga justeringar eller komponentbyten kanske lyckas åtgärda felet (eller undanröja symptomen), men om felet uppstår igen vet hon eller han ändå inte var felet sitter och måste spendera mer tid och pengar än vad som är nödvändigt för att åtgärda det. Ett lugnt och metodiskt tillvägagångssätt är bättre i det långa loppet. Ta alltid hänsyn till varningstecken eller ovanligheter som uppmärksammats före haveriet – kraftförlust, höga/låga mätaravläsningar, ovanliga lukter

– och kom ihåg att haverier i säkringar och tändstift kanske bara är symptom på ett underliggande fel.

Följande sidor fungerar som en enkel guide till de vanligaste problemen som kan uppstå med bilen. Problemen och deras möjliga orsaker grupperas under rubriker för olika komponenter eller system som Motorn, Kylsystemet etc. Avsnitt som tar upp detta problem visas inom parentes. Läs aktuellt avsnitt för systemspecifik information. Oavsett fel finns vissa grundläggande principer. Dessa är:

Bekräfta felet. Detta handlar helt enkelt om att du ska vara säker på vilka symptomen är innan du påbörjar arbetet. Det här är extra viktigt om du undersöker ett fel åt någon annan, som kanske inte har beskrivit problemet korrekt.

Förbise inte det självklara. Om bilen t.ex. inte startar, finns det verkligen bensin i tanken? (Ta inte någon annans ord för givet på denna punkt och lita inte heller på bränslemätaren!) Om ett elektriskt fel misstänks föreligga, leta efter lösa kontakter och brutna ledningar innan du plockar fram testutrustningen.

Bota sjukdomen, inte symptomen. Att byta ett urladdat batteri mot ett fulladdat tar dig från vägkanten, men om orsaken inte åtgärdas kommer även det nya batteriet snart att vara urladdat. Samma sak om nedoljade tändstift byts ut mot nya – bilen rullar, men orsaken till nedsmutsningen måste fortfarande fastställas och åtgärdas (om den inte berodde att tändstiften hade fel värmetal).

Ta inte någonting för givet. Glöm inte att även "nya" delar kan vara defekta (särskilt om de skakat runt i bagageutrymmet månader i sträck). Utelämna inte några komponenter vid en felsökning bara för att de är nya eller nymonterade. När felet slutligen upptäcks inser du antagligen att det fanns tecken på felet från början.

Dieselmodell – feldiagnos

Huvuddelen av startproblemen på små dieselmotorer beror på något elektrisk. En mekaniker som är bekant med bensinmotorer men inte lika bekant med dieselmotorer kanske ser dieselmotorns insprutningsventiler och pump på samma sätt som tändstiften och fördelaren, men det är oftast ett misstag.

När du undersöker startproblem på någon annans bil, se till att den personer har förstått hur en korrekt start går till och har gjort så. Vissa förare förstår inte meningen med varningslampan för förvärmning – många moderna motorer är ganska förlåtande vid milt väder men när vintern kommer, börjar problemen.

Som en tumregel kan man säga att om motorn är svårstartad men går bra när den väl har startar, är problemet av elektrisk typ (batteri, startmotorn eller förvärmningssystem). Om motorn har dålig effekt och är svår att starta, beror problemet sannolikt på bränslesystemet. Lågtryckssidan (matningen) av bränslesystemet ska kontrolleras innan du misstänker insprutningsventilerna och högtryckspumpen. Det vanligaste bränsle-matningsproblemet är att det kommer in luft i systemet, och alla rör från bränsletanken och framåt måste undersökas om du misstänker luftläckage. Normalt är pumpen den sista del som misstänks, eftersom det inte finns någon anledning att misstänka fel i den om den inte har hanterats.

Motor

Motorn går inte runt vid startförsök

- [ ] Batterianslutningarna sitter löst eller är korroderade (se *Veckokontroller*).
- [ ] Batteriet urladdat eller defekt (kapitel 5A).
- [ ] Brutna, lösa eller urkopplade ledningar i startmotorkretsen (kapitel 5A).
- [ ] Defekt solenoid eller brytare (kapitel 5A).
- [ ] Defekt startmotor (kapitel 5A).
- [ ] Startmotorns drev eller svänghjulet/drivplattans startkrans har lösa eller brutna kuggar (kapitel 2 och 5A).
- [ ] Motorns jordfläta trasig eller losskopplad (kapitel 5A eller 12).

Motorn går runt, men startar inte

- [ ] Bränsletanken tom.
- [ ] Batteriet urladdat (motorn roterar långsamt) (kapitel 5A).
- [ ] Batterianslutningarna sitter löst eller är korroderade (se *Veckokontroller*).
- [ ] Tändningskomponenter fuktiga eller skadade – bensinmodeller (kapitel 1A och 5B).
- [ ] Trasiga, lösa eller frånkopplade kablage i tändkretsen – bensinmodeller (kapitel 1A och 5B).
- [ ] Slitna, defekta eller felaktigt inställda tändstift – bensinmodeller (kapitel 1A).
- [ ] Fel på förvärmningssystemet – dieselmodeller (kapitel 5A).
- [ ] Fel på bränsleinsprutningssystemet – bensinmodeller (kapitel 4A).
- [ ] Luft i bränslesystemet – dieselmodeller (kapitel 4B).
- [ ] Större mekaniskt fel (t.ex. kamrem) (kapitel 2).

Motorn är svårstartad när den är kall

- [ ] Batteriet urladdat (kapitel 5A).
- [ ] Batterianslutningarna sitter löst eller är korroderade (se *Veckokontroller*).
- [ ] Slitna, defekta eller felaktigt inställda tändstift – bensinmodeller (kapitel 1A).
- [ ] Fel på förvärmningssystemet – dieselmodeller (kapitel 5A).
- [ ] Fel på bränsleinsprutningssystemet – bensinmodeller (kapitel 4A).
- [ ] Andra fel i tändsystemet – bensinmodeller (kapitel 1A och 5B).
- [ ] Låg cylinderkompression (kapitel 2).

Motorn är svårstartad när den är varm

- [ ] Smutsigt eller igensatt luftfilter (kapitel 1).
- [ ] Fel på bränsleinsprutningssystemet – bensinmodeller (kapitel 4A).
- [ ] Låg cylinderkompression (kapitel 2).

Startmotorn ger ifrån sig oljud eller kärvar

- [ ] Kuggarna på startmotorns kugghjul eller svänghjul är lösa eller brutna (kapitel 2 och 5A).
- [ ] Startmotorns fästbultar lösa eller saknas (kapitel 5A).
- [ ] Startmotorns interna delar slitna eller skadade (kapitel 5A).

Motorn startar, men stannar omedelbart

- [ ] Lösa eller defekta elektriska anslutningar i tändkretsen – bensinmodeller (kapitel 1A och 5B).
- [ ] Vakuumläckage i gasspjällshuset eller insugsgrenröret – bensinmodeller (kapitel 4A).
- [ ] Igentäppt insprutningsventil/fel i bränsleinsprutningssystemet – bensinmodeller (kapitel 4A).

Ojämn tomgång

- [ ] Luftfiltret igensatt (kapitel 1).
- [ ] Vakuumläckage i gasspjällshuset, insugsgrenröret eller tillhörande slangar – bensinmodeller (kapitel 4A).
- [ ] Slitna, defekta eller felaktigt inställda tändstift – bensinmodeller (kapitel 1A).
- [ ] Ojämn eller låg cylinderkompression (kapitel 2A).
- [ ] Slitna kamlober (kapitel 2).
- [ ] Felmonterad kamrem (kapitel 2).
- [ ] Igentäppt insprutningsventil/fel i bränsleinsprutningssystemet – bensinmodeller (kapitel 4A).
- [ ] Fel på insprutningsventil(er) – dieselmodeller (kapitel 4B).

Motorn feltänder vid tomgång

- [ ] Slitna, defekta eller felaktigt inställda tändstift – bensinmodeller (kapitel 1A).
- [ ] Vakuumläckage i gasspjällshuset, insugsgrenröret eller tillhörande slangar – bensinmodeller (kapitel 4A).
- [ ] Igentäppt insprutningsventil/fel i bränsleinsprutningssystemet – bensinmodeller (kapitel 4A).
- [ ] Fel på insprutningsventil(er) – dieselmodeller (kapitel 4B).
- [ ] Ojämn eller låg cylinderkompression (kapitel 2A).
- [ ] Lösa, läckande eller trasiga slangar i vevhusventilationen (kapitel 4C).

Motor (forts.)

Motorn feltänder vid alla varvtal

- ☐ Igentäppt bränslefilter (kapitel 1).
- ☐ Defekt bränslepump eller lågt matningstryck – bensinmodeller (kapitel 4A).
- ☐ Blockerad bensintanksventil eller delvis igentäppta bränslerör (kapitel 4).
- ☐ Vakuumläckage i gasspjällshuset, insugsgrenröret eller tillhörande slangar – bensinmodeller (kapitel 4A).
- ☐ Slitna, defekta eller felaktigt inställda tändstift – bensinmodeller (kapitel 1A).
- ☐ Fel på insprutningsventil(er) – dieselmodeller (kapitel 4B).
- ☐ Defekt tändspole – bensinmodeller (kapitel 5B).
- ☐ Ojämn eller låg cylinderkompression (kapitel 2A).
- ☐ Igentäppt insprutningsventil/fel i bränsleinsprutningssystemet – bensinmodeller (kapitel 4A).

Långsam acceleration

- ☐ Slitna, defekta eller felaktigt inställda tändstift – bensinmodeller (kapitel 1A).
- ☐ Vakuumläckage i gasspjällshuset, insugsgrenröret eller tillhörande slangar – bensinmodeller (kapitel 4A).
- ☐ Igentäppt insprutningsventil/fel i bränsleinsprutningssystemet – bensinmodeller (kapitel 4A).
- ☐ Fel på insprutningsventil(er) – dieselmodeller (kapitel 4B).

Motorn självdör

- ☐ Vakuumläckage i gasspjällshuset, insugsgrenröret eller tillhörande slangar – bensinmodeller (kapitel 4A).
- ☐ Igentäppt bränslefilter (kapitel 1).
- ☐ Defekt bränslepump eller lågt matningstryck – bensinmodeller (kapitel 4A).
- ☐ Blockerad bensintanksventil eller delvis igentäppta bränslerör (kapitel 4).
- ☐ Igentäppt insprutningsventil/fel i bränsleinsprutningssystemet – bensinmodeller (kapitel 4A).
- ☐ Fel på insprutningsventil(er) – dieselmodeller (kapitel 4B).

Låg motorkapacitet

- ☐ Felmonterad eller felspänd kamrem (kapitel 2).
- ☐ Igentäppt bränslefilter (kapitel 1).
- ☐ Defekt bränslepump eller lågt matningstryck – bensinmodeller (kapitel 4A).
- ☐ Ojämn eller låg cylinderkompression (kapitel 2A).
- ☐ Slitna, defekta eller felaktigt inställda tändstift – bensinmodeller (kapitel 1A).
- ☐ Vakuumläckage i gasspjällshuset, insugsgrenröret eller tillhörande slangar – bensinmodeller (kapitel 4A).
- ☐ Igentäppt insprutningsventil/fel i bränsleinsprutningssystemet – bensinmodeller (kapitel 4A).
- ☐ Fel på insprutningsventil(er) – dieselmodeller (kapitel 4B).
- ☐ Bromsarna kärvar (kapitel 9).
- ☐ Kopplingen slirar (kapitel 6).
- ☐ Luftfiltret igensatt (kapitel 1).

Motorn baktänder

- ☐ Felmonterad eller felspänd kamrem (kapitel 2).
- ☐ Vakuumläckage i gasspjällshuset, insugsgrenröret eller tillhörande slangar – bensinmodeller (kapitel 4A).
- ☐ Igentäppt insprutningsventil/fel i bränsleinsprutningssystemet – bensinmodeller (kapitel 4A).

Varningslampan för oljetryck lyser när motorn är igång

- ☐ Låg oljenivå eller felaktig oljekvalitet (*Veckokontroller*).
- ☐ Defekt oljetrycksbrytare (kapitel 5A).
- ☐ Slitna motorlager och/eller sliten oljepump (kapitel 2).
- ☐ Motorns arbetstemperatur hög (kapitel 3).
- ☐ Defekt oljetrycksventil (kapitel 2).
- ☐ Oljeupptagarens sil igentäppt (kapitel 2).

Glödtändning

- ☐ För mycket sotavlagringar i motorn (kapitel 2).
- ☐ Motorns arbetstemperatur hög (kapitel 3).
- ☐ Fel på bränsleinsprutningssystemet – bensinmodeller (kapitel 4A).

Motorljud

Förtändning (spikning) eller knackning under acceleration eller belastning

- ☐ Fel i tändsystemet – bensinmodeller (kapitel 1A och 5B).
- ☐ Fel typ av tändstift – bensinmodeller (kapitel 1A).
- ☐ Vakuumläckage i gasspjällshuset, insugsgrenröret eller tillhörande slangar – bensinmodeller (kapitel 4A).
- ☐ För mycket sotavlagringar i motorn (kapitel 2).
- ☐ Igentäppt insprutningsventil/fel i bränsleinsprutningssystemet – bensinmodeller (kapitel 4A).

Visslande eller väsande ljud

- ☐ Läckage i insugsgrenrörets eller gasspjällshusets packning – bensinmodeller (kapitel 4A).
- ☐ Läckande avgasgrenrörspackning eller skarv mellan rör och grenrör (kapitel 4).
- ☐ Läckande vakuumslang (kapitel 4 och 9).
- ☐ Blåst topplockspackning (kapitel 2).

Knackande eller skallrande ljud

- ☐ Sliten ventilreglering eller sliten kamaxel (kapitel 2).
- ☐ Defekt hjälpaggregat (kylvätskepump, växelströmsgenerator etc.) (kapitel 3, 5 etc.).

Knackande ljud eller slag

- ☐ Slitna vevstakslager (regelbundna hårda knackningar som eventuellt minskar vid belastning) (kapitel 2).
- ☐ Slitna ramlager (muller och knackningar som eventuellt tilltar vid belastning) (kapitel 2).
- ☐ Kolvslammer (hörs mest vid kyla) (kapitel 2B).
- ☐ Defekt hjälpaggregat (kylvätskepump, växelströmsgenerator etc.) (kapitel 3, 5 etc.).

Kylsystem

Överhettning

- [ ] För lite kylvätska i systemet (*Veckokontroller*).
- [ ] Defekt termostat (kapitel 3).
- [ ] Igensatt kylare eller grill (kapitel 3).
- [ ] Defekt elektrisk kylfläkt eller termostatbrytare (kapitel 3).
- [ ] Defekt temperaturmätare/givare (kapitel 3).
- [ ] Luftbubbla i kylsystemet.
- [ ] Expansionskärlets trycklock defekt (kapitel 3).

Alltför stark avkylning

- [ ] Defekt termostat (kapitel 3).
- [ ] Defekt temperaturmätare/givare (kapitel 3).

Yttre kylvätskeläckage

- [ ] Åldrade eller skadade slangar eller slangklämmor (kapitel 1).
- [ ] Läckage i kylare eller värmepaket (kapitel 3).
- [ ] Defekt trycklock (kapitel 3).
- [ ] Kylvätskepumpens inre tätning läcker (kapitel 3).
- [ ] Tätningen mellan kylvätskepumpen och huset läcker (kapitel 3).
- [ ] Kokning på grund av överhettning (kapitel 3).
- [ ] Hylspluggen läcker (kapitel 2).

Inre kylvätskeläckage

- [ ] Läckande topplockspackning (kapitel 2).
- [ ] Sprucket topplock eller motorblock (kapitel 2).

Korrosion

- [ ] Bristfällig avtappning och spolning (kapitel 1).
- [ ] Felaktig kylvätskeblandning eller fel typ av kylvätska (se *Veckokontroller*).

Bränsle- och avgassystem

Överdriven bränsleförbrukning

- [ ] Smutsigt eller igensatt luftfilter (kapitel 1).
- [ ] Fel på bränsleinsprutningssystemet – bensinmodeller (kapitel 4A).
- [ ] Fel på insprutningsventil(er) – dieselmodeller (kapitel 4B).
- [ ] Fel i tändsystemet – bensinmodeller (kapitel 1A och 5B).
- [ ] För lite luft i däcken (se *Veckokontroller*).

Bränsleläckage och/eller bränslelukt

- [ ] Skador på bränsletank, rör eller anslutningar (kapitel 4).

Överdriven ljudnivå eller för mycket avgaser från avgassystemet

- [ ] Läckande avgassystem eller grenrörsskarvar (kapitel 1 och 4).
- [ ] Läckande, korroderad eller skadad ljuddämpare eller ledning (kapitel 1 och 4).
- [ ] Trasiga fästen som orsakar kontakt med kaross eller fjädring (kapitel 1).

Koppling

Pedalen går i golvet – inget tryck eller mycket lite motstånd

- [ ] Defekt master- eller slavcylinder (kapitel 6).
- [ ] Det hydrauliska urkopplingssystemet är defekt (kapitel 6).
- [ ] Defekt urtrampningslager eller kopplingsarm (kapitel 6).
- [ ] Trasig tallriksfjäder i kopplingens tryckplatta (kapitel 6).

Kopplingen frikopplar inte (det går inte att lägga i växlar)

- [ ] Defekt master- eller slavcylinder (kapitel 6).
- [ ] Det hydrauliska urkopplingssystemet är defekt (kapitel 6).
- [ ] Lamellen har fastnat på räfflorna på växellådans ingående axel (kapitel 6).
- [ ] Lamellen fastnar på svänghjul eller tryckplatta (kapitel 6).
- [ ] Defekt tryckplatta (kapitel 6).
- [ ] Urkopplingsmekanismen sliten eller felaktigt ihopsatt (kapitel 6).

Kopplingen slirar (motorns varvtal ökar men inte bilens hastighet)

- [ ] Det hydrauliska urkopplingssystemet är defekt (kapitel 6).
- [ ] Lamellbeläggen är mycket slitna (kapitel 6).
- [ ] Lamellbeläggen förorenade med olja eller fett (kapitel 6).
- [ ] Defekt tryckplatta eller svag tallriksfjäder (kapitel 6).

Skakningar vid frikoppling

- [ ] Lamellbeläggen förorenade med olja eller fett (kapitel 6).
- [ ] Lamellbeläggen är mycket slitna (kapitel 6).
- [ ] Defekt eller skev tryckplatta eller tallriksfjäder (kapitel 6).
- [ ] Slitna eller lösa motor- eller växellådsfästen (kapitel 2).
- [ ] Slitage på lamellnavet eller räfflorna på växellådans ingående axel (kapitel 6).

Missljud när kopplingspedalen trycks ner eller släpps upp

- [ ] Slitet urkopplingslager (kapitel 6).
- [ ] Koplingspedalens svängtapp sliten eller torr (kapitel 6).
- [ ] Defekt tryckplatta (kapitel 6).
- [ ] Tryckplattans tallriksfjäder trasig (kapitel 6).
- [ ] Kopplingslamellens dämpfjädrar defekta (kapitel 6).

Manuell växellåda

Missljud i friläge när motorn går

☐ Slitage i ingående axelns lager (missljud med uppsläppt men inte med nedtryckt kopplingspedal) (kapitel 7A).*

☐ Slitet urkopplingslager (missljud med nedtryckt pedal som möjligen minskar när pedalen släpps upp) (kapitel 6).

Missljud när en speciell växel ligger i

☐ Slitna eller skadade kuggar på växellådsdreven (kapitel 7A).*

Svårt att lägga i växlar

☐ Defekt koppling (kapitel 6).

☐ Slitet eller skadat växellänkage (kapitel 7A).

☐ Slitna synkroniseringsenheter (kapitel 7A).*

Växeln hoppar ur

☐ Slitet eller skadat växellänkage (kapitel 7A).

☐ Slitna synkroniseringsenheter (kapitel 7A).*

☐ Slitna väljargafflar (kapitel 7A).*

Vibrationer

☐ För lite olja (kapitel 1).

☐ Slitna lager (kapitel 7A).*

Smörjmedelsläckage

☐ Läckande packbox (kapitel 7A).

☐ Läckande husfog (kapitel 7A).*

☐ Läckage i den ingående axelns packbox (kapitel 7A).

Även om nödvändiga åtgärder för beskrivna symptom är svårare än vad en hemmamekaniker klarar av är informationen ovan en hjälp att spåra felkällan, så att den tydligt kan beskrivas för en yrkesmekaniker.

Automatväxellåda

Observera: *På grund av automatväxelns komplicerade sammansättning är det svårt för hemmamekanikerna att ställa riktiga diagnoser och serva enheten. Om andra problem än följande uppstår ska bilen tas till en verkstad eller till en specialist på växellådor. Gör inga förhastade bedömningar av växellådan om den misstänks vara defekt, de flesta tester kan utföras med växellådan monterad.*

Oljeläckage

☐ Automatväxellådans olja är ofta mörk till färgen. Oljeläckage från växellådan ska inte blandas ihop med motorolja, som lätt kan stänka på växellådan av luftflödet.

☐ För att hitta läckan, använd avfettningsmedel eller en ångtvätt och rengör växelhuset och områdena runt omkring från smuts och avlagringar. Kör bilen långsamt så att inte luftflödet blåser den läckande oljan långt från källan. Hissa upp bilen och stötta upp den på pallbockar, och fastställ varifrån läckan kommer.

Allmänna problem med växlingen

☐ I kapitel 7 behandlas kontroll och justering av växelväljarmekanismen på automatväxellådor. Följande problem är vanliga och kan orsakas av en felaktigt inställd mekanism:

a) Motorn startar i andra växlar än Park eller Neutral.

b) Indikatorn anger en annan växel än den som faktiskt används.

c) Bilen rör sig när växlarna Park eller Neutral ligger i.

d) Dålig eller felaktig utväxling.

☐ Se kapitel 7B för anvisningar om hur du justerar växelväljarmekanismen.

Växellådan växlar inte ner (kickdown) när gaspedalen är helt nedtryckt

☐ Växellådans oljenivå är låg (kapitel 1).

☐ Felaktig justering av växelväljarmekanismen (kapitel 7B).

Motorn startar inte i någon växel, eller startar i andra växlar än Park eller Neutral

☐ Felaktig justering av växelväljarmekanismen (kapitel 7B).

Växellådan slirar, växlar trögt, låter illa eller är utan drift i framväxlarna eller backen

☐ Det finns många troliga orsaker till ovanstående problem, men om det skälet inte är uppenbart (t.ex. en lös eller korroderad anslutningskontakt på eller i närheten av växellådan), ska bilen lämnas in till en märkesverkstad eller annan specialist för en diagnostisering av felet. Växellådans styrenhet har en inbyggd självfelsökningsfunktion, och eventuella felkoder kan snabbt läsas av och tolkas i verkstaden med hjälp av felsökningsutrustningen.

Drivaxlar

Vibrationer vid acceleration eller inbromsning

☐ Sliten inre drivknut (kapitel 8).

☐ Böjd eller skev drivaxel (kapitel 8).

Klickande eller knackande ljud vid svängar (i låg fart med fullt rattutslag)

☐ Sliten yttre drivknut (kapitel 8).

☐ Bristfällig smörjning i knuten, eventuellt på grund av defekt damask (kapitel 8).

Bromssystem

Observera: *Kontrollera däckens skick och lufttryck, framvagnens inställning samt att bilen inte är ojämnt belastad innan bromsarna antas vara defekta. Alla åtgärder på ABS-systemet, utom kontroll av rör- och slanganslutningar, ska utföras av en Volvo-verkstad.*

Bilen drar åt ena sidan vid inbromsning

☐ Slitna, defekta, skadade eller förorenade klossar fram eller bak på en sida (kapitel 1 och 9).
☐ Det främre eller bakre bromsoket har kärvat fast helt eller delvis (kapitel 9).
☐ Olika sorters friktionsmaterial monterade på sidorna (kapitel 9).
☐ Bromsokets fästbultar lösa (kapitel 9).
☐ Slitna eller skadade komponenter i styrning eller fjädring (kapitel 1 och 10).

Oljud (slipljud eller högt gnisslande) vid inbromsning

☐ Bromsklossarnas friktionsmaterial nedslitet till stödplattan (kapitel 1 och 9).
☐ Överdriven korrosion på bromsskivan – kan framträda när bilen har stått ett tag (kapitel 1 och 9).
☐ Främmande föremål (grus, etc.) klämt mellan skiva och stänkskydd (kapitel 1 och 9).

Överdriven pedalväg

☐ Defekt huvudcylinder (kapitel 9).
☐ Luft i hydraulsystemet (kapitel 9).
☐ Defekt vakuumservo (kapitel 9).
☐ Defekt vakuumpump, i förekommande fall (kapitel 9).

Bromspedalen känns svampig vid nedtryckning

☐ Luft i hydraulsystemet (kapitel 9).
☐ Åldrade bromsslangar (kapitel 1 och 9).
☐ Huvudcylinderns fästen lösa (kapitel 9).
☐ Defekt huvudcylinder (kapitel 9).

Överdriven pedalkraft krävs för att stanna bilen

☐ Defekt vakuumservo (kapitel 9).
☐ Bromsservons vakuumslang urkopplad, skadad eller lös (kapitel 1 och 9).
☐ Defekt vakuumpump, i förekommande fall (kapitel 9).
☐ Defekt primär- eller sekundärkrets (kapitel 9).
☐ Anfrätt bromsok (kapitel 9).
☐ Bromsklossarna felmonterade (kapitel 9).
☐ Fel typ av klossar monterade (kapitel 9).
☐ Förorenade bromsklossar (kapitel 9).

Skakningar i bromspedal eller ratt vid inbromsning

☐ För stor skevhet eller vridning i bromsskivorna (kapitel 9).
☐ Bromsklossarnas friktionsmaterial slitet (kapitel 1 och 9).
☐ Bromsokets fästbultar lösa (kapitel 9).
☐ Slitage i fjädringens eller styrningens komponenter eller fästen (kapitel 1 och 10).

Pedalen pulserar när man bromsar hårt

☐ Normalt för ABS – inget fel.

Bromsarna kärvar

☐ Anfrätta bromsokskolvar (kapitel 9).
☐ Feljusterad handbromsmekanism (kapitel 9).
☐ Defekt huvudcylinder (kapitel 9).

Bakhjulen låser sig vid normal inbromsning

☐ Förorenade bromsklossbelägg bak (kapitel 1 och 9).
☐ Bakre bromsskivorna har slagit sig (kapitel 1 och 9).

Styrning och fjädring

Observera: *Kontrollera att felet inte beror på fel lufttryck i däcken, blandade däcktyper eller kärvande bromsar innan fjädringen eller styrningen diagnostiseras som defekta.*

Bilen drar åt ena sidan

☐ Defekt däck (se *Veckokontroller*).
☐ För stort slitage i fjädring eller styrning (kapitel 1 och 10).
☐ Felaktig framhjulsinställning (kapitel 10).
☐ Krockskador på styrningens eller fjädringens komponenter (kapitel 1 och 10).

Hjulen vinglar och skakar

☐ Framhjulen obalanserade (vibration känns huvudsakligen i ratten) (kapitel 10).
☐ Bakhjulen obalanserade (vibration känns i hela bilen) (kapitel 10).
☐ Skadade eller åldrade hjul (kapitel 10).
☐ Defekt eller skadat däck (*Veckokontroller*).
☐ Slitage i styrning eller fjädring (kapitel 1 och 10).
☐ Hjulmuttrarna lösa (kapitel 1 och 10).

Kraftiga nigningar och/eller krängningar runt hörn eller vid inbromsning

☐ Defekta stötdämpare (kapitel 1 och 10).
☐ Trasig eller svag spiralfjäder och/eller fjädringskomponent (kapitel 1 och 10).
☐ Slitage eller skada på krängningshämmare eller fästen (kapitel 10).

Vandrande eller allmän instabilitet

☐ Felaktig framhjulsinställning (kapitel 10).
☐ Slitage i styrning eller fjädring (kapitel 1 och 10).
☐ Hjulen är obalanserade (kapitel 10).
☐ Defekt eller skadat däck (*Veckokontroller*).
☐ Hjulmuttrarna lösa (kapitel 10).
☐ Defekta stötdämpare (kapitel 1 och 10).

Överdrivet stel styrning

☐ Styrstagsändens eller fjädringens kulled anfrätt (kapitel 1 och 10).
☐ Trasig eller felaktigt justerad drivrem (kapitel 1).
☐ Felaktig framhjulsinställning (kapitel 10).
☐ Styrväxeln skadad (kapitel 10).

Överdrivet spel i styrningen

☐ Slitage i rattstångens kardanknutar (kapitel 10).
☐ Styrstagsändens kulleder slitna (kapitel 1 och 10).
☐ Sliten styrväxel (kapitel 10).
☐ Slitage i styrning eller fjädring (kapitel 1 och 10).

Bristande servoeffekt

☐ Trasig eller felaktigt justerad drivrem (kapitel 1).
☐ För hög eller låg nivå av styrservovätska (*Veckokontroller*).
☐ Styrservons oljeslangar igensatta (kapitel 10).
☐ Defekt servostyrningspump (kapitel 10).
☐ Defekt styrväxel (kapitel 10).

Kraftigt däckslitage

Däcken slitna på inner- eller ytterkanten

☐ Felaktig camber- eller castervinklar (kapitel 10).
☐ Slitage i styrning eller fjädring (kapitel 1 och 10).
☐ Alltför hård kurvtagning.
☐ Skada efter olycka.

Däckmönster har fransiga kanter

☐ Felaktig toe-inställning (kapitel 10).

Slitage i mitten av däckmönstret

☐ För mycket luft i däcken (*Veckokontroller*).

Däcken slitna på inner- och ytterkanten

☐ För lite luft i däcken (*Veckokontroller*).
☐ Slitna stötdämpare (kapitel 10).

Ojämnt däckslitage

☐ Obalanserade hjul (se *Veckokontroller*).
☐ Stort kast i hjul eller däck (kapitel 10).
☐ Slitna stötdämpare (kapitel 1 och 10).
☐ Defekt däck (*Veckokontroller*).

Elsystem

Observera: *Vid problem med start, se felen under Motor tidigare i detta avsnitt.*

Batteriet laddar ur på bara ett par dagar

- [ ] Batteriet defekt invändigt (kapitel 5A).
- [ ] Batteriets elektrolytnivå låg – i förekommande fall (*Veckokontroller*).
- [ ] Batterianslutningarna sitter löst eller är korroderade (*Veckokontroller*).
- [ ] Sliten drivrem – eller felaktigt justerad drivrem, i förekommande fall (kapitel 1).
- [ ] Generatorn laddar inte vid korrekt effekt (kapitel 5A).
- [ ] Generatorn eller spänningsregulatorn defekt (kapitel 5A).
- [ ] Kortslutning orsakar kontinuerlig urladdning av batteriet (kapitel 5 och 12).

Tändningslampan fortsätter att lysa när motorn går

- [ ] Drivremmen trasig, sliten eller felaktigt justerad (kapitel 1).
- [ ] Internt fel i generatorn eller spänningsregulatorn (kapitel 5A).
- [ ] Trasigt, urkopplat eller löst kablage i laddningskretsen (kapitel 5A).

Tändningslampan tänds inte

- [ ] Trasigt, urkopplat eller löst kablage i varningslampans krets (kapitel 12).
- [ ] Defekt generator (kapitel 5A).

Ljusen fungerar inte

- [ ] Trasig glödlampa (kapitel 12).
- [ ] Korrosion på glödlampa eller sockel (kapitel 12).
- [ ] Trasig säkring (kapitel 12).
- [ ] Defekt relä (kapitel 12).
- [ ] Trasigt, löst eller urkopplat kablage (kapitel 12).
- [ ] Defekt brytare (kapitel 12).

Instrumentavläsningarna missvisande eller ryckiga

Bränsle- eller temperaturmätaren ger inget utslag

- [ ] Defekt temperaturgivare för kylvätska (kapitel 3).
- [ ] Kretsavbrott (kapitel 12).
- [ ] Defekt mätare (kapitel 12).

Bränsle- eller temperaturmätaren ger kontinuerligt maximalt utslag

- [ ] Defekt temperaturgivare för kylvätska (kapitel 3).
- [ ] Kortslutning (kapitel 12).
- [ ] Defekt mätare (kapitel 12).

Signalhornet fungerar dåligt eller inte alls

Signalhornet tjuter hela tiden

- [ ] Signalhornets kontakter permanent överbyglade eller signalhornets knapp har fastnat i nedtryckt läge (kapitel 12).

Signalhornet fungerar inte

- [ ] Trasig säkring (kapitel 12).
- [ ] Vajer eller vajeranslutningar lösa, trasiga eller urkopplade (kapitel 12).
- [ ] Defekt signalhorn (kapitel 12).

Signalhornet avger ryckigt eller otillfredsställande ljud

- [ ] Lösa vajeranslutningar (kapitel 12).
- [ ] Signalhornets fästen sitter löst (kapitel 12).
- [ ] Defekt signalhorn (kapitel 12).

Vindrute-/bakrutetorkarna fungerar dåligt eller inte alls

Torkarna fungerar inte eller går mycket långsamt

- [ ] Torkarbladen fastnar vid rutan eller också är länksystemet anfrätt eller kärvar (*Veckokontroller* och kapitel 12).
- [ ] Trasig säkring (kapitel 12).
- [ ] Vajer eller vajeranslutningar lösa, trasiga eller urkopplade (kapitel 12).
- [ ] Defekt relä (kapitel 12).
- [ ] Defekt torkarmotor (kapitel 12).

Torkarbladen sveper över för stort/litet område av rutan

- [ ] Torkararmarna felaktigt placerade i spindlarna (kapitel 12).
- [ ] Påtagligt slitage i torkarnas länksystem (kapitel 12).
- [ ] Torkarmotorns eller länksystemets fästen sitter löst (kapitel 12).

Torkarbladen rengör inte rutan effektivt

- [ ] Torkarbladens gummi slitet eller saknas (*Veckokontroller*).
- [ ] Torkararmens fjädrar är trasiga eller armtapparna har kärvat fast (kapitel 12).
- [ ] Spolarvätskan har för låg koncentration för att beläggningen ska kunna tvättas bort (*Veckokontroller*).

Elsystem (fortsättning)

Vindrutespolarna fungerar dåligt eller inte alls

Ett eller flera spolarmunstycken sprutar inte

- [ ] Igentäppt spolarmunstycke (kapitel 12).
- [ ] Urkopplad, veckad eller igensatt spolarslang (kapitel 12).
- [ ] För lite spolarvätska i spolarvätskebehållaren (*Veckokontroller*).

Spolarpumpen fungerar inte

- [ ] Trasiga eller lösa kablar eller anslutningar (kapitel 12).
- [ ] Trasig säkring (kapitel 12).
- [ ] Defekt spolarbrytare (kapitel 12).
- [ ] Defekt spolarpump (kapitel 12).

De elektriska fönsterhissarna fungerar dåligt eller inte alls

Fönsterrutan rör sig bara i en riktning

- [ ] Defekt brytare (kapitel 12).

Fönsterrutan rör sig långsamt

- [ ] Fönsterhissen skuren, skadad eller i behov av smörjning (kapitel 11).
- [ ] Dörrens inre komponenter eller klädsel hindrar fönsterhissen (kapitel 11).
- [ ] Defekt motor (kapitel 11).

Fönsterrutan rör sig inte

- [ ] Trasig säkring (kapitel 12).
- [ ] Defekt relä (kapitel 12).
- [ ] Trasiga eller lösa kablar eller anslutningar (kapitel 12).
- [ ] Defekt motor (kapitel 12).

Centrallåset fungerar dåligt eller inte alls

Totalt systemhaveri

- [ ] Trasig säkring (kapitel 12).
- [ ] Defekt styrmodul (kapitel 12).
- [ ] Trasiga eller lösa kablar eller anslutningar (kapitel 12).

Regeln låser men låser inte upp, eller låser upp men låser inte

- [ ] Defekt brytare (kapitel 12).
- [ ] Trasiga eller frånkopplade spärrmanöverstänger eller spakar (kapitel 11).
- [ ] Defekt styrmodul (kapitel 12).

Ett lås fungerar inte

- [ ] Trasiga eller lösa kablar eller anslutningar (kapitel 12).
- [ ] Defekt motor (kapitel 11).
- [ ] Trasiga, kärvande eller frånkopplade låsmanöverstänger eller spakar (kapitel 11).
- [ ] Fel på dörrlåset (kapitel 11).

A

ABS (Anti-lock brake system) Låsningsfria bromsar. Ett system, vanligen elektroniskt styrt, som känner av påbörjande låsning av hjul vid inbromsning och lättar på hydraultrycket på hjul som ska till att låsa.

Air bag (krockkudde) En uppblåsbar kudde dold i ratten (på förarsidan) eller instrumentbrädan eller handskfacket (på passagerarsidan) Vid kollision blåses kuddarna upp vilket hindrar att förare och framsätespassagerare kastas in i ratt eller vindruta.

Ampere (A) En måttenhet för elektrisk ström. 1 A är den ström som produceras av 1 volt gående genom ett motstånd om 1 ohm.

Anaerobisk tätning En massa som används som gänglås. Anaerobisk innebär att den inte kräver syre för att fungera.

Antikärvningsmedel En pasta som minskar risk för kärvning i infästningar som utsätts för höga temperaturer, som t.ex. skruvar och muttrar till avgasrenrör. Kallas även gängskydd.

Antikärvningsmedel

Asbest Ett naturligt fibröst material med stor värmetolerans som vanligen används i bromsbelägg. Asbest är en hälsorisk och damm som alstras i bromsar ska aldrig inandas eller sväljas.

Avgasgrenrör En del med flera passager genom vilka avgaserna lämnar förbränningskamrarna och går in i avgasröret.

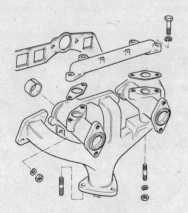

Avgasgrenrör

B

Belastningskänslig fördelningsventil En styrventil i bromshydrauliken som fördelar bromseffekten, med hänsyn till bakaxelbelastningen.

Bladmått Ett tunt blad av härdat stål, slipat till exakt tjocklek, som används till att mäta spel mellan delar.

Bladmått

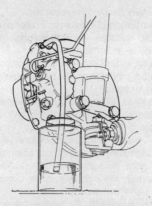

Avluftning av bromsarna

Avluftning av bromsar Avlägsnande av luft från hydrauliskt bromssystem.

Avluftningsnippel En ventil på ett bromsok, hydraulcylinder eller annan hydraulisk del som öppnas för att tappa ur luften i systemet.

Axel En stång som ett hjul roterar på, eller som roterar inuti ett hjul. Även en massiv balk som håller samman två hjul i bilens ena ände. En axel som även överför kraft till hjul kallas drivaxel.

Axel

Axialspel Rörelse i längdled mellan två delar. För vevaxeln är det den distans den kan röra sig framåt och bakåt i motorblocket.

Bromsback Halvmåneformad hållare med fastsatt bromsbelägg som tvingar ut beläggen i kontakt med den roterande bromstrumman under inbromsning.

Bromsbelägg Det friktionsmaterial som kommer i kontakt med bromsskiva eller bromstrumma för att minska bilens hastighet. Beläggen är limmade eller nitade på bromsklossar eller bromsbackar.

Bromsklossar Utbytbara friktionsklossar som nyper i bromsskivan när pedalen trycks ned. Bromsklossar består av bromsbelägg som limmats eller nitats på en styv bottenplatta.

Bromsok Den icke roterande delen av en skivbromsanordning. Det grenslar skivan och håller bromsklossarna. Oket innehåller även de hydrauliska delar som tvingar klossarna att nypa skivan när pedalen trycks ned.

Bromsskiva Den del i en skivbromsanordning som roterar med hjulet.

Bromstrumma Den del i en trumbromsanordning som roterar med hjulet.

C

Caster I samband med hjulinställning, lutningen framåt eller bakåt av styrningens axialled. Caster är positiv när styrningens axialled lutar bakåt i överkanten.

CV-knut En typ av universalknut som upphäver vibrationer orsakade av att drivkraft förmedlas genom en vinkel.

D

Diagnostikkod Kodsiffror som kan tas fram genom att gå till diagnosläget i motorstyrningens centralenhet. Koden kan användas till att bestämma i vilken del av systemet en felfunktion kan förekomma.

Draghammare Ett speciellt verktyg som skruvas in i eller på annat sätt fästs vid en del som ska dras ut, exempelvis en axel. Ett tungt glidande handtag dras utmed verktygsaxeln mot ett stopp i änden vilket rycker avsedd del fri.

Drivaxel En roterande axel på endera sidan differentialen som ger kraft från slutväxeln till drivhjulen. Även varje axel som används att överföra rörelse.

Drivaxel

Drivrem(mar) Rem(mar) som används till att driva tillbehörsutrustning som generator, vattenpump, servostyrning, luftkonditioneringskompressor mm, från vevaxelns remskiva.

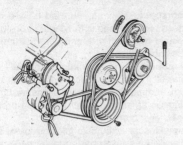

Drivremmar till extrautrustning

Dubbla överliggande kamaxlar (DOHC) En motor försedd med två överliggande kamaxlar, vanligen en för insugsventilerna och en för avgasventilerna.

E

EGR-ventil Avgasåtercirkulationsventil. En ventil som för in avgaser i insugsluften.

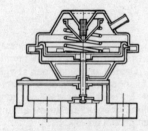

Ventil för avgasåtercirkulation (EGR)

Elektrodavstånd Den distans en gnista har att överbrygga från centrumelektroden till sidoelektroden i ett tändstift.

Justering av elektrodavståndet

Elektronisk bränsleinsprutning (EFI) Ett datorstyrt system som fördelar bränsle till förbränningskamrarna via insprutare i varje insugsport i motorn.

Elektronisk styrenhet En dator som exempelvis styr tändning, bränsleinsprutning eller låsningsfria bromsar.

F

Finjustering En process där noggranna justeringar och byten av delar optimerar en motors prestanda

Fjäderben Se MacPherson-ben.

Fläktkoppling En viskös drivkoppling som medger variabel kylarfläkthastighet i förhållande till motorhastigheten.

Frostplugg En skiv- eller koppformad metallbricka som monterats i ett hål i en gjutning där kärnan avlägsnats.

Frostskydd Ett ämne, vanligen etylenglykol, som blandas med vatten och fylls i bilens kylsystem för att förhindra att kylvätskan fryser vintertid. Frostskyddet innehåller även kemikalier som förhindrar korrosion och rost och andra avlagringar som skulle kunna blockera kylare och kylkanaler och därmed minska effektiviteten.

Fördelningsventil En hydraulisk styrventil som begränsar trycket till bakbromsarna vid panikbromsning så att hjulen inte låser sig.

Förgasare En enhet som blandar bränsle med luft till korrekta proportioner för önskad effekt från en gnistantänd förbränningsmotor.

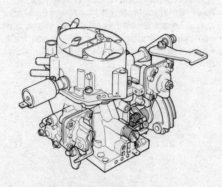

Förgasare

G

Generator En del i det elektriska systemet som förvandlar mekanisk energi från drivremmen till elektrisk energi som laddar batteriet, som i sin tur driver startsystem, tändning och elektrisk utrustning.

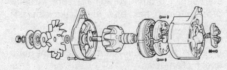

Generator (genomskärning)

Glidlager Den krökta ytan på en axel eller i ett lopp, eller den del monterad i endera, som medger rörelse mellan dem med ett minimum av slitage och friktion.

Gängskydd Ett täckmedel som minskar risken för gängskärning i bultförband som utsätts för stor hetta, exempelvis grenrörets bultar och muttrar. Kallas även antikärvningsmedel.

H

Handbroms Ett bromssystem som är oberoende av huvudbromsarnas hydraulikkrets. Kan användas till att stoppa bilen om huvudbromsarna slås ut, eller till att hålla bilen stilla utan att bromspedalen trycks ned. Den består vanligen av en spak som aktiverar främre eller bakre bromsar mekaniskt via vajrar och länkar. Kallas även parkeringsbroms.

Harmonibalanserare En enhet avsedd att minska fjädring eller vridande vibrationer i vevaxeln. Kan vara integrerad i vevaxelns remskiva. Även kallad vibrationsdämpare.

Hjälpstart Start av motorn på en bil med urladdat eller svagt batteri genom koppling av startkablar mellan det svaga batteriet och ett laddat hjälpbatteri.

Honare Ett slipverktyg för korrigering av smärre ojämnheter eller diameterskillnader i ett cylinderlopp.

Hydraulisk ventiltryckare En mekanism som använder hydrauliskt tryck från motorns smörjsystem till att upprätthålla noll ventilspel (konstant kontakt med både kamlob och ventilskaft). Justeras automatiskt för variation i ventilskaftslängder. Minskar även ventilljudet.

I

Insexnyckel En sexkantig nyckel som passar i ett försänkt sexkantigt hål.

Insugsrör Rör eller kåpa med kanaler genom vilka bränsle/luftblandningen leds till insugsportarna.

K

Kamaxel En roterande axel på vilken en serie lober trycker ned ventilerna. En kamaxel kan drivas med drev, kedja eller tandrem med kugghjul.

Kamkedja En kedja som driver kamaxeln.

Kamrem En tandrem som driver kamaxeln. Allvarliga motorskador kan uppstå om kamremmen brister vid körning.

Kanister En behållare i avdunstningsbegränsningen, innehåller aktivt kol för att fånga upp bensinångor från bränslesystemet.

Kanister

Kardanaxel Ett långt rör med universalknutar i bägge ändar som överför kraft från växellådan till differentialen på bilar med motorn fram och drivande bakhjul.

Kast Hur mycket ett hjul eller drev slår i sidled vid rotering. Det spel en axel roterar med. Orundhet i en roterande del.

Katalysator En ljuddämparliknande enhet i avgassystemet som omvandlar vissa föroreningar till mindre hälsovådliga substanser.

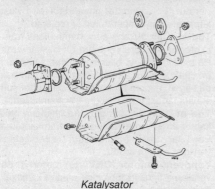

Katalysator

Kompression Minskning i volym och ökning av tryck och värme hos en gas, orsakas av att den kläms in i ett mindre utrymme.

Kompressionsförhållande Skillnaden i cylinderns volymer mellan kolvens ändlägen.

Kopplingsschema En ritning över komponenter och ledningar i ett fordons elsystem som använder standardiserade symboler.

Krockkudde (Airbag) En uppblåsbar kudde dold i ratten (på förarsidan) eller instrumentbrädan eller handskfacket (på passagerarsidan) Vid kollision blåses kuddarna upp vilket hindrar att förare och framsätespassagerare kastas in i ratt eller vindruta.

Krokodilklämma Ett långkäftat fjäderbelastat clips med ingreppande tänder som används till tillfälliga elektriska kopplingar.

Kronmutter En mutter som vagt liknar kreneleringen på en slottsmur. Används tillsammans med saxsprint för att låsa bultförband extra väl.

Kronmutter

Krysskruv Se Phillips-skruv

Kugghjul Ett hjul med tänder eller utskott på omkretsen, formade för att greppa in i en kedja eller rem.

Kuggstångsstyrning Ett styrsystem där en pinjong i rattstångens ände går i ingrepp med en kuggstång. När ratten vrids, vrids även pinjongen vilket flyttar kuggstången till höger eller vänster. Denna rörelse överförs via styrstagen till hjulets styrleder.

Kullager Ett friktionsmotverkande lager som består av härdade inner- och ytterbanor och har härdade stålkulor mellan banorna.

Kylare En värmeväxlare som använder flytande kylmedium, kylt av fartvinden/fläkten till att minska temperaturen på kylvätskan i en förbränningsmotors kylsystem.

Kylmedia Varje substans som används till värmeöverföring i en anläggning för luftkonditionering. R-12 har länge varit det huvudsakliga kylmediet men tillverkare har nyligen börjat använda R-134a, en CFC-fri substans som anses vara mindre skadlig för ozonet i den övre atmosfären.

L

Lager Den böjda ytan på en axel eller i ett lopp, eller den del som monterad i någon av dessa tillåter rörelse mellan dem med minimal slitage och friktion.

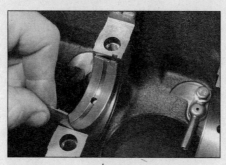

Lager

Lambdasond En enhet i motorns grenrör som känner av syrehalten i avgaserna och omvandlar denna information till elektricitet som bär information till styrelektroniken. Även kallad syresensor.

Luftfilter Filtret i luftrenaren, vanligen tillverkat av veckat papper. Kräver byte med regelbundna intervaller.

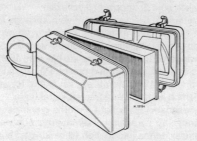

Luftfilter

Luftrenare En kåpa av plast eller metall, innehållande ett filter som tar undan damm och smuts från luft som sugs in i motorn.

Låsbricka En typ av bricka konstruerad för att förhindra att en ansluten mutter lossnar.

Låsmutter En mutter som låser en justermutter, eller annan gängad del, på plats. Exempelvis används låsmutter till att hålla justermuttern på vipparmen i läge.

Låsring Ett ringformat clips som förhindrar längsgående rörelser av cylindriska delar och axlar. En invändig låsring monteras i en skåra i ett hölje, en yttre låsring monteras i en utvändig skåra på en cylindrisk del som exempelvis en axel eller tapp.

M

MacPherson-ben Ett system för framhjulsfjädring uppfunnet av Earle MacPherson vid Ford i England. I sin ursprungliga version skapas den nedre bärarmen av en enkel lateral länk till krängningshämmaren. Ett fjäderben - en integrerad spiralfjäder och stötdämpare - finns monterad mellan karossen och styrknogen. Många moderna MacPherson-ben använder en vanlig nedre A-arm och inte krängningshämmaren som nedre fäste.

Markör En remsa med en andra färg i en ledningsisolering för att skilja ledningar åt.

Motor med överliggande kamaxel (OHC) En motor där kamaxeln finns i topplocket.

Motorstyrning Ett datorstyrt system som integrerat styr bränsle och tändning.

Multimätare Ett elektriskt testinstrument som mäter spänning, strömstyrka och motstånd. Även kallad multimeter.

Mätare En instrumentpanelvisare som används till att ange motortillstånd. En mätare med en rörlig pekare på en tavla eller skala är analog. En mätare som visar siffror är digital.

N

NOx Kväveoxider. En vanlig giftig förorening utsläppt av förbränningsmotorer vid högre temperaturer.

O

O-ring En typ av tätningsring gjord av ett speciellt gummiliknande material. O-ringen fungerar så att den trycks ihop i en skåra och därmed utgör tätningen.

O-ring

Ohm Enhet för elektriskt motstånd. 1 volt genom ett motstånd av 1 ohm ger en strömstyrka om 1 ampere.

Ohmmätare Ett instrument för uppmätning av elektriskt motstånd.

P

Packning Mjukt material - vanligen kork, papp, asbest eller mjuk metall - som monteras mellan två metallytor för att erhålla god tätning. Exempelvis tätar topplockspackningen fogen mellan motorblocket och topplocket.

Packning

Phillips-skruv En typ av skruv med ett korsspår istället för ett rakt, för motsvarande skruvmejsel. Vanligen kallad kryssskruv.

Plastigage En tunn plasttråd, tillgänglig i olika storlekar, som används till att mäta toleranser. Exempelvis så läggs en remsa Plastigage tvärs över en lagertapp. Delarna sätts ihop och tas isär. Bredden på den klämda remsan anger spelrummet mellan lager och tapp.

Plastigage

R

Rotor I en fördelare, den roterande enhet inuti fördelardosan som kopplar samman mittelektroden med de yttre kontakterna vartefter den roterar, så att högspänningen från tändspolens sekundärlindning leds till rätt tändstift. Även den del av generatorn som roterar inuti statorn. Även de roterande delarna av ett turboaggregat, inkluderande kompressorhjulet, axeln och turbinhjulet.

S

Sealed-beam strålkastare En äldre typ av strålkastare som integrerar reflektor, lins och glödtrådar till en hermetiskt försluten enhet. När glödtråden går av eller linsen spricker byts hela enheten. Vanliga på amerikanska bilar

Shims Tunn distansbricka, vanligen använd till att justera inbördes lägen mellan två delar. Exempelvis sticks shims in i eller under ventiltryckarhylsor för att justera ventilspelet. Spelet justeras genom byte till shims av annan tjocklek.

Skivbroms En bromskonstruktion med en roterande skiva som kläms mellan bromsklossar. Den friktion som uppstår omvandlar bilens rörelseenergi till värme.

Skjutmått Ett precisionsmätinstrument som mäter inre och yttre dimensioner. Inte riktigt lika exakt som en mikrometer men lättare att använda.

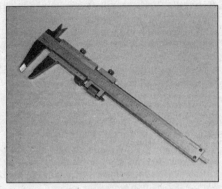
Skjutmått

Smältsäkring Ett kretsskydd som består av en ledare omgiven av värmetålig isolering. Ledaren är tunnare än den ledning den skyddar och är därmed den svagaste länken i kretsen. Till skillnad från en bränd säkring måste vanligen en smältsäkring skäras bort från ledningen vid byte.

Spel Den sträcka en del färdas innan något inträffar. "Luften" i ett länksystem eller ett montage mellan första ansatsen av kraft och verklig rörelse. Exempelvis den sträcka bromspedalen färdas innan kolvarna i huvudcylindern rör på sig. Även utrymmet mellan två delar, till exempel kolv och cylinderlopp.

Spiralfjäder En spiral av elastiskt stål som förekommer i olika storlekar på många platser i en bil, bland annat i fjädringen och ventilerna i topplocket.

Startspärr På bilar med automatväxellåda förhindrar denna kontakt att motorn startas annat än om växelväljaren är i N eller P.

Storändslager Lagret i den ände av vevstaken som är kopplad till vevaxeln.

Svetsning Olika processer som används för att sammanfoga metallföremål genom att hetta upp dem till smältning och sammanföra dem.

Svänghjul Ett tungt roterande hjul vars energi tas upp och sparas via moment. På bilar finns svänghjulet monterat på vevaxeln för att utjämna kraftpulserna från arbetstakterna.

Syresensor En enhet i motorns grenrör som känner av syrehalten i avgaserna och omvandlar denna information till elektricitet som bär information till styrelektroniken. Även kalla Lambdasond.

Säkring En elektrisk enhet som skyddar en krets mot överbelastning. En typisk säkring

innehåller en mjuk metallbit kalibrerad att smälta vid en förbestämd strömstyrka, angiven i ampere, och därmed bryta kretsen.

T

Termostat En värmestyrd ventil som reglerar kylvätskans flöde mellan blocket och kylaren vilket håller motorn vid optimal arbetstemperatur. En termostat används även i vissa luftrenare där temperaturen är reglerad.

Toe-in Den distans som framhjulens framkanter är närmare varandra än bakkanterna. På bakhjulsdrivna bilar specificeras vanligen ett litet toe-in för att hålla framhjulen parallella på vägen, genom att motverka de krafter som annars tenderar att vilja dra isär framhjulen.

Toe-ut Den distans som framhjulens bakkanter är närmare varandra än framkanterna. På bilar med framhjulsdrift specificeras vanligen ett litet toe-ut.

Toppventilsmotor (OHV) En motortyp där ventilerna finns i topplocket medan kamaxeln finns i motorblocket.

Torpedplåten Den isolerade avbalkningen mellan motorn och passagerarutrymmet.

Trumbroms En bromsanordning där en trumformad metallcylinder monteras inuti ett hjul. När bromspedalen trycks ned pressas böjda bromsbackar med bromsbelägg mot trummans insida så att bilen saktar in eller stannar.

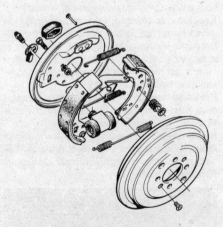
Trumbroms, montage

Turboaggregat En roterande enhet, driven av avgastrycket, som komprimerar insugsluften. Används vanligen till att öka motoreffekten från en given cylindervolym, men kan även primäranvändas till att minska avgasutsläpp.

Tändföljd Turordning i vilken cylindrarnas arbetstakter sker, börjar med nr 1.

Tändläge Det ögonblick då tändstiftet ger gnista. Anges vanligen som antalet vevaxelgrader för kolvens övre dödpunkt.

Tätningsmassa Vätska eller pasta som används att täta fogar. Används ibland tillsammans med en packning.

U

Universalknut En koppling med dubbla piväer som överför kraft från en drivande till en driven axel genom en vinkel. En universalknut består av två Y-formade ok och en korsformig del kallad spindeln.

Urtrampningslager Det lager i kopplingen som flyttas inåt till frigöringsarmen när kopplingspedalen trycks ned för frikoppling.

V

Ventil En enhet som startar, stoppar eller styr ett flöde av vätska, gas, vakuum eller löst material via en rörlig del som öppnas, stängs eller delvis maskerar en eller flera portar eller kanaler. En ventil är även den rörliga delen av en sådan anordning.

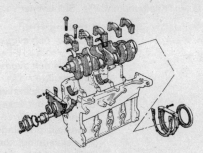

Vevaxel, montage

Ventilspel Spelet mellan ventilskaftets övre ände och ventiltryckaren. Spelet mäts med stängd ventil.

Ventiltryckare En cylindrisk del som överför rörelsen från kammen till ventilskaftet, antingen direkt eller via stötstång och vipparm. Även kallad kamsläpa eller kamföljare.

Vevaxel Den roterande axel som går längs med vevhuset och är försedd med utstickande vevtappar på vilka vevstakarna är monterade.

Vevhus Den nedre delen av ett motorblock där vevaxeln roterar.

Vibrationsdämpare En enhet som är avsedd att minska fjädring eller vridande vibrationer i vevaxeln. Enheten kan vara integrerad i vevaxelns remskiva. Kallas även harmonibalanserare.

Vipparm En arm som gungar på en axel eller tapp. I en toppventilsmotor överför vipparmen stötstångens uppåtgående rörelse till en nedåtgående rörelse som öppnar ventilen.

Viskositet Tjockleken av en vätska eller dess flödesmotstånd.

Volt Enhet för elektrisk spänning i en krets 1 volt genom ett motstånd av 1 ohm ger en strömstyrka om 1 ampere.

Observera: *Hänvisningarna i registret är i formen* **"Kapitelnummer"** • **"Sidnummer".** *T.ex. hänvisar 2C•15 till sidan 15 i kapitel 2C.*

Observera: *Hänvisningarna i registret är i formen* **"Kapitelnummer"** • **"Sidnummer"**. *T.ex. hänvisar 2C•15 till sidan 15 i kapitel 2C.*

Observera: *Hänvisningarna i registret är i formen* **"Kapitelnummer"** • **"Sidnummer"**. *T.ex. hänvisar 2C•15 till sidan 15 i kapitel 2C.*